# 现代西方经济学流派（第二版）
## Modern Schools of Western Economics

王志伟 编著

图书在版编目(CIP)数据

现代西方经济学流派/王志伟编著. —2版. —北京:北京大学出版社,2015.6
(21世纪经济与管理规划教材·经济学系列)
ISBN 978-7-301-25950-4

Ⅰ.①现… Ⅱ.①王… Ⅲ.①西方经济学—经济学派—现代—高等学校—教材 Ⅳ.①F091.3

中国版本图书馆CIP数据核字(2015)第122439号

| | |
|---|---|
| 书　　　名 | 现代西方经济学流派(第二版) |
| 著作责任者 | 王志伟　编著 |
| 策 划 编 辑 | 郝小楠 |
| 责 任 编 辑 | 周　玮 |
| 标 准 书 号 | ISBN 978-7-301-25950-4 |
| 出 版 发 行 | 北京大学出版社 |
| 地　　　址 | 北京市海淀区成府路205号　100871 |
| 网　　　址 | http://www.pup.cn |
| 电 子 信 箱 | em@pup.cn　　QQ:552063295 |
| 新 浪 微 博 | @北京大学出版社　@北京大学出版社经管图书 |
| 电　　　话 | 邮购部 62752015　发行部 62750672　编辑部 62752926 |
| 印 刷 者 | 北京富生印刷厂 |
| 经 销 者 | 新华书店 |
| | 787毫米×1092毫米　16开本　25印张　624千字 |
| | 2002年9月第1版 |
| | 2015年6月第2版　2018年3月第3次印刷 |
| 印　　　数 | 6001—8200册 |
| 定　　　价 | 49.00元 |

未经许可,不得以任何方式复制或抄袭本书之部分或全部内容。
版权所有,侵权必究

举报电话:010-62752024　电子信箱:fd@pup.pku.edu.cn
图书如有印装质量问题,请与出版部联系,电话:010-62756370

早期 → 近期

现代西方经济学流派关系图

- 古典经济学
  - 斯密
  - 李嘉图
  - 重农学派
  - 马克思
- 马克思 → 激进政治经济学
- 马尔萨斯 → 数理学派
- 新古典经济学
  - 奥地利学派
  - 瑞典学派
  - 伦敦学派
  - 德国社会市场经济学派
  - 现代货币主义
  - 理性预期学派
  - 新古典宏观经济学派
    - 实际经济周期学派
    - 新新古典综合
- 熊彼特 → 新熊彼特学派 → 供给学派
- 奥地利学派 → 新奥地利学派
- 凯恩斯
  - 希克斯
  - 新古典综合派（后凯恩斯主流派）
  - 新剑桥学派（后凯恩斯学派）
  - 非均衡学派
  - 新凯恩斯主义
- 制度经济学
  - 新制度学派
  - 新制度经济学
    - 公共选择学派
    - 新经济史学派

# 前　言

本书初版于2002年由北京大学出版社出版后受到了许多国内同行和读者的欢迎，笔者也因此而获得"北京大学教学优秀奖"。本修订版就是在第一版的基础上，进行了适当的补充和修改，并纠正了某些文字错误后形成的。

"现代西方经济学流派"应该是在学习"西方经济学"和"外国经济学说史"之后的一门后续课程。一方面，该课程与"西方经济学"（即微观经济学和宏观经济学）相衔接，克服仅仅了解"西方经济学"可能产生的片面认识。另一方面，该课程与"外国经济学说史"相衔接，介绍西方经济思想和学说在20世纪30年代之后的发展。所以，本教材修订版对于学生更加完整地了解西方经济理论的内容和体系，了解现代西方重大经济思潮的发展和前沿变化是至关重要的。

本修订版教材仍然延续了初版教材的格局，从三个角度展开：(1) 国家干预主义思潮下主要经济学流派的理论、政策主张、研究方法和各流派间的联系与发展；(2) 经济自由主义思潮下主要经济学流派的理论、政策主张、研究方法和各流派间的联系与发展；(3) 处于上述两大经济思潮之外，或者处于两大经济思潮之间，但倾向并不十分明显的其他相对独立但有重要影响的经济学家的理论、政策主张、研究方法以及它们与其他流派之间的联系与区别。

本教材的目的是使学生在已有知识基础上进一步拓展自己对现代西方经济学的了解，从而在更广阔和更深入的层次上，准确地认识和把握现代西方经济学关于市场经济的理论、观点和政策的不同见解，更好地学习和借鉴国外对我们建设有中国特色的社会主义市场经济有用的东西。由于篇幅所限，一些已经列入微观经济学、宏观经济学、发展经济学、国际经济学、信息经济学等课程和教材内，或者已经成为研究生课程的内容的那些知识，基本不再列入本书。为此，在学习本教材之前，特别是那些自学的读者，至少应该对现代西方经济学的基本理论知识、经济学说史的有关知识以及马克思主义经济学的有关知识有一定的了解，以便在学习过程中能够对一些问题作出自己的独立思考和判断。

本修订版教材与初版教材相比,其变化主要有以下一些方面:

(1) 调整了篇章顺序。(2) 重新设置了篇章结构:增加了"新熊彼特学派"(第十八章)和"新奥地利学派"(第十九章)两个整章的内容。(3) 一些章节充实了新的内容。第三章中增加了"后凯恩斯学派的新发展"部分;第五章增加了"新新古典综合"的内容;结合初版教材中的"弗莱堡学派",重新编写后成为第十一章"德国社会市场经济学派";将新制度经济学派中的新经济史分支独立出来,成为第十三章"制度变迁的新经济史学";第十六章中增加了"艾尔斯的经济思想"部分。(4) 对于全书的评论部分进行了修订和重写。(5) 为了适应教学课时的篇幅需要,本修订版教材去掉了"罗斯托的经济学说"和"激进政治经济学派"两章内容(这两章内容可以在《发展经济学》和《西方马克思主义》的课上了解)。

在本修订版教材编写过程中,参考和阅读了国内外学者的大量相关书籍和著作,笔者在此向他们表示真诚的谢意。特别要提到,本教材的"新熊彼特学派"一章、"艾尔斯的经济思想"和"后凯恩斯学派的新发展"部分,分别参考了杨玉生教授、颜鹏飞教授的部分文稿,这里向他们表示特别的感谢。

笔者还要感谢本书再版过程中付出辛勤劳动的北京大学出版社郝小楠编辑,这本修订版教材的出版与她的努力是分不开的。

由于笔者学术水平的局限性,修订版教材中的缺憾、错误和不当之处在所难免,诚盼读者及学界同仁不吝指正,笔者由衷感谢。

王志伟<br>2015 年 1 月

# 目 录

**绪 论** ·········································································· 1
 一、现代西方经济学发展的历史渊源 ······································ 1
 二、西方经济学发展史上的六次"革命" ································· 3
 三、现代西方经济学流派的形成和发展 ···································· 4
 四、学习本课程应有的基本态度 ············································ 6
 思考题 ············································································ 6
 参考文献 ·········································································· 7

## 第一篇　国家干预主义思潮下的各流派

**第一章　凯恩斯的经济学** ····················································· 11
 一、凯恩斯的生平概况及思想进程 ········································· 11
 二、关于"凯恩斯革命" ····················································· 12
 三、"凯恩斯革命"的主要内容 ············································ 16
 四、凯恩斯经济政策的实践验证 ············································ 18
 五、简要评论 ··································································· 18
 思考题 ············································································ 19
 参考文献 ········································································· 20

**第二章　后凯恩斯主流学派** ··················································· 21
 一、后凯恩斯主流学派的形成 ·············································· 21
 二、后凯恩斯主流经济学派的特征 ········································· 28
 三、"混合经济"理论体系的内容 ········································· 29
 四、后凯恩斯主流学派的基本经济政策主张 ···························· 36
 五、简要评论 ··································································· 37
 思考题 ············································································ 41
 参考文献 ········································································· 41

## 第三章 后凯恩斯学派 ………………………………………………… 43
一、后凯恩斯学派的形成及其理论渊源 …………………………… 43
二、后凯恩斯学派的方法论和理论前提 …………………………… 47
三、后凯恩斯学派的价值论与分配论 ……………………………… 49
四、后凯恩斯学派的经济增长理论 ………………………………… 53
五、后凯恩斯学派对"停滞膨胀"的解释 ………………………… 55
六、后凯恩斯学派的基本经济政策主张 …………………………… 57
七、后凯恩斯学派的新发展 ………………………………………… 58
八、简要评论 ………………………………………………………… 64
思考题 ………………………………………………………………… 66
参考文献 ……………………………………………………………… 66

## 第四章 凯恩斯主义非均衡学派 …………………………………… 68
一、非均衡学派的特点和代表人物 ………………………………… 68
二、非均衡学派的形成 ……………………………………………… 70
三、非均衡学派对凯恩斯理论和一般均衡体系的比较 …………… 73
四、非均衡学派对凯恩斯理论和凯恩斯主义经济学的区分 ……… 74
五、微观非均衡分析 ………………………………………………… 76
六、宏观非均衡分析 ………………………………………………… 78
七、非均衡学派的政策主张 ………………………………………… 79
八、科尔奈对非均衡分析的应用 …………………………………… 81
九、简要评论 ………………………………………………………… 82
思考题 ………………………………………………………………… 86
参考文献 ……………………………………………………………… 86

## 第五章 新凯恩斯主义学派 ………………………………………… 87
一、新凯恩斯主义学派概况 ………………………………………… 87
二、新凯恩斯主义理论 ……………………………………………… 89
三、新凯恩斯主义学派的政策主张 ………………………………… 105
四、新新古典综合的出现 …………………………………………… 107
五、简要评论 ………………………………………………………… 109
思考题 ………………………………………………………………… 112
参考文献 ……………………………………………………………… 113

## 第六章 瑞典学派 …………………………………………………… 114
一、瑞典学派的概况 ………………………………………………… 114
二、瑞典学派的宏观动态经济理论 ………………………………… 119
三、国际分工与国际贸易学说 ……………………………………… 122
四、购买力平价理论 ………………………………………………… 124
五、通货膨胀的"斯堪的纳维亚模型" …………………………… 126
六、经济制度理论 …………………………………………………… 128

七、经济政策及其实践 …………………………………………………………… 130
　　八、简要评论 ……………………………………………………………………… 131
　　思考题 ……………………………………………………………………………… 132
　　参考文献 …………………………………………………………………………… 132

# 第二篇　经济自由主义思潮下的各经济学流派

## 第七章　现代货币主义学派 ……………………………………………………… 135
　　一、现代货币主义的形成及其特点 …………………………………………… 135
　　二、经济自由主义的市场经济理论 …………………………………………… 139
　　三、货币需求理论 ……………………………………………………………… 140
　　四、货币分析的理论模型 ……………………………………………………… 142
　　五、通货膨胀与自然失业率 …………………………………………………… 144
　　六、现代货币主义的经济政策 ………………………………………………… 146
　　七、简要评论 …………………………………………………………………… 148
　　思考题 …………………………………………………………………………… 150
　　参考文献 ………………………………………………………………………… 150

## 第八章　供给学派 ………………………………………………………………… 151
　　一、供给学派产生的理论渊源和历史条件 …………………………………… 151
　　二、"激进的供给学派"的基本政策主张和理论模型 ………………………… 153
　　三、"温和的供给学派"的理论和政策主张 …………………………………… 158
　　四、简要评论 …………………………………………………………………… 160
　　思考题 …………………………………………………………………………… 161
　　参考文献 ………………………………………………………………………… 161

## 第九章　新古典宏观经济学派 …………………………………………………… 162
　　一、新古典宏观经济学派的形成 ……………………………………………… 162
　　二、预期与理性预期 …………………………………………………………… 163
　　三、政策无效性命题 …………………………………………………………… 166
　　四、经济周期理论 ……………………………………………………………… 169
　　五、新古典宏观经济学派的基本政策主张 …………………………………… 175
　　六、简要评论 …………………………………………………………………… 176
　　思考题 …………………………………………………………………………… 178
　　参考文献 ………………………………………………………………………… 178

## 第十章　伦敦学派 ………………………………………………………………… 179
　　一、伦敦学派的概况 …………………………………………………………… 179
　　二、坎南的经济思想 …………………………………………………………… 179
　　三、罗宾斯的经济思想 ………………………………………………………… 180
　　四、哈耶克的早期经济理论 …………………………………………………… 183

五、简要评论 …………………………………………………………………… 202
　　思考题 ……………………………………………………………………………… 203
　　参考文献 …………………………………………………………………………… 203

## 第十一章　德国社会市场经济学派 ………………………………………………… 205
　　一、德国社会市场经济学派概况 ………………………………………………… 205
　　二、德国社会市场经济学派的理论体系 ………………………………………… 211
　　三、德国社会市场经济学派的经济政策思想 …………………………………… 213
　　四、德国社会市场经济学派的政策实践 ………………………………………… 216
　　五、德国社会市场经济学派经济思想的启示 …………………………………… 220
　　思考题 ……………………………………………………………………………… 221
　　参考文献 …………………………………………………………………………… 222

## 第十二章　新制度经济学 …………………………………………………………… 223
　　一、新制度经济学的形成 ………………………………………………………… 223
　　二、产权学派 ……………………………………………………………………… 230
　　三、交易费用经济学派 …………………………………………………………… 234
　　四、委托—代理理论 ……………………………………………………………… 237
　　五、新制度经济学思想的深远意义 ……………………………………………… 240
　　思考题 ……………………………………………………………………………… 246
　　参考文献 …………………………………………………………………………… 246

## 第十三章　制度变迁的新经济史学 ………………………………………………… 247
　　一、新经济史学的概况 …………………………………………………………… 247
　　二、制度变迁理论的思想基础 …………………………………………………… 249
　　三、制度变迁(创新)理论 ………………………………………………………… 252
　　四、对西方社会兴起的重新解释 ………………………………………………… 254
　　五、制度变迁(创新)思想的理论和现实意义 …………………………………… 255
　　思考题 ……………………………………………………………………………… 257
　　参考文献 …………………………………………………………………………… 257

## 第十四章　公共选择学派 …………………………………………………………… 258
　　一、公共选择学派概况 …………………………………………………………… 258
　　二、公共选择学派的理论和思想渊源 …………………………………………… 261
　　三、公共选择学派的研究方法 …………………………………………………… 262
　　四、公共选择理论的基本观点 …………………………………………………… 264
　　五、公共选择学派的核心思想 …………………………………………………… 266
　　六、公共选择学派与经济学思想和方法的泛化 ………………………………… 269
　　思考题 ……………………………………………………………………………… 270
　　参考文献 …………………………………………………………………………… 271

# 第三篇　其他重要的经济学流派和学说

## 第十五章　希克斯的经济学说 …… 275
　一、希克斯的生平和著作 …… 275
　二、对宏观经济的一般均衡分析 …… 276
　三、论经济增长与技术进步 …… 277
　四、经济周期理论 …… 278
　五、关于投资、乘数与存货 …… 280
　六、关于"两种价格体系"的分析 …… 281
　七、关于结构性通货膨胀的理论 …… 283
　八、希克斯经济理论的地位和意义 …… 284
　思考题 …… 285
　参考文献 …… 285

## 第十六章　新制度学派 …… 287
　一、从老制度学派到新制度学派 …… 287
　二、艾尔斯的经济思想 …… 293
　三、加尔布雷思的制度理论 …… 297
　四、缪尔达尔的制度经济学理论 …… 302
　五、格鲁奇的经济理论 …… 305
　六、新制度学派研究方法的意义 …… 308
　思考题 …… 310
　参考文献 …… 310

## 第十七章　熊彼特的经济学说 …… 312
　一、熊彼特的生平与著作 …… 312
　二、熊彼特经济理论体系的方法论特征 …… 313
　三、熊彼特的"创新"与经济发展理论 …… 316
　四、熊彼特的经济周期理论 …… 319
　五、熊彼特的资本主义崩溃论 …… 324
　六、熊彼特的社会主义理论 …… 326
　七、简要评论 …… 329
　思考题 …… 330
　参考文献 …… 331

## 第十八章　新熊彼特学派 …… 332
　一、新熊彼特学派经济思想概述 …… 332
　二、创新利润和资本主义现实 …… 336
　三、从管理经济到企业经济 …… 340
　四、资本主义社会民主存在的条件与作用 …… 345

五、新熊彼特学派经济思想的理论及现实意义 …………………………… 350
　　思考题 ………………………………………………………………………… 351
　　参考文献 ……………………………………………………………………… 352

## 第十九章　新奥地利学派 ………………………………………………………… 353
　　一、新奥地利学派的概况 …………………………………………………… 353
　　二、新奥地利学派的方法论 ………………………………………………… 355
　　三、新奥地利学派的基本概念 ……………………………………………… 365
　　四、新奥地利学派的主要理论和思想 ……………………………………… 369
　　五、对新古典经济学的批判 ………………………………………………… 378
　　六、新奥地利学派对经济思想的贡献和不足 ……………………………… 382
　　思考题 ………………………………………………………………………… 384
　　参考文献 ……………………………………………………………………… 384

**各章之外的部分参考书目** ……………………………………………………… 386

# 绪　　论

## 一、现代西方经济学发展的历史渊源

现代西方经济学一般指 20 世纪 30 年代以后流行于欧美国家和其他一些国家与地区，并且一直延续到现在的经济学说。现代西方经济学说是从很久以前西方古代的经济思想和学说逐渐发展变化而来的。为了更好地了解现代西方经济学的各个主要流派，我们有必要在此之前，从历史的纵向发展角度，粗略地了解一下作为现代西方经济学说前奏的古代和近代欧洲经济学说的主要发展概况。

### （一）古代和中世纪的经济学说

经济学的思想最早产生于古希腊。在公元前 4 世纪至公元 11 世纪，古希腊和古罗马的奴隶制庄园经济有了较快发展，偶尔也有一些简单的和少量的商品交换。一些学者对当时一些经济问题进行研究，提出了最早的经济学概念和思想，比如，关于商品价值和使用价值的看法、关于发展农业和手工业的看法、关于货币的看法等。

在 12—15 世纪，欧洲的中世纪时代，经济上是封建庄园经济和领地经济占主要地位，思想上和政治上是与封建王权的等级统治结合在一起的基督教神学占主要地位。在对基督教教义进行世俗解释时，神学家（如托马斯·阿奎纳）在过去的经济思想和观念的基础上，以基督教的观点解释了封建经济和商品交换中的问题（如高利贷问题）。尽管中世纪的经济思想在某些方面比古希腊和古罗马的经济思想有所进步，但是，进展却不大，在个别的方面（如价值理论）甚至还有退步。

经济思想和经济学说的发展需要以一定的经济实践为条件，它们又反过来反映一定的社会经济实践活动。近现代的西方经济思想是以发展到一定程度的商品经济和市场经济为基础的。反映近代资本主义商品经济和市场经济发展的重商主义经济学说，就是在这样的条件下发展起来，并成为近代西方经济学先导的。

重商主义经济思想和学说的盛行主要在 16—18 世纪，其特点是，围绕着国家如何才能发财致富的问题进行探讨，并在注重发展对外贸易的同时，主张国家对经济活动积极进行保护和干预。重商主义的经济思想和实践为古典经济学的产生提供了直接的前提和条件。但是，重商主义的理论观点和政策主张毕竟还比较肤浅、粗糙和片面。重商主义这些缺点与不足，更多反映了它们的历史局限性。

### （二）古典经济学理论的形成和发展

古典经济学主要产生和发展于资本主义社会的初级阶段（大致在 17—19 世纪中期）。欧洲当时的经济在资产阶级革命的推动下，得到迅猛发展，克服重商主义经济理论和观念缺陷的客观条件已经具备。古典经济学的经济思想和学说与重商主义的理论学说形成了鲜明的对照，其主要特点是主张实行自由放任的经济自由主义。这意味着，个人可以在摆脱封建经济制度残余和重商主义那样的国家干预的情况下,实行自由经营;政府应当在保证社会基本经济制度的前提下对经济采取自由放任的态度,让市场机制自动地调节经济,配置资源。古典经济学最重要的和典型的代表是英国经济学家亚当·斯密、大卫·李嘉图和约翰·斯图亚特·穆勒。

古典经济学的最主要成就是提出了以劳动价值论为主要理论基础的经济理论体系。这包括:以劳动价值论为主,同时也涵盖一些其他相应观点的价值论;在价值论基础上建立的生产理论、资本理论、分配理论和交换理论;与商品经济和市场经济密切相关的货币理论;对外贸易理论;等等。在政策倾向上,古典经济学家基本上都主张自由放任。

古典经济学理论观点的片面性在于,对于生产和供给方面较为重视,而对消费和需求方面却没有加以充分重视;在分析方法上,也不够精细。

### (三) 新古典经济学体系的产生和发展

新古典经济学时期是以1871—1874年经济学界所发生的一个重要事件(即"边际主义革命")为标志性起点的。1871年,英国经济学家威廉·斯坦利·杰文斯和奥地利经济学家卡尔·门格尔同时各自独立地出版了他们的代表作。而1874年,法国经济学家莱昂·瓦尔拉斯也独立出版了从不同角度论述与杰文斯和门格尔相同观点的重要著作。从这三本著作开始,直至19世纪末英国经济学家阿尔弗雷德·马歇尔的代表作《经济学原理》出版,标志着新古典经济学理论体系的形成。

新古典经济学将以劳动价值论为主体的客观的价值理论改变为主观边际效用价值论,并引进了运用数学的边际分析方法,由强调供给和生产转变为强调需求和消费。这种经济理论体系的主要代表是英国的马歇尔和庇古。在20世纪30年代之前,新古典经济学一直是西方国家中占统治地位的经济思想和学说,被认为是比古典经济学更为合理也更为精致的经济理论体系。但是,新古典经济学在20世纪20—30年代的世界性经济大萧条当中,面对严重的失业和生产过剩问题,却显得一筹莫展、无能为力。

不过,在新古典经济学最终完成的同一个时期,也出现了一些与之不同的经济理论。那些理论后来也被看作宏观经济学的直接理论前驱,为后来凯恩斯宏观经济学理论的产生提供了某种参照。

### (四) 现代西方经济学理论体系

20世纪30年代中期以后,西方经济学发生了"凯恩斯革命"。凯恩斯的经济理论否定了新古典经济学的主要思想倾向,开创了一个新的经济学的时代。在这个时代中,既恢复了历史上曾经出现过的国家干预主义的经济思潮,使之在经济生活中重新占据主流地位,同时也存在着原先曾经占据过主流地位但在凯恩斯主义出现后暂时退居次要地位的经济自由主义思潮。沿着国家干预主义经济思潮和经济自由主义思潮两个方向,西方经济学从20世纪30年代中期以后不断发展变化,衍生出许多具体的流派。我们在本书中将着重加以介绍的,就是从20世纪30年代中期以来,直到当前所先后出现和存在的各种西方经济学理论体系与学说。

## 二、西方经济学发展史上的六次"革命"

西方经济学从近代以来,大约一共经历了六次大的"革命性"的事件和变化。

1. "第一次革命"——《国富论》的出版

1776年,亚当·斯密出版了《国民财富的性质和原因的研究》(即《国富论》)。在书中,斯密批判了重商主义经济思想和政策主张,力主实行经济自由主义,反对国家干预经济生活,第一次创立了比较完整的古典政治经济学理论体系。《国富论》为古典政治经济学从多方面奠定了理论基础,开辟了进一步研究的方向。正是斯密的这部巨著开创了经济学说史上一个崭新的时代。所以,亚当·斯密《国富论》的正式出版标志着西方经济学说史上的"第一次革命"。

2. "第二次革命"——"边际主义革命"

19世纪70年代初,英国经济学家威廉·斯坦利·杰文斯、瑞士经济学家莱昂·瓦尔拉斯和奥地利经济学家卡尔·门格尔,几乎同时各自独立地提出了主观效用价值论和边际分析方法,对劳动价值论和生产费用价值论提出了质疑和否定。这就是西方经济学说史上所说的"边际主义革命"。"边际主义革命"的影响一直持续到20世纪初期。英国经济学家阿尔弗雷德·马歇尔的经济学体系最终成为新古典经济学体系的代表,这也为现代微观经济学奠定了理论基础。事实上,直到20世纪30年代,新古典经济学一直居于支配地位。所以,"边际主义革命"被认为是西方经济学说史上的"第二次革命"。

3. "第三次革命"——"凯恩斯革命"

1936年英国经济学家约翰·梅纳德·凯恩斯出版了《就业、利息和货币通论》,引发了经济学说史上的"第三次革命"——"凯恩斯革命"。"凯恩斯革命"在经济学研究的理论、方法和政策三个方面,对传统的新古典经济学体系进行了变革。

理论上,凯恩斯反对代表新古典经济学传统理论观念的"萨伊定律",强调总需求对决定国民收入水平的至关重要的作用。他提出在三大心理规律(即消费倾向规律、流动性偏好规律和资本边际效率规律)的作用下,有效需求不足将导致大规模失业和生产过剩,而市场自动调节的机制将无法发挥作用来纠正这种失调。

方法上,凯恩斯使用宏观总量分析方法,而且克服了此前经济学的传统"二分法",将货币经济和实物经济合为一体。这一做法开辟了经济学研究方法的一个新时代。

政策上,凯恩斯反对"自由放任"和"无为而治"的新古典传统,主张国家通过财政政策和货币政策对经济生活进行积极干预和调节。特别是,他"创新性"地提出了功能性的财政预算政策,主张以赤字财政政策来解决经济萧条问题。

凯恩斯经济理论体系的出现使西方经济学理论和政策主张发生了极大的变化,导致了现代宏观经济学的产生和国家干预主义经济政策倾向的复兴。

4. "第四次革命"——现代货币主义学派的崛起

20世纪50—60年代,米尔顿·弗里德曼以"现代货币主义"发起了对"凯恩斯革命"的"反革命",这就是经济学说史上的"第四次革命"。

弗里德曼的理论体系认为,主要是货币因素的扰动造成了资本主义经济体系的不稳定。货币是支配资本主义经济中产量、就业和物价变动的唯一重要因素。因此,经济理论中最重要的就是货币问题。

在政策上,弗里德曼认为,财政政策对经济只能起到负面作用,只有适当的货币政策才能稳定经济,让市场自动调节的机制充分发挥作用,实现充分就业。

弗里德曼在反对凯恩斯主义经济理论和政策主张时提出了两大思想:其一,货币供应量的增加是通货膨胀的根源;其二,短期内,货币政策比财政政策对产量具有更大的效应。这些观点后来为绝大多数经济学家所接受。

"现代货币主义"的革命使凯恩斯主义在第二次世界大战后长时期中的正统地位发生了动摇。

5."第五次革命"——"斯拉法革命"

1960年,英国经济学家皮罗·斯拉法出版了《用商品生产商品》一书,在西方经济理论学术界产生了很大的影响和震动。该书篇幅不长,但思想深刻,在复兴古典政治经济学思想路线的基础上,提出了生产价格理论,对新古典经济理论体系进行了批判。

斯拉法的这本书被认为是一部划时代的理论著作,它造成的影响不亚于一场"革命"。所以,斯拉法这本书的出版被认为是西方经济学说史上的"第五次革命"。

6."第六次革命"——"理性预期革命"

在20世纪70年代反对凯恩斯主义经济学的过程中,产生了西方经济学说史上的"第六次革命"——"理性预期革命"。

理性预期学派在批评凯恩斯主义理论体系的过程中,着重强调了宏观经济学的微观基础问题。他们认为,人们都是理性的"经济人",都具有最大化自己利益的行为和理性预期。因此,对于任何宏观经济政策,人们都会有相应的对策来避免对自己的不利,从而会造成宏观经济政策的无效。据此,理性预期学派(新古典宏观经济学派)反对凯恩斯主义的各种国家干预政策,主张由市场机制对经济自行加以调节。

今天,理性预期的概念已经为大多数经济学家所接受,并对以往的宏观经济理论模型和政策效果分析产生了重要的影响。正是由于这个原因,理性预期学派的出现被认为是对西方经济理论界的又一次革命。

以上六次"革命"大致上反映了西方经济理论体系的基本发展变化,特别是后面的四次"革命"反映了现代西方经济学各主要流派产生、发展和变化的基本过程。

## 三、 现代西方经济学流派的形成和发展

### (一) 现代西方经济学流派的划分标准

严格说来,给现代西方经济学划分理论流派是一件比较困难的事。西方经济学家对经济问题都有自己的独立判断。他们往往对某一个问题所持观点具有某种倾向,但是,在别的问题上又会有另一种倾向。始终彻底坚持某种观点和倾向的经济学家,实际上并不多见。此外,西方经济学家们之间的分歧,远没有我们从流派划分角度所认为的那么大。

本书中所说的西方经济学流派,主要是依据他们的大致情况,按照我们学习和了解的方便来进行划分的。当然,我们所划分的西方经济学流派中,有些在西方国家也是非常明显的,但是,有些流派则在实际上未必完全与我们的划分相吻合。

本书对于西方经济学流派的划分,既不是按照他们的阶级立场、世界观和政治态度来划

分,也不是按照他们所研究的问题来划分;既不是完全按照他们理论方法的历史渊源来划分,也不完全是按照历史的时间先后来划分;当然,也不能按照经济思潮来划分流派。我们在这里采纳了胡代光教授和厉以宁教授在《当代资产阶级经济学主要流派》一书中所提出的流派划分标准,即将西方经济学在"理论观点上基本一致,分析方法上基本一致,政策主张上基本一致"①作为流派划分标准。

一般说来,能够作为一个相同的经济学流派,就应该基本上符合上面三个方面的条件,或者至少在相当大的程度上符合上述三方面条件。对于这三个标准的运用,我们应该全面地、综合地加以衡量,绝不能孤立地仅仅抓住某一个标准便妄加评判。

不过,应该注意的是,这里所说的理论观点,主要是指对于资本主义市场经济运行方式的看法,对于影响经济活动的各个有关因素的看法,以及对于某些经济现象和经济问题产生的原因、发展趋势及其影响的看法。这里并不涉及对资本主义制度的基本看法和态度。

这里所说的分析方法,主要是指研究经济问题和分析经济现象时所采用的具体方法和技术性方法,而不是与世界观和社会价值观相联系的方法论。

这里所说的政策主张,主要是指西方经济学的不同流派对于西方国家当前或某一阶段的经济政策的基本倾向和看法,以及一些主要的政策建议。

此外,我们还要指出,现代西方经济学流派的划分标准与现代西方经济学思潮的划分标准是有所不同的。现代西方经济学思潮的划分标准是以西方经济学家们对经济活动的基本指导原则为标准的,特别是以他们的基本政策倾向,比如国家干预还是自由放任为标准的。而现代西方经济学理论流派的划分标准则要具体一些。

这里还要说明的是,我们在本书中所介绍的现代西方经济学流派,是在主要经济思潮之下来了解的现代西方经济学各主要流派。这样,既顾及当代西方经济学的主要思潮,也兼顾到各主要理论流派。对于不能严格归属于某一主要经济思潮下的重要理论流派,我们则另外列出一个大的类别加以介绍。

### (二) 现代西方经济学流派的形成和发展

现代西方经济学各流派的形成与发展,既同凯恩斯主义经济学有关系,也和新古典主义经济学有关系。一般说来,这些经济学理论流派的形成和发展与下面三种情况密切相关:

(1) 由凯恩斯的追随者对凯恩斯经济学说进行不同的解释和补充而形成的不同流派。这些流派包括新古典综合派(后凯恩斯主流经济学)、新剑桥学派(后凯恩斯学派)、凯恩斯主义非均衡学派(新凯恩斯学派)、新凯恩斯主义经济学。

(2) 凯恩斯主义经济学说在20世纪60年代末期以后遇到了同时通货膨胀和经济停滞问题的挑战。这时,与凯恩斯主义经济学说相对立的各种学说,在批评凯恩斯主义经济学说的情况下,出现了恢复古典经济自由主义思潮的倾向,产生了各种不同的流派。这些流派主要有:现代货币主义学派、理性预期学派、供给学派、新奥地利学派、弗莱堡学派、公共选择学派、新制度经济学、新古典宏观经济学。

(3) 既不同于凯恩斯主义各流派,也不同于反凯恩斯主义各流派的非主流学派。这包括:瑞典学派、希克斯的经济学、熊彼特的经济体系、罗斯托的理论、新制度学派、激进政治经济学派。

---

① 胡代光、厉以宁编著:《当代资产阶级经济学主要流派》,北京,商务印书馆1982年版,第10—16页。

### (三) 现代西方经济学流派的发展趋势

1. 现代西方经济学流派的发展趋势

现代西方经济学在经济思潮上由国家干预主义思潮和经济自由主义思潮构成,并且轮流居于主要地位。在发展趋势上,已经显示出两大经济思潮之间更多地相互渗透发展。两大经济思潮间的差异将会逐渐缩小,但是不会消失。相比之下,两大经济思潮下各种流派的变化则比较大。而且,各流派间的时期特点和区域特点也将较为明显。

2. 现代西方经济学流派形成和发展趋势的意义

第一,反映了西方国家中解决现实经济问题的要求和矛盾。第二,反映了西方国家经济发展中不同经济集团的利益和要求。第三,反映了西方经济理论和认识的不断进步。第四,了解现代西方经济学各个理论流派的形成和发展趋势对提高我们学习和借鉴西方经济学具有重要意义。

## 四、 学习本课程应有的基本态度

学习"现代西方经济学流派"这门课程,就是要在了解西方经济学的基本知识(包括微观经济学、宏观经济学和一些相关的子学科的知识)之后,更进一步了解现代西方经济学在一些基本问题和重大问题上的不同见解,以及这些见解所产生的实际背景和不同的分析角度。微观经济学和宏观经济学所介绍的,主要是大多数西方经济学家所基本赞成的东西,是构成现代西方经济学的基本理论体系和结构。对于西方经济学家关于相同问题的不同看法,则涉及不多。如果我们要较全面和较认真地了解与学习西方经济学,试图从中寻求对我们发展社会主义市场经济有借鉴意义、有启发的东西,不仅要知道西方经济学的主要体系和结构,了解有关的共识,还必须进一步了解,对于一些基本问题和重大问题,西方经济学家还存在着哪些不同的看法?这些不同看法有没有道理?为什么会产生这些不同看法?我们应当怎样把握西方经济学的理论共识和不同看法之间的关系?当我们借鉴和运用西方经济学中的有关知识时,要注意哪些条件和环境?

要解决这些问题,我们就应该在学习西方经济学各流派时,注意历史地、客观地、辩证地看待具体的理论和政策问题。在尝试借鉴某些理论和政策措施时,也应该首先从我国的具体问题出发去分析问题,注意我国和西方国家之间在相关环境和条件方面的差异,不可盲目照搬或简单套用。归根结底,我们要以实事求是的科学态度去学习、研究和借鉴西方经济学,在学习中坚持历史唯物主义和辩证唯物主义的基本态度和方法。

### 思考题

1. 如何理解当代西方经济学流派的含义?
2. 西方经济学发展历史上经历过哪几次重大的变化,或者说重要的、"革命性"的事件?
3. 西方经济学说发展过程中的"六次革命"各具有什么样的重要含义?
4. 如何理解当代西方经济学流派的产生或多或少都与凯恩斯主义有着直接或者间接的关系?

5. 大体说来,哪些流派可以归入凯恩斯主义的理论阵营?
6. 直接与凯恩斯主义阵营相抗衡的西方经济学流派有哪些?
7. 相对独立的西方经济学流派有哪些?
8. 你如何看待西方经济学各流派长期并存与论战的现象?

 参考文献

1. 晏智杰主编,王志伟、杜丽群副主编:《西方经济学说史教程》(第二版),北京,北京大学出版社2013年版。
2. 胡代光主编:《西方经济学说的演变及其影响》,北京,北京大学出版社1998年版。
3. 晏智杰主编,王志伟、杜丽群副主编:《西方市场经济理论史》,北京,商务印书馆1999年版。
4. 胡代光、厉以宁编著:《当代资产阶级经济学主要流派》,北京,商务印书馆1982年版。
5. 〔美〕亨利·威廉·斯皮格尔:《经济思想的成长》(上、下),晏智杰等译,北京,中国社会科学出版社1999年版。

21世纪经济与管理规划教材

经济学系列

# 第一篇

# 国家干预主义思潮下的各流派

第一章　凯恩斯的经济学
第二章　后凯恩斯主流学派
第三章　后凯恩斯学派
第四章　凯恩斯主义非均衡学派
第五章　新凯恩斯主义学派
第六章　瑞典学派

# 第一章　凯恩斯的经济学

## 一、凯恩斯的生平概况及思想进程

### （一）凯恩斯的生平概况

约翰·梅纳德·凯恩斯（John Maynard Keynes,1883—1946）是英国著名的经济学家,现代西方经济学中凯恩斯主义经济学的创始人,也是现代西方宏观经济学理论体系的奠基者。

凯恩斯1883年6月5日出生于英国的剑桥市。凯恩斯的父亲也是经济学家,是马歇尔的早期弟子,后来是马歇尔的同事,曾经出版过《政治经济学的范围和方法》一书。凯恩斯的母亲曾经担任过剑桥市的参议员和市长。

凯恩斯在14岁时获得英国伊顿公学的奖学金。1902年,凯恩斯从伊顿公学毕业后被保送到剑桥大学纽卡斯尔学院学习数学。在剑桥大学的第四学年,凯恩斯为准备参加文官考试,师从新古典经济学大师马歇尔学习了一段时间经济学。

1906年,他通过了文官考试,进入英国政府印度事务部任职。1908年起,凯恩斯回到剑桥大学撰写论文,并受聘担任讲师。1909年3月,他的论文《概率论》顺利获得通过。1911年起,在马歇尔的推荐下,年方28岁的凯恩斯担任了英国皇家经济学会季刊、著名的《经济学杂志》的主编。此后,在长达三十多年时间里,他一直担任这个职务,并且撰写了不少文章。他在剑桥大学任职期间,还曾经几次在印度政府任职。除去社会公职之外,凯恩斯还在有生之年担任过英国全国互助人寿保险公司董事长,创办过几家投资公司,从事金融活动,并取得了成功。

1913—1914年,凯恩斯担任皇家印度通货与财政委员会秘书。第一次世界大战期间,他在财政部任职,处理与协约国之间的金融问题,并在1919年作为财政部首席代表和顾问参加了巴黎和会。从1921年起,凯恩斯担任国民互助保险公司董事长,后来担任过独立投资公司和地方保险公司的董事。1929—1931年,他出任麦克米伦财政与工业调查委员会委员。1930年,他出任内阁麦克米伦委员会委员和经济顾问委员会委员。

第二次世界大战期间,凯恩斯担任了财政部咨询委员会主要成员。同年起,他担任英格兰银行董事。1942年,他被封为勋爵。1944年凯恩斯率英国代表团出席在美国布雷顿森林城举行的国际货币金融会议,并且当选为国际货币基金组织和世界银行的董事;1945年秋,他再次率团访问美国;1945年年底,他又代表英国参加国际货币基金组织和世界银行的正式工作;1946年3月,他出席国际货币基金组织和世界银行的第一次会议。

1946年4月21日,由于心脏病突发,凯恩斯逝世于苏塞克斯郡家中,享年63岁。

### （二）凯恩斯的经济思想和学术进程

凯恩斯的经济思想有一个不断发展变化的过程。在担任皇家印度通货与财政委员会秘书期间,凯恩斯出版了他最早的经济著作《印度的通货和财政》(1914),开始将经济理论与现实经济问题联系在一起。这表明凯恩斯开始注重对实际经济问题的解决和理论联系实际。

第一次世界大战后,凯恩斯对战后经济赔偿问题提出了自己的看法。这反映在他出版的《凡尔赛和约的经济后果》(1919)一书中。

1921年,凯恩斯出版了他的学位论文《概率论》。这是一部纯学术性和经济学工具性的著作。1923年,凯恩斯出版了《货币改革论》,从新古典经济学的思路出发,提出国内价格水平的稳定与汇率的稳定这两个目标无法兼得,应该将前者放在首位,主要通过市场机制加以调节,而不必恢复金本位制。1930年,凯恩斯出版了《货币论》,进一步从新古典经济学角度探讨了有关的货币理论和问题。同年,他在《1930年的严重萧条》一文中开始表露出对市场机制效果的怀疑。他还在《麦克米伦报告》中提出一些以货币政策应对经济危机的办法。1931年年底,凯恩斯出版了反映其经济思想变化的《劝说集》。

1933年,他在《取得繁荣的方法》一书中说明了公共工程支出的作用,并且采用了卡恩(P. F. Kahn)的乘数理论作为新的分析工具。1934年,凯恩斯访问美国。"罗斯福新政"推动了凯恩斯的理论研究。1935年,凯恩斯发表《一个自我调节的经济制度?》一文,说明自由竞争的资本主义市场经济不可能实现自我调节。1936年,凯恩斯完成了他经济思想的彻底转变,出版了他的"革命性"的代表著作《就业、利息和货币通论》(以下简称《通论》)。1937年,他发表了《就业通论》一文,对其上述《通论》的内容加以介绍和说明。

1940年,在第二次世界大战期间,凯恩斯还出版了小册子《如何筹措战费》,研究如何从经济上支持反法西斯战争的问题。

## 二、关于"凯恩斯革命"

### (一)"凯恩斯革命"的含义

凯恩斯的经济思想最早属于英国剑桥学派,信奉市场调节机制的有效性,以研究货币理论和货币政策著称。20世纪20—30年代的经济大危机和大萧条使他的经济思想和政策主张发生了根本性的变化。在他最著名的传世之作《通论》中,凯恩斯否定了传统的新古典经济学关于资本主义市场经济可以自动维持经济达到充分就业的和谐均衡状况的理论主张和信条,提出了一整套新颖的有效需求理论,并主张通过国家对经济生活进行积极干预的办法,来消除大规模失业、摆脱经济萧条。这些理论观点和政策主张被后来的经济学界认为是对于新古典经济学自由放任的经济思想倾向和政策主张的"革命"。"凯恩斯革命"开创了一个新时代,导致了现代宏观经济学的产生,也导致了凯恩斯主义经济学在第二次世界大战之后在西方国家较长期中占据主流地位。

### (二)"凯恩斯革命"的背景和动机

"凯恩斯革命"的背景主要是,20世纪20—30年代英国及其他西方国家的经济大萧条与新古典经济学理论的失灵。

1929—1933年,资本主义各国出现了普遍性的经济大萧条,生产和产值大幅度下跌,失业急剧增加。其中,尤其以美国最为严重,其后则是奥地利、德国、法国、意大利、捷克斯洛伐克和波兰,相对而言,斯堪的纳维亚国家、英国、西班牙、罗马尼亚和荷兰所受影响相对较小。根据统计资料显示,1929—1932年,各主要资本主义工业化国家的工业生产和国内生产总值的下降百分比分别为:美国44.7%和28.0%,奥地利34.3%和22.5%,德国40.8%和15.7%,法国25.6%和11.0%,意大利22.7%和6.1%,捷克斯洛伐克26.5%和18.2%,波兰工业生产下降了37.0%,挪威则是7.9%和0.9%,瑞典11.8%和8.9%,英国11.4%和5.8%,西班牙11.6%和8.0%。从失业率来看,1929—1933年期间,上述国家的失业总人数达到了4 000万—5 000万。其中,英国在1933年的失业人数达到275万,失业率为22.5%;美国的失业人数达到了1 400万,失业率为25%,普通人的生活水平倒退了20年。1932年,美国的工业生产仅达到1929年最高水平的53%。当时,经济大萧条的主要特征之一就是投资的崩溃。美国的净投资成为负数,1933年的住宅建设和修理支出仅为1928年支出水平的1/10。由于美国股票市场在1929年10月的戏剧性崩溃,许多股民破产,投资者的名义财富减少了80%。股票市场前两年所赚的400多亿美元全部消失得无影无踪。银行倒闭,40万储户无法提款。仅1932年一年内,美国就倒闭了1 400家银行。

在此之前的1917年,俄国发生了社会主义革命。经过最初几年艰苦奋斗之后,该国的秩序和经济建设迅速好转,其影响迅速扩大。

资本主义各国严重的经济困境迫切要求得到解脱。但是,新古典经济学家们信奉"自由竞争"、"自动调节"、"自由放任"的原则。他们的经济理论对经济困境一筹莫展,既无法从理论上给予解释,也无法从政策上提出解决办法。西方经济学发展历史上第一次大的理论危机就这样出现了。[①]这时,大致上有两条道路摆在资本主义各国面前:一是拿不出有效办法,只能任由资本主义经济垮下去,彻底崩塌;二是仿效俄国走社会主义的道路。从资本主义固有的立场来看,资产所有者们既不愿意经济崩溃和垮台,也不希望走社会主义的道路。他们迫切需要的是一套新的理论,在保持资本主义市场经济制度的前提下,既能对当时的经济大萧条给以解释,又能够解决现实问题。

凯恩斯原来也信奉新古典经济学的理论和主张。但是,在严酷的现实面前,他不得不承认新古典理论的无能为力。他说:"无论在理论方面或政策方面,经典学派支配着统治阶级和学术界之经济思想,已经有一百余年,我自己亦是在这种传统中熏陶出来的。在下文中,我将说明:经典学派之前提,只适用于一种特例,而不适用于通常情形。经典学派所假定的情形,是各种可能的均衡位置之极限点,而且这种特例所含属性,恰不是实际经济社会所含有的。结果是理论与事实不符,应用起来非常糟糕。"[②]他意识到,如果不能摆脱新古典经济学的传统思维方式,寻求新的理论和方法,就将无法克服经济大萧条,同时,那也可能意味着现实的社会将会倒向社会主义一边。为此,凯恩斯发起了向传统新古典经济学的挑战。他要从根本上改造新古典经济学的理论体系和政策主张,寻找一条新的道路,既可避免社会主义,又能避免经济彻底崩溃。这正如英国经济学家斯诺登所说的,"凯恩斯的目标是修改资本主义制度内的竞赛规则,以便保护和巩固资本主义"[③]。在这方面,凯恩斯进行了不懈的努力。

当然,凯恩斯不是"神仙",也不是"先知先觉"的"救世主"。他积极拯救资本主义市场经济制度的办法,也只能在当时社会提供的现实条件中寻找。严格说来,主张通过国家对于经济生活的干预来解决社会经济问题的要求,在当时已经形成了一定的气候,只不过还没有

---

① 这个提法最先是英国经济学家琼·罗宾逊提出来的。有兴趣的读者可以参见琼·罗宾逊于1971年12月7日在美国经济学会第84届年会的理查德·T.艾黎讲座上的演讲。
② 〔英〕凯恩斯:《就业、利息和货币通论》,徐毓枬译,北京,商务印书馆1963年版,第9页。
③ 〔英〕斯诺登:《现代宏观经济学指南》,苏剑译,北京,商务印书馆1997年版,第7页。

变为得到普遍认可的系统的理论和政策主张。

实际上,在20世纪30年代以前,正统的新古典经济学家们也始终并未完全放弃和彻底否认政府运用经济政策对经济施加影响的可能性,特别是通过中央银行对于货币数量加以调节的办法来应对通货膨胀或者通货紧缩。19世纪中期的英格兰银行、1913年美国建立的联邦储备系统都先后采取过以货币调节手段调节经济的办法。在20世纪30年代的经济大萧条期间,正统的新古典经济学家们也基本上维持上述认识,只是在理论上没有放弃自由放任主义的传统,仍然强调市场自动调节机制的有效性。他们认为,有了市场自动调节机制,再加上中央银行调节货币流通量的办法已经足够了。至于财政政策,正统的新古典经济学家则坚决加以反对,认为财政政策副作用太大,而且由于它会代替和排挤私人投资,其效果也不会比货币调节的结果好。这就是当时英国的"财政部观点"。陶西格(F. W. Taussig)、熊彼特(J. A. Schumpeter)、汉森(Alvin H. Hansen)等美国经济学家,也基本上反对政府对经济活动的直接干预。①所以,在20世纪30年代经济大萧条期间,经济理论界面临的争论实际上涉及两个层次的问题:其一是要不要政府干预经济,其二是要不要政府以财政政策的手段直接干预经济。

这第二个层次的问题,同样是有现实社会背景的:要求以财政手段干预经济在当时已经成为一种社会思潮。这种思潮在欧洲和美国都有很大影响。20世纪20年代,瑞典经济学家克努特·威克赛尔(Knut Wicksell)就在提出政府调节经济的理论时,同时提出了货币政策调节和财政政策调节两种手段(尽管瑞典学派的经济学家将货币调节置于更重要的地位)。瑞典政府据此进行的经济调节,被认为是"不以凯恩斯理论为依据的'凯恩斯式政策'的范式"②。美国经济学家约翰·莫里斯·克拉克(John Maurice Clark)通过乘数原理对公共工程促进就业的积极作用,说明了实行财政政策的必要性。芝加哥大学的雅各布·维纳(Jacob Viner)、弗兰克·奈特(Frank H. Knight)、保罗·道格拉斯(Paul H. Douglas)都主张政府采取财政政策直接干预经济,而不应该拘泥于传统的财政平衡预算的做法。1932年,怀纳、奈特、亨利·舒尔茨(Henry Schultz)、亨利·西蒙斯(Henry C. Simons)等24位经济学家联名给当时的胡佛总统发电报,要求政府加强对经济生活的干预,其措施就包含财政政策。1933年罗斯福总统上台后,主张实行财政调节的经济学家们更加活跃,出版了一批文集来论证实行赤字财政政策和公共工程的必要性。

正是在这样的背景下,凯恩斯开始了他的思想转变,一步步走向其理论的"革命"。1926年,凯恩斯写了《自由放任的终结》的文章。到1929年,英国自由党的劳合·乔治(Lloyd George)提出了以公共工程解决失业问题的方案。凯恩斯为了表明自己对这种政府干预经济活动的支持,与汉德森(H. D. Henderson)合写了《劳合·乔治能做到吗?》的小册子。但是,这时的凯恩斯仍然停留在政策主张上,在理论上,他还没有完全脱离传统思想的影响,还没有一个真正的"理论基础"。到1933年年底,凯恩斯写信给《纽约时报》,说他"特别强调政府通过举债的方式将借款使用出去,从而增加国民购买力的重要性"③。在这一方面,凯恩斯甚至还

---

① 参见胡代光、厉以宁、袁东明著:《凯恩斯主义的发展和演变》,北京,清华大学出版社2004年版,第一章。
② 转引自胡代光、厉以宁、袁东明著:《凯恩斯主义的发展和演变》,北京,清华大学出版社2004年版,第一章。第6页。
③ 转引自〔美〕萨缪尔森:《经济学文选》,美国,波士顿,坎布里奇,麻省理工学院出版社1973年英文第7版,第92—93页。

对希特勒的扩充军备计划表示赞赏，认为可以由此使德国免于经济萧条，达到充分就业。①

在1932—1935年期间，凯恩斯作过大约三十次演讲，介绍自己的观点和主张，以争取更多支持者。在这样的过程中，凯恩斯也逐步建立并明确了自己新的理论方向和理论体系。他在1933年出版的《走向繁荣之路》，标志着他在运用财政政策调节经济方面取得了理论上的较大进展，接受了卡恩的"乘数原理"，把政府的财政政策和解决就业问题结合起来了。此后，凯恩斯便着力于创建一个新的符合需要的理论体系。他确信，他所建立的理论体系将是与以往的新古典经济理论体系完全不同的。他在1935年1月1日写给他的朋友、英国大文豪萧伯纳（George Bernard Shaw）的信中谈到了他正在写作的《通论》。他说："我相信自己正在撰写一本颇具革命性的经济理论的书，我不敢说这本书将会立即改变世界对经济问题的看法，但是在未来十年间，它对经济理论必然会产生革命性的影响……在现阶段里，我不能期望你或任何人相信这一点，但我自己对这一点是深信不疑的。"②事实证明，凯恩斯的这段话是颇有预见性的。十年以后，当美国经济学家萨缪尔森和汉森将凯恩斯的理论正式引入美国，也就是他们正式在经济学界推广这一理论时，凯恩斯所坚信的"革命性影响"便真的开始发挥作用了。也正是由那时开始，凯恩斯的经济理论和思想开始成为第二次世界大战之后西方经济学的主流和正统思想。

尽管"新经济学"的称呼已经在很大程度上说明了凯恩斯的理论与传统经济理论的差别，但是，"凯恩斯革命"的提法似乎更具有感觉上的冲击力。就"凯恩斯革命"一词的提法在经济学界的广泛流传和认可来说，美国经济学家劳伦斯·克莱因（Lawrence R. Klein）在1947年出版的专著《凯恩斯革命》显然功不可没。

## （三）新古典经济学的基本原理和命题

为了理解"凯恩斯革命"，就必须明白凯恩斯理论的对立面。凯恩斯所反对的新古典经济学的理论体系，究竟包含哪些内容？凯恩斯着重在哪些方面进行了变革呢？按照凯恩斯的概括，以马歇尔、庇古等人为代表的新古典经济学体系主要包含以下一些要点：

（1）"萨伊定律"：它集中体现了新古典经济学的核心思想。凯恩斯把它概括为"供给总是能够创造自己的需求"的原理和教条。"萨伊定律"认为，市场需求总是没有问题的，关键在于人们能够提供多少产品和服务，或者说，社会总供给总是会等于社会总需求，不会发生经济危机。

（2）市场具有自动调节经济使其趋向或达到充分就业均衡的机制和功能。在一般情况下，充分就业是一种常态，即便偶尔出现失业或失衡，也会通过市场的调节作用自动地恢复到充分就业状态。

（3）利率是货币市场的调节手段。它可以引导人们自动地调节储蓄和投资，使二者达到相等的状态。所以，货币市场也总是处于均衡状态。

（4）工资是调节劳动力市场的有效机制。它可以使劳动的供给和需求自动达到相等。由此决定了劳动市场也是经常处于均衡状态。

（5）货币对于实际经济活动完全不起作用。货币只是影响价格水平等名义变量，而不会

---

① 参见《纽约时报杂志》，美国，纽约，1974年9月22日，第99页。
② 转引自〔美〕R. L. 海尔布鲁诺：《改变历史的经济学家》，蔡伸章译，香港，志文出版社1983年版，第480—481页。

影响实际就业量和产量。这就是货币中性。这种观点就是古典经济学和新古典经济学的经济"二分法"观点。

（6）政府应该对社会的经济活动（货币的供给例外）采取自由放任态度，不加干预。只要市场机制可以充分发挥作用，经济就会维持在理想的均衡水平上。所以，经济的任何波动和失衡都是暂时的。

## 三、"凯恩斯革命"的主要内容

"凯恩斯革命"就是针对新古典经济学体系，从理论、方法和政策三个方面，对传统的新古典经济学进行了变革。

### （一）理论的变革

凯恩斯否定所谓"萨伊定律"①，强调总需求对决定国民收入的至关重要的作用。他认为在三大心理规律（即消费倾向规律、流动性偏好规律和资本边际效率规律）作用下，有效需求不足将导致社会上出现较大规模失业和生产过剩，而市场自动调节的机制将无法发挥出有效作用来纠正这种失调。

### （二）研究方法的变革

凯恩斯复活了重商主义使用的宏观总量分析方法，克服了此前将货币经济和实物经济分开的"二分法"。这一做法开辟了经济学研究方法的一个新时代。在经济理论分析中，凯恩斯还运用了古典经济学和新古典经济学不太注重的短期分析和比较静态的分析方法。

### （三）经济政策的变革

凯恩斯反对"自由放任"和"无为而治"的传统做法，主张国家通过经济政策，主要是财政政策和货币政策对经济生活进行积极干预和调节。凯恩斯强调扩张性财政政策在经济萧条时的积极作用，他具有"创新性"地提出了功能性的财政预算政策，主张以赤字财政政策来解决大的经济萧条和危机问题。

### （四）《通论》的主要思想

《通论》的主要思想是，市场经济的自动调节作用尽管可以使储蓄和投资达到相等，使经济达到均衡，但是，却未必可以达到和保持在充分就业的水平。恰恰相反，由于社会有效需求不足，经济中往往存在着"非自愿失业"，而经济的常态恰恰是低于充分就业的均衡水平。所以，他认为说明低于充分就业水平均衡是经济常态的理论，才是"一般性的理论"，即"通常情况下的理论"；而论证充分就业均衡是常态的理论，恰恰是特殊的理论。针对有效需求不足和"非自愿失业"存在的情况，国家应该积极干预经济生活，主动运用财政政策和货币政策去调节经济，甚至通过增加政府直接投资来推动就业的扩大并克服经济危机。

---

① 所谓"萨伊定律"完全是凯恩斯创造出来的一种说法，用以代表相信市场自动调节功能有效性的信条。在凯恩斯看来，在广义上，"萨伊定律"的含义包含上述的六点新古典经济学的基本原理和命题，在狭义上，就是指"供给总是能够创造自己的需求"。

具体说来,凯恩斯经济理论的这一主旨是通过对新古典经济学相应理论观点的批判建立起来的。这表现在:

(1) 反对"萨伊定律"和市场经济会自动调节保持均衡的全部理论教条,发起经济理论的革命。

凯恩斯以经济现实批评了"萨伊定律"的教条,针锋相对地提出了强调需求重要性的有效需求理论。凯恩斯认为,在市场经济的现实条件下,国民收入主要受到了需求水平的制约,或者说,国民收入的水平主要是由社会的需求水平来决定的。他认为,由于"资本边际效率"、"流动性偏好"和"边际消费倾向"这三大心理规律的作用,即便在正常的情况下,仅靠市场的自动调节机制也不足以使经济达到充分就业的均衡。为此,国家必须借助政府干预的各种手段,来补足社会的有效需求缺口,才能使供给和需求在最适当的水平上达到均衡,即达到充分就业的均衡。

具体到各个特定市场的情况,凯恩斯认为,在商品市场上,消费者在"边际消费倾向"的作用下,其消费需求会随着收入的增加而呈现递减的趋势,也就是说,由于消费的增加总是跟不上收入的增加,消费需求不足将是一种长期现象。在货币市场上,利率也不能自动保证储蓄与投资的经常相等。因为投资要取决于利率和对投资的预期收益(资本边际效率)二者之间的比较。而利率也不是像新古典经济学所说的那样由储蓄和投资共同决定。对此,凯恩斯提出了利率应该由对货币的供给和需求共同决定,在短期内主要是由对货币的需求决定的观点。货币的需求又是由人们需求货币的三种动机来决定的。在劳动市场上,他认为,工资也不能成为调节劳动力市场,使劳动的供求经常达到充分就业均衡的机制。凯恩斯认为,劳动的供给主要取决于名义工资(而不是像新古典经济学所认为的那样取决于实际工资),而且名义工资在经济萧条时也不会像新古典经济学所认为的那样无限地下降。凯恩斯认为,在消费需求不足的条件下,一般消费品的生产过剩是不可避免的。消费品的生产过剩将会导致生产减少和下降,而这些又都会减少生产者的利润,从而降低生产者和投资者的利润预期,降低其"资本边际效率",引起投资需求不足(如果"资本边际效率"发生突然崩溃,将会立即引起经济危机)。再加上"流动性偏好"的作用,使利率难以持续下降,投资需求将更加不足。在投资需求不足的情况下,经济中就会出现非自愿失业。这样,劳动市场也会发生严重失衡。由此,凯恩斯断定,在一般情况下,资本主义经济将无法依靠市场的自动调节机制达到充分就业的均衡状态。仅依靠市场调节机制,经济通常将处于小于充分就业的低水平均衡状态,只有在极偶然的情况下,经济才可能达到充分就业水平的均衡。而经常失业的常态是难以为社会所接受的。

(2) 对自由放任主义新古典经济学传统信条的政策革命。

鉴于经济中经常发生有效需求不足的情况,而市场自动调节机制又不能总是有效地发挥作用,凯恩斯提出,应该放弃传统的、新古典经济学所主张的自由放任原则,转变政府实行自由放任政策的观念,代之以政府干预的观念和政策,通过实施扩张性的财政政策和货币政策,增加社会的总需求,提高就业和产出水平。他还进一步采用了其弟子卡恩提出的乘数理论来说明政府干预经济、扩大有效需求的重要效果。

鉴于上述观点,凯恩斯认为,他的经济学理论是一种更为一般性的、更普遍的和更经常性的理论,而古典经济学和新古典经济学的理论只不过是一种特例。

## 四、凯恩斯经济政策的实践验证

凯恩斯提出其《通论》中的经济思想和拯救经济危机的政策后,并没有立即被直接运用,但是,20世纪30年代美国的"罗斯福新政"和随后发生的第二次世界大战却对其给出了间接的验证。

就在凯恩斯酝酿其后来在《通论》中所提出的经济思想和政策主张的过程中,他曾经对美国在20世纪30年代所实现的"罗斯福新政"产生了浓厚的兴趣,认为"罗斯福新政"在其指导思想上与自己的新思想不谋而合。尽管美国的罗斯福总统对凯恩斯的主张和建议并不感兴趣,但当时美国对经济危机所采取的各种应对措施事实上与凯恩斯的主张是基本一致的。所以,凯恩斯后来对他的美国之行也是十分兴奋的,认为那就是对自己理论主张的最好验证。当然,在第二次世界大战中,各国政府都增加了政府支出,至少从军工企业和军事用品,以及最必要的生活用品方面拉动了经济。美国经济正是借助于相应的经济政策和战争需要率先较快摆脱了经济危机,并在经济上成为第二次世界大战后最为强大的国家。

也正因如此,凯恩斯的经济思想和政策主张在第二次世界大战后成为大多数西方国家的主流经济思想。特别是在美国,凯恩斯经济思想和政策主张的应用还被大大扩展成为一整套现代版的凯恩斯主义理论和政策。

当然,美国在20世纪70年代所发生的经济滞胀,也是对美国凯恩斯主义滥用的一种另类验证。

## 五、简 要 评 论

凯恩斯的《通论》的出版,恰好满足了20世纪30年代西方国家在经济上和政策上的实际需要,所以,《通论》出版之后,对西方经济学界立即产生了极大的影响,很迅速地为英、美等国经济学界所接受。西方经济学家均对此给予了极高的评价。美国著名经济学家约翰·加尔布雷思说,《通论》是"对社会经济政策最有影响的一本书"①。更有一些西方经济学家把凯恩斯的《通论》比作哥白尼在天文学上的贡献、达尔文在生物进化论方面的贡献和爱因斯坦在物理学上的贡献。还有人把它与亚当·斯密的《国富论》、马克思的《资本论》相提并论,认为:"亚当·斯密的著作是对重商主义的声讨,马克思的著作是对资本主义的尖锐批评,凯恩斯的著作是摒弃自由放任的基础。"②诚然,凯恩斯对于西方经济学的这一变革,在当时乃至以后的确都是一个十分重要的"革命性"的转变。不过,像上述一类说法也有些言之过甚。

凯恩斯经济理论体系的出现确实使西方经济学发生了极大的变化,并导致了现代宏观经济学的产生。

"凯恩斯革命"在理论上的特点主要是:(1)注意到经济中制度因素和不确定性对经济行为的决定性影响,因而拒绝了传统西方经济学中的市场总是处于充分就业均衡状态的假定。(2)注重短期分析,注重国民收入和就业的决定问题,而不再强调长期分析和资源最优配置

---

① 〔美〕约翰·K.加尔布雷思:《凯恩斯主义为何来到美国》。转引自〔美〕萨缪尔森:《经济学文选》,美国,波士顿,坎布里奇,麻省理工学院出版社1973年英文第7版,第91页。

② 〔美〕狄拉德:《凯恩斯经济学》,陈彪如译,上海,上海人民出版社1963年版,第1页。

问题。(3) 强调有效需求的决定性作用，否认相对价格变动在短期内的重要意义。(4) 主张经济中实物经济和货币经济的统一，反对将其分裂的"二分法"。(5) 否认经济中存在经常有效的自动调节机制，主张政府对经济加以干预和调节的必要性和重要性。

客观地讲，凯恩斯的理论的确对20世纪20—30年代的资本主义经济状况作出了一定程度上的、比较正确的分析。他能够比当时居于主流地位的新古典经济学家更为清醒地正视经济大萧条的现实和资本主义经济体系的矛盾。他的一整套理论体系和分析方法的提出，为西方经济学的发展在极其关键的时刻发生转变开辟了一个新方向。他所提出的经济政策主张，至少为当时的资本主义经济摆脱危机和困境，提供了一条在资本主义市场经济框架内比较现实和可行的途径。从某种意义上说，正是凯恩斯找到了有别于社会主义和传统新古典经济学的、拯救资本主义经济的"第三条道路"，他不仅成为现代西方宏观经济学的创始人，而且也成为真正意义上的现代西方经济学的奠基人之一。此后，西方经济学的发展都直接或者间接受到了凯恩斯经济学理论和分析方法的影响，而西方国家在经济政策的实践方面更是明显地打上了凯恩斯的烙印。所以，"凯恩斯革命"的意义主要应该从上述方面加以理解。

尽管凯恩斯的经济学在第二次世界大战以后的大约二十多年时间里，一直占据主流地位，在一些人当中甚至言必称凯恩斯。但是，凯恩斯的理论和方法显然存在着某些缺陷。它强调了经济的宏观方面，却忽视了应有的微观基础，从而成为后来一些经济学家批评的主要方面。它过多强调了心理因素的作用，却忽视了对经济现实因素的深入分析。它在特定情况下对经济需求方面给予充分强调的同时，却没有注意到供给因素也是不能被忽略的。他的理论过分注重短期，而没有涉及长期的问题；过分注重静态和比较静态的分析，而没有涉及动态的分析。凡此种种，造成了凯恩斯理论在解释经济现实问题时，也存在着较大的局限性，因而也引起了后来的经济学家们对他在长时间内的较多批评。当然，对于凯恩斯经济理论在资本主义市场经济发展过程中的重要作用，西方经济学界也从未加以否定。这正像美国经济学家戴维·麦柯德·奈特(D. M. Knight)所说的那样："我们可以驳斥凯恩斯提出的个别命题。但是，如果我们推翻他的整个体系，那我们便会错过挽救资本主义的最后机会。"[①]

总之，对于"凯恩斯革命"，我们既要从它对西方经济学的发展和对西方国家经济发展的作用方面给予积极评价，也应该看到，正是由于凯恩斯理论极强的针对性带来了它的特定历史局限性和片面性。当然，我们也应该注意到，凯恩斯的理论和方法带有的理论上的粗糙和看法上主观的问题，此外，它也无法与马克思主义经济理论相提并论。所以，在学习、了解和借鉴凯恩斯的经济理论和分析方法时，我们应该实事求是地、历史地、具体地分析和对待它，并准确地把握它。

## 思考题

1. 凯恩斯以前的新古典经济学的基本理论可以归结为哪一些基本命题？
2. 所谓"凯恩斯革命"是什么含义？其主要变革何在？
3. "凯恩斯革命"的背景和动机是怎样的？
4. "凯恩斯革命"的理论特点和意义是什么？

---

① 转引自胡代光、厉以宁、袁东明著：《凯恩斯主义的发展和演变》，北京，清华大学出版社2004年版，第一章，第15页。

5. 新古典经济学派最基本的原理和命题是什么?
6. "萨伊定律"从狭义上和广义上有什么不同?

## 参考文献

1. 〔英〕凯恩斯:《就业、利息和货币通论》,徐毓枬译,北京,商务印书馆 1963 年版。
2. 〔英〕凯恩斯:《就业、利息和货币通论》,高鸿业译,北京,商务印书馆 1998 年版。
3. 〔英〕斯诺登:《现代宏观经济学指南》,苏剑译,北京,商务印书馆 1997 年版。
4. 〔美〕R.L.海尔布鲁诺:《改变历史的经济学家》,蔡伸章译,香港,志文出版社 1983 年版。
5. 〔美〕狄拉德:《凯恩斯经济学》,陈彪如译,上海,上海人民出版社 1963 年版。
6. 胡代光主编:《西方经济学说的演变及其影响》,北京,北京大学出版社 1998 年版。
7. 胡代光、厉以宁、袁东明著:《凯恩斯主义的发展和演变》,北京,清华大学出版社 2004 年版。
8. 罗志如、范家骧、厉以宁、胡代光著:《当代西方经济学说》(上、下册),北京,北京大学出版社 1989 年版。
9. 吴易风、王健著:《凯恩斯学派》,武汉,武汉出版社 1996 年版。
10. 方福前著:《从〈货币论〉到〈通论〉——凯恩斯经济思想发展过程研究》,武汉,武汉大学出版社 1997 年版。
11. 刘涤源著:《凯恩斯经济学说评论》,武汉,武汉大学出版社 1997 年版。
12. 刘涤源著:《凯恩斯就业一般理论评议》,北京,经济科学出版社 1989 年版。

# 第二章 后凯恩斯主流学派

凯恩斯在《通论》中提出的不同于新古典经济学的新的经济理论和方法体系为西方主要国家的经济学家普遍接受之后,逐渐成为西方各国的"新经济学"。许多西方经济学家对其趋之若鹜,信服有加,甚至把它说成是"凯恩斯革命"。在这种情况下,为了学习、运用和推广凯恩斯提出的新理论、新方法,凯恩斯主义的追随者们对凯恩斯的理论进行了大量的注释、补充和改进的工作。这些人后来就逐渐形成了西方经济学界所说的"后凯恩斯经济学派"。

到20世纪50年代末和60年代初,西方国家的经济学界中的"后凯恩斯经济学派"形成了两个大的主要的分支或流派。一支是以美国经济学家为主的后凯恩斯主流学派(也叫作"新古典综合派"、"美国凯恩斯主义"、"凯恩斯右派");另一支是以英国经济学家为主的"新剑桥学派"(也叫作"后凯恩斯主义经济学"、"英国凯恩斯主义"、"凯恩斯左派")。此外,在20世纪70年代曾经出现了与新剑桥学派比较接近的"原教旨主义的凯恩斯经济学派"(20世纪80年代以后,该学派又被称作"后凯恩斯学派"),其主要代表人物有沙克尔(G. L. Shackle)、温特劳布(Sidney Weintraub)、戴维森(Paul Davidson)、明斯基(Hyman Minsky)、艾克纳(Alfred Eichner)和克里盖尔(Jan Kregel)等人。在本章,我们将介绍对西方经济学影响最大的一派,即后凯恩斯主流学派的情况,而在后面一章将集中介绍"新剑桥学派"的情况。

## 一、后凯恩斯主流学派的形成

### (一)学派形成的经济背景

后凯恩斯主流学派活跃的时间主要是在20世纪中后期(即20世纪50—70年代),其主要活动范围是在美国,其研究和针对的主要经济问题也以美国的经济问题为主。所以,要了解后凯恩斯主流经济学派,至少需要对美国相应时期的经济概况有一定的了解。

美国是第二次世界大战的主要战胜国之一。第二次世界大战使得最先摆脱20世纪30年代经济大萧条的美国,在经济迅速发展的道路上,进一步成为世界上经济最为发达的国家。

鉴于两次世界大战之间发生的全球性经济大萧条和各国之间激烈的贸易战,第二次世界大战结束前夕,以美、英为首的战胜国一致认为,应该为战后的国际经济秩序建立可靠的制度保障。于是,在美国的主导下,美、英、法等主要国家为此进行了一系列准备工作,并于1944年7月在美国新罕布什尔州的布雷顿森林城举行了重建战后经济秩序的会议,史称"布雷顿森林会议"。在会议上,与会国共同通过了美国的《国际货币基金协定》和《国际复兴开发银行协定》的提案。随后,1945年12月27日,国际货币基金组织和世界银行同时宣告成立,并列为世界两大金融机构,战后国际货币体系和制度就此建立。在1947年10月,为了削减关税和其他贸易壁垒,消除国际贸易中的差别待遇,促进国际贸易自由化,以充分利用世界资源,扩大商品的生产与流通,《关税与贸易总协定》在日内瓦签订,世界第三大经济组织也由此诞生。国际货币基金组织、世界银行和关税与贸易总协定这三大国际经济组织共同构成了

"货币—金融—贸易"三位一体的机构,作为维护第二次世界大战后世界经济秩序运行的保障工具。新秩序的建立有力地促进了世界经济的发展,密切了各国之间的经济协作,世界经济也出现了全球化和区域化的趋势。

当然,由于美国的经济实力和它通过战争赢得的在西方世界的领导地位,它实际上控制了战后的国际经济体系,为美国赢得了巨大的战争利益。国际货币基金组织是为保持国际汇率的稳定、多边贸易和货币的可兑换性而设立的。根据协定,确定了一盎司黄金等于35美元的官方定价。成员国货币的平价按一定数量的黄金和美元表示,美国承担接受各国政府或中央银行向美国兑换黄金的义务,由此建立起美元与其他成员国货币间的固定比价,确立了以美元为中心的固定汇率制体系。

在美国主导之下,战后世界经济秩序体系的建立,一方面为战后世界经济的恢复创造了条件,另一方面也为美国的经济利益和美国在世界经济体系中的主导地位和支配地位提供了制度上的有利保证。在这种形势下,由于美国的特殊地位,美国流行的经济思想也就成为西方国家的主流经济思想,美国的经济政策也就成为深刻影响世界经济的政策。

在这种有利条件下,自第二次世界大战结束到20世纪70年代,在吸取20世纪30年代治理经济大萧条的经验,并接受和运用凯恩斯主义关于国家干预思想的情况下,美国经济取得了大致顺利的增长和发展。尽管朝鲜战争和越南战争这两次局部战争对美国经济有所消耗,但在这一时期,经济增长仍是美国经济的主流。正是这种经济较为顺利的发展,为凯恩斯主义成为美国在这一时期的主流经济思想提供了有力的支持。

## (二)学派的形成过程

后凯恩斯主流学派的理论首先是以凯恩斯的宏观经济理论为基础的,当然,新古典的经济理论也是其有机组成部分。

后凯恩斯主流学派的形成过程,其实就是凯恩斯的经济理论在美国传播和占据主流地位的过程。这一过程并不是从凯恩斯的《通论》出版后很快开始的,因为1939年第二次世界大战的爆发使各国很快转入了战时经济的状态。不过,战时经济却从另外的角度对凯恩斯的理论提供了佐证,使得本来就对凯恩斯理论抱有好感的一些人,在战争结束之后更愿意接受它了。

由于美国经济学界在经济大萧条时期,已有一部分人赞成采取国家干预的政策来挽救危机中的经济,要求以货币政策和财政政策来解决失业问题的社会思潮,凯恩斯的理论在美国的传播对于这些人来说,显然是有一定基础的。"罗斯福新政"的实施和美国经济的复苏,从实践上也增强了凯恩斯理论在美国的影响力。当第二次世界大战结束时,已有更多的人对凯恩斯的经济思想和政策主张有所理解和接受。所以,美国经济学界是以十分兴奋和期盼的心情欢迎凯恩斯经济学的到来。而以阿尔文·汉森和保罗·萨缪尔森为代表的美国经济学家则成了凯恩斯经济学在美国传播和应用最热情的推动者。这样,凯恩斯的国家干预理论在一批有影响的经济学家赞成并积极引入美国后,便逐渐扩展开来,发展成为战后几十年中美国经济思想界的主流思想和流派,这就是美国的后凯恩斯主流经济学派——美国的国家干预的思想体系。

1946年,美国通过了《就业法》,最先把凯恩斯主义的原则体现在国家对经济生活进行调节的实际行动中。其后,欧洲一些国家也纷纷采取了相类似的行动,企图借助于国家干预来实现充分就业、物价稳定、长期经济增长、国际收支平衡、收入均等化和资源最优配置这六大经济目标。

　　20世纪40—60年代是凯恩斯主义在欧美国家得到普遍传播和运用的时期。这一时期被称为"凯恩斯时代"。在这一时期里，美国取得了连续多年的经济持续增长。这似乎证明了凯恩斯主义经济理论的有效和适用。但是，在经济持续稳定增长的情况下，新古典经济学的一些理论和观点又开始重新逐步回到一些人的经济理论观念中，并渗透和进入凯恩斯的经济理论，与凯恩斯主义由相互对立转向共存与相互融合。新古典综合的理论体系就在这一基础上形成和出现了。

　　"新古典综合"的发端，也许可以追溯到20世纪30年代英国经济学家约翰·希克斯（John R. Hicks）所写的《凯恩斯先生和"古典学派"》（1937）一文。约翰·希克斯用三个方程式和IS-LM模型概括了凯恩斯的理论。约翰·希克斯以新古典经济学的表述语言和方法对凯恩斯的经济学理论进行了概括。其IS-LM模型就是以局部均衡的图形和一般均衡的含义对凯恩斯理论的总体概括。此外，约翰·希克斯认为，凯恩斯的三个方程式是"向马歇尔的正统经济学跨回了一大步，以致他的理论很难与经过修订的和在限量范围内的马歇尔理论相区别"[①]。美国经济学家阿尔文·汉森也有与约翰·希克斯相类似的看法。这表明，虽然希克斯和汉森在普及和扩大凯恩斯经济学理论方面发挥了重要的作用，但是，他们毕竟还是站在新古典经济学的立场和角度来宽容地和较为现实地看待凯恩斯经济学理论的。在以后的年代，美籍以色列经济学家唐·帕廷金（Don Patinkin）在其《货币、利息和价格》（1956）中，根据希克斯的一般均衡结构，更为深入、广泛地对凯恩斯经济学理论和新古典经济学理论进行了沟通，在使用凯恩斯理论体系的收入—支出分析方法的同时，保留了新古典的货币数量论。

　　"新古典综合"理论体系的最完整形式首先在萨缪尔森的《经济学》教科书中得到了最典型的体现。萨缪尔森在其1948年出版的《经济学》教科书第1版中，正式开始其"新古典综合"的工作。他采用了一种有别于传统新古典经济学的结构和内容，把凯恩斯经济理论作为主体，而把传统的新古典经济学（微观经济理论）放到次要地位。在该书的"序言"中，萨缪尔森明确地宣布："在这本书中，贯彻始终的中心议题是国民收入。"后来的事实证明，萨缪尔森的这一工作在最终确立凯恩斯经济学理论第二次世界大战后在西方经济学中的主流地位，普及凯恩斯的经济学理论，并使之演变为当代西方宏观经济学上具有十分重要的意义。到1955年出版的《经济学》第3版，萨缪尔森首次正式提出了"新古典综合"的术语。所谓"新古典综合"就是把以马歇尔和庇古为代表的传统的新古典经济学理论同凯恩斯的经济学理论"综合"在一起。萨缪尔森在其《经济学》第6版（1964）中说："新古典综合"就是"总收入决定理论的要素与早先的相对价格和微观经济的经典理论相结合"。[②] 他说："在管理完善的体系中，运用货币和财政政策使经典理论提出的高就业的假定得到证实时，经典理论就恢复了原有地位，经济学家也就重新树立信心来陈述经典理论和社会经济原理。"[③]这其实就意味着，一方面，强调以政府干预的"需求管理"对经济进行宏观调节；另一方面，又主张以市场机制对生产要素的供求发挥自动的调节作用。说到底，"新古典综合"的核心思想就是相信：只要采取凯恩斯主义的宏观财政政策和货币政策对资本主义的经济活动进行调节，就可以避免经济萧

---

　　① 〔英〕希克斯：《凯恩斯先生和"古典学派"》。转引自《收入分配理论文选》，英国，剑桥，巴希尔·布莱克韦尔出版社1946年英文版，第468页。
　　② 〔美〕萨缪尔森：《经济学》，美国，纽约，麦格劳-希尔出版社1964年英文第6版，第809页。
　　③ 同上书，第809—810页。

条而使经济趋于充分就业;而经济一旦实现了充分就业,传统的新古典经济学的主要理论(如均衡价格论、边际生产力分配论等微观理论)就可以重新适用,并将把充分就业的均衡状态维持下去。美国经济学家明斯基曾经指出:"新古典综合论认为,主张实行积极的充分就业政策和一国经济具有自行趋于均衡的这种理论信念并行不悖。"①对此,萨缪尔森自己也在一篇文章中说到他和托宾、索洛、斯旺等人"集中注意力于一种受到管理的经济,通过熟练地运用财政政策和货币政策,把凯恩斯的有效需求的力量引向按一个新古典模型那样地行动"②。

"新古典综合"理论的出现,在相当大程度上平息了《通论》出版以来在西方经济学界所引起的争论和意见分歧。大多数经济学家的意见似乎都被统一到了"新古典综合"理论的认识上,凯恩斯经济理论也就基本上以折中的形式被接受了。在"新古典综合"理论的发展变化过程中,"新古典综合"理论也就在某种形式上被等同于凯恩斯的经济理论了。明斯基对此曾经说:"在60年代早期和中期……当时虽然有各种持不赞成态度的人存在,但是绝大多数职业经济学家对于把凯恩斯的创新与经典的传统分析工具和结论结合在一起的新古典综合,都同意它是指导理论研究和实际研究,进行经济政策分析和提出具体措施的恰当的理论结构。"③美国经济学家马丁·布朗芬布伦纳(M. Bronfenbrenner)也说:"萨缪尔森的《经济学》包括1945—1970年的'新经济学'和'新古典综合',它把财政主义的凯恩斯宏观经济学基础理论和马歇尔的微观经济学,以及不完全竞争经济学结合在了一起。"④

不过,应该注意的是,萨缪尔森最初提出"新古典综合",其实还有另外的一层后来被很多人淡忘的含义。这体现在萨缪尔森说过的下面一段话中:"如果现代经济学能够很好地完成任务,使得自由社会大体上能够消除失业和通货膨胀,那么它的重要性将会减退,而传统经济学(它关心的是有效率地配置充分就业的资源)则将第一次真正获得成功。"⑤这里,萨缪尔森的意思是,在经济未能达到充分就业状态时,凯恩斯经济学理论和政策主张是使经济恢复到充分就业水平的重要途径和手段,而新古典经济学理论则处于次要地位。一旦实现充分就业,这两种理论的地位就要发生转换,凯恩斯经济学理论和政策主张的优先重要地位就要让位于传统的新古典经济学理论与政策主张了。这也就是说,凯恩斯经济理论体系和政策主张不过是使新古典经济学理论体系重新适用的手段而已。

当然,在萨缪尔森的理论"综合"之外,后凯恩斯主流学派的经济理论体系中还有另一种综合,即经济政策方面的"综合"。这种政策方面的"综合"主要是由詹姆斯·托宾(James Tobin)完成的。早期的凯恩斯主义者一般认为,财政政策是缓和经济萧条、减少失业的最有力的工具。而新古典经济学派则把货币政策看作市场机制调节下的重要手段。托宾主张把这两方面结合起来。他说:"我们坚持'新古典学派的综合',强调货币成分和财政成分可以按照不同比例结合在一起以达到所希望的宏观经济效果。"⑥

由上可知,"新古典综合"的经济学理论体系的最终完成和被社会所接受,实际上包含了以下多方面的工作:(1)凯恩斯经济理论被希克斯和汉森综合为具有新古典经济学色彩的宏

---

① 〔美〕明斯基:《约翰·梅纳德·凯恩斯》,美国,纽约,麦格劳-希尔出版社1975年英文版,第53页。
② 〔美〕萨缪尔森:《略论后凯恩斯主义》,载《萨缪尔森科学论文集》第2卷,美国,波士顿,坎布里奇,麻省理工学院出版社1972年英文版,第341页。
③ 〔美〕明斯基:《约翰·梅纳德·凯恩斯》,美国,纽约,麦格劳-希尔出版社1975年英文版,第vii页。
④ 参见〔美〕菲维尔:《萨缪尔森和新古典经济学》,美国,波士顿,克鲁沃-尼约夫出版社1982年英文版,第345页。
⑤ 〔美〕萨缪尔森:《经济学》,美国,纽约,麦格劳-希尔出版社1955年英文第3版,第11页。
⑥ 〔美〕托宾:《十年来的新经济学》,钟淦恩译,北京,商务印书馆1972年版,第12页。

观的一般均衡理论模型;(2)萨缪尔森将凯恩斯的宏观经济理论体系和新古典的微观经济理论体系结合为统一的框架;(3)托宾将凯恩斯主义侧重的财政政策和新古典经济学侧重的货币政策的结合;(4)库兹涅茨等人和美国商务部建立的国民收入核算体系及相关的重要宏观经济概念;(5)汉森、萨缪尔森、托宾、克莱因等人提出的"相机抉择"的需求管理方式、"补偿性财政政策"、"自动稳定器"原理、"加速原理"、"引致投资"以及经济计量学的分析,都使凯恩斯理论能够被政策化。

无论如何,至少在20世纪60年代之前,"新古典综合"理论和政策主张,几乎都是被人们当作凯恩斯学派的经济学理论和政策主张来对待的。但是,从60年代以后,情况发生了变化。经济中日益严重的通货膨胀以及不断增大的财政赤字,使得凯恩斯经济理论体系穷于应付。1970年,在凯恩斯主义反对派对凯恩斯主义经济学不断提出批评的情况下,萨缪尔森在他的《经济学》第8版中,以"后凯恩斯主流经济学"的提法取代了原来的"新古典综合"的提法,来表明其教科书的理论体系。

1981年,新当选的美国总统罗纳德·里根在美国经济长期遭受"滞胀"折磨的情况下,在第二次世界大战后第一次摒弃作为经济政策理论基础的凯恩斯主义。在这种情况下,1985年,萨缪尔森与诺德豪斯合作出版了《经济学》第12版。在该版本中,他们将自己的理论体系改称为"现代主流经济学的新综合"。他们说,"有关宏观经济学的几章现在使用了具有综合性的总供给和总需求的方法","我们引入了总供给和总需求,作为理解价格和国民产值的总量变动的核心方法。宏观经济学中的所有重大问题现在都用这些新的工具加以分析。因此,我们把各种不同的思想流派——凯恩斯主义、古典学派、'现代货币主义'、供给学派、理性预期以及现代宏观主流经济学——综合在一起。"①

1992年,萨缪尔森和诺德豪斯又在《经济学》第14版中对理论内容作了重要修改,特别是把微观经济学部分放到了宏观经济学部分前边;另外,安排了"市场再发现"的主题,力图说明"遍及世界的各个国家正发现市场作为配置资源的一种工具的力量"。在该书中,作者强调了对开放经济的考察和研究;强调博弈论和不确定性的重要性;强调历史和政策;重新注意形成长期经济增长的力量、生产率增长缓慢的根源、新技术和知识的产生,从而把经济增长理论结合到宏观经济学中,作为总供给和潜在产量的一个组成部分;并且简明扼要地描述了宏观经济学的微观经济基础。②

总之,以萨缪尔森为主要代表的"新古典综合"理论,其"综合"的特征不仅表现为最初对凯恩斯理论和新古典理论的"综合",也表现为后来对凯恩斯主义反对派各种理论的"综合"。后凯恩斯主流学派的理论特征也许可以说是随着时间的推移而不断发展演变、不断扩大其"综合"对象的一种理论体系。这种理论体系总是试图将现存的主要经济理论"熔为一炉"。

## (三)代表人物

后凯恩斯主流经济学(新古典综合派)最重要的奠基者是美国的保罗·萨缪尔森(Paul A. Samuelson)和阿尔文·汉森(Alvin H. Hansen),其他主要代表人物有沃尔特·海勒(Walter W. Heller)、詹姆斯·托宾(James Tobin)、劳伦斯·克莱因(Lawrence R. Klein)、罗伯特·索洛

---

① 〔美〕萨缪尔森、诺德豪斯:《经济学》(第12版),高鸿业等译,北京,中国发展出版社1992年版,第i、ii页。
② 参见〔美〕萨缪尔森、诺德豪斯:《经济学》(第14版),胡代光等译,北京,北京经济学院出版社1996年版,有关章节。

(Robert M. Solow)、弗兰科·莫迪利安尼(Franco Modigliani)、阿瑟·奥肯(Athur Okun)、伊弗塞·多马(Evsey D. Domar)、马克卢普(F. Machlup),还有英国的詹姆斯·米德(James E. Meade)等人也赞同后凯恩斯主流学派的观点。除我们将在本书后面专门介绍约翰·希克斯的情况之外,下面我们将简单介绍以下一些美国和英国后凯恩斯主流学派重要代表人物的简况。

阿尔文·汉森(1887—1975)早年是传统新古典经济学的信奉者,后来又成为后凯恩斯主流学派的先驱者,他是美国著名的凯恩斯主义者、美国凯恩斯主义经济学的设计师。汉森是美国威斯康星大学博士,曾经先后担任过明尼苏达大学、斯坦福大学、哥伦比亚大学和哈佛大学教授。他是1938年美国经济学会的会长,还担任过罗斯福政府的经济顾问、美国国务院经济专家、美国联邦储备局经济顾问。萨缪尔森曾是他的学生。其主要著作有:《充分复苏,还是停滞》(1938)、《财政政策和经济周期》(1941)、《经济政策和充分就业》(1947)、《货币理论与财政政策》(1953)、《凯恩斯学说指南》(1953)、《美国的经济》(1957)和《20世纪60年代的经济学》(1960)等。

保罗·萨缪尔森(1915—2009)是新古典综合派最主要的代表和奠基人。萨缪尔森1915年出生于美国的印第安纳州,1935年毕业于芝加哥大学,1936年获哈佛大学硕士学位,1941年获哈佛大学哲学博士学位。他在哈佛大学毕业前一年(1940年)被聘任为麻省理工学院经济学助理教授,之后提升为副教授,1947年起任教授。1970年,由于他发展了静态和动态经济理论,提高了经济科学的定量分析水平而获得诺贝尔经济学奖。他曾经当选为美国经济学会会长、经济计量学会会长、国际经济学会会长,担任过美国资源计划局顾问、战时生产局顾问、美国总统经济顾问委员会成员等职务。萨缪尔森几乎在西方经济学的各个方面均有建树和发展。他的主要著作有:《经济分析的基础》(1947)、《经济学》(1948年初版,至今已出版了18个版本,历时50多年)、与多夫曼(Robert Dorfman)和索洛合著的《线性规划和经济分析》(1958);主要论文有:《乘数分析和加速原理的联合作用》(1948)、《资本理论的寓言和现实性:代用的生产函数》(1962)、《处于困境的自由主义者》(1972)等。

詹姆斯·托宾(1918—2002)是后凯恩斯主流学派的主要代表人物之一。托宾1918年出生于美国伊利诺伊州,1939年毕业于哈佛大学,1942年入伍,任职于战时生产局等政府机关。1946年,托宾从部队复员后重返哈佛大学,1947年获哈佛大学哲学博士学位。他1950年任耶鲁大学副教授,1955年任教授,1968—1978年任经济系主任。1958年他被选为美国经济计量学会会长,1961年任肯尼迪总统的经济顾问,1971年当选为美国经济学会会长。1981年,由于他在资产选择理论方面的成就,获得了诺贝尔经济学奖。托宾主要研究货币金融问题,特别是资产选择理论和货币经济成长理论。他在分析结构性失业和通货膨胀与失业并发症方面,对新古典综合派作出了重要的贡献。托宾的主要著作有:《国民经济政策》(1963)、《经济学论文集:宏观经济学》(1974)、《十年来的新经济学》(1974)、《经济学论文集:消费和经济计量学》(1975)等。

罗伯特·索洛(1924—)是后凯恩斯主流学派的主要代表人物之一。索洛1924年出生于美国纽约市,1947年毕业于哈佛大学,1949年获硕士学位,1951年获哈佛大学博士学位。他在获得哈佛大学博士学位前一年被聘为麻省理工学院助理教授,1955年起任教授。他1961年任经济计量学会会长,1980年任美国经济学会会长,1987年获诺贝尔经济学奖。他曾经到英国剑桥大学和牛津大学讲学,并兼任不少研究单位的职务。索洛的主要研究成果在资本理论和经济成长方面。他的代表作有:与萨缪尔森和多夫曼合著的《线性规划和经济分析》

(1958)、《资本理论与报酬率》(1963)、《美国的失败性质与原因》(1964)、《增长理论:一种说明》(1969)以及论文《经济增长理论》(1956)等。

弗兰科·莫迪利安尼(1918—2003)是著名的美国凯恩斯主义者。莫迪利安尼1918年出生于意大利的罗马,1939年毕业于罗马大学获法学博士学位。1942年,莫迪利安尼任哥伦比亚大学巴德学院统计学讲师,1944年获纽约社会研究学院社会学博士学位,1949年任伊利诺伊大学副教授,以后先后担任伊利诺伊大学、卡内基理工学院、西北大学教授。他1963年起担任麻省理工学院教授,1967年获芝加哥大学哲学博士学位,1979年获贝加莫大学博士学位。1985年,莫迪利安尼因其在储蓄的生命周期假说和公司财务定理方面的贡献而获得了诺贝尔经济学奖。莫迪利安尼曾经担任美国联邦储备系统管委会学术顾问、布鲁金斯经济活动专门研究小组高级顾问。1976年,莫迪利安尼出任美国经济学会会长,1981年任美国金融学会会长。莫迪利安尼的主要著作有:《国民收入和国际贸易》(1953)以及1980年出版的论文集《宏观经济学论》(第一卷)、《储蓄的生命周期假定》(第二卷)和《财政理论和其他论文集》(第三卷)。

劳伦斯·克莱因(1920—2013)也是美国凯恩斯主义经济学的重要代表人物之一。克莱因1920年出生于美国内布拉斯加州奥马哈市,1942年毕业于加州大学伯克利分校,1944年获得麻省理工学院哲学博士学位,1958年起任宾夕法尼亚州立大学经济学与财政学教授,并于1968年获得该校本杰明·富兰克林讲座教授的名誉称号。克莱因曾经在美国国家统计局和英国牛津大学工作过。他曾兼任美国经济学会会长、东方经济学会及经济计量学会主席。他还是沃顿经济计量学预测协会的创始人。他因为首次完整地将凯恩斯经济理论数量化,并应用经济计量技术研究宏观经济模型,在运用宏观经济模型分析经济波动和经济政策以及预测模型方面的开拓性工作和广泛影响,于1980年获得了诺贝尔经济学奖。其主要的经济学著作有:《凯恩斯革命》(1947)、《1921—1941年美国的经济波动》(1950)、《经济计量学教科书》(1953)、《论调查方法对经济学的贡献》(1954)、《1929—1952年美国的一个经济计量模型》(1955,合著);主要论文有:《宏观经济学与合理行为理论》(1946)、《美国十一个经济计量模型之比较》(合著)等。

阿瑟·奥肯(1928—1980)出生于美国新泽西州的泽西城,1949年毕业于哥伦比亚大学,1956年获该校经济学博士学位,1961年任耶鲁大学副教授,1963年起任教授。奥肯曾经是肯尼迪和约翰逊两任总统的经济顾问,1968年又担任约翰逊总统经济顾问委员会主席,1961年任布鲁金斯研究所高级研究员。奥肯的主要理论贡献是分析了平等与效率的替换关系,提出了估算"可能产出量"的"奥肯定理"。奥肯的主要著作有:《繁荣政治经济学》(1971)、《平等与效率》(1975)。

詹姆斯·米德(1907—1995)是英国剑桥大学教授,1977年,米德由于在国际贸易理论与国际资本运动方面的开创性贡献而成为诺贝尔经济学奖获得者之一。米德出生于英国南部多尔塞特郡的斯维内吉镇,1930年毕业于牛津大学,并被选为牛津大学赫尔福德学院研究员和讲师。后来,他到剑桥大学进修了一年,深受凯恩斯经济思想的影响,并提出了有助于凯恩斯建立经济理论的重要论点(如总储蓄的效应问题)。1931年,米德回到赫尔福德学院任教,直到1937年。他曾发表《凯恩斯体系的简化模型》的文章,早于约翰·希克斯提出了类似IS-LM的模型。1936年,他出版了《经济分析与政策导论》一书,阐述凯恩斯的经济思想。1937年,米德离开牛津大学,到日内瓦国际联盟任职。1940年,米德返回英国,在内阁办公室经济部工作,与斯通(R. Stone)合作建立复式国民收入核算体系,1945—1947年,米德任该部主任。1947年,米德应伦敦经济学院之聘,担任商业学教授直到1957年,其间,他出版了《国际经济政策理论》第一卷《国际收支》(1951)。该书将凯恩斯的经济理论与古典经济学理论(特别是一般均衡理论)结合在一起。1955年,米德出版了该书的第二卷《贸易与福利》。1957年,米德到剑桥大学任教,1969年他提前5年退休,集中研究《政治经济学原理》,到1976年已出版四卷。米德的其他经济学主要著作还有:《国际贸易几何学》(1952)、《关税同盟理论》(1955)以及80多篇论文。

## 二、 后凯恩斯主流经济学派的特征

第二次世界大战后,美国国家干预的经济思想体系以后凯恩斯主流经济学(新古典综合派)的经济学体系为代表。后凯恩斯主流学派在经济理论上的最显著特征表现在以下几个方面:

1. 理论的"综合"

后凯恩斯主流学派在经济理论上的最显著特征是,既在宏观方面接受凯恩斯的经济理论,也在微观方面采用传统的新古典经济学理论。该学派把凯恩斯宏观经济学所主张的总开支(总需求)所引起的"收入效应",与传统的微观经济学所主张的价格变动所引起的"替代效应"结合起来;也把凯恩斯强调的短期分析与古典学派所强调的长期分析结合起来;还把传统的市场自行调节的机制与凯恩斯所主张的政府干预机制结合起来,把新古典经济学强调的货币政策与凯恩斯所强调的财政政策结合起来;甚至也把非均衡分析的方法与一般均衡分析的方法结合起来。这种理论体系全面混合的特点,用20世纪60年代凯恩斯主义经济学处于鼎盛时期萨缪尔森的话来说就是,"星期一、三、五,我可以是一名'萨伊定律'的侍从,而星期二、四、六,我却可以是一名凯恩斯分子"①。此外,随着形势的发展,后凯恩斯主流学派还表现出另一个特征,那就是对其他学派观点的广泛吸纳。这一特点在20世纪70年代以后表现得更为明显。萨缪尔森的《经济学》教科书从1948年出版至今已经出版了18个版本,但是,仍然有很大的市场,其原因主要就是它能够不断吸纳新的理论和知识,并根据现实需要不断进行调整和修改。后凯恩斯主流学派这种混合的经济理论的运行背景是他们所谓的"混合经济"。

2. "混合经济"体系

后凯恩斯主流经济学的直接理论渊源主要是凯恩斯的经济理论和传统新古典经济学理论的"混合"。在实践上看,这种思想和理论既需要国家干预经济,也需要市场调节经济。其实,资本主义国家的经济在20世纪后就已经逐渐变为私人经济和社会化经济并存的"公私混合经济"或者"双重经济"。美国后凯恩斯经济学家认为,这种"混合经济"就是指,国家机构和私人机构共同对经济实行控制。萨缪尔森甚至认为,"混合经济体制"不仅是资本主义的目标,也是社会主义的必经之路。

总之,"混合经济"在实质上就是国家干预的、以私人经济为基础的市场经济。"混合经济"的特点就是以市场经济为主,通过价格机制来调节社会的生产、交换、分配和消费;同时,政府必须根据市场情况,通过财政政策和货币政策来调节和干预经济生活,熨平经济波动,保

---

① 〔美〕萨缪尔森:《经济学》,美国,纽约,麦格劳-希尔出版社1964年英文第6版,第809页。

证经济的均衡增长。

3. 广泛的包容性

美国后凯恩斯主流学派所具有的对不同学派理论观点的包容和广泛吸纳的特点，在该学派一开始形成便初露端倪，到20世纪70年代以后表现得更为明显。这也许和美国这个移民国家本身的包容性文化传统有某种联系。美国后凯恩斯主流学派的主要代表人物保罗·萨缪尔森的普及和推广凯恩斯思想的《经济学》教科书，从1948年正式问世一直持续到21世纪初已经出版了近20个版本，但是，在世界各国的高等院校中仍然占有很大的市场。其主要原因就是它能够对不同理论流派的思想给以一定程度的包容，而且不断吸纳新的理论和知识，并根据现实需要不断进行调整和修改。历史证明，凡是开放性的、具有包容性的思想和理论体系都具有广泛的发展空间和较好的长期发展前景。后凯恩斯主流学派这种"混合的"经济理论运行的现实背景是他们所谓的"混合经济"，而这也是他们能够包容各种不同观点，对其进行"综合"的客观依据。

## 三、"混合经济"理论体系的内容

### （一）"混合经济"的含义

后凯恩斯主流经济学（新古典综合派）以"混合经济"作为其理论的现实基础。在这方面，汉森是该理论学派的最早提倡者和前驱者。凯恩斯在《通论》的第24章中曾经认为，解决经济危机的"唯一切实的办法"是扩大政府的机能，"让国家之权威与私人之策动力量互相合作"①。这一说法可以被看作"混合经济"论点的最初发端。据此，汉森在1941年出版的《财政政策和经济周期》中，较系统地解释了"混合经济"的含义。他认为，从19世纪末期以后，大多数资本主义国家的经济就开始逐渐变为私人经济和社会化经济并存的"公私混合经济"或者"双重经济"。汉森认为，这种"混合经济"具有双重的意义，即生产领域的"公私混合经济"（国有企业与私人企业并存）和收入与消费方面的"公私混合经济"（公共卫生、社会安全和福利开支与私人收入和消费并存）。

后来，萨缪尔森在《经济学》中也专门论述了"混合经济"的含义。他认为，"混合经济"就是指，国家机构和私人机构共同对经济实行控制，但是，其中国家对经济的调节和控制更为重要。对此萨缪尔森说："普遍存在于世界各地的事实是：现代混合经济国家的人民都要求他们的代议制政府采取各种经济政策，来维持高额的就业数量，旺盛的经济增长和稳定的物价水平。"②

不过，萨缪尔森关于"混合经济"的定义也是随着形势的发展变化而逐渐有所变化的。他在1964年出版的《经济学》第6版中甚至提出了"混合经济体制"的说法。他说，"混合经济体制"是指"在近来不稳定的时代里，它是和平经济和战争经济的混合体制"。在1967年的《经济学》第7版中，他又说"混合经济体制"不仅是资本主义的目标，也是社会主义的必经之路。到1976年出版的《经济学》第10版，萨缪尔森将"混合经济体制"的特征归结为以下两个特征：

---

① 〔英〕凯恩斯：《就业、利息和货币通论》，徐毓枬译，北京，商务印书馆1981年版，第321页。
② 〔美〕萨缪尔森：《经济学》，美国，纽约，麦格劳-希尔出版社1980年英文第11版，第348页。

(1) 强调政府的经济作用。他说:"政府在现代混合经济中具有日益扩大的作用。这可以从三个方面反映出来:① 政府支出的数量增长;② 国家对收入的再分配;③ 直接调剂经济生活。"①

(2) 强调"垄断和竞争的混合制度"。他认为,在混合经济中,经济学的三个基本问题,即生产什么、如何生产和为谁生产的问题,主要并不依靠"集权的中央法令所决定","它依靠的是市场与价格制度"。②但是,市场的价格和竞争制度也不是完善的。

总之,"混合经济"在实质上就是国家干预的、以私人经济为基础的市场经济。"混合经济"的特点就是以市场经济为主,通过价格机制来调节社会的生产、交换、分配和消费;同时,政府必须根据市场情况,通过财政政策和货币政策来调节和干预经济生活,熨平经济波动,保证经济的均衡增长。

### (二) 理论的基本内容

"混合经济"理论的基本内容,就是在现实的"混合经济"基础上,所提出的后凯恩斯主流学派的理论体系,即依据凯恩斯理论所构造的收入—支出模型、希克斯和汉森创造的 IS-LM 模型、总供求模型,还有新古典经济学传统的微观经济学理论。

后凯恩斯主流学派所构造的凯恩斯的收入—支出模型就是有效需求决定国民收入的理论。该理论认为,决定国民收入水平的是有效需求的水平,而不是供给的水平。由于边际消费倾向递减规律,消费水平总是低于收入水平,由于资本边际效率的不稳定,利率便不能经常调节储蓄和投资以达到恰好相等的程度。所以,仅靠消费和自发的社会投资,便不能保证经济达到充分就业的均衡。在这种情况下,只有依靠政府刺激社会投资或者政府直接投资,才能够补足社会有效需求的不足,使经济达到充分就业的均衡。凯恩斯的收入—支出模型实际上和汉森发展的英国经济学家希克斯提出的 IS-LM 模型在内容上是完全一致的。IS-LM 模型也被称为希克斯-汉森模型。$I$ 代表投资,$S$ 代表储蓄,$L$ 代表货币需求,$M$ 代表货币供给。这个模型用一般均衡方法说明当商品市场和货币市场同时均衡时国民收入与利率的决定。这个模型被称为对凯恩斯主义理论的标准解释,后来成为第二次世界大战后所有宏观经济学教科书的核心内容。

IS-LM 模型是对凯恩斯理论的扩展和"新古典经济学"式的阐释,是凯恩斯有效需求理论和新古典一般均衡分析方法的结合。该模型将商品市场和货币市场结合在一起,体现了凯恩斯克服了新古典经济学"二分法"缺陷的特点,同时也提供了对货币政策和财政政策作用的说明。但是,该模型也保留了传统新古典经济学注重局部均衡分析和一般均衡分析的特点。

总供求模型则是在凯恩斯的收入—支出模型和 IS-LM 模型这两个模型的基础上,进一步从更广泛的角度上将总供给和总需求结合起来,解释经济现象。总供求模型是对前两个模型仅仅强调总需求方面问题的片面性所进行的补充与修正。

新古典经济学传统的微观经济学理论,是建立在市场自动调节机制有效性基础上的。后凯恩斯主流学派认为,在经济达到充分就业之后,新古典经济学传统的微观经济学理论就会发挥作用。他们持有这种看法的依据,就是凯恩斯在《通论》中所说的一段话:"我们对于经典学派理论之批评,倒不在于发现其分析有什么逻辑错误,而在于指出该理论所依据的几个

---

① 〔美〕萨缪尔森:《经济学》(第10版),高鸿业译,北京,商务印书馆1980年版,上册,第206页。
② 同上书,第83页。

暗中假定,很少或未能满足,故不能用该理论来解决实际问题。但实行管理以后,总产量与充分就业下之产量相差不远,则从这点开始,经典学派理论还是对的。今设产量为已知,换句话说,设决定产量多寡之力量,不在经典学派思想体系之内,则经典学派所作分析,例如私人为追求自己利益将决定生产何物,用何种方法(即何种生产要素之配合比例)生产,如何将最终产品之价值分配于各生产要素等等,仍无可非议。"①

由此可见,后凯恩斯主流学派就是在"混合经济"的舞台上,以"新古典综合"理论体系为道具,上演其解释资本主义经济和指导资本主义经济活动的戏剧。

当然,从后凯恩斯主流学派的经济理论内容来说,上述理论与模型显然是主要的。由于在现有的西方经济学或宏观经济学教科书中,对于上述凯恩斯主义经济学理论体系和新古典经济学理论体系的内容已有详细介绍,本书将对此从略。对于经济增长理论和经济周期理论等内容,也作同样处理,即这里只从有关经济理论的发展变化以及相互之间的差异方面加以介绍和说明,对于相关的具体内容,则一概从略。

### (三) 经济增长理论

由于凯恩斯的经济理论主要是考虑短期的问题,因此,经济增长问题不在其视野之内。现代经济增长理论主要是在第二次世界大战以后,在资本主义国家经济顺利发展的情况下产生和发展起来的。在"混合经济"的理论体系中,这被看作是对凯恩斯理论的一种引申和扩展。

不过在美国,汉森是最早试图将凯恩斯经济学长期化的。他在20世纪30年代就努力证明资本主义发展到最后,不但不能以"充分就业"为常态,反而不可避免地陷入"长期停滞"。所以,西方经济学家将其学说命名为"长期停滞论"。这个理论是罗斯福新经济政策的理论基础和指导原则,而且在罗斯福之后,美国历届民主党政府的经济政策皆本于汉森的"长期停滞论"。

汉森认为美国经济增长缓慢的原因主要是资本投资的下降,而造成经济长期停滞的原因则是资本节约型发明的增加、开拓疆土精神的丧失以及人口增长的停止。解决问题的出路就在于发挥减税等财政政策的作用。这样,汉森就将自己解决"长期停滞"问题的财政政策思想与凯恩斯的政策思想联系起来,试图以之推动经济增长。在汉森的带动下,美国的后凯恩斯主流经济学派也对经济增长问题投入了巨大的热情。

具体说来,后凯恩斯主流学派的经济增长理论主要是在这样一些情况下发展起来的:

(1) 后凯恩斯主流学派的经济学家认为,凯恩斯经济理论采用的静态均衡分析方法,考察的是经济的短期静态均衡和比较静态均衡,因而无法分析长期问题和动态问题。要想对凯恩斯的理论在正常情况下的运用作出说明,特别是要想对于第二次世界大战以后资本主义国家经济顺利发展和增长的情况作出理论解释与说明,就需要对凯恩斯的原有理论加以引申、扩展和补充,使之能够适应经济长期化和动态化的要求,用以考察经济在长期内的动态发展过程。所以,发展出一种与凯恩斯理论基本方向相一致的经济增长理论,就成为后凯恩斯主流学派经济学家的必要任务之一。

(2) 第二次世界大战后,西方国家在一段时间内经济的顺利发展,使得经济学家们不再像以往那样专注于经济萧条和大规模失业问题,而是开始关心当时的经济繁荣和顺利发展究

---

① 〔英〕凯恩斯:《就业、利息和货币通论》,徐毓枬译,北京,商务印书馆1981年版,第322页。

竟能够持续多长的时间,如果要在长期内保持这种繁荣需要什么条件。这样,经济学家们的注意力便自然地转向对经济增长问题的研究方面。

(3) 第二次世界大战后,许多发展中国家纷纷摆脱了殖民主义的枷锁,走上民族独立的经济发展道路。西方国家出于"冷战"思维和自己的利益考虑,希望自己的经济增长模式能够为新独立的国家提供一种"示范效应",以免它们走上社会主义道路。因此,也有必要研究经济增长问题。

经济增长理论的主要模型是"哈罗德-多马"模型和"索洛-斯旺"模型。由于宏观经济学的教材中对于这两种经济增长模型都有说明,我们在这里不再详细介绍。但是,我们应该了解这两者的主要区别:

首先,"哈罗德-多马"模型直接继承了凯恩斯经济理论的传统,在研究经济增长的均衡条件时,非常重视总需求因素的分析。而索洛和斯旺的新古典经济增长模型则十分强调劳动增长、资本增长和技术进步等总供给方面的因素在经济均衡增长中的作用。由于后凯恩斯主流学派的"混合经济"理论体系同时包含凯恩斯理论和新古典理论的内容,因此,上述这两方面经济增长理论也就共处于"混合经济"理论体系中。

其次,"哈罗德-多马"模型根据凯恩斯的经济理论,重视对有效需求不足时的经济失衡的分析。国民收入主要取决于经济中的总需求水平,持续的经济增长当然取决于持续的总需求增长,而持续的总需求增长又主要取决于投资的水平与状况。但投资又受到投资供给(即储蓄)的约束。"哈罗德-多马"模型认为,经济均衡增长时的投资必须等于储蓄,只有在储蓄可以顺利地转化为投资的条件下,社会储蓄率才成为经济增长的关键。新古典经济增长理论则引进了新古典经济学的价格理论,认为通过市场调节生产要素的价格,各生产要素都将得以充分利用,从而使经济达到充分就业的均衡增长。并且,由于利率升降的调节,投资总是被调整为等于储蓄。

最后,"哈罗德-多马"模型中含有固定生产系数的假定,即资本—产出比率是固定的。但是,新古典经济增长理论根据新古典经济学的边际生产力决定生产要素价格的理论,认为生产要素相对价格的变化,会使企业改变所使用的生产要素组合(前提是生产要素之间具有完全的替代性),因而可以通过改变资本—产出比率,调整投资和储蓄的关系,保证经济达到充分就业的均衡增长。

显然,后凯恩斯主流学派接纳新古典经济增长理论的目的,是要在引进新古典的微观经济学来补充凯恩斯的宏观经济学理论、引进市场调节机制来补充国家干预的经济政策的同时,进一步以新古典经济增长理论来补充和完善"哈罗德-多马"模型的不足,从而说明"混合经济"完全可能借助于经济增长理论来实现经济在充分就业水平下的均衡增长。

### (四) 经济周期理论

凯恩斯的经济理论只是从经济本身的不确定性和有效需求理论方面说明,资本主义市场经济存在着很大的不稳定性,因而,经济波动是不可避免的。但是,凯恩斯并没有说明经济波动的周期性质。后凯恩斯主流学派在凯恩斯经济理论的基础上提出了以"乘数—加速数"理论为核心的经济周期理论模型。该模型是后凯恩斯主流学派用动态过程分析方法建立起来的,其特点在于,把凯恩斯的"乘数理论"和其他人提出来的"加速数原理"结合起来,通过对政府支出、个人消费和私人投资等主要经济变量间相互关系的动态分析,来说明经济周期波动的原因和幅度。

"乘数理论"最早由英国经济学家卡恩于1931年6月在《经济学杂志》上发表的《国内投资与失业的关系》一文中提出,主要是阐述国家用于公共工程的支出和总就业量之间的关系。后来,凯恩斯在其《通论》中接受和使用了这一观点,并且通过引进边际消费倾向的概念系统地阐述了乘数理论。该理论主要是要说明投资对于国民收入与就业可以倍增的巨大作用。

"加速数原理"最早是由法国的经济学家阿夫塔里昂在1913年出版的《生产过剩的周期性危机》一书中提出来的。美国经济学家 J. M. 克拉克在1917年发表的《商业的加速和需求规律》一文中也提出了同样的理论。后来,哈罗德在1936年发表的《经济周期》一文中也把它作为决定资本主义经济周期波动的三个动态因素之一。"加速数原理"根据机器大生产使用耐久性固定资本设备的技术特点,说明收入水平或消费需求的变动将会引起投资量更为剧烈的变动,而且这种由收入水平或消费需求的变动引起的"引致投资"的变动不是取决于收入或消费的绝对量,而是取决于收入或消费变动的比率。

美国经济学家汉森和萨缪尔森认为,凯恩斯的乘数理论只说明了一定的投资如何引起收入和就业的变化,而没有说明收入(或消费)的变动又如何反过来影响投资的变化;此外,凯恩斯的理论运用的是比较静态均衡的分析方法,没有考虑从原有均衡到新的均衡的动态调整过程。只有将"加速数原理"和"乘数理论"结合起来,考察这两者在动态序列中的相互作用,才能说明经济周期的累积性扩张和紧缩的过程。在汉森的提示下,萨缪尔森在1939年发表的《乘数分析与加速数原理的相互作用》一文中,将乘数理论与加速数原理结合在一起,提出了"乘数—加速数原理"的动态经济模型,来解释资本主义经济周期性波动的原因和波动幅度。到20世纪50年代初,英国经济学家约翰·希克斯进一步将该模型完善后,就被认为是基本定型的经济周期模型。这也就成为"混合经济"理论体系的重要内容。

## (五) 通货膨胀和失业理论

1970年,萨缪尔森曾经在他的《经济学》第8版中,满怀信心地说:"在西方世界的每一个地方,政府和中央银行都已经证明:它们能够打胜一场反对持续的萧条的战争,如果人民愿意它们这样做的话。它们有财政政策的武器,也有货币政策的武器来移动决定 GNP 和就业量的各种曲线。正如我们不再消极地忍受疾病一样,我们也不再需要忍受大量失业。"①他还说:"长期存在于资本主义制度的经济波动的倾向仍将存在,但是,世界各国将不再容许它发展成为一次巨大的萧条或成为一次需求拉动的通货膨胀……"②但是,美国经济的发展并不像萨缪尔森所说的那样乐观。长期运用扩张性财政政策和货币政策进行"微调",在20世纪70年代显现出了消极后果——一个既有大量失业,又有严重通货膨胀的"滞胀"局面。

正统的凯恩斯主义经济理论一直认为,有效需求不足会引起经济萧条和失业,过度需求会引起通货膨胀。这也就是说,当经济处于有效需求不足的时候,采取扩张性政策来扩张总需求,会使实际产出增加,而不会引起物价上升;在这种情况下,充其量只会引起物价随生产的扩大而缓慢上升,也就是说,充其量会发生"准通货膨胀"(半通货膨胀),而不是大幅度的物价上升和通货膨胀。在经济达到充分就业时,如果再继续扩大总需求,就会引起物价的大幅度上升,出现通货膨胀。因为这个时候实际产出的增加受到了资源和劳动供给无法增加的限制。按照正统凯恩斯主义经济理论的观点,通货膨胀的产生是因为总需求的增长快于总供

---

① 〔美〕萨缪尔森:《经济学》,美国,纽约,麦格劳-希尔出版社1970年英文第8版,第322页。
② 同上。

给的增长,或者是总需求增长而总供给不能同步增长。因此,这种关于通货膨胀的理论被西方经济学叫作"需求拉动的通货膨胀"。根据这种理论,需求过度和需求不足是不可能在经济生活中同时发生的,所以,通货膨胀和失业是不会同时发生的,也是不可能同时发生的。

20 世纪 60 年代后期,特别是 70 年代,经济生活中恰恰出现了一种上述理论无法解释的通货膨胀与失业(经济停滞)同时发生的现象——"停滞膨胀"(也就是通常所说的"滞胀")。一些经济学家曾经用"成本推进的通货膨胀理论"来解释"滞胀",认为是工资水平的上升,引起了生产成本的上升,从而推动了物价水平的上升。美国经济学家哈伯勒(Gottfried von Haberler)就曾经认为:"有组织的劳工要求提高工资……这就助成了一种趋势,要走向长期的,断续的或不断的,迂回的或急促的通货膨胀。"①这类经济学家认为,对于这种通货膨胀当然是不能用调节总需求的办法加以控制和解决的。

1958 年,英国伦敦经济学院教授菲利普斯曾经在《经济学报》上发表了《1861—1957 年英国的失业和货币工资变动率之间的关系》一文,认为货币工资变动率与失业水平之间存在着一种此消彼长、互相替代的逆向变化关系。他还给出了一条表明货币工资变动率和失业率之间的替代关系的曲线(参见图 2-1)。菲利普斯曲线出现后,后凯恩斯主流学派很快就将它以一种修改了的形式纳入自己的基本理论框架中,运用它来解释失业率和通货膨胀率之间的关系。他们认为,失业率和通货膨胀率之间也存在着此消彼长的反方向替代关系,只要货币工资增长率超过劳动生产率的增长率,就会导致通货膨胀或物价水平上升。由此,后凯恩斯主流学派提出,政府可以有意识地通过财政政策、货币金融政策和收入政策来利用菲利普斯曲线,在失业率、工资变动率和通货膨胀率三者之间进行选择。

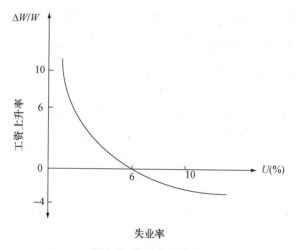

图 2-1 菲利普斯曲线

但是,在 20 世纪 60 年代似乎有效的以菲利普斯曲线为依据的政策选择办法,在 20 世纪 70 年代经济"滞胀"的情况下,不再有效了。不断恶化的经济形势使菲利普斯曲线的位置大幅度地向右上方发生了移动,甚至发生了逆转。许多人,包括后凯恩斯主流学派的经济学家们在内,都认为,不仅正统和标准的凯恩斯经济理论中的需求分析无法解释经济的"滞胀"问题,就是菲利普斯曲线也不能解释这一问题。他们提出,必须运用凯恩斯以前的新古典学派

---

① 〔美〕哈伯勒:《繁荣与萧条》,朱应庚译,北京,商务印书馆 1963 年版,第 502 页。

的微观经济理论来补充宏观经济理论,从而对 20 世纪 70 年代的现实经济问题作出新的解释。

在后凯恩斯主流学派经济学家提出的各种各样的运用微观经济学补充宏观经济学以解释失业和通货膨胀并发症方面,有以下几种比较主要的理论:

(1) 认为微观经济部门供给的异常变动造成了经济停滞膨胀的看法。这种看法主要来自沃尔特·海勒。他认为,20 世纪 70 年代的世界性的石油危机(和粮食价格上涨)推动了各国的通货膨胀,使与石油有关的生产部门因成本上升过高而产品销路锐减,导致生产萎缩,失业增加,最终出现了停滞膨胀的局面。这种观点得到了很多人的赞同。后来,以供给曲线的左上移说明经济"滞胀"原因的观点,与该理论基本相同。

(2) 以微观的财政支出结构的变化来解释停滞膨胀的观点。萨缪尔森持这种观点。他认为,国家福利制度的建立使得政府财政支出中相当大的一部分没有用于公共工程,而是用于福利支出方面。这种财政支出的结构,不利于刺激生产扩张和供给的增加。政府转移支付(像失业津贴这类福利支出)只是弥补了失业者的家庭收入,使他们不急于寻找工作。财政支出结构中福利支出的比重不断增加,一方面扩大了收入,使经济在萧条时期物价水平不下跌,甚至促进了通货膨胀;另一方面,无助于尽快地消除失业。这样,就形成了停滞膨胀。

(3) 以微观的市场结构特征来解释停滞膨胀的观点。这主要是由托宾和杜森伯里(J. S. Duesenberry)提出的看法。在 1972 年发表的《通货膨胀与失业》一文中,托宾提出了关于"劳工市场上的均衡和失衡"的观点。后凯恩斯主流学派经济学家认为,托宾在这篇文章中所表明的观点是现代凯恩斯主义在"停滞膨胀"理论方面的一个重要"突破"。托宾认为,劳工市场上的均衡是极少见的情况,在大多数时间里,劳工市场是处于失衡状态的。"劳工市场上过度供给取失业的形式,过度需求取未能补充的工作空位的形式。不论什么时候,市场在过度的需求或供给中广泛地变化,整个看来,经济显示既有空位又有失业。"①

托宾还认为:"在任何独自的劳工市场上,货币工资增长率是两种成分的总和。即均衡成分和失衡成分。"②这里的所谓失衡,是指劳工市场上出现的过度需求和过度供给,即空位和失业的同时存在。托宾认为,当劳工市场出现失衡状态时,工人将从过度供给的市场转移到过度需求的市场,从低工资市场转移到高工资市场。但是,如果在失衡状态中,失业对货币工资增长速度的减缓力量小于空位对货币工资增长率的加速力量,就必然会发生以下情况:每个连续失业增量在降低通货膨胀方面有着越来越小的作用。这是因为在失业的同时也存在着工作空位,而空位的存在势必抵制货币工资降低,从而使得物价仍然上涨。

第一,在整个经济的空位减去失业的已知条件下,过度需求与劳工供给市场之间的变化愈大,工资膨胀将愈显著。因为空位多于失业,这势必加速货币工资的增长。

第二,即便当空位总额最多等于失业的时候,由于劳工市场的分散性和市场结构的不断变化,通常的失衡成分实际上也会存在。常见的理论认为,空位等于失业的时候,劳工市场的供求达到一致,经济就会处于充分就业和物价稳定的均衡状态。托宾认为,这种看法不符合实际情况。他说:"在空位与失业相等的意义上的充分就业是与物价稳定有矛盾的。零通货膨胀需要失业多于空位。"③按照这种看法,如果失业不多于空位,则劳工市场上以过度需求

---

① 〔美〕托宾:《通货膨胀与失业》,载《现代国外经济学论文选》(第一辑),北京,商务印书馆1979年版,第 277 页。
② 同上。
③ 同上书,第 279 页。

形式出现的空位就会促使货币工资上升,引起物价上升,而不会出现零通货膨胀。

杜森伯里对于托宾的看法作了进一步的分析。他认为,劳工市场是不完全竞争的市场。劳工有不同的工种、技术熟练程度之分,对劳工的供给和对劳工的需求还有地区限制。这必然会引起失业与空位并存。由于强大的工会力量使工资易涨不易跌,因此,尽管社会上存在失业,但是货币工资却不下降。只要存在工作空位,货币工资就会迅速上升。于是,失业与工作空位并存就转化为失业与货币工资率上升并存。由于货币工资上升会引起物价水平上升,失业与货币工资率上升并存便又转化为失业与通货膨胀的并发症。杜森伯里甚至还论证了个别劳工市场上存在工作空位,也会带动所有的劳工市场上的货币工资水平的提高,从而推动整个经济中出现通货膨胀的情形。

## 四、 后凯恩斯主流学派的基本经济政策主张

后凯恩斯主流学派的经济政策主张的核心是"需求管理"思想。需求管理就是指政府积极地采取财政政策、货币政策和收入政策,对社会的总需求进行适时和适度的调节,以保证经济的稳定增长。需求管理的主要对象是投资、储蓄、消费、政府支出、税收、进口和出口这样一些经济变量。需求管理的主要目标是:充分就业、价格稳定、经济增长和国际收支平衡。

20世纪50年代,后凯恩斯主流学派的经济政策主张主要表现为根据汉森的理论提出的补偿性财政政策和货币政策。汉森认为,政府为了维持充分就业,应该把财政政策作为"一种平复私人经济周期性波动的调节工具"①。他主张,政府制定预算时不应以平衡财政收支作为原则,而应该按照私人支出的数量安排政府的预算,以便使私人支出和政府支出的总额能够达到实现充分就业的水平。汉森所说的"补偿性财政政策"是指,在经济萧条时期,政府要扩大财政支出,降低税率,减少税收,实行赤字财政,以刺激社会总需求的扩大;在经济繁荣时期,政府要压缩财政支出,提高税率,增加税收,抑制社会的总需求,造成财政盈余,使两个时期的财政盈亏相互补偿。补偿性货币政策是指,中央银行在经济萧条时期放松信用,增加货币供应量,降低利率,刺激投资及消费等社会总需求的扩大;在经济繁荣时期则紧缩信用,减少货币供应量,提高利率,抑制投资及消费等社会总需求。尽管在萧条年份会有赤字,在繁荣年份会有盈余,但在长期中仍可以实现财政预算平衡,称为"长期预算平衡论"或"周期预算平衡论"。这也是美国20世纪50—60年代经济政策的基调。

投资及消费等社会总需求和货币政策的实施,虽然防止了严重的预算赤字和通货膨胀,但是,由于在20世纪50年代,传统的财政预算平衡的政策思想仍然占据着统治地位,经济增长仍然比较慢。对此,詹姆斯·托宾和阿瑟·奥肯在60年代提出了"潜在的国民生产总值"和"充分就业预算"这两个新概念,试图使人们注意财政政策的长期目标和长期水平必须与充分就业增长轨道保持一致。②奥肯认为,这两个新概念的提出意味着一种新的策略的出现。其最重要的特点在于,它"不只是以经济是否在扩张,而是以经济是否已充分发挥出它的潜力,作为判断经济表现的标准"③。

阿瑟·奥肯还提出了后来被经济学界称为"奥肯定律"的著名观点,来说明充分就业政策

---

① 转引自《当代著名经济学家》,北京,商务印书馆1984年版,第13页。
② 〔美〕托宾:《十年来的新经济学》,钟淦恩译,北京,商务印书馆1980年版,第13页。
③ 转引自黄范章:《美国经济学家奥肯》,载《世界经济》1981年第10期,第74页。

的重要性。他认为,失业率每超过4%(自然失业率)以上1%,就会带来2.5%左右的产出损失率。奥肯认为,这种政策转变具有三点重大意义:其一,这种转变更注重消灭"潜在的产出量"与"实际产出量"之间的差距(即"奥肯差距");其二,这种转变突出了经济增长问题;其三,这种转变以"潜在的产出量"为目标进行扩张,是防止经济衰退的最好办法。

托宾在他的《十年来的新经济学》中也认为,只要实际经济产量小于潜在的产量,哪怕是在经济上升时期也应该实行扩张性经济政策。詹姆斯·托宾和阿瑟·奥肯的充分就业政策修改了原来只在萧条时期才实行扩张性经济政策的凯恩斯的政策观点,从而成为凯恩斯主义的一大转变和发展。他们的这种观点被叫作"新经济学"。

由于美国的肯尼迪政府实行了"新经济学"的主张,并获得了生产和就业的恢复与增长,许多人因此认为,"新经济学"指明了达到充分就业的经济增长途径。但是,"新经济学"的财政政策和货币政策也对20世纪60年代末期以后美国出现的经济滞胀,起到了推波助澜的作用。当经济滞胀问题加剧后,"新经济学"便陷入了困境。

在20世纪70年代之后,为了解决严重的失业和通货膨胀并发症,后凯恩斯主流学派又提出了运用多种政策工具实现多种经济目标,即多种经济政策综合运用的策略。其主要内容有:

(1) 采用财政政策和货币政策的"松紧配合"。

(2) 实现财政政策和货币政策的微观化。即政府针对个别市场和个别部门的具体情况来制定区别对待的经济政策。财政政策和货币政策的微观化可以避免宏观经济政策在总量控制过程中给经济带来的较大震动,使得政府对经济生活的干预和调节更为灵活有效。

(3) 采用收入政策和人力政策。收入政策是指通过工资和物价的指导线与管制政策,防止货币工资增长率超过劳动生产率的增长率,以避免严重的通货膨胀。人力政策是指联邦政府的指导性与培育性的就业政策和劳工市场政策。

除去上述政策之外,后凯恩斯主流学派还提出了浮动汇率政策,对外贸易管制和外汇管制政策,消费指导政策,能源政策,人口政策和农业政策等。

总之,后凯恩斯主流学派在20世纪70年代以后的一个特点就是,对其理论的频繁修改与综合其反对派的某些观点,以弥补其自身理论的不足。在80年代之后,当迅速崛起的新凯恩斯主义经济学派的影响日益扩大时,后凯恩斯主流学派便相形见绌了。

# 五、简要评论

## (一) 后凯恩斯主流学派的贡献

凯恩斯经济学在美国的传播和应用具有重要的理论和实践意义。通过其在美国的传播和应用,它发展成为一套成熟的适合国家宏观调节的理论、政策和制度。所以,从某种角度讲,可以把凯恩斯经济学在美国的传播和应用看作凯恩斯革命的一种继续。凯恩斯主义经济学对于美国经济在第二次世界大战后的高速发展,无疑发挥了重要的作用。具体说来,对于凯恩斯经济学在美国的传播和发展要结合美国的实际情况来理解。

(1) 凯恩斯经济学之所以能在美国迅速传播和应用,在于美国具有使凯恩斯经济学得以传播和应用的条件。在1929—1933年的大萧条中,美国是遭到危害最甚的国家,对传统的信奉"萨伊定律"教条的古典学派经济学的破产感受最深,特别是,"罗斯福新政"的一系列干预经济政策的出台,需要新的理论提供支撑,再加上美国拥有一批创新型的经济学家,也在积极寻求解决现实经济问题的经济理论和政策。正是这些主、客观条件,使得凯恩斯经济学迅速在美国传播开来,并在凯恩斯经济学的指导下,形成一整套包括财政政策、货币政策的宏观经济政策和与之相适应的宏观经济管理制度。

(2)美国的凯恩斯主义,没有照搬凯恩斯经济学,而是站在美国的角度提出了自己的主张,从而补充和发展了凯恩斯的理论,形成了具有美国特色的新古典综合或后凯恩斯主流经济学。新古典综合经济学的形成,应该是美国经济学家对于凯恩斯经济学的发展所作出的最重要的贡献。

(3)汉森和萨缪尔森以及众多的美国凯恩斯主义经济学家共同打造了后凯恩斯主流经济学。这一理论体系涵盖了收入支出模型、IS-LM模型、总供求模型、菲利普斯曲线模型、奥肯定律、索洛模型、乘数—加速数模型这些后凯恩斯主流经济学的基本内容,把凯恩斯经济学同新古典经济学结合起来,而且将财政政策和货币政策运用到了极致。

(4)凯恩斯经济学在美国的传播和应用,改变了一些原有的传统观念,研究和解决了一些新的问题。比如,人们不再视"节俭"为美德,而把尽可能地增加消费作为指导个人或家庭消费支出的基本原则,使"高消费"演变成为美国经济社会的时尚。高消费,连同扩大投资支出的因素,构成了美国第二次世界大战后相当长的一个时期内经济高速增长的重要的决定因素。

(5)后凯恩斯主流学派在推动经济学广泛运用数学分析方法方面(特别是萨缪尔森的倡导)发挥了十分重要的作用,以至于数学分析方法最终发展为今天西方经济学研究的主流方法。

(6)凯恩斯经济学在美国的传播和应用,为凯恩斯经济学走向全世界,使之在世界范围内发挥影响作用,提供了重要的契机和条件。第二次世界大战以后,凯恩斯经济学在西方国家的经济生活中发挥了无可替代的重要影响作用,许多国家的政府把凯恩斯经济学及其政策主张,作为确定宏观经济政策的理论基础或依据,凯恩斯经济学成了西方世界的主流经济学。这当然首先是因为这些国家经济生活的现实需要凯恩斯经济学的指导,但这也和美国作为西方世界各国的"主导者"的特殊地位有关。既然作为"主导者"国家的美国在不遗余力地奉行凯恩斯主义的理论和政策,那么,其他国家也必然会群起而效仿之。所以,凯恩斯经济学在美国的传播和应用,不但具有美国的特殊意义,而且也具有世界性的一般意义。

毋庸置疑,后凯恩斯主流学派在经济学理论和政策运用方面也有一些创造和发展。比如,他们强调的"混合经济"体制,如果不论其根本制度性质的话,这是带有一定普遍性的。当今,无论是西方资本主义国家,还是发展中国家、社会主义国家,事实上都无可避免地采取了"混合经济"体制,只是其内部成分比例不同、主导体制不同而已。

后凯恩斯主流学派通过总需求和总供给两方面对通货膨胀问题的研究和治理政策也有积极意义,对于我们今天认识通货膨胀问题和防治通货膨胀政策的制定,都具有较好的参考价值。

后凯恩斯主流学派提出的"奥肯定律"对于失业率和国民收入以及经济增长之间关系的描述,他们的经济增长分析理论对于如何把握经济增长的因素的分析、对于财政政策和货币政策运用的利弊得失的分析、对于国际经济关系的分析等方面都具有一定的积极意义。这些对于中国的社会主义市场经济改革和建设都具有重要的参考价值。

后凯恩斯主流学派所具有的理论和政策上的开放和包容性,以及"综合"的特点,也是一大特色。这可以从其代表人物保罗·萨缪尔森的《经济学》教科书在几十年内长盛不衰的情况看出来。应该说,萨缪尔森的《经济学》教科书是第二次世界大战后,西方经济学教科书发行量最大、生命力最持久的教科书,至今尚没有任何经济学教科书可以与之相比。

## (二)后凯恩斯主流学派的缺陷

第一,是存在矛盾的理论混合体。

后凯恩斯主流学派把凯恩斯的《通论》作为新古典一般均衡理论的特例看待,认为只要去掉刚性货币工资的假定,经济就可以达到充分就业的均衡而不是低于充分就业的均衡状态。正是出于这种看法,后凯恩斯主流学派把凯恩斯的宏观经济学理论与新古典的微观经济学理论这两个在基本思想上互相矛盾的体系结合起来,变成了一个相互矛盾的奇怪的理论混合体,以便为自己提出的"混合经济"提供理论支持。他们把凯恩斯的显然适用于短期和特定背景下的经济理论,变成了一种可以适用于任何时期与任何背景的"普遍性理论";把解决经济波动问题的经济理论,变成了同时可以解决经济增长问题的"广泛性理论";把特定情况下适用的政策主张,变成了正常情况下的"微调"的经济理论。这些都与凯恩斯本人所认为的他在《通论》中提出的理论是不一致的,在理论体系的逻辑上,也是有一定矛盾的。

凯恩斯把古典和新古典经济学的、可以达到理想的一般均衡状态的理论看作特例,把自己关于低于充分就业水平的均衡状态的理论看作一般性和普遍性的理论。事实证明,站在现实经济运行的角度看,凯恩斯的理论在这一点上是基本符合实际的。而后凯恩斯主流学派在这个问题上则完全回到了古典和新古典经济学脱离实际的、臆想中的"常态"上去了。尽管完美的一般均衡状态可以作为抽象理论上的理想情况,但从解决现实经济问题来看,未免离题太远。在这个角度上说,美国后凯恩斯主流学派的观点和凯恩斯本人的观点比起来,显然是一种倒退。这不能不使人联想到,为什么只有当经济危机和经济萧条来临时,一些人才想起凯恩斯,而一旦渡过危机、走出萧条,他们便又会回到古典和新古典经济学理想化的美化市场自动调节机制的惯性思维,其背后的一个潜在原因无非是对于个人主义和保守的自由主义优越性的深信不疑。

对此,西方经济学家也从另外的角度评论说:"新古典综合在数量决策和价格行为之间所做的分离可能经常地使人误解。然而这个研究仍在很大程度上是推测性的,并很难使其结合起来。一个新的最佳状态的综合还远远未能出现。"正因如此,后凯恩斯主流学派到20世纪70年代中期美国经济出现经济衰退和通货膨胀并发症时便发生了理论危机,基本上结束了它的全盛时期。"自1975年以来,新古典综合一直在为生存而战斗。"[①]

第二,缺乏合适的微观基础。

现代宏观经济学始自凯恩斯。但是,自凯恩斯主义经济学理论诞生起,就一直受到批评,被认为缺乏微观经济学基础。凯恩斯对总体经济关系的描述虽然很吸引人,看起来也很能解释现实,但是与人们的理性行为没有关系,我们也不能看到最优化、均衡、市场效率、个人决策这些经济学中的标准要素。到了凯恩斯的追随者新古典综合学派那里,问题仍然没有得到解决。

由于后凯恩斯主流学派对凯恩斯经济思想的片面理解和实用主义态度,导致在其指导美

---

① 〔英〕约翰·伊特韦尔等:《新帕尔格雷夫经济学大辞典》(第3卷),北京,经济科学出版社1992年版,第682页。

国经济政策时发生了严重的通货膨胀问题。20世纪70年代中期以后,新古典综合学派面临着一时无法摆脱的困境:一方面它无法解释为什么通货膨胀率与失业率之间的替代关系会消失,另一方面它也不能提出有效的应对经济滞胀的办法。而事实上,导致这个困境的是它在理论上的根本缺陷:缺乏供给理论和缺乏微观经济学基础。这样,新古典综合学派走过了其辉煌鼎盛的20世纪50—60年代后,在70年代中期进入四面楚歌的低谷,走上了衰落之路。可见,"实践是检验真理的唯一标准",对于任何一个理论都是如此,在任何国家也是如此。

在现代经济学看来,经济学应该从个人的理性行为出发来解释各种决策及其结果,微观经济学正是这样做的。西方经济学家大多认为,总体经济活动的结果是由一个一个的个人决策和行动导致的,因此,即使是宏观经济现象,也应该从微观的个体出发来解释。而凯恩斯的理论未能满足这个要求,它只是对经济现象进行了归纳性描述,缺乏真正的理论基础。里昂惕夫(Wassily W. Leontief)早在1936年就指出,非自愿失业是无法从劳动者理性行为中推导出来的,二者是不相符的;他认为它们是货币幻觉导致的。希克斯也认为凯恩斯的货币理论缺乏微观的价值理论基础,因此出版了《价值与资本》,希望将微观理论运用于凯恩斯的宏观经济论题上。

关于工资刚性,凯恩斯显然没有解释其原因是什么,其原因是不是符合理性行为。按照工资刚性理论,当总需求不足时,产品销售不出去,此时本来应该降价才能维持销售;而要降价就需要降低名义工资成本。如果能够实现降价和降低工资,对所有的人都是有利的,既维持了充足的生产和充分就业,而且销售者的实际收入和工人的实际工资并没有变化,因为价格普遍下降了。但是工人却不愿意降低工资,这导致产品价格难以下降从而难以销售出去,其结果是企业减产,工人非自愿失业。那么问题是,为什么工人会选择一个不利于自己的决策呢?这与理性行为不符。

同样的道理,凯恩斯的三个心理规律也未得到微观层面的解释。例如边际消费倾向规律,为什么一个理性的消费者会从增加的收入中取少量的部分用于消费呢?对此凯恩斯并没有从理性的角度来解释。边际消费倾向规律是凯恩斯的绝对收入假说的组成部分。凯恩斯认为,人们的消费来自当前收入。而事实上,人们也会利用以前的储蓄,也会预支今后的收入。

按照曼昆的观点,凯恩斯和早期的凯恩斯主义者如托宾、索洛等一开始都具有工程师的视野,致力于为改造现实世界服务,因此刚刚提出理论,马上就运用于政策实践。事实上他们的很多理论都是为了解决现实问题、制定政策而提出来的。凯恩斯到1946年去世前仍然在为政府经济政策提供咨询,托宾和索洛在20世纪50—60年代为总统经济顾问委员会工作,而1964年通过的肯尼迪减税法案就是凯恩斯理论赢得政府共识的结果。

凯恩斯主义理论缺乏微观基础的问题,不仅被新古典阵营的经济学家注意到,也早就被凯恩斯的追随者注意到。早期的凯恩斯主义者如萨缪尔森、托宾和莫迪利安尼等的做法是,将凯恩斯的宏观理论与新古典的微观理论"组合"起来,认为它们各自适合不同的环境:前者适合短期,后者适合长期。长期与短期的概念正是凯恩斯所定义的,短期是价格不能充分调整的时期,反之则是长期。由于价格尤其是其中的劳动力价格——工资——的调整是需要时间的,当它未完成足够调整时就会产生失业和萧条问题。而当各类价格得到充分调整,经济就进入长期,市场机制的作用得到充分发挥,也就进入古典和新古典经济学所描述的状态。因此,可以说新古典理论描述的是资本主义经济的长期趋势,而凯恩斯主义描述的是资本主义每一个时间点的状态。这就锻造了"新古典主义—凯恩斯主义的综合",即我们熟知的新古典综合学派。

但是新古典综合学派的工作不能令人满意,包括坚持凯恩斯主义的新锐们也不满意。在他们的体系里,两类理论是生硬地"组合"起来了,而不是有机地"结合"起来。在新古典综合学派的宏观经济分析中还是看不到微观行为基础,因此招致新古典主义者卢卡斯(Robert Lucas, Jr.)等人的指责,而这些指责也引起新凯恩斯主义者斯蒂格利茨(Joseph Eugene Stiglitz)等人的共鸣。

总之,宏观经济学的微观基础问题并不是一个轻松的话题,不仅美国后凯恩斯主流学派和后来的新凯恩斯主义者无法真正解决,新古典宏观经济学也同样无法真正解决。因为宏观经济现象和经济总量并不是微观经济现象和数量的直接加总,也不能以所谓"代表性的"微观个体来说明经济中的全部个体行为和数量变化。

## 思考题

1. 后凯恩斯主流学派是怎样产生的?其主要特点是什么?
2. 后凯恩斯主流学派的理论体系是否符合凯恩斯的原意?你的看法如何?
3. "混合经济"的理论模型是怎样建立起来的?你对它有何评价?
4. 主要适用于萧条情况和短期内的凯恩斯经济学,是怎样被后凯恩斯主流学派的经济学家运用于一般经济情况和长期内的?
5. 后凯恩斯主流学派的经济增长理论主要包含哪些内容?
6. 哪些经济学家对"乘数—加速数原理"的经济周期理论作出了贡献?
7. 后凯恩斯主流学派的经济学家是如何解释失业与通货膨胀并存现象的?
8. 后凯恩斯主流学派的经济政策主张的基本倾向是怎样的?其主要内容前后有无变化?
9. 后凯恩斯主流学派为什么不能解释经济的"滞胀"现象?
10. 后凯恩斯主流学派的主要理论贡献和不足是什么?

## 参考文献

1. 〔美〕萨缪尔森:《经济学》,美国,纽约,麦格劳-希尔出版社1948年英文第1版。
2. 〔美〕萨缪尔森:《经济学》,美国,纽约,麦格劳-希尔出版社1955年英文第3版。
3. 〔美〕萨缪尔森:《经济学》,美国,纽约,麦格劳-希尔出版社1964年英文第6版。
4. 〔美〕萨缪尔森:《经济学》(第10版),高鸿业译,北京,商务印书馆1980年版。
5. 〔美〕萨缪尔森、诺德豪斯:《经济学》(第12版),北京,中国发展出版社1992年版。
6. 〔美〕萨缪尔森、诺德豪斯:《经济学》(第14版),北京,北京经济学院出版社1996年版。
7. 〔美〕托宾:《十年来的新经济学》,钟淦恩译,北京,商务印书馆1980年版。
8. 〔美〕托宾:《通货膨胀与失业》,载《现代国外经济学论文选》(第一辑),北京,商务印书馆1979年版。
9. 〔英〕斯诺登:《现代宏观经济学指南》,苏剑译,北京,商务印书馆1997年版。

10. 胡代光、厉以宁、袁东明著:《凯恩斯主义的发展和演变》,北京,清华大学出版社 2004 年版。

11. 胡代光主编:《西方经济学说的演变及其影响》,北京,北京大学出版社 1998 年版。

12. 胡代光、厉以宁编著:《当代资产阶级经济学主要流派》,北京,商务印书馆 1982 年版。

13. 罗志如、范家骧、厉以宁、胡代光著:《当代西方经济学说》(上、下册),北京,北京大学出版社 1989 年版。

14. 吴易风、王健著:《凯恩斯学派》,武汉,武汉出版社 1996 年版。

15. 刘涤源著:《凯恩斯经济学说评论》,武汉,武汉大学出版社 1997 年版。

16. 颜鹏飞、张彬主编:《凯恩斯主义经济政策述评》,武汉,武汉大学出版社 1997 年版。

# 第三章 后凯恩斯学派

## 一、后凯恩斯学派的形成及其理论渊源

### (一) 学派的主要代表人物

后凯恩斯学派,即英国的新剑桥学派,又叫作"后凯恩斯主义经济学"、"凯恩斯左派"、"英国凯恩斯主义"。它是现代凯恩斯主义在英国的一个重要分支。其最主要的代表人物有琼·罗宾逊(Joan Robinson)、尼古拉斯·卡尔多(Nicholas Kaldor)、皮罗·斯拉法(Piero Sraffa)、卢伊季·帕西内蒂(Luigi Pasinetti)、约翰·伊特韦尔(John Eatwell)、沃斯维克(Worsweik)等人。由于该学派的主要代表人物都在英国的剑桥大学任教,其理论又是以背离以马歇尔为代表的剑桥学派的新古典经济学为特征的,因此叫作"新剑桥学派"。由于其中的斯拉法、帕西内蒂等人原为意大利人,因此该学派有时又被叫作"英国—意大利学派"。

不过,赞同后凯恩斯学派主张的不止是英国经济学家。美国经济学家保罗·戴维森(Paul Davidson)、西德尼·温特劳布(Sidney Weintraub)、阿尔弗雷德·艾克纳(Alfred S. Eichner)也赞成后凯恩斯学派的基本观点。戴维森和艾克纳甚至成为后凯恩斯学派在当前最新进展的代表人物。

琼·罗宾逊(1903—1983)是后凯恩斯学派(新剑桥学派)最重要的领袖和代表人物,著名的英国女经济学家。琼·罗宾逊1903年出生于英国,1925年毕业于剑桥大学经济系,1927年获剑桥大学文学硕士学位,1958年被选为英国皇家学院院士,1965—1971年任剑桥大学经济学教授,1973年退休转任名誉教授,1983年去世。琼·罗宾逊的主要著作有:《不完全竞争经济学》(1933)、《就业理论文集》(1937)、《就业理论导论》(1937)、《资本积累论》(1956)、《论马克思主义经济学》(1942)、《经济增长论文集》(1962)、《现代经济学导论》(1973)。

皮罗·斯拉法(1898—1983)是著名的意大利裔英国经济学家,也是后凯恩斯学派的重要代表人物。斯拉法1898年出生于意大利都灵,1920年毕业于意大利都灵大学法学院,1921年曾短期赴伦敦经济学院学习,与英国马克思主义者有接触,并拜见了凯恩斯。1924—1926年,斯拉法任意大利佩鲁贾大学教授,1926—1927年任卡利亚里大学经济学教授。1926年,斯拉法在英国《经济学杂志》上发表了《在竞争条件下的收益规律》一文,引起学术界很大的关注。1927年,他应凯恩斯的举荐到剑桥大学任教,担任讲师、教授和三一学院研究员,后担任该校图书馆馆长。从1930年起,在凯恩斯的安排下,斯拉法花费了20年的时间为英国皇家经济学会编辑了10卷本的《李嘉图著作和通信集》。1960年,斯拉法出版了他最为著名的小册子《用商品生产商品》。该书是斯拉法的划时代著作,也是为后凯恩斯学派确立理论基础之作。斯拉法与琼·罗宾逊在1983年同年逝世。

尼古拉斯·卡尔多(1908—1986)是后凯恩斯学派的另一位重要代表人物。卡尔多1908年出生于匈牙利的布达佩斯,1925年到柏林大学学习,1927年转到英国伦敦经济学院学习,1930年毕业留校任教,1932年获该校硕士学位,任助理讲师,1942年任高级讲师。1949年,

卡尔多到剑桥大学国王学院任讲师,1952年任高级讲师,1966年任教授,直到1975年退休。卡尔多曾经担任过许多政府职务。卡尔多的主要著作有:《支出税》(1955)、《价值与分配论文集》(1960)、《经济稳定与增长论文集》(1960)、《经济政策论文集》(1964)、《货币主义的灾难》(1982)、《没有均衡的经济学》(1985)等。

卢伊季·帕西内蒂(1930—)是后凯恩斯学派的另一位意大利经济学家。1930年,帕西内蒂出生于意大利的贝加莫,1954年毕业于意大利米兰的圣心天主教大学,获经济学博士学位。毕业后,帕西内蒂又到英国剑桥大学和美国哈佛大学学习。1960年,他在牛津大学当助理研究员,1961年后,长期在剑桥大学任教和做研究工作,1962年获剑桥大学博士学位。1979年,帕西内蒂获得圣文森特经济学奖。1980年后,帕西内蒂回到意大利,在米兰圣心天主教大学任经济学教授。从1980年起,帕西内蒂成为国际经济学协会成员和执委会委员、经济计量学会成员。帕西内蒂的主要著作有:《多部门经济增长模型》(1963)、《增长与收入分配》(1974)、《生产理论》(1977)、《联合生产理论论文集》(1980)、《结构变化和经济增长》(1981)等。

### (二) 学派的理论渊源及其形成

后凯恩斯学派的理论渊源主要有三个方面:

(1) 凯恩斯的《就业、利息和货币通论》。后凯恩斯学派的理论渊源中最主要的是凯恩斯的《通论》。就这一点来说,后凯恩斯学派和新古典综合派并没有太大的不同。他们都把凯恩斯的《通论》作为主要的理论渊源和起点之一。正如后凯恩斯学派经济学家沃斯维克所说:"《通论》的要点不在于它提出一个最终的解决办法,而在于它提供了一个新的起点。"① 后凯恩斯学派继承了凯恩斯的"投资—储蓄分析",强调投资对就业量和国民收入水平的决定作用。后凯恩斯学派特别强调,凯恩斯经济理论的基本要点是《通论》第24章中关于社会哲学的论述,即论述资本主义社会财富和收入分配的不均,以及推论资本主义社会必然走向没有食利者阶层的文明生活新阶段的观点。

(2) 卡莱茨基的经济理论。波兰经济学家卡莱茨基(Michael Kalecki)在1933年发表的《经济周期理论大纲》一文中,提出了几乎与凯恩斯的有效需求理论相同的关于资本主义经济周期波动的理论,并把不完全竞争、垄断价格等因素的作用引进国民收入决定理论,强调投资对国民收入分配的作用和影响。琼·罗宾逊对此十分赞赏和推崇。她认为,卡莱茨基的理论比凯恩斯的理论在一定程度上"更富于逻辑上的一贯性"②,是"真正的'通论'"③。

(3) 斯拉法的理论。斯拉法于1960年发表了他用了近30年时间进行研究的成果——《用商品生产商品》。在这本小册子中,斯拉法以精炼的文字、严谨的逻辑重新恢复了李嘉图的价值理论和分配理论,为后凯恩斯学派提供了理论基础和批判新古典经济学的武器。后凯恩斯学派也因此而宣称要通过斯拉法的理论来返回李嘉图的古典传统,"重建政治经济学"。由于这个原因,后凯恩斯学派有时也被称为"新李嘉图主义"。

凯恩斯的理论主要是以20世纪20—30年代的经济大萧条为背景的,存在着许多局限

---

① 转引自胡代光、厉以宁、袁东明著:《凯恩斯主义的发展和演变》,北京,清华大学出版社2004年版,第109页。
② 〔英〕琼·罗宾逊、约翰·伊特韦尔:《现代经济学导论》,陈彪如译,北京,商务印书馆1982年版,第62页。
③ 〔英〕琼·罗宾逊:《经济理论的第二次危机》,载《现代国外经济学论文选》(第一辑),北京,商务印书馆1979年版,第7页。

性,比如,过分注重短期分析和比较静态分析方法,没有讨论长期经济增长问题,缺乏对经济波动的动态分析,没有讨论价值和收入分配问题,也缺乏对微观经济的研究。

美国的后凯恩斯主流学派(新古典综合派)曾经把原新古典经济学的传统的微观经济理论与凯恩斯的理论结合起来,以弥补凯恩斯经济学的缺陷和不足。但是,后凯恩斯学派的经济学家对这种做法提出了批评。他们认为,美国经济学家的这种做法是对于凯恩斯经济思想的歪曲,是向传统的新古典经济理论的倒退,因而新古典综合派的经济学是冒牌的凯恩斯主义。后凯恩斯学派认为,新古典综合派不同于凯恩斯理论的标志是:

(1)从纯理论上来看,新古典综合派把"萨伊定律"和瓦尔拉斯定律看成是正确的或者可能是正确的,这实际上违背了凯恩斯的理论。

(2)从政策上看,新古典综合派的主张实质上是对凯恩斯理论的滥用,特别是在美国,新古典综合派的政策主张已经变成了"军事化的凯恩斯主义"。

(3)新古典综合派忽视或者抛弃了凯恩斯的一些比较"激进"的思想,例如,"完全的不确定性"思想;对资本主义不合理的收入分配成为社会不公平、需求不足和资源分配失调的根本原因的关心;要求通过低利率而使"食利者阶层安然去世"和投资的部分社会化等思想。

(4)为了宣扬"过度需求"引起通货膨胀的理论或菲利普斯曲线的替代关系,新古典综合派忽视了凯恩斯对总供给的全部分析和凯恩斯关于物价水平的工资成本推进理论。

琼·罗宾逊是最早抨击新古典综合派理论的凯恩斯主义后凯恩斯学派的代表人物。她是凯恩斯在英国剑桥大学任教时的同事,曾经在凯恩斯酝酿《通论》时参加过有关的经常性的讨论小组。她熟悉凯恩斯《通论》的整个写作过程。她的批评当然具有重要的意义。琼·罗宾逊和她的剑桥大学的同事们认为,他们剑桥大学这些经济学家曾经长期与凯恩斯一起共事和密切合作,是凯恩斯经济思想的共同开拓者,因而是凯恩斯经济理论的正宗和嫡传。他们认为,凯恩斯的《通论》是努力从传统的新古典经济学束缚中摆脱出来的产物,但是凯恩斯做得并不彻底。而他们就是要纠正新古典综合派对凯恩斯理论的歪曲,并在凯恩斯理论的基础上,弥补凯恩斯理论的不足,从而进行"经济学的第二次革命"。

1953年,琼·罗宾逊发表了《生产函数和资本理论》一文,对新古典综合派的资本理论进行了猛烈的抨击。该文引起了西方经济学界的强烈反响和争论,酿成了现代西方经济学界持续多年的著名的"两个剑桥之争"。挑战的一方是以琼·罗宾逊为首的英国剑桥大学的一些经济学家,应战一方是以萨缪尔森、索洛为首的美国马萨诸塞州剑桥市(坎布里奇市)附近的麻省理工学院的一些经济学家。他们之间的争论从资本度量问题开始,涉及价值理论、分配理论、经济增长理论等一系列广泛的问题。在争论中,后凯恩斯学派对新古典综合派理论进行了全面的攻击,包括分析方法问题、动态和静态问题、宏观和微观问题、意识形态问题以及经济理论和实践问题。争论的最终结果是,后凯恩斯学派揭露和批判了"新古典综合"理论体系中的一些逻辑错误,在一定程度上动摇了新古典综合派的西方经济学主流学派的地位。

后凯恩斯学派批判新古典综合派经济理论的目的是为自己的新学说开辟道路。1956年,琼·罗宾逊发表了她在研究马克思《资本论》之后所写的《资本积累论》一书,卡尔多也几乎在同年发表了《可供选择的收入分配理论》一文(载英国《经济研究评论》杂志1955—1956年第23卷第85—100页)。两人都从收入分配的角度阐述了经济增长理论。这两个文献标志着后凯恩斯学派基本思想的初步形成。1956年5月11日,卡尔多曾经到我国访问,在北京大学作了题为"从凯恩斯经济学看资本主义的演进"的讲演,第一次向中国经济学界阐述了他的经济思想。

20世纪60年代以后,琼·罗宾逊等人又对新古典综合派发起了第二轮较集中的批评,重点抨击新古典综合派将凯恩斯理论体系归纳为宏观一般均衡模型的做法。这次理论论战使后凯恩斯学派得到了更大的发展。琼·罗宾逊在1962年首先不指名地批评新古典综合派所阐述的凯恩斯理论模型是"冒牌的凯恩斯模型",批评新古典综合派的经济学家是"冒牌的凯恩斯主义者"。后来,她又把新古典综合派理论在解释经济"滞胀"时的无能为力,说成是西方经济学理论发展中的"第二次危机"。

由此可见,后凯恩斯学派正是在同新古典综合派进行论战中逐渐形成的。

### (三) 后凯恩斯学派经济理论的基本特点

后凯恩斯学派在经济理论方面力图将凯恩斯的经济理论与新古典经济学理论相区分,而不是像新古典综合派那样将二者相融合。因此,后凯恩斯学派在经济理论方面表现出了以下一些特点:

第一,主张将凯恩斯的短期、比较静态分析扩展为长期、动态分析。凯恩斯鉴于经济大萧条的紧迫情况,其理论和政策需要解决的是当务之急的问题,因此,没有更多涉及动态和长期的问题。后凯恩斯学派在发展和引申凯恩斯理论和政策方面,试图重点解决这些问题。所以,在这方面的理论就构成了该学派的特点。

第二,反对新古典综合派恢复传统的均衡分析的方法。后凯恩斯学派认为,凯恩斯革命的主要意义就在于对新古典经济学一些传统观念的否定。但新古典综合派(美国的凯恩斯主流经济学派)却将凯恩斯的理论与新古典的理论生硬地"焊接"在一起,显然与凯恩斯本人的意图不符。所以,在后凯恩斯学派的理论中,努力反对这种所谓的"综合",就成为该学派的另一个特点。

第三,强调凯恩斯提出但是没有展开论述的收入分配问题的重要性。凯恩斯在《通论》中曾经涉及收入分配的问题,但是收入分配问题在经济大萧条条件下并不是可以立刻解决的问题,所以,凯恩斯并没有展开论述这个问题。后凯恩斯学派认为,收入分配问题尽管是个长期问题,但是它直接涉及消费倾向、储蓄和投资,并影响总需求,所以十分重要。这在后凯恩斯学派重视经济增长问题,重视政府的收入分配政策,重视收入分配在经济增长模型中的地位等方面,都有表现。因此,这也构成了后凯恩斯学派的一个理论特点。

第四,批判传统的新古典经济学的边际生产力分配论。由于后凯恩斯学派主张回到古典经济学的价值理论,回到李嘉图的劳动价值论,而且并不认为存在什么边际收益递减规律,因此,他们对新古典综合派的边际生产力分配理论提出了激烈的批评。这也是该学派的又一个特征。

第五,强调货币因素是造成资本主义经济混乱与不稳定的因素。凯恩斯一生中在经济理论方面着力最多的是货币问题。他深知货币的特点和作用,因而在其理论中十分强调经济活动的不确定性,而货币恰恰是造成资本主义市场经济不稳定甚至出现混乱的主要因素。后凯恩斯学派继承了凯恩斯的这一传统,坚持对经济不确定性的强调。所以,这方面也是该学派的一个理论特点。

第六,更注重经济分析中的规范分析方法的运用。凯恩斯本人的理论中充满了规范分析的因素,后凯恩斯学派同样重视规范分析,并在规范分析指导下提出了其宏观经济政策和制度调整的建议。和同时代的主流经济学相比,特别是和新古典综合派的理论分析相比,强调和注重规范分析是后凯恩斯学派的又一突出特点。

## 二、 后凯恩斯学派的方法论和理论前提

后凯恩斯学派和新古典综合派在一些重大经济理论问题上的分歧,首先反映在方法论和理论分析的前提方面。

### (一) 后凯恩斯学派的方法论

后凯恩斯学派的方法论有三个显著的特点:一是坚决主张抛弃均衡观念,树立历史的时间观念;二是强调社会制度和阶级分析的方法;三是强调制度因素的重要性。

1. 主张抛弃均衡观念,树立历史的时间观念

均衡概念是凯恩斯以前的新古典经济学家的传统观念。新古典经济学认为,"经济人"在市场中会理性地追求自己的最大利益,而市场自动调节的机制将使经济达到最佳的均衡状态。后凯恩斯学派的经济学家认为,"凯恩斯革命"的重大突破之一就是"从均衡观转向历史观"。这就打破了新古典经济学均衡观对经济分析的束缚,考虑到了现实经济生活的特点,注意到了不同时间经济的区别,强调时间是一个历史过程。后凯恩斯学派认为,过去是无法改变的,也是不可逆转的,未来是不可确知的。但是,明天发生的事是受今天的行为影响的,而今天的行为又是受过去的历史和对明天的预测所支配的。由于未来不可知,人们只能依据过去的经验去推测未来,而严格的理性行为是不可能存在的,因此,经济现象是历史的过程。琼·罗宾逊说:"一旦我们承认经济是存在于时间中的,历史是从一去不复返的过去向着未卜的未来前进,那么以钟摆在空间来回摆动的机械比喻为基础的均衡观就站不住脚了。整个传统经济学都需要重新考虑。"[①]

后凯恩斯学派的经济学家认为,新古典综合派在"综合"凯恩斯这样的宏观经济理论和新古典的微观经济理论时,承接了马歇尔的局部均衡论和瓦尔拉斯的一般均衡论,把已被凯恩斯抛弃的均衡概念重新塞入和移植到凯恩斯的理论中。这显然是一种理论的倒退和对凯恩斯理论的"庸俗化"。对于将凯恩斯经济理论变成一般均衡模型的做法,琼·罗宾逊是一直反对的。她曾经批评希克斯对凯恩斯理论的解释,说:"希克斯利用他的 IS-LM 曲线将《通论》变成一个均衡体系。这种改变虽然取得很大的成功,但同时也是歪曲地教育了许多代的学生。"[②]她认为:"就一个始终处在均衡状态的世界而言,将来与过去两者之间是没有区别的,没有历史,也不需要凯恩斯。"[③]这句话实际上就是指责新古典综合派丢掉了凯恩斯经济理论的精神实质。

2. 从历史发展和变动视角强调经济活动的不确定性

出于上述看法,罗宾逊特别强调"不确定性"在资本主义社会经济分析中的重要作用。她认为,凯恩斯是"从马歇尔的短期开始……在对未来的预期的基础上,作出今天的决策"[④]。

---

① 〔英〕琼·罗宾逊:《凯恩斯革命的结果怎样?》,载《凯恩斯以后》,虞关涛等译,北京,商务印书馆1985年版,第8页。
② 〔英〕琼·罗宾逊:《经济论文选》(第5卷),英国,剑桥,巴希尔·布莱克韦尔出版社1979年英文版,第211页。
③ 〔英〕琼·罗宾逊:《凯恩斯革命的结果怎样?》,载《凯恩斯以后》,虞关涛等译,北京,商务印书馆1985年版,第9页。
④ 〔英〕琼·罗宾逊:《经济论文选》(第4卷),英国,剑桥,巴希尔·布莱克韦尔出版社1973年英文版,第96页。

"凯恩斯……只讨论事件。企业、家庭、公共机构等单位各自在它们的范围内,在传统习惯、不完全的信息和不确定的预期的影响下作出决策。当它们付诸实施相互发生作用时,就产生了整个经济的运动。"①"凯恩斯所论证的问题的真正本质是不确定性。"②经济活动充满了不确定性,人们的预期也难以确定。但预期却通过人们的决策和行为对经济后果产生着不可避免的和重大的影响。

### 3. 强调制度因素的重要性

对于新古典综合派坚持新古典经济学传统,仍然以资源配置问题作为经济研究的主题,以个人行为作为主要分析对象,不考虑社会制度和社会经济关系(或者把这些作为外生变量处理),只集中分析经济活动中人与物的关系或者物与物的关系,后凯恩斯学派经济学家也给予了严厉的批判。后凯恩斯学派经济学家认为,社会制度(银行和货币体系,适时的商品市场、生产要素市场和金融资产市场,现期和远期交易的货币契约制度,特别是货币工资契约)和社会经济关系(尤其是阶级之间的经济关系),在任何时候都对经济活动和经济分析具有重大的作用。琼·罗宾逊和伊特韦尔认为:"要包括在任何一种分析中的最根本因素是表明它要分析的社会制度的性质。经济关系是人们之间的关系。人类同物质世界的技术关系规定了人们过着的经济生活的条件,虽然人类社会(或就这一点来说的动物世界)的技术发展水平对社会中的各种关系有着重大影响,但技术条件并不能完全决定人类社会的各种关系。"③他们认为:"人类关系和工艺关系的相互作用是经济分析的论题。"④后凯恩斯学派的这种观点特别突出地反映在他们的收入分配理论中。也正是在这一点上,后凯恩斯学派的经济学家们认为,他们恢复了李嘉图的古典经济学,并与马克思的理论衔接起来。

## (二)后凯恩斯学派的理论前提

在经济分析的理论前提方面,后凯恩斯学派与新古典综合派的主要分歧反映在两个问题上,即如何看待"萨伊定律"和如何认识投资与储蓄之间的关系。

凯恩斯以前的新古典经济学家完全信奉"萨伊定律",认为在自由竞争条件下,市场自发调节可以使总供给总是等于总需求,经济总是会处于充分就业的均衡状态。凯恩斯在他的《通论》中否定了这些信条,但是,他也确实说过:"实行管理以后,总产量与充分就业下之产量相差不远,则从这点开始,经典学派理论还是对的。"⑤新古典综合派就以这点作为依据,认为通过财政政策和货币政策使资本主义的经济达到充分就业之后,新古典的经济理论就可以继续适用。琼·罗宾逊是否定凯恩斯这一看法的。她认为这是凯恩斯"考虑不充分的、完全与他的主要论点相反的意见"⑥。琼·罗宾逊认为,新古典综合派就是在把凯恩斯的经济理论与新古典经济学的理论相综合的过程中,使"萨伊定律被矫揉造作地恢复了,并在它的掩护

---

① 〔英〕琼·罗宾逊:《对生产理论的误解》。转引自〔美〕菲维尔:《萨缪尔森和新古典经济学》,美国,波士顿,克鲁沃-尼约夫出版社1982年英文版,第94—95页。
② 〔英〕琼·罗宾逊:《经济理论的第二次危机》,载《现代国外经济学论文选》(第一辑),北京,商务印书馆1979年版,第6页。
③ 〔英〕琼·罗宾逊、约翰·伊特韦尔:《现代经济学导论》,陈彪如译,北京,商务印书馆1982年版,第71页。
④ 同上。
⑤ 〔英〕凯恩斯:《就业、利息和货币通论》,徐毓枬译,北京,商务印书馆1981年版,第322页。
⑥ 〔英〕琼·罗宾逊:《经济增长的年代》,载《现代国外经济学论文选》(第一辑),北京,商务印书馆1979年版,第38页。

下,所有旧学说都偷偷地又回复过来了"①。

在投资与储蓄的分析中,后凯恩斯学派认为:"正统观念是以'萨伊定律'的说法为依据的,根据'萨伊定律',储蓄量决定投资率。"②新古典学派就持有这种正统观念。他们认为,在任何时候,储蓄额总是一定的,只要通过利率的调节,储蓄总是可以全部转化为投资的,所以,投资是由储蓄决定的。凯恩斯的观点就恰恰与此相反。凯恩斯认为,投资和储蓄是由不同的人进行的。投资是由企业家、公司决定的,而储蓄是由居民行为决定的。居民储蓄的增加意味着消费需求的减少,而这会减少有效需求,减少就业。只有增加投资,才能增加收入和就业,从而使储蓄和投资在新的国民收入水平上达到相等。后凯恩斯学派认为,根据凯恩斯的观点,不是储蓄支配投资,而是"储蓄不能不受投资量(增添设备和原材料的支出)的支配。储蓄水平随收入水平而变化。在工人失业和生产设备利用不足的时候,投资支出的增加会提高收入,从而增加消费支出,又增加储蓄"③。后凯恩斯学派认为,在新古典综合派看来,只要根据居民储蓄倾向算出充分就业时所能达到的国民收入中的储蓄量,然后通过政府的财政政策和货币政策安排足够的投资来吸收这笔储蓄,经济就可以实现充分就业均衡了,这种观点实际上抛弃了凯恩斯"投资支配储蓄"的基本观点,"回到了储蓄支配投资这种均衡世界,而微观力量也就可以再滑进老槽了"④。

总之,后凯恩斯学派认为,新古典综合派无论在经济学的研究方法论上,还是在经济分析的理论前提上,都背离了凯恩斯经济理论。琼·罗宾逊说,"在北美以及由北美向世界传播的占统治地位的经济理论,我称之为冒牌的凯恩斯主义"⑤,"曲解凯恩斯理论的冒牌凯恩斯主义,实际上助成了与失业、通货膨胀交织在一起的无计划的增长局面"⑥。从而产生了经济学的"第二次危机"。琼·罗宾逊甚至直截了当地说:"经济理论的第二次危机,与其说是凯恩斯理论的破产,不如说是这些冒牌的凯恩斯分子的学说的破产。"⑦

## 三、 后凯恩斯学派的价值论与分配论

### (一) 后凯恩斯学派对价值论和分配论的基本看法

凯恩斯在《通论》的第 24 章曾经论述过收入分配问题和资本主义的发展前途问题。他认为,从经济增长角度看,收入分配的较大差距是一个因素。他写道:"财富的增长远不取决于富人的节欲,像一般所假设的那样;它的增长反而会受到富人节欲的阻碍。因此,支持财富应具有很大差别的一个主要论据已经不能成立。"⑧凯恩斯还进一步指出:"在我看来,当资本主义的食利者阶级的这一方面完成了它的任务以后,它会作为一个过渡阶段而消失掉。一旦它

---

① 〔英〕琼·罗宾逊:《经济增长的年代》,载《现代国外经济学论文选》(第一辑),北京,商务印书馆1979年版,第31页。
② 〔英〕琼·罗宾逊、约翰·伊特韦尔:《现代经济学导论》,陈彪如译,北京,商务印书馆1982年版,第65页。
③ 同上。
④ 〔英〕琼·罗宾逊:《经济理论的第二次危机》,载《现代国外经济学论文选》(第一辑),北京,商务印书馆1979年版,第7页。
⑤ 同上书,第30页。
⑥ 同上书,第29页。
⑦ 转引自胡代光、厉以宁、袁东明著:《凯恩斯主义的发展和演变》,北京,清华大学出版社2004年版,第112页。
⑧ 〔英〕凯恩斯:《就业、利息和货币通论》,高鸿业译,北京,商务印书馆1999年版,第387页。

的食利者阶级的方面消失掉,资本主义的其他方面会有重大的改变。"①

后凯恩斯学派认为,凯恩斯这段关于社会的收入分配问题和资本主义前途问题的论述是十分重要的。但是,在凯恩斯写作《通论》的年代,由于凯恩斯主要关心短期的经济萧条问题,另外,他对价值和分配理论也没有多大兴趣,因此,这些问题既没有为凯恩斯的《通论》所展开,也被新古典综合派忽略了。而后凯恩斯学派作为凯恩斯的嫡传弟子,则必须在这方面有所作为。

在后凯恩斯学派看来,分配论是价值论的引申,而价值则应该具有"客观的"和"物质的"基础。为了建立客观的价值理论,就必须批判边际效用学派的主观价值论,回到古典经济学的传统,从李嘉图的劳动价值论出发进行研究。琼·罗宾逊认为,斯拉法的《用商品生产商品》一书为后凯恩斯学派的收入分配理论提供了一个价值论基础。

英国古典经济学家大卫·李嘉图的经济理论是以分配问题为中心的。但是,由于他混淆了价值和生产价格,因而无法解释劳动时间决定商品价值量的法则与等量资本得到等量利润这一资本主义经济现象之间的矛盾。为解决这个理论难题,李嘉图用毕生的精力试图寻找一种"不变的价值尺度"(这种商品的价值在投入劳动量不变的条件下不会随着工资和利润分配份额的变化而变动)。后凯恩斯学派认为,斯拉法在《用商品生产商品》一书中,通过建立一套由"合成商品"组成的"标准体系"和"剩余"的核心概念,恢复了李嘉图和马克思的经济分析方法,解决了李嘉图遗留下来的理论难题。

古典经济学家一直把"剩余"作为一个经济学的核心概念加以探讨。他们认为,生产性的经济活动是一个循环不息的过程。每个生产周期开始时投入各种要素(商品量),周期结束时的产量,也许能够维持简单再生产,也许还有剩余。剩余将在资本家和地主之间以利润和地租的形式进行分配,并在市场上把实物形态的剩余转化为他们的货币收入。市场的作用在于保证:(1)生产要素在生产厂家与使用厂家之间转移;(2)利润和地租的实现;(3)满足资本家、地主和工人三个阶级对生活必需品以及奢侈品的需要。

但是,新古典经济学家认为,经济学主要研究的是如何把稀缺资源最适度地配置到不同的用途上的问题。这样,生产活动就变成了单向选择过程。新古典经济学家使用边际效用的主观分析方法,来代替古典经济学衡量生产成本的客观分析方法,把研究重点从生产和供给方面转移到需求一方。在新古典经济学中,剩余的概念消失了,分配理论变成了各种生产要素的定价问题,成为价格理论的组成部分。

斯拉法抛弃了新古典经济学的上述做法,试图恢复古典经济学家的分析方法。他认为,生产价格(价值)主要取决于生产的技术条件,而不受分配的影响;分配则只受社会条件的影响,而不受生产技术条件的支配。斯拉法正是在这种观念支配下提出了"标准的合成商品生产体系"或"不变的价值尺度"观点,建立起他的"价值理论"的。

### (二)斯拉法的"标准的合成商品生产体系"

斯拉法首先建立了一个"为维持生存的生产的经济模型",也就是简单再生产模型。他假定社会经济由两个生产部门构成,分别生产铁和小麦。两种商品又都作为投入品参加到生产过程中:小麦部门投入的生产资料和劳动者的生存资料为280夸脱小麦和12吨铁,产出为400夸脱小麦;铁生产部门投入的生产资料和劳动者的生存资料为120夸脱小麦和8吨铁,产

---

① 〔英〕凯恩斯:《就业、利息和货币通论》,高鸿业译,北京,商务印书馆1999年版,第390页。

出为 20 吨铁。该经济模型的生产方程为：

280 夸脱小麦 + 12 吨铁 → 400 夸脱小麦

120 夸脱小麦 + 8 吨铁 → 20 吨铁

首先,生产方程中小麦和铁的产出量恰好等于耗费的投入量,因而可以满足进行简单再生产所需的物质补偿；其次,生产过程结束后,为了使社会进行再生产,小麦部门和铁部门必须在市场上交换各自的产品。为此,小麦和铁的交换价值应是 1 吨铁 = 10 夸脱小麦。这一交换价值可以保证这两个部门得到进行简单再生产所需的生产资料和劳动者的生存资料。上述经济模型可以从两个生产部门推广到具有 $K$ 个生产部门的经济体系,其生产方程的一般形式如下：

$$
\begin{aligned}
A_a P_a + B_a P_b + \cdots + K_a P_k &= a P_a \\
A_b P_a + B_b P_b + \cdots + K_b P_k &= b P_b \\
&\vdots \\
A_k P_a + B_k P_b + \cdots + K_k P_k &= k P_k
\end{aligned}
\quad (3.1)
$$

方程中的 $P_a, P_b, \cdots, P_k$ 表示商品 $a, b, \cdots, k$ 的价格；$A, B, \cdots, K$ 表示商品 $a, b, \cdots, k$ 的总产量；$A_a, B_a, \cdots, K_a, A_b, B_b, \cdots, K_b, \cdots, A_k, B_k, \cdots, K_k$ 分别表示生产 $A, B, \cdots, K$ 所消耗的相应商品的数量(如 $A_b$ 为生产 $B$ 所消耗的 $a$ 的数量)。方程组(3.1)中,共有 $K$ 个线性方程和 $K$ 个变量($P_a, P_b, \cdots, P_k$),其中只有 $(K-1)$ 个独立方程；如果假设某一商品价格为 1,则可解出其余 $(K-1)$ 个商品的价格。这套价格能够保证经济体系进行简单再生产。

如果经济体系生产出一种超过维持简单再生产所必需的物质数量的剩余,并假定这种剩余现在按平均利润 $r$ 在各生产部门进行分配,但劳动者无权享受任何剩余,这时将有下列生产方程：

$$
\begin{aligned}
(A_a P_a + B_a P_b + \cdots + K_a P_K)(1+r) &= A P_a \\
(A_b P_a + B_b P_b + \cdots + K_b P_k)(1+r) &= B P_b \\
&\vdots \\
(A_k P_a + B_k P_b + \cdots + K_k P_k)(1+r) &= K P_k
\end{aligned}
\quad (3.2)
$$

方程组(3.2)含有 $K$ 个独立方程,设某一商品价格为 1,可解出其余 $(K-1)$ 个商品的价格和利润率。

在第二个模型的基础上,斯拉法撤销了劳动者无权享受任何剩余的假定,假定劳动者以工资形式占有一部分剩余,由此提出了第三个经济模型,其生产方程如下：

$$
\begin{aligned}
(A_a P_a + B_a P_b + \cdots + K_a P_k)(1+r) + L_a W &= A P_a \\
(A_b P_a + B_b P_b + \cdots + K_b P_k)(1+r) + L_b W &= B P_b \\
&\vdots \\
(A_k P_a + B_k P_b + \cdots + K_k P_k)(1+r) + L_k W &= K P_k
\end{aligned}
\quad (3.3)
$$

方程中,$L_a, L_b, \cdots, L_k$ 为各部门投入的劳动量,$W$ 为工资。

斯拉法用总产品中扣除各生产部门消耗的生产资料后留下的产品构成国民收入,并使之等于 1,所以又有一个国民收入方程：

$$
[A - (A_a + A_b + \cdots + A_k)] P_a + [B - (B_a + B_b + \cdots + B_k)] P_b + \cdots \\
+ [K - (K_a + K_b + \cdots + K_k)] P_k = 1 \quad (3.4)
$$

斯拉法同时规定社会年劳动投入量等于 1,即 $L_a + L_b + \cdots + L_k = 1$,表明年国民收入是由社会年劳动投入量(活劳动)生产出来的。

第三个经济模型共含有($K+1$)个独立方程和($K+2$)个未知数($K$个价格加利润和工资),由于国民收入(全部剩余)可以分解为利润和工资两部分,因此只要工资(或利润率)已知,根据上述方程即可解出$K$个商品的价格和利润率(或工资)。

斯拉法通过建立的"标准商品体系"证明,在"标准商品体系"中,国民收入在工资和利润之间的分配不会影响到商品价值(或生产价格)本身的变化,在全部国民收入对全部生产投入量的比率$R$(或称工资为零时的最大利润率)既定时,利润率和工资率$w$的关系如下:

$$r = R(1-w) \tag{3.5}$$

这一式子表明,在经济生活中,如果工资是由国民收入支付的,则工资和利润之间存在着一种线性关系,且两者呈反方向变动。①

在《用商品生产商品》一书的最后一章,斯拉法提出了生产方法的转换问题,形成了转换和再转换的理论。

斯拉法的分析说明了剩余(国民收入)的生产和商品价值(或生产价格)的形成是由物质生产条件决定的,是一个客观的过程;而剩余的分配则是与社会制度因素和生产关系有关的过程,涉及阶级之间的利益关系。斯拉法明确指出:"我现在发表的这套命题有一个特征,虽然它没有对价值和分配的边际学说进行任何讨论,它们仍旧是为了作为批判那一学说的基础而设计的。"②后凯恩斯学派就是以斯拉法这一理论为基础,批判了新古典综合派的理论观点,提出了自己的价值论和分配论。

斯拉法理论体系的特点是:产量决定于生产过程中的技术关系,而不是决定于市场供求之间的相互作用;但是,价格却不决定于生产技术,而是决定于雇主与工会之间的谈判所议定的工资和利润之间的消长。

斯拉法在价值论和分配论方面,抛弃了把主客观因素混在一起的供求论,根据物质生产条件和社会制度因素来解释价值的形成和收入分配的决定。后凯恩斯学派据此认为,在资本主义经济制度下,国民收入的分配中,工资和利润是对立的。这与历史上形成的财产占有制度有关,也与劳动市场的历史条件有关,在研究收入分配问题时,绝不能撇开所有权因素和历史因素对分配的影响。工资可以划分为货币工资和实际工资,前者受一个国家历史上形成的工资水平、国内劳资双方议价的力量对比等因素的影响,后者则与利润率、商品和货币流量以及收入分配的构成有关。在斯拉法的生产方程中,国民收入是由年投入劳动量生产的,而利润作为国民收入的一部分,是资本占有者凭借其财产占有权而取得的非劳动收入。

后凯恩斯学派认为,不仅新古典综合派的价值论是错误的,而且其分配论也是错误的。后凯恩斯学派还认为,"从历史上看,剩余占有人和非剩余部分收入占有人之间的收入分配取决于制度因素,而此种分配的变动则依赖着经济增长率的变动"③。新古典综合派分配论的错误主要在于:(1) 没有考虑社会制度因素,只考虑了生产的技术条件。(2) 按照新古典综合派的理论,必须先依照一定的价值(或价格)计算出各种异质资本品的价值(或价格)总量,然后才能计算出资本的边际产量的价值(或价格),再得出利润率和利润额;而斯拉法的生产方

---

① 参见〔英〕斯拉法:《用商品生产商品》,英国,剑桥,剑桥大学出版社1963年英文版,第1—18页。
② 同上书,第6页。
③ 〔美〕艾奇纳、〔英〕克雷格尔:《论凯恩斯理论:经济学的新模式》,载英文版《经济学文献杂志》1976年12月号,第1309页。

程体系已经证明,计算资本总量必须以一定的收入分配条件(即利润率和工资的确定)为前提。所以,边际生产力分配论在逻辑上是一种循环论证。琼·罗宾逊说:"资本概念本身意义的含混……这一错误使得新古典学派的主要部分是不合逻辑的。"①

## 四、后凯恩斯学派的经济增长理论

### (一)理论概况

后凯恩斯学派的经济增长理论是对凯恩斯经济理论进行长期化和动态化扩展的结果。后凯恩斯学派的经济增长模型是在哈罗德-多马经济增长模型的基础上发展起来的。其主要倡导者是琼·罗宾逊、卡尔多和帕西内蒂。后凯恩斯学派的经济增长理论的一个最重要的特点是把经济增长同收入分配问题结合起来考察,一方面阐述如何通过收入分配的变化来实现经济的稳定增长,另一方面说明在经济增长过程中收入分配的变化趋势。

当然,在讨论经济增长问题时,资本问题也是不容忽视的问题。在这方面,后凯恩斯学派和新古典综合派的看法存在着差异,特别是在以下两个具体问题上存在分歧:(1)资本有无延展性;(2)实际资本和金融资本之间是否存在着重要的差别。后凯恩斯学派认为,实际资本没有延展性,而金融资本和实际资本之间存在着差别。新古典综合派则持相反的看法。

琼·罗宾逊和卡尔多是后凯恩斯学派经济增长理论的奠基者。1956年,他们分别在自己的著作和文章中提出了各自的经济增长模型。

### (二)卡尔多的经济增长模型

在卡尔多的经济增长模型中,经济增长速度和收入分配是相互具有内在联系的范畴。他认为,既然社会的收入是在各个阶级之间分配的,其中每一个阶级都有自己的固定不变的储蓄倾向,那么,收入分配中利润和工资的比例关系就直接影响到整个社会的储蓄水平,从而决定了积累率和经济增长速度。另一方面,要达到一定的经济增长速度,就要有一定的积累率,从而也要有相应的收入分配的比例关系。因此,经济增长速度和积累率也是影响国民收入分配的重要因素。

在卡尔多的增长模型中,收入分配和资本积累是直接相关的。当储蓄占利润总额的比例和储蓄占工资总额的比例既定时,资本积累率直接影响着利润在国民收入中的份额,也可以说,投资量直接决定着利润量的大小。卡尔多运用这一模型所反映的各经济变量相互之间的关系阐明了经济增长理论中的两个基本问题:经济均衡增长的条件和决定经济增长率的各种因素。

关于经济均衡增长的条件,卡尔多认为,只要把储蓄占利润总额的比例大于储蓄占工资总额的比例这个限制条件作为收入分配机制运用到他的经济增长模型中去,则经济均衡增长不仅存在,而且稳定。他确信,在现实经济生活中,储蓄同投资的任何偏离都会引起国民收入分配的变化,以使得储蓄适应于投资。例如,在充分就业条件下增加投资并导致社会总需求的普遍增加,将会产生的后果是价格上涨超过工资提高的速度,因此,收入分配的变化有利于

---

① 〔英〕琼·罗宾逊:《生产函数和资本理论》,载《经济学论文选集》(第2卷),美国,波士顿,坎布里奇,麻省理工学院出版社1963年英文版,第114页。

增加利润和降低工资在国民收入中的份额;由于储蓄占利润总额的比例大于储蓄占工资总额的比例,结果收入分配的变化就会使社会总储蓄额增加,储蓄与投资恢复均衡。假定出现相反的情形,投资和社会总需求趋于全面缩减,则价格的下跌会快于货币工资下降的速度,收入分配变化将有利于劳动者;由于储蓄占利润总额的比例大于储蓄占工资总额的比例,结果社会总储蓄额将会相应减少,使得储蓄与投资恢复均衡。这种通过国民收入分配变化来调整储蓄,使之适应于投资的分配机制的作用,在西方经济学文献中,通常被称为"卡尔多效应"。卡尔多由此断言,在短期内,国民收入分配是投资和总需求及相对价格变动的函数。

卡尔多在分析长期经济增长的因素时,认为国民收入分配也是一个十分重要的因素,因为它直接影响到积累率的大小。如果储蓄占利润总额的比例和储蓄占工资总额的比例既定(同时资本产出系数也既定),积累率的任何上升(也就意味着国民收入增长率的上升)必然要求利润在国民收入中的份额增大,反之亦然。卡尔多将储蓄占利润总额的比例和储蓄占利润总额的比例之差的倒数叫作"收入分配的灵敏度系数",因为它表明了积累率的变化对利润在国民收入中所占比重的影响。资本家(财产占有者)储蓄得愈少,消费得愈多,利润在国民收入中的份额愈大。这也证明了后凯恩斯学派所信奉的麦克尔·卡莱茨基的名言:"工人花费他所挣到的,而资本家挣到他所花费的。"

### (三) 帕西内蒂和琼·罗宾逊的经济增长思想

帕西内蒂扩充了卡尔多的模型,说明在稳定状态的经济增长中,资本收益率成正比地取决于劳动力增长率,成反比地取决于利润获得者的储蓄倾向。有些利润获得者就是靠被转化为投资的储蓄而赚得利润的"工人",只是这些"工人"的储蓄占他们的收入的比率比资本家的储蓄率要小一些。这些"工人"用利润或者利息形式将其收入储蓄起来,和他们用工资形式储蓄自己的一部分收入时所占的份额是一样的,与他们的工资额大小无关。据此,帕西内蒂认为,稳定状态的经济增长中的长期均衡的"利润率",完全不受"工人"储蓄倾向的影响。帕西内蒂认为,由于上述问题的存在,"工人的收入"不再与"工资收入"相一致,"利润收入"也不再等于"资本家收入"。但是,这只是影响原来的"工人收入"与"资本家收入"的相对份额,而不会影响"工资收入"和"利润收入"的相对份额。①帕西内蒂也认为充分就业需要通过投资需求的增大来实现。

琼·罗宾逊的经济增长模型和卡尔多的模型略有不同,她在《资本积累论》一书中,建立了一个将古典的价值与分配理论和凯恩斯的储蓄—投资理论结合在一起的增长模型。她假定存在着一个自由放任的封闭经济;该经济中只有资本和劳动这两个生产要素;在生产过程中,资本和劳动以固定比例相配合;该经济中只有企业家和工人两个阶级;劳动供给较为充裕,企业家可以按照他们的需要雇用工人;技术进步是中性的。琼·罗宾逊试图根据由社会生产的两大部类即生产资料生产和消费品生产之间在技术经济上的相互联系,引出与经济增长和收入分配有关的主要经济变量的关系。她运用了两大部类和两大阶级收入的分析模型,把生产部门划分为投资品(生产资料)和消费品(消费资料)两大部类,把总收入分为利润和工资两大部分。按照她的分析,工人将其所有收入(工资总额 $W$)用于消费($C$),资本家将其所有收入(利润总额 $P$)用于投资($I$),这时,工人的收入等于消费品的总价格,资本家的利润

---

① 参见〔英〕克雷格尔:《政治经济学的重建:后凯恩斯经济学导论》,英国,伦敦,麦克米伦出版社 1973 年英文版,第 195—196 页。

等于投资品的总价格,国民收入中利润和工资的相对份额等于消费品的总价格与投资品的总价格之比。如果根据凯恩斯的储蓄等于投资的假定,那么,利润率($\pi$)就等于资本积累率($g$)。

如果取消资本家将其全部收入都用于投资的假定,这时利润总额中有一部分被用作资本家的消费,其余部分则是可用作投资的储蓄总额。在中性技术进步假定(即假定技术进步不会引起资本和劳动在产品价值构成中的相对份额)下,资本价值对产量的比例在经济增长过程中保持不变,因而,资本增长率(积累率)也就等于整个经济增长率。

在资本家储蓄倾向一定的情况下,利润率与积累率(从而经济增长率)有一种互相制约的关系;即一定的利润率产生于一定的积累率(或增长率),而一定的积累率(或增长率)又必须以一定的利润率水平为前提,两者呈正比变化。按照琼·罗宾逊的经济增长理论,资本主义经济要稳定地、均衡地发展,必须满足下列条件:技术进步稳定而且没有偏向,市场竞争机制充分发挥作用,积累率与劳动人口增长率以相同的比率稳定增长,利润率长期不变,实际工资水平随人均产量上升而提高,资本家对投资的未来收益有足够的信心,投资以每年相同比率增加。在这种情况下,年产量(国民收入)同资本量(新增资本即投资)以一种适当的比率同时增长。罗宾逊认为,满足上述条件的经济增长状态是"黄金时代"。①

与卡尔多不同的是,罗宾逊认为:"稳定增长模型不过是用简单形式说明论点的一个便捷方法。在现实中,增长绝不是稳定的。"②她认为,"劳动与财产的分离"是造成资本主义社会经济中各种矛盾和冲突的重要原因。她还指出,如果资本家的高利润不是高积累率的结果,而是垄断的结果,那么,由于工资没有得到相应的提高,社会消费需求水平的增加将受到阻碍,从而进一步制约投资需求,使得在高利润条件下出现投资缩减和经济停滞的趋势。这时,必须通过改变国民收入的分配来使工资随着劳动生产率的提高而提高,从而解决资本主义经济增长过程中的矛盾。可见,罗宾逊实际上认为,只要政府采取一定的经济干预措施,特别是抑制垄断势力的增长和使国民收入分配趋于均等化,资本主义经济还是可能保持一定的增长速度。不过,琼·罗宾逊的经济增长模型无法引进财政政策和货币政策参数,而且与资本主义经济的现实不相符合。这是琼·罗宾逊的经济增长模型的缺陷。

## 五、 后凯恩斯学派对"停滞膨胀"的解释

在 20 世纪 70 年代,当西方国家发生大量失业和严重的通货膨胀相交替的"经济滞胀"时,美国的凯恩斯主义,即新古典综合派,既无法以凯恩斯的理论来解释现实问题,也无法用菲利普斯曲线进行政策选择。而现代货币主义者则是用货币数量论来解释通货膨胀,对于"经济滞胀",他们也没有提出有说服力的解释。后凯恩斯学派认为,"经济滞胀"完全是"冒牌凯恩斯主义者"错误使用凯恩斯政策思想的结果,要解释和说明经济"停滞膨胀"的原因,既要从美国凯恩斯主义政策方面寻找原因,也必须抛弃物价水平仅仅取决于货币数量的传统新古典经济学理论,回到凯恩斯关于物价水平主要受货币工资率支配的论断上来。

后凯恩斯学派从区分商品市场类型或不同类别的经济部门着手,结合价格形成中的垄断因素、货币工资谈判中的阶级冲突因素,来说明通货膨胀的原因,进而解释停滞膨胀现象。

---

① 参见〔英〕琼·罗宾逊:《资本积累论》,徐毓枏译,上海,商务印书馆1965年版,第2篇。
② 〔英〕琼·罗宾逊、约翰·伊特韦尔:《现代经济学导论》,陈彪如译,北京,商务印书馆1982年版,第245页。

### （一）卡尔多的解释

后凯恩斯学派的重要代表人物尼古拉斯·卡尔多把经济部门分为三类：初级部门，为工业提供必要的基本供应品，如食品、燃料和基本原料；第二级部门，加工业部门，提供投资品或消费品；第三级部门，提供辅助服务（如运输、销售或各种专门技术）、欣赏性服务。卡尔多认为，第三级部门一般不会发生重大问题，但初级部门和第二级部门都可能成为通货膨胀的根源。因为"持续和稳定的经济发展要求这两个部门的产量的增加应符合必要的相互关系，这就是说，可出售的农矿产品产量的增加，应该和需求的增加相一致。这种需求的增加又是反映第二级（以及第三级）部门的增长的"①。但是，"从技术观点看，不能保证由节约土地的革新所推动的初级生产的增长率，正好符合第二级和第三级部门的生产和收入的增加所要求的增长率"②。由此可见，卡尔多主要强调的是生产部门之间的比例失调所引起的通货膨胀。

卡尔多认为，不同类型生产部门的产品价格决定是通过不同的经济机制进行的：

（1）在初级生产领域中，对个别生产者和消费者而言，市场价格是既定的，价格是一样的。斯密所描述的传统方式是直接响应市场供求关系的压力而变化的，价格变动是调节未来生产和消费的"信号"。

（2）在工业部门中，至少是在大部分生产集中在大公司手中的现代工业社会中，制造品的价格是被"管理"的，也就是由生产者自己确定的；生产对需求变动的调节是通过库存调节机制进行的，与价格无关；商品积压时就减少生产，库存减少时就增加生产。工业制造品的这种"管理"价格，不是由市场而是由生产成本决定的，具体说来，是根据"完全成本原则"和"垄断程度原则"来决定的，即在直接的劳动和原料成本上，加上按工厂的标准开工率计算出来的一般管理费和折旧费，再加上一个纯利润。按这种方式决定的价格，对需求的反应不是非常灵敏的，但对成本的变化（如工资和原料的价格）却能作出迅速的反应。

根据上述观点，卡尔多得出了一个"基本命题"：从世界经济范围看，"农矿产品价格的任何巨大变动——不论它对初级生产者是有利还是不利——对工业活动往往起抑制作用"③。其原因在于：

（1）初级部门的农矿产品价格下降时，虽然可能刺激工业部门吸收更多的初级产品，但食品价格的下降会使工人实际工资有所提高，从而有可能因此而增加对工业制成品的需求。但是，由于贸易条件（初级产品和制造品两类价格或两类总价格水平的比率）在农矿产品价格下降时对初级部门生产者极为不利，因此就将减少初级部门生产者对工业制成品的有效需求，结果势必抵消了农矿产品价格下降所带来的对工业制成品的需求而有余，造成一种灾害性的后果——经济大萧条。卡尔多认为，20世纪20年代末到30年代的资本主义经济大危机正是由此引起的。

（2）当农矿产品的价格上涨时，它在工业品成本方面具有强有力的通货膨胀的影响。这是因为这些产品在生产的投入产出环节中，处于上游位置，它们价格的上涨会逐级进入下游产品的成本，从而推动工业制成品价格的提高。这种价格上涨将有利于利润而不利于工资在

---

① 〔英〕尼·卡尔多：《世界经济中的通货膨胀和衰退》，载《现代国外经济学论文选》（第一辑），北京，商务印书馆1979年版，第322页。
② 同上。
③ 同上书，第324页。

国民收入中的份额。在这种情况下,工会将要求提高工资。而且通货膨胀也会缩小对工业制成品的有效需求:一方面,初级部门的生产者利润的增加和他们的开支增加不相称;另一方面,大多数国家的政府有可能采取财政金融措施来对付国内的通货膨胀,这些紧缩性的经济政策和措施,将会减少消费者的需求,并抑制工业部门的投资。于是,农矿产品价格上涨很可能在工业部门引起工资—物价螺旋上升的通货膨胀,它反过来又使工业部门的活动受到紧缩性经济政策的限制。卡尔多认为,美国 1972—1973 年的通货膨胀就是起因于农矿产品价格的上涨(同时工资随着生产费用的上升而上涨);在这种情形下,政府采用了强有力的抑制性货币政策来对抗通货膨胀,从而造成了一次相当严重的经济衰退。①

### (二) 琼·罗宾逊的解释

琼·罗宾逊除了区分各种类型的市场和分析操纵价格之外,还从货币和资本主义经济的"不确定性"因素方面来解释停滞膨胀问题。她认为,资本主义经济是货币经济,货币既是交易媒介又是价值的储藏手段,这种性质使货币成为"现在"和"不确定的未来"之间的联系环节。货币信用制度使得资本家投资非常方便而且不太受限制。当社会上投资率较高时,资源会向投资品生产倾斜,造成消费品产量的减少和工人工资的实际份额下降。这就会产生一种"通货膨胀障碍",即通过通货膨胀来制止利润的提高和实际工资的下降。也就是说,投资率提高导致实际工资下降时,会促使工人通过工会提出提高货币工资的要求,从而导致工资—物价螺旋式上升的通货膨胀,最终造成经济停止增长和大量失业,出现停滞膨胀局面。

此外,罗宾逊还在分析停滞膨胀问题时,以卡莱茨基的理论为基础,分析了"政治方面的经济周期"问题,即选举引起的经济周期波动。

总之,后凯恩斯学派认为,正是新古典综合派的冒牌的凯恩斯主义的经济政策造成了经济的停滞膨胀局面。所以,他们反对新古典综合派用调节总需求和实行工资—物价管制的方法来解决滞胀问题,而积极主张从收入分配方面入手去解决上述问题。

## 六、 后凯恩斯学派的基本经济政策主张

后凯恩斯学派既反对美国新古典综合派的政策主张,也反对现代货币主义的政策主张。他们认为,新古典综合派的经济政策主张被实践证明是无效的,而现代货币主义的经济政策主张则是一种倒退。他们也主张实行政府干预,不主张实行自由放任,但是,干预的方向主要不是直接或间接去增加总需求,而是调节收入分配,理顺阶级关系,创造社会稳定的经济环境来推动经济增长。

后凯恩斯学派认为,资本主义社会的症结在于分配制度的不合理和收入分配的失调,因此,经济政策的重点是收入分配政策,要借助政府实施一系列经济社会政策来改革资本主义的收入分配制度,调节不合理的分配。具体说来,主要有这样几项办法:

(1) 改革现有的税收制度,实现收入的均等化。具体说来,可以实行累进的税收制度、没收性的遗产税、赠予税等,来改变社会各阶层收入分配不均等的状况。通过实行高额的遗产税和赠予税,可以消除私人财产的大量集中,抑制社会食利者阶层收入的增加;同时,政府还

---

① 参见〔英〕尼·卡尔多:《世界经济中的通货膨胀和衰退》,载《现代国外经济学论文选》(第一辑),北京,商务印书馆 1979 年版,第 325—326 页。

可以通过这一税收方式将所得到的财产用于社会公共目标和改善低收入贫困阶层的状况。

（2）实行"福利政策"缓解"富裕中的贫困现象"。同时，通过政府的财政拨款给予失业者提供最低生活保障；对失业者进行职业技能培训，使其能有更多的就业机会，能从事更高技术水平和更高收入的工作，以便实现"长期充分就业"。此外，国家还可以通过财政预算拨款给低收入家庭以一定的补贴。

（3）对投资进行全面的社会管制，制定适应经济稳定增长的财政政策，减少财政赤字，逐步平衡财政预算；并根据经济增长率来制定实际工资增长率的政策，以改变劳动者在经济增长过程中收入分配的相对份额向不利方向变化的趋势，从而在经济增长过程中逐步扭转分配的不合理情况。

（4）实行进出口管制政策，利用国内资源的优势，发展出口产品的生产，以便为国内提供较多的工作岗位，增加国内的就业机会，降低失业率，提高劳动者的收入。

（5）政府运用财政预算中的盈余来购买私人公司的股票，把一部分公司股份的所有权从私人手中转移到国家手中，从而抑制食利者阶层的收入，增加低收入家庭的收入。

## 七、后凯恩斯学派的新发展

总体看来，后凯恩斯学派的发展，大概可以划分为三个阶段：20 世纪 50—60 年代是该学派最为活跃的时期，主要阵地在英国。琼·罗宾逊、斯拉法、卡莱茨基、卡尔多、温特劳布这些经济学家是主要代表。20 世纪 70—80 年代，是该学派发展的第二个时期，主要阵地已经开始转到美国。帕西内蒂、加莱格纳尼（P. Garegnani）、保罗·戴维森（P. Davidson）、海曼·明斯基（H. Minsky）、艾希纳（A. Eichner）、哈考特（G. C. Harcourt）、阿西马克普罗斯（A. Asimakopulos）是主要的代表人物。20 世纪 80 年代以后进入第三个时期，理论阵地已经没有明显的地域特征。该时期的主要代表人物除了部分第二代学者之外，还有英国的希拉·道（S. C. Dow）、索耶（M. Sawyer）、美国的帕里（T. L. Palley）、李（F. S. Lee）、普雷斯曼（S. Pressman），澳大利亚的金（J. E. King）等。

在后凯恩斯学派发展的这三个时期，第一个时期是最为活跃的；第二个时期相对沉寂，只是对第一个时期的理论进行完善、扩展与综合，最为突出的就是帕西内蒂对经济增长理论的扩展，以及保罗·戴维森和明斯基对货币与金融理论的阐述；第三个时期出现了一些新的动向，主要是在反思以往经验教训的基础上，构建方法论内在一致的后凯恩斯经济理论体系，同时对重要的经济理论进行重新审视和梳理，甚至进行经验验证。本节内容主要对第二个时期和第三个时期后凯恩斯学派的理论进展加以适当介绍。

### （一）理论特征

新发展的后凯恩斯学派在基本特征方面既有与老后凯恩斯学派相一致的内容，也有其新的特点。这就是：第一，强调经济活动的"不确定性"和预期的重要性；第二，重视社会制度分析；第三，重视阶级关系分析；第四，将收入分配问题作为经济理论的核心；第五，侧重供给和生产行为分析；第六，强调货币的重要性，坚持将实体经济分析与货币经济分析相结合；第七，坚持反对边际主义；第八，主张富有激进色彩的政策建议。

## （二）方法论的新进展

由于第一阶段的后凯恩斯学派的理论缺乏一套统一而明确的方法论原则，后来的后凯恩斯学派经济学家便提出为本学派建立统一的方法论体系的问题。这方面的新进展主要是：

第一，提出了非遍历的世界观。

保罗·戴维森对此作出了重要贡献。"非遍历"(non-ergodicity)是相对于"遍历"(ergodicity)而言的。"遍历"概念来自统计力学，意思是：对于一个无限次的观测系统而言，来源于任何数据收集过程的时空平均数都是同一的。按照这种观点，时间的流逝并不影响过去、现在和未来的联合概率，也就是说，事物的变化不具有历史特征。

"非遍历"概念的含义与此完全相反，过去不能准确显示未来，事物的发展过程是不可逆的，时间和历史特征是至关重要的，在历史进程中，很多情况（包括结构）都会发生变化。保罗·戴维森借鉴了"非遍历"的思想来概括后凯恩斯学派的基本方法论思想，并以之与西方经济学主流学派遵从"遍历"的方法论相抗衡，为"不确定性"和"无知"提供哲学依据，对理性预期假说进行批判。保罗·戴维森认为，在"非遍历"思想的指导下，后凯恩斯学派完全可以用非遍历命题、货币非中性命题、总互补性命题来取代新古典经济学长期流行的遍历性、货币中性、普遍替代性三个命题。从政策上看，保罗·戴维森提出的"非遍历"思想对古典和新古典传统关于市场无须政府干预就可以良好有效运行的观念，也构成了有力的挑战。

第二，将批判实在论作为基本的方法论原则。

以剑桥大学的托尼·劳森为首的一批经济学家认为主流派经济学家所遭遇的失败，其根本原因在于他们奉行了演绎主义的方法论，因为对社会问题的科学认识与之相去甚远。劳森主张采用批判实在论所主张的"溯因推理"方法来分析经济活动的深层结构、机制、力量和趋势。他认为，后凯恩斯学派的诸多实质性观点都可以纳入批判实在论的范畴，所以，采用批判实在论是后凯恩斯学派实现力量内部统一的途径。希拉·道、保罗·戴维森和阿雷斯蒂斯（P. Arestis）等人对此也表示赞同。

不过，由于贯彻这种主张也会使后凯恩斯学派与老制度学派、奥地利学派甚至马克思主义经济学的界限变得模糊，而且与后凯恩斯学派中坚持演绎主义方法的新李嘉图主义传统相矛盾，也有经济学家对此持保留态度。

第三，对巴比伦思想模式进行了探讨。

巴比伦思想模式是指一种知识建构原则，即将复杂的现实整体分解为若干部分分别加以研究，以便完成对复杂现实给予完整解释的理论建构。凯恩斯本人曾经在他关于牛顿的传记中认为，牛顿的物理研究就是使用从多个出发点进行多重推导的巴比伦思想方法的。

希拉·道区分了巴比伦思想模式和笛卡尔-欧几里得思想模式之间的区别，认为笛卡尔-欧几里得思想模式是一种封闭的公理化体系，而巴比伦思想模式则是开放性思想体系，其方法的概念原则和基本点，与后凯恩斯学派的基本观点、基本研究方法以及理论风格都是相通的，所以，可以用它概括后凯恩斯学派的经济学方法论。

## （三）消费理论的新进展

后凯恩斯学派的一些经济学家，如拉沃（Lavoie）、普雷斯曼、德拉克普洛斯（Drakopoulos）、富勒（C. G. Fuller）、汉默（L. C. Hammer）、阿克拉姆-洛德希（H. Akeram-Lodhi）等人在这方面的一个新进展就是在对新古典主义消费理论研究方法的系统批判基础上，提出了后凯恩斯学派的消费思想。

第一,他们对新古典主义消费理论研究方法的系统批判表现在:(1)批判了非社会的个人主义研究方法,认为人们在社会金字塔中的特定地位和关系决定了他们具体的消费偏好和消费支出模式。(2)认为人们的偏好和消费模式会在社会关系中互相影响。(3)否定了个人主义研究方法下以居民户为核心的研究范式,强调"社会消费基础设施"也会对消费产生重要的影响。后凯恩斯学派经济学家认为,首先,将居民户看作一个主要由利他主义倾向的家庭成员组成的旨在实现效用最大化的实体,并不完全符合现实;其次,这种分析没有说明家庭消费偏好的生成机制;再次,这种分析属于静态范畴,难以解释家庭内部结构演变的动态,也没有说明家庭与外部社会的关系。(4)批判了在消费研究中的完全理性和均衡分析方法,认为那些方法是不符合现实的。(5)对于若干新古典经济学关于消费的基本定理提出质疑和否定。首先,明确指出偏好的可通约性公理的严重局限性,认为人的偏好是非均质的,分等级、分层次的;其次,否定偏好的替代性或补偿性定理;再次,对非饱和定理提出质疑和否定;最后,对偏好连续性命题提出质疑和挑战。后凯恩斯学派认为,人们偏好的等级或层次的变化,以及未来的不确定因素都会否定偏好的连续性和偏好的无差异。第五,对偏好的不变性和一致性假定提出质疑。

第二,后凯恩斯学派新发展的消费理论,其主要特征是:(1)方法论与新古典消费理论不同,他们更注重社会性、历史性和动态性。(2)消费理论在整个经济学体系中的地位与新古典消费理论不同,他们更注重个体消费活动与宏观经济总体运行之间的互动作用与影响。

第三,后凯恩斯学派消费理论的主要原理是:(1)程序理性原理:强调社会是个复杂系统,其特征是具有不确定性,而经济行为主体又缺乏完备的知识和有效利用与处理大量信息的能力。所以,经济主体要接受经验规则,遵从社会惯例,借鉴和参考消息灵通人士或同伴的判断等。(2)需要分层原理:这是后凯恩斯学派消费理论中所发展的最重要的原理,或核心命题,是其他相关原理推导的基础。该原理强调需要和偏好的不同层次、等级和先后次序。(3)需要饱和原理:认为当某层次的需要达到饱和点时,不仅价格效应不起作用,收入效应也不再发生作用。(4)需要可分离原理:强调消费者需要的差别性,进而满足各种具体需要的物品的差别性和可分离性。(5)需要增长原理:强调人们的欲望和需要会随着时间与其他条件的变化而不断发展或增长。(6)需要的非独立性原理:强调人类需要的发展演变过程除去受到收入水平等经济方面的因素影响之外,还会受到许多非经济的因素、社会环境与社会关系方面的因素的影响。而人们也会在消费过程中进行学习。非独立性原理就是揭示这种学习过程对于人们消费需要的形成与发展的影响机制。(7)需要遗传原理:进一步强调人们的偏好与需要形成的内生性和环境依赖性(消费的路径依赖)。

后凯恩斯学派在将上述原理加以运用时,还提出了心理门槛和价格刚性的观点,说明人们的基本消费达到一定程度之前,是不会考虑其他消费需求的,而那些基本需求必须满足的程度就形成了所谓心理门槛,对基本需求物品的刚性需求也形成了相应的价格刚性。其实,后凯恩斯学派的这种观点与马斯洛的需求心理层次理论是一致的。

### (四)收入分配理论的新进展

后凯恩斯学派在收入分配理论方面除坚持原有的理论观点之外,也取得了一些新的进展。这主要表现在:(1)提出了新的个人收入分配理论;(2)更明确地提出引入阶级冲突因素的收入分配理论;(3)提出新卡莱茨基分配模型;(4)探讨帕西内蒂定理的一般适用性问题;(5) 对后凯恩斯学派分配理论进行经验验证和计量分析。

### (五) 货币理论的新进展

后凯恩斯学派货币理论的主要特征:一是强调货币与不确定性以及时间的联系,并将其与坚持有效需求原理结合起来;二是强调基础利率的外生性,并拒绝可贷资金理论和自然利率概念;三是强调货币的非中性原理,并克服传统的"二分法"。

在研究货币问题的方法论上,后凯恩斯学派对适应主义方法和结构主义方法有所发展。穆尔(B. Moore)认为,信用货币供给会内在地对企业运营资本需求的变动作出反应,货币创造过程的外生变量是中央银行直接控制的利率,但内生于企业信贷需求的银行贷款是货币增长的主要源泉。适应主义通过阐述货币的信用本质,商业银行在满足企业贷款需求时所发挥的作用以及运作机制,对货币创造过程给予了完全不同于主流货币理论的新解读。

结构主义方法则与流动性偏好理论进行了充分融合。在结构主义者看来,适应主义的货币理论忽视了流动性偏好理论。亚历山大·道(A. C. Dow)和希拉·道主张将凯恩斯《通论》中对流动性偏好的简化解释回归到凯恩斯的《货币论》中更为丰富的货币分析上。他们认为,流动性偏好是一种表达方式,代表家庭、企业、商业银行和中央银行复杂的行为模式。

### (六) 对"新新古典综合"的批判

20 世纪 90 年代后,在新凯恩斯主义宏观经济学基础上产生了"新新古典综合"理论,即主张降低财政政策的作用,提升货币政策的作用,将货币政策的重点放在盯住通货膨胀率上,将货币政策的中介目标放在利率上。"新新古典综合"理论的主要目的是将货币政策的实施制度化,从而为中央银行确立行为准则。

后凯恩斯学派的货币理论在利率政策的内涵、内生性货币供给、自然利率方面与"新新古典综合"的货币理论有所不同。他们主张以自己的货币理论代替"新新古典综合"的货币理论,并建立了自己的理论模型。

后凯恩斯学派认为,货币政策更合适的作用应该是调节收入分配。所以,他们主张,在稳定经济政策上,应该回归凯恩斯在《通论》中提出的短期注重财政政策的观点,并逐步降低短期利率政策在调节经济过程中的重要性。

后凯恩斯学派主张采用盯住利率的规则,让财政政策更好地发挥作用。他们大致提出三种利率规则可以选择:第一种是"史密斯规则"(the Smith Rule),采用一种真实利率为正但水平较低的政策。第二种是"堪萨斯城规则"(the Kansas City Rule),将名义利率设定为零,让真实利率进行内生化调整(多数情况下,真实利率为负)。该规则又有两种,一是名义利率自然为零,二是名义利率人为归零。第三种是"帕西内蒂公平利率规则",即让真实利率等于劳动生产力的增长率。

在金融不稳定假说方面,明斯基于 1986 年出版了《凯恩斯及稳定不稳定经济》一书,深入分析了经济泡沫发生的一般规律,揭示了金融体系的内在不稳定性,从理论上阐述了经济泡沫由最初形成到最后破裂的过程。但是,明斯基并没有对其理论模型化。后来的后凯恩斯学派经济学家,如拉沃(M. Lavoie)、泰勒(L. Taylor)和奥康奈尔(S. O'Connell)、伏理(B. Foley)、嘉苏里克(M. Jarsulic)、斯考特(P. Skott)、德利·加蒂(D. Delli Gatti)、加莱加蒂(M. Gallegati)、基亚雷拉(C. Chiarella)、赛特菲尔德(M. Setterfield)、福利(D. Foley)、梅雷莱斯(A. J. A. Meirelles)和利马(G. T. Lima)等人,先后发展并完善了金融不稳定假说模型。

### （七）国际经济理论的新进展

后凯恩斯学派在国际贸易理论方面的新进展主要表现在：其一，提出了具有后凯恩斯主义特色的国际收支约束下的经济增长模型；其二，通过着力发掘国际贸易与国内收入分配的关系，提出了开放经济条件下的卡莱茨基宏观经济模型。

在国际金融方面，希拉·道在扩展后凯恩斯学派的货币思想基础上，比较系统地阐述了基于流动性偏好原理和内生信贷供给原理的国际金融理论。保罗·戴维森则积极主张对国际货币体系进行改革，建立一种新的国际清偿体系——一种封闭的复式记账的清偿制度，以之保持各个经济贸易区域之间的收支"账目"，同时还就创造与融通流动性而且又能保持国际通货的国际购买力等问题达成协议。这种设计的目的在于：防止任何国家或者由于持有过多的闲置储备，或者由于从国际货币体系中吸纳过多储备而导致全球有效需求缺乏。这种体系可以提供一种由盈余国来主要承受国际收支调节负担的自动机制，同时使每个国家都有能力来监视并限制国际组合资金的运动，以便控制外逃资本的流动，最后还要扩大最终的国际清偿所需要的流动资产量。

拉沃和哈维（J. T. Harvey）认为，考察汇率问题不能仅仅满足于外汇市场供求的直接变动，还要考察其背后的复杂因素和作用。他们认为决定性因素至少有四个：一是进出口；二是对外直接投资；三是组合资产投资；四是官方储备。其中对当前影响最大的因素是第二和第三个因素，具体说来，主要是国际资本投资，特别是国际投机性资本投资的作用。

哈维更提出了一种预期与资产价格、汇率互相影响的新解说，侧重从国际投资者的心理角度进行分析。哈维认为，投资者具有一种依据其根据经验和学习而形成的思想模式进行预期并作出决策的行为。不同外汇存款的利率、所属国的经济增长与稳定性、通胀率等因素都会影响投资者（投机者）对持有不同货币的盈利性、相关国家企业的预期利润率水平以及贬值的可能性作出评估和预期。哈维特别分析了人们在外汇市场上的心理特点：一是可得性（availability），即易于受近期确定性事件的强烈影响（如果一种通货近期价格波动越激烈，就越有可能被预期未来波动更剧烈）。二是代表性（representativeness），即认为A越像B就越属于B，从而当前的汇价波动就被认为肯定有其道理。三是锚定（anchoring），即固守初始估计的思维定式，使最初形成的汇率波动预测难以改变。四是惯例智慧（conventional wisdom），即按照惯例行事。五是对预期不自信（lack complete confidence），即对汇率变动形成的某种预期迟于行动。哈维认为，在上述五种因素作用下，外汇市场就会产生一种强烈的"赶潮流效应"（bandwagon effect）或者滚雪球效应（snowball effect）。这样，未来一个偶发的事件就足以引起市场参与者预期的普遍调整，引起资产持有从而资产流动的变化，导致资产价格和汇率的变动。哈维的这种看法与凯恩斯早期所提到的"流动性拜物教"（fetish liquidity）很是一致。

拉沃认为，基于新古典经济学市场调节可以自动实现均衡的思想，导致了利率平价论指导下的所谓利率均等化的观点严重脱离了各国利率差的现实情况。他主张必须将后凯恩斯学派关于内生性货币供给、货币非中性、预期、不确定性的思想运用到国际汇率方面，才能真正解决现有的问题。

## (八) 关于转轨理论的研究

1. 对新古典转轨理论的批评

后凯恩斯学派在转轨理论方面的观点之一,表现在对新古典的转轨理论模式——"华盛顿共识"的批评方面。"华盛顿共识"的核心观点是,主张转轨国家应该彻底抛弃计划经济体系,代之以大规模地、迅速地、全面地建立一套以私有化、市场化和自由化为特征的经济体系。"华盛顿共识"的具体操作进程就是所谓"休克疗法"或者"震荡疗法"。与其他经济学流派集中于批判"华盛顿共识"的新经济自由主义不同,后凯恩斯学派从基本理论方面对"华盛顿共识"进行了剖析和批判。

后凯恩斯学派首先从理论基础出发,分析批判了"华盛顿共识"的缺陷。他们指出,"华盛顿共识"忽视了转轨国家在不同的社会历史环境和文化背景下形成的特殊路径依赖的特征,试图瞬间彻底切断这些国家的经济同原有制度和秩序之间的联系。这种做法完全是乌托邦式脱离现实的理性主义。保罗·戴维森和阿雷斯蒂斯认为,"华盛顿共识"之所以错误的理论根源,在于它所依据的"遍历定理"、"普遍替代性"和"中性货币"这三个非常严格的新古典基本命题。明斯基等人认为,"华盛顿共识"忽视了制度变迁所必须经历的"过程",不理解制度变迁是一个累积性的、适应性的、渐进性的过程,也是一个不断试错和不断学习的过程,忽视了主义过程中存在的不确定性。

奥坎波(J. A. Ocampo)在操作层面上指出了"华盛顿共识"及其各项改革政策的四个基本缺陷:其一是过分狭窄的宏观经济稳定观点;其二是无视政府干预在生产部门中的作用;三是忽视了应当由国民选择其偏好的经济和社会制度准则;四是片面强调了经济政策的排序地位。

此外,后凯恩斯学派经济学家,如保罗·戴维森、卡马拉(A. F. N. Câmara)、维尔南戈(M. Vernengo)、格拉贝尔(I. Grabel)等人还运用经验分析的方法,根据转轨国家的实践对"华盛顿共识"的合理性提出了各种质疑和批判。

2. 后凯恩斯学派转轨理论研究的主要特征

在基本方法论方面,后凯恩斯学派始终坚持动态和不确定性原则(非遍历原则),认为转轨过程是一个从未经历过的独特的过程,是两种经济体制的中间状态,其背景本身就是制度的不确定性,是从一个制度均衡过渡到另一个制度均衡的过程。实际转轨过程可能因此而呈现不同的发展轨迹,产生不同的转轨结果。制度协调和政府对该进程中相机管理职能和调节政策措施的掌控,对于转轨的成功与否是至关重要的。

在主要的价值观层面上,后凯恩斯学派崇尚自由和民主,认为转轨的最终目标是建立一种文明开化的社会民主的资本主义制度,将个人主义与共同利益结合起来,同时保留一个更为庞大和更具创新性的政府部门。

在具体的理论基础方面,后凯恩斯学派坚持以加成定价理论为其微观分析的基础,以投资分析作为有效需求分析的中心,从动态和不确定性角度结合货币和货币制度对经济现象展开分析。在经济政策上,后凯恩斯学派主张政府必须介入经济运行来保证经济增长和充分就业目标的实现。他们不仅关注总量调节、主张刺激总需求,而且强调结构调整,强调总需求的构成与收入分配。

3. 转轨理论的基本框架

希腊年轻经济学家约翰·马兰戈斯(John Marangos)在2004年出版的《转轨的不同经济

模式》一书被认为体现了后凯恩斯学派的转轨思想,提出了整体的转轨理论框架。该书比较分析了世界各国转轨实践中出现的五种模式:新自由主义激进模式(即"休克疗法")、新自由主义渐进模式、后凯恩斯主义模式、中国模式和市场社会主义模式,集中论述了后凯恩斯学派的转轨思想。

在产权和体制改革问题上,马兰戈斯认为,任何单一所有制都不是完美的,其效率都会随时间的推移发生变化。实践证明,成熟的经济体制是拥有各种产权形式和国家干预存在的市场经济。在后凯恩斯学派看来,即便不完全改变财产所有权,也可以向市场经济过渡,因为在转轨过程中,市场竞争、有效的激励和适当的管制比所有制更加重要。他们否定新古典主义转轨模式,认为私有产权未必一定比国有产权更有效率,因为私有产权的效率优势是有条件的,而现实中这些条件往往达不到。再者,在市场机制失灵时,国有产权仍然可以有效地发挥作用。

后凯恩斯学派认为,转轨国家的国有企业重组是个重要的问题。所谓"重组"就是使国有企业成为和私有企业一样的市场主体所进行的变革。这些变革包括企业内部组织的变迁、不良资产与非生产性资产的剥离、冗员解雇和激励机制改革、设备现代化更新等。他们认为,俄罗斯和波兰的经历证明,转轨过程中首先进行全面私有化未必是效率最高的,重要的是首先应该进行国有资产的"重组"。

在建立市场经济体制方面,后凯恩斯学派认为,价格放开是应该的,但是不能立刻全面放开和实现价格自由化。因为立即全面放开价格会增加转轨过程中的不确定性,会降低投资,增加失业,导致严重的通货膨胀,降低总需求,使经济活动遭受沉重打击。另外,后凯恩斯学派认为,价格体系实际上也是一种制度,所以,应该在实现价格管制过程中,重点进行适当的制度的建设与安排。而这也是一个渐进的过程,不能一蹴而就。

后凯恩斯学派还主张在转轨过程中,政府职能的转变和政治体制改革是相辅相成的。没有一个有效的政府,转轨就会陷入混乱,经济也会陷入困境,但没有适当的政治体制改革,一个有效的政府就不能建立,有效的决策也不可能作出。后凯恩斯学派主张的政治体制是一种民主政治,而不是多元化政治。

在转轨理论指导下,后凯恩斯学派设计了转轨方案和操作思路。他们的方案注重经济效率与经济稳定的统一,强调转轨战略与政策措施的协同配套。在操作中,他们强调要充分发挥政府规制政策的作用和宏观调控作用,将汇率政策、财政政策与货币政策和金融规制结合起来。

## 八、简要评论

总体来看,后凯恩斯学派属于比较激进的凯恩斯主义者。他们对凯恩斯主义经济学的右派——美国的后凯恩斯主流学派的批评,是相当深刻的。比如,他们强调经济生活的不确定性和历史的时间观念来批评美国后凯恩斯主流学派的静态分析,强调价值的客观性,强调收入分配对于经济增长的重要意义,强调社会阶级分析对于收入分配的意义,都比美国后凯恩斯主流学派的思想要深刻。后凯恩斯学派对于资本主义经济增长所带来的弊端,也有适当的揭露。但是,后凯恩斯学派毕竟是在资本主义视野范围内来看问题的,因而,很难提出真正深刻而彻底的见解和根本性政策建议。

新古典经济学长期以来一直信奉和推崇瓦尔拉斯一般均衡。市场上所有的方面都处于均衡状态的情况一般被称为瓦尔拉斯均衡,或者瓦尔拉斯一般均衡。这种均衡状态有如下特征:(1)所考察的市场都处于供求平衡当中;(2)经济体当中只存在一种信号——价格;(3)经济行为人只对价格作出反应。瓦尔拉斯一般均衡强调的是均衡的结果,但撇开了从非均衡状态到均衡状态的时间调整过程,假定这一过程是瞬间完成的,所有交易都是按照均衡价格交易的;而价格也是市场信息的充分表现者,经济系统的运转不需要数量信号,经济行为人也不会在没有价格变动的情况下进行数量调整。

而后凯恩斯学派认为,一般均衡状态只会在某些特殊的情况下才会出现,而不均衡才是经济学中的常态。他们在这方面理论的主要特征表现在:(1)认为经济中总是有某些市场并不处于均衡之中;(2)认为经济的不均衡是常态,而均衡特别是一般均衡仅仅是暂时现象;(3)认为均衡是静态的现象,而只要考虑时间因素,这种静态现象就是不真实的;(4)认为在历史的进程中,存在着明显的不确定性,否认经济现象的历史性重复出现。所以,他们的理论和美国后凯恩斯主流学派,以及后来出现的非均衡理论之间都存在着很大的差别。

从经济理论方面来看,后凯恩斯学派的主要弱点在于:

第一,他们自己所提倡的以历史观来代替均衡观的意见并没有真正实行。他们所说的历史因素被片面地理解为时间因素,而不是从前的经济制度和经济发展的状况等对后来经济发展的作用和影响。

第二,后凯恩斯学派强调的制度因素分析也只不过是某些具体的制度,特别是分配制度的分析,但是并不涉及根本性的制度分析。

第三,后凯恩斯学派把经济波动的原因归咎于人们预期的不稳定和未来的不确定性,而没有进一步深入分析经济周期波动的更深刻原因和作用机制。

第四,后凯恩斯学派对于收入分配中所表现出来的人们之间的矛盾关系,仅仅局限在原有范围内,而没有进一步深入分析。

尽管存在着上述弱点,但是,后凯恩斯学派的经济思想和政策主张仍然被看成是比较激进的。特别是琼·罗宾逊还专门撰写推崇马克思关于经济增长思想的著作,甚至以十分接近马克思的阶级分析方法来说明资本主义的经济增长和收入分配问题。所以,从整体上来说,即便后凯恩斯学派的经济政策主张属于改良的性质,也就是说,即便他们对于资本主义经济制度基本上持肯定态度,而不是否定态度,也是不为资本主义社会的当权者所真正愿意接受和采纳的,更是没有可能被真正付诸实施的。

20世纪80年代以后,后凯恩斯学派在理论和政策主张方面的新进展一方面继承了前期后凯恩斯学派的基本立场、基本哲学观和方法论、基本经济理论和政策主张,同时在新的国际经济形势下又有新的发展,特别是他们对于经济转轨理论的研究和探讨,在很大程度上不同于以"华盛顿共识"为典型代表的新自由主义转轨理论和政策主张。应该说,他们的观点比新自由主义的转轨理论和政策主张更加贴近现实,其中有不少内容是值得转轨国家加以借鉴的。不过,新发展的后凯恩斯学派观点仍然未能摆脱一贯的弱点,即反映思想和原则性的东西较多,反映具体的内容不足,对新古典经济学观点的批判较多,而自己本身建设性的内容仍不成熟,仍然没有形成统一的理论体系。

## 思考题

1. 后凯恩斯学派是怎样的一个学派？其主要特点是什么？你如何评价它？
2. 后凯恩斯学派的主要代表人物有哪些？
3. 后凯恩斯学派是怎样形成的？
4. 后凯恩斯学派的主要理论渊源是什么？
5. 后凯恩斯学派的方法论特点是什么？
6. 后凯恩斯学派的理论重心在哪里？
7. 后凯恩斯学派的经济增长理论的特点是什么？
8. 后凯恩斯学派经济学家是如何解释经济的"停滞膨胀"现象的？
9. 后凯恩斯学派的经济政策主张是什么？
10. 你如何评价后凯恩斯学派对新古典综合派的批评？
11. 后凯恩斯学派在近年来的主要理论进展是什么？
12. 后凯恩斯学派关于转轨的理论和政策主张的合理性是什么？对我们有何借鉴意义？

## 参考文献

1. 〔英〕斯诺登：《现代宏观经济学指南》，苏剑译，北京，商务印书馆1997年版。
2. 〔英〕克雷格尔：《政治经济学的重建：后凯恩斯经济学导论》，英国，伦敦，麦克米伦出版社1973年英文版。
3. 〔英〕琼·罗宾逊、约翰·伊特韦尔：《现代经济学导论》，陈彪如译，北京，商务印书馆1982年版。
4. 〔英〕琼·罗宾逊：《经济理论的第二次危机》，载《现代国外经济学论文选》（第一辑），北京，商务印书馆1979年版。
5. 〔英〕琼·罗宾逊：《经济增长的年代》，载《现代国外经济学论文选》（第一辑），北京，商务印书馆1979年版。
6. 〔英〕琼·罗宾逊：《凯恩斯革命的结果怎样？》，载《凯恩斯以后》，虞关涛等译，北京，商务印书馆1985年版。
7. 〔英〕琼·罗宾逊：《经济论文选》（第4卷），英国，剑桥，巴希尔-布莱克韦尔出版社1973年英文版。
8. 〔英〕琼·罗宾逊：《对生产理论的误解》，载〔美〕菲维尔：《萨缪尔森和新古典经济学》，美国，波士顿，克鲁沃-尼约夫出版社1982年英文版。
9. 〔英〕琼·罗宾逊：《生产函数和资本理论》，载《经济学论文选集》（第2卷），美国，波士顿，坎布里奇，麻省理工学院出版社1963年英文版。
10. 〔英〕琼·罗宾逊：《资本积累论》，徐毓枬译，上海，商务印书馆1965年版。
11. 〔英〕斯拉法：《用商品生产商品》，巫宝山译，英国，剑桥，剑桥大学出版社1963年英文版（或者商务印书馆1963年版）。
12. 〔英〕尼·卡尔多：《世界经济中的通货膨胀和衰退》，载《现代国外经济学论文选》（第一辑），北京，商务印书馆1979年版。

13. 〔美〕海曼·明斯基:《凯恩斯〈通论〉新释》,张慧卉译,北京,清华大学出版社 2009 年版。
14. 〔英〕罗伯特·斯基德尔斯基:《重新发现凯恩斯》,秦一琼译,北京,机械工业出版社 2011 年版。
15. 〔美〕保罗·戴维森:《凯恩斯方案:通向全球经济复苏与繁荣之路》,孙时联译,北京,机械工业出版社 2011 年版。
16. 胡代光、厉以宁、袁东明著:《凯恩斯主义的发展和演变》,北京,清华大学出版社 2004 年版。
17. 胡代光主编:《西方经济学说的演变及其影响》,北京,北京大学出版社 1998 年版。
18. 胡代光、厉以宁编著:《当代资产阶级经济学主要流派》,北京,商务印书馆 1982 年版。
19. 罗志如、范家骧、厉以宁、胡代光著:《当代西方经济学说》(上、下册),北京,北京大学出版社 1989 年版。
20. 吴易风、王健著:《凯恩斯学派》,武汉,武汉出版社 1996 年版。
21. 颜鹏飞、张彬主编:《凯恩斯主义经济政策述评》,武汉,武汉大学出版社 1997 年版。
22. 张凤林等著:《后凯恩斯经济学新进展追踪评析》,北京,商务印书馆 2013 年版。

# 第四章 凯恩斯主义非均衡学派

　　凯恩斯主义非均衡学派(以下简称"非均衡学派")是20世纪60年代以后受凯恩斯主义经济学的启发并借鉴瓦尔拉斯的均衡分析方法而发展起来的一个当代西方经济学流派。

　　非均衡学派在当代西方经济学的发展历史上具有十分重要的意义。一方面,非均衡学派是对第二次世界大战后长期以来以美国的新古典综合派作为代表的凯恩斯主义经济学的一种纠正,同时,它也是对凯恩斯本人的经济学理论和方法的一种引申和发展。这主要表现在,它为以宏观经济理论和分析方法为主要特征的凯恩斯经济学提供了分析的微观基础。"非均衡分析"既丰富了凯恩斯经济学的分析方法,也扩展了凯恩斯经济学分析的范围。另一方面,非均衡学派则是从20世纪70年代以前的"原凯恩斯主义经济学"向20世纪80年代以后的"新凯恩斯主义经济学"发展和过渡的桥梁。从某种意义上说,非均衡学派的理论和方法也与新古典宏观经济学派存在一些相同之处,因而它也可以被看作当代西方主流经济学各流派之间出现某种"趋同"现象的一种表现。

## 一、非均衡学派的特点和代表人物

### (一) 一般均衡体系的局限性

　　均衡的思想和分析方法,长期以来,一直是西方经济学界的重要思想和基本的分析方法。从亚当·斯密以后,古典经济学家们,特别是新古典的经济学家们,对市场调节机制的作用推崇备至。他们认为,市场机制这只"看不见的手"会调节所有的经济活动,当事人在各自追求自己最大利益的过程中,会达到一种各方面均衡与和谐的结果。在价格、工资、利息等的灵活迅速的调整下,每个市场的供给与需求都能达到相等,社会的资源会得到最有效率的配置和使用,人们都会达到在现有条件下的利益最大化,经济会在和谐稳定中发展。对于这种思想的经济理论上的集中表述,就是局部均衡与一般均衡的理论体系,尤其是瓦尔拉斯一般均衡体系,更把这种理论和方法在形式表述上推向一种严密而完整的程度。

　　但是,关于市场一般均衡的瓦尔拉斯体系要求一系列相当严格的假定,比如说:(1)经济体系中有一个知识完备、信息灵敏、无所不知的拍卖人(或喊价人)。他会根据市场供求双方的情况喊出相应的价格,并不断进行调整,以达到使供求双方所接受的价格完全相等的结果。(2)在达到均衡价格之前,市场上没有任何交易发生。(3)市场上只有价格信号。价格可以充分而及时地调整,直至达到供求均衡为止。(4)市场上的经济活动当事人都是价格的接受者。他们只对价格信号作出反应。上述这些条件在现实经济活动中是无法真正找到也无法全部找到的。这样一来,一般均衡的理论体系和分析方法,在严格意义上说,充其量只具有理论意义,而不具备现实意义。19世纪末期到20世纪西方国家的经济震荡与萧条更证明了这一点。

## （二）凯恩斯的非均衡思想

正是在现实条件与瓦尔拉斯一般均衡所要求的条件有很大差别的情况下，凯恩斯的经济理论才显示出一定的"现实性"和"创新性"。凯恩斯在《通论》中提出的几个理论要点，都与传统的赞成一般均衡的理论有所不同。比如：（1）凯恩斯认为，在商品市场处于某种水平的均衡状态时，在劳动市场上却存在着非自愿失业。这就表明，经济体系中至少有一个市场是处于供求不相等的非均衡状态的。（2）凯恩斯认为，在现实的市场调节过程中，不仅有价格变动的调节机制，而且也有同样重要的数量变动的调节机制，甚至还有收入变动的调节机制。（3）经济活动的当事人不仅会对价格信号作出反应，也会对数量信号和收入水平的信号作出反应。在这些认识的基础上，凯恩斯认为，经济中出现非均衡现象应该是常见的通例，而古典经济理论所描述的随时随处可以实现一般均衡的经济恰恰是一种特例。在现代西方经济学中，正是凯恩斯的理论，对非均衡经济思想的发展和完善，对非均衡学派的产生发挥了极为重要的作用。

以新古典综合派为代表的美国后凯恩斯主流学派的经济学家曾经为了克服凯恩斯经济学没有涉及微观经济学的问题（这个问题被凯恩斯以后的经济学家们看作凯恩斯经济学的缺陷），将新古典经济学的微观理论直接连接到凯恩斯的宏观经济学理论上，构筑起了一个"新古典综合"的理论体系。在相当长的时间里，这些经济学家们似乎已经逐步习惯了用一般均衡的分析方法来阐述凯恩斯经济学。他们抛开了凯恩斯理论中的非均衡的思想，将凯恩斯的理论完全归回到传统的新古典经济学的均衡框架中去了。"IS-LM模型"和"收入—支出理论"也就成了"凯恩斯经济学"的同义词。但是，实际上，任何一种宏观经济学理论都需要有与其真正在内容上协调一致的微观基础。而凯恩斯的宏观经济学理论所包含的非均衡经济思想，却无法与一般均衡的微观经济学理论真正相一致。融入了IS-LM模型的新古典综合的经济学体系，也不能真正解决凯恩斯消费函数理论中关于收入既定的假定与传统均衡分析中关于收入可以内生决定的假定之间的矛盾。

## （三）非均衡学派的特点

第二次世界大战以后，一些经济学家逐步对非均衡理论和分析方法开始进行探讨。但是，从主要方面来看，在20世纪60年代以前，对"非均衡"的探讨基本上是零星的和不成系统的。

为了给凯恩斯的经济学提供一个真正和谐一致的微观经济学基础，也为了对现实经济生活中的问题给出令人满意的解释。一些经济学家在这方面进行了努力的探索，他们力图依据凯恩斯本人的经济学理论来批评那些后来的推崇凯恩斯学派经济学的经济学家。在这一过程中，他们逐渐形成了一个新的经济学派别，也就是我们所说的"凯恩斯主义非均衡学派"。

非均衡学派最主要的特点在于其基本理念和分析方法。非均衡学派的基本理念是认为，经济生活中的绝大部分情况都是处于"非瓦尔拉斯均衡"状态，而不是新古典经济学家所说的一般均衡状态。因而，在经济学的研究和分析中，就不能使用新古典经济学家所惯用的瓦尔拉斯一般均衡的分析方法，而只能使用"非均衡的分析方法"。这种方法就是以"价格—数量调节机制"为基础的分析方法。这种方法强调经济过程中的"溢出效应"和"短边均衡"。"溢出效应"指一个市场的不均衡情况会传递到其他的市场上从而使全部市场的均衡状况发生改变的机制。"短边均衡"是指，在市场交易中最终能够实现的交易数量，一定是在交易中处数量要求最少的一方(无论是需求方,还是供给方),供求均衡的情况可以被看作"短边均衡"的特例。非均衡学派的全部理论分析和结论就是依据上面这样的分析方法得出来的。

就"非均衡分析方法"的基本假设来说,无疑应当归功于凯恩斯经济学的启发,这是与新古典经济学完全不同的。但是,就其分析工具来说,显然应该归功于瓦尔拉斯一般均衡的分析手段。当然,我们也不能将"非均衡分析方法"看成是与"瓦尔拉斯分析方法"完全相同的。正像法国的非均衡学派经济学家让-帕斯卡尔·贝纳西所指出的那样:"非瓦尔拉斯方法不是'反瓦尔拉斯'的,相反,借助于更一般的假设,它应用了在瓦尔拉斯理论中已获得成功的一些方法。"①

### (四)非均衡学派的代表人物

在非均衡学派的形成与发展过程中,以色列的唐·帕廷金(Don Patinkin),美国的罗伯特·W.克洛沃(Robert Wayne Clower),瑞典的阿克塞尔·莱荣霍夫德(Axel Leijonhufvud),美国的赫谢尔·格罗斯曼(Herschel I. Grossman),法国的让-帕斯卡尔·贝纳西(Jean-Pascal Benassy)、马林沃德(E. Malinvaud)、格兰蒙特(J. M. Grandmont),比利时的德雷兹(J. H. Dreze),英国的波兹(R. Portes),匈牙利的雅诺什·科尔奈(Janos Kornai)等经济学家都先后发挥了重要的作用。后来成为新古典宏观经济学派重要代表人物的罗伯特·巴罗(Robert J. Barro)也对非均衡分析方法的发展和应用作出了贡献。

## 二、非均衡学派的形成

### (一)非均衡学派产生的起点

最先涉及非均衡问题研究的是以色列经济学家唐·帕廷金。

帕廷金的研究领域主要在于货币理论方面。他在经济理论方面的主要特点是抛弃了"古典二分法",将"实际余额效应"引入商品和债券需求函数,并且运用这些需求函数对货币理论的核心问题进行静态和动态分析,从而实现了价值理论和货币理论的结合。在经济学界,正是他较早系统地阐述了"实际余额效应"(也即通常所说的"庇古效应")理论,同时阐述了"凯恩斯效应",并且力图在一般均衡的框架内对于货币市场、产品市场、劳动市场和债券市场作出相互贯通的理论解释。

帕廷金的主要倾向是赞同一般均衡分析的。不过,他在1965年出版的《货币、利息与价格》一书中,综合了一个被称为凯恩斯一般均衡的经济模型,涉及了非均衡的问题。在该书第13章"非自愿失业条件下的模型运行"中,他专门谈到了非自愿失业的问题。他认为,在工资和物价刚性条件下,在工人们被迫离开他们的劳动供给曲线时会发生非自愿失业。非自愿失业的程度与当前实际工资率下劳动过度供给的程度相一致。他举例说明,如果政府在印刷新货币时,对绝对工资和物价进行管制,就不可能产生"实际余额效应"。这时,就会出现一个通货膨胀缺口。商品市场这时的特征就是"持久性非均衡"状态。在相反的情况下,如果货币减少时,工资和价格不下降,同样会出现"持久性非均衡"状态。②

---

① 〔法〕让-帕斯卡尔·贝纳西:《宏观经济学:非瓦尔拉斯分析方法导论》,刘成生等译,上海,上海三联书店1990年版,第4页。
② 参见〔以色列〕D. 帕廷金:《货币、利息与价格》,邓瑞索译,北京,中国社会科学出版社1996年版,第285页。

在帕廷金的分析中,总需求曲线向左移动将会产生一个物价和工资不变条件下供给过剩(或者需求紧缺)的缺口。这时,厂商会减少产量,或者增加存货。他认为,在这种情况下,经济自动调整的过程比较缓慢,厂商的反应多半是削减产量,而不是调整价格。这就必然导致对劳动需求的减少,因而出现非自愿失业。同时,劳动市场出现的变化还会通过"溢出效应"而影响其他市场。即使实际工资发生变化,这时的就业量也要比一般均衡状态下的就业水平低一些。可见,帕廷金认为,造成非自愿失业的原因是总需求不足和工资与物价的刚性,而不是实际工资太高。

帕廷金也分析了数量制约对劳动需求的影响。他对工资率的刚性与价格的刚性对商品市场与劳动市场的均衡所产生的影响,进行了详细的分析。他认为,只要两个刚性中有一个存在,整个经济体系就一定会处于非自愿失业状态。[①] 当然,即便在完全竞争的体系中,在价格和工资具有灵活性的情况下,非自愿失业也可能存在。

对于预期和劳动供给方面的"货币幻觉",帕廷金也给予了适当的注意,并且进行了适当的分析。

帕廷金的分析框架具有"动态非均衡"的性质。他认为,对非自愿失业进行研究就需要这样的框架,"非自愿性是动态分析的非自愿性核心内容:它所分析的领域只在偏离需求或供给曲线的位置"[②]。

尽管从总体来看,帕廷金的理论体系仍然是以一般均衡为主的,但是,他对非均衡问题的初步研究却开启了非均衡学派正式集中研究的大门。而且,他对于预期、货币幻觉、工资和价格刚性、"溢出效应"等问题的分析,对于20世纪80年代以后经济学的发展都具有某种先驱的意义。

## (二) 非均衡学派的奠基

1965年,美国经济学家罗伯特·克洛沃发表了《凯恩斯主义的反革命:理论评价》一文,对凯恩斯学派以一般均衡理论来解释凯恩斯经济学提出了尖锐的批评。克洛沃被经济学界认为是第一位明确反对一般均衡分析而主张非均衡分析方法的经济学家。他也被公认为是非均衡学派的主要奠基人之一。

罗伯特·克洛沃(1926—)在其著名的《凯恩斯主义的反革命:理论评价》那篇文章之前发表的另一篇有代表性的文章《凯恩斯与古典学派》(1960)中,已经考察了凯恩斯经济学体系与古典学派经济学体系之间的分歧,为他的非均衡观点进行了探索。

克洛沃认为,古典学派的一般均衡理论假定:所有的经济活动当事人都可以按照各自的计划供给函数或计划需求函数办事,数量信号对这些函数不起作用。但是,现实情况却是,在均衡价格达到之前,市场中就有交易活动存在,而且这种非均衡的交易是不应该被忽略的。通常情况下,这种交易的数量等于计划的供给与计划的需求中的最小量,这也就是所谓的"短边均衡"的原则。克洛沃说:"我们可以合理地认为,正统经济学提供了一种均衡状态的通论,也就是说,它充分考虑了市场经济中决定着均衡的价格与均衡的交易计划的各种因素。进一步说,这些分析也为非均衡价格与非均衡交易计划的理论提供了开端。但是,很显然,正统分

---

① 参见〔以色列〕D.帕廷金:《货币、利息与价格》,邓瑞索译,北京,中国社会科学出版社1996年中文版,第337页。
② 同上书,第333页。

析未能提供一种非均衡状态的通论。"[1]

克洛沃认为,在非均衡情况下,有必要区分计划的量(观念的量)和现实的量(有效的量)。计划的量是经济活动当事人事前的意愿,现实的量是事后在市场上实际达成的交易量。这两类概念的区分对于分析家庭行为十分重要,而对家庭行为的分析正是凯恩斯理论与古典均衡理论的重要分歧所在。

克洛沃提出了一种非均衡分析的家庭"二元决策假说"模型。在该模型中,他提出了家庭消费的"两次决策过程"。克洛沃认为,凯恩斯正是看到了价格调整的有限性,才在市场过度需求的函数中将价格和数量同时作为独立的变量(特别是引入了收入变量),从而建立起一种"更加一般的理论"。古典的均衡理论只是它在充分就业条件下的一个特例。克洛沃认为,凯恩斯的经济理论实际上是一种短期动态的非均衡理论。

克洛沃还进一步指出,在当代的货币经济中,存在着多种多样的货币中介,使供给与需求在时间上和空间上都极大地被分离了;而市场的多样性与交易的复杂性又使得经济中到处充满了非均衡交易,充满了经济波动的诱发因素;而当代货币经济体系是无法通过自我调节来实现一般均衡的。但是,传统的一般均衡理论却强调市场机制完美的自我调节能力,这离现实实在是太遥远了,实在不能作为描述现实世界的有效的分析工具。它应该被"一般过程分析"(即非均衡分析)所替代。而非均衡分析恰恰更接近于现实,它包含了有各种货币中介与行为人特征的模型,描述了货币经济中的动态调整过程,从而呈现出市场机制无法进行自动完善的调节,经济中处处有非均衡现象与波动的情况。这种非均衡分析是有利于对凯恩斯经济学进行更深入研究的。

总之,克洛沃对古典均衡理论及方法进行了有力的批评和质疑,对凯恩斯经济学给出了令人信服的重新解释,指出了古典分析方法与凯恩斯分析方法之间的重要差别。克洛沃毫无疑问地成为非均衡学派的真正奠基人,为给凯恩斯宏观经济学增添适当的微观基础作出了贡献,也为后来该学派的形成与发展指明了方向。

### (三)非均衡学派的形成

20世纪60—70年代,非均衡学派正式形成。

1968年,瑞典经济学家、克洛沃的学生阿克塞尔·莱荣霍夫德出版了其博士学位著作《论凯恩斯学派经济学和凯恩斯经济学》。他认为,流行的美国凯恩斯主义经济学派对凯恩斯经济学作了错误的解释,曲解了凯恩斯经济学。莱荣霍夫德认为,《通论》的本质是"不均衡性"。[2]而以均衡分析方法作为主导思想和基本分析方法的美国凯恩斯学派(即新古典综合派)的经济学,却只是对于凯恩斯经济学的一种"庸俗化"。在其著作中,莱荣霍夫德沿着克洛沃指出的方向对非均衡分析方法进行了更深入的探讨,并且对凯恩斯经济学与凯恩斯主义经济学进行了深刻的剖析和区分。

此后,美国经济学家巴罗和格罗斯曼在20世纪70年代则综合了克洛沃的消费函数和帕廷金的就业函数,提出了很有影响的"非均衡"的宏观经济学模型。

---

[1] 〔美〕R.克洛沃:《凯恩斯主义的反革命:理论评价》,选自《货币与市场》,1985年英文版,第39页。转引自胡代光主编:《西方经济学说的演变及其影响》,北京,北京大学出版社1998年版,第249页。

[2] 〔瑞典〕莱荣霍夫德:《论凯恩斯学派经济学和凯恩斯经济学》,英国,牛津,牛津大学出版社1968年英文版,第31页。

非均衡分析方法再往后的发展,主要是由法国经济学家贝纳西、马林沃德、德雷兹和尤内(Younes)等人在 20 世纪 80 年代完成的。他们提出了一些非瓦尔拉斯均衡的微观经济学概念,将瓦尔拉斯一般均衡分析方法运用到市场非出清状况下,为非均衡分析领域提供了一个坚实的微观经济学基础。其中,贝纳西对于非均衡微观经济学基础、非均衡宏观经济学框架的建立作出了十分重要的贡献。

再往后,非均衡分析方法主要是在宏观经济中的运用和经济计量学方面获得了显著的发展。比如,匈牙利经济学家科尔奈和波兹就运用非均衡分析方法具体研究了社会主义计划经济下的非均衡问题。

目前,非均衡分析方法已经渗透到了更多经济学家的理论分析和研究当中。

## 三、非均衡学派对凯恩斯理论和一般均衡体系的比较

### (一) 凯恩斯本人的观点

1937 年,凯恩斯曾在英国《经济学季刊》上发表了题为《就业的一般理论》的文章。该文被一些经济学家认为是《通论》的续篇,凝聚了凯恩斯《货币论》和《通论》中的思想精华。在该文中,凯恩斯明确指出,他在《通论》中提出的经济理论和古典学派的经济理论之间存在着两大基本差异:(1) 凯恩斯认为,人们关于未来的知识是被动的、含糊的和不确定的。而古典经济学家却认为,人们对未来的知识是非常清楚的。事实当然不是像古典经济学家所说的那样。结果,古典学派的货币和利率理论发生了错误。(2) 凯恩斯认为,经济萧条的现实表明:是需求决定了供给水平,而不是相反。但古典学派却信奉瓦尔拉斯的一般均衡理论和"萨伊定律",认为供给能自动创造需求,整个社会的总供求总能自动达到均衡状态。结果,古典学派由于缺乏有效需求理论,就无法解释就业水平和总产量的波动。[1]

### (二) 非均衡学派的观点

非均衡学派的经济学家认为,瓦尔拉斯一般均衡理论体系存在着两个问题:(1) 拍卖人必须掌握完全的市场信息,并将各种信息无偿地、及时地传达给交易者。这样就在一般均衡体系中完全排除了经济生活中的不确定因素。瓦尔拉斯体系就成了一个无时间概念的体系。(2) 由于排除了不确定因素,货币在经济中的作用就会被置于一种可有可无的地位,瓦尔拉斯体系实际上成了一种物物交换的经济理论。

莱荣霍夫德认为,在凯恩斯与瓦尔拉斯体系的两大基本差异中,不确定性问题是最重要的。这个问题直接影响到对货币的作用、交易者的行为等许多其他问题的分析和结论。

首先,针对"瓦尔拉斯定律"(总供给与总需求在各种价格下相等)和瓦尔拉斯所提出的试探过程能够使经济达到一般均衡的观点,克洛沃认为,在现代货币经济中,必须区分名义需求和有效需求。名义需求指交易者能以现行价格买卖他想买卖的商品和劳务时的需求函数,它是以计划销售总是能实现的假定为基础的,计划销售的实现保证了计划购买也总是能顺利进行。有效需求是指以实际支付能力为支柱的需求。它是以当前销售的物品和劳务所得到的收入可能与计划销售的收入有偏差,从而会对当前的支出形成某种限制这一事实为基础

---

[1] 参见〔英〕凯恩斯:《就业的一般理论》,载英国《经济学季刊》1937 年 2 月,第 209—223 页。

的。克洛沃认为,瓦尔拉斯体系考虑的是名义需求,是一种单一决策假说,而有效需求分析则考虑到交易者供给决策对其本身需求决策的限制,因而是一种双重决策假说。

根据二次决策理论,只有在所有的市场都已出清时,名义需求与有效需求才一致,否则,实际消费完全可能与意愿消费相偏离,使瓦尔拉斯定律不适用。克洛沃认为,最关键的问题是名义需求的信号并不能传递到生产者那里,因而无法实际影响产量和就业水平,但瓦尔拉斯所关心的恰恰只是名义需求。与之相反,凯恩斯以有效需求作为经济理论分析的基础,因而得出了经济可能处于"非充分就业均衡状态"的结论。

其次,莱荣霍夫德认为,瓦尔拉斯一般均衡理论的一个根本弱点是忽略了信息传递中的不确定因素和信息成本问题。在市场信息不完全或不能无代价提供和获取信息的条件下,价格的瞬时调节不可能成为市场调节的最有效方式,因而市场对需求变化的最初和最直接的反应并不是价格调整,而是数量调整。莱荣霍夫德认为,价格调整和数量调整是瓦尔拉斯体系和凯恩斯理论的重要区别之一,而数量调整的结果往往是经济的非均衡状态,即导致资源闲置和生产能力过剩等现象的发生。凯恩斯和瓦尔拉斯关于失业问题的分歧仅在于,在瓦尔拉斯体系中,价格调整会立即消除失调;而在凯恩斯的理论中,不完全的市场信息等因素会使价格调整推迟进行,相反,经济体系会对数量调整作出反应。

## 四、非均衡学派对凯恩斯理论和凯恩斯主义经济学的区分

莱荣霍夫德认为,凯恩斯在《通论》中论述有效需求的决定时,提出了流动性偏好的学说,认为流动性偏好是影响有效需求变动的一个极其重要的原因。但是,流行的凯恩斯学派的经济学家在解释凯恩斯的经济理论时,却曲解了凯恩斯的理论,错误地推论出流动性陷阱和投资缺乏利率弹性,因而忽视了凯恩斯对货币和货币政策的论述,得出了凯恩斯重视财政政策的结论。莱荣霍夫德认为,造成这一错误的关键原因是,流行的凯恩斯主义经济学派的"四物品经济模型"是建立在对凯恩斯经济学的错误理解基础上的。

### (一)四物品经济模型

为了比较凯恩斯经济模型和流行的凯恩斯主义经济学派的经济模型,莱荣霍夫德先列举了五种物品:消费品、资本品、货币、政府债券(或公债)和劳动。他认为,凯恩斯和流行的凯恩斯主义经济学派的一个重要差异就在于,把这五种物品归类为四物品经济模型时,各自所依据的标准和建立的经济模型是不同的。

在流行的凯恩斯主义经济学派的四物品经济模型(或称"标准模型")中,是单纯以总量生产函数来决定产品和产量的,所以,他们将消费品和投资品合并为一类物品,统称为商品。他们的"标准模型"所包含的四种物品是:商品、公债、货币和劳动。莱荣霍夫德认为,在凯恩斯的经济模型中,消费品是被作为单独一类物品的,而资本品与公债(包括股权资产)被合并为一类物品,称为非货币资产。莱荣霍夫德认为,凯恩斯这种划分和归类的理由在于,公债和资本品都与预期收益流量有关,可以用同一利率(长期利率)来计算它们的现值。此外,非货币资产是一种长期资产,它们与货币和消费品这些由短期因素决定的资产是有区别的。根据这一归类,凯恩斯经济模型中所包含的四种物品就是消费品、货币、非货币资产和劳动。

莱荣霍夫德的比较分析表明,流行的凯恩斯主义经济学派的"标准模型"与凯恩斯模型具有以下几点不同:

（1）"标准模型"中只包含一种商品，是"单一商品模型"；而凯恩斯模型中包含两种商品（消费品和非货币资产中的投资品被区分开了），是"二元商品模型"。莱荣霍夫德认为，在《货币论》和《通论》中，凯恩斯都主张将消费品和投资品区别开，而流行的凯恩斯主义经济学派所建立的"标准模型"显然违背了凯恩斯的原意。

（2）流行的凯恩斯主义经济学派的"单一商品模型"的重大缺陷是排斥了相对价格及其对经济生活的影响。莱荣霍夫德认为，相对价格问题在凯恩斯的经济学中是十分重要的。例如，资本品和劳动之间的相对价格是决定投资的重要因素，而资本品与消费品之间的相对价格是决定消费的一个重要因素。此外，凯恩斯把经济危机也看成是由错误的相对价格和预期引起的。莱荣霍夫德在批评流行的凯恩斯主义经济学派时指出："如果相对价格的变动被看作是没有什么重要影响的，或者说是没有什么可以预见的重要影响的（例如对就业总量而言），那么就没有理由把它们拼凑成一个主要目的在于说明决定就业的各个力量的模型，从而这些'次要的'价格变量就可以被那种相应类别的商品的加总计算所代替。"①

（3）"标准模型"在将物品归类时，特别重视物质资产（商品）和金融资产（货币和债券）的区别，而凯恩斯经济模型所注重的是流动资产（消费品、货币）和非流动资产（资本品、公债）或固定资产的区别。流行的凯恩斯主义经济学派在资产划分上的这种差异必定会影响到他们对资产选择形式、利率和货币政策作用等问题的看法上与凯恩斯经济学产生分歧。

### （二）投资、利率和货币政策

流行的凯恩斯主义经济学派的经济学家在讨论投资与利率的关系时，一般都依据凯恩斯的流动性偏好学说，把利率看成是放弃一定时期内的流动性的报酬，并由此推论由于存在流动性陷阱和投资缺乏利率弹性，货币政策在经济危机时期是无效的，从而得出了必须依赖财政政策作用的结论。

莱荣霍夫德针对流行的凯恩斯主义经济学派的这种观点指出，凯恩斯本人的著作中从未出现过货币政策无效的思想。流行的凯恩斯主义经济学派关于这个问题的分析实际上是片面地和错误地理解了凯恩斯的思想。

根据凯恩斯《就业的一般理论》一文中的论述，关于流动性偏好函数及其在利率决定中的作用，只是凯恩斯利率决定分析的第一阶段。仅依据这点做判断，自然会被诱导到流行的凯恩斯主义经济学派的分析，而忽视凯恩斯的资产选择理论和关于货币政策作用的分析。

凯恩斯在《就业的一般理论》中指出："现在让我们进入第二阶段的讨论。财富所有者若不以货币形式保存其财产，仍有两种可供选择的方式，他可以将货币按照当前的货币利率贷出，或者用货币来购入某些资本资产。"②所以，可供人们选择的财富持有方式，不止流行的凯恩斯主义经济学派根据凯恩斯关于利率决定的第一阶段分析所得出的货币与公债两种金融资产形式。除此之外，人们还可在流动资产和非流动资产、金融资产和物质资产之间进行选择。

凯恩斯接着说："现在转入第三阶段。一般来说，资本资产都是可以再生产出来的。它的产量规模取决于其生产成本与其预期在市场上所能售出的价格。因此，倘若利率水平与资产

---

① 〔瑞典〕莱荣霍夫德：《论凯恩斯学派经济学和凯恩斯经济学》，英国，牛津，牛津大学出版社1968年英文版，第39页。
② 〔英〕凯恩斯：《就业的一般理论》，载英国《经济学季刊》1937年2月，第219页。

预期收益一起使资本资产价格上升,当期投资量将增加;反之,若使资本资产价格下跌,则当期投资量将趋于减少。"①

由此可见,利率对投资的影响,并不像流行的凯恩斯主义经济学派所论述的那样:货币供求决定利率,利率与资本边际效率决定投资。利率的作用并不只在于它能够直接影响投资决策,它主要是通过影响资本资产价格来影响投资决策,是一种间接的影响作用。莱荣霍夫德认为,在凯恩斯经济学中,资本品是非流动资产的一个重要组成部分,其价格随利率的上升而下降或随利率的下降而上升。由于投资对资本品价格的弹性相当高,因此利率对于投资有重要的影响。

另外,从对失业原因的分析来看,莱荣霍夫德认为,失业的原因在于资本资产与劳动两者的相对价格发生了问题,是在相对价格关系中资本资产的价格过低了。假定在一个充分就业均衡的经济中,储蓄开始较以前有所增加,如果人们对未来的变化有确定的知识,市场信息极为完全,那么用于当时消费品生产的资源马上可以转移到别的生产部门,经济将仍然保持充分就业均衡。可是,生产者可能并未收到这种信息。同时,当储蓄者增加储蓄,使得非货币资产(包括资本资产)价格上升时,投机者也可能并未接到储蓄者改变储蓄意愿的信息,他们在非货币资产价格上升时卖出资产,换取存款,以致利率不能下降,资本资产价格不能继续上升至保持充分就业均衡的水平,导致经济危机和失业的出现。据此,莱荣霍夫德进一步分析指出,在凯恩斯理论中,为了避免失业,必须控制住长期利率,从而控制住投资、国民收入和就业水平。因此,只要中央银行能够迅速将长期利率调整至充分就业所需的水平,货币政策仍是有效的。凯恩斯从未怀疑过货币政策的作用,只是认为,"不能唯一地(仅仅)依靠货币政策"②,财政政策也是对付经济危机的有效手段。

## 五、 微观非均衡分析

在克洛沃和莱荣霍夫德提出的理论观点的基础上,美国经济学家巴罗和格罗斯曼、法国经济学家贝纳西和马兰沃德等人也分别建立起非均衡理论模型。非均衡理论一方面为凯恩斯宏观经济理论奠定了微观基础,另一方面也从宏观经济学角度进行非均衡分析,从而促进了西方经济学宏观经济理论本身的发展。

非均衡学派认为,凯恩斯理论的精髓就在于把非瓦尔拉斯均衡作为现实经济的常态,而把瓦尔拉斯均衡看作一种特例。流行的凯恩斯主义经济学派的经济学家却试图把凯恩斯理论强行纳入一般市场均衡结构,结果使凯恩斯理论更加远离现实世界和缺乏微观基础。为此,非均衡学派试图在不完全信息、不完全竞争和价格缺乏完全弹性的前提下,在一个明确的非均衡关系中重建凯恩斯主义宏观经济理论及其微观基础。

非均衡学派对凯恩斯力量的重新解释和拓展,是从微观非均衡分析入手的。瓦尔拉斯需求函数分析中的重要因素是一定的预算、市场价格约束、效用函数最大化的行为假定。这样,给定预算约束,需求就是价格的函数。由于价格被假定为具有充分弹性,价格信号调整可以保证市场全部出清;家庭实现的需求就等于意愿的需求。但是,现实生活中,价格并不一定具

---

① 〔英〕凯恩斯:《就业的一般理论》,载英国《经济学季刊》1937年2月,第220页。
② 〔瑞典〕莱荣霍夫德:《论凯恩斯学派经济学和凯恩斯经济学》,英国,牛津,牛津大学出版社1968年英文版,第404页。

有充分弹性,并使市场出清。这样,家庭消费行为不仅受价格信号调节,而且受非价格信号调节。

克洛沃在家庭消费行为的双重决策和自愿交换的前提假定下,分析了劳动过度供给条件下的家庭消费行为。[①] 他认为,家庭消费计划不仅取决于实际工资,而且受劳动供给量的约束,家庭有效需求函数为 $C = f\left(\dfrac{w}{p} \cdot N\right)$[②]。当不存在劳动供给约束时,家庭消费受价格信号调节;当存在劳动供给约束时,家庭将根据能够实现的劳动供给量来决定消费品的购买数量,即家庭消费计划取决于实际收入水平 $\left(\dfrac{W}{P} \cdot N\right)$。克洛沃还认为,劳动市场的数量限制导致了家庭就业不足及家庭收入减少,这又将进一步导致商品市场上的有效需求不足。这就是宏观经济处于非均衡状态的微观原因。

巴罗和格罗斯曼分析了商品过度需求条件下的家庭消费行为。[③]他们认为,在这种情况下,由于实现的消费需求小于其意愿需求,家庭对不能实现的商品需求可能会作出两种不同的反应,一是把不能消费掉的收入储蓄起来;二是通过减少劳动供给来增加闲暇。如果长期存在过度需求,储蓄和闲暇对不能消费掉的收入都具有替代性。一般来说,两种反应的某种组合将是最理想的。在商品过度需求条件下,家庭的第二种反应会导致劳动供给量的减少,从而引起产量下降。

克洛沃、巴罗、格罗斯曼等人还引入预期和存货两个因素,假定价格和工资率具有刚性,分析了非均衡条件下的企业行为。他们认为,在非均衡条件下,企业可能受到市场销售量和就业量的约束。

如果说巴罗、格罗斯曼等人的上述微观非均衡分析的目的在于建立宏观非均衡模型的话,法国经济学家让-帕斯卡尔·贝纳西的微观非均衡理论则试图给非均衡的宏观经济学提供一个非均衡的微观经济学基础。应该说,贝纳西是当前非均衡学派最重要的代表人物。

让-帕斯卡尔·贝纳西(1948—)是法国国家科学研究中心的研究员,巴黎高等师范学院政治经济学研究室主任,经济学教授。贝纳西曾经获得美国加州大学伯克利分校和法国巴黎第一大学的经济学博士学位,他是后起的非均衡学派的重要代表人物。他从20世纪70年代以来发表了很多关于非均衡理论的论文,如《非均衡理论和宏观经济学中的微观经济学基础》《数量信号和有效需求理论基础》等都很有影响。其主要著作有:《市场非均衡经济学》(1982)、《宏观经济学与非均衡理论》(1984)、《宏观经济学:非瓦尔拉斯分析方法导论》(1986)等。

贝纳西在《市场非均衡经济学》一书中系统地分析了货币经济条件下的单个市场和多个市场的非均衡状态,并进而用这一理论框架进一步探讨宏观经济学中的就业理论、指数化、开放经济的经济政策、国际收支、通货膨胀、菲利普斯曲线、周期理论、预期等相关模型。所以,非均衡理论在贝纳西这里被发展到了一个新的阶段。

---

① 参见〔美〕克洛沃:《凯恩斯主义的反革命》。转引自〔英〕汉恩等:《利息理论》,英国,伦敦,麦克米伦出版社1960年英文版。

② 这里的 $w/p$ 是实际工资与价格之比,$N$ 为劳动供给,$W/P$ 为名义工资与价格之比,实际工资与价格之比和名义工资与价格之比在很多情况下是不相等的。

③ 参见〔美〕巴罗、格罗斯曼:《收入和就业的一般非均衡模型》,载《美国经济评论》总第61期。

贝纳西首先考察了固定价格条件下的单个市场非均衡状态。他提出了两组不同的需求和供给概念。他认为,只要总需求不等于总供给,交换过程中就总有一些需求或供给是不能实现的,市场就会处于未出清状态。这时,行为人将通过数量调整(即配额计划)来实现"短边均衡"。他还在单个市场的非均衡分析基础上,引入"溢出效应"概念对多个市场进行了非均衡分析。"溢出效应"是指行为人由于在别的市场上的需求或供给受到了配额限制,从而在某一个市场上想要发生的交易受制于其他市场的配额约束,结果实际发生的交易额低于想要发生的交易额。贝纳西通过对单个市场和多个市场的非均衡分析,进一步分析了企业行为和家庭行为,并得出了与克洛沃等人基本一致的结论。贝纳西的微观非均衡分析为宏观非均衡分析创造了新的微观经济分析基础。

## 六、 宏观非均衡分析

巴罗和格罗斯曼在《收入和就业的一般非均衡模型》一文中,首次将商品市场和劳动市场统一起来进行综合考察,并建立了过度需求和过度供给条件下的宏观非均衡模型。马兰沃德在《失业理论的再思考》一书中,把商品市场和劳动市场上可能出现的过度需求和过度供给的非均衡状态进行了不同的组合,得出了四种不同的宏观非均衡状态。非均衡学派重点分析了以下三种宏观非均衡状态以及相对应的政策:

1. 凯恩斯的失业均衡

这是指商品市场和劳动市场都存在过度供给的非均衡状态。在这种情况下,由于企业意愿出售的商品量多于家庭意愿购买量,而企业意愿雇用的劳动量却少于家庭意愿实现的劳动供给量,因此,家庭只能根据劳动市场的就业限额决定其对商品的需求,根据商品市场的供给限额决定其劳动供给;企业则只能依据市场上的供给限额决定其对劳动的需求,依据劳动市场上的供给限额决定其对商品的有效供给。这种现象是由于有效需求不足引起的,实际供求均衡由有效需求确定。在这种情况下,政府应该通过增加财政支出、减少税收等措施来刺激有效需求。

2. 抑制的通货膨胀均衡

这是指劳动市场和商品市场同时出现过度需求的非均衡状态。在这种情况下,劳动市场上达到充分就业,企业不能通过增加劳动投入来增加供给。家庭不能得到想要购买且有支付能力的商品,在商品市场上就只好采用正式的或者非正式的数量配额;这样,家庭会降低劳动供给量,增加闲暇时间,从而导致劳动供给量低于理想的劳动供给水平,进一步加剧商品短缺程度。而企业生产不足又会进一步造成劳动市场上的供给不足。这种恶性循环被格罗斯曼和巴罗等人称为"供给乘数"。在价格刚性条件下,由于供不应求的市场潜在压力无法通过物价上涨的方式释放出来,于是,物价上涨的潜在势能转化为强迫储蓄和闲暇替代。这种情况被称为抑制性通货膨胀。对于这种情况,政府应该通过增加劳动力来源、提高生产率等供给管理措施改变过度需求状况。

3. 古典型失业均衡

这是指劳动市场上出现过度需求,商品市场上出现过度供给的非均衡状况。古典失业理论认为,由于劳动力市场上的工资过高,一方面引起消费需求增大,并使商品市场出现过度需求;另一方面又引起企业对劳动的需求下降到保证充分就业的需求水平之下,于是,就出现了商品市场上的供不应求与劳动市场上的非自愿失业同时并存的现象。在这种情况下,政府的有效需求管理不仅不能增加就业,反而会进一步加剧商品市场的供不应求。因此,政府应通过收入政策来降低实际工资水平。

由此可见,凯恩斯的失业均衡模型事实上仅仅描述了非均衡学派宏观非均衡模型中的一种非均衡状态。所以,巴罗和格罗斯曼等人的一般非均衡模型,是对凯恩斯宏观经济学的重新解释和扩展。

## 七、非均衡学派的政策主张

非均衡学派的经济学家们都曾经在非均衡分析理论模型的基础上引申出他们的政策主张。这些政策主张主要可以通过贝纳西的著作集中反映出来。因此,我们在这里主要以贝纳西的观点作为代表加以说明。

贝纳西在其1986年出版的《宏观经济学:非瓦尔拉斯分析方法导论》中较为广泛和集中地分析了几个基本的经济问题,并且引申出其政策主张和观点。

### (一) 封闭经济中的就业政策

贝纳西将古典的失业理论和凯恩斯主义的失业理论综合在了一个具有向上弹性和向下刚性价格及同样具有向上弹性和向下刚性工资的宏观经济模型中,从而使古典情况和凯恩斯情况成为同一模型的子区域。这样,就既可以通过决定就业的因素,也可以通过减少失业的经济政策措施来区别这些子区域。

(1) 在劳动市场和产品市场都存在超额供给的凯恩斯型失业区域:

$y^*$ 代表与市场上总有效需求水平相等的或者是实际能够实现的总销售水平,商品市场的超额供给使得 $p$ 处于最低的物价水平 $\bar{p}$,$g$ 为政府公共支出水平,$\tau$ 为政府的税收,则该有效需求函数为:

$$y^* = K(\bar{p}, g, \tau) \tag{4.1}$$

$l^*$ 代表市场上实际能够实现的劳动就业量,也就是市场上的实际劳动需求量,而它应该是市场上能够实现的总有效需求水平的函数,即:

$$l^* = F^{-1}[K(\bar{p}, g, \tau)] \tag{4.2}$$

$y_0$ 代表瓦尔拉斯均衡条件下的总供给,在凯恩斯情况下,总需求水平必定小于(至多等于)这种总供给水平,即:

$$K(\bar{p}, g, \tau) \leqslant y_0 \tag{4.3}$$

$F[F'^{-1}(w/p)]$ 代表瓦尔拉斯均衡条件下的总供给函数 $y_0$,其中,$F'^{-1}(w/p)$ 等于古典经济学意义上的对劳动的需求 $l_c$,也等于市场上实际能够实现的劳动需求(就业)量 $l^*$,而 $l_c$ 又取决于边际劳动生产率(即实际工资水平)。所以,凯恩斯情况下的总需求小于(至多是等于)总供给的情况也可以表示如下:

$$K(p, \bar{g}, \tau) \leqslant F[F'^{-1}(w/\bar{p})] \tag{4.4}$$

(2) 在劳动市场存在超额供给而商品市场出清的区域:

$$y^* = F[F'^{-1}(w/p)], \quad l^* = F'^{-1}(w/p) \tag{4.5}$$

$$K[w/F'(l_0), g, \tau] \leqslant y_0 \quad (l_0 \text{ 为劳动的供给数量}) \tag{4.6}$$

$$F[F'^{-1}(w/p)] \leqslant K(p, g, \tau) \tag{4.7}$$

(3) 在劳动市场存在超额需求而商品市场出清的区域:

$$y^* = y_0, \quad l^* = l_0, \quad l^* \leq F'^{-1}(w/p) \tag{4.8}$$

$$y_0 \leq K(p, g, \tau) \tag{4.9}$$

$$y_0 \leq K[w/F'(l_0), g, \tau] \tag{4.10}$$

这三个区域可以用二维平面图形加以描述(参见图4-1),凯恩斯区域用字母 A 表示,新古典区域用字母 B 表示,充分就业区域用字母 C 表示。

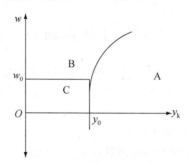

**图 4-1 不同经济政策所对应的三个经济区域**

贝纳西认为,由于在古典区域中,就业水平只取决于实际工资,而实际工资又涉及厂商有利可图的生产水平(在销售不存在障碍的情况下),因此,只有减少实际工资才能改善就业状况。这样,在古典区域中,或者说在古典情况下,传统的凯恩斯主义经济政策措施就难以取得明显的效果,减税或者增加公共支出的政策措施只会增加超额需求,而不会增加就业。

但是,在凯恩斯区域,或者说在凯恩斯情况下,增加公共支出或者减少税收,都会减少失业,甚至增加个人消费。这就是说,扩大总需求来减少失业的宏观经济政策是有效的。这时,减少工资没有什么效果,但降低价格却会由于刺激消费而有助于减少失业。

依据上面的经济区域划分的图形,贝纳西进一步指出,即便在短期,也仍然存在相类似的三个区域,而就业政策的有效性就取决于哪个区域占支配地位。在区域 A,可以得到凯恩斯主义固定价格模型的传统结论,即需求政策是充分有效的。而在区域 C,需求政策只会引起价格上涨,就像在充分就业的新古典模型中一样。在区域 B,凯恩斯主义的需求政策虽然会减少失业,但是,却会使价格上涨;反之,降低工资的古典政策却能够在就业和价格水平方面都产生有益的作用。

不过,贝纳西认为,当涉及价格向下的刚性的更为动态的形式时,这种不对称的向上价格弹性导致了乘数本身的不对称,从而使得在区域 B 和区域 C,乘数的增加明显低于乘数的减少。所以,"一个重要的结论是,瞬时冲击在就业和价格水平方面可能会有持久的滞胀效应"[1]。

贝纳西还进一步指出,如果实行工资的指数化,就能够显著地修正各种反失业政策的相对有效性。特别是在区域 B,当指数化的程度增加时,凯恩斯主义需求政策的有效性就会减弱,在名义工资按照价格实行完全的指数化时,甚至完全无效。但是,同样情况下,收入政策却充分有效。特别值得注意的是,这是在一个非自愿失业区域内得出的,那里的商品市场是出清的。

---

[1] 〔法〕让-帕斯卡尔·贝纳西:《宏观经济学:非瓦尔拉斯分析方法导论》,刘成生等译,上海,上海三联书店1990年版,第110页。

### (二) 开放经济下的就业政策

贝纳西还通过同一商品的简化的开放经济模型,研究了在开放经济条件下就业政策的有效性问题。他认为:"开放经济能够极大地修正反失业政策的相应效应。"[①]他指出,在可变汇率下,当资本不流动时,如果汇率也不变,国际收支均衡的假设就会导致与封闭经济相同的结果。在固定汇率下,开放经济降低了凯恩斯主义政策对于解决失业问题的有效性。而且,凯恩斯主义的需求政策所造成的国际收支逆差,可能迫使政府在将来实施限制需求的政策。相比较之下,收入政策创造的是国际收支顺差,而且,它比在封闭经济中更有效。

### (三) 应对通货膨胀的政策

通过模型分析,贝纳西认为,需求型通货膨胀是政府税收不能为公共支出的增加提供资金的结果,而成本型通货膨胀则是工人的目标实际工资同厂商的实际毛利之间不一致的结果。如果不是政府采取货币调节政策的话,成本型通货膨胀就不可能无限持续下去。而需求型通货膨胀的解决办法,当然应该是压缩公共开支或增加税收的政策。

至于菲利普斯曲线所具有的经济含义,贝纳西认为,随着工人的目标实际工资同厂商的实际毛利之间不一致程度的增大(二者的比值大于1),失业和通货膨胀都会增加。政府公共支出的增大(或税收的缩小),则会使失业减少和通货膨胀增加。不过,在通货膨胀预期完全充分或准确的情况下,上述政策就无法对失业产生作用,而只会提高通货膨胀率。

### (四) 预期对经济政策的影响

贝纳西认为,即便是充分预期的假定,也不意味着经济政策对经济活动完全没有影响,无论对于价格、数量,还是政府行为的充分预期都是如此。"实际上,在经济处于某些区域时,古典政策或凯恩斯主义政策在对付失业方面相当有效,一些乘数甚至比单时期模型里的乘数更大。"[②]

综上所述,非均衡学派在经济政策方面,是以其微观基础分析和宏观模型的分析为前提的。因而,他们的政策主张既和传统凯恩斯主义政策不完全相同,也和新古典经济学家的政策主张有所不同。在这方面,他们似乎也为后来新凯恩斯主义经济学派的出现提供了先导。

## 八、科尔奈对非均衡分析的应用

在非均衡分析的实际运用方面,匈牙利经济学家科尔奈的分析是很典型的。

雅诺什·科尔奈(1928—)是匈牙利科学院院士、经济研究所教授。1929年科尔奈出生于匈牙利的布达佩斯,1961年获得匈牙利卡尔·马克思大学的经济学博士学位,1966年获得匈牙利科学院科学博士。他曾经担任世界经济计量学会会长、联合国发展计划委员会副主席,曾经担任美国、英国、瑞典等国的客座教授,而且是这些国家的科学院或经济学会的国外成员或名誉会员。科尔奈目前是美国哈佛大学和匈牙利布达佩斯大学教授。他的主要著作

---

① 〔法〕让-帕斯卡尔·贝纳西:《宏观经济学:非瓦尔拉斯分析方法导论》,刘成生等译,上海,上海三联书店1990年版,第156页。

② 同上书,第244—245页。

有:《经济管理中的过度集中》(1957)、《结构决策的数学规划》(1967)、《反均衡论》(1971)、《突进与和谐的增长》(1972)、《短缺经济学》(1980)、《非价格控制》(1981)、《短缺、增长和效率》(1982)等。

科尔奈在1971年出版的《反均衡论》一书,就从认识论和方法论角度对以阿罗-德布鲁模型为代表的一般均衡理论进行了系统的批判。到20世纪80年代,科尔奈又出版了《短缺经济学》《非价格控制》。科尔奈自己在《短缺经济学》中曾经说道:"我的书试图传递的信息,在许多方面都同这个学派有关。我的观点在某些方面同他们的观点相近,而在另一些方面却同其明显不同。"①贝纳西在其《市场非均衡经济学》一书的中译本序言中写道:"非瓦尔拉均衡理论的另一个重要特征是,它是一种能应用于不同制度背景的非常一般的理论,既能应用于资本主义的市场经济,也能应用于社会主义的计划经济。当然,不同的制度将导致所经历的非均衡性质的重大区别,但重要的是,一般方法仍然是相同的。"②科尔奈的研究表明,非均衡分析方法完全可以借鉴过来分析社会主义的经济问题。

科尔奈在他的书中,从微观角度系统地分析了传统的计划经济体制下的企业行为和家庭行为,并在这一基础上,建立了不同于西方经济学家的计划经济宏观非均衡模型。在科尔奈的模型中,他以短缺代替传统的供求变量。这样,该模型就省略了计划者的参数调整,而让企业直接对短缺这个变量作出积极反馈。模型中没有计划者,只有生产者作为供给者与需求者相对应,而把计划者的调整行为放到短缺这个变量中去制约生产者的行为。

需要指出的是,科尔奈理论是在借鉴和吸收了西方非均衡理论的基础上形成的。科尔奈的分析具有极大的吸引力,曾经在改革开放过程中的中国经济学界引起了热烈的反响,对中国的改革开放发挥了重要的启发借鉴作用。(由于本书的主旨和篇幅所限,对于科尔奈经济理论的分析过程和内容,本书不再放入,敬请见谅。)

## 九、简要评论

### (一)非均衡经济思想的可取之处

凯恩斯主义的非均衡学派是一个非常重要的经济学流派。它是于新老凯恩斯主义经济学转换过程中出现的理论流派。由于西方国家的非均衡理论较之于瓦尔拉斯均衡理论具有更强的现实性,它不仅为凯恩斯的宏观经济学的分析方法提供了微观基础,而且为宏观经济学和微观经济学的有机结合提供了现实的基础。由于该学派更多地强调了经济分析中信息及信息成本的作用、不确定性的作用以及预期的作用,它为后来的信息经济学的发展、经济博弈论的发展提供了某种启发和前提,也为经济分析的进一步发展创造了条件。新凯恩斯主义经济学派,实际上就是得益于凯恩斯主义非均衡学派某些理论观点和方法启发的。所以,我们可以说,凯恩斯主义非均衡学派的努力和贡献,对于推动西方经济学的进一步发展具有重要的意义。当然,在20世纪60年代到80年代,由于非均衡分析在整个西方经济学中不属于主流,而且主要属于初步的非均衡分析方法,其发展远未达到较理想的适当程度,因此,影响还不能说很大。从理论学派角度看,它也基本处在一种开拓发展方向的阶段。今天,非均衡

---

① 参见〔匈〕科尔奈:《短缺经济学》,张晓光、李振宁、黄卫平译,北京,经济科学出版社1986年版,上卷,第96页。
② 参见〔法〕让-帕斯卡尔·贝纳西:《市场非均衡经济学》,袁志刚等译,上海,上海译文出版社1989年版,中译本序,第2页。

的经济分析方法已经更广泛地渗透到经济分析中,无论是在主流的新古典经济学中,还是在新凯恩斯主义经济学当中,都可以看到非均衡的经济分析方法的运用。从更长远的角度看,这方面在今后仍然会具有较大的发展余地。

通过对后凯恩斯主流学派的理论观点和凯恩斯本人的经济学进行鉴别,并对凯恩斯经济学进行重新解释,凯恩斯主义的非均衡学派对传统的均衡理论进行了修正与发展,建立起了与现实更加接近的非瓦尔拉斯均衡的、宏微观结合的经济理论,对于从固定价格到弹性价格、从封闭经济到开放经济、从市场经济到计划经济等不同价格体系、不同经济结构和不同市场制度下经济的运行与调整进行了广泛的探讨和研究。

当然,非均衡仍然是一种均衡。这正像著名的法国非均衡学派经济学家贝纳西所说的:"非瓦尔拉斯方法并不是'反瓦尔拉斯',相反,它只是在更为一般的假设下应用那些在瓦尔拉斯理论中一直很成功的方法。"[①]

具体说来,非均衡理论对西方经济学发展的贡献主要表现在以下几个方面:

第一,非均衡理论打破了长期以来在西方经济学中占据支配地位的均衡观念,使认识更接近非均衡的现实。

第二,非均衡学派指出,由于获取信息需要成本,当信息成本很大时,人们便无法得到充分的信息。这样,以完全信息为前提的完全竞争,便无法成为现实。因而,只有在完全竞争条件下才成立的均衡理论,便失去了合理的依据。

第三,从实践上来说,非均衡理论为解释失业和通货膨胀等非均衡问题提供了一个令人信服的微观分析基础。它也为分析计划经济下的某些现象提供了基础。

第四,从分析方法上说,非均衡学派重视采用动态分析的方法来分析经济现象的因果关系。

非均衡学派还区分了经济中计划的量和实现的量,指出市场的出清只不过表明了有效需求与有效供给的一致,但是,有效的供给(需求)却与计划的供给(需求)未必相等。于是,在现实中,实现的只是"短边均衡"。这与传统理论的瓦尔拉斯均衡是不同的,但却是对瓦尔拉斯均衡的补充和拓展。

非均衡学派指出,在市场达到均衡价格之前,仍然会有自愿的交易发生。而且,调节市场的信号不仅有价格,还有数量(比如存量)。短期内,数量调节的过程要比价格调节的过程快,因而,数量信号在非均衡理论中占有相当重要的地位。它不仅影响和调节所在市场的交易水平,而且通过"溢出效应"向其他市场扩散。

非均衡学派还将预期概念引入非均衡理论,从而通过不可避免的预期误差来证明非均衡理论的合理性和现实性。

第五,从实践上来说,非均衡理论为解释失业和通货膨胀等非均衡问题提供了一个令人信服的微观分析基础。它也为分析计划经济下的某些现象提供了基础。

第六,从分析方法上说,非均衡学派重视采用动态分析的方法来分析经济现象的因果关系。

第七,非均衡理论打破了长期以来在西方经济学中占据支配地位的均衡观念,使认识更接近非均衡的现实。

---

① 〔法〕让-帕斯卡尔·贝纳西:《宏观经济学:非瓦尔拉斯分析方法导论》,刘成生等译,上海,上海三联书店1990年版,第4页。

## （二）非均衡学派的不足之处

非均衡学派的不足之处主要表现在以下几个方面：

第一，非均衡学派仍然没有跳出西方经济学主流学派所盛行的在数学模型中绕圈子的局限性，因而，未能从更多的方面对现实经济问题加以更深入的分析。

第二，非均衡学派的某些研究仍然处于比较简单的阶段。

第三，非均衡学派的理论仍然属于不成熟的理论，因而，仍然需要进一步发展和深化。尽管非均衡学派事实上启发和推动了西方经济学的理论和分析方法的进展，但还没有达到替代其他理论和分析方法的程度。

第四，均衡学派指出，由于获取信息需要成本，当信息成本很大时，人们便无法得到充分的信息。这样，以完全信息为前提的完全竞争，便无法成为现实。因而，只有在完全竞争条件下才成立的均衡理论，便失去了合理的依据。

## （三）对非均衡理论的具体分析

一般均衡理论认为价格会根据市场的供给和需求状况不断地进行调整，而经济行为人又会根据价格调整自己的供给和需求行为，直至两者刚好相等、价格不再变动为止。例如，一旦出现短缺——需求量超过供给量，价格就会上升，而这会使得供给方增加供给的数量，而需求方降低自己需求的数量，最终两者总会相等。但是，非一般均衡理论认为，价格由于某些原因是固定的，无法根据市场的供给和需求状况作出灵活的调整，因而非均衡现象会一直存在。就拿短缺为例来进行说明吧，虽然此时供不应求，但是价格却不能上升，因此这种现象不会一下子就消失；此外，在一般均衡理论中，价格不但可以反映市场信息，同时也是一种分配机制：那些支付意愿超过市场均衡价格的需求者会得到商品，而那些支付意愿低于均衡价格的人则得不到商品。但是在非一般均衡理论当中，即使出现了短缺，价格也不能变动，这时候支付意愿超过现行价格的需求数量就要超过供给数量，因而就必须存在一套配给系统将稀缺的供给物品在需求者之间进行分配，最终的结果是供给方的商品都可以销售出去，但是需求方的愿望却不能完全实现，这就是所谓的"短板原则"——供需双方中只有要求数量较少的那一方愿望才可以得到满足。因而很自然地，在非均衡理论当中，供给和需求的数量与市场上实际发生交易的数量是不一样的。

由于供给和需求是不相等的，那么如何具体在要求数量较多的那一方当中分配稀缺的商品就要依赖配给系统了，配给系统有多种形式，例如我们熟悉的票证制度和排队就都是配给系统。一旦存在这种配给系统，经济行为人就不仅要关注价格信号，而且还要关注数量信号，例如在存在票证的情况下，消费者不仅要关注自己要购买的商品的价格，而且还要关注自己的配额，也就是自己还有没有相应的票证。这样，非均衡理论就在价格调整之外引入了另外一种调节机制——数量调整，这样消费者除了考虑价格以外，还要考虑数量约束，由此形成的需求被称为有效需求。例如，在中国过去的计划经济体制下，人们根据商品的价格和自己拥有的票证作出的计划购买数量就是有效需求，而如果没有配额限制的话，人们的需求会大大超过市场的供给数量，因而这种需求是没有办法实现的，所以可以视它为"无效的"。

需要说明的是，非均衡理论认为这种数量上的约束是非常重要的，这是因为一个市场上的数量约束会对其他市场产生连锁反应，从而导致所谓的"溢出效应"。这是解释凯恩斯的"乘数效应"的一个主要机制。例如，如果消费者对商品的需求发生了一个"自发性"的下降，也就是说，现在商品市场处于超额供给状态，这会使得对劳动力的有效需求减少，从而造成失业，而失业又会造成工人的收入下降，从而进一步降低消费，而这又会进一步加剧失业……这样经济就陷入了一个恶性循环。当然，这种现象在劳动力和商品两个市场都存在超额供给的情况下才会出现。巴罗和格罗斯曼（Barro and Grossman, 1971）把这种现象称为"凯恩斯失业均衡"。

所有的非均衡理论在批评瓦尔拉斯均衡的时候，都会指出瓦尔拉斯均衡对于所谓"拍卖人"假设的依赖：所有的市场参与者都会向一个中间拍卖人报告自己在各个价格下的需求供给信息，而这个拍卖人则将这些信息汇总，最后制定一个可以使得需求和供给相等的价格。显然，现实的市场当中根本不存在这样一个拍卖人。一般说来，人们都认为这个经过摸索最后得到均衡价格的过程恰恰应该是微观经济学研究的中心问题，而瓦尔拉斯均衡却通过这样一个不现实的假设把这一过程规避掉了，这显然是瓦尔拉斯均衡的一个重大缺陷。

非均衡理论不再依赖这个虚幻的中间拍卖人，而引入了一种称为"配给系统"的分配机制，这种机制不再完全依赖价格进行商品的分配，而是引入了其他的标准。那些信奉非均衡理论的经济学家认为这种描述更为现实，因为在现实中有时候确实存在这样的机制，例如排队是日常生活中非常常见的事情，更不要提计划经济体制下普遍存在的票证和配额制度了；此外，在有些市场，数额方面的调整也要快于价格的调整，因此，这种配给系统要比瓦尔拉斯的拍卖人更为可取。

但是，需要说明的是，这种配给系统的引入使得那种经过摸索最终实现均衡的过程变得更为现实了吗？从非均衡理论当中我们看不出这一点来，很多非均衡经济学家只是把价格固定作为一个出发点来考虑问题，而根本没有考虑这种固定的价格是如何形成的。贝纳西（Benassy, 1982）虽然考虑了这一点，但是他依然要依赖均衡概念，即他所说的固定价格均衡，而他提出的通向这种均衡的过程和瓦尔拉斯的试错过程也并无二致，只是用有效需求替代了需求，用配给系统替代了中间拍卖人，所有的市场参与者向配给系统提交自己的信息，而配给系统同样也需要撮合供需双方的交易。因此，总体上看来，引入配给系统并没有给我们带来多少新的东西，只是使得原先的分析变得更为复杂了一点，而这种代价，老实说来，是不值得的。此外，如果配给系统和固定价格可以一同作用构造一个均衡的话，那么为什么还会存在黑市和倒买倒卖呢？如果价格固定时配给系统的分配结果真的构成了一个均衡的话，那么为什么人们还要在这个配给系统之外创造另一个交易机制来再次进行交换呢？非均衡理论显然不能回答这个问题。我们知道，黑市和倒买倒卖过程很明显是一个帕累托改进，而在由配给系统实现的均衡当中，还存在着帕累托改进的空间，因此，所谓的"固定价格均衡"不是帕累托最优的。

无论怎么说，"凯恩斯主义非均衡学派"都是凯恩斯主义经济学发展过程中的一个重要流派，也是第二次世界大战后主流经济学在20世纪70—80年代发生阶段性转变过程中出现的一个重要流派。该学派引人注目的最大特点是，既延伸和扩展了凯恩斯经济学提出的经济"非均衡"思想，又继续坚持了瓦尔拉斯一般均衡的分析方法，将传统的新古典理论分析和传统的凯恩斯非均衡分析结合在一起。这样，非均衡学派就在某种意义上将凯恩斯主义的宏观经济学和新古典的微观经济学结合在一个分析框架之内，从而在某种意义上完成了新古典综合派曾经希望做到但又没有真正做到的工作。非均衡学派的理论和分析方法对今天占据主流地位的新凯恩斯主义经济学派和新古典经济学派，都在一定程度上具有先导意义。尽管其理论分析尚待进一步完善，但其分析中所涉及的许多重要因素，都是今天的经济学分析予以强调的。此外,非均衡分析方法对于社会主义中央计划经济也具有较好的解释力。所以,非均衡分析方法应该具有更为普遍的理论意义,值得我们认真研究。

## 思考题

1. 非均衡学派是如何产生的?其主要代表人物有哪些?
2. 非均衡学派的主要理论特点是什么?
3. 非均衡学派是如何看待凯恩斯经济学与瓦尔拉斯体系的关系的?
4. 非均衡学派认为标准凯恩斯理论与后来的凯恩斯学派之间有何不同?
5. 非均衡学派是如何从微观非均衡分析方面重新解释和拓展凯恩斯理论的?
6. 非均衡学派是如何从宏观非均衡分析方面重新解释和拓展凯恩斯理论的?
7. 非均衡学派的政策主张是怎样的?
8. 我们应该如何看待非均衡学派的理论方法及其发展进程?

## 参考文献

1. 胡代光主编:《西方经济学说的演变及其影响》,北京,北京大学出版社1998年版。
2. 〔英〕约翰·伊特韦尔等:《新帕尔格雷夫经济学大辞典》(1—4卷),北京,经济科学出版社1992年版。
3. 〔以色列〕D. 帕廷金:《货币、利息与价格》,北京,中国社会科学出版社1996年版。
4. 〔法〕让-帕斯卡尔·贝纳西:《宏观经济学:非瓦尔拉斯分析方法导论》,刘成生等译,上海,上海三联书店1990年版。
5. 〔法〕让-帕斯卡尔·贝纳西:《市场非均衡经济学》,袁志刚等译,上海,上海译文出版社1989年版。
6. 〔匈〕雅诺什·科尔奈:《短缺经济学》,北京,经济科学出版社1986年版。
7. Barro, R. J. and Grossman, H. I. "A General Disequilibrium Model of Income and Employment". *American Economic Review* 61, pp. 82—83.
8. Barro, R. J. and Grossman, H. I. (1976). *Money, Employment and Inflation*. Cambridge: Cambridge University Press.
9. Clower, R. W. (1965). "The Keynesian Counterrevolution: A Theoretical Appraisal", in *The Theory of Interest Rates*, ed. F. H. Hahn and F. P. R. Brechling. London: Macmillan.
10. Leijonhufvud, A. (1968). *On Keynesian Economics and the Economics of Keynes*. Oxford: Oxford University Press.
11. Potes, R. (1981). "Macroeconomic Equilibrium and Disequilibrium in Centrally Planned Economies". *Economic Inquiry* 19, pp. 559—78.

# 第五章　新凯恩斯主义学派

在经过了20世纪70年代西方经济"停滞膨胀"局面的现实挑战,及经济学内部对以美国后凯恩斯主流学派(即新古典综合派)为代表的凯恩斯主义经济学的严重激烈争论之后,80年代出现了一个主张政府干预经济的新学派——新凯恩斯主义学派。这个学派的出现及其以后的迅速发展,似乎使人们在经济自由主义思潮席卷西方宏观经济学领域之时,看到了已经失势的凯恩斯主义经济学重振其雄风的希望。新凯恩斯主义学派坚持凯恩斯的基本经济信条,以其独辟蹊径的研究方法和新颖的理论观点来复兴凯恩斯主义,其影响日益扩大,其部分理论已经成为西方经济学教科书的正式内容。

"新凯恩斯主义经济学"的英文名称是 New Keynesian Economics。"新凯恩斯学派"的英文名称是 New Keynesians,New Keynesian Economists 或者 New Keynesian School。不过,应该注意,这些名称与 Neo-Keynesian Economists 的区别。后者一般指托宾、莫迪利安尼、索洛等经济学家,或者指琼·罗宾逊、卡尔多、帕西内蒂、斯拉法等经济学家。现在,在西方经济学文献中,同新凯恩斯主义经济学(New Keynesian Economics)相对应的是原凯恩斯主义经济学(Original Keynesian Economics),同新凯恩斯主义者(New Keynesians)相对应的是原凯恩斯主义者(Original Keynesians)。

## 一、新凯恩斯主义学派概况

### (一) 新凯恩斯主义的代表人物

新凯恩斯主义学派的主要代表人物有:哈佛大学的格里高利·曼昆(N. Gregory Mankiw)、劳伦斯·鲍尔(Lawrence Ball)和拉里·萨默斯(Larry Summers),麻省理工学院的斯坦利·费希尔(Stanley Fischer)、奥利维尔·布兰查德(Oliver Blanchard)和朱利奥·罗泰姆伯格(Julio J. Rotemberg),加州大学伯克利分校的乔治·阿克洛夫(George Akerlof)和珍妮特·耶伦(Janet Yellen),哥伦比亚大学的埃德蒙·费尔普斯(Edmund Phelps)、约瑟夫·斯蒂格利茨(Joseph Stiglitz)和约翰·泰勒(John Taylor),纽约大学的马克·格特勒(Mark Getler),以及普林斯顿大学的本·伯南克(Ben Bernank)等人。

格里高利·曼昆和戴维·罗默(David Romer)主编的《新凯恩斯主义经济学》两卷本,是新凯恩斯主义经济学的代表性论文集。2001年,新凯恩斯主义经济学派中的乔治·阿克洛夫、迈克尔·斯彭斯(Michael Spence)和约瑟夫·斯蒂格利茨获得了诺贝尔经济学奖。

### (二) 原凯恩斯主义与新凯恩斯主义

依据凯恩斯在《通论》中提出的观点,在经济体系中,价格和工资是刚性的,市场是非出清的,产品市场存在过剩产品,劳动市场存在过剩劳动供给,所以,失业和生产过剩是资本主义经济的常态。凯恩斯认为,失业和生产过剩的原因是社会上(市场中)有效需求不足。但是,市场机制本身并不能自行解决这个问题,只有政府干预才能消除生产过剩和失业。另外,由于根据传统的新古典经济学制定的自由放任政策,在20世纪30年代的经济大萧条中,对解决实际问题毫无办法,因此,导致了凯恩斯经济学的出现。根据凯恩斯经济学制定的政府干预经济的政策,在实践中似乎收到了明显的效果。这就使得凯恩斯的经济理论受到了西方各国政府的欢迎,而凯恩斯主义的政府干预主义的新思潮也由此兴盛起来,并逐步取代了经济自由主义的传统统治地位。

第二次世界大战后,美国的新古典综合派把凯恩斯的国民收入决定理论与马歇尔的新古典经济学理论"综合"在一起,试图弥补西方经济理论体系的漏洞,也使凯恩斯主义经济学能够适用于战后非萧条的经济情况,并且研究资本主义如何在长期中稳定发展和如何治理通货膨胀。萨缪尔森《经济学》一书在1948年的出版,标志着新古典综合派正统地位开始形成。新古典综合派的特点是,企图撇开凯恩斯与古典经济学的分歧,把二者"焊接"为一个统一的整体。在战后25年的时间里,新古典综合派理论的传播和西方大多数国家经济的顺利发展使西方大多数经济学家似乎都成了新古典综合派的信徒。新古典综合派的理论体系成了官方经济学的正统,成为官方长期中制定经济战略和经济政策的主要依据和工具。当然,从实际上看,新古典综合派的理论和政策主张对于缓和经济危机、减少失业、促进经济增长也的确起到过比较重要的作用。因此,在美国,人们通常是将新古典综合派作为原凯恩斯主义经济学看待的。

20世纪60年代中期以后,以新古典综合派为代表的原凯恩斯主义开始衰落,战后长时期里经济学"共识"的时代归于结束。在经济发生"停滞膨胀"的局面下,被新古典综合派进行理论综合时所忽视的方面,却导致了该学派的衰落。一般说来,使新古典综合派出现衰落的原因可以归结为三个:(1)新古典综合派的理论不能解释"经济滞胀"现象,陷入尴尬境地;其对策也不能解决"经济滞胀"问题,陷入两难局面。(2)由于理论的缺陷,新古典综合派的理论(包括像索洛的新古典增长理论)不能解释和解决劳动生产率低下的问题。(3)受凯恩斯主义理论倡导的鼓励消费、不鼓励储蓄与节俭风气的影响,社会积累迟缓,资本形成缓慢。这也使新古典综合派的理论受到怀疑。

新凯恩斯主义经济学派正是在新古典综合派逐渐失势、反对派别林立的形势下逐渐产生的。这也是经济自由主义和政府干预主义两大思潮进行激烈争论过程中,在两大思潮内部形成的。在风行一时的主张经济自由主义的思潮内部,有现代货币主义学派、供给学派、新古典宏观经济学派等。而在新古典宏观经济学派内部又有货币经济周期学派和实际经济周期学派之分。在遭受冷落的原凯恩斯主义的阵营中,被经济学家迈克尔·帕金(Michael Pakin)称为"新凯恩斯主义者"的一些中青年经济学家反对经济自由主义思潮,继续坚持原凯恩斯主义的基本信条。他们采用了许多新的分析和研究方法,对各种有用的经济理论观点,甚至包括论敌的理论观点兼收并蓄,提出了一些新的理论见解,推动了凯恩斯主义的研究。正是在他们的努力之下,新凯恩斯主义经济学派在20世纪80年代中期逐步形成了。

新凯恩斯主义不是对原凯恩斯主义的简单继承,而是对其进行了批评、继承和发展。原凯恩斯主义的理论模型在统计检验上是失败的。特别是20世纪70年代的统计数据未能证明IS-LM模型和菲利普斯曲线结合所说明的通货膨胀和失业之间的替代关系。这给了原凯恩斯主义以沉重的打击。另外,新古典宏观经济学对原凯恩斯主义理论缺乏微观经济学基础、违反了微观经济学关于"经济人理性"假定的指责,在一定程度上动摇了原凯恩斯主义的理论基础。新凯恩斯主义学派的经济学家对此进行了深刻的反省,同时吸收并融合了各派经济学家的理论精华及有用的概念、论点,有批判地继承、发展了原凯恩斯主义。

格林沃德和斯蒂格利茨认为,新凯恩斯主义和原凯恩斯主义在三个方面的观点是一致的:(1)劳动市场上经常存在着过剩劳动供给;(2)经济中存在着明显的周期性波动;(3)经济政策在绝大多数年份中是重要的。新凯恩斯主义与原凯恩斯主义的重要差别是,新凯恩斯主义在分析中引入了原凯恩斯主义所忽视的厂商利润最大化和家庭效用最大化的假定,吸收了理性预期学派所强调的理性预期假设,试图给凯恩斯主义宏观经济学奠定微观基础。新凯恩斯主义经济学认为,当经济中出现需求或供给冲击后,工资和价格的粘性使市场不能出清,使经济处于非均衡状态。这时即便有理性预期存在,国家的经济政策也有积极作用,也会影响产量和就业。

### (三)新凯恩斯主义形成的理论背景

新凯恩斯主义产生的客观条件是,在20世纪70年代的"经济滞胀"面前,原凯恩斯主义所暴露出来的理论缺陷和新古典宏观经济学在解释现实问题时的软弱无力。

原凯恩斯主义的理论缺陷是宏观经济理论缺乏适当的微观理论基础,或者说,宏观经济理论和微观经济理论没有能够很好地结合起来。原凯恩斯主义用总需求不足和名义工资刚性解释失业的存在和持续,但是,没有很好地说明名义工资刚性。新凯恩斯主义者批评原凯恩斯主义说:"原凯恩斯主义的一个微妙之处是当它在考虑失业时,几乎不讨论劳动市场。"原凯恩斯主义既没有很好地说明名义工资刚性的原因,也没有说明价格刚性的原因。新古典综合派在"综合"凯恩斯的宏观经济理论和新古典的微观经济理论时,也没有很好地解决这方面的微观基础问题。尽管萨缪尔森等人把"古典的"微观理论与凯恩斯主义的宏观理论结合在一起,但是,其"综合"是非常机械的,二者之间缺乏有机的联系。虽然后来莫迪利安尼、乔根森和托宾等人从微观经济学角度分析了消费函数、投资需求和货币需求,但是,他们的分析仍然都只是局部均衡分析,也未能真正解决宏观经济学的微观基础问题。

新古典宏观经济学明确地将微观经济理论作为宏观经济理论分析的基础。保持微观经济学和宏观经济学的一致性与相容性,是新古典宏观经济学的优点。也正是在这一点上,它动摇了原凯恩斯主义的统治地位,开辟了西方经济学家研究宏观经济问题的新思路。但是,新古典宏观经济学过分追求理论结构和分析方法的完美性,忽略经验检验,以致其市场出清的微观分析和政策无效性结论完全脱离了资本主义经济的现实。

新古典宏观经济学的进展和不足与原凯恩斯主义的缺陷,给了新凯恩斯主义者以有益的启发。新凯恩斯主义者运用新的方法和思路对劳动市场、产品市场和信贷市场进行了分析,试图找出宏观经济波动和失业的原因。新凯恩斯主义者用工资与价格的粘性代替了原凯恩斯主义的工资和价格刚性假定;以工资与价格的粘性与非市场出清假定,代替了新古典宏观经济学的工资和价格弹性与市场出清假设,并将其与宏观层次上的产量和就业量问题相结合,建立起有微观基础的新凯恩斯主义宏观经济学。

## 二、新凯恩斯主义理论

### (一)理论假设条件和特点

新凯恩斯主义最重要的假设是市场的不完全性和非市场出清。这个假设使新凯恩斯主义同原凯恩斯主义有了相同的分析基础。市场不完全性是指,由于信息、制度以及其他现实因素的存在,市场无法达到理想的完全竞争状态。非市场出清的基本含义是,在发生供给冲击或者需求冲击后,工资和价格不能迅速地调整到使市场出清的状态,而需要很长的时间才能达到市场出清。在重新达到市场出清之前,市场就处在非出清的非均衡状态。

新凯恩斯主义和原凯恩斯主义在非市场出清假设上的重要区别是:(1)原凯恩斯主义非市场出清模型假定名义工资刚性,而新凯恩斯主义非市场出清模型假定名义工资和价格有粘性,也就是说,工资和价格是可以调整的,但是调整得十分缓慢,而且耗费相当长的时间,于是,在短时间里,工资和价格的粘性几乎接近于刚性。(2)新凯恩斯主义模型增加了原凯恩斯主义模型所忽略的两个假设:一是经济当事人利益最大化的原则,即厂商追逐利润最大化和家庭追逐效用最大化。这一假设源于传统的微观经济学。二是理性预期的假设。该假设来自新古典宏观经济学。这两个假设使新凯恩斯主义突破了原凯恩斯主义的理论框架。

新凯恩斯主义经济学的特征是:坚持凯恩斯主义经济学的传统,否认新古典经济学的"二分法",认为经济往往处于非瓦尔拉斯均衡状态,所以,市场的不完全性是十分重要的。新古典经济学的"二分法"把经济理论分为两部分:分析价值和分配问题的价值论,分析货币和价格问题的货币论。凡认为古典"二分法"有效、经济通常具有瓦尔拉斯均衡特征的学派,都属于新古典宏观经济学派。该学派坚持古典"二分法",认为名义变量的变化不影响实际变量,市场能够出清,经济中通常存在着瓦尔拉斯均衡。新凯恩斯主义学派恰恰与此观点相反。他们认为,货币等名义变量的变化会导致产量和就业量等实际变量的波动,所以,古典的"二分法"是不成立的。工资和价格有粘性,是由于市场的不完全竞争、"经济人"信息的有限和相对价格刚性等因素引起的。所以,市场是非出清的,有明显的非瓦尔拉斯均衡特征。凡是否认古典"二分法",认为市场常态是不完全竞争、有非瓦尔拉斯均衡特征的经济理论,都属于新凯恩斯主义学派。

### (二)价格粘性论

价格刚性是凯恩斯主义经济理论的基本信条之一,新凯恩斯主义坚持和发展了与这一信条相近的观点,认为价格是粘性的,即价格不能随着总需求的变动而迅速变化。

价格粘性问题的重要性在于,它可以转换为市场是否能够出清的问题,即市场自动调节机制是否有效的问题。价格有弹性,则市场可以出清,市场自动调节机制依然有效;而价格有粘性,则市场不能出清,市场自动调节机制失灵。一旦发生市场调节的失灵,就只有政府干预才能对其加以纠正。凯恩斯主义仅仅指出了经济中存在价格刚性以及由此而产生的后果,但是没有从理论上论证价格刚性的原因,所以,他们受到了新古典宏观经济学家的批评,说他们的理论缺乏微观基础。这一批评在一定程度上击中了凯恩斯主义的要害,成为导致原凯恩斯主义衰落的重要原因之一。

新凯恩斯主义者为了复兴凯恩斯主义,对价格粘性提出了形形色色的理论说明,试图从当事人追求自身利益最大化和理性预期的假定出发,刻意在分析技术上下功夫,建立复杂的数学模型,以一套形式上比较严谨的说法,给价格粘性提供微观经济学基础。新凯恩斯主义价格理论较多使用价格粘性的概念,而较少使用价格刚性概念;凯恩斯主义则恰好相反。在深入剖析价格粘性的过程中,新凯恩斯主义区分了名义价格粘性和实际价格粘性。名义价格粘性是指名义价格不能按照名义需求的变化而相应地变化;实际价格粘性是指各类产品之间的相对价格比有粘性。

1. 名义价格粘性论

新凯恩斯主义者认为,商品价格之所以会有粘性,主要是因为有些因素阻碍了价格的调整和变动。这些阻碍因素基本上来源于两大方面:一方面是"经济人"的近乎理性的行为;另一方面是市场的不完全性和信息的不对称。阿克洛夫在1987年的一篇文章中最先提出了这样的观点。

新凯恩斯主义者认为,厂商在调整价格时往往要遵循"状态依存法则"或"时间依存法则",才能在调整价格后使厂商利润最大化。但是,这两个法则直接阻碍着厂商调整名义价格。所谓"状态依存法则"是指价格为状态的函数,随着经济状态的变化而变化。与之相关的名义价格粘性理论是"菜单成本论"。"时间依存法则"是指价格为时间的函数,要经过一段时间才能改变。与该法则相联系的名义价格粘性论是"长期合同论"和"交错调整价格论"。

(1) "菜单成本论"

"菜单成本论"又叫"成本的价格调整论"。该理论认为,在市场不完全性存在时,经济中有一定垄断力的厂商是价格的决定者,他们能够选择价格。菜单成本的存在阻碍了厂商调整价格。菜单成本指调整价格时所花费的成本,它包括:研究和确定新价格的成本、重新编印价目表的成本、通知销售点更换价格标签的成本、调整管理方式的成本等。菜单成本的存在会使得名义价格水平具有粘性。因为,当价格变动频繁但是变动幅度不大,调整价格给企业所带来的收益和菜单成本相接近,甚至比菜单成本还小的时候,企业肯定不会变换价格(这太不值得了)。在价格粘性的条件下,厂商对需求频繁变动的反应往往是改变产量,而不是调整价格。这种观点最早由阿克洛夫、耶伦、曼昆和帕金提出,所以,有人把这种观点叫作"PYMA洞察"。这样,在价格不变的情况下,总产量也会随着总需求的变化而变动,经济中就有可能因此而出现大的波动。

关于菜单成本的代表性理论主要有:曼昆提出的以菜单成本论为基础的经济周期论;阿克洛夫和耶伦提出的近似理性周期模型;鲍尔和罗默提出的实际刚性和货币非中性论。

不过,"菜单成本论"也受到了一些批评。批评意见认为,由于菜单成本太小,因此往往难以阻止影响利润的价格变化。另外,微观的小摩擦能否导致宏观的价格刚性,也是很难说的。此外,产量调整事实上也是需要成本的。这个成本与价格调整的菜单成本相比如果较大的话,价格调整也许正是最优的选择。最后,"菜单成本论"无法解释不同的商品具有不同的价格刚性的问题。

(2) "长期合同论"

这种理论认为,在产品市场上,买卖双方为了避免频繁讨价还价所花费的成本,通常会签订正式的或者非正式的长期价格合同,来保证价格与供求的稳定。这样,价格就只能在合同期满或者产生巨大的名义需求冲击时,加以调整,而在一般情况下,价格是稳定不变的。

对此,新凯恩斯主义经济学家认为,这可以从多方面找到原因:一是市场上越来越多的大量非标准化的商品和差别商品的存在,使得不断调整商品价格的成本太高,因而采用长期合同价格;二是大量非标准化商品和差别商品无法像拍卖商品那样提高交易的效率;三是长期合同保证了供求的稳定,降低了市场不确定性对交易双方产生的不利影响;四是厂商普遍采用的成本加成定价方法使得提前确定长期合同价格有了实际的可操作性。

从现实的市场实际运作来看,"长期合同论"似乎也是合理的。只是究竟多长时间为"长期"是说不清楚的。

### (3)"交错调整价格论"

该理论以理性预期为假定前提,建立价格调整模型,阐述名义价格粘性和经济波动。费希尔和泰勒最早分别在1979年和1980年提出了这样的理论。该理论认为,在不完全竞争的市场中,厂商实现利润最大化时,通常采用交错方式而不是同步方式来调整价格。同步调整价格是指各厂商在某一时点同时调整价格;交错调整价格是指各厂商调整价格有先后。出于稳妥考虑,每个厂商都想看到其他厂商的价格决策后,再改变自己的价格,但是,事实上没有一个厂商能够坚持做到这一点,所以,市场上厂商调整价格的时间有先后,形成了一个交错调整价格的时间序列。信息的不完备和信息成本使得厂商必须选择一种以最小成本获得最大信息量的方式作出价格决策。这种方式就是交错调整价格。经济中如果盛行交错调整价格的方式,就会导致物价总水平有粘性。其结果是,价格水平不能随着总需求的变化而变化,恶化了总需求的波动,从而产生经济的周期性波动。

这种理论提出的政策建议是,制定能够诱导厂商实行同步调整价格的政策,减少经济中的交错调整价格行为,克服物价水平的粘性和价格惯性。

### 2. 实际价格粘性论

新凯恩斯主义者认为,当市场需求下降时,如果边际成本或边际收益不能迅速下降,或者二者都不能迅速下降,就会产生实际价格刚性。换句话说,商品的实际价格粘性(刚性)产生于商品市场需求的顺周期变动和边际成本的逆周期变动之间的矛盾。

鲍尔和罗默认为,实际价格粘性在解释名义价格粘性和名义冲击的非中性时有重要作用。实证分析也表明,没有实际粘性,"菜单成本论"等名义价格粘性模型只有在非常不合理的参数下才能成立。所以,分析实际价格粘性是十分必要的。

新凯恩斯主义的"实际价格粘性论"包括:"厂商信誉论"、"需求不对称论"、"投入产出表理论"、"寡头市场和价格粘性论"。

### (1)"厂商信誉论"

该理论认为,由于信息的不完全和不对称,在不完全竞争的市场上,价格的选择效应和激励效应会引诱厂商实行优质高价的定价策略,从而导致实际价格有粘性。优质高价的信念会使价格对于消费者具有选择效应,同时,也产生一种对厂商维护自己信誉的激励效应。这种情况下,厂商采取优质高价的定价策略将是适当的。在优质高价策略下,当经济发生衰退时,厂商不会降价而是调整产量。这时,由于产量减少,成本上升,实际成本也较高,因此,这时的价格粘性就是实际的,而不是名义的。

### (2)"需求不对称论"

市场交易情况表明:价格变动时,消费者对降价和提价的反应程度是不同的,这就会导致需求的不对称变化。价格提高时需求所减少的幅度往往大于价格下降时需求所增加的幅度。需求的不对称性与搜索成本有一定的关系。价格能够提高到微观经济学中"斯威齐模型"的弯折点的原因就是搜索成本的存在。当搜索成本高于消费者购买较低价格商品所节省的费用时,他们就会继续在原来他们乐于去的商店,以原先的价格购买商品。厂商为了留住顾客,就要想办法稳定价格。这样,就产生了价格的刚性(粘性)。

另外,对于价格变动的信息,消费者和厂商的反应也是不对称的。厂商提价肯定会减少一部分需求,而厂商降价却不一定会扩大销路。在这种情况下,出于利润最大化的考虑,理性的厂商将会把价格提高到"斯威齐模型"的弯折点,而不是采取降价策略。价格处于弯折点上,消费者会觉得搜索低价商品的代价过大,而不愿意离开原厂商。所以,只要经济环境不变,弯折点不变,产品价格比也相对稳定,实际价格就有了粘性。当经济环境改变时,弯折点可能移动,厂商价格也会移动,但是,产品相对价格之比大体不变,价格仍有实际粘性。

(3) "投入产出表理论"

该理论从企业之间的投入产出关系来说明实际价格粘性。由于投入产出关系的复杂性,厂商难以投入巨大的工作量去计算和预测产品供求的变化,从而独立制定适当的价格。这时,厂商最佳的处理方式就是,依据直接供给生产要素的厂商所提供的信息来调整价格。由于需求变化对单个产品价格的影响在错综复杂的投入产出联系中传递十分缓慢,因此,需求波动对要素价格变动影响的传递也非常缓慢。当上游厂商不能迅速调整价格时,下游厂商的成本变化也会很慢。成本与总需求就表现出相对的独立性。依据成本加成原则定价的厂商也不愿意经常变动价格。所以,各厂商之间的相对价格比较稳定,价格就有了实际粘性。

(4) "寡头市场和价格粘性论"

寡头市场中的限制性价格形成一种行业壁垒,会阻止新厂商进入。寡头为阻止新厂商进入,通常会将价格定在适当的水平上,使那些想进入该行业的新厂商感到进入成本太大,商品价格不足以弥补其边际成本,从而自动地取消进入该市场的打算。当新厂商无法进入,而寡头厂商又存在过剩生产能力时,寡头厂商又可以凭借其对市场的控制力量维持高于其边际成本的价格。这样,在经济衰退时,寡头厂商不愿因降价而减少利润;在经济景气时,他们又不愿提价而招致新厂商加入竞争。这样,价格就不随经济波动而变动,呈现出粘性的特点。

### (三) 劳动市场论

原凯恩斯主义理论有个特点和致命弱点:考察工资粘性和失业等问题时几乎不讨论劳动市场。这就使得凯恩斯主义宏观经济学理论缺乏应有的微观基础。为了弥补这一缺陷,新凯恩斯主义提出了劳动市场理论,不仅在微观经济学基础上阐明了劳动市场失灵、高通货膨胀和高失业率并存等问题,而且在"经济人"追求自身利益最大化和理性预期假设的基础上,解释了劳动市场失灵的原因,较好地说明了经济停滞和通货膨胀并发现象,从而丰富和发展了微观经济学的劳动理论。

新凯恩斯主义劳动市场理论的关键性假设是工资粘性。"工资粘性"是指工资不能随着需求的变动而迅速地调整,工资上升容易下降难。新凯恩斯主义区分了名义工资粘性和实际工资粘性。"名义工资粘性"是指名义工资不随名义总需求的变化而变化;"实际工资粘性"是指实际工资与需求的变化几乎没有相关性。

1. 名义工资粘性论

这又分为"交错调整工资论"和"长期劳动合同论"。

(1) "交错调整工资论"

该理论认为,在短期内,不论通过合同机制还是理性预期机制来稳定工资水平,都会导致通货膨胀和失业并存。交错调整工资是指劳资双方通过雇佣合同调整工资时,由于合同签订的时间不同,工资调整就会交错进行,形成一个交错的序列。

交错调整工资使得工资总水平具有了惯性。工资不仅与以前的工资水平有关,而且与今后的工资期望值也有关,而工资的期望值又与总需求的变动有关。不过,合同一旦签订,总需求的变动就对未到期的工资合同没有影响,只会影响到期合同的工资调整。所以,总工资水平有惯性。这种惯性会影响产出和就业,使工资的稳定性和产出稳定性之间有替代关系。

总工资的稳定性和产出稳定性之间的替代关系可以这样理解。当中央银行发行的货币量与总工资的增长相适应时,货币政策能使总工资水平保持较高的稳定性,其代价是通货膨胀率提高。工资水平稳定时,货币投放量的变动会引起经济中超额需求较大的波动,总产量和就业率也会发生相应的较大波动,总产量和就业的稳定性就差。总工资水平越稳定,产出和就业就越不稳定;反之,总工资水平越不稳定,产出和就业就越稳定。总工资水平越稳定,名义工资粘性就越大。

合同机制有助于总工资稳定,导致工资出现刚性。当货币政策与工资的相关程度很低时,工资合同能使名义工资随价格水平的改变而作相应的调整,将工资维持在较高水平上,保持工人实际工资水平不变。合同机制维持总工资稳定性的作用越大,总工资水平越稳定,但就业和总产量的波动也越大。工资越稳定,工资粘性也越大。

工资合同中的期望机制对总工资惯性也有影响。签订合同时,如果双方都重视近期预期的作用,总工资的惯性就越大;如果劳资双方都比较重视未来较长时期的理性预期值,那么,总工资的惯性就比较小,工资不太稳定,产出和就业比较稳定。对未来短期内的期望值越重视,工资总水平就越稳定,名义工资粘性就越大。这样一来,国家稳定工资水平或者理性预期要求稳定工资时,必然要求货币政策与总工资的增加相对应,其结果是出现通货膨胀。由于货币与工资水平相关度高,超额需求波动剧烈,产出会下降,对劳动的引致需求量也会减少,失业增加。因此,高通货膨胀与高失业率并存。交错调整价格论为短期动态分析提供了一个理论分析的框架。这是新凯恩斯主义学派在理论上稍胜于理性预期学派之处。理性预期学派只是根据自然率假定建立了一个描述通货膨胀过程的模型,说明经济的长期特征。但是,他们忽视了短期的经济动态分析,不能说明通货膨胀为何与失业并存。

(2)"长期劳动合同论"

新凯恩斯主义经济学家斯坦利·费希尔和约翰·泰勒先后分别在1977年和1980年,用一个长期劳动合同模型说明,尽管有理性预期存在,积极的货币政策还是能影响实际产出。单期合同、交错合同和指数化合同分别说明货币政策对经济的影响。

① 单期合同和理性预期

如果所有的长期合同都在某个相同的时期签订,经济中就会流行单期合同。在理性预期的基础上调整工资,工资水平就会与某一时期以前的所有信息相关。就业水平也会由引致需求决定。当生产中需要的劳动力增加,其工资也提高时,影响总产出水平的只是随机扰动。如果货币是中性的,那么,在充分就业时调整工资,货币对产出就没有影响。因为人们在任何时期都会知道下个时期的货币供应量,在工资合同调整时,名义工资能反映期望价格水平,以维持工人得到的实际工资为常数。货币政策虽然不能影响产出,却能影响价格水平。所以,货币政策能够调整价格总水平,使价格总水平保持均衡,以减少厂商经常调整结构所付出的代价,增进社会福利。

就理性预期下的单期合同而言,货币政策不能影响总产出,但可以影响价格总水平,进而影响社会福利。所以,即使存在理想预期,经济政策还是有效的,应当构建和推行积极的货币政策。

② 长期交错合同和货币政策

交错合同指厂商和工人在不同的时期交替地签订长期合同。交替长期合同使名义工资有了刚性。在货币供应量为厂商和个人所知晓时,货币供应量的变动仍然会影响产出水平。

其原因为:当政府在调整货币供应量时,总有些厂商的劳动合同未到期。

2. 实际工资粘性论

实际工资粘性理论主要包括:"隐含合同论"、"局内人—局外人理论"、"效率工资论"。

(1) "隐含合同论"

隐含合同是指,持风险中性态度的厂商与持风险厌恶态度的工人之间存在的某种稳定收入的非正式协议。"隐含合同论"正是以这种非正式协议(隐含合同)来阐明工资与非自愿失业的关系。

20世纪70年代中期,贝利(M. N. Baley)、戈登(R. J. Gordon)、阿扎里亚迪斯(C. Azariadis)最早提出了"隐含合同论"。1985年,罗森(S. Rosen)在一篇文章中,对其进行了较全面的阐述。这标志着新凯恩斯主义学派经济学家从微观经济角度出发理解工资粘性与失业的经验规则的努力有了一定成效。凯恩斯本人曾经以货币幻觉来解释名义工资刚性。他认为,每个工人都担心自己的工资相对低于其他工人,他们都抵制削减名义工资,所以,工资有刚性。按照这种工资理论,工资结构的"公正"是计量劳动供给决策的要素。但是,"公正"本身并没有一个经济学意义上的可操作的定义。因而,这种观点没有微观经济基础,是缺乏说服力的。所谓隐含合同就是指那些不成文的合同,这里是指劳资双方的某种默认的共识。"隐含合同论"从劳动者和企业双方默认的观念上的"保险合同"角度来说明工资粘性,因而具有微观基础的含义,在一定程度上弥补了凯恩斯原有工资理论的不足。

最初出现的"隐含合同论"从公开信息出发研究隐含合同,而近年来多从不对称信息的方面来研究隐含合同。不对称信息的隐含合同模型不仅分析了工资和失业之间的关系,而且考察了自我选择机制的问题。

① "公开信息隐含合同论"

公开信息条件下的"隐含合同论",又叫完全信息条件下的"隐含合同论"。该理论认为,工资和就业不能像凯恩斯那样将其简单地看作一方提供劳动和另一方提供货币的交换关系,也不能像从人力资本角度那样看作劳动和货币交换的时序点的变动。从长期来看,工人向厂商提供劳动服务,厂商支付工资,实际上是一个保险合同的交易。这个保险合同保护工人免受随机的、公开观察到的劳动收益产品价格波动的影响。这种维持工资稳定的合同只能从雇主那里得到。

隐含合同理论模型假设工人是风险厌恶者,不希望工资发生波动;而厂商是风险中性的态度。这样,在确定工资标准时,双方就会达成一种隐性的共识,让工资保持基本稳定,而不是随着市场价格的波动而波动。从隐含合同角度看,工人的工资就是劳动的边际收益产品销售收入和隐含的净保险额之和。原则上,每个工人生产出他自己的劳动边际收益产品,其价值就是工人的劳动工资。但是,市场情况是波动的。为了保持工资的稳定,工人可以以适当地降低一点工资水平来换取企业给予他的工资稳定的保险。于是,工人的实际工资就变成了劳动边际收益产品的销售收入加上净保险额的总和。

当市场形势和生产状态较好时,较高的劳动收益产品销售收入中要扣除隐含保险额,此时,工人得到的净保险额实际是负的,实际工资低于劳动收益产品的实际收入。当市场形势和生产状态较差时,较低的劳动边际收益产品销售收入会低于工资所得,这时,工人得到正的净保险额,企业为高于劳动边际收益产品实际销售收入的工资支付了一个保险额。

一般说来,一个隐含合同是建立在对以前已知的有关实际情况的一个完全描述的基础之上的。厂商按照根据这种情况计算出来的工资标准发给工人工资。如果我们假设各种情况都可以通过各种方式直接观察到，那么，信息就是完全的，合同就是可以得到补偿的。

在隐含合同模型中，工人工资不再由劳动边际收益产品的价值决定。如果投入生产过程的劳动力数量为常数，每个工人的消费与工资成比例，由于隐含保险合同的存在，就会稳定各种状态下的工资购买力，就会使得消费独立于工人的劳动边际收益。工资购买力稳定也意味着实际工资出现粘性。当总需求的水平出现下降时，由于工资不能迅速调整，企业往往会减少对工人的雇用，所以会出现非自愿失业增加。

在完全信息条件下，一个最优的隐含合同满足就业和失业工人的边际效用相同的条件。假设工人偏好消费和闲暇的行为能用严格的准凹函数表示，工人的效用函数就可以分离并具有数量可相加的性质。厌恶风险的工人和厂商之间的最优合同可能有两种：一是在需求减少时，每个工人少干一些活儿，大家分摊工作；二是解雇一部分工人，在职工人仍然干与原先同样多的活儿，这种情况，由于技术的原因而使厂商觉得较为有利可图。这时，工人最大化个人效用的行为如同保险统计员，某些人宁愿在短期内被解雇而不选择大家分摊工作。当工人短期内不工作时，厂商给工人的保险保障费是厂商利润的流失。厂商避免利润损失的方法是让失业工人获得社会救济金，将厂商的保险负担转移到企业外部去，由社会救济来负担这笔保险费用。这时，工人愿意短期脱离工作岗位的前提是，已经变得有资格从外部公共部门得到失业救济金。显然，当工资水平的期望值低于救济金时，工人不愿意就业，不会同厂商签订劳动合同。因此，所有在职工人的工资必须高于救济金。但是，在职工人的工资高于失业救济金，又会引起那些短期失业者们的妒忌与羡慕。这种情况下的失业，叫作"非自愿失业"。

这种情况下，失业工人之所以愿意接受比在职工人工资数额低的救济金，甚至在厂商没有付给他隐含合同所默认的保险金时，也不去接受有较高报酬的其他厂商提供的工作，是因为个人声誉在起作用。工人们与厂商的隐含合同中可能包括不跳槽的内容，工人们在失业时拒绝其他厂商提供的高工资职位，是为了使他们自己建立起一个"可靠者"的声誉。由于他们是可靠的人，厂商就有可能在以后的时期会与这些可靠的人们签订更优惠的工资合同。

在完全信息条件下，各部分工人所得到的信息是对称的，厂商的欺骗行为很快就会为工人所识破，所以，工人可以根据得到的全部信息来确定最优合同。

② "非对称信息隐含合同论"

这种理论认为，厂商和工人只能获得有限的信息，信息是不完全的、不对称的。

如果一个最优公开信息合同在非对称信息的情况下失去原有的效用，厂商就会考虑修改合同。在每种生产状态中，厂商都能选择真实价值最大化的策略，适当地修订合同，在各种生产状态中辨别出真实情况，与工人签订最优的"非对称信息隐含合同"。在"非对称信息隐含合同"条件下，经济中可能出现两种情况：一是非充分就业；二是过度就业。阿扎里亚迪斯等人持有前一种观点。他们认为，从一个最优完全信息合同开始，当信息是非对称的，合同不是工具变量集的时候，因为厂商所宣称的状态比实际生产状态差，这样，除了最好的生产状态下的就业之外，其他任何生产状态的就业都低于它在最优的对称信息时的就业水平。通过适当限制就业水平和重构工资率，厂商就能实现最大化的利润。查理等人持第二种观点。他们认为，在非对称信息条件下，厂商所宣告的生产状态比最优完全信息合同的状态好，所以，非对称信息最优合同除了在最差的情况之外，在其他各种生产状态中的就业率都高于完全信息时的就业水平，出现过度就业。

如果厂商和工人在经济活动中的信息都是完全的，没有信息扭曲和其他欺诈行为，那么厂商和工人签订的合同是最优的。最优合同是关于风险和双方所得的一个帕累托最优分配，工作的负效用等于用工资购得的消费品的边际效用。然而，当信息是私人的、不对称的，那么这种最优分配就会受到扰动，在任何既定的消费状态下，不是所有的人都有相同的劳动负效用与消费正效用的替代关系，此时，每个生产状态中的劳动边际负效用不等于消费边际正效用，经济不再处于帕累托最优状态，出现无效性。因此，在非对称信息条件下，最好的就业数量各不相同，合同的无效性会导致过度就业或有利生产状态中的非充分就业，形成非自愿失业。

第一，非对称信息和失业。

私人信息和公众信息的不完全性、私人信息和公众信息结合的不完善性，决定了合同无效率情况下的非充分就业。合同无效率情况下的非充分就业，通常不是采取工作分担的形式，而是采取解雇工人的形式。由于被雇的工人可以得到政府的救济，因此，暂时失业的工人为了维护其声誉，以求将来能得到更优惠的合同，他们会忍受比现行工人工资低的救济金而不"跳槽"到有较高报酬的其他企业去工作。因而，失业会持续。隐含合同使厂商和工人共担了市场风险。当经济中发生总需求的扰动时，需求冲击会引起经济波动和对劳动的引致需求的改变，于是，就出现了与经济周期相伴生的失业周期。这样一来，在非对称信息条件下，即使工人比厂商有更多的信息，仍然会出现失业。

第二，"非对称信息隐含合同"和工资粘性。

工资粘性表现为工资不能随信息的变化而及时调整，这可以简单地看作一个信息失灵的过程。工资粘性的原因是，在隐含合同的建立或货币工资的调整中忽视了公众有效性的信息，从而极大地降低了公众有效信息在工资调整过程中的作用。解释隐含合同使公众有效信息在工资调整过程中失灵的说法有两种：一是信息成本。二是把隐含合同看作证券，具有承受风险的性质。在一个有限信息或一个不完全有序的证券市场中，作为证券的隐含合同分散了人们所面临的风险，此时，实际的均衡合同不会使社会资源配置处于帕累托最优状态，但能使工人和厂商共担风险。工人虽不能在好的状态下得到很高的收入，但也不会在坏的状态下得到极低的收入。工人收入比较稳定，工资有粘性。在劳动生产工资不变时，就业受到数量约束，导致厂商们都调整雇员数量，从而出现失业。

③"失业留滞论"

"失业留滞论"提出了一个与传统经济学观念相反的观点：长期均衡就业（即新古典经济学家所说的"自然失业率"）与实际就业率的留滞情况有关。"失业留滞论"认为，"自然失业率"并不是固定不变的，它会受到前期失业率的影响而发生变化，由此，劳动市场的均衡水平也是随机多样的（主要随前期失业率情况变化），而不是唯一的。费尔普斯（E. Phelps）在1972年最早探讨了自然失业率滞留变动的问题，后来，哈格里夫斯-希普（S. P. Hargreaves-Heap）、克罗斯（R. Cross）、布兰查德（O. Blanchard）、萨默斯（L. H. Summers）、莱亚德（R. Layard）等人也分别进行了有关研究。现在，大多数经济学家已经基本认可了这一理论。

（2）"局内人—局外人模型"

布兰查德和萨默斯的理论主要研究了劳动市场中的失业和工资的相关性，通过"局内人—局外人模型"阐明：工资调整在很大程度上取决于在职人员而不是失业工人，而且，长期失业者对工资调整几乎没有影响。"局内人—局外人模型"最早是由林德贝克和斯诺沃在20世纪80年代完整提出的。

第一,局内人的工资调整。

"局内人"是指目前已经在职的雇员,或暂时被解雇但与在职雇员同属于某一利益集团的人,局内人受各种劳动转换成本的保护;"局外人"是指长期游离于企业之外的失业工人或短期在职的临时工,局外人不受企业或行业工会的保护。转换成本的存在,使厂商在用局外人代替局内人时要付出较为昂贵的代价。因此,尽管局外人愿意接受比局内人更低的工资,但是,由于转换成本较大,压低工资的所得不足以补偿转换成本。因此,厂商不愿意以低工资雇用没有经验的局外人,而乐于继续雇用高工资的局内人。这样,与局外人相比,局内人就具有就业上的实际优先权,从而使局内人在劳动市场上获得市场力量。而且,这种市场力量还因局内人的合作而加强。局内人所拥有的市场力量迫使厂商先雇用局内人,在所有的局内人都被雇用后,厂商才会去雇用局外人。

"纯局内人的工资调整"是指局内人在调整工资时,一点也不考虑局外人的利益,仅仅是为了维护局内人的利益而变动工资。比如,工会代表局内人与雇主谈判时,往往只考虑工会的利益,极少考虑非工会成员的利益;在非工会的谈判中,局内人自己有力量迫使雇主让步;雇主要考虑雇用局外人时他付出的转换成本;另外,雇用局外人时,局内人可能不再努力工作而造成效率下降;局内人与局外人不能很好地合作,产生内耗;等等。这些情况都会给厂商带来隐形损失。在每个厂商的局内人的力量强大到足以完全不考虑局外人的反应时,局内人就能单方面与厂商进行工资谈判,提高工资。局内人通过调整工资,使期望就业的人数等于局内人成员数。如果经济的冲击仅仅是名义货币量变动,工会在与雇主谈判时仅关心局内人,那么,总就业等于上一期的实际就业加上名义货币量变动引起的随机扰动。换言之,在忽略随机扰动的情况下,均衡就业等于上一期的实际就业。此时,经济并不显示回到任何固定的均衡就业率的倾向,经济中的就业状态没有传统就业理论所说的自动恢复到原有均衡状态的特征。

上述情况的隐含机理是很清楚的,那就是当需求减少时,在职工人不愿意削减工资。在需求收缩而工资不变时,需求的减少会引起对劳动的引致需求减少,就业率下降。当需求增加时,局内人都被雇用后,仍有对劳动的引致需求,此时,愿意接受较低工资的局外人才会被雇用。这些需求的冲击,形成了就业的实际变化。当冲击过去后,就业并不回到长期均衡状态,而仍停留在变动后的实际就业状态,该状态一直持续到另一个冲击来改变它。经过失业的经验数据的检验,证明这种实际就业会持续的结论是正确的。

第二,有局外人压力的工资调整。

新建企业中不存在局内人。在新老厂商竞争时,老厂商中的局内人会被迫接受较低的工资。此外,局外人还可以通过两个渠道来影响局内人的工资:第一,较高的失业率意味着被解雇后有令人沮丧的再就业前景。这会迫使局内人接受低工资以维持较高的就业机会。第二,较高的失业率隐含着厂商可以用一组新的较低工资的局外人取代相当部分或绝大部分局内人。这就会大大地削减局内人在工资调整时所拥有的力量。不过,对这两种情况的后果都不能估计过高,搞不好,厂商就要付出相当大的代价。比较可行的办法是,厂商利用失业和就业之间足够大的工资差别,提高其在工资谈判中的地位,增强厂商谈判能力。

局外人对局内人的影响与总劳动量、期望的就业水平有关。短期失业对工资调整的影响越强,工人对就业水平的期望值越高,名义工资就越低。有局外人压力时,就业水平遵循一个在劳动总量附近的一阶变动过程。因此,如果劳动力数量随时间变化,失业也可以近似地由一个自回归方程来描述。失业状态的持久度由参数 $b$ 来描述,它是总劳动与期望就业(或实际就业)之差的系数。随着 b 的递增,失业的持久性降低。如果在一个反向冲击后,实际失业增加,那么,均衡失业也随之增加。在冲击消失后,均衡失业的持续性下降,提高的短期失业均衡会逐步消失,然后回到某种均衡就业水平。但是,一个同样信号的连续冲击能改变失业均衡,如果 b 是小的,一旦失业均衡改变后,它只能使双方缓慢地回到原均衡状态。恢复到均衡的速度是十分缓慢的,以致下一个经济周期到来之际,失业率还远离原均衡失业状态。

第三,失业的持久性和工资调整。

失业持续时间影响着工资调整。短期失业者和长期失业者对工资调整有不同的影响。短期失业者能对工资调整施加压力,而长期失业者却不能。长期失业不影响工资调整,将使某些时期内的失业率提高。

长期失业不影响工资调整的原因主要有:第一,技术上的可行性。因为长期失业如果能压低工资,这将会影响局内人的工作效率,使厂商蒙受重大损失。第二,长期失业者习惯于失业救济,并对再就业感到希望渺茫。这削弱了他们对调整工资的影响力,增加了局内人对工资的影响力。

(3)"效率工资论"

1979 年,索洛在一篇文章中最早提出了研究"效率工资论"的基本框架,后来,耶伦、韦斯、夏皮罗、斯蒂格利茨和阿克洛夫等人又进行了更加深入的研究。"效率工资论"注重工资的激励作用。它认为,劳动生产率依赖于厂商支付给工人的工资。为保持效率,厂商愿意给工人支付高工资。高工资造成了劳动市场不能出清,从而出现失业,总产出只能在低于最优均衡的水平上达到均衡,经济处于衰退状态。该理论对西方国家的高工资和高失业率并存的现象提供了一种解释。由此,它受到了西方经济学家的好评,被认为是 20 世纪 90 年代宏观经济学的最新进展之一。

"效率工资论"的主要内容有:

第一,"效率工资论"和劳动市场。

假设在一个完全竞争的经济中,每个厂商的行为都相同,其生产函数是:

$$Q = f(e(w),N) \tag{5.1}$$

式中的 $N$ 是企业所雇用的工人的数量,$e$ 为每个工人的劳动效率函数,$w$ 为实际工资。一个追求利润最大化的企业会在其选定的工资水平上雇用它想雇用的工人数量。这时,实际工资水平为 $w^*$,当它满足工资对效率的弹性为 1 的条件时,称它为效率工资,这时工资增加 1%,劳动效率也提高 1%。在这个工资水平下,单位产品的劳动成本最低。每个厂商雇用工人的最优数量应该满足下式所表达的关系:

$$e(w^*)f(e(w^*),N^*) = w^* \tag{5.2}$$

工资 $w^*$ 超过工人的最低预期工资时,总需求减少的冲击将引致劳动需求减少,就业减少,实际就业 $N < N^*$(最优就业)。厂商在不受特殊政策或制度约束的情况下,劳动市场的均衡将具有非自愿失业的特征。为了刺激工人的生产积极性,维持较高的劳动生产率,厂商将不雇用那些愿意接受低于或等于 $w^*$ 工资的失业者,而是给在职工人以高工资,提高劳动的边际产出率。

上述理论可以说明实际工资刚性、双头劳动市场、工人工资差异和工资歧视等现象的原因。

效率工资对实际工资刚性的解释:经济中的实际冲击对生产状态产生的影响,会转而使劳动边际产品改变,厂商为保持劳动生产率,首先是改变雇员数量而不是改变实际工资。经济冲击引起的是就业量的改变而不是实际工资水平的改变,所以,实际工资有刚性。

效率工资对双头市场中失业现象的解释:双头市场是指经济中有两个部门,一个部门的劳动市场是非出清的,另一个部门的劳动市场是出清的。第一个部门的劳动市场与效率工资有关,第二个部门的劳动市场与效率工资无关。在第一个部门的工资水平高于第二个部门的工资水平时,会诱导一些寻找工作的失业者因不愿意接受低工资而不去第二个部门工作。他们宁愿滞留在劳动市场上,等待被第一个部门的厂商雇用,以获得较高的工资。

效率工资对工资差别的解释:效率工资理论认为,各厂商内部的工资和效率的相关性不同,同等效率在不同的厂商之间对应着不同的工资水平。也就是说,具有同样能力、同样特征的工人会因为工资与效率相关性的差异而有着不同的工资。

效率工资对于工资歧视现象的解释:工资歧视是指厂商对做同样工作的工人支付不同的工资。最明显的工资歧视就是男女同工不同酬,还有工资支付中的种族歧视现象。当雇主无成本地采取工资歧视策略时,他能够依据自己的个人偏好来确定不同工人的工资标准。当雇主有代价地实行工资歧视时,主要是从效率工资的角度来考虑问题。他们发现,每个群体的工人都有其自己的效率工资和所对应的单位产品"效率劳动成本"。当这些效率劳动成本不等时,厂商就会首先雇用最低劳动成本群体中的工人,并且会支付给效率劳动成本低的群体的工人较高的工资,而支付给效率劳动成本高的群体的工人较低的工资。

第二,效率工资的微观基础。

这主要有四个模型来加以说明。

① 怠工模型

该模型是1984年由夏皮罗和斯蒂格利茨给出的。该模型认为,为防止工人怠工,厂商通常会支付给工人高于市场出清水平的效率工资。虽然工人总有怠工的机会,但是,怠工行为一旦被雇主发现,工人就会受到惩罚。这种情况叫作"欺骗—威胁模型"。如果厂商对工人的惩罚是解雇,解雇就成为工人怠工的成本。解雇的威胁会对工人产生一个不怠工的刺激。如果所有的厂商都支付相同的工资率,而且经济处于充分就业状态,怠工就没有成本。这种状况对磨洋工是有利的,怠工后被解雇的成本太低,工人被解雇后很快就可以重新找到待遇与以前一样的工作。为了消除怠工行为,厂商会加重对怠工者的惩罚,单个厂商会提高工资水平。这样,怠工者会感到磨洋工被抓获后的损失太大。高工资就产生了一个不偷懒的刺激。厂商也明白,如果他以低工资雇用工人,就是鼓励磨洋工者。当所有的厂商都这样提高工资时,平均工资就会上升,就业率就会下降。在所有的厂商支付的工资都高于劳动市场出清时的工资水平的情况下,失业的威胁就成为工人的激励和约束机制。这时,为怠工而失去工作的代价会很大。

"效率工资论"认为,失业在刺激工人的积极性方面也具有社会作用。社会上存在失业,就会激励在职工人的生产积极性,提高其劳动生产率。这时的失业均衡可以被看作最优的失业均衡。但是,失业均衡通常不是处在最优失业状态。失业压力的存在会有利于厂商协调一致压低工资。

某些持"效率工资论"观点的人也认为,效率工资会引起失业的出现和持续。但是,适当的惩罚性措施会减少或者消除非自愿失业。在"欺骗—威胁模型"中,实行就业费交纳将能使劳动市场达到有效率的出清。于是,缴纳就业费和解雇对怠工者就构成了双重威胁。这时,对厂商来说,雇用低工资的新工人比较合算。厂商可以通过向新工人许诺将来会给他增加收入。于是,新工人的劳动生产率就会逐步提高。最终,工资水平的下降可能会减少非自愿失业,甚至消除非自愿失业。

不过,厂商的惩罚性工资措施会引发道德问题。厂商为压低工资会想方设法寻找借口,说工人偷懒,取消工资合同,用缴纳就业费的新工人代替他们。在老工人的工资超过劳动边际收益时,也会刺激厂商不负责任地宣布老工人怠工,以工资低于劳动边际收益的新工人取代老工人。克服道德损害的办法有两个:其一,是厂商关心其声誉而自觉按照道德规范办事;其二,是依靠终身合同可以有效地解决不道德行为问题。

② 劳动转换模型

这是萨洛普(S. C. Salop)在费尔普斯关于自然失业率和工作搜寻理论启发下于1979年提出的。该模型主要考虑的是劳动力训练成本对于就业的影响。在厂商实行高工资的情况下,本企业内的工人不愿意出去,而本企业外的工人却想"跳槽"到该企业中。其他厂商为防止工人"跳槽",不得不也实行高工资策略。这样,就会出现所有厂商支付的工资都高于市场出清的工资水平。于是,劳动市场就不能出清,出现了非自愿失业。这时,厂商支付给新工人的工资会高于其劳动的边际收益,工资和劳动边际收益的差额是边际训练费用。劳动边际训练费用是对厂商利润的扣除,所以,厂商不愿意多雇用新工人。这就会造成劳动市场上新工人不能全部就业,劳动市场就成为非出清的了。

③ 逆向选择模型

韦斯在1980年提出了劳动市场上的"逆向选择模型",从信息和成本的角度进一步说明了生产率和工资率之间的关系。该模型假设生产过程中工人的能力是有差别的,而劳动市场上雇主和雇员之间关于雇员实际工作能力和效率的信息是不对称的。一般说来,工人的能力与他们的最低期望工资正相关。因此,厂商可以用较高的工资吸引能力较强的雇员。也就是说,厂商可以依据求职者要求的工资高低来判断其能力大小。如果求职者提出低工资要求,可看作是他们无能的表现。所以,厂商理性地将高工资付给那些能力强的人,并摒弃那些要求低工资的人。这种选择雇员的方法与一般厂商以低工资雇用新工人的方法相反,所以,叫作"逆向选择"。新雇员进入企业后,厂商要设计工人的自我选择机制,引导雇员显示其真实的工作能力,在了解雇员能力的基础上作出解雇还是继续工作的决策,以保证付出高工资,获得高效率。当所有的厂商都作逆向选择时,在职工人的工资就会远高于劳动市场出清时的水平。于是,失业率会提高,而且,在职工人之间的工资也存在着显著的差别。

④ 利益互惠模型

阿克洛夫在1982年和1984年提出了基于社会学角度的"利益互惠模型"。该模型将工资粘性归因于公正、忠诚、信任等社会规范、习惯和某些行为准则。该模型认为,工人的努力程度依赖于他所在组织的工作规范。因此,厂商能够通过提高工人群体的工作规范来提高劳动效率。厂商可以制定一个略高于工人最低需求水平的工资,在这个工资以上,可以酌情给予一个奖励工资。为了提高工人的生产积极性,厂商通常将工人获得最低工资的工作定额定得比较低,使大多数人都能超过这个标准,从而可以获得奖励工资。"利益互惠模型"以此来解释为什么计件工资的定额定得比较低,容易为绝大多数工人所超过,工人大多可得到奖励工资的做法,发挥了工资刺激工人生产积极性的作用。

第三,效率工资和经济周期。

假设厂商是垄断竞争者,有调整工资和价格的能力。厂商选择效率工资作为调整价格的策略时,效率工资与厂商利润最大化工资的误差,只是厂商利润的二阶损失。在最大化利润点上,利润函数中的工资与利润的关系,在利润最大化点的一个较大邻域内无多大变化。所以,来自工资的误差是利润变动的二阶小量。这意味着工资刚性的厂商仍可获得很大的利润,这个利润量与最大化条件下的利润量相差不大。如果厂商对需求线有价格调整的能力,出于相似的理由,价格调整后厂商的利润增加也仅仅是一个很小的数量,价格调整前后厂商利润量差别很小。在长期中,工资和价格由所有的厂商以最优的方式进行调整。在短期内,各厂商对总需求冲击的反应有些不同,一些厂商会保持名义工资和价格不变,而其他厂商选择最优工资和价格。这两种厂商的利润差别只是个二阶小量。

当货币减少引起总需求下降,并进而导致就业量、产出量和利润量出现一阶变化时,支付效率工资的厂商会保持名义工资和价格不变。由于支付效率工资是近似理性行为,效率工资在最优利润点所确定的最佳工资的邻域内,因此,厂商在利润上所受到的损失仅是二阶小量。效率工资论据此说明经济周期现象。当经济中出现总需求冲击时,厂商只承受利润的二阶小量的损失,这对厂商来说是微不足道的。而工资价格不变时,就业量和产出量必然要变化,所以,经济中的总产量会出现波动,出现经济周期。

### (四) 信贷配给论

新凯恩斯主义的"信贷配给论"丰富和发展了西方经济学中的金融理论。传统经济学认为,信贷市场上仅是利率机制在起作用。当信贷市场上对贷款的需求大于供给时,利率会上升;反之,利率会下降。市场供求相等时的利率是均衡利率,均衡利率是唯一的。均衡利率使市场出清,贷款实行优化分配。信贷市场是有效的,政府干预是多余的、不必要的。新凯恩斯主义"信贷配给论"认为,仅仅考察利率机制过于片面和简单化,在信贷市场中,利率机制和配给机制同时起作用,市场存在多重均衡。有均衡利率连续系统的市场经常处于无效率的均衡状态,只有政府干预才能有效地修正信贷市场失灵。

新凯恩斯主义"信贷配给论"从信贷市场中的信息非对称性出发,论述了利率和贷款抵押的选择效应会导致信贷市场出现信贷配给,信贷市场会失灵,政府干预有积极作用。斯蒂格利茨和韦斯在1981年的一篇文章中详细论述了信贷配给理论。

#### 1. 利率的选择效应和信贷配给

信贷市场是信息不完全的市场,贷方和借方的信息是不对称的。作为借方的厂商比作为贷方的银行在还款概率方面有更多的信息。厂商在向银行申请贷款时,知道所贷的款项将投资在哪些项目上,投资的风险和期望的收益有多高,拖欠贷款的可能性有多大。但是,银行在这几方面的信息都比厂商少,银行只能根据项目的平均收益来判断厂商的投资收益,对厂商投资的风险性知之甚少,更无法从众多申请贷款的厂商中分辨出哪些厂商有较高的还款率,哪些厂商想拖延贷款。银行只能通过利率的"正向选择效应"和"逆向选择效应"确定厂商的还款概率,推测贷款的风险性。

利率的"正向选择效应"是指,利率的增加能提高银行的收益,它是利率对银行的直接影响。而利率的"逆向选择效应"是指,较高的贷款利率会使那些有良好资信的厂商不再申请贷款,而那些资信度很低、乐于从事风险投资的厂商会继续申请贷款。这些厂商还款概率低,从而导致银行收益下降。当利率的"正向选择效应"大于"逆向选择效应"时,银行收益随着利率的提高而增加;当利率的"逆向选择效应"超过"正向选择效应"时,银行收益会下降。

利率不仅有正向和逆向选择效应,还对厂商有激励作用,能改变厂商对待风险的态度。当利率提高时,风险较大的项目对厂商有吸引力,厂商愿意在风险较大的项目上投资,以获得更多的预期收益。当然,这也增加了厂商破产的可能性,降低了还款的概率;反之亦然。

银行利用利率的"逆向选择效应"作为检测机制,可以辨识出厂商喜好风险的程度和将款贷给不同厂商的风险性。假定所有申请贷款的厂商被分为高风险组和低风险组,存在着一个临界利率。当利率低于临界利率时,高风险组厂商和低风险组厂商都申请贷款。当利率提高时,低风险组中偏好安全投资的厂商逐渐退出信贷市场。当利率提高到临界利率时,低风险组厂商全部退出信贷市场,只有高风险组厂商还在申请贷款。因此,银行通过改变临界利率的值就可以推测出厂商投资的风险性。银行根据厂商投资的风险性就能获悉还款概率。厂商越偏好风险投资,投资项目失败的可能性也越大,厂商还款概率就越低,银行贷款的风险就越大,银行收益也越低;反之亦然。

银行还可根据利率的正、逆向选择效应确定银行最优利率。当银行贷款利率很低,低到所有从事安全项目投资的厂商都愿意申请贷款时,偏好高风险的厂商和偏好低风险从事安全投资项目的厂商都申请贷款。低利率鼓励厂商从事无风险项目投资,以取得可靠的收入。这时,不论是高风险厂商还是低风险厂商,都愿意从事安全项目投资。所以,各类厂商还款概率都很高。此时,只有利率的正向选择效应在起作用。当利率不断提高时,利率的激励机制诱导厂商去从事有较高风险和较高收益项目的投资,风险厌恶的厂商首先离开了信贷市场,随后是低风险厂商逐渐退出信贷市场,厂商拖欠贷款的概率增大,银行贷款风险随之增大。银行的期望收益随贷款的风险递减。利率的"正向选择效应"和"逆向选择效应"都在起作用。在利率提高的过程中,利率的"逆向选择效应"递增而"正向选择效应"递减。当利率的"正向选择效应"大于"逆向选择效应"时,银行贷款虽然会因还款概率的下降而受到部分损失,但银行总收益还是呈上升趋势。银行收益随利率提高而递增。在利率连续地提高时,银行总收益的上升势头会随着"逆向选择效应"越来越大而受到阻止。当利率提高到某一水平后,利率"逆向选择效应"超过"正向选择效应",厂商拖欠贷款的概率显著地增大,银行贷款风险剧增,收益锐减。此后,银行收益随利率增加而递减。显而易见,"正向选择效应"和"逆向选择效应"相抵消时的利率是银行的最优利率,这时,银行收益达到最大化。

银行最优利率通常不等于市场出清时的利率,所以,信贷市场出现配给。当信贷市场中对资金的需求大于供给时,市场出清的利率即均衡利率会提高,市场利率高于银行最优利率。此时,银行为了追逐利润最大化,会理性地以低于市场利率的最优利率贷款,而不是按照较高的市场利率贷款。因为在这种情况下按市场利率贷款,银行的风险很大,会导致银行收益下降。而以最优利率贷款,虽然利率收益低一些,但是,还款概率高,贷款风险小,银行收益比较高。银行理性行事的方式是:以低于市场利率的最优利率贷款,同时以配给方式部分满足市场对贷款的需求。实行信贷配给时,银行优先给那些资信度高的厂商贷款,鼓励从事低风险投资的厂商多贷款,限制或不给高风险厂商贷款。所以,在信贷市场上有些厂商愿意支付高于银行规定的利率也得不到贷款。在银行能够识别厂商投资风险时,即使所有申请贷款的厂商都愿意支付相同的利率,也会出现一部分厂商得到贷款而另一部分厂商无法获得贷款的情况。因为银行知道后一部分厂商将从事高风险项目的投资,还贷率低。当信贷市场供给大于需求时,银行也不一定通过降低利率来实现信贷均衡。因此,信贷市场通常是在利率和配给的双重作用下达到均衡。

总之,在信贷市场中,由于信息的非对称性,银行对于厂商的控制能力是有限的,还款的可靠性也成问题。由于利率"逆向选择效应"的存在,利率与银行收益不是线性关系而是非线性关系,银行收益可能随利率的提高递增,也可能递减。当银行利率低于最优利率时,提高利率能够增加银行收益;当银行利率高于最优利率时,提高利率会减少银行收益。因此,银行不能仅仅依靠利率去制约厂商,在市场利率高于最优利率时,银行必须运用数量限制的办法,即信贷配给来约束厂商。当利率机制和配给机制都在信贷市场起作用时,市场会出现多重均衡,只有在极偶然的情况下,市场出清的利率才会与银行最优利率相吻合,市场处于唯一均衡状态。

信贷市场出现配给,是自由信贷市场中银行依据利率的选择效应,为实现利润最大化目标理性行事的结果,不是国家干预的产物。利率的提高可能引起银行和厂商采取相反的行动:厂商愿意从事高风险的项目投资,但这会刺激银行对贷款的超额需求采取信贷配给,而不是轻易地提高贷款利率。银行通过信贷配给使信贷市场达到均衡,市场中实际利率已不是使市场出清的均衡利率,实际利率通常小于均衡利率,它不能作为反映信贷市场供求状况的指标。

2. 贷款抵押的选择效应和信贷配给

贷款抵押品也像利率一样有"选择效应"。贷款抵押品的"选择效应"与还款的可靠性密切相关。银行一般不采取增加贷款抵押品水平的办法来满足信贷市场对贷款的超额需求,而是通过信贷配给分配贷款。

厂商以财产作为抵押品获得银行贷款时,银行与厂商的信息也是不对称的,厂商拥有的信息多于银行。银行既不清楚厂商有多少财产可以用作抵押品,也不明了厂商获得贷款后会投资于哪个项目,更难以判断项目的风险性;而厂商知道自己财产的数量、有多少财产会作为抵押品。厂商比银行更清楚地了解各项投资项目的风险性和期望收益。在贷款拖欠概率方面,厂商的信息比银行多得多。银行和厂商信息不对称是因为不完全市场中信息不完备,在这种情况下,银行只有借助于贷款抵押品的"正向选择效应"和"逆向选择效应"推断贷款的风险性,测定厂商的还款概率,确定期望收益。

贷款抵押品有"正向选择效应"和"逆向选择效应"。贷款抵押品的"正向选择效应"是指,当信贷市场存在超额需求时,银行通过提高贷款抵押品水平来增加还贷款的可靠性,减少坏账的风险,增加银行收入。同时,控制了借款者对贷款的需求。

贷款抵押品还有"逆向选择效应",即贷款抵押品水平的递增会增加贷款的风险,降低还款的可靠性。贷款抵押品的"逆向选择效应"在以下两种情况中表现得特别明显:一是当所有的潜在借款者有相同数量的证券,以证券为抵押品取得贷款,并且较小的项目有较高的风险时,提高抵押品水平对银行来说不是最优的。提高贷款抵押品水平,即降低贷款—证券比,隐含着较多的借款者将对较小的项目投资。由于较小的项目失败的概率大,因此,抵押品水平的递增将导致还款的可靠性下降。二是所有潜在的借款者有不同数量的证券,而所有的项目要求同样的投资,递增的抵押也会增加贷款的风险。能提供较多抵押品的富人往往是过去冒险项目的成功者,他们比过去投资于相对安全项目的保守的个人有更少的风险厌恶。他们取得抵押贷款后会再次从事有较高风险的项目,从而增加还款风险。

银行可以根据贷款抵押品的"正向选择效应"和"逆向选择效应"确定最低抵押品水平。如果以证券为抵押品,银行就要定出一个最佳的贷款—证券比。当贷款抵押品水平很低时,抵押品水平的增加或贷款证券比的下降对厂商来说,主要是"正向选择效应"。资产较少的厂商通常是风险厌恶者,财产较多的厂商虽然大多是风险中性的或风险偏好者,但在抵押品水平低时也不愿意过度冒险,所以,此时银行收益随抵押品水平的上升或贷款—证券比的下降而递增。但贷款抵押品水平的上调或贷款—证券比的下降有个限度,存在着一个临界点。当抵押品水平或贷款—证券比超过临界点以后,财产较少的厌恶风险的厂商已无法得到贷款,财产较多但风险中性的厂商也退出信贷市场,信贷市场上只留下了偏好风险的、财产较多的厂商在申请贷款。这些厂商喜好收益高风险大的项目,还款概率低,抵押品的"逆向选择效应"起主要作用。在抵押品水平递增或贷款—证券比递减的过程中,抵押品的"逆向选择效应"递增而"正向选择效应"递减,在临界点上,"正向选择效应"和"逆向选择效应"相抵消,这时贷款抵押品水平或贷款—证券比达到最佳水平,银行的收益最大化。考虑到抵押品的"逆向选择效应",银行一般不以提高抵押品的水平或降低贷款—证券比来吸纳信贷市场的超额需求,而是以配给方式来满足部分需求。抵押品水平过高时,财产少喜欢低风险的厂商容易得到贷款,而财产多又偏好高风险的厂商则得不到贷款。这时,抵押品的"逆向选择效应"显著,且远大于"正向选择效应",厂商还款概率下降,银行的收益减少。为了实现利润最大化,银行通常将抵押品水平或贷款—证券比控制在最优水平上,以鼓励偏好低风险的厂商多贷款,限制高风险厂商贷款,信贷市场出现配给。

倡导信贷配给论的新凯恩斯主义者认为,传统的信贷市场论是一种理论的抽象,不能反映经济现实。他们辛辣地指出:"供求定律实际上不是一个定律,不应视为分析经济的必要假设。"利率能使信贷市场出清,仅是经济学家们的理想。使市场出清的利率既没有"识别效应",也没有激励效应,既不能作为检测机制,也不能对厂商产生激励作用。而存在信贷配给的利率既有"识别效应"又有激励作用。利率和配给方式相结合,银行才能实现利润最大化。这是发达市场经济国家的现实而非幻象。

新凯恩斯主义的"信贷配给论"指出,由于信贷市场中利率机制和配给机制同时起作用,信贷市场会出现多重均衡态,市场机制失灵,通过政府干预才能纠正市场失灵。政府推行信贷补贴政策或提供贷款担保,可以降低市场利率,提高借款者的还款利率,改善资源配置,增进社会福利。在自由信贷最没有效率时,政府干预最能增进效率。以还款概率来表示借款者差异时,借款者差别越大,市场失灵越严重,政府对市场的干预越有效。

## 三、 新凯恩斯主义学派的政策主张

新凯恩斯主义和原凯恩斯主义在政策主张上大致是一样的,都认为市场是失灵的,稳定经济的政策对经济具有积极作用。但是,新凯恩斯主义者并不强调对经济的"微调"。他们认为,"微调"并不能有效地防止和医治失业和通货膨胀。他们倾向于对经济进行"粗调"。用一种更为温和的说法讲,他们对于宏观调节的看法是,没有紧缩政策,通货膨胀会更加严重;没有扩张政策,失业会更加严重。这种方法在美国是比较容易为人们所接受的。不过,从总的方面来说,新凯恩斯主义并没有在经济政策方面提出多少具体的新见解,只是通过数学模型推导出许多公式化的经济对策,但缺乏进一步的具体化、可操作的政策主张。

### (一) 价格政策

新凯恩斯主义者在论述价格粘性成因的基础上,提出了一些价格政策建议。其主旨是抑制价格粘性,使价格具有弹性,以修复失灵的市场机制,稳定总产量。新凯恩斯主义者在交错调整价格论和菜单成本论中提出了大体相似的政策建议。

他们根据交错调整价格论提出的政策建议是:制定能诱导厂商实行同步调整价格的政

策,减少经济中的交错调整价格,以克服物价总水平的惯性。新凯恩斯主义者还根据菜单成本论提出:为了稳定经济、增进社会福利,国家应该推行抑制价格粘性,使价格较有弹性的政策,以纠正市场失灵,稳定总产量。这两个政策建议都主张通过政策干预去协调经济人的行为、纠正市场失灵,基本上是正确的,只是缺乏可操作性。价格有弹性,市场能出清,市场机制才是有效的。当价格有弹性时,价格会随需求的减少而下降,价格下降刺激了需求的增加,在价格下降到一定水平时,市场上供求相等,市场出清。价格弹性吸纳了需求的冲击,导致总产量比较稳定。这时市场需求能调节供求,社会资源得到充分的利用。价格有粘性,市场不能出清,市场机制失灵。当价格有粘性时,价格不会随着需求的减少而迅速地下降,这样价格变动调节需求的作用无从发挥,市场上出现过剩的产品,市场不能出清。市场不能出清时,产品大量积压,最终迫使厂商削减产量,以适应需求的变动。厂商不改变价格而变动产量,导致总产量出现大幅度的波动,社会资源不能得到充分的利用,社会生产处于无效率状态。因此,交错调整价格论和菜单成本论提出通过政府的经济政策来恢复价格弹性、修复失灵的市场机制的建议,的确抓住了问题的关键,这些政策建议是比较合理的。然而,令人遗憾的是,两者的建议都过于原则化,没有提出具体的政策措施。这些原则性的建议给凯恩斯主义者留下了相当大的回旋余地,却不便于政策执行者实际运作。

### (二) 就业政策

新凯恩斯主义者从"局内人—局外人理论"出发,根据局外人在劳动市场上长期处于不利地位这一情况,提出政策建议:政府的就业政策应该更多地考虑长期失业者的利益,为他们多提供就业机会。交错合同理论则认为,国家应该干预劳动工资合同,货币政策应该使工资较有弹性,以提高就业率。不过,总的说来,上述政策尽管比较合理,但是仍然带有较强的理想色彩,具体实施起来有一定的难度。

### (三) 货币政策和信贷政策

1. 货币政策

货币政策能稳定总产出和就业率,提高社会资源利用率。在市场机制失灵时,价格对总需求变化的反应过于迟钝,仅凭市场机制不能逆转总需求的冲击,经济处于无效率状态。这时只有政府干预,推行与需求变动相适应的货币政策、工资政策和价格政策,才能改变经济中的无效率状态,推动经济向产出的均衡状态运动。即使厂商对价格和工资变动的信息作出了反应,只要有关总需求外生性的信息对货币当局仍然有效,那么政府推行有对称性的货币政策就能稳定产出和就业。在政府的货币政策已为公众所知的情况下,货币政策虽然对产出和就业的影响大大减弱,但仍然能在稳定物价方面发挥积极的作用。

为了实现稳定产出的目标,政府最优的货币政策是,货币量的调整与影响价格的实际扰动相适应,与引起价格变动的名义扰动反向行事。然而,这两种政策对雇员的影响是不同的,前者意味着产出稳定时雇员工资不太稳定,而后者意味着产出稳定时雇员工资比较稳定。

2. 信贷政策

新凯恩斯主义的信贷配给论认为,在信贷市场中,利率机制和配给机制都在起作用。银行通常不是采取提高利率的办法,而是运用配给的方式使信贷市场达到均衡。银行为了自身利益最大化,不愿意将款贷给那些愿意以高利率借款并将贷款投资于高风险项目的厂商。因为这些厂商的投资风险大,还款概率低。但是,从社会角度看,这些项目是有效的。当市场利率比较高时,风险厌恶的厂商不愿意借款,他们退出信贷市场;而愿意冒风险的厂商又得不到贷款。这就使那些社会效益高、风险大的项目因得不到贷款而无法投产,社会福利受损失。所以,信贷配给论的政策建议是:政府从社会福利最大化出发,应该干预信贷市场,利用贷款补贴或提供贷款担保等手段降低市场利率,使那些有社会效益的项目能够得到贷款。

这种政策建议既简明又具体,还有一定的可行性。照此政策建议行事,资金流向会趋于合理化。这是个既考虑银行利益又兼顾厂商利益的经济政策。它比较符合市场经济条件下利益主体多元化、追求利益最大化的原则。这种以利益为导向的经济政策有较强的可操作性,值得我们国家学习。

## 四、新新古典综合的出现

21世纪以来,西方主流经济学中一个新的流派似乎正在形成,该学派试图把新凯恩斯主义、新古典宏观经济学、实际经济周期理论等理论以及货币主义的一些因素综合在一个统一的框架内来解释经济问题,给出政策建议。英国的斯诺登(B. Snowden)和文(H. R. Ven)这两个经济学家曾经预言说:"如果实际经济的其他重要特征,如货币因素、价格刚性和实际的经济周期模型融合为一体,将会产生一种'新新古典综合'(New Neoclassical Synthesis)。"①

1997年,马文·古德弗兰德(Marven Goodfriend)和金(Robert G. King)在美国经济研究局(NBER)的宏观经济学年刊上发表了《新新古典综合及货币政策的作用》一文,正式提出了"新新古典综合"的概念。他们用"New Neoclassical Synthesis"来和萨缪尔森对古典经济学和凯恩斯主义所作的新古典综合相区别。1999年,弗雷德里克·杜佛特(Frederic Dufourt)发表了《新综合的商业周期的动态特征》。2000年,金发表了《新IS-LM模型:预言、逻辑和局限》。2002年,古德弗兰德又发表了《新新古典综合中的货币政策的作用:初级读本》。2003年,鲁杰·林尼曼(Ludger Linnemann)和安德瑞斯·沙博特(An-dreas Schabert)发表了《新新古典综合的财政政策》。2004年,拉尔夫·芬德尔(Ralf Fendel)发表了《稳定政策的新方向》。这些文章的陆续发表,使得持有新新古典综合观点的经济学家们作为一个新的流派开始在宏观经济学领域崭露头角。他们研究的范围在逐步深入货币政策的同时,也将财政政策纳入其分析框架。

### (一)新新古典综合的理论基础

20世纪90年代以后,西方经济学各个主要学派都在不同程度上接受了理性预期的命题,构建了理论体系的微观基础,在方法论上基本取得一致。在政策倾向上,理论界主流观点则越来越淡化传统财政政策的运用,而对货币政策的作用日益重视。基于这一背景,在理论上,新新古典综合派试图将新古典宏观经济学、新凯恩斯主义和实际经济周期理论纳入一个统一框架内,形成一个得到经济学界共识的理论体系。尽管这种对经济学理论和方法的再次融合成为新新古典综合派的主要特色,但它所进行的"综合"依然不能彻底解决各派之间的分歧。

新新古典综合派在理论前提上,既接受了新凯恩斯主义的垄断竞争假设,也接受了实际经济周期理论中的跨期最优化的微观假设,但是对工资和价格是否可变的问题进行了调和。

---

① 吴易风主编:《当代西方经济学流派与思潮》,北京,首都经济贸易大学出版社2005年版,第29页。

它一方面接受了价格可变性命题,另一方面把价格的可变性归因于厂商和家庭。

新新综合派理论的基本命题可以归纳为:第一,假设家庭无限期存在并具有同质性,代表性家庭在考虑收入预期和实际利率的前提下实现整个生命周期内的消费最大化。第二,代表性家庭的劳动供应受其消费影响。第三,厂商之间属于垄断竞争,就业和收入由家庭的劳动供给、企业的利润最大化决策和整个经济体的劳动生产率决定。第四,劳动市场和信贷市场是完全竞争的市场,产品市场则属于垄断竞争市场。第五,实际利率由信贷市场和总供求决定。

### (二)新新古典综合的货币政策

新新古典综合在经济政策上注重追求通货膨胀的稳定,其货币政策的目标就是努力使货币量与总供给的趋势波动(即潜在产出)保持一致。新新古典综合派接受新凯恩斯主义的垄断性竞争厂商和价格加成系数的假设(加成系数指产品价格与边际成本之比)。由于厂商具有垄断性,加成系数一般会大于1,而边际成本则与家庭提供的真实劳动供应密切相关。厂商为实现利润最大化就会在加成系数、价格和产量之间的关系上作出决策。

在一些外部因素作用下,厂商的加成系数可能发生改变。利率提高时,家庭会减少当前消费,增加当前劳动供应,就业和产出提高,但对厂商而言,边际成本会降低,加成系数会增加,产品价格就不必提高,最终不会造成通货膨胀。利率降低时,家庭会增加当前消费,减少当前劳动供应,造成实际边际成本增加,厂商加成系数会下降。由于这不能保证利润最大化,垄断厂商就会提高产品价格,造成通货膨胀。只有当前和未来的加成系数与利润最大化时的加成系数保持一致时,才有不发生通货膨胀的可能。而任何当前和未来预期的加成系数与利润最大化的加成系数的偏离都会使通货膨胀发生变动。但当前和未来预期的通货膨胀都接近与厂商利润最大化加成系数相一致时,只要期望的通货膨胀为零,通货膨胀就仍然会持续下去。

实际经济周期理论提出,家庭在一定预算约束下,劳动力的供应和消费以及实际工资存在着某种数量关系(即家庭行为的欧拉方程)。在消费既定的情况下,劳动力供给和实际工资之间存在倒数关系。新新古典综合派正是在这个基础上描绘出了劳动力供给和厂商加成系数之间的倒数关系。厂商加成系数增加,劳动供给会减少,造成失业;厂商加成系数降低,劳动供给会增加,但无法保证厂商的利润最大化。所以,厂商的加成系数和家庭的劳动供给之间都会存在一个稳态的常数。在稳态上,家庭的闲暇行为造成了类似自然失业率的状态,而厂商稳定的加成系数就会使经济保持在潜在产出水平上。从这个意义上说,厂商的价格是可变的,厂商调整价格的目的在于使总需求和生产率对就业的影响达到中性化。可见,新新古典综合仍然坚持着凯恩斯主义的结论,即总需求的波动影响到实际工资变动,并进而影响到就业和产出的波动。

新新古典综合派认为,利率政策的可信度是最为根本的问题。从家庭效用最大化角度讲,中央银行应该采用扩张性货币政策,提高实际工资,降低厂商的加成系数。问题是如果厂商预期到加成偏离了利润最大化时的稳态加成系数,厂商就会提高价格,从而造成通货膨胀的趋势上涨。在中央银行为降低通货膨胀而采取紧缩货币政策时,利率升高,导致需求下降、就业下降和实际工资下降,而厂商的加成增加,这样才能促使厂商放慢通货膨胀。

新新古典综合一方面顾及总需求方面的因素,另一方面又兼顾供应方面的因素,实际上承认存在着潜在产出趋势的波动,这把对潜在产出的认识由静态转为动态。因为对货币政策提出的任务就是强调价格稳定的重要性,即加成保持在利润最大化水平稳态的重要性。那么,就应该执行中性的货币政策,使利率水平能够适应潜在产出的趋势变化,尽力缩小实际产出和潜在产出之间的差距。美国前美联储主席格林斯潘所推行的利率政策,意图就是通过中性利率的实施来保持物价(通货膨胀)的稳定。

总之,新新古典综合的货币政策着重关注的一是家庭对收入和消费的态度,二是生产率的冲击,三是生产率增长趋势的移动。

### (三) 新新古典综合派的理论进展

新新古典综合在理论上的进展除去前面提到的关于总供给和总需求方面的问题外,主要涉及三个方面的问题:修正的菲利普斯曲线、总需求函数以及决定货币政策需求的函数。

新新古典综合派修正过的菲利普斯曲线保留了传统菲利普斯曲线中通货膨胀和对经济实际情况的衡量这两个基本因素。这与传统意义上的菲利普斯曲线侧重关注就业和失业问题有所不同。新新古典综合派认为,在厂商的利润最大化选择上有一个平均加成系数,厂商实际加成系数对平均加成系数的偏离会造成对利润最大化的偏离。

在解释总需求函数时,新新古典综合强调了行为的前瞻性,提出当前收入与期望的未来收入和实际利率之间存在关系。这与传统的单方面强调需求因素形成了对比。在货币政策上更多地借用了泰勒规则,突出了货币政策选择上的规则性和约束性,构造了名义利率与两个缺口之间的关系(一个缺口是产出缺口,另一个缺口是通货膨胀缺口),即实际通货膨胀和政策当局通货膨胀目标设定之间的缺口。这样,货币就被看作具有内生性,与实际经济活动密切相关了。

在解释经济周期方面,新新古典综合把一般认为不可调和的真实经济周期理论和新凯恩斯主义理论放在一个统一框架内进行探索,力图得出新的命题。新新古典综合之所以能够进行这种综合,得益于 20 世纪 80 年代之后经济学各个流派之间在方法论上的接近。比如他们都采用了实证的研究方法,并且都从微观角度进行宏观经济问题的论证。新新古典综合克服了新古典综合把宏观理论和微观理论相隔离的"硬伤",在一定程度上为经济政策发挥作用提供了理论上的依据。

## 五、简 要 评 论

新凯恩斯主义经济学既坚持了原凯恩斯主义的基本理念和基本政策取向,又有不少变化。但总的来说,它注意到了原凯恩斯主义所忽略的若干重要经济因素,比如信息问题;它也分析了原凯恩斯主义所忽略的微观问题,比如价格刚性和工资刚性的具体原因。但是,新凯恩斯主义经济学明显是在 20 世纪 80 年代后的新形势下向新古典经济学靠拢,就像 20 世纪 50—60 年代凯恩斯主义盛行时,新古典经济学家也向凯恩斯主义有所靠拢一样。新凯恩斯主义主要是在分析方法上向新古典经济学靠拢更多,以更多的微观分析来抵制新古典经济学对其缺乏微观基础的批评,特别是新新古典综合理论所强调的均衡观点和分析方法,更是与新古典经济学相一致。但正是这种做法使新凯恩斯主义没有形成一套统一的理论框架,反而趋向了新新古典综合,接受了新古典宏观经济学的框架。这是其明显的缺陷。

## （一）新凯恩斯主义劳动市场理论简评

新凯恩斯主义的劳动市场理论，对工资粘性和失业的原因作了探索性的研究，提出了有微观基础的劳动市场理论。这比起原凯恩斯主义武断认定工资刚性的理论要好一些。西方经济学家认为，新凯恩斯主义较好地解释了西欧国家20世纪80年代高工资和高失业率并存的现象，给宏观经济学研究开辟了新领域。新凯恩斯主义者自己也认为，该理论不仅对宏观经济学有重大意义，而且对微观经济学的劳动市场理论也是一种丰富和发展。

新凯恩斯主义在"名义工资粘性论"中引入了理性预期的概念。它在一定程度上弥补了原凯恩斯主义的不足，但是，也引出了一些新的问题。比如，在"交错调整工资论"方面，西方经济学界就提出了批评，认为交错调整工资和固定合同期限的假设带有很大的任意性，与现实不符。这方面的泰勒模型中代表期望效应的参数难以确定，因为对未来变化的完全信息很难得到。再说，泰勒模型中涉及的跨时替代作用太小，并不能实际产生所需要的影响力。

在"长期劳动合同模型"方面，货币政策是在合同结构不变的范围内起作用的，若货币政策起作用时间很长，以致公众都认识到政策变化对经济的影响，那么，在合同期满后，劳资双方会签订新的与货币政策相适应的合同，这样，合同结构改变了，货币政策也随之失效。不过，费希尔提出的这个理论在逻辑方面不如新凯恩斯主义的"失业滞后论"严谨。费希尔认为，货币对经济的扰动只在短期内存在，就业经过一段时期后还能回到长期均衡状态。这就难以坚持劳动市场经常失灵的观点，不能说明经济中为什么经常存在失业现象。

"名义工资粘性论"的本质，是为了维护原凯恩斯主义的"名义工资刚性论"。该理论在实际上就是一个通过降低工人实际生活水平来扩大就业的办法。而在"实际工资粘性论"方面，美国经济学家比尔斯在实证分析中发现：工资周期和价格周期相反。西方经济学家认为，这是极具启发意义的结果。因此，新凯恩斯主义者将注意力从"名义工资粘性论"转向"实际工资粘性论"，通过"实际工资粘性论"来说明劳动市场失灵。

"隐含合同论"似乎给失业和高工资并存提供了一种解释。西方有些经济学家认为，"隐含合同论"提供了工资粘性的微观基础，推进了新凯恩斯主义的劳动市场理论。但也有人认为，"隐含合同论"没有提出令人满意的、具有凯恩斯特征的失业理论。戈登认为，"隐含合同论"暗含着工人无论处在就业还是失业状态，都同样快乐，这就使该理论"具有了非凯恩斯主义的含义"。该理论也没有说明关心实际收入稳定性而不是名义收入稳定性的工人，为什么不坚持工资合同指数化。如果工资对应着需求的改变而实行指数化，失业就不会减少，而会稳定在某一水平上，那么，工资粘性就不能解释失业和产量的波动。但"隐含合同模型"没有与宏观经济模型很好地结合，模型中没有考虑货币市场与劳动市场的结合；没有说明作为一种观念上的证券的隐含合同，如何与公众信息联系起来以分散市场风险；未能就现实问题提出具体的政策建议，也未考虑经济政策对隐含合同和社会福利的影响。

以"局内人—局外人模型"为基础的"失业滞后论"比"隐含合同论"简明，也可发展为进一步的理论来解释复杂问题。该理论主要是总量的研究，其进一步拓展将可以有更大的解释力。该理论没有提出具体的、可操作的政策建议，但是提出了明确的就业政策原则：政策应该重视失业者的权利，特别是长期失业者的权利。"失业滞后论"认为，实际失业不可能自动地趋于长期均衡失业，而是随机地形成就业均衡，所以，经济中的随机冲击会引起失业，如果听任劳动市场自行其是，失业会维持在较高水平上。因此，就业政策应该通过增加名义货币或其他增加需求的办法刺激就业，使失业率下降。就业政策要奏效，必须注重失业者的权利，特别是长期失业者的权利,给他提供更多的就业机会,并设法增强他们在劳动市场上的力量,帮助长期失业者获得重新就业的机会。

"效率工资论"较好地解释了西方国家高工资和高失业率并存的现象,利用其模型还能进行实证分析,比如,利用模型的方差解释厂商为什么有时会解雇工人,而不是削减工资去适应需求的变化,因而受到了西方经济学家的好评。"效率工资论"与"失业滞后论"之间的区别是,"失业滞后论"强调在职工人的生产力,"效率工资论"则强调厂商在对其雇员的生产率信息不完全时的选择问题。

总之,"实际工资粘性论"的本质意味着,经济危机和失业的原因主要在于工人要保持较高的工资。当然也提到了厂商方面的原因。这显然是不符合资本主义经济受资本家操纵的实际情况的。

### (二) 新凯恩斯主义的信贷市场理论简评

新凯恩斯主义的"信贷配给论"拓展了信贷市场理论的研究领域。传统经济学理论认为,市场的均衡利率是唯一的。凯恩斯指出,由储蓄和投资的均等所决定的均衡利率并不是唯一的均衡利率。但是,凯恩斯的利率观点并不彻底。新凯恩斯主义者从理论上论证了信贷市场均衡的非唯一性,从而把这一问题的研究向前推进了一步。他们从银行利润最大化假定出发,研究了利率的激励效应和逆向选择效应,提出了"信贷配给论"。

新凯恩斯主义者提出,在信贷市场中,利率机制和配给机制都起作用。当信贷市场中需求大于供给时,银行并不通过调整利率来满足贷款需求,而是以配给方法满足市场的部分需求:鼓励那些资信度高,只愿意以低利率借款的投资者借款;限制那些资信度低,愿意以高利率借款的投资者借款。所以,市场上有些借款者愿意支付比银行利率高得多的利率也得不到借款。"信贷配给论"还证明,由于信息的不完全和借款者对经济环境变动的反应的多样性,信贷市场会出现多重均衡利率。

"信贷配给论"还说明,政府干预能提高信贷市场资源配置效率,降低风险,稳定金融。它还指出了政府干预信贷的必要条件是:借款者还款概率不可观察,且借款人之间还款概率极不相同。还款概率差异越大,政府干预市场的效果就越明显。

"信贷配给论"的提出为西方信贷理论开辟了一个新领域。将信贷配给论与产品供给论相结合,被认为可能是新凯恩斯主义有待进一步发展的领域,或许可与凯恩斯主义的有效需求原理相提并论,成为新凯恩斯主义经济学的两大支柱。"信贷配给论"在一定程度上反映了经济中的现实情况,对我们的银行信贷工作也有某种借鉴意义。

### (三) 新凯恩斯主义的价格理论简评

新凯恩斯主义在"名义价格粘性论"方面提出的"菜单成本论"有其新颖独特性,但是却有些幼稚。小的菜单成本引起大的经济周期的说法一提出,就受到了新古典宏观经济学家们的嘲笑,因为菜单成本实在太小,无法解释20世纪30年代大萧条的情况。西方经济学家对"菜单成本论"的批评主要表现在:第一,菜单成本只考虑调整价格的成本,忽视了产量调整的成本。这未免有些片面。第二,菜单成本考虑对称性所得出的基本结论有问题。由于菜单成本不能证明衰退时期的社会成本必然被繁荣时期的社会所得平衡,因此,"菜单成本论"提出的不调整价格的损失对厂商来说是不确定的,对社会来说也是难以成立的。第三,"菜单成本论"不能解释在经济周期中,为什么有些产品的价格弹性大于其他产品。此外,"菜单成本论"依据效用论来确定价格的模型也是错误的。

新凯恩斯主义者认为,引入信息论的价格调整模型是"交错调整价格论"的中心。该模型较好地解释了价格粘性的成因,而且这种说法颇具新意。但是,他们也认为该模型的假设过于简单,没有说明名义价格对应着总需求的变动不能实行价格指数化的原因。另外,仅用信息不完全性来解释厂商要采取交错的方式调整价格,其理由也不充分。"交错调整价格论"的理论基础也是效用论,因而也是缺乏科学性的。

"菜单成本论"和"交错调整价格论"能够正视资本主义社会中价格不断上涨的问题,提出在市场经济条件下价格粘性是常态,失灵的市场机制无力控制价格上涨的趋势,市场是非出清的、无效率的等观点,这部分地反映了资本主义社会的经济现实。

在"实际价格粘性论"方面,"不完全信息和寡头市场论"说明了价格粘性的部分原因,认为是消费者信奉优质高价的信条和市场搜寻成本的存在,造成了实际价格粘性。"市场结构和宏观经济波动论"认为,企业中的不变边际成本导致了实际价格粘性。这也有一定的道理。事实上,"实际价格粘性论"在解释价格粘性时,是倒果为因的。

"协调失灵论"和"不完全竞争市场论"对实际价格粘性的成因进行了比较深入的分析。但"协调失灵论"不能提供一个关于波动的有说服力的说明。"协调失灵论"和"不完全竞争市场论",都以歪曲的形式接触到了市场失灵这一资本主义社会中的难题。尽管它在一定程度上反映了现实,但是其分析是较为形式化和表面化的。

### (四)对新新古典综合理论的评价

新新古典综合通过确定通货膨胀目标的方式,以具有微观基础的跨时最优化家庭和厂商选择分析,在以往的宏观经济理论对福利很少提及的情况下,提出了社会福利的问题。这在微观经济理论和宏观经济理论的统一方面进行了有限的尝试。

新新古典综合试图对互相竞争的各派经济理论进行综合,其理论并没有多少实质性进展。从他们借鉴真实经济周期理论来看,如果真实经济周期的前提条件不存在,就无法确定经济波动的实际驱动力。如果认为真实周期理论基本正确,就很难把握潜在产出波动的本质。所以,只有实践才能证明新新古典综合理论是否具有说服力,它在多大程度上具有合理性。至于它对发展中国家的借鉴意义,可以说,新新古典综合理论也不一定具有多大的适用性。

西方经济理论往往强调其理论的科学性和严密性,也为其所谓理论创新进行包装。但实际情况未必如此。从20世纪70年代以来,西方经济理论在政策倾向上发生了变化。货币政策中原先促进和保持就业的目标,让位于保持价格稳定的目标,将通货膨胀看作应对的重点问题,而对较为突出的失业问题则不甚强调。有关政府的这种偏向,仍然表现出其重视资本的价值和利益而忽视劳动人民利益的倾向。西方国家的政府所主张的经济稳定化、私有化、自由化,其本质就是要保证资本价值的保值增值。而新新古典综合在理论和政策上也同样是在为此而提供理论依据。

## 思考题

1. 新凯恩斯主义经济学派是如何形成的?其主要代表人物有哪些?
2. 新凯恩斯主义经济学派的主要理论观点是什么?

3. 新凯恩斯主义经济学派的主要政策主张如何？
4. 新凯恩斯主义经济学与原凯恩斯主义经济学之间的主要区别是什么？
5. 新凯恩斯主义理论的假设条件和特点是什么？
6. "效率工资论"的微观基础是由哪几个模型来加以说明的？
7. 你如何理解新凯恩斯主义的信贷配给理论对西方金融理论的发展？
8. 新凯恩斯主义信贷配给理论是怎样看待利率对厂商的刺激作用的？
9. 新凯恩斯主义学派的基本政策主张是怎样的？
10. 新凯恩斯主义学派的信贷政策建议是怎样的？
11. 你认为新凯恩斯主义学派与新古典宏观经济学派在经济理论和政策建议方面谁更合理些？请说明你的理由。

 参考文献

1. 王健著：《新凯恩斯主义经济学》，北京，经济科学出版社1997年版。
2. 冯金华著：《新凯恩斯主义经济学》，武汉，武汉大学出版社1997年版。
3. 吴易风、王健著：《凯恩斯学派》，武汉，武汉出版社1996年出版。
4. 胡代光、厉以宁、袁东明著：《凯恩斯主义的发展和演变》，北京，清华大学出版社2004年版。

# 第六章 瑞典学派

## 一、瑞典学派的概况

瑞典学派(The Swedish School)又叫北欧学派或斯德哥尔摩学派。这个学派是现代西方经济学的重要学派之一。19世纪末20世纪初的瑞典著名经济学家大卫·达维逊(David Davison)、卡尔·古斯塔夫·卡塞尔(Karl Gustav Cassel)和克努特·威克赛尔(Knut Wicksell)是这一学派的主要奠基者。20世纪20—30年代,约翰·阿克曼(John Akerman)、埃里克·罗伯特·林达尔(Erik Robert Lindahl)、冈纳·缪尔达尔(Gunnar Myrdal)、埃里克·菲利普·伦德堡(Erik Filip Lundberg)和贝蒂·俄林(Bertil Ohlin)等瑞典经济学家进一步发展了威克赛尔等人的经济理论,正式形成了瑞典学派,引起了西方经济学界的普遍重视。第二次世界大战后,尤其是20世纪60年代以来,以阿瑟·林德贝克(Assar Lindbeck)为代表的瑞典经济学家对瑞典学派经济理论的发展作出了重要贡献。除了瑞典经济学家之外,挪威著名经济学家雷格纳·弗瑞希(Ragnar Frisch)和沃德·奥克鲁斯特(Odd Aukrust)也可以算是该学派的重要代表人物。其中,弗瑞希、缪尔达尔和俄林曾经分别获得了1969年、1974年和1977年的诺贝尔经济学奖。

### (一)第二次世界大战后瑞典学派的主要代表

20世纪20—30年代是瑞典学派的形成时期。在威克赛尔经济理论基础上成长起来的新一代瑞典经济学家缪尔达尔、林达尔、伦德堡、俄林等人,继承、修正和发展了威克赛尔的理论传统,建立起宏观动态经济理论,并得出了以宏观货币政策和财政政策为中心的国家干预经济生活的经济政策结论,形成了现代西方经济学发展过程中独树一帜的瑞典学派。缪尔达尔、林达尔、伦德堡、俄林等人就是萨缪尔森所说的第二代瑞典学派的经济学家。在这一代人手中,瑞典学派正式形成。

冈纳·缪尔达尔(1898—1987)是第二代瑞典学派的重要代表人物。1898年他生于瑞典南部的古斯塔夫,于1923年在斯德哥尔摩大学法学院毕业后,从事律师业务,同时继续读书,于1927年获经济学博士学位,并任斯德哥尔摩大学政治经济学讲师。他曾经留学德国、英国,1929—1930年赴美国从事学术研究,回到欧洲后担任日内瓦国际研究院副教授一年。1933年,他作为古斯塔夫·卡塞尔的继承人,任斯德哥尔摩大学政治经济学和财政学的讲座教授。1933—1938年,他兼任瑞典政府经济顾问和瑞典银行理事;1934年和1942年,作为瑞典社会民主党成员两度当选议员;1945—1947年任瑞典商业部部长;1947—1957年任联合国经济委员会秘书长;1961年重回斯德哥尔摩大学任国际经济学教授,并为该校筹建了国际经济研究所,兼任所长;1962年起又担任斯德哥尔摩国际和平研究所董事长;1974年获得诺贝尔经济学奖。缪尔达尔的学术活动领域广泛。在20世纪20—30年代,缪尔达尔主要从事纯经济理论研究,属于新古典主义的传统。当时他作为瑞典学派的重要成员之一,继承了威克赛尔的传统,在发展一般动态均衡理论方面作出了重要贡献,这主要体现在他于1931年出版的《货币均衡论》这部名著中。后来,从 40 年代起,缪尔达尔主要从事制度经济学的研究,是当代新制度经济学派的代表人物之一。缪尔达尔的主要著作有:《货币均衡论》(1939)、《价格形成问题与变动因素》(1927)、《经济学说史中的政治因素》(1929)、《美国的困境——黑人问题与现代民主》(1944)、《经济理论和不发达地区》(1957)和《亚洲的戏剧:一些国家贫穷的研究》(1968)。

埃里克·罗伯特·林达尔(1891—1960)也是第二代瑞典学派的另一位重要代表人物。林达尔 1919 年获得隆德大学博士学位,从 1932 年起先后在伦德堡大学、隆德大学和乌普萨拉大学任政治经济学教授,并任瑞典财政部顾问、国际经济学家协会主席。林达尔的主要著作有:《货币政策的目的和方法》(1929)、《货币和资本理论的研究》(1939)。

埃里克·菲利普·伦德堡(1907—1987)1937 年获斯德哥尔摩大学哲学博士(经济学)学位,1946—1965 年任斯德哥尔摩大学教授,1973—1976 年任瑞典皇家科学院院长,1975—1980 年任诺贝尔奖金经济委员会主席。伦德堡的主要著作有:《经济发展理论研究》(1937)、《经济周期和经济政策》(1957)等。

作为这一学派形成的标志性著作是:(1)缪尔达尔的《价格形成问题和变动因素》(1927),它主要强调了预期因素在价格形成中的重要作用;(2)缪尔达尔的《货币均衡伦》(1939),它主要把经济变量区分为"事前的"(ex-ante)和"事后的"(ex-post)进行动态分析;(3)林达尔的《货币政策的目的和方法》(1929),主要建立了动态分析中的时间分析;(4)林达尔的《货币和资本理论的研究》(1939),对预期因素进行了分析,并且建立了一般动态理论体系;(5)伦德堡的《经济发展理论研究》(1939),以过程分析和序列分析研究了资本主义经济周期波动和经济增长;(6)缪尔达尔、俄林、哈马舍尔德(Hammarskjld)、阿克曼(Akman)等人代表瑞典政府失业委员会所撰写的《失业委员会最后报告书》(1933—1935),以瑞典学派的理论和观点得出了需要政府干预经济的结论。在瑞典学派正式形成过程中,缪尔达尔和林达尔两人作出了十分突出的贡献。专门研究瑞典学派的经济学家路德格伦(Ludgren)在《现代瑞典经济学》一书中认为,缪尔达尔 1927 年的博士论文《价格构成和变化因素》是瑞典学派形成的标志。

## (二)瑞典学派的主要特点

瑞典学派的主要特点是,在沿袭传统的一般均衡价值理论和分配理论的基础上,首创了分析经济现象的一些新概念,并运用了宏观总量的分析方法和动态分析方法,建立起了一个动态经济理论体系。此外,瑞典学派关于国家调节经济生活的政策主张和关于"自由社会民主主义"的经济制度理论,在西方经济学界也有重大的影响。

具体说来,瑞典学派是对当时的新古典经济学的一种革新,其主要的贡献和理论方法特点表现在:(1)最先在实际上批评了以"萨伊定律"为代表的传统新古典经济学理论和方法,摒弃了"二分法",首创了将货币与实际经济问题结合在一起的货币经济理论。(2)倡导动态经济学,反对静态经济学,提出了货币均衡论。(3)引入了一系列经济分析的新方法、新概念、新工具,将经济动态分析推向了一个新阶段。(4)强调预期在经济中的决定性作用。(5)注重从经济理论的研究和分析中引出政策建议,指导实际经济工作和政府政策的制定。(6)注重对于国际经济理论和经济制度理论的研究,提出了独特的国际贸易理论与小国开放型的通货膨胀理论。

瑞典经济学派的理论对于西方经济学理论的发展具有重要的历史性作用和意义。瑞典经济学派的理论和政策主张对于凯恩斯的经济理论和政策主张的形成,有着直接的、重要的影响。在第二次世界大战以后,瑞典学派的经济理论和政策主张,与凯恩斯主义一样,也得到了许多西方国家的政府和经济学界的重视,产生了重要的作用。

### (三) 学派的理论渊源

萨缪尔森曾将瑞典学派的经济学家划分为三代:在第一代的三位瑞典学派的创始人中,威克赛尔被认为是一位最重要和最有影响的经济学家,瑞典学派的主要理论渊源是威克赛尔的经济学说。缪尔达尔曾经说过:"在瑞典,我们是在克努特·威克赛尔的传统中成长的,凯恩斯的著作是作为沿着熟悉的思想方法的有趣而重要的贡献被阅读,而不是作为革命的突破被阅读……威克赛尔理论的存在使我们有可能稍先于我们的英美同僚们推出新的理论和制定政策的指导方针。"①著名的美籍奥地利经济学家约瑟夫·熊彼特曾经在其名著《经济分析史》中说过:"没有掌握威克赛尔的《国民经济学讲义》第一卷的全部理论的人,不能说已经完成了经济学学生应受的训练。"

威克赛尔(1851—1926)是一位在近代西方经济学发展史上占有重要地位的经济学家。威克赛尔1851年生于斯德哥尔摩,17岁时进入乌普萨拉大学学习,1876年获得数学硕士学位。1880年,因为他发表的一篇关于分析饮酒的原因的演说被人说是缺乏经济学的知识而发愤转学经济学,并于1895年获得经济学博士学位。他曾经到过英国、奥地利、德国、法国等多个国家留学,深受李嘉图、庞巴维克和瓦尔拉斯等人的影响。回国后长期在隆德大学任教。威克赛尔的主要经济学著作有:《价值、资本和地租》(1893)、《利息与价格》(1898)和《国民经济学讲义》(上、下卷)(1901—1906)。

威克赛尔的经济学理论可以分为价值生产和分配理论与利息理论两大部分,前一部分理论的特点是高度娴熟和精炼的综合,后一部分理论以独辟蹊径的"创新"而见长。西方经济学界认为,威克赛尔在货币利息理论上的独创性贡献是从自由放任向国家干预主义过渡时期的现代西方经济学发展史上具有划时代的意义。熊彼特在《经济分析史》一书中将威克赛尔与瓦尔拉斯和马歇尔并列称为1870—1914年期间在经济学纯理论上作出最大贡献的经济学家。威克赛尔生前已对斯堪的纳维亚、中欧等国的经济学发展产生了重大影响,瑞典和挪威等国的现代著名经济学家几乎都出于他的门下。

威克赛尔经济学说的核心内容是所谓"累积过程理论",它主要包含在威克赛尔的《利息与价格》一书中。这一理论包括了威克赛尔的货币利息理论和经济周期理论,反映了他对经济理论最重要的贡献。这些内容为瑞典学派奠定了重要的理论基础。

在1898年威克赛尔的《利息与价格》问世之前,西方经济学理论中占主导地位的新古典经济学理论体系中,价值理论与货币理论是彼此分离、相互之间没有逻辑顺应关系的两个独立部分,即所谓的"二分法"。在新古典经济学体系中,价值理论是一种相对价格理论,是以边际效用理论为基础的;而货币理论是讨论一般物价水平变动的理论,是以货币数量理论为基础的,与相对价格的形成和变化没有任何直接关系。此外,古典和新古典的这些理论都是静态均衡的分析,威克赛尔的分析则开始打破这种静态的和"二分法"的观点。缪尔达尔曾经针对经济学史上的这种情况指出:"所有关于正统派经济理论有系统的论文,都有一个共同的特

---

① 〔瑞典〕缪尔达尔:《经济学发展中的危机和循环》,载《现代国外经济学论文选》(第一辑),北京,商务印书馆1979年版,第481—482页。

点,就是认为货币理论和价格的中心理论之间,没有内部联系和完整的结合。"①后来,凯恩斯也对此提出批评说:"我以为把经济学分为两部分,一部分是价值与分配论,另一部分是货币论,实在是错误的。"②

威克赛尔是一位较早地认识到"二分法"缺陷的经济学家。在《利息与价格》一书中,威克赛尔在下述基本假定、理论前提和理论概念的基础上展开了"累积过程理论"的分析。

(1) 他所考察的社会经济处于充分就业的均衡状态,土地、劳动和资本等一切生产资源的数量均为固定的,并且已被全部加以利用,不存在任何闲置的生产资源。这样,威克赛尔就以一个静态均衡经济作为分析的起点。

(2) 19世纪中叶后,欧美各主要资本主义国家的银行信用制度已相当发达,银行在社会经济中的作用日益加强,信用规模的变动对交易量和价格水平有着重大的影响。因此,威克赛尔假定所考察的经济是一个有组织的纯粹的信用经济,即全部支付都利用划汇和账面转移来进行。

(3) 威克赛尔将总供给和总需求都相应地划分为消费品的供求和投资品的供求,从而能够考察货币数量在影响一般物价水平的变化过程中,对生产结构、资源配置、收入支出、储蓄和投资有何种影响,即把相对价格变动与一般物价水平结合起来加以考察。

(4) 在威克赛尔的分析中一个非常重要的概念是"自然利率"。自然利率是与货币利率相对应的一个概念,它是指:"如果不使用货币,一切借贷以实物资本形态进行,在这种情况下的供求关系所决定的利率……称为资本自然利率。"③由此可见,自然利率实际上是物质资本的收益率,或相当于庞巴维克所说的迂回生产过程中的物质边际生产力。与此相对应的货币利率是指银行借贷活动中用货币支付的利率,它是由资本市场上借贷双方的供求关系决定的。威克赛尔认为,经济活动与价值水平的波动都与自然利率和货币利率的相互偏离有关。

(5) 威克赛尔所考察的是一个抽象掉对外贸易的封闭经济体系,它假定,在这一封闭经济中各生产单位完全从银行借入资本从事经营活动;促使企业增加投资、扩大生产的刺激因素是利润动机;各生产单位的生产时期是无差异的。这些假定都是为抽象理论分析所必需的,放弃这些假定并不会改变整个分析的主要结论。

按照威克赛尔的假定,分析的起点是一个静态均衡经济,投资与储蓄相等,经济资源充裕,就业、物价水平稳定。如果这时由于某种原因银行新增了一笔资金,增强了向企业发放新贷款的能力,由于处于静态均衡经济中,自然利率和货币利率是一致的,企业没有增加贷款、扩大生产和投资的要求,银行只有采取降低货币利率的方法,才能吸引企业增加贷款,扩大投资和生产。

货币利率一旦由银行降低,立刻从两个方面影响到社会总需求:从企业的角度看,由于现在货币利率低于自然利率,两者的差额作为超额利润,刺激了企业增加投资和扩大生产的愿望,但是,在充分就业条件下,由银行增发给企业的新贷款所引起的对生产要素(各种资源)的需求就超过了生产要素的可供数量,生产要素的价格必定趋于上涨。从消费者角度看,货币利率的降低,使作为利率函数的居民储蓄减少,消费开支增加,但由于消费品市场在充分就业条件下无法扩大,消费品价格也就上涨了。猛一看,银行利率的降低,货币数量的增加,总需

---

① 〔瑞典〕缪尔达尔:《货币均衡论》,钟淦恩译,北京,商务印书馆1982年版,第15页。
② 〔英〕凯恩斯:《就业、利息和货币通论》,高鸿业译,北京,商务印书馆1981年版,第249页。
③ 〔瑞典〕威克赛尔:《利息与价格》,蔡受百、程伯拕译,北京,商务印书馆1959年版,第83页。

求的过度膨胀,一般物价的上涨,这个以利率变化为起因的经济变动过程,似乎由于一般物价水平的上涨吸收了增发的货币量而走到了终点,其实不然。威克赛尔明确地指出:"有些人以为,利率的一次单独的但是持久的变动,其影响只能限于眼前的冲击。事实是经仔细考虑后,情况往往会显得完全不同。可以假定,低利率的维持,如其他情况无变化,其影响不但是恒久的,而且是累积的。"①

银行通过降低货币利率增加的贷款,首先是流入企业,企业利用贷款扩大投资,引起生产要素价格上涨,由于不存在闲置资源,生产要素价格的变化必然会造成一部分生产要素从原有生产部门转移到有能力支付高价的生产部门。由于货币利率下降,资本的预期收益按市场利率计算的贴现值提高了,资本品生产部门对生产要素的需求更为强烈,如果这时生产要素是从消费品生产部门转移到资本品生产部门,就会导致消费品生产部门的萎缩。但是,同时由于生产要素价格上涨,居民收入增加了(如工资、地租等),在货币利率保持低水平时,消费开支会进一步增加,但由于消费品产量非但没有增加反而减少了,消费品价格将进一步上涨。消费品价格上涨后,企业为增产又会增加对资本品的需求,这又促使资本品价格更进一步上涨……因此,通过货币利率降低,造成信用膨胀,推动投资增加,引起生产要素价格上涨,再造成货币收入增加,然后推动消费品价格上涨,再推动投资进一步增加,再引起资本品价格上涨……这种循环会形成一个经济扩张的累积过程。在这个累积过程的发展中,社会生产并不会有实际的扩大,但是,原有的社会生产结构(资本品与消费品的生产比例)不断遭受破坏,相对价格体系不断变化,一般物价水平持续高涨,一切处于不稳定状态中的因素都在相互影响,加剧了整个累积过程的发展,使社会经济处于严重的失衡状态。这时,只有银行采取提高货币利率使之与自然利率相等的方法,才能制止这一累积过程的发展。同样,由于技术进步等原因引起的自然利率高于货币利率,也可能发生这种累积过程。此外,与向上扩张的累积过程相反,假定货币利率高于自然利率,则会发生向下萎缩的累积过程——经济危机和萧条。

总之,根据威克赛尔的看法,任何货币利率与自然利率的偏离,都会造成累积形式的经济失衡。这时,货币数量不只是影响一般物价水平,还会影响收入、储蓄、投资、消费、各种商品的相对价格及社会生产结构。当货币利率等于自然利率时,投资等于储蓄,物价水平稳定不变,经济体系处于均衡状态。这时,各种商品的相对价格和产量都是由实际生产领域决定的,货币只作为流通手段和计价单位,不影响除一般物价水平外的其他经济变量,即货币是"中性的"。因此,根据威克赛尔的看法,经济达到均衡状态必须具备以下三个条件:(1)货币利率等于自然利率;(2)储蓄等于投资;(3)物价水平稳定不变。如果经济达不到这些条件,就很难说是均衡的,其变化过程也就变成了动态的。威克赛尔关于"累积过程"的分析在本质上就正是一种动态的分析,而且是把货币和实际经济结合在一起的分析(即摒弃了"二分法"的分析)。

威克赛尔的累积过程理论纠正了19世纪以来资产阶级经济学中的"二分法",第一次把价值理论与货币理论以及实际解决问题结合在一起。哈耶克对此说道:"只是由于这位伟大的瑞典经济学家,才使得直到这一世纪末叶仍然隔离的两股思潮,终于确定地融二为一。"② 威克赛尔也第一次把传统的静态均衡分析方法运用于经济动态过程,最先进行了建立现代宏观均衡体系的尝试。威克赛尔的累积过程理论实际上已经公开地对"萨伊定律"及资本主

---

① 〔瑞典〕威克赛尔:《利息与价格》,蔡受百、程伯拗译,北京,商务印书馆1959年版,第76—77页。
② 〔英〕哈耶克:《物价与生产》,滕维藻等译,北京,商务印书馆1959年版,第26页。

社会的市场机制能自动调节经济达到充分就业均衡的观点提出了质疑,这对于瑞典学派的形成,对于现代资产阶级经济学的货币理论和危机理论以及凯恩斯的经济理论,都产生了巨大的影响。

## 二、 瑞典学派的宏观动态经济理论

### (一) 缪尔达尔的宏观动态理论

缪尔达尔在其早期代表作《货币均衡论》(1931)一书中,对威克赛尔的理论作了进一步的修改、补充和发展。缪尔达尔认为,威克赛尔的纯技术意义(物质性)的自然利率概念,"从自然利率的决定中,把全部货币问题排除出去了"[①],因此,这一概念在货币经济中是自相矛盾和无法确定的。他认为,自然利率实际上是实际资本的收益率或预期利润率,它显然取决于生产要素和产品的价格,因此,"货币利率也必须包含在用来确定自然利率的公式之中"[②]。

在缪尔达尔看来,威克赛尔在自然利率决定中排斥货币因素,也就是排斥了经济生活中的不确定性和人面对经济状况的预期因素,这对经济理论的完善和发展是不利的。考虑到现实经济生活以及理论本身的运用价值,缪尔达尔采用了一个用货币单位计算的、表述在价格关系中的新概念——"实际资本的收益率"。实际资本的收益率本是在现实经济生活中企业家可能获得的收益率。由于现实经济生活并不永远处于静态均衡中,在时间变动的过程中,收益率也必然受到商品相对价格变动和货币价值变动的影响,而且这些变化具有极大的不确定性。因而,"对任何收益的计算,虽然必须联系到计算时的时间和核算收益率的时期。可以有两种不同的计算方法:收益率可以看作是事后的或事前的……根据第一种计算方法,收益率是按照一个时期中已实现的收入和成本来计算的。根据第二种方法,收益率是根据在起点时只是作为资本化预期而存在的收入和成本来计算的。第一种计算方法是一种'簿记',它记录那些已经完结时期内实际发生的东西;第二种计算方法是以估计未来时期内会发生的情况为根据的商业计算……第二种计算方法是以预期贴现为基础的,即是一个企业的预期利润率,对企业家的计划起决定作用的自然是这个预期利润率,而不是过去一个时期已经实现的利润率。"[③]

这样,缪尔达尔开始将"事前的"和"事后的"这两个分析工具引入经济理论中,并在分析资本主义经济动态过程时,把收入、成本、储蓄、投资等经济变量区分为"事前的"和"事后的"两种类型,开始形成瑞典学派完整系统的宏观动态均衡理论的方法论。

在理论分析中,缪尔达尔用来代替自然利率的是事先的计划投资收益率,它是计划投资收益对生产该收益的成本之比,货币利率等于净收益与资本价值之比。根据缪尔达尔的看法,在实际经济生活中,货币利率的构成十分复杂,计划投资收益率也因预期和风险估计等因素而难以测定,为避免实际应用的困难,货币均衡的条件又可近似地表述为"现有实际资本的资本价值与它的再生产成本二者均等的条件"[④]。

缪尔达尔还从威克赛尔的理论中引申出"利润限界"概念。他认为,在静态经济下,利润

---

① 〔瑞典〕缪尔达尔:《货币均衡论》,钟淦恩译,北京,商务印书馆1982年版,第48页。
② 同上书,第49页。
③ 同上书,第50页。
④ 同上书,第63页。

限界为零的条件是可以成立的。可是威克赛尔累积过程理论的目的在于研究经济失衡的动态过程,在动态下,零的利润限界不能是货币均衡的标准,而代替这个标准的是刺激投资使其足够实现实际均衡所要求的利润限界。①资本市场的均衡意味着投资总额正好与可供处理与可利用的资本总额相等。因此,和货币均衡相适应的利润限界,乃是各种不同公司的利润限界的复合体,它正好刺激能够由可供利用处理的资本来照管的总投资额。②

缪尔达尔考察了因利率、预期和储蓄的变动而引起的货币失衡和经济失衡,其中利率变动的影响是威克赛尔分析的典型情况,而预期和储蓄变动的影响是缪尔达尔对威克赛尔理论的补充和发展。如果企业家对未来利润率有更乐观的预期,将会提高利率限界,刺激投资,这时假如可供处理的自由资本没有增加,投资的增加将由信用创造的购买力来满足,经济将会处于失衡状态。

缪尔达尔重点分析了储蓄变动对经济的影响。当储蓄总额增加时,它使得自由资本数量增加,但由于货币利率未改变,实际投资没有因受到刺激而增加,这种情况下,过多的储蓄将会打破经济均衡,一种向下的威克赛尔累积过程将会发生。原因在于储蓄的增加意味着对消费品需求的减少,使消费品价格下降,消费品价格下降自然会通过影响企业家的预期而倾向于降低资本价值,随之而来的是利润限界向负方向移动(即降低),导致实际投资的下降。尤其是经济萧条时期,"增加储蓄都必然会发生加深经济萧条的趋势"③。在这种情况下,如果银行体系放松信贷条件,降低货币利率,一方面会提高资本价值和利润限界,诱使实际投资增加;另一方面会压缩储蓄使其减少到一定水平,使 $R^2$ 与 $W$ 恢复均衡水平。

### (二) 林达尔的宏观动态理论

与缪尔达尔同一时期,林达尔发表了一系列论文,进一步补充和发展了威克赛尔的累积过程理论,这些论文后来大都收入了林达尔的《货币和资本理论的研究》一书中。林达尔对瑞典学派形成时的理论贡献主要表现在以下几方面:

(1) 在瑞典学派的动态经济理论中,提出了消费资料价格的基本方程式。假定 $E$ 代表国民收入,$s$ 代表储蓄占国民收入的比率,$Q$ 代表消费资料,$P$ 表示消费资料的价格。这些经济变量之间有如下关系:

$$E(1-s) = PQ \quad 或 \quad P = \frac{E(1-s)}{Q} \tag{6.1}$$

根据林达尔的分析,社会在一定时期的国民收入,取决于货币政策、利率的变化、生产资源的数量及个人对将来生产力和物价水平的预期与风险估计等。一定时期的消费品产量是由该时期生产量和存货的大小决定的,短期利率的升降使存货因储存成本的变动而增减,造成消费品销售量的增减;长期理论的变动,造成生产资料和消费品相对价格的变动,引起生产的调整和消费品产量的变动。利率下降,会使消费品产量减少,引起消费品价格的迅速上升。

林达尔对价格变动的因果关系与威克赛尔的分析基本一致。价格变动过程可以从两个方面加以考察:一种变动过程是生产力和预期等因素直接影响方程式 $P = E(1-S)/Q$ 左边的 $P$,使得方程右边的各个经济变量都作相应的变动,这时,银行信用机构只是推行消极的货币

---

① 〔瑞典〕缪尔达尔:《货币均衡论》,钟淦恩译,北京,商务印书馆1982年版,第63页。
② 同上书,第73页。
③ 同上书,第95页。

政策,将利率调整到与预期的物价相适应的水平;另一种变动是货币政策、利率、生产力和主观预期等因素先影响方程式右边的各个经济变量,通过它们的变化引起左边价格 $P$ 的相应变动,这时,货币政策是物价变动的主要原因。在这一分析中,林达尔提出利率对不同人的储蓄有不同程度的影响,但一般都是正方向的直接影响:当利率上升时,储蓄增加;当利率下降时,储蓄减少。在后一种情况下,由于储蓄比例 $s$ 下降,将引起方程式分子的增加,导致价格上升。此外,储蓄还受国民收入数额和国民收入结构的影响,在这里,林达尔实际上已经涉及不同的社会集团具有不同储蓄倾向的观点。

(2) 威克赛尔的累积过程理论是以充分就业均衡为前提的,林达尔在分析中抛弃了与20世纪30年代资本主义经济大萧条的经验事实相违背的这一理论前提,它考察了社会经济生活中存在失业和闲置资源时,货币利率和货币流量变动对生产和物价水平的影响。

一般来说,当存在闲置资源并且这些资源在各生产部门间具有流动性的情况下,货币利率的降低及信用规模的扩大,会引起社会生产的实际扩张。新增加的货币数量引起的需求扩张,一方面使物价缓和地上升,另一方面使闲置的资源得以利用,生产和收入都有实际的增长,这一扩张过程将一直持续到充分就业达到为止。在此以后,货币数量的增加和需求的扩张,不会使社会生产有任何实际扩张,只会产生物价高涨和经济失衡的累积过程。如果闲置资源在各生产部门不具有流动性,这时如银行信用扩张能够刺激存在闲置资源的部门扩大生产,社会生产也会有实际扩张;反之,存在闲置资源的部门没有扩大生产的动力,银行信用扩张刺激的是不存在闲置资源的生产部门,也将会导致向上的威克赛尔累积过程发生。[①] 林达尔这一分析与凯恩斯《通论》中非充分就业均衡条件下刺激影响需求、提高国民收入和就业水平的分析有不谋而合之处,但林达尔的分析比凯恩斯要早七八年,它对瑞典学派以及以后经济理论的发展都有重要影响。

(3) 在瑞典学派的分析方法上,林达尔也作出了很大的贡献。他认为,传统均衡方法考察的是围绕着某一均衡点的变动,这种分析方法显然不符合一般的经济情况。他强调,讨论变动问题应当注意分析过程,分析一定时期内而不是某一时点上的变动。他举例说,在研究价格形成时,"我们的方法如下:一个动态过程分为若干短的时期,即若干日。一切关于业务计划和消费计划的决定、价格的修订,都是在这些时期的转折点发生"。"在这些时期中,买卖进行着:一方面卖方开价,一方面买方接受卖方所开的价格。此外,生产和消费过程,也或多或少地继续进行着。"[②]林达尔借助事前的计划数值和事后的已实现的数值这两个概念工具,建立起动态序列模型,进行期间分析(也叫序列分析或过程分析),从而发展了瑞典学派的动态均衡分析理论。另一位瑞典学派的经济学家伦德堡,在《经济扩展理论研究》一书中,则试图采用时间序列分析来考察资本主义经济危机和周期问题。伦德堡将资本主义经济扩张过程分为:(1) 投资增加,从而消费品生产的扩展过程;(2) 流动资本增加时的扩展过程;(3) 固定资本增加时的扩展过程,从而考察利率变动对经济变动的影响和经济合理化所引起的经济变动。

---

[①] 参见〔瑞典〕林达尔:《货币和资本理论的研究》,陈福生、陈振骅译,北京,商务印书馆1982年版,第135—138页。

[②] 同上书,第38页。

## 三、国际分工与国际贸易学说

### (一) 赫克歇尔与俄林理论的基础

瑞典学派的国际分工与国际贸易理论主要是由赫克歇尔和俄林在英国古典经济学家李嘉图的"比较成本学说"的基础上建立和发展起来的。

伯尔蒂尔·俄林(1899—1979)是第二代瑞典学派的重要代表人物。俄林1919年毕业于斯德哥尔摩大学,1922年获该校经济学硕士学位,1924年获得博士学位。1925—1930年任丹麦哥本哈根大学经济学教授,1930—1965年任斯德哥尔摩大学经济学教授。1934—1939年任瑞典自由青年联盟主席,1944—1967年任瑞典自由党领袖,1938—1970年任瑞典国会议员,1944—1945年担任瑞典商务大臣,1977年获诺贝尔经济学奖。俄林的主要著作有:《区际贸易和国际贸易》(1933)、《就业稳定》(1949)等。

李嘉图在阐述比较成本学说时,运用了"两个国家—两种商品"的简单国际贸易模型。假定英国和葡萄牙两个国家只生产两种进入国际贸易的商品:布和酒。当劳动和资本在国际上不能自由流动,生产成本(劳动耗费量)和技术条件既定时,英国生产一定数量的布要耗费100小时劳动量,葡萄牙生产同样数量的布只需耗费90小时劳动量;英国生产一定数量的酒需耗费120小时劳动量,葡萄牙生产同样数量的酒只需耗费80小时劳动量。在布和酒的生产上,英国的单位产品生产成本显然都高于葡萄牙,但是,在布的成本上,英国的成本是葡萄牙的1.1倍,在酒的成本上,英国的生产成本是葡萄牙的1.5倍。于是,英国在布的生产成本方面的劣势比在酒的生产成本方面的劣势要小一些,换句话说,英国的比较成本优势在布的方面,因为在英国国内,布和酒的生产成本比例是100∶120,即少生产1单位酒的节余劳动,可以用来生产出1.2单位布。葡萄牙虽然两种商品成本都低于英国,但在布的生产中葡萄牙的生产成本为英国的90%,在酒的生产中,葡萄牙的生产成本仅为英国的67%,葡萄牙的比较成本优势在酒的生产方面。在葡萄牙国内,布和酒的生产成本比例是90∶80,即少生产1单位布的节余劳动可以用来生产1.125单位的酒。

如果英国和葡萄牙实行国际分工,只生产自己具有比较成本优势的商品,英国生产布,葡萄牙生产酒,然后进行国际贸易,这样对双方都有利。在实行按照比较成本优势的国际分工前,英国国内市场上需要以1.2单位布交换1单位酒,葡萄牙国内市场要用1单位布换8/9单位酒。实行国际分工后,如按1∶1的比例交换(这一比例在1∶1.2和1∶8/9之间,如果比例定在1∶1.2或1∶8/9,那样的国际分工和国际贸易就只能对葡萄牙或英国一方有利),英国现在用100小时劳动生产的布可交换到需要本国120小时劳动生产的酒。而葡萄牙则用80小时劳动生产的酒交换到需耗费本国90小时劳动生产的布。国际分工和国际贸易使双方都节约了劳动,得到利益。

### (二) 赫克歇尔-俄林定理

李嘉图的比较成本学说在西方经济学界占支配地位达一个世纪之久。到了20世纪20—30年代,它受到了瑞典经济学家赫克歇尔和俄林的挑战。他们反对李嘉图的劳动时间决定商品价值的学说,用在相互依赖的生产结构中的多种生产要素的理论来解释国际分工和国际贸易,提出了"生产要素比例—生产要素密度原理",即著名的"赫克歇尔-俄林定理"。

1919年时,赫克歇尔在《对外贸易对国民收入的影响》一文中,提出了上述定理的一些基本思想和概念(如区域和次区域)。1933年,赫克歇尔的学生俄林以英文出版了《区际贸易和国际贸易》一书(该书被列为"哈佛经济研究丛书"),在赫克歇尔理论的基础上作了进一步的发挥,全面阐述了自己的国际贸易理论。

俄林认为,两个区域在孤立状态时所存在着的相对价格的差异,是建立贸易关系的必要条件,而相对价格的差异是由不同区域的生产要素"禀赋"(或相对稀缺性)的差异决定的。按照俄林的看法,李嘉图的比较成本学说有两方面的缺陷:一是由劳动量决定生产成本,不考虑其他生产要素(如土地和资本)的作用及这些生产要素的价格(如地租和利息)对商品生产成本的影响;二是只强调供给方面的因素,忽视了需求变化的重要影响。俄林继承了瓦尔拉斯的一般均衡理论,认为商品和生产要素的价格都是由市场供求关系决定的,而且是相互依存、相互影响的。具体地说,价格是由供求的四项基本因素决定的:(1)消费者的欲望;(2)生产要素的所有权的情况(它通过影响收入从而影响需求);(3)生产要素的供给;(4)生产的物质条件。由于生产的物质条件即生产要素的物质特性在各地都是一样的(例如,各国种植小麦均需土地,劣等地的农产品产量较低),因此,第(4)项因素可以置而不论。第(1)项因素和第(2)项因素构成有效需求,它与第(3)项因素所形成的对比关系称为生产要素的"相对稀缺性"。这种相对稀缺性决定了各国生产要素的相对价格差异,从而也就决定了各国商品相对价格的差异。因为不同的商品是由不同的生产要素组合生产出来的,为满足一定需求量所生产的商品的成本比例反映了它的生产要素的价格比例关系。但是,如果各国间生产要素供给的差异恰好为需求差异所抵消,即各国对商品的需求与生产这些商品必需的生产要素供给的对比关系是相同的,那么,各国生产要素的相对稀缺性的差异就消失了。但是,这种情况是不可能出现的。例如,在地广人稀的国家,如澳大利亚,居民对小麦的需求(从而对土地这一生产要素的需求)绝不会大到这种程度,以致地租上升与地狭人稠的国家(如英国)的地租水平同样高。在相对稀缺性的差异分析中,俄林特别强调第(3)项因素,即各国生产要素禀赋的差别。他说:"显然,生产要素配置的差异是产生区际分工和贸易的原因,恰如个人生产技能的差异是个人之间生产不同产品的原因。"①

根据俄林的国际分工和国际贸易理论,各国生产要素的相对稀缺性的差异决定了商品价格的差异,导致了国际分工和国际贸易的产生。而国际贸易的结果,又会缓和各地生产要素禀赋的不均衡,并且使生产要素的价格趋向均等化,从而给各国都带来利益。例如,澳大利亚地广人稀,资本短缺,英国地狭人稠,资本充裕,所以,前者的地租低于后者而利息高于后者。按照生产要素的不同禀赋实行国际分工,澳大利亚生产和出口小麦,英国生产和出口制成品。由于小麦生产需较多的土地,澳大利亚的地租上升,而英国进口小麦,对土地的需求减少,则地租下降,即两国的土地相对稀缺性的差异减少,生产要素的价格和商品的价格都趋于均等化。这种均等化可以给双方都带来利益。

(1)价格均等化的趋势可以改善两国生产要素的结合比例,提高劳动生产率,增加国民生产总值。例如,在澳大利亚,原先由于资本短缺,农业大都是粗放经营,占地多而投资少,土地的生产力并未充分利用。由于价格均等化的趋势,澳大利亚的利息下降,可以在土地上投入较多的资本,土地和资本的结合比例更为合理,提高了土地的生产力和单位面积产量。

---

① 〔瑞典〕俄林:《区际贸易与国际贸易》,第17页。转引自《荣获诺贝尔奖经济学家》,成都,四川人民出版社1985年版,第288页。

(2)价格的均等化趋势使得国内交换比例比贸易前更为有利,居民可以得到较多的商品。如在贸易前的英国,地租高使得小麦的生产成本较高,换取一定数量的小麦需要较多的制成品,现在与澳大利亚进行贸易,英国向澳大利亚出口制成品、进口小麦,结果国内的小麦价格下降,制成品和小麦的均衡比例发生变化,换取一定数量的小麦只需要较少的制成品。

根据上述分析,赫克歇尔-俄林定理可以简单表述为:一国应当出口运用本国丰富的生产要素所生产的商品,而进口生产中需运用本国短缺的生产要素所生产的商品,这种国际分工和国际贸易将造成各国生产要素均等化的倾向,使各国都得到更大的经济利益。

### (三)赫克歇尔-俄林定理的扩展

1948年,美国经济学家萨缪尔森在内容和形式上又进一步补充和发展了这一理论。所以,人们又称这一理论为"赫克歇尔-俄林-萨缪尔森定理"(或者"赫-俄-萨定理")。该理论把比较优势和国际贸易问题仅仅归结为生产要素领域的问题,用比较生产要素的成本来定义生产成本,用生产要素的禀赋来说明比较优势,用生产要素的相对稀缺性来说明国际贸易的原因,用生产要素的价格来解释国际市场的商品价格,用生产要素价格均等化来说明国际贸易的利益及分配,因此,它实际上是一种建立在"生产三要素论"和"供求价格论"基础上的比较生产要素优势论。

### (四)缪尔达尔的质疑

尽管,赫-俄-萨定理对西方国际经济学理论产生了重大影响,并为许多经济学家奉为金科玉律,但是,瑞典学派的主要代表人物之一缪尔达尔并不同意这一理论。从现实情况来看,在对外贸易问题上发展中国家向来是处于不利地位的,缪尔达尔认为,赫克歇尔和俄林的国际贸易会促进各国生产和增进各国利益的观点是不符合事实的。这种观点是建立在利益和谐、自然贸易这类在现实经济生活中并不存在的假定条件之上的。事实上,随着国际贸易的发展,发达国家和不发达国家的差距非但没有缩小,反而在加大。缪尔达尔用"扩展效果"和"回荡效果"来说明国际贸易会导致国家间的不平衡。

"扩展效果"和"回荡效果"最初是在缪尔达尔的《经济理论和不发达地区》一书中提出的,用来说明一国内各地区发展的不平衡问题。一国内的"扩展效果"是指某一地区兴办新兴工业后,逐渐形成一个经济中心,带动了周围地区的发展,导致新的经济中心的形成。一国内的"回荡效果"是指某一地区的发展,由于种种原因非但没促进其他地区的发展,反而引起了其他地区的衰落。缪尔达尔也运用这两个概念分析了国际贸易活动中各国经济发展不平衡加剧的问题。他认为,国际贸易对发展中国家产生的"回荡效果"十分强烈,而"扩展效果"却很微弱。所以,缪尔达尔说,国际贸易并不是在任何情况下都对贸易国各方有利的,只有在贸易双方的工业化水平差不多的情况下,国际贸易才是互利的。为此,他主张发展中国家必须实行贸易管制和贸易保护政策。

## 四、购买力平价理论

瑞典学派在国际金融理论方面也作出了它独特的贡献。这主要体现在卡塞尔的购买力平价理论和威克赛尔与俄林等人的国际金融理论的论述中。我们在这里主要介绍一下卡塞尔的购买力平价理论。

### (一)卡塞尔与购买力平价理论

古斯塔夫·卡塞尔(1866—1945)也是瑞典学派的奠基人之一。卡塞尔出生于斯德哥尔摩,早年就读于乌普萨拉大学,1895 年获斯德哥尔摩大学数学博士学位,后来改学经济学并赴德国留学,回国后,1904 年起任斯德哥尔摩大学经济学教授,1933 年退休。1922 年,他曾应聘担任原苏联创办的国家银行顾问。1929—1932 年任国际联盟金融委员会成员。卡塞尔的主要著作有:《社会经济理论》(1918)、《世界货币问题》(1921)和《1914 年以后的货币和外汇》(1922)。

卡塞尔在《1914 年以后的货币和外汇》中提出了购买力平价理论。该理论主要是说明,在浮动汇率条件下,两国货币间的汇率应当按照两国货币购买力相等的原则来确定。

早在 16—17 世纪,西班牙的萨拉曼卡学派(Salamanca School)及其他一些学者就曾经涉及这方面的思想。18 世纪瑞典的学者、19 世纪初英国的古典经济学家也曾提出过这种思想。但是,从来没有人系统地、独立地研究过这个问题。卡塞尔的贡献恰恰在于他系统地、独立地研究了这个问题,并创立了相应的理论。

卡塞尔是斯德哥尔摩大学的教授。他在 1920 年之后曾多次受到国际联盟金融委员会的邀请,参加关于世界货币问题的讨论。当时正值第一次世界大战结束后,面临战争赔款、国际支付和通货膨胀问题急需解决,而且金本位已经崩溃,浮动汇率制正在兴起。卡塞尔就在其一般理论基础上,适应这种需要提出了他的购买力平价理论。卡塞尔的购买力平价理论分两种形式:购买力绝对平价理论和购买力相对平价理论。

### (二)购买力绝对平价理论

购买力绝对平价理论指汇率由两国货币各自在其本国所具有的购买力的比率来决定的理论。货币的购买力是指,一定量的货币在不同物价水平下所具有的实际购买力,它是与物价水平的高低成反比例的。这样,汇率归根结底由两国在同一时间内的绝对物价水平的比率来决定。设 $S$ 为 A、B 两国货币的汇率,$P_A$ 和 $P_B$ 分别为 A、B 两国的物价水平,则:

$$S = \frac{P_A}{P_B} \tag{6.2}$$

### (三)购买力相对平价理论

购买力相对平价理论指报告期的汇率考虑物价水平变动情况下如何决定的相应理论。这是因为,在物价变动条件下,必须把基于基期旧物价水平的旧汇率与物价水平变动后的购买力平价结合起来加以考虑。卡塞尔说,在两国都发生通货膨胀和物价上涨的情况下,"新标准汇率等于旧汇率乘以两国通货膨胀程度之商"[①]。设 $S_t$、$S_0$ 分别为 A、B 两国货币新标准的汇率和旧标准的汇率,$P_{At}$ 和 $P_{Bt}$ 分别表示 A、B 两国新的报告期的物价水平,$P_{A0}$ 和 $P_{B0}$ 分别表示 A、B 两国基期的物价水平,则:

$$S_t = S_0 \cdot \frac{\frac{P_{Bt}}{P_{B0}}}{\frac{P_{At}}{P_{A0}}} \tag{6.3}$$

---

[①] 〔瑞典〕卡塞尔:《1914 年以后的货币和外汇》,英国,伦敦,埃耶尔出版公司 1922 年英文版,第 140 页。

卡塞尔这里的基期和报告期的汇率都是指均衡汇率,即一般正常汇率,而不是实际市场汇率。实际市场汇率以该均衡汇率为中心,依两国货币市场供求状况而上下波动。尽管卡塞尔认为购买力平价在本质上是决定均衡汇率的最重要因素,但是,他反对把购买力平价说成是决定汇率的唯一因素,因为他还看到了外汇市场的投机因素和单项资本流动因素的作用。

### (四)卡塞尔汇率决定理论的特点和意义

卡塞尔提出的购买力平价理论的显著特点是:(1)它可以不管黄金的作用,因此,可以适用于非金本位制下的汇率决定问题;(2)它可以不管价值分析,而直接从价格上进行分析,因此,有其方便和实用的优点。但是,它在本质上并未完全脱离货币数量理论。

卡塞尔提出的购买力平价理论的实际意义是:(1)提供了国际上较为方便和实用的比较和换算的工具;(2)为人们估计和分析汇率的现有状况、变动趋势提供了理论分析工具。其缺点是:(1)购买力绝对平价理论会因为物价水平的变动和物价涉及种类的繁多而难以测算和确定;(2)购买力相对平价理论的基期汇率水平难以确定;(3)多种其他因素的存在往往会使汇率偏离均衡汇率水平方向。

后来,俄林对于卡塞尔的购买力平价理论从国际资本流动角度进行了适当的修正。由于篇幅的关系,这里就不再详加叙述了。

## 五、 通货膨胀的"斯堪的纳维亚模型"

### (一)"斯堪的纳维亚模型"的形成

瑞典是一个经济开放的工业化小国,对外贸易在国民经济中占有举足轻重的地位,国际市场上的经济波动对瑞典国内的经济波动有决定性的影响。瑞典的经济周期波动机制具有独特之处,在通货膨胀理论方面,20世纪60年代的瑞典和北欧的其他国家有着独特的模型,叫作斯堪的纳维亚模型或者北欧学派的通货膨胀模型。该模型是由挪威经济学家沃德·奥克鲁斯特于1970年提出的。1972年伦德堡以瑞典的实际经验支持了这一模型。1973年瑞典经济学家格斯塔·艾德格兰、卡尔-沃尔夫·法克森和克拉斯-艾里克·奥德纳进一步发展了奥克鲁斯特的观点。所以,该模型也叫作Aukrust-EFO模型(EFO是由三位瑞典经济学家姓氏的第一个字母组成的)。

维也纳理工大学教授赫尔姆特·弗里希对该模型解释说:"所谓斯堪的纳维亚模型,是把对通货膨胀的'结构性'解释的基本要点同通货膨胀从世界市场传递到一国开放式经济的特殊传递机制结合起来。经济的'小型'是由下述假定来下定义的:在这样的经济中,这个国家的可交易商品面临一个无限弹性的需求和供给函数;也就是说,它被假定是世界市场上的价格接受者。在固定汇率制度下,这一模型把小国开放式经济的通货膨胀同国际价格增长联系在一起,同时,也考虑到国与国之间的通货膨胀率的差别。"①

---

① 〔瑞典〕H. 弗里希:《通货膨胀理论(1963—1975年):"第二代"概述》,载《经济学文献杂志》英文版1977年12月号,第1305页。

### (二)"斯堪的纳维亚模型"的内容

如果将一国的经济分为两大部门,一是开放部门(E 部门),二是非开放部门(S 部门),前者所生产的产品是在世界市场上交换的,后者所生产的产品不进入世界市场。假定 $\pi$ 表示通货膨胀率,$\pi_E$ 和 $\pi_S$ 分别表示开放部门和非开放部门的通货膨胀,$\pi_W$ 表示世界通货膨胀率,$\lambda$ 表示劳动生产率增长率,$\lambda_E$ 和 $\lambda_S$ 分别表示开放部门和非开放部门的劳动生产率增长率,$\omega$ 表示货币工资增长率,$\omega_E$ 和 $\omega_S$ 分别表示开放部门和非开放部门的货币工资增长率,$\alpha_E$ 和 $\alpha_S$ 则分别表示开放部门和非开放部门各自在国内经济中所占的比重,且 $\alpha_E + \alpha_S = 1$。

Aukrust-EFO 模型假定开放部门的通货膨胀率等于世界市场的通货膨胀率,即 $\pi_E = \pi_W$;再假定开放部门的劳动生产率增长率高于非开放部门的劳动生产率增长率,即 $\lambda_E > \lambda_S$(所谓"生产率缺口")。这样,Aukrust-EFO 模型可以表述如下:

$$\pi = \pi_W + \alpha_S(\lambda_E - \lambda_S) \tag{6.4}$$

该模型表示,小国开放式经济的国内通货膨胀率是由外生变量 $\pi_W$(即世界市场通货膨胀率)、$\lambda_E - \lambda_S$(即两大部门的劳动生产率之差)和经济结构因素 $\alpha_S$(即非开放部门在国民经济中的比重)所决定的。

如果采用序列分析,那么小国开放式经济的通货膨胀过程可以分解为如下序列:(1)在固定汇率条件下,$\pi_E$ 随 $\pi_W$ 的增长而增长;(2)$\pi_E$ 和 $\lambda_E$ 共同影响 $\omega_E$,亦即 E 部门的工人根据 $\pi_E$ 和 $\lambda_E$ 的变化提高了货币工资;(3)S 部门的工资向 E 部门看齐,$\omega_S$ 随 $\omega_E$ 提高到同一水平;(4)$\omega_S$ 增加后,S 部门企业主按成本加成定价,并根据 $\lambda_S$ 的情况决定价格上涨幅度,即 S 部门的 $\omega_S$ 与 $\lambda_S$ 一起影响 $\pi_S$;(5)结果是 $\pi_E$ 和 $\pi_S$ 以及 $\alpha_S$(即 $\pi_E$ 和 $\pi_S$ 的加权平均)共同决定一国的通货膨胀率($\pi$)。

赫尔姆特·弗里希把上述序列反映的通货膨胀过程图解为以下形式:

$$\pi_W \rightarrow \pi_E \rightarrow \pi$$
$$\lambda_E \rightarrow \omega_E \rightarrow \omega_S \rightarrow \pi$$
$$\lambda_S \rightarrow \rightarrow \rightarrow \rightarrow \rightarrow \pi_S \rightarrow \rightarrow \pi$$

例如,假定开放部门占瑞典经济的比重($\alpha_E$)是 1/3,非开放部门的比重($\alpha_S$)是 2/3,设开放部门的劳动生产率增长率($\lambda_E$)为 7%,非开放部门的劳动生产率增长率($\lambda_S$)为 2%,世界通货膨胀率($\pi_W$)为 2%;这时,开放部门的货币工资增长率($\omega_E$)为 7% + 2% = 9%,非开放部门于是向开放部门的货币工资增长率看齐,$\omega_S$ 也提高 9%,由于非开放部门的劳动生产率增长率仅为 2%,故其 9% 的货币工资增长率引起的价格上涨率为 9% − 2% = 7%。将上述有关变量值带入 Aukrust-EFO 模型,则可计算出小国开放经济中的通货膨胀率 $\pi = 2\% + 2/3(7\% - 2\%) \approx 5\%$。

根据这一理论模型,可以看出小国开放经济的通货膨胀具有两个显著的特点:一是其通货膨胀率受世界通货膨胀率的影响很大;二是通货膨胀从国际传递到国内与部门结构有很大关系。由于这些特点,对付通货膨胀不能单纯采取抑制总需求的政策,考虑到瑞典国内强大的工会组织,也不能采取限制工资的收入政策,而必须加强开放部门的发展,提高劳动生产率,增加本国出口商品在国际市场的竞争地位,以调节国际收入,缓和通货膨胀。美国经济学家 A. 齐巴利斯特和 H. 谢尔曼在评价这一模型时指出:"正如所谓的 EFO 模型中所指出的,出口部门合同工资的提高相当于受到国外竞争部门的生产力提高与国际价格上涨之和的影响,它会使国外竞争加剧,国内价格上升,但并不会使瑞典的国际竞争地位恶化。然而,在 1973

年之后,物价的不稳和汇价的剧烈波动,使对价格变化的预测日益困难。在70年代,模型的适应性变得更为模棱两可,使人犹豫。"①

## 六、 经济制度理论

### (一) 林德贝克的经济制度思想

瑞典学派的经济制度理论的主要内容是由第三代瑞典学派的代表人物林德贝克提出来的"自由社会民主主义"经济制度理论。

阿瑟·林德贝克(1930—)现在是斯德哥尔摩大学国际经济学教授、国际经济研究所所长,诺贝尔奖金经济委员会主席,还兼任瑞典中央银行顾问。林德贝克于1953年和1963年先后获得斯德哥尔摩大学理科硕士(社会科学)、哲学博士(经济学)学位。1964—1971年,任斯德哥尔摩经济学院经济学教授;1968—1977年,林德贝克曾经去美国先后担任哥伦比亚大学、加州大学伯克利分校、耶鲁大学、斯坦福大学的客座教授。他曾经师从美国经济学家萨缪尔森。1983年,林德贝克曾经访问中国。林德贝克的主要代表作为《新左派政治经济学:一个局外人的看法》(1971)和《瑞典经济政策》(1974)。在这两部著作中,林德贝克从新古典综合派和自由社会民主主义的理论观点出发,全面地评述了西方激进政治经济学派的经济理论,系统地总结了近百年来尤其是第二次世界大战后瑞典的经济政策,并且进一步阐述了自己的自由社会民主主义经济制度理论。

按照林德贝克的定义:"一种经济制度是用来就某一地区内的生产、投入和消费作出决定并完成这些决定的一整套的机制和组织机构。"②林德贝克认为,传统的研究经济制度的方法只是把经济制度简单地划分为资本主义和社会主义,它带来很强烈的政治争论性质,这种方法已经过时了。现代经济制度是一个多维性的概念。它至少应该从以下几个方面加以考虑:(1)决策机构,在决策过程中是集权还是分权,即关于消费、生产和投资的决定是在像分散化的制度中那样,由消费者(家庭)和生产者(公司)做出的,还是像在集中化的制度中那样,由中央权力机构做出。(2)提供信息、分配资源和协调经济决策的机制,即在资源配置方面是用市场调节的方法,还是行政管理的方法。(3)所有制,财产所有权是公有还是私有。(4)经济刺激,是用经济刺激方式还是用行政命令方式来调动个人的生产积极性和生产者(企业或公司)的积极性。(5)竞争,各个不同的经济决策单位(包括个人之间、企业之间及个人与企业之间)的关系是竞争还是垄断。(6)国际化,即作为一个整体的经济制度与外部世界的关系是开放的还是闭关自守的。

### (二) 社会民主主义经济制度的特征

林德贝克认为,第二次世界大战后瑞典的经济制度,既不是传统的资本主义制度,也不是社会主义制度,而是自由社会民主主义制度。这一特殊的社会制度,在政治生活领域方面仍然保留着民主制度,在经济生活方面,具有如下特征:

---

① 〔美〕A.齐巴利斯特、H.谢尔曼:《瑞典劳动力市场的特征与政策》,载《世界经济译丛》1986年第10期,第65页。
② 〔瑞典〕林德贝克:《新左派政治经济学:一个局外人的看法》,张自庄、赵人伟译,北京,商务印书馆1980年版,第130页。

（1）自由社会民主主义的经济制度基础仍然是所有制。在第二次世界大战后，瑞典社会民主党并没有采取工业国有化纲领，也没有实行农业的土地国有化。① 林德贝克认为，全面国有化并不能解决资本主义社会的许多弊病，反而会给经济生活带来许多新的矛盾——经济缺乏刺激和官僚主义。因此，它主张在私有制占支配地位的基础上，实行部分国有化，如对公共产品和公共劳务的基础设施（如铁路、邮局和电站等）实行国有化。它既不同意哈耶克关于国有化必然导致独裁的观点，也反对全盘国有化。其主要理由是：首先，在历史上，除去苏联外，还没有任何国家的例子足以说明国有化导致了独裁专制，或两者一起发生。因此，国有化这种经济结构与独裁专制的政治结构两者之间没有必然的因果联系。

（2）在现代社会中，有两种类型的资本：一种是物质、金融资本，另一种是人力资本。人力资本是不能国有化的，物质、金融资本也只能部分国有化，否则将会抑制经济活动者的积极性，导致经济权力的高度集中，以致出现官僚主义和经济的低效率。

（3）经济运行机制。林德贝克认为，现代经济的正常运行机制只有两种，一种是市场机制，另一种是中央计划机制。只有市场机制而没有中央计划机制，便会导致经济生活中的无政府主义；反之，只有中央计划机制而没有市场机制，就会导致官僚主义。瑞典学派虽然十分重视政府干预在经济生活中的重要作用，但同时也极为强调市场机制的作用，主张寻找"集中和分散以及市场和行政管理方法之间的最优结合"②。例如，瑞典的金融系统就是由私营的货币和信用系统与政府的金融系统组成的，资本市场很有效地聚集国家有用的投资基金并把它们有效地分配给各种私人和公共借款者，而政府也通过对私人储蓄和投资过程作全面指导的方式来干预资本市场活动，但并不直接干预个人或私营企业和金融组织的贷款和借款的具体活动。国家还制订了指导性的计划，对不同时期的各种私人和公共的商品和服务的需求和供给总额进行预测，以便企业能较好地制订自己的投资、生产、价格和销售计划。③

（4）福利国家。福利国家政策是自由社会民主主义经济制度的一个重要特征。社会福利问题早在威克赛尔的著作中就被提出来了，威克赛尔认为，资本主义经济中各阶层的利益并不总是和谐一致，是会发生抵触的，财产分配的不公平就很能说明这一点。他说："我们一旦认真开始把经济现象看成一个整体，并为这个整体寻求增进福利的条件，就必然为无产阶级的利益进行考虑。"④ 威克赛尔主张改革当时瑞典的经济制度，改善无产阶级的状况，增进全社会的福利。例如，他提出要扩大公共经济成分，由国家执行收入再分配政策，以弥补由于根据生产要素边际生产力进行初次分配时造成的收入不平等。瑞典学派继承了威克赛尔的传统，为政府提出了许多福利政策主张，从而在第二次世界大战后建立起了一个强大的福利国家。

综上所述，瑞典学派的林德贝克等人主张的自由社会民主主义经济制度，其基础仍然是私有制，只不过是在利用市场机制调节经济的同时，由政府实行干预经济生活的各种经济政策，即日常的生产和消费的决策权仍然归私人或私营企业，而经济稳定、环境保护、公共消费、

---

① 参见〔美〕阿兰·G.格鲁奇：《比较经济制度》，徐节文等译，北京，中国社会科学出版社1985年版，第385—386页。
② 〔瑞典〕林德贝克：《新左派政治经济学：一个局外人的看法》，张自庄、赵人伟译，北京，商务印书馆1980年版，第64页。
③ 参见〔美〕阿兰·G.格鲁奇：《比较经济制度》，徐节文等译，北京，中国社会科学出版社1985年版，第393—399页。
④ 〔瑞典〕威克赛尔：《国民经济学讲义》，刘絜敖译，上海，上海译文出版社1983年版，第10页。

收入再分配等决策权则归政府掌握,由政府实施一系列旨在增进全社会成员福利的经济政策,以弥补市场机制的缺陷和收入分配的不均等。因此,自由社会民主主义经济制度实质上只是"混合经济"的一个变种。

## 七、经济政策及其实践

瑞典学派的经济政策主张主要有:20世纪30年代经济萧条时期实行的以公共事业投资为中心的衰退对策及其他经济周期对策;60年代的保障就业政策、通货膨胀对策、社会福利政策和产业民主化政策等。

### (一)解决经济危机和失业问题的政策实践

20世纪20—30年代大量失业的存在引起了瑞典政府和社会民主党的不安。1927年,瑞典成立了"失业原因和防止失业措施研究委员会",1931年该委员会聘请了哈马舍尔德、缪尔达尔、俄林等著名经济学家从事研究工作。1933年,瑞典社会民主党政府的财政预算采用了以扩大公共事业为中心的扩大总需求政策,这一政策后来被称为"凯恩斯之前的凯恩斯政策"。1935年,哈马舍尔德执笔撰写了《失业委员会的最后报告书》,概括了委员会几年中的研究成果,对瑞典的经济发展和经济政策作了详细的论述和总结,提出了以宏观经济政策为主,商业政策、工业政策为辅的消除失业问题的政策建议。

在这个时期,瑞典学派的经济学家还陆续提出了为应付各种经济周期变动所要采取的经济政策和制度,创立了适应经济景气好转或恶化的使政府预算平衡的长期预算制度,以及适应经济萧条时期公共事业预备费使用的公积金制度,还制定了经济繁荣时期控制民间投资支出、萧条时期促进民间投资的投资税收制度和投资基金或投资预备金制度。林德贝克教授把这种投资平衡化的两种制度称为瑞典在经济政策方面的"两个发明"。所谓投资基金制度,是在繁荣时期企业将其部分利润以基金的形式冻结在中央银行的特别账户,萧条时期在政府要求时,用这种基金来投资以减税。这种制度在瑞典第二次世界大战后的经济发展中发挥了极其重要的作用。

### (二)解决失业和通货膨胀问题的政策实践

根据伦德堡的看法,20世纪60年代以来,瑞典的失业和通货膨胀主要是由于结构性原因造成的,例如,部门、行业和地区间发展的不平衡,大量移民的入境,以及开放部门和非开放部门的工资、成本、价格的相互关系和变化。瑞典经济学家认识到,在这种条件下,仅仅依靠凯恩斯和缪尔达尔的宏观总需求管理的政策,还不足以实现充分就业和有效工作,而且充分就业和物价稳定难以同时兼顾。所以,除宏观总需求管理政策之外,还必须调整每个劳动市场的供求关系,实行促进行业间工作变动的职业训练和促进地区间劳动力转移的各种政策。

瑞典工会的经济学家果·廉,为上述这种劳动市场政策提供了理论依据。他认为,如果为了使萧条行业和萧条地区实现充分就业而扩大总需求,就会因需求过多而产生通货膨胀。防止办法之一是,扩大总需求要适度,对失业率高的劳动市场,应该通过个别的政策去调节,从而,将宏观总需求政策和微观劳动市场政策配合起来,同时实现稳定物价和稳定就业。其他一些经济学家则认为,20世纪60年代瑞典和挪威的就业政策的成功,是由于宏观总需求管理政策和果·廉的劳动市场政策相互配合成功的结果。这一时期,瑞典和挪威的失业率和物价上涨率都较低,经济增长稳定。

### (三) 稳定就业的政策实践

20世纪70年代以后,瑞典的经济情况也开始恶化。于是人们对于注重效率的经济政策开始产生怀疑。工会要求实行稳定、公正和保障劳动者生活质量的政策,而不是把劳动力转移到效率较高部门的政策。在这种情况下,瑞典产生了1974年的保障就业和促成残疾者就业的政策、新的劳动安全法以及1973年工人代表参加董事会等一系列工人参加经营管理和改善劳动环境的政策。在制定执行法律时,全国工会组织掌握主动权(保障就业的法律条文就以参与制定该条文的全国工会组织的律师的名字命名,叫作"欧门法")。"欧门法"提高了劳动者社会的稳定性,并有助于弱者在劳动市场获得同等的就业机会。

### (四) 福利国家的政策实践

第二次世界大战后,瑞典的社会保障发展是惊人的,其公共开支占国民收入的比例,1950年为25%,1970年达45%,1981年达60%。瑞典经济学家普遍认为,一个理想的社会应该给予社会全体成员以普遍的福利。因此,他们反对那种大大削减国家干预和否定国有化的理论和政策建议,认为自由放任的市场经济会使福利国家的活动大大削弱,从而造成收入分配不平等、个人缺乏社会保障。所以,许多瑞典经济学家都纷纷提出自己的社会模型。林德贝克提出了"自由社会民主主义"(主要部门国有化、福利国家和市场经济三者的结合);阿德拉等人提出了"职能社会主义"(即对生产资料所有权本身并不实行社会化,只对构成其所有权的职能或权限实行社会化,也可以达到社会化的目的)。这些主张都反映了瑞典学派的社会民主党的理论色彩。

20世纪70年代后期,尤其是80年代以后,福利国家产生的"瑞典病"(即财政赤字增长、生产率增长缓慢、通货膨胀加剧)严重地折磨着瑞典社会。瑞典学派的一些经济学家也对福利国家的前景产生了悲观情绪,瑞典学派的经济理论和政策主张也面临着新的考验。

## 八、简 要 评 论

瑞典学派是在各个凯恩斯主义经济学流派之外,更多从宏观经济学角度来分析经济问题的西方经济学流派。瑞典学派在很多问题的看法上与凯恩斯主义经济学有相近之处,例如,瑞典学派和凯恩斯经济学都反对传统新古典经济学将货币经济与实物经济分割和对立起来的"二分法",他们都承认资本主义经济的不稳定性,他们也都主张资本主义市场经济需要政府对经济生活的干预。瑞典学派与凯恩斯经济学大致上都产生于资本主义经济最为动荡的20世纪20—30年代,但是,瑞典学派在某种角度上看,似乎可以说,比凯恩斯主义经济学的产生要更早一些。

应该说,瑞典学派的经济理论和分析中有一些独特的也较有价值的东西。比如,瑞典经济学家们始终坚持批判货币数量论的传统,认为货币数量论丢掉了货币本质职能中一些重要的方面。另外,他们认为,资本主义经济不可能长久保持经济的稳定,而在经济波动中,工资收入者始终处于不利地位。瑞典经济学家们还指出,国际商品交换对于经济不发达国家是不利的。此外,他们对于通货膨胀在国际上的传递的分析,对于外汇购买力平价的决定基础的研究和探讨,对于一些问题的制度分析,也都很有特色,具有参考价值。

在分析方法上，瑞典学派注意将动态的和总量的分析方法与静态的和个量的分析方法相结合，注意运用结构分析，这些将对于资本主义经济波动机制的解释推进了一步。尽管他们的分析基本上还是从一般均衡的出发点考虑问题，但是，其结论和分析方法都有一定的可取之处，与新古典经济学相比有很大的进步。当然，他们的分析并未脱离主观效用价值论，有些分析也未必具有现实性，其对于资本主义经济制度的发展前景的看法也未见得正确。

## 思考题

1. 瑞典学派的理论渊源是什么？
2. 瑞典学派的经济政策主张是怎样的？
3. 威克赛尔的累积理论是怎样的？
4. 瑞典学派对经济动态理论的主要贡献是什么？
5. 瑞典学派对国际贸易理论的贡献是什么？
6. 瑞典学派对汇率决定理论的贡献是什么？
7. 瑞典学派的通货膨胀理论是怎样的？
8. 瑞典学派关于社会经济制度的看法如何？

## 参考文献

1. 〔瑞典〕威克赛尔：《利息与价格》，蔡受百、程伯扬译，北京，商务印书馆1959年版。
2. 〔瑞典〕缪尔达尔：《经济学发展中的危机和循环》，载《现代国外经济学论文选》（第一辑），北京，商务印书馆1979年版。
3. 〔瑞典〕缪尔达尔：《货币均衡论》，钟淦恩译，北京，商务印书馆1982年版。
4. 〔瑞典〕林达尔：《货币和资本理论的研究》，陈福生、陈振骅译，北京，商务印书馆1982年版。
5. 〔瑞典〕俄林：《区际贸易与国际贸易》，转引自《荣获诺贝尔奖经济学家》，成都，四川人民出版社1935年版。
6. 〔瑞典〕H.弗里希：《通货膨胀理论(1963—1975年)："第二代"概述》，载《经济学文献杂志》英文版1977年12月号。
7. 〔瑞典〕林德贝克：《新左派政治经济学：一个局外人的看法》，张自庄、赵人伟译，北京，商务印书馆1980年版。
8. 〔美〕阿兰·G.格鲁奇：《比较经济制度》，徐节文等译，北京，中国社会科学出版社1985年版。
9. 〔瑞典〕威克赛尔：《国民经济学讲义》，刘絜敖译，上海，上海译文出版社1983年版。
10. 丁冰著：《瑞典学派》，武汉，武汉出版社1996年版。
11. 胡代光、厉以宁编著：《当代资产阶级经济学主要流派》，北京，商务印书馆1982年版。

21世纪经济与管理规划教材
经济学系列

# 第二篇

# 经济自由主义思潮下的各经济学流派

第七章　现代货币主义学派
第八章　供给学派
第九章　新古典宏观经济学派
第十章　伦敦学派
第十一章　德国社会市场经济学派
第十二章　新制度经济学
第十三章　制度变迁的新经济史学
第十四章　公共选择学派

# 第七章 现代货币主义学派

## 一、现代货币主义的形成及其特点

### (一) 现代货币主义的形成

现代货币主义学派(Modern Monetarism)也叫现代货币主义,它是20世纪50年代中期在美国出现的一个重要的经济学流派。现代货币主义学派的领袖和奠基者是美国芝加哥大学经济学教授米尔顿·弗里德曼(Milton Friedman),其他主要代表人物有美国经济学家哈伯格(Harberger)、卡尔·布伦纳(Karl Bruner)和利奥纳尔·安德森(Leonel Andersen),英国经济学家艾伦·沃尔特斯(Allan Walters)、戴维·莱德勒和迈克尔·帕金(Michael Parkin),奥地利的赫尔姆特·弗里希(Helmut Frisch)等人。"现代货币主义"一词是由布伦纳在1968年7月发表的论文《货币和货币政策的作用》中提出的。

现代货币主义学派的形成与第二次世界大战后资本主义各国的经济形势变化有着极为密切的关系。战后,凯恩斯主义的扩张性财政政策和货币政策虽然对刺激资本主义的经济发展、缓和经济危机起了很大的作用,但是,也引起了长期持续的通货膨胀。到20世纪60年代后期,美国的通货膨胀急剧发展,到70年代初,出现了经济停滞和通货膨胀并发的"停滞膨胀"局面。在这种情况下,现代货币主义学派在美、英等国异军突起。他们打着"现代货币数量论"的旗号,鼓吹货币问题的重要作用,主张以控制货币数量的金融政策来消除通货膨胀,保证经济的正常发展。他们以此与凯恩斯主义学派相对抗,并自称是对凯恩斯革命的反革命。英国经济学家布莱恩·摩根对此进行了说明,他说:"财政政策的失败和便宜货币的灾难性后果加重了某些经济学家关于货币理论发展的过于狭窄的说法的分量,结果出现了另一种替代的学派,他们对当前问题提出了不同的解决办法。这些解决办法的基本概念比作为凯恩斯学派体系的基础的货币过程更为广泛。它以货币数量的变化作为中心。这一学派被称为货币学派或现代数量学派。"[①]

### (二) 现代货币主义者的共识

现代货币主义者们在以下几个问题上的观点基本是具有一致共识的:

(1) 以私人经济为基础的市场经济本身具有内在的稳定性,会大致上保持在充分就业(即处于"自然率"的就业)水平。经济受到干扰后会自动恢复到充分就业的均衡状态,失业率会自动恢复到"自然率"的水准。

(2) 货币供应量的增长也许会导致不同的通货膨胀率,但是任何货币供给增长率都可以同充分就业的均衡相配合,也就是说,充分就业的均衡可以处在不同的价格水平上。

---

① 〔英〕布莱恩·摩根:《货币学派与凯恩斯学派——它们对货币理论的贡献》,薛蕃康译,北京,商务印书馆1984年版,第75页。

(3) 货币供给增长率的变动,在短期内会暂时改变实际的经济增长率和失业率,但是,在长期里,这种实际效应等于零,因此,只剩下通货膨胀率的持续上升("加速定理")。

(4) 反对积极的需求管理政策(货币政策和财政政策),主张长期的货币政策"规则"或者事先宣布的"目标"。

但是,在现代货币主义者当中,仍然存在着分析方法、理论模型和假设条件的明显不同,以至于我们无法真正严格地把他们看作完全统一的思想流派。我们这里在介绍现代货币主义流派的基本情况时,主要介绍的是米尔顿·弗里德曼的有关理论和政策主张。

### (三) 现代货币主义的思想渊源

现代货币主义学派的奠基者和旗手是米尔顿·弗里德曼(1912—2006)。现代货币主义的基本思想主要来自于他。

**1. 米尔顿·弗里德曼的生平概况**

米尔顿·弗里德曼1912年出生于美国纽约的布鲁克林,其父为来自罗马尼亚喀尔巴山区的犹太移民,他是家中四个孩子中最小的,也是唯一的男孩。1928年,弗里德曼进入拉各斯大学学习经济学,1932年毕业。在拉各斯大学,弗里德曼遇到了两位有名的经济学教授,伯恩斯(Arthur F. Burns)和琼斯(Homer Johns),让他见识了严格的经济学理论和最高水平的科学标准。1932年,弗里德曼作为研究生进入芝加哥大学经济系学习。在那里,他接触了一大批著名的学者和优秀的学生,包括当时美国最好的价格理论大师维纳(Jacob Viner)、奈特(Frank Knight)、明茨(Lloyd Mints)、西蒙斯(Henry Simons)、舒尔茨(Henry Schultz),还有他的妻子迪雷克托(Rose Director)。1933年他获得芝加哥大学硕士学位。同年,他又到哥伦比亚大学学习了一年,感受了那里当时很时髦的、浓厚的制度和经验的经济学研究方法。在那里,他从与霍特灵(Harold Hoteling)、米切尔(Wesley C. Mitchell)和克拉克(John Maurice Clark)等人的合作中获益匪浅。1935年,弗里德曼回到芝加哥大学给亨利·舒尔茨做研究助理。同年稍后,他到美国全国资源委员会工作,参与了一次大规模的消费者预算的研究,这为他后来写作《消费函数理论》一书奠定了有力的基础。1937年,弗里德曼到美国国家经济研究局协助西蒙·库兹涅茨研究专门职业的收入,并与库兹涅茨联名出版了《独立专门职业收入》。弗里德曼在这本书中首次提出了持久性收入和暂时性收入的概念。1941—1943年,他在美国财政部研究战时赋税政策。1943—1945年,他作为一名数理统计学家在哥伦比亚大学参加战时科学研究与发展署下面一个统计研究小组的工作。1945—1946年,弗里德曼到明尼苏达大学任教。1946年获哥伦比亚大学博士学位,同年,他受芝加哥大学的聘请,教授宏观经济理论,同时负责美国国家经济研究局的研究经济周期中货币作用的工作。1948年,他升任芝加哥大学经济学教授。从20世纪60年代开始,弗里德曼越来越多地在公共舞台露面。1963年,弗里德曼被任命为罗素(Paul Snowden Russell)讲座教授,直至退休。1967年,弗里德曼出任美国经济学会会长。1976年,弗里德曼因其"对消费分析、货币历史和理论方面的成就,并且由于他证明了稳定政策的复杂性"而获得了诺贝尔经济学奖。1977年,弗里德曼从芝加哥大学退休,担任斯坦福大学胡佛研究所的高级研究员。他还曾经分别在1980年、1988年和1993年访问过中国。

弗里德曼的主要著作有:《实证经济学论文选》(1953)、《消费函数理论》(1957)、《货币稳定方案》(1960)、《资本主义与自由》(1962)、与安娜·J.施瓦茨合著的《美国货币史(1867—1960年)》(1963)以及《美国与英国的货币趋势:它们与收入、价格及利率之间的关系(1867—

1975年)》(1982)、《货币最优数量文集》(1969)、《货币分析的理论结构》(载《政治经济学杂志》1970年3—4月)和《自由选择》(1979)。

2. 现代货币主义的思想渊源

现代货币主义学派的思想渊源是传统的货币数量论。货币数量论的核心论点是:物价水平的高低和货币价值的大小是由一国的货币数量所决定的,物价水平与货币数量成正比变化,货币价值与货币数量成反比变化。

货币数量论思想的萌芽最早出现于古罗马时代,但是,货币数量论的创始人被认为是法国重商主义者琼·博丁(Jean Bodin)。博丁将16世纪下半叶法国的物价上涨归因于金银数量太多,并认为金银的价值与一般商品的价值相同,其数量的增加会使人们降低对它的估价。它的价值既然被低估,与它相交换的商品的价值自然就相对上涨了,用货币来表示的商品价值(价格)也就上涨了。后来,爱尔兰银行家理查德·坎蒂隆、法国思想家孟德斯鸠都赞成并研究了货币数量论,英国古典经济学家约翰·洛克和大卫·休谟则进一步发展了这一理论。洛克认为,货币的价值是由其供给数量决定的,货币供给的数量增加必然降低币值。休谟认为,流通中的货币只是计算和代表商品价值的符号;在交换中商品数量不变的情况下,货币数量的增加会导致物价成比例地上升。英国古典经济学家李嘉图和大部分其他古典经济学家也都持有货币数量论的观点。

20世纪初,美国经济学家凯默尔和费雪提出了"现金交易数量说";英国经济学家马歇尔和庇古提出了"现金余额数量说"。

美国耶鲁大学的经济学教授欧文·费雪是传统货币数量说中最有影响的人物。但是,凯默尔对他有很大的影响。凯默尔在1907年出版的《货币和信用工具与一般等价物的关系》中对于信用和物价水平关系的研究对费雪很有启发。费雪1911年出版了《货币的购买力》一书,提出了以"交易方程式"为代表的著名的"现金交易数量说"。自此,传统的货币数量论开始形成一个较为完整的理论体系。其"交易方程式"为:

$$P = \frac{MV}{T} \quad \text{或者} \quad MV = PT \tag{7.1}$$

其中,$P$为社会平均物价水平,$M$为货币数量,$V$为货币流通速度,$T$为社会总交易量。

如考虑到银行存款因素,设$M'$为银行存款,$V'$为银行存款流通速度,则当银行通过信用渠道使存款流通影响物价水平时,上述方程式可以写为下面的形式:

$$P = \frac{MV + M'V'}{T} \quad \text{或者} \quad MV + M'V' = PT \tag{7.2}$$

费雪认为,在包括银行存款在内的交易方程式中,直接影响物价水平的因素有五个,其中货币和银行存款的流通速度是由社会的制度和习惯等因素决定的,在长期内相当稳定;同时在充分就业条件下,社会的商品和劳务的总产量乃至社会总交易量也是一个相对稳定不变的因素。费雪由此断言,在货币的流通速度与社会商品和劳务量不变的条件下,物价水平是随流通中货币数量的变动而成正比例变动的。因为费雪的理论所强调的是在商品和劳务的交易中,货币作为流通手段和支付手段的作用,所以称为"现金交易数量说"。"现金交易数量说"后来显然成了米尔顿·弗里德曼的现代货币主义思想的直接来源之一。

英国剑桥学派的创始人马歇尔则十分强调货币作为储藏手段的作用和职能,认为货币不但具有随时购买商品的能力,也可以储存起来延期使用。他从人们手中所愿意持有的货币量的角度来分析货币与物价水平的关系,提出了"现金余额数量说"。1917年,英国剑桥大学经济学教授庇古在马歇尔理论的基础上，提出了"剑桥方程式"：

$$M = kP_y \tag{7.3}$$

式中的 $M$ 表示人们手中持有的货币数量，$P_y$ 表示以货币计算的国民生产总值，$k$ 表示人们手中持有的货币数量与以货币计算的国民生产总值的比例。可以看出，"剑桥方程式"中的 $k$ 等于"交易方程式"中 $V$ 的倒数 $\frac{1}{V}$。两个方程式所反映的基本观点——物价水平与货币数量成正比例变化——是一致的，所不同的只是，"交易方程式"强调货币在支付过程中的作用（货币供应量的作用），而"剑桥方程式"则强调人们手持现金的作用（货币需求量的作用）。在现代货币主义学派的理论中，尤其是在弗里德曼的货币需求理论中，可以明显地看出剑桥学派特别重视货币需求分析这一理论传统的影响。

另外，凯恩斯的货币需求理论也对弗里德曼的货币理论产生了相当的影响。凯恩斯提出了实际货币需求函数：

$$\frac{M}{P} = K(y) + L(r) \tag{7.4}$$

其中，$M$ 为名义货币供应量，$P$ 为一般物价水平，$\frac{M}{P}$ 表示实际货币供应量；$K(y)$ 为产生于交易动机和预防性动机的实际货币需求量，这个数量大致上是实际收入的一个稳定的增函数，$y$ 为实际国民收入水平；$L(r)$ 为产生于交易动机的实际货币需求量，这个数量是利率的减函数，也就是说与利率 $r$ 成反方向变化。凯恩斯的货币需求函数在结构上形成了弗里德曼货币需求函数的基本框架的来源。只是弗里德曼的货币需求函数中包含了更多的资产种类，而不像凯恩斯的模型，只包含了货币与证券两类资产。

现代货币主义学派的另一个最直接的理论渊源是 20 世纪 30 年代前后形成的早期芝加哥学派的经济理论。早期芝加哥学派的主要成员有劳夫林、奈特、西蒙斯、明茨等人。弗里德曼曾经讲过，在 20 世纪 30 年代经济大危机后，凯恩斯革命性的著作使得传统的现代货币主义理论黯然无光，许多货币学者纷纷背弃了传统的货币数量说，在这种形势下，芝加哥大学是当时少数依然讲授货币理论和政策的大学之一。西蒙斯和明茨等教授的货币理论与政策，其内容已经开始摆脱了机械式的货币数量学说，形成了一种能解释经济活动现象并提供政策建议的分析工具。这些理论观点散见于西蒙斯和明茨的论著中，形成了芝加哥大学的口述传统。芝加哥学派的主要特点首先是继承货币数量说的传统，重视货币理论的研究；其次是主张经济自由主义，鼓吹市场机制的调节作用。他们虽然不像传统的货币数量论那样单纯用货币数量解释物价的波动，但是，都坚持"货币至关重要"这一理论研究方法，承认物价水平与货币数量之间存在着重要的联系。芝加哥学派坚持自由放任的传统，认为市场机制的自发调节可以使资本主义经济趋向均衡。20 世纪 60 年代后，当凯恩斯经济学日益陷入困境时，芝加哥学派的传统又得以恢复和发扬。弗里德曼认为，货币数量论的重新崛起与简单的凯恩斯主义被抛弃，都是对这一时期通货膨胀和滞胀现象的一种反映。

弗里德曼说："从长期来看，'现代货币主义'几乎全盘接受早期货币数量论。它对早期货币数量论的主要贡献，就是它对短期后果作了更详细、更深入的分析，并对这些后果作了更详细的整理概括。"①

---

① 〔美〕M.弗里德曼：《论货币》，载《世界经济译丛》1981 年第 5 期，第 29 页。

### (四) 现代货币主义的基本观点

按照弗里德曼的看法,现代货币主义的基本观点可以概括如下:

(1) 货币数量的增长率同名义收入的增长率保持着一致的关系,如果货币数量增长很快,名义收入也会增长很快,反之亦然。货币流通速度尽管可以改变,但是完全可以预测。

(2) 货币数量增长的变化对收入发生影响和作用需要一段时间,即有一个时间的滞后过程。

(3) 货币量变化只在短期内影响产量,在长期中,货币数量的增长率只影响价格,产量则是由一系列实际因素(如产业结构、节俭程度等)决定的。

(4) 通货膨胀随时随地都是一种货币现象,也就是说,如果货币数量的增长快于产量的增加,就会发生通货膨胀;如果政府开支是通过印发货币(钞票)或银行信贷取得的,并且导致货币数量增长率超过了产量增长率,那么,政府的财政政策就是通货膨胀政策。

(5) 货币数量变化并不会直接影响收入,它最先影响的是人们的资产选择行为。这种行为使得现有资产(包括债券、股票、房地产、其他实物资本)的价格上升(货币数量增加时),利率下降,鼓励了人们扩大开支,最终导致产量和收入增加。

(6) 货币数量增长加速时,起初会降低利率,但是,由于它使人们增加开支,刺激了价格的上涨,引起了借贷需求的增加,又会促使利率上升。货币数量和利率之间这种步调不一致的变化关系表明,利率不是制定货币政策的好向导。

(7) 货币政策是十分重要的,但在制定货币政策时,重要的是控制货币数量,并应该避免货币数量的变化率大幅度地摇摆,明智的政策是让货币数量在一定时期内按某种规则稳定地增加。

## 二、 经济自由主义的市场经济理论

### (一) 弗里德曼的经济自由主义思想

以弗里德曼为主要代表的现代货币主义学派并不仅仅是一种货币理论,它也体现着一种经济自由主义的经济思想和主张。弗里德曼认为,经济自由主义由来已久,但是,他所主张的经济自由主义是一种"新自由主义"。他说:"一种我过去常称为19世纪的,然而又是从变革思想潮流的观点来看的自由主义,我现在正开始称之为'新自由主义'。"①

弗里德曼认为:"市场经济的理想模式是:在这种经济中,个人是作为追求其自身利益的本人而行事的。如果有谁是作为别人的代理人而行事,那么他是在自愿的、双方同意的基础上这样做的。"②在弗里德曼的理论中,人们关心和追求自己的私利是最基本的出发点。他认为:"正是在每个人追求自身的利益而同其他人合作的时候,自然而然地产生出了错综复杂的社会结构。"③但是,对于私利却应该正确理解,"私利不是目光短浅的自私自利,只要是参与者所关心的、所珍视的、所追求的,就都是私利。科学家设法开拓新的研究领域,传教士设法把非教徒变成教徒,慈善家设法救济穷人,都是在根据自己的看法,按照他们认定的价值追求

---

① 〔美〕M. 弗里德曼:《货币稳定方案》,宋宁、高光译,上海,上海人民出版社1991年版,第5页。
② 〔美〕M. 弗里德曼:《资本主义与自由》,张瑞玉译,北京,商务印书馆1982年版,第5页。
③ 〔美〕M. 弗里德曼、R. 弗里德曼:《自由选择》,胡骑、席学媛、安强译,北京,商务印书馆1982年版,第29页。

自己的利益"①。而"交易的本质是不同的价值观念的协调一致,是在不存在一致点的情况下,一致意见的取得"。当然"这种一致仅在他们之间交易的现存点上才是成立的"②。

在自由交换的市场活动中,价格充当着有效的协调者和组织者的作用。弗里德曼认为,价格的具体作用主要表现在传递信息、"刺激效应"和分配收入这三个密切相连的方面。他认为,如果没有外来的干预(主要是来自政府的干预),在价格机制的作用下,市场将会体现出最好的资源配置效率。

### (二) 弗里德曼经济自由主义思想的特点

弗里德曼的经济自由主义思想与一般人认识上的纯粹自由市场经济主张有所不同。最大的特点是,弗里德曼的看法更为贴近现实。弗里德曼十分清楚,"对于社会来说,不论是作为一种理想还是在现实生活中,都不存在纯粹的……市场经济"③。因为理想的市场经济活动"系以下列假设条件为前提:政府给我们提供了法律和秩序的维护,以便防止一人受到另一人的强制行为,提供了自愿参与的合同的强制执行,提供了财产权的定义,提供了对这种权利解释和强制执行的办法,以及提供了货币机构"④。现实中,上述条件无法完全达到。垄断和类似的市场的不完全性与"邻近影响"使完全的市场自愿交换受到限制。而且,像国防那样的公共产品,市场也是无法提供的,必须由国家和政府来提供或者进行干预。他强调,他所赞成的经济自由主义,既不是完全自由的市场经济,也不是完全像凯恩斯主义者所主张的那样的国家和政府干预。他说:"我们不希望保留干涉我们自由那么多的国家干预,虽然我们当然希望保留那些改进自由的东西。"⑤

弗里德曼十分清楚,现实中"不存在任何完全纯粹的制度,每一制度都是某种类似混合制度的东西;一方面,包括指令性因素,而另一方面,却又主要地依赖于自愿合作。问题在于一种比例问题,在于将指令性因素降至最小,而且,在引入指令性因素的地方,在于在实现人们所追求的生产效率目标以外的其他目标的同时,以一种尽可能小地妨害市场运行的方式来实现这种指令性因素最小化"⑥。

所以,弗里德曼的经济自由主义与西方主流的新自由主义理论还是有很大区别的。他并不承认那些虚构的经济运行条件(如完全理性的经济人、完全信息和完全竞争的假定等)。

## 三、 货币需求理论

### (一) 弗里德曼的货币需求函数

现代货币主义学派的理论基础是米尔顿·弗里德曼提出的货币需求理论。

1956年,弗里德曼在《货币数量论——一个重新表述》一文中着重分析了货币需求问题。他认为:"货币数量论首先是货币需求的理论。它不是产量或货币收入的理论,也不是物价水

---

① 〔美〕M.弗里德曼、R.弗里德曼:《自由选择》,胡骑、席学媛、安强译,北京,商务印书馆1982年版,第31页。
② 同上书,第5—6页。
③ 《弗里德曼文萃》,胡雪峰、武玉宁译,北京,北京经济学院出版社1991年版,第20页。
④ 同上书,第38页。
⑤ 〔美〕M.弗里德曼:《资本主义与自由》,张瑞玉译,北京,商务印书馆1982年版,第8页。
⑥ 《弗里德曼文萃》,胡雪峰、武玉于译,北京,北京经济学院出版社1991年版,第38页。

平的理论。关于这些变量的任何论述,需要把货币数量论同有关的货币供应条件及其他一些变量的详细说明结合在一起。"① 按照弗里德曼的看法,影响人们货币需求的因素是多种多样的。因此,可以用一个多元函数来表示货币需求函数:

$$\frac{M}{P} = f\left(y, w, r_m, r_b, r_e, \frac{1}{P} \cdot \frac{dP}{dt}, u\right) \quad (7.5)$$

该函数表明,实际货币需求($M/P$)是实际收入($y$),由非人力财富获得的那一部分收入(或财产收入)与持久性收入的比例($w$),预期的货币名义报酬率($r_m$),预期的债券名义报酬率($r_b$),预期的股票名义报酬率($r_e$),预期的价格报酬率$1/P \cdot dP/dt$和其他的非收入变量($u$)的函数。

弗里德曼的货币需求函数继承了传统的货币数量论中的"现金余额数量说",同时又受到凯恩斯的流动性偏好理论的重要影响。但是,弗里德曼的货币需求函数也有其特点。在研究方法上,他运用了实证经济学的方法论,并在分析各种影响货币需求的因素时,运用了大量的实际统计资料;在理论上,该货币需求函数在很大程度上得益于他提出的持久性收入假说。强调持久性收入对货币需求的主导作用是弗里德曼的货币需求函数的最显著特点。

弗里德曼在分析消费和收入的关系时,将收入分为暂时性收入和持久性收入。暂时性收入指短期内得到的、非连续的和带有偶然性的收入;持久性收入指消费者从自己拥有的物质资本和人力资本中,在长期内经常能得到的,带有长久性和规则性的收入流量。若以 $Y$ 表示消费者在某一时期的实际收入,$Y_p$ 表示持久性收入,$Y_t$ 表示暂时性收入,$C$ 表示消费者在同一时期的实际消费开支,$C_p$ 表示与持久性收入对应的持久性消费,即具有经常性的消费开支,$C_t$ 表示与暂时性收入对应的暂时性消费,即非经常性的消费开支,则可以写出下列一组概括持久性收入假说的方程组:

$$C_p = k(i, w, u) Y_p \quad (7.6)$$
$$Y = Y_p + Y_t \quad (7.7)$$
$$C = C_p + C_t \quad (7.8)$$

从中可见暂时性消费与暂时性收入之间没有固定的比例关系;暂时性收入和持久性收入之间、暂时性消费与持久性收入之间也没有固定的比例关系。但持久性消费和持久性收入之间却存在着固定的比例关系。该比例关系 $k$ 依赖于利率($i$)、财产收入与持久性收入总量的比例($w$),以及其他影响货币效用的非收入性变量($u$),例如消费者的年龄、家庭结构、偏好等因素。

弗里德曼认为,货币需求主要取决于总财富,但总财富实际上无法衡量,只能用人们的收入来代表。但是,人们的现期收入(或暂时性收入)非常不稳定,不能确切地代表财富;而持久性收入却是相对稳定的收入流量,用它代表财富,则可以基本上反映财富的状况。因此,可以说,货币需求主要取决于持久性收入,货币需求的变化在很大程度上只受到持久性收入变动的支配。由于持久性收入具有相当高度的稳定性,因此受持久性收入支配的货币需求也是高度稳定的。弗里德曼通过统计资料的分析表明,利率对货币需求的影响很小(利率增减1%,货币需求仅仅减增0.15%),而持久性收入对货币需求的影响是很大的(持久性收入增减1%,货币需求将减增1.8%)。他强调指出,货币需求和货币流通速度虽然不是常数,但它们

---

① 〔美〕M.弗里德曼:《货币数量论——一个重新表述》,载《货币数量论的研究》,美国,芝加哥,芝加哥大学出版社1956年英文版,第4页。

与持久性收入之间存在着一种稳定的函数关系,由此所决定的货币流通速度也是相当稳定的(在美国,1867—1960年,大约每年下降1%)。这样,弗里德曼的货币需求理论,既不同于早期货币数量论的货币流通速度固定不变的观点,也不同于凯恩斯主义者关于货币需求主要受利率影响,货币流通速度由于投机动机的作用而极不稳定的观点。

### (二) 弗里德曼货币需求函数的意义

弗里德曼根据对货币需求函数的分析和论证,得出几点有意义的结论:

(1) 凯恩斯的学说不能完全解释经济波动问题。凯恩斯主义者认为,消费是现期收入(暂时性收入)的函数,并用消费支出增量和现期收入增量的关系——边际消费倾向递减规律——所造成的消费需求不足来解释有效需求不足及短期经济波动。但弗里德曼的持久性收入假说认为,各个时期的消费支出中只有较小的部分与现期收入有关,因而,凯恩斯的学说不能完全解释经济波动问题。

(2) 由于消费支出与现期收入关系不大,因而政府为了克服经济危机而采取的财政政策(如减税)可能是无效的。根据持久性收入假说,居民的这种临时性额外收入只有很少一部分作为实际消费,其余都转化为储蓄,减税的结果并没有达到刺激消费需求的目的。反之,对于政府为对付通货膨胀而采取的增税政策而言,也是如此。

(3) 货币需求是相当稳定的,而货币供应量却因受货币政策当局的操纵而在短期内剧烈变化,从而影响了经济体系的稳定;而要使经济稳定地发展,就必须稳定货币供应量的增长率,使货币供应与货币需求相适应。

## 四、货币分析的理论模型

### (一) 弗里德曼的货币理论模型

弗里德曼认为,他的货币数量论与传统的货币数量论和凯恩斯的收入—支出理论的一个重要区别,就是他创立了决定名义收入的货币理论。他在美国《政治经济学杂志》1970年第2期上发表的《货币分析的理论结构》一文中提出了一个吸收了费雪和凯恩斯理论的货币分析的理论模型,实际上也就是现代货币主义的宏观经济模型。

为了简化,弗里德曼假定所考察的是一个封闭经济,也不考虑政府的财政支出和各种随机扰乱。该模型由六个方程组成:

$$\frac{C}{P} = f\left(\frac{Y}{P}, r\right) \tag{7.9}$$

$$\frac{I}{P} = g(r) \tag{7.10}$$

$$\frac{Y}{P} = \frac{C}{P} + \frac{I}{P}\left(\vec{\boxtimes} \frac{S}{P} = \frac{Y-C}{P} = \frac{I}{P}\right) \tag{7.11}$$

$$M^D = P \cdot L\left(\frac{Y}{P}, r\right) \tag{7.12}$$

$$M^S = h(r) \tag{7.13}$$

$$M^D = M^S \tag{7.14}$$

第一个方程(7.9)是消费函数,表示以实际量表示的消费量$\frac{C}{P}$是实际收入$\frac{Y}{P}=y$与利率($r$)的函数;第二个方程(7.10)是投资函数,表示实物量投资$\frac{I}{P}$是利率的函数;第三个方程(7.11)是收入流量的定义性方程,表示在均衡条件下,实际收入等于实际支出,或者说投资(实物量)等于储蓄$\left(\text{以实物量表示为}\frac{S}{P}\right)$。这三个方程式表明,投资量与储蓄量是随收入量和利率而调整的,并在投资等于储蓄时决定国民收入的均衡水平。

第四个方程(7.12)是简化的货币需求函数,表示对现钞的需求是名义收入$\left(Y=P,\frac{Y}{P}\right)$和名义利率的函数,或人们对现金余额的需求(货币需求函数所反映的货币需求$\frac{M_d}{P}$是实际收入与利率的函数,即$\frac{M_d}{P}=L\left(\frac{Y}{P},r\right)$;第五个方程(7.13)是货币供给函数,表示货币供应量是利率的函数;第六个方程(7.14)是均衡方程,表示在均衡条件下,货币需求量等于货币供应量。这三个方程表明,货币需求量与货币供应量随收入量和利率变化而调整,最终使货币市场达到均衡状态。

以上方程式体系共有六个方程和七个未知变量,因而,其中必须有一个变量要在方程式体系外被决定,使得未知变量与方程式数量相等,从而可以解出这组方程式。

弗里德曼认为,货币数量论和凯恩斯收入—支出理论之间的主要分歧就在于把哪一个变量放在模型外来决定。在短期内,货币数量论与收入—支出理论都认为货币供应量的增加会引起名义国民收入($Y=Py$)的增加,但它们都无法确定,由货币供应量的增加引起的国民收入的增加,有多少部分表现为物价水平($P$)的提高,有多少部分表现为实际产量($y$)的扩大。对于这一问题,货币数量论假定实际产量为既定,货币供应量的增加全部由物价水平的提高吸收了。凯恩斯的收入—支出理论认为,物价水平是既定的,由一些模型外的变量(如货币工资率)所决定,货币供应量的增加全部被实际产量的扩大所吸收。弗里德曼指出,他的货币数量分析是一种"简单名义收入货币理论",着眼于经济的长期均衡分析,在长期中,所有实物变量(如实际产量、实际利率、就业和失业率等)都是由非货币因素或者说实际因素(如人的事业心、独创性、节俭和勤奋程度以及产业结构和政府结构)来决定的。货币的作用只是决定物价水平,决定以货币表现的名义收入和名义利率等。

## (二) 货币传导机制

在货币供应量对经济活动发生作用的传导机制方面,弗里德曼与传统的货币数量论和凯恩斯的观点也是不同的。

按照传统的货币数量论,$M=kPy$或者$\frac{M}{P}=ky$,人们愿意经常持有的货币数量(现金余额)所能支配的实物量$\frac{M}{P}$在实际收入(实际产量 $y$)中所占的比例$k$是固定不变的。当货币供应量增加时,人们愿意持有的货币数量也会同比例增加,以保持其实际购买力不变。所以,传统的货币数量论的传导机制是:货币供应量增加将通过人们用手上增多的货币来购买数量既定的产品,最后导致物价水平和名义收入($Py$)同比例上升。

凯恩斯主义者认为，货币数量的变动将只是通过对一组约定的收益（即对一组金融资产如政府债券或公司债券的市场利率）的影响而影响产量或价格。当货币供应量增加时，人们将以超过他自愿持有的货币数量去购买债券，结果债券的价格上升，亦即利率下降；随着利率下降，投资将增加；投资的增加最终通过乘数作用使国民收入增加。因此，凯恩斯主义的传导机制是通过利率的变化使盈利能力和投资量发生变化，最终影响国民收入。

现代货币主义学派不同意凯恩斯主义者的上述这种关于货币传导机制的看法。他们认为，货币增加量可以直接影响支出、价格以及物质资产很多种类固有的收益，不仅限于金融资产的一小组收益。弗里德曼指出，他和凯恩斯主义者在货币传导机制方面的分歧，主要是在所考虑的资产范围上，凯恩斯主义者只是考虑相当狭窄范围的金融资产及利率，故十分重视投资的利率弹性；而他所考虑的是较为广义的资产和利率，包括耐久性消费品和其他实际资产。由于所考虑的资产范围较大，资产选择的范围也就较广，当货币数量增加引起利率一定程度下降时，货币需求的利率弹性极小，即利率下降不会引起人们对货币需求的增加，而是用增加的货币去购买各种资产，这样，大部分货币增加量将直接作用于名义收入。总之，现代货币主义者认为，货币数量对实际经济体系产生影响的传导机制是通过较广泛范围内资产选择所引起的各种金融资产、实物资产、债务和耐久性消费品的相对价格变化而起作用的。

由于资产选择范围较广，弗里德曼在分析货币数量与利率的相互关系时指出，货币数量增加后，人们会发现手头现金与其他资产的比例变化了，所以会用货币去购买其他资产以调整其资产结构，这样就引起了各种资产价格上升，利率下降。但是，在货币数量急剧增加时，随着人们的购买，利率最初是下降的，随着物价的上升和企业贷款的需求提高，又会促使利率上升，尤其是考虑到物价上升时实际利率和名义利率的背离幅度，名义利率还会进一步上升。根据弗里德曼的观察，巴西、智利等国就是因为货币数量增加过多，引起物价急剧上涨，从而利率也高涨。现代货币主义者正是根据这一分析来反对凯恩斯主义的货币政策，认为依据利率来制定货币政策，必然会导致货币政策的失误。因为从长期看，货币供应量的增加并不会降低利率，反而会使利率上升，而为降低利率再增加货币供应量，则只会加剧通货膨胀。

## 五、 通货膨胀与自然失业率

### （一）弗里德曼的观点

1976年，弗里德曼在接受诺贝尔经济学奖时，发表了题为"通货膨胀与失业"的演讲，就西方经济学界所关心的现实问题，阐述了现代货币主义者的看法。

弗里德曼认为，第二次世界大战以后，经济学界对通货膨胀和失业间关系的分析已经经历了两个阶段，从20世纪70年代中后期起正在进入第三阶段。①

第一阶段：接受菲利普斯曲线。菲利普斯曲线表明，失业水平与工资变化率之间存在着稳定的反向变化的关系，即高失业率伴随着较低的工资水平，低失业水平伴随着较高的工资率。这种关系被许多经济学家理解为因果关系，从而为决策者提供了一种稳定的交替选择。但是，对菲利普斯曲线的经验估算却不能令人满意，更重要的是，与规定的失业水平相一致的

---

① 参见〔美〕M.弗里德曼：《通货膨胀与失业》，载《米尔顿·弗里德曼论通货膨胀》，杨培新译，北京，中国社会科学出版社1982年版，第68—95页。

通货膨胀率并不是一成不变的。当各国政府到处寻找提高就业水平的途径时,通货膨胀在任何国家都在随时增长,早期与低失业率并存的通货膨胀,后来开始与高失业率并存了。而现代货币主义者在这一期间一直在怀疑是否存在着一条稳定的菲利普斯曲线。

第二阶段:开始引进通货膨胀预期的概念,作为推移短期菲利普斯曲线位置的变量,并引进了"自然失业"这个概念,用来决定垂直的长期菲利普斯曲线的位置。"自然失业率"的概念是弗里德曼在1967年美国经济学会年会的会长演说(题为"货币政策的作用")中提出的。"所谓'自然失业率'是这样一种失业率,它可以根据瓦尔拉斯的全面均衡方程体系计算出来,只要给予这些方程式以劳动力市场和商品市场的现实的结构性的特征,这些特征包括市场不完全性,需求和供给的随机变化,获得有关工作空位和可利用的劳动力的情报的费用,劳动力流动的费用,等等。"弗里德曼所说的"自然失业率"实际上就是传统经济学所说的社会经济生活中的摩擦性失业和自愿失业。

弗里德曼认为,自然失业率的存在使任何旨在使失业率低于自然失业率的政策措施,只有在以下条件下才能暂时有效,即工人在要求提高工资时预期的物价上涨率低于实际发生的物价上涨率,从而货币工资增长率低于物价上涨率。在这种条件下,雇主愿意增加产量,于是就业量也随之增加。这时,失业的减少,必然伴随着物价的上涨。但是,物价上涨又会影响到人们对物价的预期的重新调整。当工人发现货币工资增长率低于物价上涨率时,就会进一步提出提高货币工资的要求,使货币工资进一步上升,实际工资恢复到原来的水平。这样一来,雇主也会因工资上升而减少产量、解雇工人,从而使失业率回到一个与较高的物价上涨率和较高的货币工资增长率相对应的自然率水平。在这种情况下,继续扩大货币供应量并不能将失业率降到自然失业率水平之下,而只是引起物价同比例的上涨。根据这一分析,弗里德曼认为,菲利普斯曲线所反映的通货膨胀与失业率之间的交替关系,只有在短期内一定条件下才存在,在长期中是根本不能成立的。由于自然失业率的存在,凯恩斯主义以充分就业为目标的扩张性财政政策和货币政策不仅无法消除失业,反而会因增加货币供应量而引起通货膨胀。

第三阶段:主要是对"滞胀"的解释。20世纪70年代中期以后,资本主义各国经济中,通货膨胀与失业表现出明显的正比关系,二者同时向同一方向变动。对于"滞胀"的原因,弗里德曼认为,"通货膨胀和低速增长是政府庞大化的产物,两者有相互强化的力量"①。

对于政府庞大化和通货膨胀的关系,弗里德曼认为,"无论何时何地通货膨胀总是个货币现象"②。政府庞大化的结果必然会导致货币供应量加速增长。因为政府的庞大化必然使其支出增加,为筹措资金,政府不能仅仅依靠税收(因为经常征税会受到人们的抵制),于是,政府自然会用其他途径来取得收入。而最好的"快捷方式"就是发行新货币弥补财政赤字,结果造成货币供应量增加和通货膨胀。

对于政府庞大化、通货膨胀和经济停滞(低速增长)的关系,弗里德曼认为,庞大的政府必然会对经济进行干预,结果会造成:(1)税收负担加重,影响工作和存款的积极性;(2)通货膨胀的日益频繁和加剧,会导致市场结构的不平衡,经济效率受损;(3)在通货膨胀率经常变化的情况下,为防止资产损失,人们会注重投机活动以逃避通货膨胀,而不是通过努力从事生

---

① 〔美〕M.弗里德曼:《危机中的自由经济》,载《世界经济译丛》1982年第2期,第22页。
② 〔美〕M.弗里德曼:《米尔顿·弗里德曼访华讲演》,载《米尔顿·弗里德曼论通货膨胀》,杨培新译,北京,中国社会科学出版社1982年版,第21页。

产来增加收入;(4)政府为制止通货膨胀所采取的物价和工资管制政策,导致价格体系不能正常变化,以致经济资源不能得到有效的配置。对此,弗里德曼说:"通货膨胀变动性增加的第二个连带关系的影响是给市场价格一个效率更差的制度去协调经济活动,即:价格制度指导经济活动的能力受到削弱,相对价格由于所有的市场产生了更大的摩擦而被歪曲了,而且,很可能会有更高的创纪录的失业率。"①

### (二) 对弗里德曼观点的发展

弗里德曼提出的现代货币主义的通货膨胀理论基本上是以封闭经济条件下的通货膨胀问题为对象的。要想让该理论在开放经济条件下适用,就必须加以适当的补充。现代货币主义的另外一些代表人物哈里·约翰逊、罗伯特·蒙代尔、雅可布·弗兰克尔、戴维·莱德勒和亚历山大·斯沃博达,在这方面作出了努力。总的说来,他们认为,根据货币数量论,世界的货币供应量等于各国货币供应量的总和;如果其他国家的货币供应量不变,一国的货币供应量增加,就意味着世界货币供应量增加,而世界的通货膨胀率则取决于由各国的货币供应量所组成的国际货币供应量。

现代货币主义者认为,在开放经济条件下,通货膨胀可以从一国传递到另一国,这种通货膨胀的国际传递机制,主要有以下两种:

第一,通货膨胀通过各国进出口产品价格的变动及其相互影响而在国际传递,即通货膨胀通过国际贸易从一国传递到另一国。莱德勒在《货币和通货膨胀论文集》(1975)一书中,把商品划分为"可进入国际市场的商品"和"不进入国际市场的商品"两类。他认为,前一种商品的价格受国际市场商品价格波动的影响,容易随着国际市场的供求关系而波动,然后又影响到后一类商品价格的波动,这样就把通货膨胀从国外传递到国内来了。这种通货膨胀在国际的传递渠道,也被称为"价格效应"。

第二,通货膨胀通过国际资本流动渠道传递。根据约翰逊和斯沃博达的研究,通货膨胀的国际传递既与国际贸易有关,又与国际资本流动有关。比如,世界通货膨胀率的波动会影响到国际金融市场的利率水平,这又会引起国际范围内资本的流动,从而引起一国国际收支差额的变化和国内的货币供应量的变化。这样,在一个经济开放的国家,在其国内利率随着国际资本的流入和流出而适应国际金融市场利率水平的过程中,世界通货膨胀也就被传递到国内来了。这种通货膨胀的国际传递渠道,也被称为"流动效应"。②

## 六、现代货币主义的经济政策

### (一) 弗里德曼的货币政策标准

现代货币主义者的经济政策以现代货币数量论为理论基础,反对国家过多干预经济,认为经济自由是经济政策主张的基调。他们认为,市场的自发力量具有使资本主义经济自然而然地趋向均衡的作用。在他们看来,第二次世界大战后,资本主义经济的大波动大多数是由

---

① 〔美〕M.弗里德曼:《通货膨胀与失业》,载《米尔顿·弗里德曼论通货膨胀》,杨培新译,北京,中国社会科学出版社1982年版,第89—90页。

② 参见〔奥〕赫尔姆特·弗里希:《通货膨胀理论(1963—1975年):"第二代"概述》,载《经济学文献杂志》1977年12月号。

于政府采取了旨在干预市场经济的错误的财政金融政策造成的。现代货币主义者在反对凯恩斯主义的财政政策的同时,主要强调正确的货币政策的重要作用。弗里德曼把正确的货币政策归结为三点:第一,货币政策能够防止货币本身成为经济混乱的主要根源;第二,货币政策能够给经济运行和发展提供一个稳定的背景;第三,货币政策能够有助于抵消经济体系中其他原因引起的比较重要的干扰。①

### (二)现代货币主义的经济政策

现代货币主义者的经济政策主要有以下几项:

(1) "单一规则"的货币政策。现代货币主义者不仅反对凯恩斯主义的财政政策,而且也反对凯恩斯主义的由中央银行根据经济情况"相机抉择"的货币政策(用随时调整贴现率、买卖政府债券的办法来调节货币供应量)。弗里德曼曾经对大量的历史统计材料进行研究。他得出结论认为,货币增长率的变化平均需要在6—9个月以后才能引起名义收入增长率的变化,在名义收入和产量受到影响后,平均要再经过6—9个月价格才会受到影响。因此,货币供应量的变化和通货膨胀率的变化两者间隔的总时间平均为12—18个月。② 据此,弗里德曼反对货币当局有意识地运用货币政策来克服经济的不稳定。他认为,由于货币数量的变化对实际经济和通货膨胀的影响存在着"时滞",政府在调节货币供应量时往往会做过头,造成经济波动更加频繁,更不稳定。弗里德曼认为,货币当局只需实行"单一规则"的货币政策,把控制货币供应量作为唯一的政策工具,由政府公开宣布把货币供应量的年增长率长期固定在同预计的经济增长率基本一致的水平。这样就可以避免经济的波动和通货膨胀。

(2) "收入指数化"方案。20世纪70年代,西方各国为对付经济"滞胀"都先后推行了冻结或管制工资和物价的"收入政策",但是收效甚微。对此,弗里德曼等现代货币主义者提出了"收入指数化"的方案,认为应该将工资、政府债券收益和其他收入同生活费用(如消费物价指数)紧密联系起来,使它们能够根据物价指数的变化而调整。弗里德曼认为,实行收入指数化方案可以消除通货膨胀过程中带来的不公平,剥夺政府从通货膨胀中所得到的非法收益和一些债务所有者所占的便宜,这样也就消除了社会经济生活中搞通货膨胀的动机。③ 不过,弗里德曼也承认,由于不可能使社会经济活动中所有的合同契约(包括政府与个人之间的默契)都随物价变动而调整,因此,"收入指数化"政策并不是稳定物价的最好办法。要彻底根治通货膨胀,唯一有效的办法就是控制货币供应量的增长率。英国的现代货币主义者莱德勒也完全赞同弗里德曼的政策主张。④

(3) 实行浮动汇率制。早在1950年,弗里德曼就撰文《浮动汇率问题》,详细地分析了国际收支变化的调节问题,反对实行固定汇率制,主张实行浮动汇率制。弗里德曼认为,浮动汇率制是一种自动调节机制。它有助于国际贸易和国际收支均衡的自动维持,能减轻国际收支失衡对国内经济的不利影响。这对于实现经济的稳定增长、发展不受限制的多边贸易都是极为有利的。当资本主义各国在20世纪60年代末期和70年代初期发生严重的通货膨胀时,弗

---

① 参见〔美〕M.弗里德曼:《货币政策的作用》,载《现代国外经济学论文选》(第一辑),北京,商务印书馆1979年版,第126—128页。
② 参见〔美〕M.弗里德曼:《论货币》,载《世界经济译丛》1981年第5期,第29页。
③ 参见〔美〕M.弗里德曼:《利用升降条款有助于与通货膨胀作战》,载《幸福》杂志1974年7月2日。
④ 〔英〕莱德勒:《一个英国人的评论——"需求管理"的终结:如何减少70年代的失业》。转引自〔美〕M.弗里德曼:《失业还是通货膨胀?——对菲利普斯曲线的评价》,张丹丹、胡学璋译,北京,商务印书馆1982年版。

里德曼和一些现代货币主义者就认为,主要原因之一就是由于固定汇率制度引起的通货膨胀从美国向其他国家的国际传递造成的。1971年"美元危机"以后,西方各国都陆续实行了程度不同的浮动汇率制。这就证实了弗里德曼等人的预见,也表明现代货币主义者所主张的浮动汇率制的政策主张得到了实现。弗里德曼后来获得1976年诺贝尔经济学奖的原因之一就是其一贯坚持主张实行浮动汇率制。

## 七、简要评论

以米尔顿·弗里德曼为代表的现代货币主义者在思想倾向上属于保守的经济自由主义,推崇市场自动调节机制的有效性,反对政府对经济活动的干预。这种思想也反映在他们的主要经济政策取向上:一方面,从基本思路上反对政府过多干预经济活动,赞成实行经济自由主义;另一方面,又在某些方面坚持政府调控(特别是在货币供给方面,认为完全依靠市场是无法保证其稳定性的)。他们的出发点是,市场经济机制发挥作用要依靠可靠的价格信号,在通货膨胀条件下,是做不到这点的。因此,他们坚决反对通货膨胀,将治理通货膨胀放在经济政策的首位。而治理通货膨胀就必须依靠政府和货币当局,所以,这又不能彻底反对国家干预。现代货币主义借助政府和货币当局调节货币供应量来治理通货膨胀的思想观点,就被后来一些经济学家(特别是美国的经济学家)发展为影响经济活动的主要依据和手段,特别是在现代经济危机多以金融危机形式发生的情况下,就更是如此。

尽管现代货币主义者对传统的货币数量论进行了一定的修改和补充,分析了货币数量对经济的短期影响及传递机制,但是,在本质上,他们仍然没有脱离货币数量论的基本性质。即便是在分析资本主义经济中的通货膨胀和失业问题方面,"现代货币数量论"也没有改变其货币数量论的本质。他们提出的"自然失业率"概念尽管已经从"充分就业"的概念向现实靠近了一步,但是,仍然是背离现实,与现实有距离的。所谓"自然的"只不过是在资本主义市场经济条件下的一种必然现象。正像马克思所指出的,出于资本家的利益考虑,资本主义经济中必须保持一个失业者的"蓄水池",以便在经济的周期性扩张和收缩中"正常地"吸纳和吐出劳动力,使社会保持"基本稳定"。所以,现代货币主义者的理论和政策主张完全是为解决资本主义国家经济现实问题而提出来的,比如,单一的货币政策和自由汇率政策,都是适应着当时美国出现的严重通货膨胀和国际货币危机而提出的,因而,这些政策既有其一定的合理性,又有其无可避免的局限性。无论何时,借鉴和使用货币政策时,都有必要注意现代货币主义的这些限制和特点。

20世纪70年代以后,现代货币主义在美、英等国家逐渐取代了后凯恩斯学派的地位,成为西方国家政府制定经济政策的理论依据。但是,那些国家实行现代货币主义经济政策的实际后果却是20年代80年代初西方各国的经济持续衰退。这可以说是现代货币主义学派理论与政策主张某种局限性的一个证明。

现代货币主义在西方经济学中的地位一经确立,西方经济学界对货币在经济中的作用也大体形成共识。现代货币主义经济学由于其反传统的研究方法和理论,曾经引起人们对传统货币理论的反思。尤其是联系到世界经济快速向信用经济过渡,各类金融资产对货币的替代性越来越强的现实,就更是如此。在这样的背景下,一些现代货币主义经济学的追随者甚至提出了构建没有货币的信用经济或没有货币的金融。尽管这些想法在可行性方面还令人怀疑,但的确可以引起人们对现存货币金融体系存在弊端的重视,重新思考未来金融改革和发展的方向。

从理论上看,现代货币主义经济学及其追随者的观点补充了凯恩斯理论中存在的不足,在一定程度上为解决流动性陷阱问题提供了思路。在凯恩斯的货币理论中,流动性偏好是核心概念,同时也是三大心理因素之一。凯恩斯指出,货币可以充当流通手段用于现期交易,也可以作为贮藏手段。由于流动性偏好,人们即使在货币作为贮藏手段不能带来收益的情况下,也仍愿意持有现金。而在金融资产作为交易媒介的经济条件下,交易媒介的收益率就是金融资产的收益率。流动性需求的变化影响了利率在不同金融资产之间的分配,但是不同利息之间的差额对一般利率变化的影响却不明显。按凯恩斯的理论,资本边际效率的负面冲击将降低资本投资,除非利率同步下降,那么就会到达生产这些资本不再有利可图之点,这一点就是流动性陷阱。当没有任何一种资产的边际效率大到足够等于利率时,资本资产的进一步生产将会停止。现代货币主义经济学的追随者认为,如果交易媒介产生弹性的货币收益,那么凯恩斯所说的问题将不会发生。①

现代货币主义追随者的观点虽然新颖,但还缺乏坚实的理论和实证支撑。他们看到了现有金融体系和货币金融理论中存在的问题,并且论述了这些问题存在的原因。但这些论述还是基于比较狭窄的角度,难免有些偏颇。这也说明,新的货币经济学还属于一个不成熟的、正在形成过程中的货币经济理论。

针对凯恩斯及其继承者的理论,坚持古典理论与新古典理论的现代货币主义者和新古典宏观经济学者都给予了批评,其中有些批评是针对其微观基础的。

这方面最早的努力来自弗里德曼(1957)和莫迪利安尼(1954)②等人,他们两人分别提出了持久收入假说和生命周期假说。这两个理论本质上是一样的:一个理性的消费者会着眼于长远进行决策,寻求长期或一生的效用最大化。它们在理论上的区别在于,凯恩斯根据观察到的事实归纳出理论,而弗里德曼和莫迪利安尼则在观察的基础上进行了基于理性行为的理论解释,纠正了凯恩斯的错误,得出不同的宏观经济学结论。

尽管弗里德曼的持久收入假说既不是货币理论,也不是针对经济波动理论而言的,但是其基于微观基础展开分析的结论却在宏观上颠覆了凯恩斯关于经济波动的观点。凯恩斯的绝对收入假说预示了失业和萧条的经常性,证明了国家干预经济的必要;而弗里德曼的持久收入假说则显示人们的消费会和收入保持一致,因此当经济增长、收入增加时不会出现消费不足的现象。按弗里德曼的观点,由于人们的行为是理性的,人们关注长期的收入和消费之间的匹配,因此当收入临时增加时,人们的消费变化很少,临时收入的边际消费倾向非常低,这就意味着财政政策的乘数是很小的;而基于绝对收入假说的凯恩斯理论未区分收入变化是临时的还是持久的,因此即使临时的收入增加,也有较大的边际消费倾向,这意味着财政政策的乘数是很大的。同样,如果人们相信收入增加是持久的,那么就会等量地增加消费,不会出现凯恩斯所说的消费倾向递减,因此资本主义经济不会出现消费不足。实情是,人们在收入高时进行储蓄,而在收入低时动用储蓄,从一个宏观经济而言,消费与收入是相当的。

生命周期假说无论是理论基础还是研究结论,在本质上都与弗里德曼的持久收入假说相似。20世纪70年代之后的新古典宏观经济学家据此理论认为,凯恩斯主义的赤字财政政策

---

① 焦成焕等:《新货币经济学与传统货币理论的比较研究》,载《改革与战略》2007年第3期。
② 莫迪利安尼是一位美国凯恩斯主义者,但他和货币主义者弗里德曼一样在消费函数理论中引入了新古典经济学的要素。

是不成立的,因为建立在人们理想预期基础上的李嘉图等价原理是成立的。人们会把替代税收的公债等同于税收,即当前用公债在财政收入上弥补减税,就意味着今后的增税,因此认为自己的一生财富不会受到公债的影响。所以,凯恩斯主义通过减税来刺激经济增长的政策是不会起作用的。

无论如何,我们可以看到,现代货币主义的出现,在美国经济发生滞胀的条件下,对于长期实行的凯恩斯主义思想和政策的确是一种有力的打击。现代货币主义提出的某些思想对于试图运用货币政策来调控经济的政府来说,也具有很好的启发性和警示作用:要注意货币政策可以做什么和不可以做什么。

## 思考题

1. 货币主义学派是怎样产生的?其主要代表人物有哪些?
2. 货币主义学派的思想渊源是什么?
3. 货币主义的基本观点是什么?
4. 弗里德曼提出的货币需求函数的主要结论和特点是什么?
5. 弗里德曼进行货币分析的理论模型包含哪几个方程式?
6. 货币主义是如何看待失业与通货膨胀之间的关系的?
7. 货币主义者认为的通货膨胀的国际传递机制是怎样的?
8. 货币主义经济政策的主要内容有哪些?

## 参考文献

1. 〔英〕布莱恩·摩根:《货币学派与凯恩斯学派——它们对货币理论的贡献》,薛蕃康译,北京,商务印书馆1984年版。
2. 〔美〕M.弗里德曼:《论货币》,载《世界经济译丛》1981年第5期。
3. 〔美〕M.弗里德曼:《货币稳定方案》,宋宁、高光译,上海,上海人民出版社1991年版。
4. 〔美〕M.弗里德曼:《资本主义与自由》,张瑞玉译,北京,商务印书馆1982年版。
5. 〔美〕M.弗里德曼、R.弗里德曼:《自由选择》,胡骑、席学缓、安强译,北京,商务印书馆1982年版。
6. 《弗里德曼文萃》,胡雪峰、武玉宁译,北京,北京经济学院出版社1991年版。
7. 〔美〕M.弗里德曼:《货币数量论——一个重新表述》,载《货币数量论的研究》,美国,芝加哥,芝加哥大学出版社1956年英文版。
8. 〔美〕M.弗里德曼:《通货膨胀与失业》,载《米尔顿·弗里德曼论通货膨胀》,杨培新译,北京,中国社会科学出版社1982年版。
9. 〔美〕M.弗里德曼:《失业还是通货膨胀?——对菲利普斯曲线的评价》,张丹丹、胡学璋译,北京,商务印书馆1982年版。

# 第八章 供给学派

## 一、供给学派产生的理论渊源和历史条件

供给学派(The Supply-Side School)是20世纪70年代后期在美国兴起的又一个与凯恩斯主义相对立的经济学流派,其主要代表人物有南加利福尼亚大学的阿瑟·拉弗(Arthur B. Laffer),哈佛大学教授马丁·费尔德斯坦(Martin S. Feldstein),《华尔街日报》的罗伯特·巴雷特(Robert Barret)、裘德·万尼斯基(Jude Wanniski)、保罗·克雷·罗伯茨(Paul Cray Roberts),哥伦比亚大学的罗伯特·蒙代尔(Robert Mundell)、米切尔·伊文思(Mitchell Evans)和乔治·吉尔德(George Gilder)等人。供给学派是主张经济自由主义的,他们反对凯恩斯主义的有效需求管理理论及其政策主张,注重供给,主张刺激储蓄、投资和工作的积极性,主张让市场机制更多地自行调节经济。1981年美国的里根政府曾经一度把供给学派的理论作为制定经济政策的工具。该学派的理论在英国撒切尔夫人当政期间也曾受到高度重视。

供给就是指商品和劳务的供给,也就是指生产。所以,供给学派又叫作生产学派、供给经济学。"供给经济学"一词由弗吉尼亚大学的赫伯特·斯坦教授于1976年首次提出。供给学派就是强调生产和供给的经济学派。供给学派的主要代表人物阿瑟·拉弗认为,供给学派的经济学是一种"新经济学,即对个人刺激的经济学"①。伊文思认为,凯恩斯主义把注意力放在了需求方面,所以不能解决好现实中的经济问题,而他们供给学派的经济学家则强调把注意力放在供给方面,集中在调节生产率方面。在观点上并不偏激的"温和派"供给学派的经济学家马丁·费尔德斯坦也认为,供给经济学家强调需要有新的税收刺激结构,去鼓励人们储蓄和鼓励企业在新的、更有效的工厂与设备方面进行投资。②

20世纪70年代西方国家出现经济"滞胀"以后,供给学派认为,问题的症结在于供给不足,需求过旺,所以,他们反对凯恩斯主义的需求管理政策,主张通过减税政策实行供给管理,刺激投资。

总的说来,供给学派在经济理论上是比较薄弱的。它只是偏重经济政策的一个流派。对此,托马斯·J.海尔斯通尼斯说:"供给经济学是通过商品和服务供给效应方面的多种手段措施,为了调节经济增长和促进物价稳定而提供的一种政策研究。"③

### (一)供给学派的理论渊源

供给学派的主要代表人物说,供给学派经济学"不过是穿上现代服装的古典经济学"④。所以,可以说供给学派的理论渊源主要是古典经济学。这种古典经济学主要是指从亚当·斯

---

① 参见《为什么供给经济学突然广泛流行?》,载美国《商业周刊》1979年9月17日,第116页。
② 参见〔美〕索玛:《新经济学的超级明星》,载美国《时代》杂志1980年3月23日,第33页。
③ 〔美〕托马斯·J.海尔斯通尼斯:《供给经济学导论》,美国,莱士顿出版公司1982年英文版,第3页。
④ 引自美国《经济影响》1982年第1期。

密到约翰·斯图亚特·穆勒,并由萨伊建立的以供给为出发点,以生产、成本、生产率为研究重点,以经济自由主义为主要政策主张的经济理论体系。吉尔德认为:"自从斯密为供应派经济学赢得首次胜利以后的两个世纪中,需求派经济学接二连三获胜。"①在现有形势下,则应当抛弃凯恩斯主义,返回到"古典经济学"去。

此外,从供给学派强调减税等财政政策来看,其分析方法和政策主张的渊源是从大卫·休谟、亚当·斯密和一些重商主义者那里来的。②

古典派的经济学认为,充分就业是自由市场经济条件下的常态,因为"供给会自行创造自己的需求"(此即"萨伊定律")。萨伊概括了"古典经济学"理论体系的性质与结构特点。他认为,生产是经济活动的起点,分配是生产的结果,交换是分配的继续,消费是经济活动的终点。生产者的最大利润必然会带来全社会的最大利益,消费者的最大利益寓于生产者的利益之中,是生产决定了消费;经济学研究的重点应该放在生产和供应上,"所以一个好的政府以刺激生产为目的,而一个坏的政府则鼓励消费"③。萨伊还认为,当一种资源得到充分利用时,就生产出一定量的商品;参加这种生产的人们也获得一定的收入,从而他们将以就业中所得的这些收入去购买产品。只要生产安排好,不论生产什么都能销售出去,发生过剩的产品不过是一种劣等货或者不对路的暂时过剩;只要供给会创造它自己的需求,就不会发生一般生产过剩,总供给和总需求一定相等。在政策主张方面,供给学派直接吸收了"古典经济学"强调供给、生产,刺激储蓄投资,提高生产率方面的基本经济思想;在基本理论方面,供给学派则利用"萨伊定律"来直接否定凯恩斯主义。乔治·吉尔德对此作出了总结:"萨伊定律,它的各种变化,是供应学派理论的基本规则。……萨伊定律之所以重要,是因为它把注意力集中在供应、集中在刺激的能力或资本的投资方面。它使经济学家们首先关心各个生产者的动机和刺激,使他们从专心于分配和需求转过来,并再次集中于生产手段。"④

### (二) 供给学派产生的历史条件

20世纪70年代,西方国家普遍出现了经济"停滞膨胀"的局面。面对这种局面,凯恩斯主义的经济理论无法加以解释,更提不出解决问题的办法。西方经济学便出现了重大的危机。正是在这种历史条件下,供给学派应运而生了。供给学派基本主张的提出者是罗伯特·蒙代尔。1971年,加拿大籍美国经济学家罗伯特·蒙代尔对美国政府通过增加税收的办法抑制通货膨胀的做法提出了批评。蒙代尔主张一方面应该紧缩货币供应量以抑制通货膨胀,另一方面应该减税以刺激经济增长,而且减税后,政府的税收未必会减少,所以,减税并不一定会增加政府预算赤字。这些显然是供给学派的基本思想。也正是由于这个原因,罗伯特·蒙代尔被美国的报刊称作"供给学派的先驱者"。不过,由于蒙代尔在一定程度上还是接受一些凯恩斯经济学的因素的,因此,他并没有成为供给学派最引人注目的代表人物。具有讽刺意味的是,恰恰是罗伯特·蒙代尔后来在1999年获得了被经济学界公认为最高奖项的诺贝尔经济学奖(尽管他获奖的理由并不是由于他的供给学派理论),而其他供给学派的重要

---

① 〔美〕乔治·吉尔德:《财富与贫困》,唐寿宁译,上海,上海译文出版社1985年版,第44页。
② 参见〔美〕罗伯特·凯莱赫、威廉·奥泽克欧斯基:《供给经济学在古典经济学中的渊源》,载美国《经济影响》杂志1981年第4期。
③ 原出自〔法〕萨伊:《政治经济学概论》。转引自〔美〕亨利·黑兹利特:《凯恩斯主义的批评者》,美国,普林斯顿,普林斯顿大学出版社1960年英文版,第20—21页。
④ 〔美〕乔治·吉尔德:《财富与贫困》,唐寿宁译,上海,上海译文出版社1985年版,第61页。

人物却没有一个人获得此奖。

供给学派认为,凯恩斯主义的经济理论无非是与萨伊的"供给自行创造需求"相对立的一种"需求自行创造供给"的理论。他们认为,凯恩斯主义在长期以来不断人为地刺激需求,持续地损害了资本主义的经济。供给学派认为,当今美国的经济与凯恩斯当时的大萧条情况不同,需求的增长不一定会造成实际产量的增长,而只能单纯增加货币数量,促进物价上涨,结果反而引起储蓄率和投资率的放慢,技术变革延缓。乔治·吉尔德说:"在经济学中,当需求在优先次序上取代供应时,必然造成经济的呆滞和缺乏创造力、通货膨胀以及生产力的下降。"[①]供给学派正是在对凯恩斯有效需求理论的批判和否定凯恩斯主义的需求管理政策的基础上,来复兴"古典经济学"和"萨伊定律",从而提出他们供给管理的政策主张的。

## 二、"激进的供给学派"的基本政策主张和理论模型

供给学派并不是一个体系严密、理论统一的经济学流派。实际上,在供给学派内部还可以大体上分为两个分支,一个是"激进的供给学派",另一个是"温和的供给学派"。前者主张实行大幅度的减税,并且醉心于减税的快速效应;后者则有所不同。这里首先介绍和说明以拉弗和万尼斯基为代表的"激进的供给学派"的理论和政策主张。

### (一)"激进的供给学派"的政策主张

"激进的供给学派"的最主要代表人物阿瑟·拉弗(1941—)是美国南加利福尼亚大学商学研究院的教授,在尼克松政府中曾经担任行政管理和预算局的经济学家。早年,当拉弗还是斯坦福大学的研究生时,就曾经预言里根将在加利福尼亚州州长竞选中获胜,后来结果诚如所料。尔后,拉弗逐渐成为里根的"莫逆之交"。这对后来供给学派理论成为"里根经济学"的核心部分也许起到了一定的作用。里根执政期间,拉弗成为总统经济政策顾问委员会成员。拉弗最引人注目之处就是他给出的"拉弗曲线"。这被看作供给学派的思想精髓。

"激进的供给学派"的另一个主要人物裘德·万尼斯基(1936—),是拉弗的好友。他曾是《华尔街日报》的副主编。在宣传和传播供给学派的理论主张过程中,裘德·万尼斯基发挥了至关重要的作用。

其他"激进的供给学派"的主要代表人物还有保罗·克雷·罗伯茨和乔治·吉尔德。

供给学派是一个偏重于政策主张的经济学流派。它首先提出政策主张,然后才逐步提出其理论模型和观点进行解释和论证。

"激进的供给学派"的政策主张主要有:(1)大幅度和持续地削减个人所得税和企业税,以刺激人们的工作积极性,并增强储蓄和投资的引诱力;(2)采取相对紧缩的货币政策,使货币供应量的增长和长期的经济增长潜力相适应,从而恢复某种形式的金本位制;(3)减少国家对经济生活的干预,特别是要改变国家干预的方向和内容,主张更多地通过减税实行"供给管理",更多地依靠市场的力量自动调节经济;(4)缩小政府开支,大规模缩减福利开支,提高私人投资的能力。上述这些政策主张中,减税是最重要的经济政策。

---

① 〔美〕乔治·吉尔德:《财富与贫困》,唐寿宁译,上海,上海译文出版社1985年版,第45页。

"激进的供给学派"认为,过去凯恩斯是通过调节货币供应量、降低利率,以增强投资的引诱力来刺激投资促进经济增长的。但是到了 20 世纪 70 年代末期,经过通货膨胀和税收调整后的利率一直是负数,如果降低利率的目的是提高投资引诱力,那么,现在适当的经济政策就再不能靠降低利率来刺激寻求了。现在的政策重点应该是放在减税和刺激供给方面。吉尔德指出,20 世纪 70 年代末期收入和资本的高税率对阻止投资所起的作用,已经大于过去利用利率杠杆所起的调节作用了;如果说过去居高不下的高利率是导致投资引诱不足的"凯恩斯洼坑",那么,今天的政府则成了"新的凯恩斯洼坑"。因此,"激进的供给学派"从"供给自动创造需求"的原理出发,把减税看成是使美国摆脱当时经济增长停滞困境的基本手段。吉尔德说:"税收政策要能有效地影响实际收入,其唯一办法在于改变对供应者的刺激。用改变报酬的方式来使人们喜欢工作胜过闲暇,乐意投资胜过消费,使生产源泉胜过财富的坑洼,并使纳税活动胜过不纳税的活动,这样政府就能直接而有力地促进真正的需求和收入的扩大。这就是供应学派的使命。"①

在"激进的供给学派"看来,正是美国日益增加的税收和政府开支,严重挫伤了储蓄和投资以及工作的积极性,从而导致供给不足,引起通货膨胀和经济停滞增长。他们从以下几个方面分析了高税率对美国经济带来的危害,从而来论证减税政策的必要性和正确性。

(1) 高税率特别是高的边际税率是妨碍美国人工作积极性提高和造成劳动生产率下降的重要原因之一。当税率提高时,尽管人们为了税后收入不降低,有可能会更加勤勉和更长时间地工作。但是,如果进行边际分析,就会发现当税率提高时,尽管人们工作会更加卖力,其生产率却下降了。因为,如果企业主是一个边际生产者,税率的提高将使他停产或进行较低水平的经济活动,社会就将失去这个企业的全部产品。高税率对就业结构也产生了不利的影响,从而导致美国的生产率下降。高税收和通货膨胀使人们的收入提高到更高的纳税等级,而实际的购买力却没有增加,其结果等于提高了税率的累进程度。据"激进的供给学派"推测,进入 20 世纪 80 年代以后,美国人的边际税率已经接近了 50%,这么高的边际税率使单一劳动者维持家庭的收入受到了惩罚,从而把庞大的家庭妇女赶入劳动大军之中。吉尔德说:"当家庭收入不管出于何种原因,增加的可能性减少时,已婚妇女会更加努力地工作,而已婚男子则恰恰相反。鉴于在美国赚取高薪的已婚男子是劳动生产率增长的主要源泉,不难看出我们的、因受通货膨胀的影响而提高的高度累进的税率,在劳动大军不断壮大的同时,只会使劳动生产率不断下降。"②"激进的供给学派"还认为,很高的边际税率是导致美国企业劳动生产率下降的又一重要原因。当边际税率很高时,则多劳动所得的收入需要按照更高的税率纳税,到手的收入就很少,休闲就变得相对有利,休闲的价格降低了。因此,进入 20 世纪 70 年代以来,一般美国的工人特别是男性工人宁愿少做工、多休息,不愿意加班加点努力工作、积极学习和提高技术以多挣工资收入。这导致美国工厂出勤率下降,劳动纪律松弛和劳动生产率下降。吉尔德认为:"这些情况给美国家庭生活罩上了一层阴影,而且在 70 年代的大部分时间内使人们的经济受到损害,导致在劳动大军不断壮大的同时劳动生产率却不断地下降。"③

(2) "激进的供给学派"的经济学家认为,很高的边际税率是导致美国储蓄和投资供给不

---

① 〔美〕乔治·吉尔德:《财富与贫困》,唐寿宁译,上海,上海译文出版社 1985 年版,第 70 页。
② 同上书,第 23 页。
③ 同上书,第 20 页。

足、经济增长停滞不前的根本原因。首先,由于边际税率越高,用于消费的价格就越便宜,用于投资和储蓄的价格相对提高,从而鼓励人们多消费、少储蓄和投资。他们认为,这是美国当时储蓄率和投资率下降的重要原因之一。吉尔德认为:"80年代伊始,这种发展给美国各个收入阶层和美国经济发展前景造成了灾难性的影响:劳动生产率的增长陷于停顿,储蓄率降至4%以下。通常作为经济发展锋芒的上层阶级——大部分投资的源泉——纷纷转向可以躲避税捐的非生产性活动,囤积黄金,购置不动产,从事投机买卖。"① 其次,由于很高的边际税率,今天大多数美国家庭靠单一劳动力的收入已经很难维持生活,这使广大妇女和临时工等非熟练工充塞到劳动大军之中,导致了维持高生产率职位的新投资严重不足,各个公司不是把钱用在购买耐用机器设备上,而是倾向于雇用一些低薪工人(季节工和零活工)。

(3)"激进的供给学派"竭力抨击李嘉图以来经济学的研究集中于收入分配。他们认为,由于大规模的福利支出,阻碍了贫困的改善,导致整个美国社会的生产率和生活水平下降。吉尔德认为,这主要是由于"竭力从富人那里拿走他们的收入,就会减少他们的投资,而把资金给予穷人,就减少他们的工作刺激,就肯定会降低美国的劳动生产率并限制就业机会,从而使贫穷永远存在下去"②。所以,只有通过大幅度减税,刺激储蓄,提高投资率,增加产量,才能摆脱这种贫困。因为这不仅可以增加就业机会,而且将使劳动者的工作热情增加,愿意加班兼职,从而增加劳动供给。这样穷人的生活水平才能提高。

(4)"激进的供给学派"认为,过高的边际税率不仅阻碍了个人和企业的财富积累,更重要的是它使个人投资者的革新、发明、创造的精神丧失殆尽,这是美国经济增长和社会进步的最大危害。吉尔德断言:"在任何经济制度中创造性和主动性的主要来源都是个人投资者。经济不会自行增长,也不能靠政府的影响而发展起来。经济是由于对人们的事业心,即,甘冒风险,把设想变成垄断,垄断变成工业,并在知道将得到什么回报之前就给予的这种意愿作出反响而增长的。"③

此外,"激进的供给学派"认为,高税率导致地下经济的规模不断扩大,避税和逃税更加盛行,家庭分裂、离婚增多和道德败坏等社会问题更加突出。

### (二)税收、收益和"拉弗曲线"

为了说明税率和税收之间的关系以及减税在刺激经济增长中的作用,"激进的供给学派"的理论家拉弗提出了著名的"拉弗曲线"。这成了"激进的供给学派"解释减税的理论依据。

"拉弗曲线"(见图8-1)是1978年首先在一些报纸上和裘德·万尼斯基的《通向成功的道路》一书中披露的。④ "拉弗曲线"实际上涉及这样一个命题,即"总是存在着能产生同样税收收益的两种税率"。图8-1表明,如果税率为零,则政府税收收入为零。但是,当税率为100%时,由于人们的全部经济活动的收入都会被政府以税收的形式拿走,他们就不再愿意工作和从事经济活动了。这时,即便税率是100%,但由于没有供征税的收入可以提供,政府的税收收入也是零。由此可见,税率必须保持在0%到100%之间,政府才能获得税收收入。此外,从图中也可以看出,当税率处于一个特定区域(如图中的 *OF* 范围内)时,随着税率的增

---

① 〔美〕乔治·吉尔德:《财富与贫困》,唐寿宁译,上海,上海译文出版社1985年版,第29页。
② 同上书,第103页。
③ 同上书,第59页。
④ 可以参见〔美〕裘德·万尼斯基:《赋税、收益和"拉弗曲线"》,载《现代国外经济学论文选》(第五辑),北京,商务印书馆1984年版,第28页。

加,政府的税收收入也会随之增加;但是,当税率超过这一区域,进入更高的区域(如图中的 $F$—100% 范围内)时,随着税率的增加,政府的税收收入反而会随之减少。"激进的供给学派"的经济学家认为,20世纪70年代美国的税率水平就恰好处于图中的阴影范围内,所以,应该实行大幅度的减税政策,而且减税并不会减少政府的财政收入。

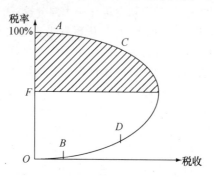

图 8-1  "拉弗曲线"

注:A 与 B、C 与 D 是税收相同时对应的不同税率。

### (三)劳动、资本"楔子"模型

阿瑟·拉弗和其他"激进的供给学派"的经济学家还从理论上考察了税率与劳动供求以及与资本形成之间的关系,建立了所谓的劳动、资本"楔子"模型[①],试图说明改变税率对于劳动需求函数和资本形成的影响。

假设雇用每个工人的平均成本费用越高,就业机会就越少,那么,高税率,特别是高工资税,实际上提高了雇主雇用工人的成本,这样就会减少就业机会。因为税收是支付给政府的,当税率提高时,雇用工人的实际总成本就比支付给工人的实际工资更高。这种离异状况就被"激进的供给学派"的经济学家叫作税收"楔子",而在这里则称为劳动"楔子"。

图 8-2 中,在没有税收"楔子"打入的均衡点 $E$,雇用劳动的雇主成本与工人实际得到的工资收入是相等的。当工资税开始增加时,不仅增加了雇用工人的成本费用,而且由于工人也支付了类似的税收,因而工人得到的实际工资降低了。可见,税收"楔子"导致了企业主对劳动需求数量的减少,以及劳动市场上劳动供给的减少。作为税收和雇主雇用工人成本上升而工人实际工资减少的"楔子"的增大,如图所示,当"楔子"增大到 $Y_2$ 时,意味着在每个工人的雇用成本和工人得到的实际工资之间"偏离"的增长。例如在 $Q_1$,雇用一个工人的成本是 $Y_2$,而支付给这个工人的实际工资却是 $Y_1$。相反,如果税收减少,市场的力量会向相反的方向作用于劳动的供给与需求。如果拔掉了政府税收这根"楔子",就能使劳动的供给趋向等于劳动的需求,达到 $Q_2$。并且,当例如公共服务等领域的某些工作通过转移支付的形式得到津贴补助时,由于雇主的劳动成本小于工人所得到的工资水平,这样会刺激企业主提供更多的就业机会,就有可能使就业量达到 $Q_3$。

"激进的供给学派"的经济学家认为,一个类似于劳动"楔子"模型中的税收"楔子"存在于资本的供给与需求之间。同样,税收"楔子"使资本的供给成本和需求成本不断上升,从而

---

① 参见〔美〕托马斯·海尔斯通尼斯:《供给经济学导论》,美国,莱士顿出版公司 1982 年英文版,第 125—129 页。

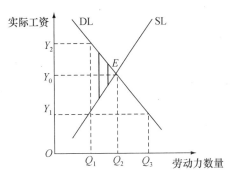

**图 8-2 劳动、资本"楔子"模型**

严重地挫伤了储蓄者和投资者的积极性,导致资本的供给不足和投资引诱的削弱,这就是美国经济停滞的根本原因。

上述劳动、资本"楔子"模型实际上是一条派生的"拉弗曲线"。它是"拉弗曲线"在理论上的进一步引申(见图 8-3)。由于劳动力的供给函数(它与资本函数是对称的)仅仅是一个税后工资函数,假定在工资税率中,有一个外生变量,那么劳动力的供给函数可以看成是固定不变的。而因为劳动力的需求函数是处于税前工资条件下,所以工资税这个外生变量会改变劳动力的需求函数。图中 $LD_1$ 代表对劳动力的需求,假定这时的工资税税率为零,劳动力的就业机会就是较为丰富的。当工资税税率开始提高时,由技术决定的边际生产力保持不变,但是由于工资普遍下降,导致了劳动力需求曲线移到 $LD_2$。如果工资税税率进一步提高,就会使劳动力的需求曲线进一步向较低的就业均衡点或税后工资均衡点移动。

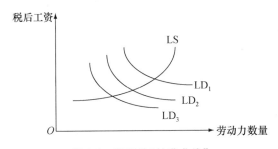

**图 8-3 派生的"拉弗曲线"**

"激进的供给学派"的劳动、资本"楔子"模型旨在从理论上论证减税同劳动、资本的供给与需求之间的关系,进一步证实减税具有增加劳动就业、鼓励资本供给、增强听众引诱力的积极效应,从而为他们的经济政策主张提供理论依据。他们认为,"今天,资本主义前途所面临的危险一点也不减当年。在那时,彻底的改革保存了资本主义。不过,这种改革虽然恢复了人们的希望,但也打入了楔子。随着时间的推移,这个楔子耗竭了这个制度的创造性。现在应尽力抽出这根楔子,恢复独创性和生产率,只有这样,才能解救资本主义"[①]。

---

① 〔美〕约兰·伊万斯、罗伯特·诺维克:《"供应学派经济学"的来历和含义》,载《财经理论与实践》1983 年增刊第 1 期。

## 三、"温和的供给学派"的理论和政策主张

### (一) 马丁·费尔德斯坦的基本观点

马丁·费尔德斯坦(1939—)是不同于拉弗、万尼斯基等美国"激进的供给学派"的"温和的供给学派"的主要代表人物。他曾任哈佛大学教授、美国经济研究局主席以及里根总统经济顾问委员会主席。马丁·费尔德斯坦在38岁的时候就获得了美国经济学会的J.B.克拉克奖章。马丁·费尔德斯坦原来是一位凯恩斯主义者,后来因为看到政府干预的不良后果,转而信奉经济自由主义的市场学说。尽管马丁·费尔德斯坦赞成和主张供给学派的理论,但是他的理论和改革包含了一些折中的因素,所以,他成了"温和的供给学派"的重要代表人物。他不赞成以拉弗为代表的"激进的供给学派"过于理想化的观点。他认为,1981年里根上台后经济发展的事实已经证明,"激进的供给学派"的所有预言都是错的,而对政策效应的预期在于"一个国家实际收入的演变有赖于其有形资本和智力资本的积累,并取决于其劳力的质量与所作的努力"①。

马丁·费尔德斯坦的主要著作有《美国税收刺激、国民储蓄与资本积累》《社会保障与财富分配》《社会保证金与国民资本积累》《失业的个人与社会的损失》《通货膨胀与股票市场》等。

马丁·费尔德斯坦的基本观点是:在当今已趋充分就业的美国经济中,凯恩斯主义的扩张性财政政策和货币政策是引起失业率和通货膨胀率上升以及资本形成率下降的主要原因;政府通过扩大社会福利计划使失业人数反而增多,个人的储蓄减少,也阻碍了资本投资和经济增长。他认为,美国在20世纪80年代初的经济问题主要是供给方面的问题,所以应该尽力提高供给能力。为此,他特别强调增加储蓄的重要性。由此出发,他也赞成减少政府对市场的干预,提倡充分发挥个人的积极性和创造性,提高生产效率。在政策措施方面,第一,费尔德斯坦主张要平衡预算开支,削减不必要的支出,特别是要削减福利开支和价格补贴等。第二,他主张逐步改革税收体制,平衡国家预算,消除财政赤字,鼓励储蓄和投资,增加生产,加速资本形成。第三,他主张长期推行低货币增长率(每年货币增长率不超过6%,并至少坚持5—7年),采取有节制并可预期的货币供给政策。第四,政府应该倡导废除束缚生产的一些规章制度,以利于刺激企业投资的积极性。第五,他主张应该"有选择地"适度减税,特别是要削减公司所得税和资本收益税,放宽折旧条例,从而刺激资本形成率的迅速增长。

### (二) 马丁·费尔德斯坦的理论模型

在政策主张上,费尔德斯坦同"激进的供给学派"有明显的区别。他认为"激进的供给学派"的方法过于简单化。他尖锐地批评了拉弗等人使里根政府醉心于减税的快速效应,误以为减税会自动地产生出政府的收入,并会消除通货膨胀,达到经济快速增长。费尔德斯坦认为,当时美国宏观经济政策的主要任务在于平衡预算、稳定并降低财政赤字和通货膨胀率,这样才能创造出一个刺激储蓄和投资的环境与条件,求得一个较高的资本形成率。在费尔德斯坦看来,美国经济的病症不仅在于很高的边际税率,也在于财政赤字、通货膨胀、税收结构、社会保险制度共同作用下的并发症。费尔德斯坦为了显示其经济学理论和政策含义,提出了著

---

① 〔美〕马丁·费尔德斯坦:《供给经济学:老原理和新论断》,载《美国经济评论》杂志1986年第5期。

名的"费尔德斯坦曲线",以说明财政赤字对通货膨胀、资本形成的影响及其相互关系的一个分析模型。

费尔德斯坦的分析模型是由政府发行的货币、债券和私人有价证券三种资产组成的一个货币增长模型。他认为,20世纪80年代美国经济的背景已经不是凯恩斯创立需求经济学时非充分就业的情形,美国经济正处于存在自然失业率条件下的充分就业,他的理论模型就是建立在这种同凯恩斯主义完全不同的经济假设条件之上的。他认为,在充分就业和经济增长的条件下,财政赤字的增加可以表现为政府债券或货币供给的增加,或两者同时增加。而货币供给的增加会造成通货膨胀的压力,政府债券的发行会引起债券利率和私人有价证券利率之间相对水平的变化,从而产生政府债券对私人有价证券的替代效应,导致私人有价证券的需求缩小,降低整个资本形成水平。费尔德斯坦认为,由于美国政府一直推行债务赤字政策,并且混合发行货币和债券,导致通货膨胀和财政赤字的共同作用,产生了对资本形成水平的长期抑制效应,结果财政赤字的增加降低了资本形成的水平,又提高了通货膨胀率。

费尔德斯坦试图探索一条在财政赤字稳定或增长的条件下,消除赤字对通货膨胀的加速作用和对资本形成抑制效应的有效途径。首先,他分析了这样一种情况,财政赤字的增加不影响通货膨胀率。要使通货膨胀率不变,只需要通过政府的债券来平衡财政赤字,而不用扩大货币供应量就可以达到。但是,这会导致政府债券和货币相对利率的提高,加强政府债券向私人有价证券的替代效应,从而会降低资本形成水平和实际国民收入。可见,避免通货膨胀的代价是资本形成水平和国民收入增长率的降低。

费尔德斯坦认为,在财政赤字增加的情况下,财政赤字可以通过发行债券解决。但主要是通过扩大货币供应量来弥补,这可以消除政府债券向私人有价证券的替代效应的压力。货币供应量的扩大产生通货膨胀,从而引起名义利率的上升,但可以通过降低边际税率,提高资本的实际净收益,使一部分扩大的货币供给被私人有价证券的投资吸收,再转而推进通货膨胀。根据以上财政赤字对通货膨胀、资本形成的影响及其相互对应关系,费尔德斯坦用一条曲线加以简明的描述和表达,这就是"费尔德斯坦曲线"(见图8-4)。"费尔德斯坦曲线"除了表示在财政赤字条件下,通货膨胀和资本形成水平表现为一种正相关之外,该曲线还会随财政赤字水平的变化而相应地上下移动。如图所示,当政府赤字增加时,曲线Ⅰ上升到曲线Ⅱ,这时为了保持原来的资本形成水平 $K_1$,通货膨胀的代价增加到 $\pi_2$;相反,如果财政赤字减少了,曲线从Ⅰ下降到Ⅲ,这时用较低的通货膨胀率 $\pi_3$ 的代价就可以维持原来的资本形成水平。同时,他认为,当财政赤字为零时,"费尔德斯坦曲线"就下移为一条和自然通货膨胀率重合的水平线,这种通货膨胀率独立于政府的财政变量,对资本的形成没有影响。

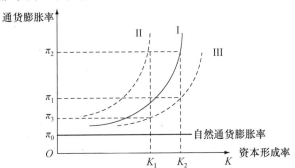

图8-4 费尔德斯坦曲线

### (三) 马丁·费尔德斯坦的政策主张

费尔德斯坦根据这个理论模型,推断凯恩斯主义的分析工具菲利普斯曲线所反映的通货膨胀率和就业之间的替代关系已经不能解释当时的美国经济现状。菲利普斯曲线的理论内容在于说明一个国家可以有低通货膨胀与高失业或者高通货膨胀与低失业之间的替代关系,通货膨胀和失业率的反比关系,其政策含义是选择一个最优的通货膨胀和失业率的组合。费尔德斯坦认为,菲利普斯曲线所反映的这种替代关系在经济处于非充分就业的条件下和短期内是存在的、有效的,但是,当经济达到充分就业时,菲利普斯曲线的替代关系就消失了,并为"费尔德斯坦曲线"的替代关系所代替。

由此出发,费尔德斯坦认为,一方面,这时的经济问题主要表现在供给方面,如果继续推行财政赤字政策,就会使"费尔德斯坦曲线"向上移动,不仅产生加强通货膨胀的压力,而且会给资本形成水平的提高带来困难。所以,他认为,在充分就业的条件下,凯恩斯的传统经济政策已经失效了。这时,宏观管理政策应该从需求转向供给方面,主要的政策任务是平衡预算,推行紧缩性的货币政策和刺激性的财政政策,逐步降低或消除财政赤字,使"费尔德斯坦曲线"向下移动转化为一条水平线,达到自然通货膨胀率的水平。另一方面,费尔德斯坦认为,他的理论观点和政策主张与"拉弗曲线"背后的思想是完全不同的。他们都认为美国经济停滞膨胀的症结在于供给方面,特别是在于储蓄率和资本形成率低,他们都主张应该把刺激需求的政策转为刺激供给的政策,但是,他们在看待抑制通货膨胀和减税的效应等方面却大相径庭,费尔德斯坦完全不同意"拉弗曲线"所谓减税会自动地、快速地增加政府收入、抑制通货膨胀和推动经济增长的看法。他认为,即使减税也主要是改善当时美国的税制结构、相应压缩政府预算、平衡财政赤字的一个重要手段,从而使"费尔德斯坦曲线"向下移动,来提高资本的供给水平,促进经济增长。

## 四、简 要 评 论

供给学派的经济理论是在美国经济滞胀条件下直接针对凯恩斯主义的经济政策而提出的。供给学派认为,正是凯恩斯主义强调需求、忽视供给的经济政策导致了美国经济的滞胀。要解决经济滞胀问题必须强调经济供给,因为供给增加可以缓解凯恩斯主义经济政策所导致的需求过多造成的通货膨胀问题,而刺激供给增加的政策同时也就是解决经济停滞问题的政策。

正因如此,供给学派的经济思想就在20世纪80年代成为美国里根政府制定经济政策的主要依据之一,在1981年里根上任不久向国会提交的"经济复兴计划"中就有所体现。这主要反映在四个方面:(1)削减个人所得税和企业税税率,其中个人所得税税率从1981年7月1日起每年削减10%,三年削减30%;(2)削减联邦开支,减少预算赤字,逐年平衡预算;(3)放宽和取消政府对企业的一些限制性的规章条例;(4)控制货币信贷,推行有节制的稳健的货币供给政策。当然里根的"经济复兴计划"也包含现代货币主义者的理论和其他一些经济理论。但是,在实际上,这个计划是打了折扣的,其效果也低于预期的水平。

总的说来,供给学派的经济学说是对凯恩斯主义的直接否定,它是适应着资本主义经济"滞胀"的形式和要求而产生的。其理论和政策主张有一定的合理性,这主要表现在:(1)它对于当时美国经济情况的看法和对凯恩斯主义恶果的揭露,是符合现实的。(2)它对经济中供给方面的强调,也是有合理成分的,这也是对古典经济学传统的继承和恢复。(3)它主张减少政府对经济生活的干预,调整政府干预的内容和作用方向,更多地发挥市场机制的调节作用,鼓励储蓄、投资和工作的积极性,促进经济增长。这也在一定程度上反映了商品经济的内在规律。

不过,供给学派的经济学家的理论中也存在着错误和局限性,这主要表现在:(1)他们只强调"萨伊定律"的正确性,反对国家干预,信奉自由竞争,反映了一种对过时思潮的回复。(2)在经济政策主张方面,他们却企图通过国家干预来刺激供给。供给学派在社会哲学基础和宏观经济理论方面较为薄弱和贫乏,缺乏一个完整的理论体系来与凯恩斯主义相对抗。为了突出其对凯恩斯主义的对抗性质,他们找到了"萨伊定律"。实际上,在经济政策方面,供给学派与凯恩斯主义都承认现代的资本主义市场经济单纯依靠市场机制无法实现供给和需求的自动均衡,都认为需要国家干预。他们的分歧主要在于这种干预的程度、内容以及作用的方向上。

## 思考题

1. 供给学派的主要理论特点和政策主张是什么?
2. 供给学派的主要代表人物有哪些?
3. 供给学派的理论渊源是什么?
4. 你如何评价供给学派的基本理论和政策主张?

## 参考文献

1. 〔美〕托马斯·J.海尔斯通尼斯:《供给经济学导论》,美国,莱士顿出版公司1982年英文版。
2. 〔美〕乔治·吉尔德:《财富与贫困》,唐寿宁译,上海,上海译文出版社1985年版。
3. 〔美〕罗伯特·凯莱赫、威廉·奥泽克欧斯基:《供给经济学在古典经济学中的渊源》,载美国《经济影响》杂志1981年第4期。
4. 〔美〕裴德·万尼斯基:《赋税、收益和"拉弗曲线"》,载《现代国外经济学论文选》(第五辑),北京,商务印书馆1984年版。
5. 〔美〕约兰·伊万斯、罗伯特·诺维克:《"供应学派经济学"的来历和含义》,载《财经理论与实践》1983年增刊第1期。
6. 〔美〕马丁·费尔德斯坦:《供给经济学:老原理和新论断》,载《美国经济评论》杂志1986年第5期。

# 第九章　新古典宏观经济学派

## 一、新古典宏观经济学派的形成

### (一) 理性预期的出现

20世纪70年代,西方各国陷入了严重的通货膨胀、大量失业和经济停滞的困境,第二次世界大战后流行多年的凯恩斯主义的经济理论和政策发生了危机。与凯恩斯主义相对立的现代货币主义学派的经济理论和政策主张,在改变停滞膨胀局面时,也没有出现人们所期望的效果。在这种形势下,一些年轻的经济学家从现代货币主义学派中分离出来,形成了一个新的经济学流派,这就是理性预期学派(The Rational Expectation School)(也叫作"合理预期学派")。

美国经济学家约翰·F. 穆思(John F. Muth)于1961年在美国《经济计量学》杂志上发表了《理性预期和价格变动理论》一文,首次提出"理性预期"的概念。穆思是从工程学文献中借用了这个概念,并且构造了一个假定经济主体在形成他们的预期时以最优化为目标并有效率地使用信息的经济模型。不过,当时,这一理论和概念并未引起大多数经济学家的注意。

20世纪70年代,美国芝加哥大学的经济学教授小罗伯特·卢卡斯(Robert E. Lucas Jr.)连续发表论文将理性预期概念运用于稳定性经济政策的争论,从而在美国逐步形成了以小罗伯特·卢卡斯、托马斯·萨金特(Thomas Sargent)和尼尔·华莱士(Neil Wallace)为核心的理性预期学派。该学派的其他代表人物还有普林斯顿大学(后到斯坦福大学)的约翰·泰勒(John Taylor)、明尼苏达大学的爱德华·普雷斯科特(Edward Prescott)和罗切斯特大学(后到哈佛大学)的罗伯特·巴罗(Robert Barro)等人。美国的明尼阿波利斯联邦储备银行也是该学派的重要据点。

理性预期学派的出现在西方经济学界引起了较大的震动。英国经济学家约翰·斯特拉瑟(John Struther)说:"在理论和经验宏观经济学中,新近发展的最具挑战性的概念之一,是合理预期论。"①美国明尼阿波利斯联邦储备银行总裁马克·威尔斯(Mark Willos)在《"理性预期":反凯恩斯革命的革命》一文中指出:"虽然理性预期理论仍然处于幼年时期,但它已经摧毁了通行的理论,并且看来提供了一个有希望的可供选择的理论。"②

### (二) 新古典宏观经济学派的形成

到20世纪80年代,理性预期的概念已被西方经济学界所普遍接受。由于理性预期学派的基本政策主张,与坚持古典经济学与新古典经济学基本理论倾向和政策主张的现代货币主义学派以及供给学派在基本理念和政策主张方面大致相类似,而现代货币主义学派和供给学

---

① 〔美〕约翰·斯特拉瑟:《合理预期是有前途的研究大纲,还是货币学派的原教旨主义理论》,载《经济学译丛》1986年第8期,第71页;原载美国《经济问题杂志》1984年12月号。
② 〔美〕丹尼尔·贝尔、欧文·克里斯托尔:《经济理论的危机》,陈彪如等译,上海,上海译文出版社1985年版,第113页。

派一方面由于其观点和政策主张已经被主流经济学普遍接受和吸收而不再成为独立的学派,另一方面,由于它们逐渐失去了批评后凯恩斯主流学派最适宜的那种经济滞胀的环境而不再引人注意。于是,在实践中,这些学派便被逐渐得势的理性预期学派融合在一起,最终形成了新古典宏观经济学派。

## 二、预期与理性预期

经济学中对预期问题很早就有涉及。在舒尔茨(H. Schultz)、里西(U. Ricci)和丁伯根(J. Tinbergen)等人的"蛛网理论"中,已经涉及价格预期的问题;瑞典学派的"事前"与"事后"分析、凯恩斯的"对资本资产未来收益的预期"也都包含着预期因素。

一般说来,经济理论中的预期是指从事经济活动的人,在进行经济决策和经济活动之前,对未来的经济形势及其变化(主要是市场供求关系和价格)作出一定的估计和判断,以免造成经济损失或者错过盈利机会。

### (一)预期

穆思认为,在理性预期概念产生之前,经济理论研究中所涉及的预期理论,可以根据经济学家们所设想的预期形成机制分成三类:

1. 静态预期

这种预期是假定经济活动的主体(企业或个人)完全按照过去已经发生过的情况来估计和判断未来的经济形势。在传统的蛛网理论中,生产者必须对未来上市时的产品价格进行预期,以决定其供给数量。蛛网理论假定,生产者通常都以当前的市场价格作为对下一期市场价格的预期。这就是静态预期。如果以 $P_t$ 表示第 $t$ 期的实际价格水平,$P_{t-1}$ 表示第 $t$ 期前一期的实际价格水平,$P_t^*$ 表示在 $t-1$ 期所预期的第 $t$ 期的价格水平,则静态预期模型为:

$$P_t^* = P_{t-1} \tag{9.1}$$

由此可见,"静态的预期形成最为单纯,它把前期的实际价格完全当成现期的预期价格"①。

2. 外插型预期

这种预期是凯恩斯在其《通论》中提出来的。凯恩斯认为,经济形势是变换不定的,人们无法确知经济的前景。所以,这种预期是非理性的,缺乏可靠的基础,容易发生突然而剧烈的变化。如果以 $\alpha$ 表示预期中的调整系数,$P_{t-2}$ 为第 $t-1$ 期前一期的实际价格水平,非理性预期的模型为:

$$\bar{P}_t = P_{t-1} + \alpha(P_{t-1} - P_{t-2}) \tag{9.2}$$

根据这一模型可以分析出,如果 $\alpha$ 等于零,该模型就转化为静态预期模型。假定市场实际价格从 $t-2$ 期到 $t-1$ 期是上涨的,即 $P_{t-1} > P_{t-2}$,根据非理性预期理论,乐观的人预期价格上涨趋势将继续下去($\alpha=1$),悲观的人则预期价格上涨趋势不会持续,反而会大幅度下降($\alpha=-1$),因为乐观与悲观两种情绪的支配,预期价格出现正好相反的结果(如图9-1所示)。

---

① 〔日〕伊贺隆:《关于合理预期形成的理论》,载《现代国外经济学论文选》(第七辑),北京,商务印书馆1983年版,第101页。

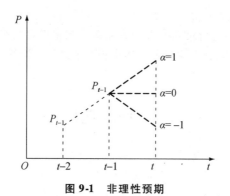

图 9-1 非理性预期

概括地说,非理性预期理论有三个特征:(1)预期的形成缺乏可靠的基础,易受情绪的支配;(2)预期被作为一个外生变量对待,从而被排除在模型的分析范围之外,即"把预期主要看作外部变量,因而同任何模式中的现行变量无关"①;(3)预期不受有关经济变量与政策变量的影响②。

3. 适应性预期

适应性预期最初是由菲利普·卡根(Phillip Cagen)在 1956 年发表的《超通货膨胀的货币动态理论》一文中提出来的。后来,弗里德曼在分析通货膨胀和"自然失业率"时运用和推广了适应性预期。如果以 $\beta$ 表示适应性预期的调整系数,而且 $0<\beta<1$,适应性预期的模型就可以写为:

$$\bar{P}_t = \bar{P}_{t-1} - \beta(\bar{P}_{t-1} - P_{t-1}) \tag{9.3}$$

或者

$$\bar{P}_t = (1-\beta)\bar{P}_{t-1} + \beta P_{t-1} \tag{9.4}$$

适应性预期形成的一个特点,就是考虑到前期实际价格与预期价格的差距,进行现期的价格预期,形成反馈型预期机制。如图 9-2 所示,前期预期价格高于实际价格时,现期预期价格下降;反之,前期预期价格低于实际价格时,现期预期价格上升。③

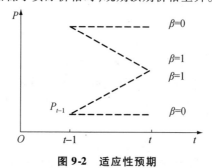

图 9-2 适应性预期

---

① 〔美〕约翰·斯特拉瑟:《合理预期是有前途的研究大纲,还是货币学派的原教旨主义理论》,载《经济学译丛》1986 年第 8 期,第 71 页;原载美国《经济问题杂志》1984 年 12 月号。
② 参见李任初:《论预期在现代宏观经济学中的地位》,载《南京大学学报》(哲学社会科学)1986 年第 2 期,第 59 页。
③ 关于用递归法建立的更详细的适应性预期模型,可参见〔日〕伊贺隆:《关于合理预期形成的理论》,载《现代国外经济学论文选》(第七辑),北京,商务印书馆 1983 年版,第 101—103 页。

适应性预期理论强调,经济活动主体的预期并不是独立于其他经济变量之外的某种心理状态,而是以他们过去的经验和客观的经济活动变化为基础的,人们可以利用过去的预期误差来修正其现在的预期。弗里德曼在以这种预期分析通货膨胀问题时,说说过:"各种预期应根据现时通货膨胀与预期通货膨胀率之间的差额进行调整。比如,预期率是5%,现时率是10%,预期率就将调整到10%与5%之间的某个位置上。"[1]尽管适应性预期认为经济主体总是能够一步一步地纠正自己过去的错误,但其形成机制有一个很大的不足之处,即它在讨论预期形成时,只注意人们受过去经验和经济变化的影响,而忽略了其他方面的信息来源,尤其是没有考虑到政府的经济政策因素对预期的影响。因此,适应性预期在政府经济政策变化时,便会失去其预期的准确性。这就是说,如果人们不去利用政府所遵循的那些与自己有关的制定经济政策的规则,就会在纠正自己过去的错误时,不断地犯新错误,或者说,系统地犯错误。

由于在适应性预期理论中,人们只能处于被动的地位,只是随客观的经济变化和政府经济政策的变化来调整自己的预期,因此,该理论受到了一些经济学家的批评,并由此产生了理性预期的理论。

### (二)理性预期

理性预期"假定单个经济单位在形成预期时使用了一切有关的、可以获得的信息,并且对这些信息进行理智的整理"[2]。在这种基础上,经济主体对经济变化的预期是有充分根据的和明智的,在很大程度上是可以实现的,并且不会轻易为经济主体所改变。穆思说:"由于预期是对未来事件有根据的预测,所以它们与有关的经济理论的预测本质上是一样的。我们把这种预期叫作'合理的'预期。"[3]

理性预期理论最显著的两个特点是:

(1)理性预期总是尽可能最有效地利用现在全部可以被利用的信息,而不是仅依靠过去的经验和经济变化;而且"在用理性预期来代替适应性预期的结构里,模型中的经济主体会注意到政策的变化。……经济主体将改变他们的决策,以便充分利用一项新的政策产生出来的任何有利机会"[4]。理性预期理论并不认为每个经济主体的预期(主观的后果的概率分布)与经济理论的预测(客观的后果的概率分布)是趋向一致的。

(2)理性预期理论并不排除现实经济生活中的不确定因素,也不排斥不确定因素的随机变化会干扰人们预期的形成,使人们的预期值偏离其预测变量的实际值。它只是强调,人们一旦发现错误就会立即给出正确的反应,对预期中的失误加以纠正。所以,人们在预测未来时绝不会犯系统性错误。

弗兰克·莫迪利安尼认为理性预期理论包含三个重要的论点:(1)价格预期的误差不可避免,但这只能是暂时的和偶然的。如果预期和连续误差高度相关,就和理性预期理论相矛盾。(2)任何企图以固定的货币规则或财政规则来稳定经济的做法都会无效,因为其效应作

---

[1] 〔美〕M.弗里德曼:《失业还是通货膨胀?——对菲利普斯曲线的评价》,张丹丹、胡学璋译,北京,商务印书馆1982年版,第25页。
[2] 〔澳〕贝尔特·T.麦卡勒姆:《合理预期理论的意义》,载《现代国外经济学论文选》(第七辑),北京,商务印书馆1983年版,第40页。
[3] 转引自〔美〕布莱恩·坎特:《合理预期理论和经济思想》,载《现代国外经济学论文选》(第七辑),北京,商务印书馆1983年版,第13页。
[4] 〔美〕马克·威尔斯:《"理性预期":反凯恩斯革命的革命》。转引自〔美〕丹尼尔·贝尔、欧文·克里斯托尔:《经济理论的危机》,陈彪如等译,上海,上海译文出版社1985年版,第120页。

为合理的预期将完全被抵消。(3)政府也不可能特别成功地实行抵消冲击的各种措施,只有在政府的信息比公众的信息更充分时,政府的政策才能有效。①

## 三、政策无效性命题

### (一)对菲利普斯曲线关系的否定

理性预期学派认为,菲利普斯曲线的交替关系即使在短期内也不存在。因为在理性预期条件下,人们已经估计到货币供应量增长后可能发生的实际后果,从而采取了预防性的措施(比如预先要求提高货币工资增长率和利率)。这样,一旦货币供应量增加,就只能导致通货膨胀率的变化,而不能使工资和利率下降。于是,政策的变化连暂时的产量增加和失业率下降的目的也达不到。

赫尔姆特·弗里希对此说道:"理性预期导致十分不同的含义。由于经济当事人了解这个模型的各个参数,所以货币供应量增长率的任何变化不仅引起通货膨胀率的变化,而且也引起预期通货膨胀率的变化,从而不会对这一体系的实际变量产生影响。"②在理性预期学派的经济学家看来,"在货币政策的反馈规则之间所作的选择对于具有合理预期的新古典主义经济中失业率的随机变化是无关的"③。

### (二)货币政策无效性命题

根据这样的观点,理性预期学派推导出一个非常重要的命题,即货币政策无效性命题。该命题认为,货币供给中的可预期部分对就业、产量或其他实际变量均无影响,其中不能被预期的部分或货币供应量意外的不规则的变动,虽然能够对上述变量产生一定的影响,但其作用只会加剧经济的不稳定与波动。因此,政府的经济政策,无论长期还是短期都是无效的,其结果都是引起通货膨胀。④对于该命题可以用图9-3加以说明。

图9-3中,纵轴代表价格,横轴代表国民收入,AD代表总需求曲线,AS代表总供给曲线,$Y_n$代表与自然失业率相对应的就业水平下的国民收入水平。假定最初AD与AS相交于$E$点,国民收入水平为$Y_n$,价格水平为$P_0$。如果政府认为该国民收入水平不能达到充分就业的均衡,决定增加货币供应量来刺激总需求,那么,按照凯恩斯主义者的观点,总需求将会从AD变为AD′,产量和物价都将上升,失业会相应减少。现代货币主义者认为,短期内货币政策将会产生效果,但是,在长期中,货币政策是无效的,失业率会回到自然率的水平,而通货膨胀将更加严重。理性预期学派则认为,人们对价格水平的预期并非固定不变或者仅仅依据过去的经验得出,而是会考虑到未来货币供应量的变化情况。出于对自身经济利益的考虑,经济活动的主体会充分利用目前可以得到的一切有关信息,较为准确地预期到货币政策的变化而造

---

① 参见〔美〕弗兰克·莫迪利安尼:《"现代货币主义"论战,即我们是否应放弃经济稳定政策》,载《现代国外经济学论文选》(第一辑),北京,商务印书馆1979年版,第174—175页。
② 〔美〕赫尔姆特·弗里希:《通货膨胀理论(1963—1975年):"第二代"概述》,载《经济学文献杂志》1977年12月号,第1302页。
③ 〔澳〕贝尔特·T.麦卡勒姆:《关于"政策无效"争论的目前情况》,载《现代国外经济学论文选》(第七辑),北京,商务印书馆1983年版,第1页。
④ 对此观点,可参见李任初:《论预期在现代宏观经济学中的地位》,载《南京大学学报》(哲学社会科学)1986年第2期。

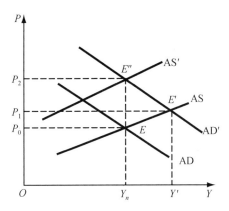

图 9-3　通货膨胀与失业

成的物价上升。于是，工资、利率等名义变量都会立即向上调整。结果，总供给曲线和总需求曲线分别从 AS 和 AD 上升到 AS′和 AD′，其交点 E″代表的国民收入水平，仍然处在原来与自然失业率相一致的就业率所能够得到的水平 $Y_n$ 上，只是价格水平因货币政策的变化（增加货币供应量）而提高到 $P_2$ 的水平上。

根据政策无效性命题，理性预期学派认为，即便在短期内，菲利普斯曲线也是一条位于"自然失业率"水平上的垂直线。通货膨胀和失业之间不存在任何替代关系。对此，卢卡斯说："当扩张性的货币政策反复推行时，它就不再能实现自己的目标。推动力消失了，对生产没有刺激作用，预期得到扩大，但结果却是通货膨胀，而不是别的。"①

理性预期学派也用政策无效性命题来分析货币量与利率之间的相互关系。凯恩斯主义认为，在其他条件不变的情况下，货币供应量的增加将推动利率的下降，从而刺激投资需求和扩大就业量。现代货币主义者根据适应性预期理论认为，货币当局突然增加货币供应量的短期效果是造成利率的下降（因为这时人们持有的货币量超过了其愿意持有的货币量，把过多的货币用于购买各种物品、债券和股票，于是债券价格上升，利率下降。）。但是，在长期中，货币数量的增加使价格水平提高了，贷款人会因此而修正其对通货膨胀的预期，要求提高利率来弥补由于通货膨胀率上升所造成的本金的损失。于是，在长期中，货币数量的增加会提高利率。理性预期学派认为，现代货币主义者的这一分析是不符合实际的，因为现代货币主义者假定人们不了解货币当局的行动规则，只能消极地根据货币政策来调整自己的预期。实际上，中央银行总是按照某种连续一贯的规则来制定货币政策，在实际经济生活中，人们会了解和掌握这一规则，并据此形成对通货膨胀的预期，指导自己的经济决策。因而，即使在短期内，货币供应量的增加也不会产生降低利率的效果，只能引起名义利率的迅速上升。由于价格水平也在同时上升，因此，实际利率和其他实际经济变量并没有受到任何影响。这样一来，由于人们的理性预期，政府增加货币供应量的政策无论在什么时期，对于降低利率、刺激总需求、扩大就业和增加产量等，都将是无效的，其结果只能是通货膨胀。

### （三）财政政策无效性命题

起先理性预期学派经济学家只是说明货币政策在理性预期下是无效的，后来，认为连财

---

① 转引自〔美〕小沃尔特·格萨迪：《切合实际的新经济学》，载《世界经济译丛》1979 年第 4 期，第 3 页。

政政策也是无效的了。美国经济学家罗伯特·巴罗曾经分别就政府的支出、税收和公债作了较深入的分析。①

巴罗利用理性人的假说，复兴了19世纪初的著名古典经济学家大卫·李嘉图曾经提出的一个重要观点，即在本质上，征税和举债是等价的，因而公债的效果是中性的，既不会带来好处，也不会带来坏处。

李嘉图在其经典性著作《政治经济学及赋税原理》一书中提出了一种推测：在某些条件下，无论政府使用债券还是税收来筹资，其效果是等价的或者说是相同的。西方经济学家将该观点称为"李嘉图等价定理"。从表面上看，以税收筹资和以债务筹资并不相同。政府的税收减少了一个人的财富；而出售相当于该税收额的债券给同一个人，以后再同利息一起偿还给他，这似乎并没有改变这个人的财富。但是，政府的任何债券发行均体现着将来的偿还义务；从而，在将来偿还时，会导致社会承担更高的税收。如果人们意识到这一点，他们将会把相当于未来额外税收的一部分财富积蓄起来。结果，人们可支配的财富数量与征税时的情况一样。李嘉图本人并不认为上述推测完全符合现实，但是巴罗却认为按理性预期行事的人们正是如此行事的，因此，无论是税收融资还是债务融资，其效果都是相同的。

巴罗在其《政府债券是净财富吗？》②一文中认为，当政府出售债券以弥补减税的收入损失时，具有理性预期的人同时就会意识到：将来为了还本付息，他会面临更高的税负。政府借债只是一种对他推迟了的纳税。为了应付将来的税收负担，人们将会把由于减税而增加的收入储蓄起来，以备将来应付增加的税收，而不是花掉这笔由于暂时减税而增加的收入。

早在巴罗发表这篇文章之前，一些经济学家已经认识到对将来税负的预期会促使消费者储蓄更多。但他们认为这种抵消作用只是部分地发生。人们不可能永远活着，有些人在债券需要兑付以前就会死去。如果由于偿付公债而导致的更高的税收负担部分地落在后代身上，今天的纳税人确实感到他的财富更多些，因此花费也会多一些。

针对这种想法，巴罗认为，假定今天的纳税人通过遗产与后代有联系，那么李嘉图等价定理最终还是成立的。理由是：消费者是关心后代的，他们不仅从自己的消费中获得满足，而且从其孩子的消费（成长）中得到快乐。而且，他们的孩子又关心自己的孩子，情况会如此继续下去……由于人们这种代与代之间的联系，今天的纳税人就会像他们能永远活着一样地行动。如果政府增加财政预算赤字，纳税人知道他们的孩子可能面临更重的纳税负担，他们就会考虑留给后代们更多的遗产。为此，他们就需要更多地储蓄，而不会增加其目前的消费。

巴罗所复兴的李嘉图等价定理有很强的政策含义。如果人人都认识到他们的纳税只是被推迟了，那么，政府通过借款而增加的任何支出都将被私人储蓄的等额增加所抵消，结果，既不存在消费扩张，也没有收入增加的乘数效应。这样一来，政府用减税的办法或者举债支出的办法来刺激经济的财政政策就是无效的。

---

① 参见〔美〕R. J. 巴罗：《财政政策的新古典方法》，载〔美〕R. J. 巴罗：《现代经济周期理论》，美国，波士顿，哈佛大学出版社1989年英文版，第178—235页。

② 该文载《政治经济学杂志》1974年第11期，第1095—1117页。

## 四、经济周期理论

### （一）理性预期学派对经济周期波动的理解

理性预期学派与传统的新古典经济学有一个较大的不同，那就是，它们承认实际经济活动会偏离"常规的"均衡状态，从而出现经济周期波动问题。正因如此，理性预期学派的理论体系中才会有关于经济周期波动的理论。

卢卡斯认为："在资本主义经济中，为什么总量经济变量都经历着重复变动的趋势，而且在本质上都有相同的特征？在凯恩斯的《通论》之前，把对这个问题的回答看成是对经济研究的重要挑战之一，而把对这个问题的尝试称作经济周期理论。"[①]

理性预期学派的经济学家认为，20 世纪初的新古典经济学的理论分析建立在两个前提上：其一是假定经济行为当事人都是寻求个体经济利益最大化的；其二是市场会趋向供求均衡。这种理论的最大缺陷是认为资源始终能够得到最充分的利用，绝不会有持续的、大量的短缺和失业。显然，这样的经济学是不能解释经济周期问题的。理性预期学派的经济学家认为："今天，经济学家可以有两种可供选择的方法来处理经济学中早期出现的这个危机——他可以像凯恩斯主义所做的那样抛弃古典的前提，或是像理性预期学派所做的那样，寻找古典经济学前提的更加连贯和更为复杂的形式。"[②]

卢卡斯在 1977 年发表的《对经济周期的理解》和 1978 年发表的《失业政策》等文章中，比较系统地阐述了他对经济周期问题的看法，明确地提出了他的经济周期理论。卢卡斯有一个对于经济周期的基本认识。他认为，任何国家的国民生产总值（或者国内生产总值）的变动趋势总可以在技术上以一个随机扰动的差分方程来描述。所观察到的经济波动规律性，包含在各种总量的时间系列中的一些数量变动中。这些规律性的主要特征表现为：（1）范围极广的跨部门的产量同时波动；（2）生产性耐用品和非生产性（即消费性）耐用品的生产比其他非耐用品的生产在数量上显示出更大的变动；（3）农产品和自然资源的生产和价格低于平均的生产和价格；（4）工商企业的利润显示出有较高的一致性，而且其波动幅度大于其他部门的波动幅度；（5）价格一般是周期变动的；（6）短期利率也是周期变动的，长期利率则仅仅稍稍变动；（7）货币总量和其流通速度是周期变动的。[③] 卢卡斯认为，这些特征和经济周期的表现并不因为国家和时期的不同而有所差别，对于所有的市场经济来说，都表现出了共同的规律性，也就是说，经济周期是完全相似的。卢卡斯的这一看法为从理论上统一解释经济周期提供了可能性，而且这种统一的理论解释是以支配市场经济的一般法则，而不是基于规定特殊国家或时期的政治或制度为特征的。

卢卡斯认为，凯恩斯主义的宏观经济模型完全与上述的时间系列性质相符合。一些早期的经济周期模型，比如，约翰·希克斯在 1937 年所做的经济周期波动模型、莫迪利安尼在 1944 年所做的经济周期波动模型、丁伯根在其早期著作中基本独立提出的理论所做的经济计

---

[①] 转引自杨玉生著：《理性预期学派》，武汉，武汉出版社 1996 年版，第 147 页。
[②] 〔美〕马克·威利斯：《"理性预期"：反凯恩斯革命的革命》，载〔美〕丹尼尔·贝尔、欧文·克里斯托尔：《经济理论的危机》，陈彪如等译，上海，上海译文出版社 1985 年版，第 114—115 页。
[③] 参见〔美〕赫尔姆特·卢卡斯：《经济周期理论研究》，美国，波士顿，坎布里奇，麻省理工学院出版社 1981 年英文版，第 217 页。

量模型,在质量上也都完全符合时间系列的性质。这些模型确定了投资行为的基本扰动,并把这些扰动通过"滞后"反应与"极不稳定的"利润系列联系起来。于是,投资的较大变动就导致了产量和就业的普遍变动。这些变化的投资扰动,便同周期变动的利率和货币流通速度一致起来。再往后,工资和价格被加进来,以适合所观察的周期性的工资与价格的变动。不过,卢卡斯认为,货币的变动在说明经济周期变动的原因方面并没有什么重要的作用,经验事实已经证明了这一点,而丁伯根以来的经济计量学家也发现货币在经验事实上并不具有对经济周期波动的重要作用。

美国经济学家 F. L. 阿德尔曼与 I. 阿德尔曼曾经提出一种设想:把按照一般均衡体系以电子计算机程序人为构造的经济部门集合体,同由实际经济产生的经济部门区别开。卢卡斯对此大为赞赏,认为这可以通过构造一个模型来模仿实际经济的时间序列行为,并考察和理解经济周期波动的实际趋势。他说:"现在,在完全熟悉细节并能从数量上以精确性复制实际经济的情况下,经济学家便有一种廉价的手段去评价所提出的各种经济政策措施。把由这种程序所形成的政策建议看成是它们通过经验检验的,似乎是合法的,即使这种政策还没有在实际经济中试用过。"①

在上述认识下,卢卡斯遵循新古典经济学以微观经济行为和决策的分析为基础去看待宏观经济问题的传统,去理解经济周期波动问题。他认为,理解个人决策问题是理解经济周期行为的出发点。只有从个人决策和随机变量分布概率的方面去思考,才能解释经济周期理论把经济波动的周期性看作经济活动基本特征的原因。

### (二) 经济周期理论的方法

卢卡斯认为,理论经济学的作用之一,就是提供一种类似实验室作用的具有充分说服力的假设的经济体系,为实际经济活动提供一种实验的场所。他认为,理论体系对于实际经济活动具有指导意义,但是,它与实际经济活动并不一样,二者是有距离的,因而,不能把二者相混淆。在卢卡斯看来,经济理论模型具有抽象性、模拟性和非现实性,是一般经济理论方法的特征,也是经济周期理论方法的特征。

卢卡斯认为,实际经济活动是在时间内运行的,所以,对经济活动的分析在本质上是经济活动的时间序列分析。凯恩斯以后的经济理论的一个极重要的进步,就是人们可以把经济活动描述为一个其参数可以由实际的时间序列估计出来的随机扰动的差分方程体系。而时间序列分析体现了一般动态均衡分析,并且和预期行为的分析结合在一起。

依据上述的认识,卢卡斯对美国的"新古典综合"的有关理论发表了自己的看法。他认为,一方面,"新古典综合"的有关理论是通过将自由参数(即技术参数和偏好参数)引入一般均衡体系而形成的。所以,其一般均衡理论模型可以容纳各种可能的经济周期行为,因而就可能是一个充分开放的结构。这实际上包含着把政策行为看成是某种特例的观点。另一方面,该体系的波动实际上是一种非均衡的行为。这使得人们可以自由地使用"帕累托最优"标准之外的其他标准来评价稳定化的经济政策。一般的看法是,可以应用政策工具以便使经济体系的实际运行途径以某种意义接近其均衡途径。于是,各种稳定性政策的提出者就不必依据对付市场失灵的干预性质去评价干预行为了。因而,"新古典综合"把经济周期看作市场失灵,而把任何能使经济体系向"充分就业均衡"移动的政策都看作一种"改善"。

---

① 转引自杨玉生著:《理性预期学派》,武汉,武汉出版社 1996 年版,第 151 页。

第二次世界大战前,具有技术特征的经济理论分析方法主要有两方面的发展:其一,是对经济体系的直接的随机描述的发展;其二,是静态一般均衡理论和辅助性的非均衡价格动态学的发展。这两种理论分析方法的发展在战后迅速地结合到了一起,为凯恩斯主义的短期均衡的考察提供了精确性和清晰度,并且把明确的动态成分增加进来,使理论模型适用于实际的时间序列。卢卡斯认为,上述两种情况的结合是战后经济理论分析方法发展的一个重要特征,但是,也存在着其不确定性的理论前提,忽略了对人们的理性预期行为进行分析的缺陷,所以,这种分析方法还不能解释经济活动的实际联系。

卢卡斯非常重视具有不确定性的均衡,他称之为"偶然要求的均衡"。他认为,经济周期理论应该吸收"偶然要求的均衡"理论,因为这种理论观点表明了经济动态行为的大量变动性,适合时间序列分析。他认为,经济理论界在这方面的任务是制定一个"程序",承认或者接受把特殊的政策规则作为"投入"并得到"产出"的统计学,这种统计学描述时间序列运作的特征,并由时间序列预测这些政策的后果。

### (三) 货币经济周期理论

以卢卡斯、萨金特和华莱士为代表的理性预期学派在努力恢复新古典经济学的理性原则(经济个体总是寻求自身利益最大化)和均衡分析,反对凯恩斯主义的经济理论和经济政策的同时,试图建立一个以理性预期为特征的经济周期理论,重新解释资本主义经济周期性波动的现象。

理性预期学派在分析资本主义周期性经济波动时,继承了新古典经济学的理性原则。在具体分析经济周期问题时,他们的理性原则体现为两个重要的假说:

(1) 理性预期假说,即假定经济主体都是有理性的,在信息充分的条件下,他们对未来经济活动和经济事件的主观预期和经济理论的预期是一致的。穆思曾经说过:"如果企业老是按照错误的预期行事,就会在市场上不断吃败仗,到头来必须被淘汰掉,因此留存下来的企业乃是能够进行正确预期的企业。"[①]

(2) 短暂替代假说,认为产品和劳动的供应者会根据相对价格或相对工资的变化情况,进行立即的产品生产的替代和劳动时间与闲暇时间的替代。因此,市场是充分竞争的,工资和物价的短期微小变化就能引起产量与就业量的显著波动。

基于上述见解,卢卡斯认为,既然价格的波动和货币总量的波动发生在产量的波动之前,经济周期波动就应该主要从价格的波动和货币总量的波动方面去寻找原因。这样,卢卡斯就提出了货币经济周期理论。

价格的波动又可以分为两种类型:一种是一般物价水平的变动,也就是由通货膨胀或通货紧缩引起的价格总水平的变化;另一种是相对价格的变化,也就是不同产品价格之间比例关系的变化。一方面,一般物价水平的变化最终是由货币总量的变化引起的,而相对价格的变化则是由生产技术条件和消费者偏好的变动引起的。在卢卡斯看来,在一个物价水平经常变动的经济中,生产者面临着一个"信号筛选"问题,即生产者经历着名义价格的变化,但他必须推测名义价格变化中有多少是由通货膨胀引起的,又有多少是由相对价格变化引起的。对于生产者来说,在决定增加或减少雇佣劳动和产量时,只有相对价格的变动才是至关重要的,

---

[①] 转引自〔日〕伊贺隆:《关于合理预期形成的理论》,载《现代国外经济学论文选》(第七辑),北京,商务印书馆1983年版,第107页。

因为相对价格变动的特点是长久持续的,它可以起到一种调节资源配置的作用。另一方面,一般物价水平的波动是相对短暂的,除非政府实行持续的单一方向的货币政策。如果一般物价水平的变动按照一种均衡的成比例的方式作用于各种商品的价格,那么名义价格的绝对水平上升但相对价格比例不变,并且这种价格水平变化如果是在人们预期到的情况下发生的话,它就不会影响实际产量和就业量。这也就是"货币中性"的含义。

卢卡斯认为,由于信息的不完全性,经济主体在市场活动中往往容易混淆一般价格水平的变化和相对价格水平的变化。假如政府在人们没有预期到的情况下突然增加货币供应量,一般物价水平将会随之上升,这时生产者可能会把一部分未预期到的一般物价水平的上升,误认为是他们所生产的产品的相对价格的上升,于是就增加投资,扩大生产规模,使经济进入繁荣时期。但是到了某一时期,一旦生产者掌握了更充分的信息,意识到自己预期的错误,他就会立即加以纠正,并重新调整生产决策,减少投资,结果经济由繁荣走向萧条,爆发周期性的经济危机。根据卢卡斯的看法,政府连续不断地采取出人意料的行动是不可能的。他说:"政府就是不能永远以高于人们预期的速度来增加货币供应量,是吗?它不能不断地以同经济有系统联系的行动来使私营经济感到意外。"① 这就是说,如果一个国家以往的物价水平比较稳定,政府突然利用出人意料的通货膨胀政策是比较容易制造经济繁荣的。但政府持续利用这种政策的时间越长,生产者对政策的反应就越小。当政策的效果被人们事先完全预期到时,政策就变得无效了。萨金特说:"人们认识到真理,就不会再犯同样的错误。当他们这样做时,他们取消了政策所期望达到的效果。"②

### (四)实际经济周期理论

在卢卡斯之外,也有新古典宏观经济学派(理性预期学派)的经济学家认为,经济波动主要是由意料之外的实际经济方面的原因造成的,因而他们提出了自己的实际经济周期理论。在这方面的主要代表是爱德华·普雷斯科特(Edward Prescott)、芬恩·基德兰德(Finn Kydland)、查尔斯·普洛瑟(Charles Plosser)、约翰·朗(John Long)、罗伯特·巴罗(Robert Barro)等人。

1. 作为波动根源的技术冲击

新古典宏观经济学(理性预期学派)的实际周期理论认为,宏观经济经常会受到一些实际因素的冲击,明显的两个例子是石油危机和农业歉收,还有战争、人口增减、技术革新等。虽然冲击的具体原因可以开列很长的单子,但是它们引起经济波动的途径却是有限的:要么使人们的偏好发生变动,要么改变技术状况(生产率),或者使可利用的资源发生变动等。实际周期理论认为,最常见、最值得分析的造成经济周期的实际因素是技术的冲击方面。因此,该理论有代表性的论文都把技术冲击作为经济波动的根源。

新古典经济学(理性预期学派)在解释经济的周期性扩张阶段时,也提到技术变化对产出和就业的正向影响,但是在那里,技术变化专指物质设备的革新。现代西方学者所提出的理论与之有所不同,他们不仅要用技术变化解释经济的增长,还要用它解释劳动生产率的变动。因此,实际经济周期理论接受了新古典经济增长理论对技术变化的定义,即,技术变化包括任

---

① 转引自〔美〕小沃尔特·格萨迪:《切合实际的新经济学》,载《世界经济译丛》1979年第4期,第3页。
② 同上。

何使生产函数发生移动,而不涉及投入要素数量变化的因素。① 根据这个宽松的定义,诸如管理的成功与失败也构成技术冲击,也会带来技术变化。

下面,我们采用较为通俗的方式来说明实际经济周期的基本原理。

2. 基本原理

实际经济周期理论认为,在人口和劳动力固定的情况下,一个经济中所生产的实际收入主要取决于技术和资本存量,从而总量生产函数就可以表示为:

$$y = zf(k) \tag{9.5}$$

式中,$y$ 为实际收入,$k$ 为资本存量,$z$ 为技术状况。于是生产中的技术变动便反映在 $z$ 值发生的变化上。$z$ 值的变动表现为生产函数的变动。假定资本折旧率为 $\delta$,于是没有被折旧的资本存量为 $(1-\delta)k$。那么,在所考察时期的期末,经济中可供利用的资源为当期的产量加上没有折旧的资本存量,即 $zf(k) + (1-\delta)k$。

实际经济周期理论假定,经济中每个人都具有相同的偏好。这相当于经济中存在着反映所有人利益的代表。该理论进一步假定,这个代表的偏好仅仅依赖于可延续未来无限期的每年的消费。此人每年对更多消费的偏好减少,即从消费获得的边际效用递减。这样,此人最好的做法就是在整个生命期内均匀地消费。

图9-4给出了生产函数和资源函数。图中,横轴 $k$ 为资本存量,纵轴 $J$ 表示这样几个变量,即实际收入、消费、下期的资本存量和投资。总资源函数为 $zf(k) + (1-\delta)k$。图中向右下方倾斜的直线为经济中的约束线(又称消费和资本积累可能线),它反映消费与积累的关系,当期用来消费的最大量为当期收入加上未折旧的资本量,如果这个数量被消费掉,则下一时期将没有资本存量。已知约束线的斜率为 $-1$,因为下一期一单位额外资本存量的增加正好来自于当期一单位消费量的减少。约束线上的每一点都可供经济社会选择。假定约束线上的 $A$ 点代表经济的稳定状态。这时,下期资本存量为 $k_0$,投资为 $i_0$,消费为 $c_0$(为简单起见,忽略政府购买和净出口),实际收入为 $y_0$。如果资本存量 $k_0$ 保持不变,生产函数(从而总资源曲线)也不发生变动,则消费、投资和实际收入将会重复下去。

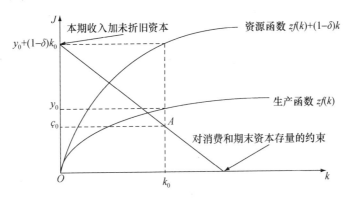

图9-4 生产函数和资源函数

下面再用图9-5来说明实际经济周期理论对宏观经济波动的解释。

---

① [美]C.I.普洛瑟:《对实际经济周期的理解》,载《经济学展望杂志》第3期[Vol. 3(No. 3,14989)],第51—77页。

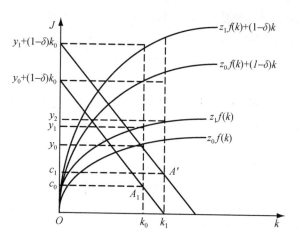

图 9-5　实际经济周期理论对宏观经济波动的解释

经济原有的稳定状态为图中的 $A_1$ 点，现在假定由于技术进步，使 $z$ 值从 $z_0$ 增加到 $z_1$，则生产函数和总资源函数向上移动。对于原有的资本存量 $k_0$，产量增加到 $y_1$，总资源增加到 $y_1 + (1-\delta)k_0$，从而使下期的消费和资本积累相应地增加。这表现为约束线向右移动。如果新约束线上的 $A'$ 是被经济社会所选择之点，则资本存量增加到 $k_1$，消费上升到 $c_1$。

如果没有进一步的技术变化，在 $k_1$ 水平的资本存量之下，实际收入在下一个时期进一步增加到 $y_2$，相应地，经济的总资源也会增加，在下一个时期，关于消费和资本存量的约束线又往右方移动，这些进一步的变动在图中并没有表示出来，但可以想象，资本约束线的向外移动会在接下来的时期相继发生，但向外移动的幅度会越来越小。经济会向新的稳定状态收敛。

最终，资本存量、收入、消费和投资都将增加到各自新的稳态水平上。这种由于技术变化（冲击）所导致的收入变动的路径可用图 9-6 表示。

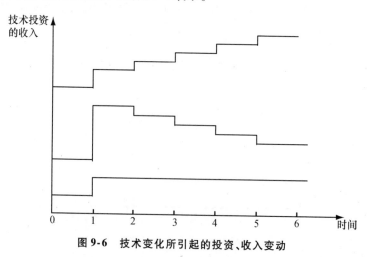

图 9-6　技术变化所引起的投资、收入变动

图中，随着反映技术进步的 $z$ 值在时期 1 期末的提高，使投资和收入相应地增加。随着经济向新的稳定状态运动，投资增量渐近下降，但收入继续增加，只是增加的幅度越来越小，直到达到新的稳定状态上。

类似地，也可以说明随着 $z$ 值的减少，生产函数向下移动，减少了可用资源，紧接着的便是投资、资本存量、消费和收入的下降相反方向的情形。

总之,实际周期理论在这里强调的是,技术的变化是收入和投资变动的根源,从而也是经济周期波动的根源。

## 五、 新古典宏观经济学派的基本政策主张

### (一) 政策倾向

由于"理性预期学派的一个主要原则就是:经济如果不反复遭受政府的冲击,就会基本上是稳定的"[1],因此,他们认为,凯恩斯主义所主张的干预经济生活的财政政策和货币政策能够生效的暗含前提是:政府可以出其不意地实行某种政策以影响经济生活。但是,政府要取得社会的支持,就不能在经济政策上对社会搞突然袭击,而要按照既定的规则和程序办事。这样一来,在理性预期条件下,政府的经济政策就是无效的。

### (二) 对积极宏观经济政策的批评

对于凯恩斯主义的"积极的宏观经济政策",新古典宏观经济学派(理性预期学派)经济学家提出了三种批评性看法:

(1) 他们认为,日益增多的经验和理论证据表明,凯恩斯主义经济政策在抵消产量、就业或其他经济总量方面不会取得成效。即便在某些场合,凯恩斯主义经济政策也许在一定程度上能影响经济生活,但它们不可能克服经济周期。

(2) 新古典宏观经济学派(理性预期学派)经济学家认为,任何一种理论都应该明确地告诫人们经济政策的结果。政策的结果确定性越小,实施政策就越要小心谨慎,因为任何一项错误的政策都会将事情弄得很糟糕。而凯恩斯主义经济政策的结果大部分是不确定的。因此,政策的制定就需要从容不迫,加倍谨慎小心,绝不能用那些曾经使用过的大规模的凯恩斯主义措施去刺激经济增长。

(3) 新古典宏观经济学派(理性预期学派)经济学家还认为,对于许多凯恩斯主义经济政策,即使知道了它们的结果,也仍然无法判断这种结果是不是符合公众的意愿。根据凯恩斯主义方法来制定经济政策的人,无法让经济中的个人去选择自己认为有良好结果的政策。他们是被迫选择这些政策的。其结果是,除非人们的偏好恰好与政策制定者的规定相配合,否则,这些经济政策很可能使人们的处境普遍地变得更糟。

出于上述看法,新古典宏观经济学派(理性预期学派)经济学家认为,过多的政府干预只能引起经济的混乱,为保持经济繁荣,唯一有效的办法就是尽量减少政府对经济生活的干预,充分发挥市场的调节作用,因为"市场比任何模型都聪明"。政府的作用只是为私人经济活动提供一个稳定的可以使人们充分了解的良好环境。为此,"我们需要的是稳定的政策,而不是积极行动主义政策"[2]。卢卡斯认为,政府干预越少,经济效率也就越高。鉴于新古典宏观经济学派(理性预期学派)的上述思想和主张,人们认为它是比"现代货币主义"学派更为彻底的经济自由主义派别。

---

[1] 〔美〕C. I. 普洛瑟:《对实际经济周期的理解》,载《经济学展望杂志》第 3 期〔Vol. 3 (No. 3, 14989)〕,第 5 页。
[2] 〔美〕马克·威斯:《"理性预期":反凯恩斯革命的革命》,载〔美〕丹尼尔·贝尔、欧文·克里斯托尔:《经济理论的危机》,陈彪如等译,上海,上海译文出版社 1985 年版,第 131—132 页。

## 六、简 要 评 论

卢卡斯所发起的"理性预期革命"对于第二次世界大战后西方经济学发展的影响是深刻的。首先,理性预期作为经济分析的基本假设被普遍引入经济分析当中,后来的新凯恩斯学派、公共选择学派、新政治宏观经济学派等都在经济研究中普遍采纳理性预期的概念和思想。其次,理性预期学派对经济政策的分析也广泛地影响了人们相关的思考。政策的变化影响人们的预期,预期又会改变或影响人们的行为。在人们存在理性预期的情况下,如何才能实施有效的经济政策,就成了经济学家和政府要认真探索的问题。可以说,理性预期学派在很多方面改变了已有的经济学思维方式。

卢卡斯在1976年参与了菲利普斯曲线的讨论,进一步强调了理性预期的作用。卢卡斯批评凯恩斯主义的宏观经济政策没有考虑预期的影响,因此宏观经济政策往往无效。卢卡斯的批评是承接弗里德曼对菲利普斯曲线的批评而来的。弗里德曼基于适应性预期理论,指出菲利普斯曲线所包含的通货膨胀率与失业率之间的交替关系在长期内不存在,即菲利普斯曲线在长期是一条垂直的线。卢卡斯则更进了一步,认为人们的预期是理性的,因此即使在短期内,菲利普斯曲线也可能是垂直的,只有偶尔的预期失误才会引起通货膨胀率与失业率之间暂时的交替关系。因此,政府是没有办法通过货币政策影响失业率的,无论通货膨胀率有多高,失业率都会趋向于稳定在自然失业率的水平上。卢卡斯指出,凯恩斯主义政策的根本问题在于,政策制定者在考虑经济变量之间的经验关系时,没有认真对待公众对政策的预期,结果当政策得到执行时,人们对政策的预期并据此采取的行动导致原来经济变量之间的经验关系发生变化,从而使得依据原来的经验关系制定的政策不再有效。这就是宏观经济学发展中著名的卢卡斯批评(Lucas critique)。

卢卡斯"理性预期革命"后的一段时间里,后凯恩斯主流经济学被冷落了,许多经济学家已经不太乐意接受包括"非自愿性失业"在内的凯恩斯经济学的观点。但是,这种状况并没有维持多久,到了20世纪70年代末,理性预期学派均衡分析方法的弱点开始显现出来,主要是他们采用的完全弹性价格下持续市场出清和完全信息两个假设与现实差距太大。特别是理性预期学派的均衡经济周期模型,也因此陷入理论和实证检验的僵局。卢卡斯在1973年提出了不完全信息的经济周期理论,这个理论在个人理性的基础上,将信息不完全、市场出清、理性预期三个要素结合起来,通过分析工人和企业的个体决策怎么影响宏观经济活动来解释经济波动。这个理论成为主流宏观经济学的核心理论之一,我们在教科书中看到的附加预期的总供给曲线就是来自卢卡斯,它被称为"卢卡斯供给曲线"或"卢卡斯供给函数"。

由于在方法论基础上排除了价格粘性,理性预期学派的经济周期模型没有对涉及货币—产出的因果关系提供让人可以接受的解释,从而被人们搁置一边。从20世纪80年代开始,随着卢卡斯的货币均衡经济周期模型开始被强调技术冲击的实际经济周期模型、强调货币扰动的新凯恩斯主义模型以及将以上两个模型加以综合的新古典综合模型所替代①,理性预期学派便进入了它的第二个发展阶段——新古典宏观经济学派,也称实际经

---

① Goodfriend, M. and King, R. (1997). "The New Neoclassical Synthesis and the Role of Monetary Policy", in *NBER Macroeconomics Annual 1997*, Volume 12. MIT Press, pp.231—296.

济周期学派时期。

普雷斯科特和基德兰德(Prescott and Kydland,1982)通过分析个人理性行为,在一般均衡分析的框架里,研究了经济的周期性波动问题,建立了实际经济周期理论分析的范式,开启了随机动态一般均衡分析的研究方法。一些经济学家认为自此以后,经过弗里德曼、卢卡斯和普雷斯科特与基德兰德的努力,现代宏观经济学已经具有坚实和严格的微观经济学基础。当然,这种观点也并未得到经济学界的普遍认可。

不可否认,在经济问题上考虑预期,甚至注意人们合乎理性的反应,的确是经济学理论的一种进步。这也是理性预期学派经济思想的积极意义所在。理性预期学派在美国经济中持续的时间并不算很长,对经济政策制定的影响也不算特别大。但是,它对经济理论的影响却日益增强,以至于一些人把理性预期思想进入经济理论叫作"理性预期的革命"。布莱恩·坎特说:"合理预期理论可以被认为不仅仅是针对凯恩斯主义经济学的批评,而且特别代表了在不肯定的前提下重建均衡经济学的尝试"[1],"没有对预期的解释,经济力量就不能对一个把将来估计在内的世界中的宏观经济现象的理解作出贡献"[2]。

不过,对理性预期学派的理论观点和政策主张提出批评的经济学家认为,该学派的经济理论主要有以下缺点:

(1) 理性预期学派进行理论分析的基础在于,认为市场随时都处于所谓"出清"状态(即总供给等于总需求状态)。因此,货币工资刚性这个现实经济生活中常见的现象就构成了对理性预期理论分析的挑战。一些经济学家认为,如果名义工资确实是刚性的话,凯恩斯主义的"积极行动主义政策"就可能仍然是有用的。

(2) 理性预期的假定本身是十分值得怀疑的。因为,首先,无法保证人们有能力及时掌握足够的有用信息;其次,任何信息都是有成本的,这就会使人们斟酌取得信息的成本与运用信息的效率,以决定其购买信息的最佳数量。这样,认为人们会像理性预期学派理论所设想的那样能够得到充分的信息,明智地处理信息,就完全是不现实的。

(3) 理性预期学派在分析经济问题时借用了现代货币主义学派的"自然率"假定。但是,他们对于"自然率"是如何决定的问题,却没有给出明确的解释。

(4) 理性预期学派批评凯恩斯主义的"积极行动主义政策"假定了政府的主动权和个人与企业的被动地位。事实上,理性预期学派自己也犯了同样的错误。他们只强调个人和企业对于政府政策后果的明智判断和反应,却没有注意到政府也会对个人和企业的行为以及他们对政策的反应作出明智的判断和反应。事实上,不管是否存在理性预期,政府积极的宏观经济政策都是能够影响经济的实际变量的。

总之,持反对意见的经济学家认为,理性预期学派的理论排斥了经济中的不确定性,导致了对预期的不现实的看法和对积极的稳定性经济政策的放弃。但是,理性预期学派的经济学家对此并不服气。他们与批评理性预期学派的经济学家之间的争论实际上直至今天仍然没有完全结束。

---

[1] 〔美〕布莱恩·坎特:《合理预期理论与经济思想》,载《现代国外经济学论文选》(第七辑),北京,商务印书馆1983年版,第11页。

[2] 同上书,第37页。

## 思考题

1. 理性预期学派是怎样形成的？其主要代表人物有哪些？
2. 理性预期学派对预期的分类和看法如何？
3. 理性预期学派的"不变性命题"及其政策含义是怎样的？
4. 理性预期学派的周期性经济波动理论有何特点？
5. 理性预期学派的经济政策主张是怎样的？
6. 你如何评价理性预期学派的经济观点和政策主张？

## 参考文献

1. 〔日〕伊贺隆:《关于合理预期形成的理论》,载《现代国外经济学论文选》(第七辑),北京,商务印书馆1983年版。
2. 〔美〕约翰·斯特拉瑟:《合理预期是有前途的研究大纲,还是货币学派的原教旨主义理论》,载《经济学译丛》1986年第8期,第71页;原载美国《经济问题杂志》1984年12月号。
3. 〔澳〕贝尔特·T.麦卡勒姆:《合理预期理论的意义》,载《现代国外经济学论文选》(第七辑),北京,商务印书馆1983年版。
4. 〔美〕布莱恩·坎特:《合理预期理论和经济思想》,载《现代国外经济学论文选》(第七辑),北京,商务印书馆1983年版。
5. 〔美〕马克·威尔斯:《"理性预期":反凯恩斯革命的革命》,载〔美〕丹尼尔·贝尔、欧文·克里斯托尔:《经济理论的危机》,陈彪如等译,上海,上海译文出版社1985年版。
6. 〔美〕弗兰克·莫迪利安尼:《"现代货币主义"论战,即我们是否应放弃经济稳定政策》,载《现代国外经济学论文选》(第一辑),北京,商务印书馆1979年版。
7. 〔美〕罗伯特·卢卡斯:《经济周期理论研究》,美国,波士顿,坎布里奇,麻省理工学院出版社1981年英文版。
8. 〔美〕赫尔姆特·弗里希:《通货膨胀理论(1963—1975年):"第二代"概述》,载美国《经济学文献杂志》1977年12月号。
9. 〔澳〕贝尔特·T.麦卡勒姆:《关于"政策无效"争论的目前情况》,载《现代国外经济学论文选》(第七辑),北京,商务印书馆1983年版。
10. 〔美〕小沃尔特·格萨迪:《切合实际的新经济学》,载《世界经济译丛》1979年第4期。
11. 〔美〕R.J.巴罗:《财政政策的新古典方法》,载巴罗编写的《现代经济周期理论》,美国,波士顿,哈佛大学出版社1989年英文版。
12. 〔美〕C.I.普洛瑟:《对实际经济周期的理解》,载《经济学展望杂志》第3期〔Vol.3(No.3,14989)〕。
13. 杨玉生著:《理性预期学派》,武汉,武汉出版社1996年版。
14. 胡代光主编:《西方经济学说的演变及其影响》,北京,北京大学出版社1998年版。

# 第十章 伦敦学派

## 一、伦敦学派的概况

### （一）伦敦学派的概况

伦敦学派（The Landon School）是现代西方经济学中的一个新自由主义流派。它形成和活跃于20世纪20—30年代，影响波及60—70年代，其最主要的特点就是坚持新古典经济学的自由主义传统。伦敦学派因其主要代表人物都在伦敦经济学院工作过而得名。

### （二）主要代表人物

伦敦学派的创立者是埃德温·坎南（Edwin Cannan）。其他主要代表人物有：莱昂内尔·罗宾斯（Lionel Robbins）、弗里德里希·冯·哈耶克（Friderich von Hayek）、约翰·希克斯（John R. Hicks）、阿巴·勒纳（A. P. Lerner）、尼古拉斯·卡尔多（N. Kaldor）和西奥多·格雷高里（S. Gregory）。但约翰·希克斯和尼古拉斯·卡尔多因为后来观点的转变，并不能算作该学派的主要人物。严格说来，只有莱昂内尔·罗宾斯、弗里德里希·冯·哈耶克两个人可以算作伦敦学派的核心人物。

## 二、坎南的经济思想

### （一）坎南的概况

埃德温·坎南（1861—1935）毕业于牛津大学巴利奥尔学院，1897—1926年任教于伦敦经济学院，1931年又受聘于牛津大学。埃德温·坎南曾经担任过英国皇家经济学会会长，还荣获过格拉斯哥大学名誉法学博士和曼彻斯特大学名誉文学博士称号。

埃德温·坎南在经济学方面的贡献主要是：在经济学说史的教学和研究工作中有引人注目的成果；另外他编校了亚当·斯密的有关著作，产生了较大的影响。坎南还是"适度人口论"的较早提出者之一，认为人口应该和土地等经济资源保持一个恰当的比例，来保证人们的福利和经济发展。由于坎南以当时正统的经济思想培养了一代学者，他也就自然成为伦敦学派的奠基者和领袖。

埃德温·坎南的主要经济学著作有：《初级政治经济学》(1888)、《1776—1848年英国政治经济学中生产与分配理论史》(1893)、《英国地方税史》(1896)、《经济展望》(1912)、《财富论》(1914)、《货币：与价格升降的联系》(1918)、《经济理论述评》(1929)、《现代通货及其价值的调节》(1931)、《经济大恐慌》(1933)等。

从奠基者的角度说，埃德温·坎南的贡献主要是编校了亚当·斯密的《国富论》、研究和讲授了经济学说史、传播了古典经济学自由放任的经济思想、为伦敦经济学派培养了一代经济学家。不过，他在经济理论方面的影响其实并不是该学派中最大的。

### (二) 对恢复金本位的看法

坎南站在经济自由主义的立场上,坚信市场经济自动调节的有效性。他针对第一次世界大战后英国出现经济危机和通货膨胀的情况,提出恢复金本位借以稳定经济的主张。他的理由主要是:(1) 通货与一般商品有所不同。边际效用对于一般商品和黄金的作用是相同的,但对于通货却是不同的。其他物品数量增多时,人们的需要就会在不同程度上得到满足。但是,通货的数量无论多少,人们都不会满足。(2) 物价水平会受到多种因素的影响,而不只是货币数量一种因素的影响。(3) 对通货的管理是无效的,也是有害的,因为这些管理(如利率调整、控制信贷规模等)都是对自发运行的市场经济的人为干扰。(4) 只有恢复金本位制才会有助于经济的稳定。这是一种自然的调节。坎南的这种观点与当时凯恩斯提出来的通货管理的理论(其基础是货币数量论)和政策(货币政策)是完全相反的。

### (三) 对经济危机的看法

坎南认为,经济危机的原因之一就是,工会组织妨碍了工资的下调,破坏了市场的力量,从而造成了大规模失业。与此同时,坎南也否认经由伦敦学派经济学家鼓动而在英国恢复的金本位制是造成经济危机的原因。

## 三、罗宾斯的经济思想

### (一) 罗宾斯的概况

莱昂内尔·罗宾斯(1898—1984),生于英国的米德尔塞克斯。1920—1923 年就读于伦敦经济学院;毕业后,他几乎一直在伦敦经济学院工作。罗宾斯 1923—1924 年任研究助教,1925—1927 年任讲师,1929—1961 年任经济学教授,1962—1969 年在辞去教授职务后,任兼职教授,1967—1980 年,成为伦敦经济学院的荣誉教授。在校期间,罗宾斯曾经长期担任伦敦经济学院经济学系的系主任。除此之外,他也在牛津大学短期工作过。在第二次世界大战期间,罗宾斯担任过战时内阁办公室部门的负责人,1944 年还与凯恩斯一起,代表英国出席了布雷顿森林会议。罗宾斯师从于埃德温·坎南,并继坎南之后成为伦敦学派的主要代表人物。

莱昂内尔·罗宾斯兴趣广泛,曾经担任过伦敦国家美术馆的理事、皇家歌剧院的负责人、高等教育委员会的主席和《金融时报》的董事长。1959 年,英国皇室授予他终身贵族的称号。他在经济学上的主要贡献是:(1) 对经济学宗旨和方法论的研究颇具影响;(2) 长期坚持经济自由主义立场和观点,对伦敦经济学派的形成起了重要的作用;(3) 在经济思想史的教学和研究方面的贡献突出。

莱昂内尔·罗宾斯主要的经济学著作有:《论经济科学的性质与意义》(1932)、《大萧条》(1934)、《经济计划和国际秩序》(1937)、《阶级冲突的经济根源》(1939)、《战争的经济原因》(1939)、《和平与战争时期的经济问题》(1947)、《英国古典政治经济学的经济政策理论》(1952)、《经济思想中的经济发展理论》(1968)、《现代经济理论的演变》(1970)、《反通货膨胀》(1979)。

罗宾斯在西方经济学界很有声望,他也是领导伦敦经济学派时间最长的经济学家。罗宾斯在经济学方面的主要贡献有四个方面:经济学方法论、经济理论、经济政策和经济思想史。

## （二）罗宾斯的经济学方法论

罗宾斯的《论经济科学的性质和意义》一书是其经济学方法论的集中代表。英国经济学家J.沙克尔顿和G.洛克斯利将罗宾斯在这方面的贡献概括为七点：（1）提出了经济学基本命题的基础的问题；（2）看到了该命题与实践有关；（3）抛弃了历史归纳主义的解释；（4）认识到经济学中受人控制的试验具有局限性；（5）认识到微观经济学的正确性并不依赖特别的心理学原理（在这一点上，有趣的是，他反对行为主义的部分原因是基于这样的观点：不考虑心理因素就不能恰当地理解主观价值论）；（6）他也认为，不依赖于伦理上恰当的个人评价的经济学是没有价值的；（7）他强调抽象的重要性，而这些抽象是由一些特定的假设构成的（比如他就使用了充分预期的假定）。①

罗宾斯认为，经济学是研究目的和有可替代用途的手段之间关系的科学。这一结论的"最主要的先决条件是以某种方式涉及一些简单的无可争辩的经验事实的全部假设，这些经验事实又与物品的稀缺性借以在现实世界中表现自己的方式有关，物品的稀缺性是我们的科学的主要议题"。这就是说，罗宾斯在经济学的定义中强调资源的稀缺性和选择的重要性。这个定义成了当时的经典性定义。今天，它也还有着影响。

在经济学研究方法方面，罗宾斯坚持抽象的演绎法，反对历史归纳法、心理分析和价值判断。他认为，经济学的命题是由各种先决条件推演出来的最后结论。而最重要的先决条件就是以某种方式涉及一些简单的公认的经验事实的那些假设。当然也有另外一些假设，"只具有更为有限的性质，它们的基础是理论所要解释的一些特殊关系或关系的各种类型的一般特点"。总之，罗宾斯的经济学研究方法，主要包括理论假设、概括、特定命题的广泛推论几个部分，最后还包含验证。

不过，罗宾斯也和其他一些西方经济学家一样，认为经济研究应当超越价值判断，成为一门反映客观真理的实证科学。他说："经济科学可以清楚地同那些涉及价值判断的经济问题讨论相区别。价值判断是以'好'和'坏'的评估形式来阐述的，它涉及个人间的效益比较。"②为此，罗宾斯把经济学分成了两类：一类研究财富或福利，要对福利作出主观价值判断，超出了经验科学范围，不可能具有客观真理的性质；另一类则是研究目的与手段之间的均衡关系，研究"是什么"的问题，因而具有客观真理的性质。他认为，经济学是后者，应该和前者分开。

## （三）罗宾斯的经济理论

### 1. 宏观经济学方面

罗宾斯坚持经济自由主义的观点，信奉和支持奥地利学派的储蓄不足和消费过度的经济周期理论，特别是哈耶克的经济周期理论。到第二次世界大战结束时，罗宾斯的观点已经有所转变，对控制总需求达到充分就业的政策表示支持。为此，他受到了凯恩斯的赞扬。

在20世纪20—30年代，罗宾斯认为，如果经济萧条的时间较短，就可以通过迅速削减成本和严格的清偿来实现企业的恢复生机。但是，他也指出，在国家干预之下，市场上会出现刚性的特点。这种现象及分摊成本会产生棘轮式的上升效应，他认为，20世纪30年代的大萧条

---

① 以上观点可以参见〔英〕J.沙克尔顿、G.洛克斯利：《现代十二位经济学家》，陶海粟、潘慕平等译，北京，商务印书馆1992年版，第198—199页。
② 〔英〕约翰·伊特韦尔等：《新帕尔格雷夫经济学大辞典》（第3卷），北京，经济科学出版社1992年版，第223页。

不能过多地归结于总需求的崩溃,主要是储蓄不足导致经济在繁荣和成熟之前就已经夭折。在他看来,在以迂回生产为特征的经济中,价格变动容易形成生产结构的扭曲,各行业、各部门之间又会相互影响。在储蓄短缺条件下,资金短缺为经济崩溃创造了条件,消费品部门价格的上涨又加剧了经济崩溃的过程。罗宾斯认为,需求和消费的不足在任何时候都是危机的根源,只要价格和成本变动一致,企业的获利能力和发展就不会遭到破坏。问题是,价格和成本往往不一致。

总的说来,罗宾斯基本上是强调经济行为中的个人主义,认为自由选择是合情合理的,市场机制基本上是有效的。不过,从20世纪40年代中期以后起,他也逐渐开始承认市场经济中的深刻的动荡因素是重要的,开始承认国家对经济生活干预的必要性,并开始认可凯恩斯的理论及有关政策(例如,在《和平和战争中的经济问题》(1947)中的观点)。1971年,罗宾斯在《一位经济学家的自传》中针对自己的思想作了深刻的反思。他说:"问题出在人的智力上。我已经成为理论结构的奴隶,如果不是在逻辑的一贯性上存在固有的缺陷的话,这种理论结构完全不适合已经发展了的形势,所以它使我作出错误的判断。我认识到,这些结构引出的结论对实践毫无用处。但是过去我相信它们是有根据的,所以我的职责是根据它们提出政策建议。"①

2. 微观经济学方面

罗宾斯对马歇尔的"代表性企业"概念进行了不懈的抨击。他认为,在一个均衡不断变动的环境中,代表性企业是难以确定的。

罗宾斯提出了以 $\frac{y}{I}$ 作为"收入的需求弹性"(即收入需求变化与劳动时间变化的比值)来衡量工资提高对增加劳动时间和就业的程度。据说,这是被人们广泛接受的。他还提出了"收入价格"的概念可定义为工资率的倒数。然后,他指出,在一般情况下,收入需求将同收入价格成反向变化。

此外,罗宾斯还赞同序数效用论,反对基数效用论。由此,他也反对消费者剩余的观点,反对庇古的福利经济学。他认为,那些都只是伦理问题,而不是政策问题。

3. 经济政策

在信奉经济自由主义的思想影响下,罗宾斯的经济政策主张明显带有要求减少政府干预、提倡自由竞争的特点。这主要表现在第二次世界大战之前。那时,他是主张恢复金本位制的。第二次世界大战之后,罗宾斯开始赞成凯恩斯的政府干预的经济思想和政策。但是,他并未完全成为一个凯恩斯主义者。在20世纪60年代,他又再次强调实行带有新自由主义色彩的"机会平等"问题。

4. 经济思想史

罗宾斯在其1952年出版的《英国古典政治经济学的经济政策理论》中,探讨了英国一些古典经济学家关于自由经济制度调节过程的问题。"罗宾斯即使不是令人完全信服地,也是颇具说服力地指出:英国古典经济学家并不拘泥于欧洲大陆的自由放任主义,而是把经济关

---

① 转引自〔英〕J.沙克尔顿、G.洛克斯利:《现代十二位经济学家》,陶海粟、潘慕平等译,北京,商务印书馆1992年版,第209页。

系的自由看成是一般的原则,可有许多特定的例外。"①罗宾斯1958年出版的《罗伯特·托伦斯与古典经济学的演进》在学术界也有一定的影响。

## 四、哈耶克的早期经济理论

弗里德里希·冯·哈耶克是伦敦学派的代表人物,也被看作新奥地利学派、弗莱堡学派的代表人物,甚至他还在美国的芝加哥大学任教多年。无论怎样,他被看作20世纪经济自由主义的旗手是毫无疑义的。哈耶克的特点是从社会学、政治学、法学、伦理学、道德科学等广阔的领域来研究经济学的。他既沿袭了奥地利学派的理论传统,又拓宽了其研究视野和范围。他侧重于对纯粹经济理论进行研究,很少提出经济政策,还反对将经济理论数量化。他一贯坚持经济自由主义立场,反对国家干预主义的理论和政策,也批评社会主义计划经济。他还建立了世界性的以坚持经济自由主义为宗旨的"朝圣山学社",数十年始终坚持其活动。哈耶克在1974年获得了诺贝尔经济学奖金。他获奖的原因在于:"对不同经济制度功能效率的分析,是他对较广意义上的经济研究的最重要的贡献之一。"他的研究"……无疑对广泛和正在发展的'比较经济制度'的研究领域,提供了显著的激励"②。

### (一) 哈耶克的概况

弗里德里希·奥古斯特·冯·哈耶克(Friedrich August von Hayek,1899—1992)是现代著名的经济学家和哲学家。1899年5月8日生于奥地利。他的父亲奥古斯特·冯·哈耶克是一位医生兼植物学家。在父亲的影响下,少年时代的哈耶克对自然科学颇有兴趣。第一次世界大战后,哈耶克进入维也纳大学学习法律,同时自修经济学和心理学。在维也纳大学期间,他受到奥地利学派两位著名经济学家弗里德里希·冯·维塞尔和欧根·冯·庞巴维克的影响,逐渐把精力转向经济理论的研究。后来,他更多受到路德维格·冯·米塞斯的影响。

哈耶克于1921—1926年担任的第一个公职,是在米塞斯担任主任的国际联盟奥地利赔偿委员会中执行《凡尔赛和约》的金融条款。在此期间,他于1921年和1923年分别获得维也纳大学法学博士学位和政治学博士学位。在获得政治学博士学位后,他赴纽约15个月以研究美国的货币政策,并由此产生了兴趣。1927年,他又获得经济学博士学位,并受聘为新成立的奥地利经济研究所所长。从1929年起,他又兼任维也纳大学经济学讲师,向学生讲授奥地利学派经济学家门格尔、庞巴维克、维塞尔及米塞斯的经济学说。

1931年,哈耶克离开奥地利,移居英国,应聘任伦敦经济学院教授,并于1938年加入英国国籍。1941年后,他的研究方向转向社会哲学和当时风行的社会主义与社会政策。1943年,他又获得伦敦大学经济学博士学位,并被选为英国科学院院士。

1950年,哈耶克受聘前往美国,担任芝加哥大学社会思想委员会的社会与道德科学教授,直至1962年。在此期间,他主要从事社会哲学方面的研究。

1962年,受联邦德国弗莱堡大学之聘,哈耶克前往德意志联邦共和国任弗莱堡大学政治经济学终身教授。1969年,他退休返回奥地利,仍任萨尔茨堡大学聘任教授。1974年,他与

---

① 〔英〕约翰·伊特韦尔等:《新帕尔格雷夫经济学大辞典》(第4卷),北京,经济科学出版社1992年版,第223页。
② 转引自谭力文著:《伦敦学派》,武汉,武汉出版社1996年版,第32页。

瑞典经济学家缪尔达尔一起获得诺贝尔经济学奖,是由于他们在货币和经济波动理论的开创性著作,同时由于他们对经济的、社会的和制度现象的内在依赖性的精辟分析。

哈耶克是一位多产的经济学家,到1974年他获得诺贝尔奖时为止,共发表过15部专著、10本小册子、130多篇文章,以及10部由他主编并写序的文集。其论著中有较大影响的是:《货币理论与经济周期》(1929)、《物价与生产》(1931)、《货币的国家主义与国际稳定》(1937)、《利润、利息与投资》(1939)、《资本的纯理论》(1941)、《通向奴役的道路》(1944)、《个人主义与经济秩序》(1948)、《自由的宪章》(1960)、《哲学、政治学与经济学研究》(1967)、《法律、立法与自由》第一卷《法则与秩序》(1973)。获得诺贝尔奖金以后,他又出版了《货币的非国有化》(1976)、《法律、立法与自由》第二卷《社会公平的幻想》(1976)和第三卷《自由人的社会秩序》(1978),以及《致命的自负》(1988)等。

### (二) 哈耶克的货币理论

哈耶克的货币理论,从20世纪30年代到70年代,可分为研究重点有明显差异的两个阶段:第一阶段以分析如何使货币保持中性为重点,其代表作是1931年出版的《物价与生产》;第二阶段的重点是宣扬币制的非国家化,主张实行自由货币,其代表作是1976年出版的《货币的非国家化》。

#### 1. 中性货币

"中性货币"是货币数量论的一个基本观点。这种观点认为,如果流通中的货币数量只是影响价格水平或者以货币数量表示的名义经济变量等,而不会影响实际的产量水平和就业量等实际经济变量,那么,这时的货币就是中性的。不确切地说,"中性货币"的思想从"货币数量论"出现之初就有了。18世纪中期,英国经济学家大卫·休谟就曾经在其著作中表述出这种思想。但是,"中性货币"的术语出现得较晚。"中性货币"一词是瑞典学派的创始人威克赛尔所首倡的一个术语。在威克赛尔那里,货币中性意味着货币数量使市场利率等于自然利率,货币的币值即一般物价水平保持稳定,从而货币对实际经济过程保持一种中立状态,即货币因素这时不是一种影响实际经济过程的因素。

哈耶克采用了"中性货币"这一术语,但对这一术语的含义作了相当大的变动。哈耶克给出的这种变动,与他对当时流行的货币理论持不同的看法密切相关。哈耶克指出,以约翰·穆勒和欧文·费雪为代表的货币理论,以及威克赛尔的货币理论,都认为货币数量的变化只有在引起一般物价水平变动时才会影响相对价格;而只要币值稳定(即保持威克赛尔意义上的中性),一般物价水平不变,货币就不会影响相对价格,从而也不会影响经济过程的实际方面。哈耶克认为,这些货币理论都无法说明货币存量变化是如何影响经济中个人的决策的;所以,这些理论与研究以个人经济决策为中心的一般经济理论发生差异。

哈耶克认为,货币对物价和生产的影响,完全与对一般物价水平的影响无关,几乎货币数量的任何变动,无论它对一般物价水平有无影响,总会影响到相对价格,从而影响到受相对价格制约的生产数量和方向。因此,他要建立的货币理论,主要是想说明货币在什么条件下对商品相对价格从而对生产数量和方向发生影响,并说明产生这种影响的具体机制。

所以,哈耶克的上述观点与20世纪30年代流行的其他货币理论之间存在着明显的区别。当时流行的其他货币理论认为:货币数量变化是通过一般物价水平的变动,对相对价格及生产产生影响和作用的。而哈耶克的货币理论则认为:货币数量变动是通过相对价格的变动,对生产产生影响和作用的,但一般物价水平可能变动也可能不变。这表明,在其他货币理论中,一般物价水平是联系货币与生产的必不可少的逻辑中介;而在哈耶克那里,这个中介是不需要的。

由于相信货币数量变动会直接影响相对价格,哈耶克的中性货币的含义就不再是威克赛尔所强调的一般物价水平不变,而是指货币对商品的相对价格不发生影响,不引起相对价格的失衡,不引起生产方向的误导,即货币对商品的相对价格保持"中性"或保持"中立"。哈耶克本人认为,"中性货币""指的是一种状况,在这样的状况下可以想象到,货币经济中的事件会如此发生……似乎它们仅仅受到均衡经济学所考虑到的'实际'因素的影响"①。具有哈耶克所说的这种含义的货币中性称作"哈耶克中性",它有别于威克赛尔的货币中性含义。在规定了这样的货币中性含义后,哈耶克认为,构成货币影响生产理论分析出发点的,不是币值是否稳定的问题,而是货币是否能够保持中性的问题。哈耶克的货币理论的目标就是说明使货币保持哈耶克中性的条件。这些条件共有三个:第一,货币总流量是一定的;第二,一切价格都会随供求状况的变化而完全伸缩自如;第三,一切长期合同或契约都建立在对未来价格变动的正确预测的基础上。这三个条件对于保持货币中性是缺一不可的。

第一个条件,并不意味着货币总流量绝对不变。哈耶克指出,为了保持经济过程的均衡,保持货币的中性,在一定的条件下,必须变动货币总流量。这些条件之一,就是哈耶克所命名的"货币交易系数"的变化。货币交易系数是指货物总流量与其中以货币成交的那一部分之间的比例。哈耶克强调,货币交易系数不能与货币支付数量对贸易的实物量之间的比例相混淆,后者受物价水平变化的影响,而前者则不然,整个社会的货币交易系数只取决于企业组织的纵向综合程度(即一个完整的生产过程是由一个企业来完成,还是由若干有着纵向联系的企业来完成的问题)、生产者自给性生产的比重、物物交易占整个交易量的比重以及货币在经济体系中各个货币交易系数互不相同的部分之间的分布。显然,当整个社会的货币交易系数发生变化时,货币流通量应该发生反方向的变化。

除了货币交易系数的变化外,需要货币总量在保持中性的前提下发生变化的另一个条件是货币流通速度。哈耶克提出,当货币流通速度变化时,必须以货币总流量的相反变化来抵消,以便使货币对相对物价与生产保持中性。由此可见,货币保持哈耶克中性的第一个条件应当表述为:在货币交易系数和货币流通速度一定时,使货币流通量保持不变。

哈耶克的中性货币概念,首先是一个理论概念,用来分析货币因素是如何影响实际经济过程的。他指出:"任何试图解决理论问题的必要的出发点,就是承认这一事实,即在物物交易条件下必然存在供求相等情况,当货币成为交易中介时,就不复存在了。物物交易被分为两个单独的交易以后,一个交易发生时并不辅以另一个交易,这时就出现了货币的'一面'影响。因此,此时的问题就是把货币的这种影响游离开来加以考虑。"②由此可见,货币中性概念主要是一个把货币影响游离出来进行考察的分析工具。

同时,哈耶克的中性货币的要点对他的货币政策主张也很有影响。他认为,中性货币概念为判断实际货币政策是否合理,提供了一个也许是最重要的准则。从这一准则出发,他反对当时颇为普遍的"弹性"货币的政策(即中央银行应当使货币量随生产的增长而相应增长),因为这种政策不是像他所要求的那样按货币交易系数和货币流通速度的变化而相应变

---

① 〔英〕哈耶克:《物价与生产》(第2版),英国,伦敦,1935年英文版,第127页。
② 〔英〕哈耶克:《物价与生产》,滕维藻、朱宗风译,上海,上海人民出版社1958年版,第104页。

动货币流通量,而是使货币量随生产规模的变化而变化。在他看来,这必然导致相对价格和生产结构的扭曲,破坏货币的中性。哈耶克还分析了导致"弹性"货币主张的两个认识上的原因。一是混淆了开放经济和封闭经济。在开放经济条件下,如果生产规模的变化引起一国经济在世界范围中的比重的变化,那么该国货币数量的变化是自然而然的事;但在封闭经济条件下,不能认为还有同样的事情。弹性货币的提倡者没有区分开放经济和封闭经济对货币数量的不同要求。二是弹性货币的提倡者混淆了人们对某一种货币的需求和对一般通货的需求之间的区别。事实上随经济周期而变化的是人们对某种货币,尤其是现金的需求,而一般通货则不但包括现金,而且包括各种起着流通媒介作用的信用。

哈耶克的中性货币理论是他全部经济观点的基础。他的经济周期理论就是以货币保持中性的第一个条件遭到破坏,货币量变动破坏相对价格的均衡为前提的。哈耶克的古典经济自由主义观点,则与他主张货币保持中性的第二个条件有逻辑关系。完全伸缩自如的价格体系只有在完全自由竞争条件下才是现实。哈耶克的第三个条件,即一切长期合同或契约都以对未来价格变动的正确预测为基础,实质上要求经济决策者对未来具有完全的信息,而这在实际上是做不到的。这也就意味着实际生活中货币是难以保持中性的,从而经济的周期波动作为货币中性被破坏的结果,就是不可避免的。这是哈耶克的中性货币理论没有明确表述但却逻辑地蕴含其中的结论。

哈耶克在说明"中性货币"时,对于威克赛尔的"中性利率"概念也表示基本赞成。因为,如果货币是中性的,市场上的利率就必然是中性的,即由储蓄和借贷需求双方共同确定的。但是,哈耶克认为,威克赛尔的"中性利率"只有在储蓄为零的情况下才会发生,否则,在储蓄和投资都大于零的情况下,要么出现物价的下跌(如果不相应增加货币供应量的话),要么就无法保持"中性利率"(如果增加货币供应量来保持物价稳定的话)。银行在这时往往会陷入两难境地。哈耶克认为,这时,"强制储蓄"就是关键性的问题了。

"强制储蓄"也是哈耶克经济理论中一个重要的概念。"强制储蓄"的观点最早是由英国经济学家桑顿和边沁提出的,而术语则是由新奥地利学派经济学家米塞斯提出的。"强制储蓄"理论认为,货币数量的增加是以某些个人的消费减少为代价的,但是对资本积累较为有利。不过,这些个人不是自愿地储蓄,而且他们没有得到任何直接的利益。威克赛尔认为,"强制储蓄"是由积累过程中物价上涨对固定收入的人们造成的。哈耶克运用"强制储蓄"概念来解释经济周期波动问题。

哈耶克的中性货币理论,作为一种探索货币因素对相对价格和生产结构产生影响的机制的理论,从纯粹经济分析的角度来看,是有积极意义的。随着市场机制和货币金融的作用在我国经济改革进程中的扩大,我们除了要了解货币因素对我国的一般物价水平的影响之外,也有必要了解它对相对价格体系及生产结构的影响,以便于制定符合我们目标的货币政策。在这方面,哈耶克的中性货币理论能够给我们一定的启示。

2. 货币政策的目标

哈耶克认为,货币政策的目标就是努力使货币保持中性。他说:"完全可以想象得到,相对价格的扭曲和生产方向的失误是可以避免的,若第一,货币的总流量保持一定;第二,所有的价格完全具有柔性;第三,所有的长期合同都建立在未来价格运动的正确预期上。"[①]这也

---

① 转引自谭力文著:《伦敦学派》,武汉,武汉出版社1996年版,第74—75页。

意味着,若第二和第三个条件没有给出,上述想法在任何货币政策下都不能实现。经济顺利运行的前提条件就是价格和工资的"柔性"。所以,在这方面,哈耶克还提出了一些直到现在经济学界仍然在研究和讨论的中心问题。这包括:

(1)在"工资刚性"造成的困难情况下,避免"生产失去方向"是至关重要的。货币不必随着生产发生变化。具体的个别价格在比例上应该落在个别生产效率的增长之后。

(2)对于保持平均价格不变的货币水平,调整流通中货币量的政策不应该去保证货币对价格结构不发生积极的影响。哈耶克建议,货币供应量应该保持不变。

(3)在开放经济中,货币数量变化会对经济波动产生影响,从而给稳定流通的政策目标造成困难。

(4)货币包含着信用及其他货币替代物的所有形式。满足交易的需要不包含对于任何流通中介总体数量变化的必要性。

(5)在官方的控制之外,货币替代物数量的变化具有货币自身数量相同的影响。尽管商业信用取决于它对于其他货币形式可变换性的预期,但它可变通的供应表明,货币政策不需要干预满足交易变化的需要。

(6)信用体系常常被比喻为倒金字塔形。最底层是现金,第二层是中央银行的信用,再往上是商业银行信用和商业信用。官方的控制只涉及1/3或者1/2层。不同信用形式之间的比例可以变化。所以,即使信用的基础保持不变,但交换媒介的总数量可能上升或下降。为了保持稳定的流通,相对于信用基础,所有的交换中介都需要复杂的综合。

(7)相对于产出总流量(货币交易的系数)的货币交易比例的变化可能引起货币供应的变化,但这将取决于是否缺乏导致生产结构中无根据变化的任何相应的调整。

(8)由货币交易系数变化引起的货币需求的变化,表明在货币供应上的相应变化是正确的。

(9)流通速度的任何变化相对于货币供应量的变化,如果货币数量对于价格保持中性,必须通过流通中货币数量的相应变化进行补偿。不仅货币供应的变化需要精确反映货币流通速度的变化,而且必须保证调整精确地受限于那些需要变化的领域,即,在流通速度初始变化的地方。显然,无所不知是中性货币的先决条件。

(10)现实世界尚未完全给出货币保持中性的条件。

3.自由货币

针对20世纪30年代的经济大萧条,哈耶克提出了"中性货币"的理论;针对20世纪70年代的经济"滞胀",他又提出了"自由货币"的理论。如果说中性货币理论是要限制中央银行的行为,那么自由货币理论就是要根本取消中央银行采取行动的权力。在其1976年出版的《货币的非国家化》一书中,哈耶克首次对货币的非国家化进行了探讨。其后,他在《哲学、政治学、经济学和思想史的新研究》(1978)一书中进一步表达了同样的观点,认为历史已经证明,政府独占货币发行权并不比民间私人发行货币时更为安全。

哈耶克将私人发行的(而非由一国政府垄断发行的)竞争性货币叫作"自由货币"。他研究私人银行发行货币(或者说货币的非国家化)这一问题的目的,是说明由政府垄断货币发行权的危害,说明对现行的货币制度进行根本性改革,即实行货币非国家化的必要。

哈耶克指出,从古罗马起,政府就垄断了货币发行权,这是因为这种权力能够给政府带来丰厚的财政收入。因为政府完全是从自身利益而非社会利益出发,来垄断货币发行权的。

哈耶克认为，政府对货币发行的垄断，在铸币时代就已经造成了祸害，但还不算太明显、太严重，而在纸币时代，其不良后果就非常严重、非常显著。因为纸币的历史就是通货膨胀的历史。垄断了货币发行权的政府，更关心的是自己财政支出的需要量而非通货稳定。它不会自觉地把纸币的发行限制在与贵金属储备相适应的范围内。政府滥用货币发行权的结果，是造成了持久的、广泛的通货膨胀，对经济生活，尤其是第二次世界大战以后的经济生活，带来了严重的不良影响。20世纪70年代西方各国发生的经济滞胀，便是这一不良影响的典型表现。

哈耶克指出，资本主义经济的本质是私人的市场经济，在没有政府干预的情况下，市场自动调节的机制会比政府调节具有更好的经济效果。货币也最好由私人银行来发行，由市场的自由竞争来决定最优的货币种类和最优的货币供应量，因为自由竞争将会按照优胜劣汰的原则筛选最好种类的货币，而"货币的最优数量没有任何权威机构能事先确定，唯一是市场能够发现的"①。他认为，历史将同样证明，私人能够发行稳定良好的货币。只要私人有机会这样做，那将会使工商业兴旺，经济情况良好，政府收入也会得到保证。哈耶克还进一步从理论上分析了私人能发行良好货币的原因。哈耶克根据奥地利学派创始人卡尔·门格尔在1871年给货币所下的定义，指出货币通常被规定为被人们普遍接受的交换手段。但这并不意味着一个国家或一个地区在一定时期只能有唯一的一种交换手段。人们有时会普遍接受两种或两种以上的交换手段，只要这些交换手段之间可以按一定的比率迅速兑换。例如，许多国家在历史上都曾经存在过复本位制，即使在今天，两国交界处的一些城镇也往往通行两国的货币。由此可见，只流行唯一的货币不过是政府垄断货币发行权、强制推行其货币的结果，而非经济生活内在的必然要求。值得注意的是，哈耶克这种否认货币具有内在的唯一性，货币可以多元化的观念，早在他20世纪30年代发表的著作中便已出现了萌芽。在《物价与生产》一书中，哈耶克就已经指出，一个国家的通货会形成一个多层次结构，政府发行的货币处于这个多层次结构中的一个层次，随后一个层次是中央银行的信用，再后一个层次是各商业银行的信用，最后一个层次是众多个别私人间的信用。这就是说，实际的通货是一个在不同程度上为人们所普遍接受的各种交换手段的组合。到了20世纪70年代，哈耶克更进一步认为，要确切地划分哪些物品是货币、哪些不是，是做不到的；因为许多物品都具有程度不同的"货币性"，即它们可以有不同程度的、在不同区域的"流通性"、"通用性"。

现实生活中这些通货多元化现象以及哈耶克对这种多元化现象的认识，使他为自由货币的主张奠定了理论基础。因为如果通货在本质上是不可能多元化的，那么，自由货币就无法实现，各个私人发行的不同货币之间的竞争就必然为某一个私人发行货币的垄断所代替，这将又重蹈政府垄断货币发行权的弊端，甚至可能更糟糕。

哈耶克还通过分析货币的具体用途来论证自由货币。他认为货币的具体用途有四个方面：(1) 用于商品和服务的直接购买；(2) 作为购买力的储备，用于未来的支付；(3) 用作延期支付的手段；(4) 用作可靠的核算单位。根据对四种用途的分析，哈耶克的结论是：一种货币，只要能够成为被人们普遍接受的交换手段，并且具有稳定的价值，从而能够成为现金购买、未来支付、延期支付的手段和可靠的核算单位，那么无论它们是由谁提供的，不论是国家或私人，都可以成为通货。而且与国家垄断发行的货币相比，私人提供的竞争性货币将更符合上述这些要求，更能够成为稳定的良好货币。因为公众将从若干竞争的私人货币中选择较

---

① 〔英〕哈耶克：《货币的非国有化》（第2版），英国，伦敦，经济事务研究所1978年英文版，第77页。

好的一种货币,而在政府垄断货币发行时,公众没有选择,只有接受,即便它是一种坏的货币。

哈耶克认为在自由货币制度下,整个社会所向往的好货币将不再来自政府的仁慈,而是来自各私人银行对其自身利益的关心。各私人银行所面临的重大决策就是,是试图发行自己的货币,还是选择其他人所发行的某一种或几种货币作为储备。那些发行货币的私人银行从自身利益出发,将自觉控制货币发行量,并保持足够的储备,以应付各种等待支付的债款,否则它发行的货币就会被公众所抛弃。而那些不发行货币的私人银行,其扩张信用的行为也将受到其货币被选择的那些银行的钳制。这样就使整个银行体系在相互竞争中以一种审慎的态度来对待货币发行,从而避免垄断倾向发生时的通病——通货膨胀。

### (三) 哈耶克的经济周期理论

哈耶克的经济周期理论,主要表述在他1931年出版的《物价与生产》一书中。它直接来自于新奥地利学派经济学家米塞斯的信用周期学说的启示,其根源则是威克赛尔的货币理论和奥地利学派创始人之一的庞巴维克的资本理论。哈耶克对经济周期理论的贡献主要在于,他以对经济中花费时间的生产进行极端程式化的描述为基础,发展了货币的引入能够对价格的实际格局产生全面影响的思想。

庞巴维克把劳动和土地称为原始生产要素,把已经加工的原料和工具称为中间产品或资本品,把消费品称为最终产品。他把生产消费品的方法区分为两种:(1) 利用原始生产要素直接生产消费品;(2) 先利用原始生产要素制造工具,然后使用工具去生产消费品。他把上述第二种生产方法叫作迂回的生产方法,或者资本化的生产方法,并认为它比第一种方法更有效率。但是,从制造工具到最后取得消费品,所需要的时间要长于第一种方法。庞巴维克进一步指出,生产的迂回程度加深时,意味着有更多的原始生产要素投入资本品而非消费品的生产,即迂回程度的变化意味着原始生产要素在资本品生产部门和消费品生产部门之间配置比例的变化。哈耶克在《资本的纯理论》(1941)中认为,奥地利学派的经济理论具有在现代资本主义经济结构中处理复杂的相互依赖关系的能力。他对生产结构的分析基本上沿袭了奥地利学派的分析方法,把生产结构主要看作不同产品生产的纵向构成。

(1) 消费品生产与资本品生产之间的均衡。哈耶克就像20世纪30年代大多数西方经济学家一样,也是从经济处于某种均衡状态作为出发点来分析经济周期的。哈耶克的均衡是在"一切可用的资源都被使用"①(即充分就业),货币数量一定、整个社会的消费—储蓄比例一定从而生产的纵向结构一定时,用于购买消费品的货币和用于购买资本品的货币之间的比例(这一比例也反映了对这两类产品需求之间的比例),等于消费品产量与资本品产量之间的比例,即两类产品的需求之比等于供给之比。我们可以把这个比例称为均衡比例。

哈耶克的均衡是充分就业条件下的均衡。在他看来,均衡必然意味着充分就业,至于非充分就业现象,只是经济失去均衡的结果,也正是经济周期理论所要加以说明的现象。非充分就业均衡在他的理论体系中是不成立的。充分就业不仅是他的均衡的组成要素,也是他经济周期理论的逻辑前提之一。哈耶克关于整个经济周期过程的理论表述,是离不开这个前提的。

哈耶克的生产结构,就是生产的迂回速度或资本化程度。这个概念在他的经济周期理论中具有重要地位。在他看来,迂回的生产包括若干顺次相继的生产阶段,其中每一阶段都以

---

① 〔英〕哈耶克:《物价与生产》,滕维藻、朱宗风译,上海,上海人民出版社1985年版,第35页。

上一阶段的产出为投入,又以自己的产出为下一阶段的投入。除了最后一个阶段以外,其他阶段生产的都是中间产品。这种具有纵向顺序的各个生产阶段的全体,就是哈耶克所说的生产结构。当生产的迂回程度不变时,生产结构一定;当生产的迂回程度增加时,就意味着出现了新的生产阶段,使生产的纵向结构不断扩张。生产迂回程度(或资本化程度)的变化,在哈耶克看来就意味着生产结构的变化。他强调这种变化对于经济周期的出现有重大关系。而生产结构是稳定还是变化,取决于各生产阶段上的企业家的盈利情况,而盈利情况又取决于各阶段产品的成本和相对价格。因此,相对价格是决定生产结构的最重要的因素。

(2)从原有均衡状态向新均衡状态移动的第一阶段。哈耶克认为,生产结构的变化会引起均衡比例的变动。生产结构会由于两种原因而变化:一是货币数量不变时,社会的消费与储蓄之间的比例发生自愿的变化;二是消费与储蓄之间意愿的比例不变,但货币数量有了变动。

哈耶克认为,当生产结构由于比如说自愿储蓄增加而变化时,只要货币数量一定,经济体系就会经过一个调整的自发过程建立起新的均衡。

从某一均衡状态出发,若消费者决定把收入中的较大份额用于储蓄,即出现自愿储蓄的增加,则这种自愿储蓄的增量在哈耶克看来,将毫无疑问地全部转变为投资。因此,自愿储蓄增加的结果是减少消费需求,增加资本品需求,从而引起消费品相对价格下降和资本品相对价格上升。但各种资本品的价格不会等量上涨,也不会全部上涨。较晚的接近于消费品生产阶段的那些阶段中,其产出的资本品的价格由于受消费品价格下降的影响,可能下降,但下降幅度必然小于消费品价格的下降幅度。而较早阶段产出的资本品的相对价格肯定上升。相对价格的这种变化,导致较晚阶段所用资金的利润相对下降,而较早阶段所用资金的利润则相对上升;从而使资金及非专门性货物①由较晚阶段向较早阶段转移,甚至导致新生产阶段的出现,即,使得生产方法更加资本化或更加迂回。生产迂回程度加深的结果是消费品产量相对减少(绝对量则未必下降,因为更迂回的方式将提高生产效率,增加消费品产量),而资本品产量则相对增加。

与此同时,用于消费品生产阶段和接近消费品生产的其他较晚阶段上的货币量将减少,用于较早生产阶段上的货币量将增加。

结果,随着自愿储蓄的增加,消费品需求和供给都趋于相对减少,用于购买消费品的货币也趋于相对减少。因此,只要自愿储蓄的增加是稳定的,那么,最终将建立新的均衡,消费品和资本品需求之间的比例再次等于它们之间在供给方面的比例,使这一比例将小于自愿储蓄未增加时的比例。

当自愿储蓄减少时,将出现相反的结局,新的均衡比例将大于储蓄未变动时的比例。

(3)从原有均衡状态向新均衡状态移动的第二阶段。生产结构除了由于自愿储蓄的变化而引起变化之外,还会由于货币数量的变化而引起变化。前一种生产结构的变化,如上所述,将引起均衡比例的移动,这种移动是平稳的,不会造成经济波动。后一种生产结构的变化则不同,一旦货币数量发生变动而消费—储蓄比例不变,且货币交易系数和货币流通速度也不变,则旧的均衡将被打破,而新的均衡只有在经历了波动之后才能出现。

哈耶克认为,货币数量变动对均衡状态的扰动,会由于新增货币首先用于购买资本品还

---

① 非专门性货物是指那种可用于一个以上生产阶段的原始生产要素和中间产品;与之对应的是专门性货物,指那种只能专门用于某一个生产阶段的原始生产要素和中间产品。这是哈耶克所用的两个概念。

是首先用于购买消费品而有所不同,由旧均衡状态走向新均衡状态的途径会有所不同。

如果是以银行向生产者发放贷款的形式增加货币数量,就必须使货币利率低于均衡利率(即威克赛尔的自然利率)。货币利率降低使原有各生产阶段的企业家实行要素替代,即用资本品替代原始生产要素。这种行为导致两种结果:一是在初始的充分就业状态中释放出一部分原始生产要素,并投入更早的生产阶段,使生产阶段增加,迂回程度加深;二是引起资本品生产,尤其是较早生产阶段的利润相对增加,非专门货物从消费品生产阶段和其他较晚生产阶段向较早生产阶段流动,在经历一段耗尽消费品原有储备所需要的时间后,非专门货物的这种流动将引起消费品减少。

如果这种消费品减少伴随着消费者自愿储蓄的相应增加,那么货币数量变动引起的经济扰动将平稳地过渡到新的均衡状态。但现在的问题是消费者并不打算改变原有的消费水平和原有的消费—储蓄比例,即消费需求并没有减少。消费需求维持原状,消费品供给却减少了,结果便是消费品价格上涨。

如果这种价格上涨没有被消费者货币收入的相应提高所抵消,消费者将被迫降低消费水平(实物意义上的)。这样就出现了强制储蓄。但消费者货币收入最终将由于货币量增加而提高,这是因为经济始终保持充分就业状态,即原始生产要素的使用量并没有减少,只是改变了使用方向;所以企业家用新增货币进行投资,将使新增货币逐渐转移到原始要素所有者(同时也是消费者)手中。这就使消费者们有可能用更多货币购买消费品,结果消费品价格相对于资本品将更快上涨。

如果这种消费品相对价格上升的势头被银行对企业家的进一步放款所抵消,那么,已经拉长的生产过程将继续保持。但是由于法律或营业习惯的限制,银行不可能持续地扩张信用,于是出现货币资本供给的短缺。

如果企业家在银行供给的货币资本出现短缺之前,借助于新增加的货币,已经顺利完成为时较长的新的生产过程,那么就可以产出较多消费品以满足消费,于是消费者增加货币收入后恢复原先消费水平(实物意义上)的行为,也不会改变已经加深的生产迂回程度。如果企业家尚没有完成为时较长的迂回生产,而货币资本已告短缺,那么,只要自愿储蓄不增加,银行给企业家增加货币信贷就将引起资本品相对价格的暂时提高、生产迂回程度的暂时加深;但最终将由于货币资本供给的短缺而出现消费品相对价格上升,非专门性货物又从较早生产阶段流回消费品生产阶段和较晚的资本品生产阶段。剩下的那部分非专门性货物不够完成较长生产过程之用,曾经一度拉长的生产过程将出现纵向收缩。在生产过程收缩之后,较早生产阶段将出现专门性货物,尤其是专用设备的闲置,这正是萧条的特征。哈耶克认为,正是生产过程这种一伸一缩的情况,使经济出现繁荣与萧条的周期性波动。

以上是新增货币首先被用于购买资本品的情况。如果从某种均衡状态出发,新增加货币首先用于购买消费品,那将出现相反的过程,这时,消费品价格以及较晚阶段中生产出的资本品价格将相对提高,在短期中甚至超过最后将达到的均衡水平。于是大量非专门性货物由较早生产阶段流向较晚和最终的生产阶段,生产过程将缩短,在短期中甚至有过分缩短的倾向,即实际生产过程在短期中甚至比新的均衡比例出现后会有的生产过程还要短。原先一些较早阶段中的专门性货物将由于与之配合的非专门性货物的不足而闲置。不仅专门性货物会闲置,在原先较迂回的生产方式已无法维持,而新的较短的生产方式又没有充分完成到足以吸取全部非专门性货物的程度时,连非专门性货物也会出现一定的闲置。于是整个经济出现萧条现象。

哈耶克认为，专门性货物，尤其是耐用设备的闲置，并不能证明消费不足。如果没有足够的非专门性货物可以使耐用设备达到充分利用的话，他比喻说，一个孤岛上的居民打算制造一部巨大机器以供应他们的一切必需品，结果发现在这部新的机器能够生产出它的产品之前，已经耗尽了他们所有的储蓄和可以动用的自由资本。于是居民们便只好放下这项工程，而把他们的劳力在没有任何资本的情况下，全部用来生产他们每天的食物。只有当食物供应解决之后，他们才能继续原来的工程。在这个例子里，工程的停顿、设备的闲置、生产过程的缩短，并不是因为消费不足，而是由于非专门性货物——劳动不得不投入消费品生产中去。由此可知，在哈耶克看来，萧条或者说资本品的闲置，并不是因为消费品生产部门因生产过剩而减少其对资本品的需求，而是因为消费相对说来太多，消费品生产耗尽了本来能够使专用资本物品发挥作用的非专门性货物。所以，哈耶克的经济周期理论被人称作消费过度论。而消费品生产之所以能够抽去大量的非专门性要素，又源于银行不肯充分供应货币资本以支持企业家的投资，所以他的经济周期理论又被人称作资本短缺理论。

（4）对20世纪70年代"经济滞胀"的看法。哈耶克自从20世纪30年代形成自己对于经济周期的看法之后，虽然不久以后发生的凯恩斯革命把大多数西方经济学家吸引了过去，但他始终没有放弃自己那种与凯恩斯截然不同的经济周期理论。直到20世纪70年代西方世界出现普遍的经济滞胀，他仍然坚持认为，造成大规模失业的主要的真正原因是"各种商品和劳务的需求的分配同生产那些产品量的劳动及其他资源的配置之间，出现了矛盾"①，是由于相对价格的结构已被政府搞乱。这就是说，他仍然坚持生产结构的不合理是导致经济失衡的根本原因。

哈耶克认为，萧条和通货膨胀都由同一根源产生，两者可以并存。这是因为，要维持过去已经达到的充分就业水平，仅凭温和的通货膨胀是不够的，必须有加速的通货膨胀。如果政府既不愿用大规模失业来完全消除通货膨胀，又不敢实行加速的通货膨胀，那就必然造成既有通货膨胀又有失业的"滞胀"局面。他指责凯恩斯学派不懂得充分就业的保持必须依赖于加速的通货膨胀，而任何加速发展的过程都是不能无限延长的。

与20世纪30年代不同的是，哈耶克特别强调，政府在凯恩斯主义指导下所奉行的需求管理政策，是导致资源在极大范围内配置不当的重要原因，也是导致大规模失业的重要原因。他写道："在经济体系的某些方面连续注入追加的货币量，能在那里创造暂时的需求，而当货币数量的增长停止下来或者放慢的时候，再加上预期物价不再继续上涨，或涨势减缓，这种需求就必定终止。而追加的货币量的连续注入，会把劳动和其他资源投入就业，这种就业只有在货币数量按同一速度继续增长，或者甚至按给定速度持续地加速增长的时候才能维持下去……这种就业分配不能无限维持下去……它只能靠一个会迅速导致整个经济活动混乱的通货膨胀率来维持……一旦通货膨胀不再加快速度，大量失业必然出现，这是过去的错误政策的深为遗憾但无法回避的后果。"②

哈耶克进一步指出，政府之所以能够把追加的货币量连续注入经济体系之中，以扩张总需求，是因为政府垄断了货币的发行权。"过去三十年内政府支出的急剧增加，以及某些西方国家要求把国家收入的一半以上用于集体的目标，因政府对货币发行的控制而成为可能"③，

---

① 〔英〕哈耶克：《知识的虚伪》，载《现代国外经济学论文选》（第二辑），北京，商务印书馆1981年版，第71页。
② 同上书，第76页。
③ 〔英〕哈耶克：《货币的非国家化》，英国，伦敦，经济事务研究所1976年英文版，第90页。

20世纪70年代的停滞膨胀是因为政府垄断了货币发行权并滥用这种权力,破坏了市场机制的正常作用。

哈耶克反对一些西方经济学家用石油价格上涨或工资增长来解释滞胀的原因,他强调较高的石油价格或较高的工资,只有在政府增加货币量时,才可能引起一切商品价格的上涨,否则只会使产品成本提高、销售减少、失业增加,而不会引起一般价格上升。因此成本推进的通货膨胀归根结底是由货币量增加引起的。

(5)自由主义的对策。为了避免经济萧条,哈耶克的一贯主张就是要实行经济自由主义,反对人为对经济的干预。在20世纪30年代,他认为避免经济萧条的条件是使货币保持中性。这就要求货币当局不能因产量变化而变动货币量,尤其不能在经济周期的上升阶段增加货币量,以免人为地增进繁荣。同时要求建立完全的市场体制,以保证各种商品的价格完全伸缩自如。一旦萧条已经出现,则不能寄希望用比较小的通货膨胀来克服萧条,这将是危险的,也不能用增加消费和公共开支的政策来对付萧条,这也将是危险的,因为这将使生产结构更加缩短,使萧条拖得更长。唯一的办法是让生产结构缓慢地、自发地适应自发形成的消费品需求与资本品需求之间的比例。

到20世纪70年代,哈耶克强调建立自由货币制度去克服"滞胀",因为在自由货币制度下,政府将永远失去干预经济的武器——对货币发行权的控制,从而也就消除了萧条的根源。至于短期对策,他主张快刀斩乱麻,在六个月时间内通过大量增加失业来消除通货膨胀。他认为,要人民在六个月而不是一年和数年时间忍受高失业的痛苦,是能够做到的。

从中性货币到自由货币,就是哈耶克克服经济萧条的对策的发展轨迹。

## (四)哈耶克的经济自由主义政策主张

经济自由主义,最早源于法国的重农主义和英国古典经济学,特别是源于亚当·斯密。早期经济自由主义者曾经分别用"自然秩序"和"看不见的手"论证了自由竞争经济的可行性和合理性。"边际革命"之后,经济自由主义思想得到了进一步的阐发,新古典学派的代表人物运用"边际"、"均衡"等基本概念为分析工具,详细说明了自由竞争条件下的经济运行机制,论述了自由竞争制度在效率上的优越性。

20世纪20—30年代,哈耶克曾经与波兰经济学家奥斯卡·兰格进行了一场关于市场社会主义和自由资本主义孰优孰劣的争论。其后,他还长期抨击了凯恩斯经济学所主张的国家干预经济的政策主张。在这些论战当中,哈耶克充分表述了他甚为彻底的经济自由主义政策主张。他认为,国家干预、计划经济都是不好的,关键是扼杀自由和充分的竞争。他甚至把希特勒的法西斯道路、凯恩斯的需求管理与社会主义中央计划经济一起说成是"通向奴役的道路"。

哈耶克的经济自由主义主要表现在两个方面:一是指出了经济自由主义所根据的基本事实,指出了自由竞争的市场经济制度能够在效率上优于其他经济制度的根本原因。二是通过揭示集体主义制度在经济上的低效率和政治上的不民主,来反证经济自由主义的合理性。

1. 经济自由主义所依据的基本事实

哈耶克认为,经济自由主义是个人主义在经济上的必然结论。但他再三说明,他所讲的个人主义绝不是利己主义和自私的代名词,而是指尊重个人、承认个人在限定的范围中,他们自己的观点和爱好是至高无上的,他们自己的目标是高于一切而不受任何他人命令约束的。

那么,这种个人主义的根据是什么呢?哈耶克认为,首先,各个社会成员的利益不可能用一个统一的具有先后次序的目标序列来表达。其次,不仅不存在无所不包的统一的目标序列,而且任何人都没有能力去了解所有人互相竞争有限资源的各种需要并给它们排出先后次序。目标序列的不一致,以及个别人视野的有限性,这两条便成了全部个人主义哲学所根据的基本事实。

哈耶克认为,赞成社会主义的人觉得社会主义计划经济是一种合乎理性的完美制度,但实际上,计划经济只是对人类理性的滥用。在他看来,任何人都不可能获得关于所有其他人的需求的完备知识,当然也不可能获得关于市场经济的完备知识。这是哈耶克证明自由市场机制优越于计划经济机制的基本依据。哈耶克写道:"市场秩序之所以优越,这个秩序之所以照例要取代其他类型的秩序(只要不受到政府权力的压制),确实就在于它在资源配置方面,运用着许多特定事实的知识,这些知识分散地存在于无数的人们中间,而任何一个人是掌握不了的。"①哈耶克认为市场是一种整理分散信息的机制,它比人们精心设计的任何机制都更为有效。由于经济知识的分散,不可能集中起来,因此,就需要经济决策的分散化,需要有为分散的决策导向和纠偏的市场。对此,哈耶克说道:"市场过程中每个参加者所掌握的特有信息,都将影响价格和工资的决定……市场制度之所以具有优越性,并且只要不受政府势力的压制,市场制度为什么照例取代其他类型的制度,其根源就在于市场制度在促成资源配置上利用了比任何个人所能掌握的都更多特定情况的知识,而这些知识只是分散地存在于无数的人们中间。"②

哈耶克认为,价格机制是一种"传输信息的机制","这种制度最有意义的功能,就是在它的运作之下,所需的知识非常稀少,或者说,每个参与者为了要能采取正确的行动,需要知道的非常稀少"③。自由竞争市场机制的优点正是可以通过价格机制将分散、庞杂的大量个别信息简化为明确而清晰的简单信号。他说:"基本上,在一种相关信息分散在许多人身上的制度中,价格机制可将各人的单独行动协调起来。"④由于整个价格机制完全是人们在不断进行的交易中不知不觉地逐渐形成的,或者说是在市场自由竞争中逐渐形成的,因此,哈耶克将这类"秩序"称为"自发的秩序"。而"自发的秩序"是与自由机制的市场经济联系在一起的,是最有效率的。

哈耶克还阐述了经济自由主义的基本原则,即尽量运用社会和市场的自发力量,尽可能少地借助于强制,不是像手艺人做手工活那样去塑造成果,而是像园丁培育花木那样通过提供适宜的环境去促进成长。他说:"在一个竞争社会里,我们对一个物品须付的价格,和一物与他物的交换比率,取决于我们取得一物而使社会其他成员失去另外一些物品的数量如何。这个代价并不取决于任何人的自觉的意愿。如果达到我们目的的某种方法证明对我们耗费过大的话,我们可以自由地去试用另一种。"⑤哈耶克认为,只要每个人都能在自由交换的经济中按照自己的收入进行选择,从全社会来看,资源就能够被配置到消费者最需要的部门中去,市场将调整对不同产品和服务的需求与供给。同时他又提出,对于自由主义的根本原则,必须加以灵活运用,不能拘泥于某种一时的经验。哈耶克写道:"深思熟虑地创造一种使竞争

---

① 〔英〕哈耶克:《知识的虚伪》,载《现代国外经济学论文选》(第二辑),北京,商务印书馆1982年版,第73页。
② 同上。
③ 〔英〕哈耶克:《个人主义与经济秩序》,美国,芝加哥,芝加哥大学出版社1948年英文版,第86页。
④ 同上书,第85页。
⑤ 〔英〕哈耶克:《通向奴役的道路》(第2版),英国,伦敦,罗特里奇出版社1976年英文版,第70页。

可以尽可能有益地起作用的制度,和被动地接受既定的法规制度,这两者之间的判别尤其悬殊。"①

哈耶克特别强调,经济自由主义并不就是19世纪所盛行的自由放任主义,它赞成尽可能地利用竞争力量来协调人类的经济行为,而不是主张听任事物自生自灭。他认为经济自由主义意味着不仅仅要求政府不应当干什么,而且还要求政府采取各种积极的行动,例如帮助私人企业建立和维持与货币、市场及信息传递有关的机构,尤其是完善法律,以保证竞争的健康进行。在哈耶克的经济自由主义中,国家不再扮演一个被要求束手束脚和袖手旁观的角色,而是创立和维持一种有效的竞争制度的积极参与者,创造条件使竞争尽可能有效;在不能使其有效的场合则加以补充;提供那些对社会有效力,但由私人经营却得不偿失的服务。这就是哈耶克所提出的政府行为原则。

出于上述认识,哈耶克对凯恩斯的观点进行了批判。他认为,失业的原因不是由于总收入不足而引起的总需求不足,而是背离了均衡的价格与工资。而他所说的那些均衡的价格与工资在自由市场和稳定的货币的条件下会自己建立起来。因此,他认为,经济中"首要的目标是稳定的货币,不是不稳定的'充分'就业"。"我们的目标必须不是短时期内所能达到的最大就业量,而是'高度而稳定的(即持续的)就业水平';然而,我们要做到这一点,只有通过完全起作用的市场的重建,即借助于价格与工资的自由运动,为每个部门建立起供求协调关系。"而为了实现稳定的货币这个目标,"金融当局必须再度有效地顶住政治方面的压力","必须给予金融当局一些处置权,如果我们要避免严重的清偿危机或恐慌的话"。②

2. 关于社会经济平等与自由的观念

哈耶克认为,平等作为一种社会目标,是应该努力去争取的。但是,这不能通过牺牲真正的"平等"来实现。强求平等的结果会适得其反,不仅损害了效率,也不可能获得真正的"平等"。对此,哈耶克说:"目前有一种流行的看法,认为我们应当基本上利用市场的调节力量,并且确实在很大程度上必须这样做,但是在它们极其不公正的场合,却应当去'纠正'其后果。当然,只要特定的个人或集团的收入并非取决于某种机构的决策,那么就不能把这种特定的收入分配说成是比其他场合下公正些。如果我们想使它大为公正,我们只能用一种组织代替完全自发的秩序来做到这一点,因为在组织中,每个人所得到的份数是由某种中央机构所固定的。换句话说,由特殊干预行动对自发过程中造成的分配状况的'纠正',就一个原则同样地适用于每一个人而言,从来不可能是公正的。"③因此,"'公正经济'的运动是无稽之谈,只有个人的行动才可能是公正的",这"正如世界上健康、力量或美丽的分配不可能是什么正义非正义的问题一样,物品的分配也不可能分什么公正不公正"。④

在平等问题上,哈耶克赞成并发挥了罗宾斯的观点。罗宾斯认为,在平等问题上,应该区分开"机会平等"和"收入与财富的平等"的不同含义。他认为:"'机会平等'是一个良好的目标,它有广阔的前景和丰富多彩的内容。虽然我们不想牺牲一切去争取它,但这并不意味着

---

① 〔英〕哈耶克:《通向奴役的道路》(第2版),英国,伦敦,罗特里奇出版社1976年英文版,第22页。
② 参见〔英〕哈耶克:《不惜任何代价求得充分就业吗?》,转引自《世界经济译丛》杂志1981年第2期,第27、28、49页。
③ 〔英〕哈耶克:《法律、立法和自由》(第2卷),《社会正义的幻景》,美国,芝加哥,芝加哥大学出版社1976年英文版,第142页。
④ 参见《纽约时报》1979年5月7日。转引自《世界经济译丛》1980年第5期,第43页。

我们不珍视它,也不意味着我们不打算用一种不那么有破坏性的方式去努力实现它。"①哈耶克对于这种观点进行了进一步的发挥。哈耶克说:"为了实现这一点(指实际的机会平等),政府必定会致力于至少提供给每一个人以同等的机会;政府在这些做法上越是有成就,那么以下这种合法的要求就会变得越强烈,即要求按照同一原则,必须撤除至今仍保存的障碍,或者采取对至今仍处于比较有利地位的人加上额外的负担的办法来补偿。这种做法将会持续下去,直到政府原原本本地控制了一切可能影响任何人的生活的环境。"②

在自由问题上,哈耶克是从个人主义出发的。他认为,"个人主义的传统创造了西方文明"③,而私有财产和自由竞争市场的存在则是经济自由的基础。垄断和极权是对自由的打击。国家垄断比私人垄断对自由的打击更加厉害。他认为,竞争和正义很难有共同的地方,但是,两者值得称赞的是,都不徇私情。他说:"在一个竞争性的社会中,我们选择的自由是基于这一事实:如果某一个人拒绝满足我们的希望,我们可以转向另一个人。但如果我们面对一个垄断组织时,我们将唯他之命是听。而管理整个经济体系的当局,它将拥有多大的垄断权是可以想象得到的……它将不仅决定可供利用的商品和劳务是什么以及数量多少,而且,也将能够决定这些商品和劳务在各个地区和集团之间的分配,并且,只要它愿意,它也能在人们之间实行它所喜欢的任何程度的差别待遇。"④哈耶克还认为,只有在竞争的制度下,才不会有任何人对穷人的致富努力加以阻挠。而在另外的制度下,政府为了公平而走上计划的道路,最终会造成由当权者确定人们状况好坏的结果。由此可见,哈耶克是反对国家对经济自由的干预的。他认为,国家对经济的管制就是"计划经济"。"计划经济"会使自由和"平等"全部丧失。正因为如此,哈耶克把"计划经济"叫作"通向奴役的道路"。

### (五)对集体主义和"计划经济"的批判

首先应当对哈耶克的"集体主义"这一概念的特有含义有所了解。哈耶克之所以要使用"集体主义"这一术语,是由于两个原因:第一个原因是"社会主义"这一术语往往被人在两种含义上使用:第一种含义是指社会主义者的最终目标,如社会正义、平等、安全等,对此,他并没有多大异议;第二种含义是指社会主义者实现最终目标所采用的手段,即建立公有制,实行计划经济制度,由中央计划部门管理一切生产活动,对此,他坚决反对。由于"社会主义"一词的多义性,使他不愿意用这一名词来表述他所反对的经济制度。第二个原因是计划经济制度不仅被用于实现社会主义者心目中的目标,也可以用来服务于其他各种收入分配上的非社会主义性质的目标。因此就有必要用一个专门的名词来表达为了实现任何一种分配目标需要的计划经济制度,哈耶克选择了"集体主义"这一名词。那么,他对集体主义究竟给出了哪些结论呢?

**1. 集体主义并不是技术进步、经济发展的必然结果**

哈耶克反驳了三种认为技术进步必然导致计划化的论点。

第一种论点强调技术进步使垄断取代了竞争,于是人们只能在私人垄断控制和国家计划

---

① 〔英〕罗宾斯:《政治学和经济学》,英国,伦敦,麦克米伦出版社1963年英文版,第76页。
② 〔英〕哈耶克:《法律、立法和自由》(第2卷),《社会正义的幻景》,美国,芝加哥,芝加哥大学出版社1976年英文版,第84—85页。
③ 〔英〕哈耶克:《通向奴役的道路》,美国,芝加哥,芝加哥大学出版社1976年英文版,第20页。
④ 同上书,第69—70页。

管理这两者之间进行选择,显然计划管理更可取。这种论点实际上把垄断取代竞争的不可避免性作为计划的不可避免性的基础。对于这个论点,哈耶克的反驳是:英、德、美等国的实际历史证明,垄断的发展并非技术进步带来的规模报酬增加的必然结果,而是保护主义政策的结果。

第二种论点强调技术进步和分工发展所造成的现代经济的复杂性,认为要避免这种复杂性所引起的混乱,就必须有计划。对此,哈耶克的反驳是,正是这种复杂性使集中计划成为不可能,使权力分散不可避免。集中计划只能适用于比较简单的经济分工情况,而对于复杂的情况,由于没有哪个个人或机构能够了解全部经济情况,因此必须要有权力的分散。权力分散条件下避免混乱所需要的只是各决策者都能得到他所必需的信息。而竞争条件下的价格体系,就是这样一种信息,它使分散的决策者能够像工程师只需注视少数仪表的指针那样来调节自己的行为。

第三种论点强调计划制度对新技术的保护作用和促进产品标准化的作用。对此,哈耶克的反驳是,真正具有技术的先进性和经济上的可行性的新技术,是用不着惧怕竞争,用不着由计划来提供保护的。至于产品标准化给社会带来的利益的代价是消费者都失去了选择自由,尤其是社会失去了让各种技术、各种产品长期发展、相互竞争和优胜劣汰的可能。

2. 集体主义在经济上是低效率的

哈耶克认为,在社会主义制度中,中央计划当局为了按合理的方式把有限的资源配置在无数个相互竞争的目标上,就要设法迅速求解由上万个方程组成的联立方程组。他强调困难主要不在于这些方程的形式结构,而在于求解所需要的极庞大的资料、数据以及工作量,而实际上中央计划当局不可能具有求解方程组所必需的一切资料和数据,也不可能迅速地作出各种决策。因此,资源的配置将出现不合理的浪费现象,经济效率将低于市场经济。更有甚者,中央计划当局也可能作出严重失误的决策,使经济所受的伤害比资本主义的萧条更严重,而且这种伤害将被平均分摊给各社会成员。

哈耶克也承认,计划经济制度能比自由竞争制度更好地实现某些特定目标,也能够采用某些技术上非常先进,但在竞争制度下由于不经济而不会被采用的新技术。但是,他认为,这些成就是计划当局不顾其他方面的需要,集中资源于这些特定目标的结果。它并不表明计划经济制度的成功,而是表明资源被错误配置、被浪费了。整个经济将由于这些目标的实现而降低效率。

针对波兰经济学家兰格所提出的竞争社会主义模式,哈耶克反驳说,首先,如果社会主义的中央计划当局在指导生产时要在一定程度上借助于竞争的市场,那就等于承认计划并不优越于市场。其次,由中央计划当局控制生产要素价格来控制生产也是难以实行的,因为确定数万种产品的价格是一件非常繁重的工作,而根据各种产品的供求态势来调整价格的过程,将是非常耗费时间的。在价格调整所需要的过长的时滞中,企业是难以按照兰格所设想的行为规则行动的,这就使整个经济不可能行动得像自由竞争的经济那样有效率。再次,兰格所设想的模式,并没有回答投资规模或资金积累按什么原则进行。最后,兰格模式是从社会主义的观点看问题,完全是非正统的,但也难以为那些非经济学家的社会主义者所接受。

3. 集体主义与民主政治是不相容的

哈耶克对于集体主义与民主政治的不相容性,进行了深入详尽的分析。他指出,由于各个社会成员的目标序列的不同,因此"人民可能一致表示愿意让国会拟订一个全面的经济计划,然而人民或其代表们未必就会因此能够同意任何一个具体计划"①。这就好像一群人都主张外出旅游,但却不能对旅游路线达成一致看法。一致同意要有计划,但对任何一个具体计划却不能一致通过,甚至不能多数通过,其结果必然使民主政治表现出无能、无效用。但这种无效用并非民主政治本身的缺陷,而在于他们所担负的任务中所固有的矛盾。要求全体人民或其代表对全国资源的全盘管理取得一致或多数一致的意见,对于这样一种任务,多数人决定的制度是无法胜任的。在少数有限的可能方案中进行选择,具有相同意见的多数是可以找到的,但如果方案为多数人决定时,就很难会有哪一个方案取得决定性的多数人同意,最终的结果往往是把一个微小的少数人的意志强加于全体人民,因为这个少数是能够对争论的问题取得一致意见的最大的集体。

出于这种看法,哈耶克认为,计划经济需要统一国民的思想,否则,计划就无法贯彻下去取得成功。这样一来,国家的单一目标体系就成为每个国民的目标,国家的信仰就要强加给人民,变成人民的信仰。哈耶克把这种情况叫作"当代的蒙昧主义"。他说:"如果要人民毫不迟疑地支持共同的行动的话,就得使他们相信,不但所追求的目标,而且连所选择的手段也都是正确的。因此,那种必须使人遵守的官方信条就把对于那个计划所根据的有关事实的一切见解都包括进去了。对于这个信条的公开批评,或者甚至表示怀疑,都是必须禁止的,因为他们容易削弱公众的支持。"②

哈耶克谈到,通过民主程序制订一些分开的个别计划是可能的,但这些分开的计划的总和并不等于一个协调的全面计划,它往往比没有计划更糟糕。哈耶克指出,民主政治在制订全面计划上的无能表现,必然使人们要求把制订具体计划的工作交给一个享有专断权力的专家班子,而这个班子又必然把自己的偏好贯彻到计划中,这就导致了专制。

哈耶克强调说,如果把制订全面计划的工作委托给少数专家,而由国会投标来决定取舍,也仍然无法保持民主政治的实质。"整个制度将趋于全民投标性质的独裁制,在这种制度中,政府的首领一次又一次地通过人民投票保持他的地位,但是在他的地位上,他有一切支配的权力,使他有把握让投标按他所希望的方向进行。"③民主将仅仅是形式上的,哈耶克指出,实质上专制的政府可以在形式上是民主的,通过民主程序所授予的权力也可以是专制的。"防止权力成为专断的不是它的来源而是对它的限制。"④哈耶克揭示了民主政治与全面的经济计划之间的矛盾,要保持民主原则,就无法制订协调的全面计划;要制订协调的全面计划就不能保持民主原则,不能指望用民主程序来通过它。"如果民主制度决定要从事一项任务,而这又必须使用一种不能根据定则加以指导的权力时,这种权力就一定会变成专制。"⑤因此,如果要使全面的经济计划成为可能,独裁制度是必不可少的,因为独裁制度是强迫推行各种理想的最有效的工具。而"如果自由与强制之间的选择被当作一种权宜之计,那么几乎在任何情况下都不得不牺牲自由"⑥。

哈耶克认为,只有在一个以私有财产的自由处理为基础的竞争制度中,民主政治才有可

---

① 〔英〕哈耶克:《通向奴役的道路》,滕维藻、朱宗风译,北京,商务印书馆1962年版,第62页。
② 同上书,第118—119页。
③ 同上书,第69页。
④ 同上书,第71页。
⑤ 同上。
⑥ 〔英〕哈耶克:《法律、立法和自由》(第1卷),《规章和秩序》,英国,伦敦,罗特里奇出版社1973年英文版,第57页。

能,这是因为这种制度把需要政府进行有意识控制的领域,缩小到人们有可能通过自由讨论而取得一致意见的范围中。"如果这个制度变成由集体主义信条支配的话,民主主义必将不可避免地自行毁灭。"①

### 4. 集体主义与法治是不相容的

在哈耶克看来,个人主义中最重要的制度保证是法治。他认为,真正的法治必须包含两层意思:一是政府在一切行动中都受到事前规定并宣布的规章的约束,即政府的行动也像个人那样是受到限制的;二是法律本身必须是对任何人都不偏不倚的。

哈耶克还进一步指出,必须把"法治"和"合法"这两个概念加以区别。因为法律可以授予政府或某个人以为所欲为的权力,这时政府的行为无疑是合法的,但这绝不是法治。他认为实际上有两种法律:"一种是法治的法律,即事前宣告的一般原则,'竞技规则'——它使个人能够预见政府的强制工具将如何使用,或预见它和它的国人在某一环境下将被允许做什么或不得不做什么;另一种法律实际上给予当局以权力,使它能做它所认为合适的事。"②显然后一种法律与专制、人治是不冲突的,它将使任何专制行为都成为合法的行为。哈耶克认为,如果仅仅讲"合法",而不是讲"法治",其结果将是导致"人治"。对于"人治"的恶果,哈耶克认为是不可避免的,即便掌权者是好人,也没有什么不同,甚至结果更糟。他说:"必须理解到,现在世界上许多最有害的力量的根源往往不是坏人,而是思想高尚的理想主义者,特别是那些极权主义者残暴行为的原则,是由一些可尊敬的和心地善良的学者们奠定基础的,他们从来不承认他们自己种下的后果。"③哈耶克也指出:"我们很有理由相信,照我们看来似乎是现有极权主义制度的最坏的特点的那些东西,并不是偶然的副产品,而是极权主义迟早一定会产生的现象。正像着手计划经济生活的民主主义的政治家不久就会面临着是僭取独裁权力还是放弃自己的计划这样一种选择一样,极权主义的独裁者也必定很快地会在置寻常的道德于不顾和自认失败之间作出选择。"④

哈耶克也承认法治将产生经济上的不平等,但强调这种不平等并不是政府用特定方法影响特定的人的结果。因此他反对人们把私有财产的占有看作一种特权。他说:"地产只能由贵族阶级的成员占有,这自然是一种特权……如果把某些商品生产和出售的权利,由当局指定给某些人,这也是一种特权。但是私有财产是任何人根据同样的法律都能够获得的,仅仅因为某些人在取得私有财产方面成功了,就把公有财产本身称作一种特权,那就使'特权'这个词失去它的意义了。"⑤

综合上述两层意思,哈耶克认为法治就是要限制立法的范围,把这个范围限于对所有人都适用的一般规定上(而不是针对某些具体人、某些具体事作出的明显使某些人有利而使另一些人吃亏的规定),限于对政府行为所作用的事先规定上。

哈耶克认为,只有在私有制和竞争制度下,法治才能实现。那么为什么法治不可能出现在集体主义社会中呢?他认为这是因为全面的计划必须对如何满足各个人的需求作出大量

---

① 〔英〕哈耶克:《法律、立法和自由》(第1卷),《规章和秩序》,英国,伦敦,罗特里奇出版社1973年英文版,第69页。
② 〔英〕哈耶克:《通向奴役的道路》,滕维藻、朱宗风译,北京,商务印书馆1962年版,第81页。
③ 〔英〕哈耶克:《法律、立法和自由》(第1卷),《规章和秩序》,英国,伦敦,罗特里奇出版社1973年英文版,第70页。
④ 〔英〕哈耶克:《通向奴役的道路》,英国,伦敦,罗特里奇出版社1976年英文版,第100—101页。
⑤ 同上书,第79页。

规定,"当政府要决定饲养多少头猪、行驶多少公共汽车、经营哪些煤矿或按什么价格出售鞋子时,这些决定不可能从正式的原则中推论出来,或者事先作出长期的规定"①。这就是说,为了制订全面计划并贯彻之,就必须给计划当局以摆脱以往规定,随机作出决策的权力,而这种决策又必须具有法律的效力,结果就难以事先给定政府行为的范围,计划当局就可以不受它以往所宣布的规定的约束,像一个专制者那样按自己的偏好,针对具体情况作出他所认为合适的行动。

集体主义将破坏法治的第二个原因是计划当局将必须为不同的人规定不同的待遇,而不单纯为他们提供相同的机会。计划当局在作出各种具体决定时,必须对各种人和各个集团的利害予以相互平衡并决定哪些人或哪个集团的利益更重要,更需优先考虑;而这种决定将成为国家法律的一部分,成为强加于人民的一种新的等级差别。计划必然要涉及对于不同人们的具体需要予以有意识的差别对待,它须通过法律条例来规定各种人应当有什么和做什么,应当有怎样的境遇。这实际上是回到了人治的局面,以法律形式掩盖下的人治。

概括地说,集体主义的全面计划使政府无法按事前规定的法律行事,因为要它做的事太多太具体,太需要因时因事因人而异;同时,全面计划也使法律、法令、政策规定等不可能对所有人保持不偏不倚,因为在竞争制度中由自发力量所决定的各种人的不同情况必须由计划来决定。于是,法治便不可能继续保持,专制和"人治"将应运而生。不过,哈耶克也强调:"在自由主义的基本原则中,是没有一贯不变的信条的,没有任何严格形成的规则是不可以改变的。在处理我们的事务时,基本原则是完美应该尽可能多利用社会中的自动自发的力量,而少采取强制的手段。"②

**5. 集体主义将破坏个人的选择自由**

哈耶克首先指出自由主义者与社会主义者对自由的不同理解,前者所说的自由是指摆脱他人的专断,后者所说的自由则是指免除贫困。显然第一种自由也就是个人进行选择的自由。

哈耶克认为,私有制是自由的最重要保障,这不仅适用于有产者,也适用于无产者,因为任何私人雇主都无法控制无产者个人的全部生活。而在公有制条件下,国家控制了全部生产资料,也就控制了个人的全部活动,因为国家所拥有的权力是任何私人雇主所不曾拥有过的。他批评那些认为只要剥夺了资本主义社会中个人的私有权力,并把它转给社会,就会消灭权利专横的想法。他说:"凡是作这样主张的人都忽略了以下几点:为了能够用来为一个单一的计划服务的权力的集中,不仅是权力的转移,并且也是把它无限制地增加了;把从前许多人独自拥有的权力集中在某个单独集团的手里,造成了一种无限地扩充了的前所未有的大权独揽的局面,其影响也远为深远,几乎使它变成了另外一种东西。"③

哈耶克认为,集体主义制度中的经济计划意味着一切经济问题都将由社会(更确切说是社会的代表者)而不是由个人来解决,意味着由社会的代表来决定各个人不同需要的相对重要性,并且经济计划几乎将涉及个人生活的所有方面,从个人的原始需要到各种人事关系,从工作的性质到空闲时间的利用。总之一切个人活动都将由计划来安排,个人不再有选择的自由。

---

① 〔英〕哈耶克:《通向奴役的道路》,滕维藻、朱宗风译,北京,商务印书馆1962年版,第73页。
② 〔英〕哈耶克:《通向奴役的道路》,英国,伦敦,罗特里奇出版社1976年英文版,第17页。
③ 同上书,第107页。

哈耶克提出,即使集体主义社会保留了个人在消费方面的选择自由,但由于计划当局控制了全部生产,可以像一个垄断者那样控制价格和产量,从而也就间接决定了人们的哪些需要可以满足,哪些不能满足。消费者的选择自由实际上还是丧失了。

哈耶克指出,由于个人的大多数时间是在工作,因此职业选择也许比消费选择更有助于个人幸福。但在集体主义制度下,为了实际计划,计划当局就必须控制各行各业的人数,或控制报酬条件,或两者都控制。于是,个人的择业自由便丧失了。

哈耶克指出,由于计划不可能考虑到个人的好恶,剥夺了个人的选择自由,因此它就使个人变成实现"社会福利"、"社会公益"等抽象目标的工具。

鉴于上述情况,哈耶克认为,要防止权力的集中造成的恶果,就必须反其道而行之,实行权力分散。他说:"把权力分割或分散开来就一定会减少它的绝对量,而竞争制度就是旨在用分散权力的办法来把人用来控制人的权力减少到最低限度的唯一的制度。"①哈耶克也承认,自由社会所保证的选择自由,并不是不需要任何代价的。选择通常是要付出代价的,有时甚至是高昂的代价。他指出,人们之所以要反对自由社会,不在于它所提供的选择自由,而在于选择时要付出代价这一点。人们希望计划经济能带来财富的大发展,从而免除选择时所不得不作出的牺牲。他断言这只是一种幻想,因为经济学家,即使是具有社会主义观点的人,也只能肯定,有计划的社会最多只能和市场经济保持相同的效率。因此,用计划来免除选择最多只能和市场经济保持相同的效率。因此,用计划来免除选择所需付出的代价只能是一种空想。

以上我们从五个方面分别介绍了哈耶克从经济、政治、社会诸方面对于集体主义的批判。哈耶克的这些观点,从某种角度上来说,对我们进行经济、政治体制改革和观念的变革,是有一定启迪的。

但是,我们也要看到,哈耶克最重要的和最有影响的著作《通向奴役的道路》(1944)和《自由宪章》(1960)以及一些有关的文章所表达的现代新自由主义思想,对于20世纪后期在全世界重新兴起的新经济自由主义思潮是具有重要意义的。哈耶克在新自由主义复兴浪潮中的影响十分巨大。"哈耶克的名声传播得最广的国家,是英国,这主要是由于首相马格丽特·撒切尔公然称哈耶克为她在整个20世纪80年代最重要的哲学导师……当她于1979年当选首相后,他的声望更是急剧攀升。"②马格丽特·撒切尔在担任首相不久曾经给哈耶克写信说:"过去这几年,我从您那儿学到了很多东西,对此,我很自豪。我希望,您的一些观念能被我的政府付诸实施。作为您最忠实的支持者,我确信,我们一定能够成功。如果我们取得成功,则您对我们取得最后的胜利的贡献将是巨大的。"③撒切尔夫人将新自由主义广泛运用于英国社会和经济全球化运动中。她在1982年与哈耶克通信讨论智利的变革时谈到:"从阿连德的社会主义发展到80年代的自由企业资本主义经济,这是经济改革的一个杰出典范,我们可以从中学到很多经验教训。"④在1989年,哈耶克90岁生日之际,撒切尔夫人在贺信中再次高度评价哈耶克对于英国新自由主义复兴运动的贡献,她说:"您的著作和思考给予我们的指导和启迪,是极端重要的;您对我们居功至伟。"⑤不仅如此,撒切尔夫人还介绍哈耶克结识

---

① 〔英〕哈耶克:《通向奴役的道路》,英国,伦敦,罗特里奇出版社1976年英文版,第108页。
② 〔英〕阿兰·艾伯斯坦:《哈耶克传》,秋风译,北京,中国社会科学出版社2003年版,第337页。
③ 同上书,第342页。
④ 同上书,第342—343页。
⑤ 同上书,第343页。

了美国总统罗纳德·里根。里根则表示,他曾经拜读过哈耶克的一本书,而且"从中受益匪浅"。

由此可见,哈耶克自由至上的新自由主义经济学和社会哲学观点对于20世纪80年代以后新自由主义在西方国家的复兴,在经济全球化中的理论基础作用和推动作用是十分重要的。

## 五、简 要 评 论

作为经济自由主义一个重要分支的伦敦学派,显然有其特点。该学派不仅继承了自亚当·斯密以来的正统经济自由主义观点和政策主张,而且在一定程度上,把它更向前推进了一步。罗宾斯的努力为西方经济学方法论的发展作出了具有深刻影响的贡献。哈耶克对于西方经济学理论和经济自由主义也作出了重要的贡献。

哈耶克的货币理论比现代货币主义的理论更早地提出了相同的观点和看法。经济学家赫尔姆特·弗里希曾经说过:"在凯恩斯革命以前,哈耶克在所著的《物价与生产》一书中提出了一个发展完善的货币主义的经济周期和通货膨胀理论,它可以同美国现代货币主义相比拟。"①尽管哈耶克的货币数量论并没有太多的新意,但是,他的"中性货币"概念却别具一格,与传统的"中性货币"概念完全不同。哈耶克强调货币影响产品相对价格而不是一般价格的观点,对于理解货币在传导机制上的作用,具有某种更加现实的意义。但是,哈耶克的"自由货币"的构想却较严重地脱离了实际,是完全无法实现的一种空想。这既是他反对极权的表现,也是他主张实行彻底经济自由主义思想倾向的反映。

哈耶克的经济周期理论既注意到经济总量在供求方面的变化,也注意到经济中消费品与资本品之间结构和比例的变化,并且能在周期过程中从货币的作用加以说明。这些对于人们认识经济周期是具有启发意义的。不过,哈耶克的经济周期理论的说服力并不是很强,因为从经济周期问题的复杂性来说,哈耶克的理论毕竟未能更全面地和更深刻地对经济周期形成的机制和原因加以分析。

哈耶克的经济自由主义可以说是西方经济学家中最为彻底的。他也因此被看作新自由主义经济学最坚定的旗手。哈耶克之所以坚定地赞同自由竞争的市场秩序,不仅仅由于他对市场分散信息处理的思想,也不仅仅由于他对价格具有简化复杂信息、引导市场调节作用的思想,还由于他提出的竞争是一种市场发现过程的思想。应该说,这些的确是哈耶克对于市场经济的重要理论发展。但在哈耶克的眼里,市场经济活动中,完全没有国家干预的地位。个人的经济"平等"和自由是比个人的经济保障更为重要的事。因此,哈耶克不遗余力地反对极权、集体主义、社会主义和计划经济。虽然他也知道彻底的经济自由主义未必就是效率最为理想的,但他总认为它要优于计划经济和国家干预的情况。哈耶克的观点显然是走极端的,带有明显的片面性。尽管从个人的角度和纯粹理论逻辑的角度来看,哈耶克也许是有一定道理的,但是,极端的自由主义必然无视客观经济现实的不同条件和情况,一方面,它会抹杀必要的国家干预和宏观调节的合理性,另一方面,它也会由于不符合实际经济情况的变化而根本无法实现。

---

① 〔美〕赫尔姆特·弗里希:《货币在通货膨胀分析中的作用》。转引自〔瑞典〕伦德堡:《通货膨胀理论和反通货膨胀政策》,英国,伦敦,麦克米伦出版社1977年英文版,第109—110页。

另外,哈耶克也不同于今天在欧美国家占据主流地位的新自由主义经济学观点。他完全反对主流新自由主义经济学的均衡观念和方法。哈耶克认为,市场的情况是动态的,知识和信息是分散的,而且人们的知识还由于他们的不同发现和理解而不同。这些情况共同形成的整个市场过程和变化,既不是任何社会主义计划者所能完全掌握的,也不是主流的经济学那些静态均衡方法所能掌握的。传统的、主流的经济学所依赖的静态均衡方法,实际上是将市场经济运动过程中的某一点固定下来,而忽略了最主要的、复杂的变化过程和特征。但哈耶克并不绝对,他认为在某种意义上可以粗略地承认动态的均衡,或者不断变动和调整的均衡状态。

当然,我们也毫不否认,不管主观上情况如何,哈耶克所鼓吹的新经济自由主义思潮,在客观上,既推动了以美国和英国为首的西方国家20世纪80年代以来的经济私有化和自由化的浪潮,也为美国出于一己私利而在全球推行的国际上的单边经济自由化运动和政策提供了理论基础。

## 思考题

1. 伦敦学派的主要理论和政策倾向如何?
2. 伦敦学派的主要代表人物有哪些?
3. 坎南的主要理论贡献是什么?
4. 罗宾斯的主要理论贡献是什么?
5. 哈耶克的主要理论特点是什么?
6. 哈耶克货币理论的核心思想是什么?
7. 哈耶克经济波动和周期理论的要点是什么?
8. 你如何看待哈耶克关于自由货币的看法?

## 参考文献

1. 〔英〕J.沙克尔顿、G.洛克斯利:《现代十二位经济学家》,陶海粟、潘慕平等译,北京,商务印书馆1992年版。
2. 〔英〕约翰·伊特韦尔等:《新帕尔格雷夫经济学大辞典》(第3卷),北京,经济科学出版社1992年版。
3. 〔英〕约翰·伊特韦尔等:《新帕尔格雷夫经济学大辞典》(第4卷),北京,经济科学出版社1992年版。
4. 〔英〕哈耶克:《物价与生产》,滕维藻、朱宗风译,上海,上海人民出版社1958年版。
5. 〔英〕哈耶克:《知识的虚伪》,载《现代国外经济学论文选》(第二辑),北京,商务印书馆1981年版。
6. 〔英〕哈耶克:《货币的非国家化》,英国,伦敦,经济事务研究所1976年英文版。
7. 〔英〕哈耶克:《通向奴役的道路》,滕维藻、朱宗风译,北京,中国社会科学出版社1997年版。
8. 〔英〕罗宾斯:《政治学和经济学》,英国,伦敦,麦克米伦出版社1963年英文版。

9. 〔英〕哈耶克:《法律、立法和自由》(第 1 卷),《规章和秩序》,英国,伦敦,罗特里奇出版社 1973 年英文版。

10. 〔英〕哈耶克:《法律、立法和自由》(第 2 卷),《社会正义的幻景》,美国,芝加哥,芝加哥大学出版社 1976 年英文版。

11. 〔英〕阿兰·艾伯斯坦:《哈耶克传》,秋风译,北京,中国社会科学出版社 2003 年版。

12. 谭力文著:《伦敦学派》,武汉,武汉出版社 1996 年版。

# 第十一章　德国社会市场经济学派

从经济思想史上看,德国的经济思想自近代以来在大多数情况下一直处于一种更为特殊的类型,也就是说,它既不同于不同时期占主流地位的英国古典经济学的思想传统,也不同于第二次世界大战后占主流地位的美国的经济思想。

德国的经济思想总是明显带有德国自身的特点,而其最为突出之处就是它与德国在不同历史时期具体的、特定的经济状况相联系,而不是合流于相同时期英国、美国的主流经济思想。

第二次世界大战摧毁了德国经济。但是,在战后几十年里,在政治、经济、社会的各种力量综合作用下,德国再次形成了独具特色的社会市场经济的思想和政策,经济再次崛起,成为欧洲最发达的经济体。以自由市场机制为主、兼顾社会和政府政策的德国社会市场经济的理论体系也再次成为不同于战后流行于美国的主流经济学思想体系。

## 一、德国社会市场经济学派概况

### (一) 学派形成和发展的阶段

德国在第二次世界大战后逐渐由西方国家占领区和苏联占领区演变为德意志联邦共和国和德意志民主共和国。德意志民主共和国实行了社会主义计划经济体制。德国社会市场经济理论是战后联邦德国经济的指导思想和政策的理论基础。联邦德国社会市场经济思想和理论体系的形成与发展过程大致可以分为五个阶段。

第一个阶段是1945—1948年间。伴随着货币改革过程,德国处于经济社会体制的选择时期。这个时期德国的西方国家占领区内各党派和利益集团,以及经济学家们对于德国未来的经济体制提出了各自不同的看法,在国有化和社会主义主张与私有化和自由市场经济主张之间展开了短时期的争论,为选择社会市场经济的方向提供了准备工作。

第二个阶段是1949年至20世纪60年代中期。联邦德国的社会市场经济体制初具雏形。该阶段内,经济自由主义思潮在联邦德国的秩序政策中占主导地位。货币改革的完成,价格管制的放开,为最终结束战时管制的经济体系提供了条件。1959年,联邦德国通过的《反限制竞争法》,标志着联邦德国市场经济体制框架的初步形成。随着经济的实际恢复和快速发展,即所谓"经济奇迹"的出现,社会福利制度体系也初步完成。这就进一步充实了社会市场经济体制的内容。

第三个阶段是20世纪60年代中期至80年代初期。联邦德国的社会民主党的执政,进一步以民主社会主义的秩序政策对经济自由主义的社会市场经济体制进行改造,最终完成了社会市场经济的现代化。这一时期,凯恩斯主义思想被引进联邦德国,并加以德国化和制度化;企业中的雇员共同决策制度也得到普遍化采纳和深入发展;社会福利国家制度完全形成;《反限制竞争法》也得到进一步完善。

第四个阶段是20世纪80年代初期至20世纪末。这一阶段尽管发生了执政党的更替,但社会市场经济体制基本上没有变化,只是多少受到世界性的经济自由主义思潮影响,在政府和市场的作用程度上稍有差别而已。这一阶段最突出的特点,就是将社会市场经济体制向德国东部地区(即原德意志民主共和国)推进。

第五个阶段是21世纪初至今。这一时期是在执政党轮替后,对社会市场经济体制的结构进行调整和改革的时期。

德国社会市场经济理论和思想的形成和完善,主要集中在前面三个阶段。

### (二)学派的分支和主要代表人物

在德国新自由主义经济学阵营内,实际上包含着在理论观点和政策主张方面不完全一致的三个分支派别:一是以瓦尔特·欧肯(Walt Eucken)和弗兰茨·伯姆(Frantz Bohm)为中心和代表的"弗莱堡学派"(The Freiburg School),也叫"个人主义的自由主义学派";二是以威廉·罗普克(Wilhelm Roepke)和亚历山大·吕斯托(Alexander Ruestow)为代表的"社会学的新自由主义经济学派";三是以阿尔弗雷德·米勒-阿尔马克(Alfred Mueller-Armack)和路德维希·艾哈德(Ludwig Erhard)为代表的"侧重现实的新自由主义经济学派"。其中,弗莱堡学派的影响最为深远,而"侧重现实的新自由主义经济学派"在实践上最为成功。

#### 1. 弗莱堡学派的代表人物

弗莱堡学派的经济思想是德国社会市场经济思想的基础和代表。弗莱堡学派的创始者和奠基人、核心与领袖人物是弗莱堡大学的经济学教授瓦尔特·欧肯。

瓦尔特·欧肯(1891—1950)出生于德国中部耶拿市(Jena)的一个有教养的知识分子家庭。其父鲁道夫·欧肯(1846—1926)是著名的哲学家,是当时流行于欧洲的生命哲学的代表人物,曾于1908年获得诺贝尔文学奖。其兄阿诺尔德·欧肯是著名的物理化学家。瓦尔特·欧肯从小意志坚定,喜欢深思,爱好历史学和经济学。他曾先后就读于凯尔大学、波恩大学和耶拿大学;1914年获波恩大学博士学位,其博士论文是研究卡特尔问题的。他读书时,历史学派的学说十分流行,因而他受到历史学派较多影响,但是他也师从当时德国最杰出的边际主义理论家、波恩大学经济学教授海因里希·迪采尔学习边际主义经济理论。第一次世界大战期间,他曾经应征入伍,战后随波恩大学的历史学派教授海尔曼·舒马赫到柏林的弗里德里希-威廉大学任教(非国家聘任且不拿薪水的私用讲师)。1925年起,欧肯出任德国图宾根大学的教授。1927年以后,他一直担任弗莱堡大学教授。1950年,欧肯应邀到英国伦敦大学讲学,不幸感染流行性感冒,于当年3月25日逝世。

欧肯共出版了11本专著,发表了60篇文章。最主要的是:《德国货币问题的批判考察》(1923)、《资本理论研究》(1934)、《国民经济学基础》(1940)和《经济政策原理》(1952年,根据欧肯的遗稿编辑出版)。

弗莱堡学派的其他成员主要是那些与瓦尔特·欧肯有较密切私人关系的同事和学生。该派的创始人还有法学家弗兰茨·伯姆(1895—1977)和汉斯·格罗斯曼-多尔特(Hans Grossman-Doerth,1894—1944)。其他成员主要有:欧肯的夫人伊迪丝·欧肯-艾尔茨克(Edith Eucken-Erdsiek,1896—1985)、弗里德里希·奥古斯特·卢茨(Friedrich August Lutz,1901—1975)、隆哈特·米克施(Leonhard Miksch,1901—1950)等。

#### 2. "社会学的新自由主义经济学派"的代表人物

"社会学的新自由主义经济学派"的经济学家与瓦尔特·欧肯没有密切的私人关系,与弗莱堡大学也没有学术关系,也未参加弗莱堡学派学术活动。他们独立从事新自由主义经济学研究,但在基本理论观点和政策主张方面与弗莱堡学派相似,并支持弗莱堡学派的主要观点。不过这些人对于弗莱堡学派理论观点的发展,特别是第二次世界大战后把弗莱堡学派有关的理论和政策主张运用于联邦德国的实际,具有不可忽视的作用。这些人主要包括:威廉·罗普克(Wilhelm Roepke,1899—1966)、亚历山大·吕斯托(Alexander Rustow,1885—1963)等。

"社会学的新自由主义经济学派"是德国新自由主义经济学中在理论上更强调德国历史传统的派别。它与弗莱堡学派的主要区别表现为:第一,在经济理论上,他们更多地继承了德国历史学派的观点和方法,而不是采取弗莱堡学派那样的尖锐批判的立场。第二,他们的社会秩序学说比弗莱堡学派更多地明显受到马克斯·韦伯的经济文化社会学的影响。第三,他们的学说比弗莱堡学派具有更多的基督教社会教义和新教伦理学的色彩。

罗普克和吕斯托是这个派别的主要代表人物。他们继承了新奥地利学派传统,研究经济理论、经济周期和国际经济关系。他们与艾哈德关系也很密切,被并称为第二次世界大战后联邦德国经济奇迹的主要缔造者。

威廉·罗普克(1899—1966)是"社会学的新自由主义经济学"的主要代表人物。罗普克出生于德国汉诺威附近的一个乡村医生家庭。1921年,他获得德国马尔堡大学博士学位,先后在母校、耶拿大学和格拉茨大学任教。20世纪30年代,他曾因批评纳粹政权而被迫流亡国外。1933—1937年,罗普克任土耳其伊斯坦布尔大学的国民经济学教授,1937年起担任瑞士日内瓦大学的教授,直到去世。

罗普克的主要著作有《经济学》(1937)、《当代社会危机》(1942)、《人类文明》(1944)、《国际秩序》(1945)、《论供求》(1958)等,在国际学术界具有较大影响。上述著作和他后来写作的一些论文对德国社会市场经济体制的形成与发展产生了积极的促进和推动作用。

亚历山大·吕斯托(1885—1963)出生于德国威斯巴登的一个军官家庭。1908年,他获取了埃朗根大学的博士学位。第一次世界大战期间应征入伍,战后任魏玛共和国经济部的分部负责人和德国机器制造企业联合会顾问。1933年纳粹上台后,他流亡国外,和罗普克一起在土耳其的伊斯坦布尔大学任教。1949年回到德国任海德堡大学经济学和社会学教授。

吕斯托的主要著作有《经济自由主义的失灵》(1945)、《资本主义与共产主义之间》(1949)、《当代方位的确定》(1950—1957)、《市场经济与民主》(1951)、《经济秩序与国家形式》(1952)、《社会市场经济是反对共产主义和布尔什维克主义的纲领吗?》(1953)、《社会市场经济的历史意义》(1957)等。

3. "侧重现实的新自由主义经济学派"的代表人物

阿尔弗雷德·米勒-阿尔马克(1901—1978)出生于德国埃森,1923年获得科隆大学的政治学博士学位。他从20世纪30年代开始,先后在科隆大学和明斯特大学任教。第二次世界大战后,他积极进行了社会市场经济方案的设计和实施工作。1952年出任艾哈德领导的经济部经济政策分部领导人;1958—1963年,出任联邦经济部欧洲问题国务秘书;1963年,他重返科隆大学执教。

米勒-阿尔马克著述颇丰,跨越了经济学和经济文化社会学两大领域。这些著作包括:《经济风格谱系学》(1944)、《社会安定》(1950)、《宗教和经济》(1959)、《景气政策的经济理论》(1926)、《我们经济状况的诊断》(1947a)、《经济控制和市场经济》(1947b)、《反击自由主义》(1947)、《社会地看待经济秩序》(1948)、《关于社会市场经济的安排和与市场一致的社会措施目录》(1951)、《社会市场经济的风格和秩序》(1952)、《社会市场经济中的经济政策》(1955)、《社会市场经济论文》(1956)、《社会市场经济的第二阶段——用新的社会政策样板对它的补充》(1960)、《共同市场的经济秩序》(1965)、《经济秩序和经济政策——关于社会市场经济和欧洲一体化的草图和草案》(1966)、《社会市场经济和它的对手》(1972)等。

路德维希·艾哈德(1897—1977)是弗莱堡学派政策主张最主要的实践者。艾哈德出生于德国巴伐利亚州的菲尔特。第一次世界大战时入伍,战后就读于纽伦堡商科大学和法兰克福大学,获得政治学博士学位。著名经济学家F.奥本海默曾是他的老师。1928年至第二次世界大战结束,他任职于纽伦堡的经济研究机构。在第二次世界大战期间,他反对纳粹统治。第二次世界大战后,1945—1946年,他任巴伐利亚州政府经济部部长,1947—1948年担任英美占领区货币与信贷顾问委员会主任,1949年起当选为联邦议会议员,并任经济管理局局长,1957年任联邦政府副总理,1963—1966年任总理,1966—1967年任基督教民主联盟主席、名誉主席。

艾哈德的主要著作有:《政治邦联主义和经济集中主义——中央经济管理部门的任务和边界》(1947)、《德国重返世界市场》(1953)、《通往社会市场经济道路上的阻力和障碍》(1955)、《大众福利》(1957年,中文版根据英文版改名为《来自竞争的繁荣》)、《德国的经济政策——市场经济道路》(1962)、《社会市场经济的昨天和今天》等。这些著作解释了社会市场经济的理论与政策,是对弗莱堡学派理论与政策的发展和运用。艾哈德是第二次世界大战后联邦德国经济政策的主要制定者,其政策实践最终创造了战后的德国经济奇迹。他也因此而被称为德国"经济奇迹之父"。他的经济政策正是弗莱堡学派基本经济理论与政策的最主要实践。

总的说来,威廉·罗普克与哈耶克、欧肯、米塞斯是公认的德语国家有代表性的新自由主义经济学家。而米勒-阿尔马克和路德维希·艾哈德正是第二次世界大战后联邦德国的社会市场经济思想的最主要提出者和实践者。不过,在大的方向上,他们基本是一致的。

### (三) 学派的思想渊源

德国社会市场经济思想的主要来源是德国原来就有一定基础的新自由主义经济思想,主要是上面提到的三个分支派别的理论和政策思想。

#### 1. 来自弗莱堡学派的思想

弗莱堡学派主要是以德国弗莱堡大学为基地的一批大学教授和学者所组成。"弗莱堡学派或奥尔多自由主义学派是一个经济学家和法学家集团,重要的是这个集团以瓦尔特·欧肯和弗兰茨·伯姆为中心,研究应该如何安排一个运行的市场经济的制度结构问题。这个集团的特征是新自由主义的态度,并致力于形成一种构成一个整体而又由某些原则所指导的经济政策。经济学与法学意义上的奥尔多型思想引起的结果,是根据经济运行的要求为经济设计法律框架。"①

弗莱堡学派的形成也经历了三个阶段:

第一阶段是从第一次世界大战结束到1933年的酝酿和萌芽时期。弗莱堡学派的思想核心——"秩序"观念在这一时期开始形成。弗莱堡学派的创立者瓦尔特·欧肯在1923年出版

---

① 〔德〕戈罗斯凯特勒:《论经济秩序的设计:弗莱堡学派的贡献》。转引自〔美〕沃克:《经济思想史回顾》(第2卷)《二十世纪的经济思想》,美国,纽约,爱德华·艾尔加出版社1989年版,第39页。

的《德国货币问题的批判考察》一书中,主张重视经济生活中起作用的社会秩序观,强调货币制度的秩序观念。其货币政策的基本主张,是通过实行一种类似金本位的货币制度,对货币量进行控制,达到稳定物价与汇率的目的。

弗莱堡学派的中心观念是秩序。欧肯和他的学生卢茨(F. A. Lutz)认为,经济中不存在有规律的周期性波动,20 世纪 30 年代的经济危机是第一次世界大战后的经济关系动荡和国家过多干预经济秩序,使市场机制无法正常发挥作用的结果。结论是,避免经济危机的途径就是避免国家对经济的干预,恢复真正的资本主义竞争秩序。这一思想就成为后来弗莱堡学派的一贯基调。

在经济危机期间,其他经济学家如罗普克提出的"货币投资过度论",吕斯托和米勒-阿尔马克提出的"国家过度干预论",都与弗莱堡学派的基本主张相同。从法律角度研究垄断问题的伯姆这时也到弗莱堡大学任教。瓦尔特·欧肯又培养了一大批观点相同、关系密切的学生。再加上其他相同观点的教师,弗莱堡学派形成的条件就基本成熟了。

第二阶段是 1933—1945 年间弗莱堡学派的形成时期。在纳粹统治下形成的弗莱堡学派,具有以自由主义解除纳粹统治的意义。这也是德国自由主义知识分子利用学术研究反抗纳粹统治的过程,因为纳粹在经济上的统治具有明显的强大国家干预和垄断的特征。所以,第二次世界大战后德国不同于美英流行凯恩斯主义经济思想而主张经济自由主义思想,与其反对纳粹的背景有关,是完全可以理解的。欧肯、伯姆、格罗斯曼-多尔特三人被公认为弗莱堡学派的创始人。尤其是欧肯的《国民经济学基础》(1940)成为弗莱堡学派的理论基础。该书为弗莱堡学派提供了经济学研究的方法论和理论基础,确立了该学派的理论方向,它是弗莱堡学派最终形成的标志和里程碑。这一时期实际上也是弗莱堡学派的经济政策形成时期。

第三阶段是 1945 年以后至 20 世纪 50 年代后期,即弗莱堡学派的成熟与实践的时期。第二次世界大战后,在德意志联邦共和国,主张实行市场经济的基督教民主联盟在美国的支持下取得了胜利。执政者与弗莱堡学派观点十分接近,与欧肯等人有一定联系的新自由主义经济学家艾哈德成为战后德国经济重建的主要领导人。正是艾哈德领导了由货币改革开始的经济改革,使联邦德国走上了社会市场经济之路。

第二次世界大战后,弗莱堡学派的发展主要就是以执政社会市场经济政策学说为中心进行的。其核心就是建立由国家保障的完全竞争的市场经济秩序。他们的活动对于艾哈德的改革和新自由主义经济政策给予了有力的支持。而艾哈德政府的改革和社会市场经济实践,也在某种程度上反映了弗莱堡学派的经济理论观点和政策主张。1952 年出版的欧肯的遗稿《经济政策原理》,是弗莱堡学派在战后经济政策思想的经典著作。

由于该时期联邦德国经济发展迅速,社会民主党人也转而支持社会市场经济秩序,到 20 世纪 50 年代后期,社会市场经济已被联邦德国社会广泛接受,正常的社会市场经济秩序已经建立起来,弗莱堡学派的历史任务便告完成,该分支学派也就退出了历史舞台。

2. 弗莱堡学派的哲学思想和方法论

社会市场经济思想的理论支柱主要是弗莱堡学派的基本理念。弗莱堡学派在基本理念上的核心是关于社会秩序的世界观、个人主义的社会哲学和边际主义的经济理论。弗莱堡学派的全部学说就是以秩序观念为框架、以个人主义为准则、以边际主义经济理论为分析工具的综合。

弗莱堡学派的方法论是在批判了历史学派的归纳法、宿命论和相对主义的基础上,在大体肯定古典学派抽象演绎方法的前提下,吸收了边际主义的方法论,把理论思维和历史考察相结合的方法。

欧肯把经济理论定义为:经济学原理是对于必然的条件联系的一般适用的陈述。经济理论的功能在于,运用它能够说明经济过程的总联系及其变化。它只是认识工具,而不是目的本身。欧肯赞成在经济学研究中使用理性主义的方法,先确认"事实的真理",再提炼出"理性的真理"。换句话说,这就是"显著特征提炼的抽象法"。这种方法是欧肯构建经济秩序理论的基本工具。

3. 经济秩序思想体系

"秩序"及秩序学说是弗莱堡学派最基本的概念和理论中心。欧肯以形态学体系来说明它。这一理论和思想是弗莱堡学派全部经济学说与政策主张的基础,也是第二次世界大战后联邦德国"社会市场经济"理论与政策的出发点。

欧肯划分经济秩序的主要标准是经济的计划体制和资料体制。前者相当于决策结构,后者相当于信息结构。在这个基础上,欧肯又把经济秩序的纯粹形式分为集中管理经济和交换经济,并在此基础上展开了他的经济秩序理论。

集中领导的经济又叫中央领导的经济。欧肯把这种经济分为两种类型:简单的集中管理的经济和复杂的集中管理的经济。前者规模小,后者规模大。欧肯认为,经济秩序的纯粹形式有四种:第一是完全集中领导的经济:不允许交换,自由选择消费品和工作地点,只有一个经济计划来指挥社会的一切经济活动。事无巨细,一切必须经过中央。第二是自由交换消费品的集中领导的经济。经常的交换会与中央计划领导产生矛盾,从而削弱中央领导,也会导致货币的产生,并形成市场和价格。第三是消费选择自由的集中领导的经济。这里社会成员不是得到分配的消费品,而是得到对消费品的一般指令权——工资。这里也有需求与中央计划和领导的矛盾。第四是自由选择职业和工作地点的集中领导的经济。这种情况下会形成社会的劳动市场。

20世纪初,继承奥地利学派传统的米塞斯、哈耶克,还有德国新历史学派的马克斯·韦伯,都对中央计划经济进行了批判。他们都把计划经济等同于没有货币与价格的实物经济。弗莱堡学派也沿着这条思路分析。

弗莱堡学派认为集中管理的经济秩序要满足中央机构自己的需求,但不了解社会其他成员的需求,这是这种经济的最大弊病。此外,集中管理的经济是以无法精确计算的"物资数量平衡表"为基础制订经济计划。这种方法无法实现资源的最优配置。欧肯在第二次世界大战后出版的《集中管理的经济理论》和《经济政策原理》中,根据德国战时集中管理经济的实际情况论述了这种经济的运行过程。他认为,这种经济模式要想生存下去,就必须与交换经济的某些要素相结合,把交换经济中的价格作为经济计算的可靠依据。但这也不能真正解决问题,依然会有诸多矛盾,无法真正实现经济均衡。所以,不均衡是集中管理经济的普遍现象。

欧肯认为,市场形式和货币制度是认识交换经济的两组根本问题。欧肯划分不同市场秩序形式的标准是计划体制和资料体制。他反对主流欧美经济学家划分垄断和竞争的标准。欧肯从供给和需求两个方面来研究市场形式,实际上是对奥地利学派传统的一种继承。在这种特点影响下,欧肯得出了与欧美主流经济学家不同的结论。他认为,现实经济中不存在垄断竞争的情况,因而否定垄断竞争理论。

## 二、德国社会市场经济学派的理论体系

作为德国社会市场经济思想体系和制度的实践者,艾哈德充分发挥了德国新自由主义学派奠基者欧肯的经济思想。德国新自由主义经济学派的理论基础是"理念经济模型"。这涉及"自由市场经济"和"集中管理经济"两方面。前者由市场价格机制调节,后者由政府通过中央计划和行政命令管理。

德国新自由主义者推崇的是社会市场经济,其内容包括:在国内,要实现社会市场经济的全民福利的基本目标;达到该目标的手段,即以自由市场调节机制为主,国家有限干预为辅;坚决反对垄断;对外主张自由的国际经济政策和经济一体化。

欧肯的有关论述是这种社会市场经济思想体系的理论源头。欧肯的理论主要包括:

### (一)竞争秩序理论

**1. 经济秩序的准则**

在现实经济中,欧肯提出了经济秩序的准则。这些准则包括:

第一,为了有效地控制整个社会经济过程,经济秩序必须满足这样一些要求:一是能以个别数量为单位而不是"粗略地"评价各种资源和物品的效用;二是能够遵循边际成本原则来配置所有的稀缺资源和物品,使生产每种物品的边际成本与边际效用相等;三是能够把经济控制机制的各个部分连接起来,而不是使之割裂;四是在利用价格调节经济时,只利用"稀缺价格"("稀缺价格"就是使供求均衡的价格)。

第二,经济秩序必须保证一国的整个经济达到一般均衡。

第三,经济秩序必须在国际经济关系中建立一种秩序,使各国的对外贸易都自动达到均衡。这要求价格机制充分发挥作用,并建立一种能在各国经济之间展开竞争的国际货币体系。这种国际货币体系必须按照一套严格的规则实行,才能最大限度地起作用,以使中央银行不能任意决定货币政策,同时它的机制还要尽可能保持汇率稳定,这要求必须有一种可以防止通货膨胀和通货紧缩的稳定器。

第四,要在自由中建立秩序,这种经济秩序要能够保障个人的自由,同时又要阻止滥用自由,以免由于追求个人的自由而伤害别人的自由。这就要避免经济集权,既反对国家集权,也反对垄断。

第五,这种经济秩序所包含的"经济秩序的形式要素"要有助于形成保障个人自由的国家制度、法律秩序和社会秩序。

第六,经济秩序必须能解决各种问题,消灭工业化社会中出现的各种弊病。关键是形成一种尽可能无干扰地运行的经济过程,保障个人的经济活动自由。

第七,经济秩序中不能包括不稳定的经济秩序形式。他认为,在集中管理的经济与竞争秩序之间的一切中间性"经济秩序形式"都是不稳定的,不能作为现实的经济秩序。

**2. 竞争秩序的基本精神**

欧肯认为,竞争秩序的基本思想就是完全竞争的经济理论模式的基本含义。这是一种普遍存在的市场形式,其判断标准是:第一,依据企业的状况来确定它们是否处于竞争条件之下。如果它们接受既定的市场价格,市场就是完全竞争的。第二,从外部考察企业是否采取

了某些在完全竞争下不可能采取的措施。如果企业这样做了,市场上就不存在完全竞争。

根据完全竞争的特征和标志,欧肯也概括了竞争秩序的两个主要特点:第一,在竞争秩序中,完全竞争是为提高效率服务的。第二,在竞争秩序中,完全竞争的价格控制着整个经济过程。竞争秩序创造了一种像法治国家一样的框架,个人自由活动受他人自由领域的限制,由此使人们各自的自由领域达到平衡。

### 3. 竞争秩序的基本原则

欧肯认为,建立竞争秩序的原则其实是要建立一整套原则的体系。第一,要建立一个有运行能力的、完全竞争的价格体系。欧肯说这是"经济宪法的基本原则"。第二,要建立一种与竞争秩序相适应的、稳定的、能自动发挥作用的货币制度。第三,要建立一个开放的、没有进出障碍的市场。第四,要实现生产资料私有制,保障企业家对企业经营的领导权。第五,要建立与完全竞争相一致的真正的契约自由。第六,要有责任原则。第七,经济政策必须有一定的稳定性。第八,各项建立的原则必须配套。

欧肯认为,以上各项都是建立竞争秩序原则缺一不可的,因而都是关于"建立的原则"。

此外,还有调节竞争秩序的原则。调节竞争秩序的原则就是那些能使竞争秩序有效地发挥作用的原则。它可以在实现竞争秩序的条件发生变化或者有差距时发挥作用。这实际上就是国家对社会经济过程的必要干预。这些原则主要包括:

首先,要禁止垄断。其中又包括对垄断的控制:(1)不准偏离法律及受法律保护的商业惯例,制定不利于契约对方的营业条件。(2)禁止以任何形式阻碍竞争,包括不准封锁市场,不准给予所谓"忠诚折扣",不准使用垄断斗争价格等。(3)实行同样的商品与劳务征收同样价格,不准实行价格歧视。(4)按照完全竞争下起作用的价格形成的原则,由政府有关机构规定垄断企业的产品价格。这种价格应使供求相等,价格与边际成本相等。实际操作上可按照平均成本曲线与需求曲线的交点来定价。(5)对垄断和寡头垄断进行各种有效的监督和控制。

其次,要实行累进税制度,以便在不妨害投资意愿的前提下缩小收入分配方面的不平等。

再次,在个别企业的经济计划没有考虑到它对整个社会经济的影响时,国家有必要由法律手段来限制这些企业制订经济计划的自由。

最后,当劳动市场的供给方面有反常行为时,应该由国家采取一系列干预劳动市场的政策措施,直到规定最低工资。

## (二)货币与经济周期理论

这方面主要是由欧肯1923年出版的《德国货币问题的批判考察》奠定基础的。20世纪30年代由麦耶尔、卢茨和梅耶完成。该理论的重点是说明在各种不同的货币体系下,如何调节和控制货币流通量,货币流通量的变动与实际产量的变动在不同体系中的关系。该理论是以经济学中的三个基本理论为前提的。这三个理论是:萨伊定律、货币数量论和从威克塞尔到哈耶克所形成的货币经济周期理论。

(1)对金本位货币制度的理论分析

弗莱堡学派认为,金本位制是最接近竞争秩序的理想货币制度。欧肯在卢茨分析的基础上构思了一种理想的、存在着完全竞争的金本位货币制度,并以之作为竞争秩序的一部分。

（2）对第三种货币体系的批判

弗莱堡学派认为，第三种货币体系，即商业银行创造货币的机制，是现代经济中许多灾难的根源，甚至是通货膨胀和经济萧条的主要根源。

（3）国际经济秩序与货币制度

弗莱堡学派主张建立一个以国际性货币秩序为条件的良好的国际经济秩序。实际上，他们的这种观点不过是以李嘉图的比较成本理论和货币数量论为基础的国际间普遍竞争的经济秩序。这种制度至少应该满足三个条件：第一，它必须自动地运行，使各国中央银行的领导者不能由于观点的改变而随时任意决定货币政策；第二，它的运行机制必须尽可能保持汇率稳定；第三，在它的机制中必须具有一个强有力的货币稳定器。这个稳定器必须比金本位货币制度中的稳定器更有力，以便能更有效地避免通货膨胀或紧缩。

欧肯认为，第二次世界大战后的布雷顿森林体系的国际货币体系和制度有严重的缺陷，不是一个自动有效地运行的国际货币秩序。他主张美国经济学家格雷厄姆提出的"格雷厄姆方案"（Graham Plan）。该方案主张建立一种商品储备通货，把货币的价值与一种"商品组合"的价值联系在一起，就像金本位下货币的价值与黄金的价值联系在一起一样。

（4）经济周期理论

弗莱堡学派否认任何一般经济周期理论，强调每一次经济周期都有自己的特殊原因和进程。不过，在实际上，他们是把经济周期的原因归结为各种垄断市场和第三种货币体系的存在。所以，弗莱堡学派的经济周期理论是与货币理论密切相关的。

弗莱堡学派把经济繁荣和萧条的原因归结为经济体系之外的因素。把20世纪30年代的经济大萧条的原因说成是，第一次世界大战后国际经济关系动荡、保护主义贸易政策盛行、对外投资由长期信贷变成短期信贷、短期信贷抽回所引起的。另外就是将原因归结为国家干预过多。从理论上说，他们是赞成"货币投资过度论"的。在货币方面，"第三种货币体系"就是他们认为的危机的根源。

（5）资本与利息理论

欧肯在这方面以奥地利学派的迂回生产理论为基础，遵循了边际学派的基本思路：利息取决于迂回生产中资本的边际生产力。他还认为，自然和劳动是两种基本生产要素，它们的有用服务成熟为消费品的时间长度，是资本与利息理论中的决定性问题。

欧肯从两方面来研究生产的时间结构。一方面，他力图把一切经济生活中都存在的生产的时间结构问题，归结为一个描述经济的时间过程的抽象模式，这个模式普遍适用于经济秩序的一切形态。另一方面，他又力图说明经济秩序的不同形态对生产的时间结构有什么不同的影响，说明在不同的秩序形式下，生产的时间结构是如何决定的。他通过"迂回"和"延长生产道路"的概念设计了一种时间模式，从而证明成熟时间的延长和生产率的提高是可以度量的，借以说明迂回生产理论的正确性。

## 三、德国社会市场经济学派的经济政策思想

### （一）经济政策的基本任务

欧肯从竞争秩序出发，认为经济政策的最终目标就是通过保障个人经济活动的自由，来尽可能满足一切人的需要。所以，经济政策就是为了使整个社会按经济原则行事。经济政策

的基本任务就是,把从个别利益中产生的各种力量导入促进整个经济利益的轨道,使各个个别经济以最有利于整体利益的方式彼此协调起来。

### (二) 经济政策与人的经济行为

欧肯从经济政策促进和谐的角度出发,分析了各种经济政策。他认为,自由放任政策根据两个基本思想来协调个别利益与整体利益。一是只有自由地发挥各种自发的力量,让个别利益自由充分地起作用,才能促进整体利益。二是允许促进整体利益的力量自由发展,就会使个别利益与整体利益自行实现和谐。市场供求的调节会自发地使个别利益与整体利益一致,并实现个别利益的均衡。欧肯认为,这种观点实际上否认了个别利益与整体利益矛盾的一面。如果不建立适当的经济秩序形式,没有适当的经济政策,就放任个人自由地追求个别利益,结果必然损害整体利益。欧肯从个别经济的活动与银行的活动分析了这一问题。他得出结论说,自由放任的第一个基本思想是正确的,即要让个人自由地从事经济活动,但必须有适当的政策把这种活动导入促进整体经济的轨道,才能真正保障个人的自由。第二个基本思想是错误的,社会并没有一种自发地使个体利益与整体利益永远保持一致的调节机制,自由放任只会使这两种利益的冲突发生或加剧。所以,自由放任并不是正确的经济政策。欧肯的这种见解表明,德国社会市场经济从其源头开始,就没有完全否认和放弃国家对自由竞争市场的规范和引导。这也表明,完全自由竞争市场经济的主张只能存在于幻想之中。

但是,欧肯也认为由国家控制一切的集中管理经济也不是协调个人利益与整体利益的正确经济政策。他说,那是以领袖决定的整体利益代替个别利益,把整体利益的实现作为个别利益的实现。他认为,第一,在集中经济里,领袖是一个不受控制的权力集团,该集团实际上并不关心整体利益,而是追求自己的个别利益。第二,即使领袖要追求整体利益,他也不可能做到这一点。因为整体利益实际是个别利益的总和,这种经济否认了个别利益,也就不可能知道什么是整体利益。第三,即使领袖能够了解整体利益,在这种经济下也无法实现。因为他无法贯彻边际成本原则,实现资源配置最优化。

欧肯的上述看法与他对德国纳粹政权统治下的集中管理的经济感受有关。这在某种程度上也说明,为什么联邦德国在第二次世界大战后并没有像美国那样采用凯恩斯主义的理论和政策,而是采用了社会市场经济的理论和政策主张。

### (三) 经济政策目标

欧肯认为,只有在竞争秩序下才能实现个别利益与整体利益的协调,既使人们的各种自发力量得到充分发挥,又使之不与整体利益相冲突。所以,最好的经济政策就是竞争秩序的政策。实际上,欧肯是既要利用竞争秩序激发人们的利己心来调动参与经济活动的积极性,又要防止放任自由竞争带来的消极结果。应该说,欧肯的这种想法是贴近现实的。

### (四) 对过去政策的批判

#### 1. 对自由放任政策的批判

欧肯把工业化时代分为两个时期,认为每个时期都有自己的经济政策。20世纪之前是自由放任政策时期,其后是以国家干预为中心所进行的各种"经济实验的政策"时期。他认为自由放任的经济政策都是失败的,其所以会失败,在于把经济秩序形式的确定交给了私人去做;各种"经济实验的政策"的失败,则在于力图由政府或由政府与私人去控制经济过程。

欧肯认为,自由放任政策在历史上应当完成两个任务:一是保障实现工业化,二是为工业化经济建立适当的秩序。实际上,第一个任务已经完成了,但是,第二个任务并没有完成。所以,自由放任政策引起了严重的经济危机和社会问题,使这种政策面临破产。这与自由放任政策对自然秩序和自然力量的迷信有关。他认为,应当区分自由放任和自由竞争。自由放任并不会自动导向自由竞争,实际上往往导向了其他的市场形式。他主张的是,能够有适当经济秩序来真正实现和保护个人自由的政策,即法治国家。

2. 对集中领导经济过程的政策的批判

欧肯认为,在集中领导经济过程的政策之下,社会原来的各种垄断市场形态和第三种货币体系不仅没有消失,反而进一步发展了。所以,这也不是好政策。

欧肯把各种"经济实验的政策"分为两类:集中领导经济过程的政策和中间道路的政策。他说前者的最大弊病是:第一,这种政策依赖一种没有效率的经济过程控制机制,无法贯彻边际成本原则,不能实现资源配置最优化。这种政策下往往产生供给不足,经济不均衡,国际收支不均衡。第二,这种政策无法实现社会公平,也被迫取消了自由。第三,这种政策与政治、思想的民主自由是不相容的。

3. 对各种不稳定的中间道路政策的批判

欧肯所说的中间道路政策,是指各种各样的国家干预经济的政策。他从控制经济过程和经济秩序形式的角度,把中间道路的经济政策分为三类加以分析。

第一类是部分集中领导经济过程的政策。欧肯说它忽视了经济过程各部分之间的联系,最终导向了集中管理的经济秩序形式,而不是自由与计划的真正结合。

第二类是等级秩序政策。这种政策主张把每个行业组织成一个自我管理的团体,形成一种职业等级秩序。欧肯说这也会最终导向集中管理的经济秩序形式。

第三类是凯恩斯主义的充分就业政策。欧肯认为,这种政策的弊端在于:它扭曲了价格体系度量经济上的稀缺性的功能,引起资源配置失误,总量分析也使经济比例失调,从而引起其他困难,最终导向集中管理的经济秩序形式。

总之,欧肯认为中间道路的政策是不稳定的,最终都会导向集中管理的经济秩序形式。

## (五) 竞争秩序的政策

1. 竞争秩序的必然性

在其他经济秩序不可取的情况下,竞争秩序的选择就是必然的。这种政策就是由国家建立竞争秩序,实现完全竞争。其核心是保证自由竞争,起保护责任的是国家。这种政策具体又分两类:建立这种秩序的政策和维护这种秩序的政策。前者的依据是建立原则,后者的依据是调节原则。

2. 竞争秩序政策的内容

这包括四个方面的具体政策:其一是价格政策:主张建立一个有运行能力的、完全竞争的价格体系,围绕它,再订立一系列的具体政策。其二是实现完全竞争的政策:包括各种反垄断的政策。其三是货币政策:按照该学派的"第二种货币体系"的精神,即依照商品的买卖来建立货币体系提出的各种政策。其四是生产资料私有制:这是保障其个人自由的必要前提,也是自由国家和社会秩序的前提条件。

### （六）保护竞争秩序的政策

这又包括：第一，收入分配政策：在不损害效率条件下克服收入分配的不平等问题；第二，协调企业与社会利益的政策；第三，对劳动者的保护政策。

## 四、德国社会市场经济学派的政策实践

第二次世界大战后，联邦德国由米勒-阿尔马克、罗普克、吕斯托、艾哈德等人提出并加以实现的社会市场经济理论与政策主张，是对以欧肯为代表的弗莱堡学派一贯主张的竞争秩序理论在实质上的继承和发展。在这个意义上，我们既可以把社会市场经济理论和政策作为弗莱堡学派理论和政策主张的一个组成部分，也可以将弗莱堡学派的理论和政策主张看作社会市场经济理论和政策的基础。

具体说来，以艾哈德和米勒-阿尔马克为代表的"侧重现实的新自由主义经济学派"经济学家在理论上对于社会市场经济体制的主要贡献，是根据第二次世界大战后初期德国西方国家占领区的实际情况，将各种重建德国经济和社会秩序的方案综合成为一个现实可行的、为多数公众接受的并且能够为军事占领当局批准的"方案"。该方案不仅反映了经济自由主义的基本立场，而且也具备政治上和技术上的一定可行性和可操作性。"侧重现实的新自由主义经济学派"最大的特点，就是它极其贴近当时德国经济社会生活的现实，是从实际情况出发的产物，而不是理想主义的产物。这也是社会市场经济体制创造后来的"经济奇迹"的根本原因。

### （一）经济政策争论与社会市场经济体系的确立

这主要是在英国支持的、以德国社会民主党为代表的、主张实行企业国有化和国家干预的政策与美国支持的、以右翼基督教民主联盟为代表的、主张实行新自由主义的经济政策之间的争论。争论的结果是后者获胜。

这是当时联邦德国的国内形势与国际形势所决定的。社会市场经济的经济改革从1948年6月20日实现货币改革开始。其最终结果就是社会市场经济的确定。

社会市场经济的概念最早由德国新自由主义经济学家米勒-阿尔马克提出。他说："社会市场经济是按市场经济规律行事但辅之以社会保障的经济制度，它的意义是将市场自由的原则同社会公平结合在一起。"①

社会市场经济的功能有三个重要含义：第一，其实质是市场经济；第二，它不同于自由放任的经济；第三，在经济中，国家有重要和必要的作用。市场经济实际上就是在自由放任的市场经济和计划经济之间找出一条不同于凯恩斯主义和古典经济自由主义（英国曼彻斯特学派）的"中间道路"。其实质类似于弗莱堡学派所主张的竞争秩序。

艾哈德把社会市场经济的目标具体化为"三位一体"的目标，即实现"生产与生产率的增长随着名义工资的增长，以及由于低廉而稳定的物价所造成的进一步繁荣"②。

这实际上就是通过生产和生产率的增长、名义工资的提高，以及低廉而稳定的物价来实

---

① 转引自梁小民著：《弗莱堡学派》，武汉，武汉出版社1996年版，第197页。
② 〔德〕艾哈德：《来自竞争的繁荣》，祝世康、穆家骥译，北京，商务印书馆1983年版，第8页。

现大众福利。艾哈德主张公平,但是要以生产的增长为前提来实现,而不是单纯以收入分配来实现。

社会市场经济实现的两个基本措施是:保证市场经济作为基本经济机制,以及国家的适当干预。

### (二)社会市场经济理论分支学派的观点

德国新自由主义阵营内各派别之间除去基本理念的相同之处外,也存在着一些区别,主要是:

第一,在坚持以市场经济为基础的经济秩序方面。"社会学的新自由主义经济学派"首先强调的是市场经济保证个人自由的"最终性"功能,而将保证效率最大化的"工具性"功能放在其次。弗莱堡学派则坚持两种功能并重。"侧重现实的新自由主义经济学派"却是重视市场经济对于经济增长的积极作用,把市场经济保证效率最大化的"工具性"功能放在首位。艾哈德就说:"只有能使消费者从经济发展、劳动收益增加和生产效率提高中得到好处的经济政策,才能被称为'社会的'经济政策。"[1]

第二,"侧重现实的新自由主义经济学派"在有助于实现规模经济和采用先进技术来促进效率提高的前提下,能够容忍一定程度的集中化和垄断。另外两个分支学派则追求"完全竞争",断然否定垄断和集中化。

第三,"侧重现实的新自由主义经济学派"主张政府利用"积极的经济政策"来干预经济,把"'影响经济过程的'国家的'手段'视为不言自明的经济政策工具"[2]。

第四,"侧重现实的新自由主义经济学派"所理解的国家干预经济的"积极功能"要比另外两个分支学派更为广泛。

第五,在社会政策方面,"侧重现实的新自由主义经济学派"的主张更广泛,而不仅仅局限于保证苛刻的"竞争秩序"的狭窄范围。

### (三)社会市场经济实践

第二次世界大战后联邦德国的社会市场经济实践过程,大体上是分为三个阶段完成的。

(1)第一阶段:这一阶段,从第二次世界大战结束直到20世纪60年代中期。鉴于对战后较为盛行的社会主义思潮的抵制和"冷战"思维的抬头,在美国支持下,以艾哈德为首的、倾向经济自由主义的实用主义者在关于德国战后经济体制的辩论中逐渐占据了上风。艾哈德选择了米勒-阿尔马克提出的"社会市场经济"模式,以"货币改革"先行,逐步推进市场经济体制。米勒-阿尔马克提出的模式体现了德国新自由主义的核心内容,尤其体现了弗莱堡学派在秩序政策方面的基本主张,也就是欧肯所表达的区别于那种含有"天然和谐"市场经济的"人为"市场经济秩序的观念。这种秩序观念肯定国家在经济社会中的积极作用,但又不是凯恩斯主义那种直接干预经济进程的政策思想。社会市场经济秩序下的国家作用,主要强调国家和政府的"秩序政策",侧重在建立和维护私有制与竞争秩序方面的重要作用。

---

[1] 〔德〕艾哈德:《来自竞争的繁荣》,祝世康、穆家骥译,北京,商务印书馆1983年版,第121页。
[2] 转引自沈越著:《德国社会市场经济评析》,北京,中国劳动社会保障出版社2002年版,第104—105页。

不过,在当时的社会主义思潮下,在德国的西方国家占领区,甚至连一贯反对社会主义的基督教势力也在一定程度上接受了社会主义的某些主张,而出现了所谓的"基督教社会主义"和"基督教共产主义"。鉴于这种实际情况,米勒-阿尔马克的秩序政策方案中也多少吸收了一些社会主义的主张,显示出其一定的"中间道路"的特点。这也为社会市场经济中后来将社会保障制度作为重要内容,提供了前提。

所以,第一阶段实际上就是,在货币改革的基础上,实行艾哈德领导的、放松管制的、有限调节的"社会市场经济"阶段。在该时期内,弗莱堡学派新自由主义的社会经济理论与政策主张,一直是联邦德国政府恢复和发展经济的指导原则。而这又是通过艾哈德的政策具体加以贯彻的。

这个时期"社会市场经济"的特点主要是,以私人企业和个人经济活动为基础,主要通过市场力量来调节国民经济,国家尽量不去干预再生产的过程,但是,也在必要时进行有效的调节,以便尽可能达到经济权力分配上的社会公正与经济利益均沾方面的社会公平。

具体说来,这种"社会市场经济"的内容主要是:第一,"管住货币,放开物价"。第二,反对垄断,保护竞争。第三,采用以稳定物价为目标的货币政策。第四,实行劳资共同决策制度。第五,采用社会保障与福利制度。第六,在对外方面采取国际经济自由化政策。前三项内容是社会市场经济秩序的基本内容,而后两项内容则是依据社会情况,特别是社会政治情况所采取的。比如,共同决策制度的建立,就是在社会主义思潮压力下,在欧洲,甚至在世界历史上首次实现的,在私有制大企业的最高决策层中体现"劳资完全平等"的民主社会主义目标。由于德国重工业的集中地区——鲁尔工业区恰好处在英国占领区范围内,其钢铁产量占当时西方国家占领区总产量的90%以上,煤炭和铁矿石产量占70%以上,所以,实行劳资共同决策制度的企业已经覆盖了德国矿冶领域的所有大型垄断企业。这对于后来联邦德国雇员共同决策支持的制度化和普遍化,以及形成独具特色的德国现代企业制度,都产生了重要的影响。①

1957年通过的《反限制竞争法》体现了市场经济的基本精神,成为德国社会市场经济的基本框架,为德国社会市场经济的"市场经济"在性质上进行了规定。

在社会保障制度方面,主要是针对当时德国在经济恢复之后出现的两极分化现象,社会上出现了越来越多的要求分配平均化的呼声而实行的改革。米勒-阿尔马克还专门写了《社会市场经济的第二阶段:以新的社会政策样板补充社会市场经济》的文章。他一方面主张"为每一个公民提供基本的生活保障是国家的重要任务,而超过这种基本保障的内容则应发挥个人创造性"②,另一方面也反对过多的社会福利。这一阶段最重要的改革就是1957年的养老金制度改革,对联邦德国第二次世界大战后的社会福利制度的形成发挥了关键性的影响作用。这一改革标志着联邦德国的社会市场经济向社会福利国家的转变。联邦德国后来出现的"福利病"与此密切相关。

总之,这一时期实行"社会市场经济"的结果是,促进了被称为"经济奇迹"的联邦德国经济的迅速恢复和快速发展。

(2)第二阶段:这是实行全面调节的"社会市场经济"阶段。这一阶段从20世纪60年代中期直至20世纪70年代末。该时期内,联邦德国经济发展速度变慢,出现了大规模的失业

---

① 沈越著:《德国社会市场经济评析》,北京,中国劳动社会保障出版社2002年版,第226—227页。
② 同上书,第238页。

和第二次世界大战后联邦德国的第一次经济衰退。有限调节的"社会市场经济"已经不能克服危机和失业,不能防止环境污染,也不能改善工人的劳动条件和保证经济高速增长。这种形势也导致了联邦德国国内对于国家干预经济的呼声高涨。在此形势下,联邦德国在该时期发生了政治变动,社会民主党上台,先后和基督教民主联盟以及自由民主党实行联合执政。这一时期社会民主党放弃了传统计划经济模式的主张,转而接受了社会市场经济的理念。鉴于形势的变化,新自由主义者们也不得不改变策略,同意实行"全面调节的社会市场经济",将国家干预和调节的内容纳入进来。联邦德国的这种转变,在本质上,其实就是将凯恩斯主义"综合"进新自由主义的体系中来。

1967年,联邦德国通过了《促进经济稳定增长法》,提出了被称为"魔力四边形"的总体经济目标("在市场经济秩序框架内,这些措施要有助于在保持持续而适度的经济增长的情况下,同时促进价格稳定、高就业水平和对外经济平衡"①)和对经济进行"总体调节"的方案。"这部具有德国民主社会主义特色的凯恩斯主义的立法'当时在国内外都得到了很高评价'。"②而且,这是世界上首次以立法形式将"总体经济调节目标"之间的均衡和"总体调节"的具体措施固定下来的国家。卡尔·哈达赫(Karl Hardach)在《二十世纪经济史》中对此给予了极高的评价。他写道:"《促进经济稳定增长法》被称为现代中期经济干预的伟大宪章,它使联邦政府手中掌握了一系列新的部分是非常卓有成效的工具。""当时还没有一个政府掌握类似如此全面的工具来奉行凯恩斯的政策。"③可以说,《促进经济稳定增长法》对于联邦德国的经济史和经济制度史都具有里程碑式的意义。它使民主社会主义的秩序政策主张以凯恩斯主义的形式制度化到社会市场经济模式中。在实践上,它使第二次世界大战后联邦德国经济的高速增长时期延长了将近十年。

在第二阶段,雇员共同决策的范围得到扩大,程度得到深化。在1972年联邦德国通过了新的《企业基本法》,在1976年通过了《共同决策法》。根据这两部法律,联邦德国的雇员拥有了超越任何国家雇员的权利。在1973年联邦德国又修订了《反限制竞争法》,进一步完善了反垄断法,巩固了社会市场经济秩序。

(3)第三阶段:在这个阶段(20世纪80年代以后),在西方国家重新私有化的浪潮下,联邦德国又重新回到了艾哈德时期的"社会市场经济"。这种情况既与国际上较为普遍的经济主义的复兴相呼应,也是对联邦德国经济在此前遭受挫折的再反思。当然,这时也出现了德国统一后,将社会市场经济体制移植到东部,以及协调德国东西部经济发展的问题。

20世纪80年代,美国和英国的凯恩斯主义思想由于经济的"滞胀"而备受打击。这导致了历来与凯恩斯主义针锋相对的经济自由主义思潮的"回归"。美国和英国这两个国家几乎同时实行了经济自由主义的经济政策。这个以私有化为切入点的、经济自由主义"回归"的思潮也冲击了联邦德国。

德国社会市场经济体制经过几十年的逐步完善,到80年代已经基本稳定,在没有大的经济社会压力或大的事件影响下,这种较为稳定的体制和经济结构已经难以发生改变。不过,在70年代石油危机、美国经济"滞胀"和世界经济下滑影响下,联邦德国也出现了问题:在市场经济自身运作条件下,失业开始增加。为应对失业问题,当时社会民主党和自由民主党联

---

① 沈越著:《德国社会市场经济评析》,北京,中国劳动社会保障出版社2002年版,第244页。
② 同上。
③ 〔德〕卡尔·哈达赫:《二十世纪德国经济史》,杨绪译,北京,商务印书馆1984年版,第212页。

合执政的政府采取了大量凯恩斯主义的赤字财政政策,而在福利国家制度下的社会福利开支也不断增大,形成了政府债台高筑的局面。但是,联邦德国并没有出现经济"滞胀",只是出现经济呆滞和下滑。以此为契机,基督教党派联盟上台执政,开始重新强调社会市场经济的自由色彩,提出"多一点市场,少一点国家"的口号,并积极推行供给学派的减税政策。但是由于联邦德国并没有出现美国和英国那样的凯恩斯主义泛滥的恶果,实施经济自由主义的政策缺乏足够的动力和压力,因而未能取得明显的效果。

20世纪90年代以后,在德国统一的条件下,联邦德国的全部社会市场经济体制被移植到德国东部。原有的计划经济体制被彻底改造,先搞货币改革,继之以全面私有化和自由化的市场运作机制被实施。第二次世界大战后,德国西部实行社会市场经济改革的进程几乎被重新复制了一次。改革后的一个时期,在西部的支持和大量财政援助下,东部经济曾经一度较快发展,但90年代中期以后,经济便转入下降,其增长速度甚至低于西部已经下降的经济。

总之,德国社会市场经济的实践证明,第二次世界大战后,区别于美国凯恩斯主义经济思想和政策的德国社会市场经济思想,是一条介乎经济自由主义思想和国家干预思想之间的一种"中间道路"的经济思想。尽管从其实施结果来看,还存在着私有制下市场经济的共同性问题,但其一段时期内在特定条件下还是取得了不错的运行效果。

## 五、德国社会市场经济学派经济思想的启示

第二次世界大战后,联邦德国采取的新自由主义的社会市场经济理论和政策主张,是战后西方国家发展经济中主导性指导思想的特例。在大多数西方国家都采用凯恩斯主义的国家干预政策来指导经济的情况下,联邦德国走的是特殊的、与众不同的一种"中间道路"。联邦德国也因此而成为仅有的少数未采用凯恩斯主义经济政策主张而取得较好成就的国家之一。联邦德国的新自由主义经济思想和政策主张也由此而名声大噪。

应该说,联邦德国的新自由主义经济学派所倡导的经济理论和政策主张,在实践上基本适应了战后联邦德国的经济状况和需要,因而有效地促进了联邦德国的市场经济的恢复和发展。联邦德国的社会市场经济理论及政策实践之所以能够取得成功,与联邦德国当时的经济社会环境是分不开的。一方面,20世纪30—40年代希特勒统治下的纳粹政府实行的高度集中统治的(后来是服从战争需要的集中管制)经济,已经随着纳粹德国政府的灭亡而消除。纳粹政府的高度集中统治的经济体制事实上也是不得人心的,它不仅为第二次世界大战后的美国所不容,也为联邦德国社会自己所不容。另一方面,战后的联邦德国经济已经遭到严重的破坏,供给严重不足,与凯恩斯主义经济理论和政策所适应的条件并不存在,而且,即便试图重新实行集中统治的经济也很困难。再者,战后,世界形势很快便趋向"冷战",而联邦德国正处于"冷战"的前哨阵地。而集中统治的经济体制在一定程度上也带有倾向苏联中央计划经济体制的色彩。所以,在美国政治领导和经济援助之下的联邦德国,其经济发展的外部条件也只能允许它实行市场经济体制。总之,联邦德国的社会市场经济理论和政策实践的成功,既有其自身已有的思想和理论条件,也有其特定的客观条件。

在我们今天看来,在某些方面,联邦德国社会市场经济的理论和政策实践,也具有一定的一般意义,对我们进行社会主义市场经济体制改革、建立和完善社会主义市场经济秩序,也有一定程度的参考价值。比如,社会市场经济体制将经济自由和国家干预适当地相结合的思想

和做法,就值得我们认真思考。艾哈德曾经对此说过下面的话:"联邦德国并没有采用过什么秘密科学。我在事实上不过实践了发展西方各国的现代经济学原理,把漫无限制的自由与残酷无情的政府管制两者之间长期存在着的矛盾予以解决,从而在绝对自由与极权之间寻找一条健全的中间道路。"①这种做法既不盲目追随潮流,完全走凯恩斯主义长期实行扩张性财政政策和货币政策的道路,也不走另外的极端,断然拒绝政府的必要干预,实行纯粹市场调节的彻底经济自由主义,而是在以市场机制为主的条件下,在必要时由政府进行适当的干预和调节。这种做法的确值得我们学习和借鉴。

另外,德国新自由主义经济学派及其实践者主张把保持币值稳定和物价稳定作为市场经济灵活运转的前提条件的观点与看法,也值得我们学习和借鉴。联邦德国的实践也有力地表明,物价和币值的稳定是其经济恢复和迅速发展的必要条件,在通货膨胀和币值不稳的情况下,经济是无法顺利发展的。当然,艾哈德所注重的个人创业精神和能力也是一个国家发展经济过程中所不可或缺的。他说,"如果德国这个例子对别国有些价值的话",那就是在社会市场经济体制下,使人们"有机会来发挥个人创业的精神和能力"。②而这一点对于我们国家来说,显然也是十分重要的。特别是我国当前在经济上已经对外开放,已经加入世界的经济体系,面临激烈国际竞争的情况下,从某种程度上说,如何将有活力的市场与有效率的政府引导和管理适当结合,这一点至关重要,甚至是生死攸关的大问题。

不过,德国新自由主义经济学派的理论体系和方法论并非完美无缺。其理念类型的主观性与纯理念的特点,以及超越历史条件的"形态学"分析方法,都不一定适当,甚至可能是错误的。他们对社会主义经济秩序以及工会的看法也失之偏颇。这些方面,都是我们应该加以注意的。

## 思考题

1. 德国社会市场经济学派包含哪几个分支学派?
2. 弗莱堡学派是在什么样的背景下产生的?
3. 弗莱堡学派的主要代表人物有哪些?
4. "社会学的新自由主义经济学派"的主要代表人物有哪些?
5. "侧重现实的新自由主义经济学派"的主要代表人物有哪些?
6. 社会市场经济学派的思想渊源是什么?
7. 弗莱堡学派的方法论特点是什么?
8. "侧重现实的新自由主义经济学派"的理论特点和主要贡献是什么?
9. 欧肯的社会秩序理论的要点是什么?
10. 社会市场经济学派经济理论的要点是什么?
11. 社会市场经济学派的基本政策主张是什么?
12. 你如何看待德国社会市场经济学派的政策实践效果?

---

① 〔德〕艾哈德:《来自竞争的繁荣》,祝世康、穆家骥译,北京,商务印书馆1983年版,第8页。
② 同上书,第114页。

参考文献

1. 〔德〕戈罗斯凯特勒:《论经济秩序的设计:弗莱堡学派的贡献》。转引自〔美〕沃克:《经济思想史回顾》(第2卷)《二十世纪的经济思想》,美国,纽约,爱德华·艾尔加出版社1989年版。
2. 梁小民著:《弗莱堡学派》,武汉,武汉出版社1996年版。
3. 〔德〕艾哈德:《来自竞争的繁荣》,祝世康、穆家骥译,北京,商务印书馆1983年版。
4. 沈越著:《德国社会市场经济评析》,北京,中国劳动社会保障出版社2002年版。

# 第十二章　新制度经济学

新制度主义经济学派是20世纪60年代以来在经济自由主义思潮复归过程中兴起的一个较有影响的新学派。

在西方经济学中,19世纪末20世纪初曾经有过以凡勃伦(T. B. Veblen)、康蒙斯(R. Commons)和米契尔(W. C. Mitchell)为代表的美国制度经济学派(the Institutional School of Economics)。后来到20世纪30—40年代,在美国也存在着艾尔斯(C. E. Ayres)、格鲁奇(A. G. Gruchy)等人对该学派传统的延续和发展。在20世纪50—60年代,美国又出现了以加尔布雷思(J. K. Galbraith)、海尔布伦纳(R. L. Heibruner)、塞缪尔斯(Warren J. Samuels)为代表,在瑞典以缪尔达尔(K. G. Myrdal)为代表的新制度经济学派 (the Neo-Institutional School of Economics)。但是,20世纪60年代以来最新兴起,直到今天依然活跃的另一类新制度主义经济学派(the New Institutional School of Economics),与前者不同。后者是新自由主义运动中的一支新军,并成为新自由主义经济学中最富有吸引力、最有助于使传统的经济研究和政治研究发生革命性变化的经济理论。

## 一、新制度经济学的形成

### (一) 概况

"新制度经济学"(the New Institutional Economics)的名称是该学派的重要代表人物之一奥利弗·威廉姆森(Oliver E. Williamson)在1975年的一篇文章中最早正式提出来的。这个名称和朗鲁瓦1986年所下的定义是相一致的。但是,它很容易与以加尔布雷思为代表的新制度经济学相混淆。所以,我们把它叫作新制度主义经济学,以示区别。新制度主义经济学派在国外有时也被叫作"数理制度经济学"、"理论制度经济学"、"现代制度经济学"以及"新型制度经济学"。

以科斯为代表的新制度经济学在接受传统新古典经济学基本观点的基础上,注重新古典经济学所忽略的方面,不仅注意从现实世界存在的问题出发,而且注重从微观角度研究制度的构成、运行以及制度在经济生活中的作用。由于该学派运用新古典经济学的逻辑和方法进行制度分析,并把自己的理论看作对新古典经济学的发展,因此,其理论被主流的新古典经济学所普遍接受。不过,新制度主义经济学派并没有形成统一的、规范化的理论体系。其主要理论和方法出现在产权理论、交易成本理论、新经济史理论、新产业组织理论和法与经济学等理论之中。

奥利弗·威廉姆森曾经将新制度主义经济学的重要特征概括为这样几点:(1)假设制度有深刻的效率因素。新制度主义经济学利用了"经济理性"的思想,从效率角度研究和比较了经济组织的微观特征,因而它保留了与主流经济学的关系。(2)坚持认为资本主义经济制度的重要性不仅在于技术本质,也在于管理方式的结构。后者会造成不同组织类型中信息传递、激励和分权控制的区别。(3) 采用具体的比较方法。特别有用的一个概念就是交易成本。(4) 认为经济组织的中心问题,归根结底是人类活动者的活动属性,行为假设被看作现实中的重要部分,其严重失败将导致新制度主义经济学事业的危机。①

20 世纪 90 年代初,新制度主义经济学派的两位主要代表人物科斯(Ronald H. Coase,1991 年)和诺斯(Douglas C. North,1993 年)相继获得了诺贝尔经济学奖。后来,威廉姆森也在 2009 年获得了诺贝尔经济学奖。这使得新制度经济学的影响日趋兴盛、扩大,其研究内容也日趋深化。这使得该学派的影响达到了顶峰。

### (二) 代表人物

新制度主义经济学的主要代表人物有:罗纳德·科斯、道格拉斯·诺斯、奥利弗·威廉姆森、阿尔钦(Armen A. Alchian)、哈罗德·德姆塞茨(Harold Demsetz)、罗伯特·托马斯(Robert P. Thomas)、菲利普·尼尔森(Phillip Nelson)、简森(M. Jensen)、麦克林(W. Meckling)、兰斯·戴维斯(Lance E. Davis)、张五常等人。

罗纳德·科斯(1910—2013)是新制度经济学的奠基者。科斯 1910 年出生于英国的威尔斯顿,1929 年入伦敦经济学院学习商业,1932 年获得商学学士学位,1951 年获得理学博士学位。他曾先后在英国的敦迪经济学院(1932—1934 年)、利物浦大学(1934—1935 年)、伦敦经济学院(1935—1938 年)任教。战争期间,他曾经在中央统计局工作。1951 年,他移居美国后,先后任教于布法罗大学(1951—1958 年)、弗吉尼亚大学(1958—1964 年)和芝加哥大学(1964 年至 1981 年退休)。科斯一生著述不多,甚至可以说是很少,但是质量很高。

科斯的著作主要有:《英国广播:垄断的研究》(1950)、《企业的性质》(1937)、《边际成本争论》(1946)、《社会成本问题》(1960)、《经济学中的灯塔》(1974)、《马歇尔方法论》(1975)等。其中,《企业的性质》和《社会成本问题》已经成为新制度经济学派的奠基之作,是经济学的经典著作。他提倡经济学要理论联系实际,反对单纯的课堂教学。1991 年,科斯获得诺贝尔经济学奖。

道格拉斯·诺斯(1920—)出生于美国马萨诸塞州的坎布里奇,1942 年获加州大学伯克利分校文学学士学位,1946 年开始在本校任教,1950 年任华盛顿大学教授,1952 年在加州大学伯克利分校获博士学位,1961—1966 年任华盛顿大学经济研究所所长,1974—1982 年又先后被莱斯大学和英国剑桥大学聘为教授。他在 1960—1966 年期间担任《经济史杂志》副主编,1972 年担任美国经济史学会会长,1975 年任西部经济协会会长。

诺斯的主要著作有:《1790—1860 年的美国经济增长》(1961)、《美国昔日的增长与福利:新经济史》(1966)、《制度变革与美国经济增长》(1971)、《西方世界的崛起:新经济史》(1973)、《经济史的结构与变迁》(1981)等。诺斯在 1968 年 10 月发表在《政治经济学杂志》上的《1600—1850 年海洋运输生产率变化的原因》一文,和戴维斯 1965 年 9 月发表在《经济史杂志》上的《1870—1914 年的投资市场:国民市场的发展》一文被认为是"制度创新"理论的重要开创性著作。1993 年,诺斯获得了诺贝尔经济学奖。

奥利弗·威廉姆森(1932—)是新制度经济学最主要的发展者之一,也是"新制度经济

---

① 参见〔美〕奥利弗·威廉姆森:《阿罗和新制度经济学》,载《阿罗与经济政策的理论基础》,英国,伦敦,麦克米伦出版社 1975 年英文版。

学"这一名称的命名者。奥利弗·威廉姆森被誉为重新发现"科斯定理"的人①,至少是由于他的努力宣传,使得科斯的交易费用学说发展为现代经济学理论中引人注目的一个分支——交易费用理论。威廉姆森的研究工作涉及产业组织理论、法学、经济学等学科的多方面交叉和学术创新。威廉姆森也继科斯和诺斯之后,在2009年荣获了诺贝尔经济学奖。

1932年,威廉姆森出生于美国威斯康星州苏必利尔镇的一个普通知识分子家庭。父母亲是中学教师。威廉姆森高中毕业后,先后就读于黎庞学院、麻省理工学院、斯坦福大学和卡内基工程学院,获得斯坦福大学工商管理硕士学位和卡内基工程学院哲学博士学位,从此走上经济学理论研究之路。威廉姆森曾经在加州大学伯克利分校和宾夕法尼亚大学从事产业组织的研究和教学工作。20世纪60年代中期,他担任过政府反托拉斯部部长的特别助理,积累了企业组织等问题的一系列实际经验。1973年起先后出任《贝尔杂志》的副主编和主编,1983年担任耶鲁大学组织与管理学院的院长,他在耶鲁期间还创办了《法律、经济学和组织杂志》。

威廉姆森读书期间深受赫伯特·西蒙(Herbert Simon)、理查德·西厄特(Richard Siet)的影响。工作后,他先后与彼得·戴蒙德(Peter Diamond,主要贡献是最优税收、不确定性和一般均衡理论)、戴维·莱德勒(David Laidler,主要贡献是货币理论)、丹尼尔·麦克法登(Daniel L. McFadden,主要贡献为计量经济学)、西德尼·温特(Sidney G. Winter,主要贡献为厂商和产业理论)、阿门·阿尔钦(Armen A. Alchian,产权理论主要代表之一)、戴尔·乔根森(Dale W. Jorgensen,主要贡献是经济增长的计量分析)、安东尼·唐斯(Anthony Downs,主要贡献在于将经济分析应用于研究民族政党和官僚主义组织的政治理论)、加里·贝克尔(Gary Becker,人力资本理论和家庭经济学的先驱者,1992年诺贝尔经济学奖获得者)、哈罗德·德姆塞茨(Harold Demsetz,主要贡献在产权理论和交易费用理论)、克劳斯·罗斯(Klaus Roth,主要贡献是国际贸易和国际金融理论)、托马斯·萨金特(Thomas J. Sargent,合理预期理论的主要贡献者)等杰出学者共过事,并在与他们的交往中拓展了视野。

威廉姆森的主要学术著作有:《自由支配行为的经济学:厂商理论中的管理目标》(1964)、《公司控制与企业行为》(1970)、《市场与等级制》(1975)、《资本主义制度》(1985)、《治理机制》(1996),以及重要论文《管理权限和企业行为》(1963)、《交易费用经济学:契约关系的管理》(1979)等。

阿门·阿尔钦(1914—2013)是新制度经济学的另一位重要代表人物,现代产权经济学创始人之一。阿尔钦1914年生于美国加利福尼亚州弗雷斯诺,1936年在斯坦福大学获得学士学位,1944年在斯坦福大学获得博士学位。

阿尔钦的主要著作有:《大学经济学》(与W. R.艾伦合著,1964;1972)、《交换与生产》(1969;1983)、《经济力量在起作用》(1977)等。最著名的论文有:《不确定性、发展与经济理论》(1950)、《通货膨胀所引起的工资滞后的意义和有效性》(与 R. A. 凯塞尔合著,1960)、《信息费用、价格形成和资源闲置》(1969)、《生产、信息成本与经济组织》(与德姆塞茨合著,1972)等。

哈罗德·德姆塞茨(1930—)也是新制度经济学的主要代表人物之一。德姆塞茨1930年生于美国伊利诺伊州芝加哥,1953年在伊利诺伊大学获学士学位,1954年和1959年先后在西北大学获工商管理硕士学位和经济学博士学位。1963年在芝加哥大学任教授。1971年离

---

① 在威廉姆森之前,美国经济学家乔治·斯蒂格勒曾经阐释和命名了"科斯定理"。

开芝加哥大学,在斯坦福大学胡佛研究所任高级研究员,直至1977年。1978年后在加利福尼亚大学洛杉矶分校任教授。从1955年起成为蒙特·佩尔兰学会最活跃的成员之一。

德姆塞茨的主要著作有:《产权理论探讨》(论文,1967)、《经济活动的组织》(两卷本,1988—1989)、《生产、信息费用和经济组织》(与阿尔钦合著,1972)、《竞争的经济、法律和政治维度》(1982)、《从经济人到经济组织:人类行为和资本主义制度论文集》(2008)等。

张五常(1935—),国际知名经济学家,新制度经济学和现代产权经济学的重要代表人物之一。张五常1935年出生于中国香港,先后在中国和加拿大、美国求学,毕业后曾任华盛顿大学(西雅图)教授,香港大学教授、金融系主任。他曾当选美国西部经济学会会长,是第一位获此职位的非美国本土学者。张五常的《佃农理论》(1969)曾获得芝加哥大学政治经济学奖,并以《佃农理论》(1969)和《蜜蜂的寓言》(1973)两篇文章享誉学界。中国改革开放以来,张五常也以纯粹的制度分析对中国的农业改革、城市企业改革、金融改革及腐败问题等都提出了自己的论点。

张五常主要是在交易费用与合约理论研究等方面做出了卓越贡献。主要论著有:《佃农理论》(1969)、《合约的结构与非私产的理论》(1970)、《蜜蜂的寓言》(1973)、《儿女的产权与婚姻合约》(1974)、《价格管制理论》(1974)、《社会耗费之谜》(1978)、《企业的合约性质》(1983)、《新制度经济学》(1993)、《交易费用的范式》(1998)等。

张五常的部分中文著作有:《卖桔者言》(1984)、《学术上的老人与海》(2000)、《经济解释》(共四卷,2000—2002)、《中国的经济制度》(2008)、《多难登临录:金融危机与中国前景》(2009)、《五常学经济》(2010)、《货币战略论:从价格理论看中国经验》(2010)、《新卖桔者言》(2010)等。

## (三) 学派的形成

新制度经济学最早发端于科斯1937年发表的论文《企业的性质》。在这篇文章中,科斯从新古典经济学的立场和观点出发,并运用新古典经济学的方法对传统的理论中不考虑交易费用的假定和相关的结论进行了意义深远的修正和澄清说明,从而以一种新的角度说明了企业产生的原因、企业和市场最佳规模的确定与界限的区分,为以后的新制度主义经济学奠定了基础。

1960年,科斯又在其另外一篇经典性论文《社会成本问题》中,从一个全新的角度来考察企业的外部性问题,得出了后来被乔治·斯蒂格勒最早称作"科斯定理"的结论。斯蒂格勒的提法是:"在完全竞争的条件下,私人成本和社会成本将会达到相等。"①罗伯特·库特在《新帕尔格雷夫经济学大辞典》中下了另外的定义,强调"科斯定理"的关键是产权清楚确定、交易费用为零、完全自由竞争的市场这三个要素,认为在这三个条件具备的情况下,外部效用问题就可以在市场机制内自行得到解决。

这两篇文章提出的交易费用、产权界定、企业和市场的最优规模与界限、外部性的解决思路以及这些问题对资源配置效率的影响,都为新制度经济学的产生和形成奠定了至关重要的基础,也都涉及20世纪微观经济学乃至整个新古典经济学的大发展的重要契机。后来,其他一些经济学家在科斯观点的启发之下,并参照其他一些理论观点,从不同角度进一步发展出一系列对经济制度问题进行探讨的文章和著作,最终形成了我们今天所看到的新制度经济学派。

---

① 〔美〕乔治·斯蒂格勒:《价格理论》,施任译,北京,北京经济学院出版社1980年版,第125页。

严格说来,新制度经济学派中也包含着形形色色的观点和倾向,但最主要的是,它们都坚持新古典经济学的主要传统(包括理论前提和假定、基本的分析方法、基本的思想倾向),并在此传统之下从经济制度角度来探讨问题。即便在新制度经济学研究最为充分和成熟的生产活动中的组织形式方面,仍然表现出该学派与新古典经济学传统的依存关系。新制度经济学涉及的制定经济制度和经济规则的人是完全符合新古典经济学中具有稳定偏好、理性、寻求自身利益最大化的行为假设的,他们在分析社会制度的产生和形成时,仍然进行成本(交易成本)—收益分析,仍然使用新古典传统的在约束条件下寻求最优化的方法建立社会制度模型。

## (四)对新古典经济学的修正和扩展

新古典经济理论体系在不考虑社会经济制度因素的条件下,将自己的理论体系建立在关于"经济人"行为的几个基本假定和一个基本信条基础上。第一个基本假定是经济人是追求自身利益最大化的。第二个基本假定是经济人行为的完全理性。第三个基本假定是经济人具有稳定的偏好。一个基本信条则是市场充分自由竞争将能够解决一切矛盾和问题,使社会各方面的利益达到最好的程度。但是,这种假定和信条有些脱离现实。有鉴于此,新制度主义经济学派采取了有别于新古典理论体系传统假定的较为实际一些的假定,来分析经济人的行为。

新制度主义经济学在研究经济组织制度时,基本保留了新古典主义的三个基本要素:稳定性偏好、理性选择模型和均衡分析方法,但是,又根据经济现实情况进行了适当的调整。

在对经济人假定的修改中,美国新制度主义经济学家威廉姆森的著作表现得最为充分。具体说来,威廉姆森对经济人行为假定所作的修正是:

1. 采用经济人行为的有限理性假定

美国经济学家赫伯特·西蒙和约翰·肯尼斯·阿罗等人曾经对新古典经济学关于人的行为完全理性的假定提出过批评,认为人的理性是有限的,而不是完全的。所以,人们的追求标准实际上是"满意"的标准,而不是"最优"或者"最大化"的标准。威廉姆森把这种有限理性的观点引入关于人的行为的假定之中。只是西蒙和阿罗等人由人的"有限理性"否定了新古典经济学关于追求利益最大化的假定,并提出人在有限理性的约束下仅仅追求行为结果的"次优"或"满意",而新制度经济学派则继续沿用了新古典经济学的"最大化"假定。

新制度经济学派认为,在有限理性假定下,制度分析不仅是必要的,而且是至关重要的。由于人们的理性有限,对未来的不确定因素也不能完全了解,甚至无法为不确定因素给出一个概率分布函数。因而,在交易过程中,人们不可能在合约中对所有未来可能发生的事件给交易当事人所带来的收益或风险作出详细的规定。这样,交易当事人就必须承担未来不确定风险以及因不完全的合同或契约引起纠纷所可能带来的损失。在这种情况下,通过设立制度或进行制度"创新"来降低交易过程中的不确定风险,协调不完全合同或契约引起的冲突是非常重要的。由于理性有限,人们不可能判断一个人的自利行为是否是损人利己的行为,并对此作出迅速的反应,因而凭借说谎、欺骗、毁约等不正当手段谋取私利的机会主义行为就可以得逞。所以,人们需要设立规章制度和安排来规范人的行为,建立良好的秩序。新制度经济学派就是以有限理性为前提,来分析制度的功能、构成及运行的。

对于新制度主义经济学的做法,艾谟·拉卡托斯(Imre Lakatos)认为,西蒙用"满意模型"

代替"最优化模型"就代表了对新古典研究纲领"硬核"的抛弃。而德·阿雷西(De Alesi)则认为:"在新古典框架上加上产权的限制和交易费用,可以提供比用满意行为取代最大化假设的理论更丰富和更具实证性的理论。"①

2. 采用机会主义行为倾向的假定

新古典经济理论体系是不考虑人们的机会主义行为和倾向的。他们认为,既然人们都是理性的,也就不存在只对自己有利而对别人不利的机会。"机会主义"的概念是威廉姆森在借鉴美国经济学家奈特分析保险合同(契约)时所使用的"道德伤害"一词基础上形成的。威廉姆森认为,有些人"在追求自身利益时会采用非常微妙和隐蔽的手段,会使用狡猾的伎俩"②,比如说谎、欺骗、偷窃和毁约等。当然,机会主义行为倾向假定是以有限理性假定为前提的。不过,这是人的本性之一,需要设定各种制度和安排来约束人的行为,抑制机会主义行为倾向。由此可见,"实际的人是在现实制度所赋予的制约条件中活动的"③。要研究现实中人的活动,就必须承认人的机会主义行为倾向,着重研究现实中的制度。新制度主义经济学派的一个重要的研究风格,就是注重研究那些现实世界提出的问题,通过案例分析,阐述深奥而又精湛的新制度经济学理论。

我们说,正是在对新古典经济学关于人的行为假定作出修正的基础上,新制度经济学派对新古典经济学的研究领域和应用领域进行了拓展。

3. 引入制度因素分析

长期以来,对于经济制度的分析一直是非主流的经济学家或者"异端的"经济学家(即制度学派的学者)所关注的重点和所从事的工作。作为主流的新古典经济学则一直是把经济活动中的制度因素当作理想的既定因素对待,因而在经济分析中从不考虑制度因素对人们的行为和经济活动的作用与影响。但这显然是不妥的,也是不对的。实际上,从很早以来,经济学研究的一个重要方面就是,如何通过设立一系列的制度安排或组织来协调人与人之间的经济合作或竞争关系的制度性问题。古典经济学曾经在分析问题时涉及对制度和人们之间关系的分析。经济学发展历史上曾经出现过的制度经济学派更是这方面典型的代表。现代西方主流经济学派却抛弃了古典政治经济学注重研究经济活动过程中人与人关系的传统,把反映人与人关系的制度看作既定的,然后,集中研究人的生产活动,即人与自然的关系。所以,现代西方主流经济学的教科书把影响经济行为的制度高度地简化和"定格"了。企业制度被简化为一种生产函数,各种生产要素所有者之间的契约关系被产量与资本、劳动和技术等变量之间的函数关系所掩盖;市场制度被简化为一种供求曲线,市场交易活动中的人与人之间的关系变成了需求、供给和价格之间的数学关系。

新制度经济学派试图改变这一现代西方主流经济学的研究格局,把新古典经济学的基本方法运用于研究包括法律、企业组织、市场组织和社会文化等制度在内的"生产的制度结构",从而把新古典经济学的研究领域拓展到人与人之间的交易活动。将制度因素的分析和研究引入新古典经济学体系,或者说用新古典经济学的分析方法展开经济制度分析,显然是对居于主流地位的新古典经济学的一大改进和修正。

---

① 参见〔冰岛〕思拉恩·埃格特森:《新制度经济学》,吴经邦译,北京,商务印书馆1996年版,第13页。
② 参见〔美〕奥利弗·威廉姆森:《交易费用经济学讲座》,载《经济工作者学习资料》1987年第50期。
③ 参见〔英〕罗纳德·科斯:《企业、市场与法律》,盛洪等译,上海,上海三联书店1990年版,第255页。

4. 引入交易费用概念

"交易费用"的思想其实早就存在于经济生活当中,但是,长久以来没有受到经济学家们的重视。在新制度经济学派将经济制度研究与新古典经济学的理论方法有机结合起来的过程中,由科斯提出并对之加以应用的交易费用概念发挥了巨大的作用。交易费用就是为了完成交易活动所必须付出的代价或成本。它主要包括搜寻或得到信息的费用、协商谈判的费用、签订契约的费用、检查和监督交易过程或索赔的费用等。新制度经济学派认为,交易费用构成了人类经济活动的主要部分,它往往比生产活动的成本更重要。[①]

交易费用概念最初是指协商签订契约以及契约签好以后付诸实施过程中所需要的费用。后来,新制度经济学家们将交易费用概念广泛地运用于经济、法律、社会、历史和政治等研究领域,使交易费用概念普遍化了。威廉姆森把交易费用比喻为物理学中的摩擦力,阿罗则认为"交易费用是经济制度的运行成本"。

无论是制度经济学还是新古典经济学,在科斯提出交易费用之前,实际上在绝大多数情况下,经济学家都假定交易费用为零。这就暗含着交易费用是不稀缺的(不稀缺的东西是无法纳入新古典经济学的分析之中的)。交易费用概念的提出和使用,使得交易和制度纳入新古典经济学的研究领域成为可能。所以,新制度主义经济学派的这一努力使经济学的研究更贴近于现实,也使新古典经济学的分析方法可以适用于研究制度问题,使新古典经济学的研究领域得到了拓展。

新制度经济学派把新古典经济学的逻辑和方法广泛运用于各种制度问题的研究,形成了几个不同的内部层次和流派。专门研究新制度经济学的冰岛经济学家思拉恩·埃格特森在《经济行为与制度》(1990)一书中提出:"在新制度经济学中有好几个层次的分析,这主要取决于哪些变量被看作内生的。在第一层次,产权结构和组织形式被明确模型化,但被看作外生的,而且主要强调它们对经济产生的影响。在第二层次,组织交换的活动被内生化,但是产权的基本结构仍是外生的。企业内部的交换,通过正式市场的交换,以及非市场情况下的交换,等等,是通过能约束经济各方的契约来组织进行的。比如,企业被定义为契约的网络。在第三层次,人们试图通过引进交易费用概念而把社会、政治规则以及政治制度内生化。"[②]新制度经济学的主要人物,除了道格拉斯·诺斯之外,"通常只专注于……三个分析层次的某一面上"[③]。这样就形成了新制度经济学研究中的不同内部层次或流派。

科斯运用交易费用分析方法研究外部性问题,开创了现代产权经济学派;威廉姆森运用交易费用分析方法研究垂直一体化问题,开创了交易费用经济学和新产业组织理论;诺斯把产权和交易成本概念引入经济史研究,开创了新经济史学;布坎南借鉴新制度经济学派的逻辑和方法以及新古典经济学的方法研究政治和法律制度问题,创立了公共选择理论。现在,新制度经济学的理论和方法在各个领域的应用已经相当广泛,交易费用也已成为近些年来西方经济学文献中出现频率和引用次数最多的概念。由于新制度经济学派的文献浩繁,支派较多,无法一一详述,因此,我们将在下面有限的篇幅中,简单介绍几个最主要的新制度经济学派的内部层次和流派。

---

① 据张五常教授估计,香港的交易费用约占到其GNP的80%。参见盛洪著:《分工与交易》,上海,上海三联书店1992年版,第27页,注释8。
② 〔冰岛〕思拉恩·埃格特森:《新制度经济学》,吴经邦译,北京,商务印书馆1996年版,第7页。
③ 同上。

## 二、产权学派

新制度经济学的理论产生于20世纪60年代的美国。1960年,科斯发表的论文《社会成本问题》为新制度经济学树立了经典性范式,并成为现代产权学派产生的标志。科斯主要研究了产权制度安排对社会和人们的经济活动所产生的影响问题。产权学派的重要代表人物阿尔钦认为:"在本质上,经济学是研究稀缺资源的产权的,一个社会中稀缺资源的配置是对稀缺资源用途的权利安排……经济学问题,或者说,关于价格如何决定的问题,是产权如何界定和交换,以及按怎样的条件界定和交换的问题。"① 现代产权理论不仅成为新制度经济学派的理论及方法论的基础,也是整个经济学的新自由主义运动的重要传播渠道。不过,应该看到,尽管新制度经济学对于产权问题研究较早,但是目前仍然具有较大的研究空间。

### (一) 产权的概念及含义

新制度经济学中产权学派所说的产权,主要是从经济活动的角度,而不是从法律角度去认识的。法律上的产权主要是指财产的所有权,以及它所附带的占有、支配、使用和收益权。经济学上的产权则是指在相应法律保护下的财产权利在经济活动中的具体的和实际的运用。由于产权的不同,同样的经济活动很可能会取得不一样的经济结果。

一般说来,"产权"的范畴要远比"所有权"的范畴大。新制度经济学派中的产权经济学派就是专门或者重点研究产权的变化和约束对经济后果的影响,以便寻求各种与最高经济效率相适应的产权界定和制度的。一个完整的产权包括使用权、收益权和转让权,其中每一种权利又可以被进一步细分。但是,产权学派并不把产权看作使用权、收益权和转让权的简单相加,而是深入分析在产权可转让条件下,产权的全部权利在空间和时间上的分布状态,以及产权内部各种权利之间的边界和互相制约的关系。产权学派所说的产权概念范围较广,它同时包括各种社会准则、风俗习惯、约束机制等。产权经济学家把个人使用资源的权利叫作"产权"。阿尔钦认为,产权涉及一个大的系统,这个系统就是"分配权利的方法,该方法涉及如何向特定个体分配从特定物品种种合法用途中进行任意选择的权利"②。但是,对于经济资源的使用权、收益权、让渡权是最为重要的核心权利。

在新制度经济学家中,德姆塞茨把产权定义为"一个人或其他人受益或受损的权利"③,或者说是界定人们是否有权利用自己的财产获取收益或损害他人的权益,以及他们之间如何进行补偿的规则。德姆塞茨说:"产权是一种社会工具,其意义来自如下事实:它们帮助个人形成与他人交往时可以合理持有的预期,这些预期反映在法律习俗和社会道德中,产权的拥有者被其社会同伴所认同,允许他以特定的方式行事。"④ 阿尔钦把产权看作"一个社会所强制实施的选择一种经济品使用的权利"⑤,或者说是人们使用资源时所必须遵守的规则。他

---

① 〔美〕阿尔钦:《定价与社会》。转引自〔美〕E. G. 弗鲁博恩、S. 佩约维奇:《产权和经济理论:最近文献概览》,载美国《经济文献杂志》1972年第10卷,第1139页。
② Armen. A. Alchian(1965),"Some Economics of Property Rights", Il Politico 30 (No. 4), pp.816—829.
③ 〔美〕H. 德姆塞茨:《关于产权的理论》,载《财产权利与制度变迁》,刘守英译,上海,上海三联书店1991年版,第97页。
④ 〔美〕H. 德姆塞茨:《产权导论》,载《美国经济评论》总第57卷,1967年,第347页。
⑤ 〔美〕阿尔钦:《产权:一个经典注释》,载《财产权利与制度变迁》,刘守英译,上海,上海三联书店1991年版,第166页。

注意到了某些资源的产权的可分割性。他提到,同一块土地在同一时间里,A 也许有权在上面种植小麦,B 可能具有步行穿越它们的权利,而 C 也许被允许在上面倒垃圾,等等,这些权利是可以交换和让渡的。①

总的说来,产权经济学家都把产权看作人们对物的使用所引起的人们之间的相互关系。他们认为,产权是一组行为性权利,或"权利束"。这些权利可以在不同的情况下,根据需要加以拆分或重新组合使用。他们把物品所附着的权利数量及其强度看作那些物品经济价值大小的决定性因素。但是,少数经济学家已经认识到,政府对于产权的确认和保护,具有极其重要的作用。菲吕博腾和佩杰威齐就曾经强调:"缺乏政府理论的产权理论是不完整的,而不幸的是,目前仍然没有这方面的理论成果。"②而且,直到 20 世纪 90 年代前期,"关于产权起源和制度变迁的理论模型依然是新制度经济学最薄弱的环节"③。

### (二) 产权的起源及其功能

在这方面,美国经济学家德姆塞茨进行过比较深入的研究和探讨。德姆塞茨的研究方式在某种程度上有些类似于恩格斯研究和写作《家庭、私有制和国家的起源》一书的方法。至于德姆塞茨是否真的受到了恩格斯研究方法的启发,尚未得到有关的证据。德姆塞茨依据人类学家埃里诺·利科克的著作所提供的加拿大东部印第安人在 18 世纪初建立土地私有制的案例资料,从资源稀缺所引发的产品相对价格变化,从而引起产权界定的收益和成本对比关系的变化角度,分析了私有产权的兴起原因。④他认为,在一个资源稀缺的世界,如果不对人们获得资源的竞争条件和方式另行作出具体的规定(即产权安排),就会发生争夺资源的利益冲突,交易活动也无法进行。所以,通过建立产权制度,可以让人们知道应该如何获得资源,以及在什么权利范围内可以选择资源和使用。

德姆塞茨在研究中发现,在进行皮毛贸易之前的早期阶段,印第安人狩猎的目的主要是满足自己的生活需要。每个人的狩猎活动都是自由进行的,相互之间不存在对别人狩猎活动的控制,也不存在对增加或者维持野兽数量的特别兴趣。印第安人这种狩猎制度(或习惯)延续的结果是,出现了过度频繁的狩猎活动,从而导致了野兽的数量日渐稀少。但是,这种情况并未引起土地所有权的产生,因为对于印第安人来说,由于野兽的价值很小,确立私有狩猎边界所得到的收益要比他们为此而付出的代价小得多。

后来,随着皮毛贸易的出现,对皮毛需求的增大使得皮毛价值大大增加。另外,狩猎活动的进一步加剧则使本已减少的野兽数量更加稀缺。在野兽资源的稀缺程度加剧和相对价格日渐提高的情况下,通过建立私有狩猎区来保护野兽或者养殖它们就有利可图了。这时,确立私有狩猎边界所得到的收益就比他们为此而付出的代价要多了。于是,私有产权制度就在该地区出现了。与此相反,北美西南部的印第安人却未能建立相类似的私有产权制度。其主要原因是该地区野生动物的商业价值相对较低,因而建立私有的狩猎保护区或者养殖区所花费的成本,要远远大于由此而得到的收益。这里,德姆塞茨显然主要是从交易成本与收益的

---

① 参见〔美〕阿尔钦:《经济力量在运转》,美国,印第安纳波利斯,自由出版社 1977 年英文版,第 132—133 页。
② Eirik Furubotn and Svetozar Pejovich, "Property Rights and Economic Theory: A Survey of Recent Literature", *The Journal of Economic Literature* 10 (December 1972, No.4), pp.1137—1162.
③ 〔冰岛〕思拉恩·埃格特森:《新制度经济学》,吴经邦译,北京,商务印书馆 1996 年版,第 223 页。
④ 〔美〕H.德姆塞茨:《关于产权的理论》,载《财产权利与制度变迁》,刘守英译,上海,上海三联书店 1991 年版,第 101—104 页。

比较方面来说明私有产权产生的。①

德姆塞茨的研究表明:"当内在化的收益大于成本时,产权就会产生,将外部性内部化。内部化的动力主要源于经济价值的变化、技术革新、新市场的开辟和对旧的不协调的产权的调整……当社会偏好既定的条件下(对于私人所有还是社会所有的偏好)……新的私有或国有产权的出现总是根源于技术变革和相对价格的变化。"②他的研究也表明,资源相对不稀缺的情况下,私有产权就没有可能产生,也不会发生作用。但是,在现实世界里,由于资源的稀缺性,私有产权将是不可避免的。

由此,德姆塞茨认为:"产权是一种社会工具,其重要性就在于事实上它们帮助一个人形成他与其他人进行交易时的合理预期。"③他说,产权的一个主要功能就是在于"引导人们实现将外部性较大地内部化的激励"④。一种有效的产权制度,将能够抑制人们通过分配性努力去实现利益最大化的行为倾向,而激励人们通过生产性努力来增加收益。⑤所以,产权经济学派认为,一个社会的经济绩效如何,最终取决于产权的制度性安排对社会中的个人行为所能够提供的激励作用的大小、积极还是消极。应该说,从制度对于经济效率的积极作用来说,产权学派的这种看法是有一定道理的。

### (三)产权安排与资源配置效率:科斯定理

尽管新制度主义经济学派也像新古典经济学一样注重研究经济社会中的资源配置问题,但是,其侧重点是放在交易费用为正的前提下研究制度对资源配置效率的影响,而不是像新古典经济学那样抛开制度问题,而且在暗含着不存在交易费用的假定的情况下研究资源配置的效率。产权经济学派的奠基人罗纳德·科斯曾经说过:"我的梦想就是建立一种能使我们对生产的制度结构的决定性因素进行分析的理论。"⑥在他的著作中首先提出又为其他经济学家所推崇的所谓"科斯定理",就是从产权安排角度对资源配置问题进行制度结构的分析。

所谓"科斯定理"并不是科斯本人直接给出的说法。科斯本人只是提到了有关的内容。科斯定理包含的基本内容和含义是,在交易费用为零的状态下,不管产权起初是如何界定的,市场交易都将导致资源配置处于"帕累托最优"状态。

美国芝加哥大学经济学教授、诺贝尔经济学奖获得者乔治·斯蒂格勒最先将科斯的上述思想称作"科斯定理"。斯蒂格勒的提法是:"在完全竞争的条件下,私人成本和社会成本将会达到相等。"⑦

罗伯特·库特在《新帕尔格雷夫经济学大辞典》中则下了另外的定义,强调"科斯定理"的关键是产权清楚确定、交易费用为零、完全自由竞争的市场这三个要素,认为在这三个条件具备的情况下,外部效用问题就可以在市场机制内自行得到解决。

---

① 〔美〕H.德姆塞茨:《关于产权的理论》,载《财产权利与制度变迁》,刘守英译,上海,上海三联书店1991年版,第101—104页。
② 转引自〔冰岛〕思拉恩·埃格特森:《新制度经济学》,吴经邦译,北京,商务印书馆1996年版,第224—225页。
③ 〔美〕H.德姆塞茨:《关于产权的理论》,载《财产权利与制度变迁》,刘守英译,上海,上海三联书店1991年版,第97、98页。
④ 同上。
⑤ 分配性努力是指一个人将别人已有的财富转变为自己的财富的活动;生产性努力是指一个人为了获得收益而进行创造新财富的活动。
⑥ 〔英〕罗纳德·科斯:《企业、市场与法律》,盛洪等译,上海,上海三联书店1990年版,第233页。
⑦ 〔美〕乔治·斯蒂格勒:《价格理论》,施任译,北京,北京经济学院出版社1980年版,第125页。

而对科斯定理的一种较为通俗的表述是:"在交易费用为零和对产权充分界定并加以实施的条件下,外部性因素不会引起资源的不当配置。因为在此场合,当事人——外部性因素的生产者和消费者——将受一种市场动力的驱使去就互惠互利的交易进行谈判,也就是说,使外部性因素内部化。该中性定理指出,拥有有关决定资源使用的产权的人,无论是外部性因素的生产者,还是消费者,交易过程总是一样的。"①

对"科斯定理"的较为简单的表述可以引用科斯本人的一句话:"如果定价制度的运行毫无成本,最终的结果(产值最大化)是不受法律状况影响的。"②

科斯在《社会成本问题》一文中,通过对"走失的牛损坏邻近土地的谷物增长"案例的分析,论述了他的上述观点。对于走散的牛吃掉邻近土地庄稼问题的解决,科斯设想了两种情况:第一种情况是养牛者没有权利允许牛群损害谷物。在这种情况下,对养牛者来说,只要赔偿费不高于修建隔离牛群的篱笆所需的费用,就愿意支付赔偿费,否则他将选择修建篱笆。对农夫来说,只要从养牛者那里获得的赔偿费高于其不受损害地耕种土地的纯收益,他就同意放弃耕种土地。第二种情况是养牛者有权利允许牛群损害谷物。在这种情况下,农夫为了避免谷物受损,就要为养牛者支付赔偿费,所支付的赔偿费等于受损谷物的价值。如果两者之间交易是无成本或无代价的,那么,无论养牛者是否有权让牛去损害谷物,养牛人和农夫之间的交易都能达到利益最大化的结果。

这个例子中的情形显然与新古典经济学的完全竞争模式是完全合拍的。不过,科斯所举的例子也存在漏洞:只谈到了修建篱笆的费用和利益受损相等的情况,而没有谈到他所举的例子中农夫被损害的庄稼,或养牛者的牛吃不到一定量草所遭受的损失的弥补(或赔偿)问题。所以,科斯的例子仅限于修建预防性篱笆的费用与其可能遭受损失之间的权衡。

不过,科斯真正要研究的是交易成本为正的情况。所以,科斯在阐述了上述观点之后,又提出了被称为"科斯第二定理"的观点:一旦考虑到市场的交易费用,合法权利的原先界定以及经济组织形式的选择都会对资源配置效率产生影响。在科斯第二定理中,隐含了产权经济学的许多重要的思想。其中最重要的有两个方面:第一,在交易成本为正的前提下,资源配置的帕累托最优状态是不可能实现的。交易成本是决定资源配置效率的一个重要变量。第二,在交易成本为正的前提下,产权安排不仅影响产权转让和重组的市场交易,而且还将直接影响资源配置效率。

由于科斯本人并没有对其有关思想加以系统的概括和进一步的解释,经济学界就出现了对"科斯定理"的众多表述和理解。事实上,经济学中很少有其他定理像"科斯定理"那样引起人们的众多争议。

以威廉姆森为代表的交易费用学派认为,只有产权界定清晰,从而交易界定清晰,交易费用为零,资源才可能得到有效的配置。以布坎南为代表的公共选择学派则认为,有了明晰的产权界定,还必须自愿交易,产权可以自由转让,才有可能实现资源有效配置。

而以舒尔茨为代表的自由竞争学派进一步指出,垄断会造成资源配置效率的递减,引起市场障碍。在产权界定明确的条件下,还必须通过竞争,排斥垄断,才能实现资源的有效配置。这些不同的观点充分表明了不同的经济学家看问题的角度和强调重点的差异,导致了他们对"科斯定理"的不同理解。同时,这也表明了"科斯定理"本身的较大包容性。

---

① 〔英〕皮尔斯:《麦克米伦现代经济学词典》,英国,伦敦,麦克米伦出版社 1981 年英文版,第 67 页。
② 〔英〕罗纳德·科斯:《企业、市场与法律》,盛洪等译,上海,上海三联书店 1990 年版,第 83 页。

产权学派的经济学家认为,依据产权和交易费用,依据"科斯定理"所强调的产权清晰界定、交易费用为零,并能满足其他一些条件的情况下,新古典经济学家庇古所说的经济生活的外部效应问题,就可以通过产权的交易和重组加以解决。

可见,产权经济学派的理论对于新古典经济学将产权问题当作既定前提而加以忽略的做法,是一种纠正,其开辟的以不同产权状况和交易费用来分析经济问题的做法,对于经济理论的发展和深入所作的贡献,具有重要的意义。所以,经济学界普遍认为,科斯首创的产权和交易费用分析开辟了经济学研究的一个全新视野,使新古典经济学具有了进一步发展和深化的可能性。产权经济学派对经济学的发展和深入所作的贡献,由此亦可见一斑。

## 三、交易费用经济学派

交易费用经济学派主要是从契约的角度来看待和研究经济组织问题的。由于契约可以从相当广泛的角度去看待,因此交易费用经济学的潜在研究范围也相当广泛。对于交易费用经济学来说,康蒙斯和科斯作出了最大的贡献。

康蒙斯最早提出把"交易"作为制度经济学研究的单位和对象,而科斯最先提出和定义了"交易费用"这个极其重要的理论概念,威廉姆森则在企业和市场组织的研究中最充分地运用了"交易费用"的概念。

交易费用经济学最早起源于20世纪30年代。而从20世纪70年代中叶以后,研究交易费用的经济学派成为现代经济学发展中最为活跃的一个学派。许多经济学家、组织学家和法学家的思想都曾经对交易费用经济学的产生和发展作出了重要的贡献。比如康蒙斯的制度经济学理论、奈特的道德伤害理论、巴纳德的组织理论、芦埃的契约理论,以及斯蒂格勒的信息经济学理论等,都推动了交易费用经济学的形成和发展。但促成交易费用经济学产生和发展的最为直接的理论渊源仍然是科斯的经典论文——《企业的性质》(1937)。

### (一)交易费用概念

在新古典经济学中,企业被简化为一个生产函数,企业的职能仅仅是根据这个生产函数把投入品转变成产品或服务。在新古典经济学的理论框架下,对于企业为什么会存在、企业的结构和规模边界是由什么来决定等问题,都未加注意,当然它也无法作出解释。直到在《企业的性质》一文中,科斯才通过引入交易费用概念,正式提出并分析了这两个被新古典经济学所忽视的命题。

科斯认为,市场交易费用包括发现和通知交易者的费用、谈判费用、签订合同以及保证合同条件的履行而进行必要的检查的费用等。实际上,从产权角度看,交易费用就是个人交换他们对于经济资产的所有权和确立他们的排他性权利的费用。交易费用同样是一种机会成本。

一般说来,交易费用可以指与事前签订契约和事后监督与实施契约相关的事情上所花费的各种费用。具体地说,交易费用是由于以下一些活动引起的:(1)搜寻有关商品和要素的价格、质量信息以及潜在的买者和卖者行为的信息;(2)价格未定时,为发现买者或卖者的真实偏好而进行的讨价还价;(3)签订契约;(4)监督签约方是否遵照契约行事;(5)当签约方违约时,实施契约规定并商定赔偿问题,甚至诉诸法院或仲裁机构解决;(6)保护产权不受第三者的侵入。影响交易费用的首要因素是市场的不确定性。由于交易费用在性质上属于市场机制运行的成本,它会使资源配置的效率降低。

科斯认为企业和市场是两种不相同但又可以相互替代的交易制度。市场的交易是由价格机制来协调的,而企业的存在将许多原属于市场的交易"内部化"了。在企业内部,行政命令取代了价格机制而成为生产活动的协调机制。对于企业产生和存在的原因,科斯认为,这是因为企业通过对市场交易的"内部化",可以节省交易费用。也就是说,交易费用的节省是企业产生和存在以及替代市场机制的唯一原因和动力。

如果企业"内部化"市场交易能够带来交易费用的节省,则企业的规模将会无限扩张,直到完全取代市场,使整个经济成为一个大企业。不过,事实上这是不可能的,因为企业组织协调生产活动也会产生管理费用。随着企业规模的扩张,尽管某些交易费用会减少,但是管理费用却会越来越高。当企业规模扩张到某一程度(即某一边际点)时,即企业这时"内部化"一项市场交易所引起的管理费用将等于别的企业组织"内部化"这项交易所需的管理费用,也等于由市场来进行该项交易所需要的交易费用时,静态均衡就实现了。这时,企业与市场之间的规模边界也就确定下来,全部交易在企业与市场之间以及各企业之间的分布处于费用最小的状态。由此可见,科斯把交易费用看作决定企业与市场边界的关键因素。

科斯的《企业的性质》一文,事实上奠定了交易费用理论的基础。但是,该学说的成熟的理论体系,却是在20世纪70—80年代形成的。威廉姆森的《市场与等级制》(1975)和《资本主义的经济制度》(1985)两本著作,是系统地阐述交易费用理论的代表作。

## (二)基本理论结构

交易费用经济学理论是用制度比较的方法研究经济组织制度的理论。其基本思路是:围绕交易费用的节约这一核心问题,把交易作为分析的基本单位,找出区分不同交易的特征性因素——资产专用性、不确定性和交易频率,然后分析何种交易应该采用何种体制组织(如市场、企业、政府或其他中间形式)来协调。从特定的角度看,也就是说,经济组织的主要目的和效果就是节约交易费用。

早期的制度经济学家康蒙斯最早把"交易"作为经济学的基本分析单位。他认为,"交易"不是简单的物品交换,而是人与人之间对物品所有权的让渡和取得。他把"交易"分为三种基本类型:买卖的交易、管理的交易和限额的交易。这三种"交易"事实上也可以分别称为市场交易、企业内部交易和政府交易。交易费用经济学继承了康蒙斯的这一思想,也把"交易"作为经济活动中的最小单位,并从契约角度,把作为基本分析单位的"交易"作了进一步的细化和一般化。威廉姆森认为,当一项物品或劳务越过技术上可分开的结合部(interfere)而转移时,交易就发生了。企业之间、车间之间以及同一车间的操作工之间,都普遍存在着交易关系。由于交易是经济活动中人与人之间关系的最基本和最一般的形式,因此,对协调经济活动中人与人之间的组织制度的研究,在逻辑上必然要求把"交易"作为分析的基本单位。

交易被认为是通过各种各样的合同或契约进行的,因此,交易费用学派的学者把组织制度问题看作合同或契约问题。他们赋予参加交易的主体两大基本行为特征,即机会主义行为倾向和有限理性。为了与正统经济学中的"经济人"概念相区别,威廉姆森把具有这两大基本行为特征的交易者叫作"契约人",还把"契约人"的两大基本行为特征假定作为组织制度分析的逻辑起点。在交易过程中,"契约人"在本性上具有以损人利己手段获取私利的机会主义行为倾向。在有限理性条件下,人们对这些行为可能发生的时间和方式作出正确的判断,并采取措施加以预防,这就需要支付高昂的交易费用。为了节省交易费用,就需要建立一些组织性框架,即规制结构,来有效地防止机会主义行为。企业和市场是两种最为典型的规制结构,此外,还存在着各种各样的中间性的规制结构,如三边规制结构和双边规制结构等。每一种规制结构都具有不同的激励功能和保障功能,它们分别适用于不同的交易。交易费用学派所要研究的一个重要内容,就是分析完成什么样的交易在哪种规制结构中所付出的交易费用是最小的。为了解决这一问题,首先需要描述交易的性质,以便把交易区分为不同的类型。

威廉姆森提出了三个分析交易性质的尺度。

一是资产专用性。它是指,为了某一特定的交易而作出的持久投资一旦形成,就很难转移到其他用途上去。如果交易过早地终止,所投入的资产中包含的一部分"不可挽救的成本",即沉没成本,就无法收回。所以,资产专用性越强,为预防机会主义行为所付出的交易成本也有可能越高,交易双方越需建立一种持久的、稳定的契约关系。资产专用性可分为五类,即地理区位专用性、人力资本专用性、物理资产专用性、根据用户订单而形成的专用性和商誉专用性。

二是不确定性。在交易过程中,交易双方既要面临来自外部环境的不确定性,还要面临来自交易本身的不确定性。交易费用经济学特别强调交易过程中机会主义行为所带来的不确定性。这种行为的不确定性的大小与资产专用性的强弱密切相关。资产专用性越强,不确定性也就越大,交易各方就越需要建立保障机制。

三是交易频率。它在时间连续性上表现了交易状况。它对组织制度选择的影响主要体现在设立某种规制结构的费用能否得到补偿。频率越高,组织制度的费用也就越能得到补偿。

对交易性质进行描述和区分后,就可以进一步分析不同类型的交易与不同规制结构之间的匹配问题。对于不确定性,交易费用学派一般只是简单假定不确定性足够大,足以影响到交易各方的决策和应变问题。重点分析的是资产专用性和交易频率与规制结构选择之间的关系问题。威廉姆森把交易与规制结构之间的匹配关系分为以下四种:

(1) 不涉及专用性资产的交易,不管交易频率高低,与市场组织相匹配。由于资产专用性很弱,交易双方互不依赖,因此双方都不关心交易关系的持续性,因为各自都可以随时找到交易伙伴。双方的关系依靠事先签订的契约作出详细的规定,一旦双方发生纠纷,随时诉诸法院进行裁决。

(2) 涉及一定程度的专用性资产但交易程度不高的交易,与三方规制结构(trilateral governance structure)相匹配。所谓三方规制结构,是由交易双方和受邀仲裁人共同组成的一种规制结构。由于交易涉及非通用性资产投资,因此,交易双方都关注交易关系的持续性和交易的和谐性,希望通过建立某种保障机制来降低交易过程中的不确定性风险。但是,由于交易频率较低,双方设立专门规制机构的费用难以得到补偿。在这种情况下,交易双方倾向于采取三边规制结构,即只有在发生契约冲突时,共同邀请第三方来进行仲裁;或者依靠私下的协商解决争端。

(3) 涉及专用性资产且交易频率较高的交易,与双方规制结构(bilateral governace structure)相匹配。双方规制结构是指由交易双方共同组成的对交易进行组织管理的规制结构。在这种规制结构下,交易双方保持各自的独立地位。他们主要通过相互持股、购买方在供应方作专用性资产投资等方式,增加双方的共同利益,均衡双方的交易风险,使双方的交易关系保持较高的稳定性和持续性。

(4) 涉及高度专用性资产且交易频率很高的交易,与一体化规制结构(integrate governace

structure)相匹配。实际上,一体化规制结构就是内部行政管理结构,也就是企业体制。在这类交易过程中,由于资产专用性很强,交易一旦终止,寻求和建立新的交易关系的费用是很高的。又因为交易频率很高,交易双方所产生的契约关系发生摩擦的可能性很大,双方所承受的风险也很大。在这一情形下,交易双方对关系稳定性的要求非常迫切,而设置专门机构来对交易进行组织和管理的费用容易得到补偿。通过一体化的方式使市场交易完全内部化就显得很合算。

以上所说仅是现代交易费用理论的基本分析思路。交易费用经济学不仅为研究组织制度的功能及其选择提供了一种全新的理论和方法,而且还被成功地应用于许多研究领域,提出了一些有趣的新问题,解释了一些经济学、法学和组织学至今未得到很好解释的现象。对交易费用经济学的理论和方法的应用有相当成效的领域主要有:纵向联合理论、生产组织理论、劳工组织理论、非营利性组织、技术转让理论、跨国公司理论、公司内部组织结构理论和公司融资理论等。

事实上,正是由于在新古典经济学的框架中加入了正的交易费用,才使新制度经济学和新古典经济学相区别并改变了研究的方向:交易费用使得所有权的分配成了首要因素,并且提出了经济组织的问题,而且使政治制度结构成为理解经济增长的关键。

## 四、委托—代理理论

### (一)委托—代理理论的特点

在科斯提出的产权和交易费用理论的基础上,新制度经济学家还发展起来一种崭新的组织和制度分析理论。他们把经济组织问题抽象地概括为交易和缔约的问题。交易构成了组织和制度分析的最基本单位。它在现实经济活动中往往采取明显的或者隐含的契约形式进行。

交易和契约对于经济组织的重要性表现在以下方面:具有多重属性和角度层次的资源或要素一般由不同的个人占有,为了得到专业化分工的规模收益,他们必须结合在一起,通过一定的组织形式来满足各自的利益需要。在联合活动的过程中,个人的行为既会受到其他协作者的影响和约束,也会对组织的总和的活动效果产生影响。按照经济效率标准,即为确保一定经济组织总和的生产性价值最大,最为重要的问题就是如何设计一种规则和格局,使每个要素的所有者的行为协调一致,并且每个人在追求自己利益最大化的同时,也增进组织中其他人的利益,即实现协调和激励的统一。这种规则和格局就是契约的主要内容。人们自愿达成的契约界定了他们之间交换哪些权利,并按照何种条件进行交换。由此看来,经济组织就是支配不同要素所有者活动的一组契约。上述这些问题都涉及一个非常重要的问题——委托—代理问题。

委托—代理理论既是组织制度理论的发展,也是交易成本理论的延伸,同时也是信息经济学所涉及的重要问题。近年来,由于信息经济学的发展,新制度经济学在研究组织和制度问题时,不可避免地遇到了信息不对称的问题。这导致新制度经济学中大量的研究文献集中到对信息不对称条件下不完全契约问题的研究方面,委托—代理理论——即所谓的契约理论便迅速被现代制度经济学所接纳,成为现代制度经济学的一个重要分支。

## (二) 委托—代理理论的内容

委托—代理理论主要研究信息不对称条件下的委托—代理问题,即委托人和代理人之间的缔约问题。委托人通过契约将某些经济决策权授予代理人,来代表自己进行可谋利的经济活动。但是,代理人也有自己的利益。当双方利益不一致时,如何借助于契约或者制度来约束或激励代理人为委托人的利益行事,或者至少不损害委托人的利益,这就是委托—代理理论所致力于研究的问题。当然,代理活动需要付出一定的成本。代理成本一般包括制定、管理和实施这类契约的全部费用。美国经济学家简森和麦克林将代理成本分为三类:第一类是委托人的监视费;第二类是代理人的担保费;第三类是剩余损失。

简森将委托—代理理论分为两类进行说明。一类是实证代理理论(即代理成本理论)。该理论注重运用非数学的和实证的方法研究委托—代理关系,以及由此而产生的代理成本对组织形式和契约安排选择的决定性作用,考察资本密集程度、资本专用性等缔约环境因素以及监督技术、守约技术对代理成本和契约选择的影响。另一类是委托—代理理论。它注重运用数学的和非实证的方法来研究委托—代理关系,并通过建立模型着重分析三个因素对契约所起的作用:其一是缔约各方所具有的偏好结构;其二是各方所面临的不确定性的具体性质;其三是缔约环境中的信息结构。①这里,我们将对 2001 年诺贝尔经济学奖获得者之一的乔治·阿克洛夫(George Akerlof)所说明的几个委托—代理模型作一点简略的介绍。

### 1. 信息不对称、逆向选择和机制设计问题

乔治·阿克洛夫认为,由于现实经济生活中的信息不完全和不对称,经济活动中将会发生"逆向选择"(adverse selection)、"道德伤害"(moral hazard)和机制设计问题。

"逆向选择"是针对市场的正常选择功能而言的。市场的正常选择功能是指,在信息完全的条件下,在商品的价格一定时,消费者会选择比较而言质量最优的同类商品,或者在商品质量相同的情况下选择价格较低的商品。于是,在市场的正常选择功能下,物美价廉的商品就具有竞争力。"逆向选择"与此恰恰相反。由于信息不完全或者不对称(一般情况下是卖方的信息比买方的信息更多更准确),市场上会发生质量好的商品被挤出(或者退出)市场,而质量差的商品被留在市场的情况。"逆向选择"维持的结果是产生市场的萎缩。在信息经济学里,"逆向选择"也被定义为:由于信息不对称或者一方隐藏信息而造成的交易一方利益受损的情况。"逆向选择"的典型例子是保险市场和旧货市场。

在保险市场上,投保人(顾客)和保险公司相比,拥有更多的信息。比如,在人寿保险方面,投保人就比保险公司更了解自己的健康状况,因而对自己的寿命和投保的预期效用具有更强的预期能力。所以,保险公司在人寿保险业务中会承担比预期的情况更大的风险。在商品市场、劳动市场、资本市场等诸多领域都不同程度地存在着类似的情况,因而也不同程度地存在着"逆向选择"问题。

乔治·阿克洛夫曾经在 20 世纪 70 年代最早考察了"逆向选择"问题。1970 年,他在美国的《经济学季刊》杂志上发表了一篇《次品市场:质量的不确定性与市场机制》的论文,对二手汽车市场进行了分析,由此开创了信息经济学对"逆向选择"问题的研究。阿克洛夫考察了一个卖主人数少于买主人数的二手汽车市场。他假定汽车质量参数 $q$ 在区间 $(0,1)$ 均匀分布,

---

① 参见〔美〕简森:《组织理论和方法》,载美国《会计评论》1983 年第 2 期,第 319—339 页。

只有卖主掌握每辆二手汽车的质量信息,而买主只知道二手汽车质量参数在(0,1)内均匀分布,但是,不知道每辆二手汽车的具体质量情况。阿克洛夫还假定,卖主愿意出售二手汽车的价格恰好等于$q$,而买主愿意购买二手汽车的价格为$(3/2)q$。由于买主不了解二手汽车的质量,一个代表性买主愿意按平均质量的二手汽车支付价格,即买主对任何一辆待售的二手汽车所愿意支付的价格为$(1/2)\times(3/2)=(3/4)$。这个价格低于拥有质量参数大于$(3/4)$的二手汽车卖主所愿意出售的价格,所以,愿意在市场上出售的二手汽车的质量参数,实际上是在$(0,3/4)$均匀分布。如果买主确定质量参数$q$大于$3/4$的最好的一批二手汽车不可能在市场上出售,他们愿意支付的价格就不是$3/4$,而是$(1/2)\times(3/4)=(3/8)$。这样,又导致质量参数$q<(3/8)$的二手汽车从市场上撤出。该过程不断继续下去,最终形成的唯一交换价格只能是零。于是,市场上便不再有任何交易发生,市场彻底崩溃。

上述例子尽管有些特殊,但是,"逆向选择"在现实经济生活中却普遍存在,只不过"逆向选择"对市场有效运行的影响是市场交易数量和交易次数的减少而已。在实际经济生活中,买卖双方关于商品质量信息不对称的市场都可以看作阿克洛夫所说的"次品市场"。在如何解决信息不对称条件下的"逆向选择"问题方面,经济学家们已经进行了大量的研究。这方面的文献在关于不完全信息市场研究的文献中已经占据了很大的比重。归纳起来,最主要的解决办法是从制度和机制的设计上入手,具体的途径似乎有以下三种:

第一,设计和制定某种制度、机制或契约,使具有信息优势的一方愿意公开其私人信息,或者愿意提供真实的信息,从而解决信息的不对称问题。这类解决办法也叫作"发送信号"的办法。比如,在商品市场上,生产高质量商品的企业可以向顾客和买主提供质量保证书和维修卡,提供保修、商品退还、赔偿等售后服务,来显示自己商品的质量可靠性情况。在劳动市场上,求职者可以通过学历、学位证书或文凭,来显示自己的工作能力和知识水准。在信贷市场上,借贷者可以通过提供企业的资信评级、提供担保品等,来显示自己的信誉情况。

第二,设法由掌握信息较多的交易方来制定价格,采用优质优价的原则,并通过契约保证其价格高低与其商品质量的高低相一致,由此保证价格信息的可靠性。这是另一种向消费者发送信号的办法。这种办法是符合消费者心理的。

第三,通过国家或权威部门的计划来代替市场。比如,国家或者某机构将健康保险作为一种福利提供给所有人,以金额补助或资助的形式支持人们参加健康保险。这样,也会消除"逆向选择"。

总之,解决"逆向选择"问题的途径,在思路上无非是想办法(主要是制度和契约的办法)使不完全和不对称的信息完全化与对称起来,并且适当约束具有信息优势者的机会主义行为。

2. 信息不对称下道德伤害和机制设计问题

"道德伤害"主要是指经济活动的当事人借助于交易缔约后的信息不对称,为自己谋取私利而伤害交易另一方的利益的情况。"道德伤害"的主要特征是发生在缔约之后,它也属于一种机会主义行为。但是,它与"逆向选择"不同,"逆向选择"是发生在交易缔约之前的。

"道德伤害"之所以能够发生就在于,交易缔约后,参加交易的一方无法准确地观察到或者了解到另一方的行为,而另一方又采取机会主义行为以伤害对方利益的办法获取他们自己的最大利益。当然,在这种情况下,对"道德伤害"行为进行有效监督并且实施惩罚的成本代价是很高的,以至于事实上无法将"道德伤害"行为的外部性完全内部化。因为"道德伤害"

行为具有很大的不确定性,而契约约束也具有不完全性。比如,汽车的车主在缔约投保参加车辆保险后,就会有意或无意地减弱其安全意识,认为反正有车辆保险为自己所遭受的意外损失进行补偿,从而不注意自己的行为。这样一来,车主投保后反而比投保前发生的问题更多。在这种情况下,车主利益的保证是通过损害保险公司的利益实现的。此外,像企业中经理为实现自己的利益而在不违反合同的情况下对企业所有者利益的损害;工人在不违反合同的情况下,偷懒或怠工;医生为自己获利而给病人多开药,多开高价药;律师为多获取代理费而拖延办案时间;出租车司机为多挣车费而故意绕路等,这些都是信息不对称条件下的"道德伤害"问题。

许多西方经济学家一般都把"道德伤害"问题纳入委托—代理的理论框架中进行分析。委托—代理理论把具有信息优势的一方叫作代理人,把不具有信息优势并且其行动受代理人的私人信息约束的一方叫作委托人。在"道德伤害"模型中,一般假定代理人的行为是不可观察的和不可证实的,而委托人的行为结果却是可以知道的。比如,汽车投保人是否有故意忽视安全的行为,是无法观察和无法证实的,而投保人的汽车发生受损害的结果却是可以确知的。"道德伤害"模型还假定委托人存在一个目标值,他努力寻找能够反映代理人行为的信号,并且以这些信号为根据,设计代理人的报酬结构,尽量使代理人的行为结果接近或等于委托人的目标值。设计对代理人进行激励的机制有一个核心问题,那就是怎样诱导代理人去努力实现委托人的利润最大化目标。其具体途径是:

第一,实行利润分成制,允许代理人和委托人共同分享企业的利润,同时也为委托人承担一部分风险。

第二,收取租金。委托人向代理人收取固定的租金,而支付固定租金后的剩余则归代理人所有。比如,企业对经理人实行的利润承包制(包干制)。

第三,建立或设置某种激励制度或机制,使代理人的报酬水平和企业的利润水平密切相关。比如美国对经理人实行的股票期权制度。

总之,解决"道德伤害"问题的思路,仍然是从组织、制度、机制和契约等方面入手的。

## 五、 新制度经济学思想的深远意义

新制度经济学的出现和发展,是西方经济学发展过程中的一个重要方面。新古典经济学长期以来一直将制度作为既定因素排除在经济模型之外。但是,这种假定显然是不合理的。新制度经济学在新古典经济学的同一方向上引进了对经济制度因素的分析。这是对于20世纪60年代以后西方经济学中新古典经济学理论体系的进一步发展。它对于西方主流经济学中引入过去被看作异端和非主流的分析方法,从而扩展西方经济学的研究范围,具有重要的意义。

### (一) 科斯经济思想的意义

由科斯奠基的新制度经济学对制度变化和创新的论述具有开拓性意义。此后许多关于制度创新需求方面的论著基本上都是遵循着科斯的观点发展和引申的。但是,新制度经济学仍然遵循了经济学的基本视角和理念,即抓住供给和需求分析,坚持成本和收益分析。新制度经济学认为,新制度的出现或制度的转换只有在这种变化所产生的预期收益超过它所需成本时才会发生。科斯关于企业与市场边界的分析,从某种意义上表明,交易费用的高低,决定着对人们对制度选择的需求强度,决定着制度创新能否发生以及如何发生。

科斯的理论区别于大多数新古典经济学观念的隐藏含义之一是,在传统的完全自由竞争制度框架下,从经济效果上看,并非必然导致帕累托最优状态。在科斯看来,社会的经济制度并非单一的,也并非都是正规的。实际上,在各个层次上,都会有一些制度在不同情况下是可以进行帕累托改进的,而且导致效率变化的某些决策或制度还会导致其他决策和制度的变化。

科斯为新制度经济学奠基的最重要的理论意义是,他从法律和经济学角度强调和确认了产权和交易费用在决定制度变革中的重要作用与地位。这甚至也为交易费用分析在不涉及制度的经济分析中的广泛运用,提供了契机(尽管交易费用问题并非是科斯最早注意到的经济现象,但对交易费用问题的重视,的确与他的理论有关)。

就科斯的企业理论所表述的经济思想而言,可以看到:

(1)科斯在《企业的性质》一文中,在经济思想史上首次把"交易费用"(或译为"交易成本")引入经济分析,从而开创了新制度经济学理论发展的先河。的确,正如科斯指出的,传统的新古典经济学仅仅注意供求均衡分析,或市场机制运行的分析,根本没有考虑到运用市场机制是要花费成本的。认识到这一点,便会考虑到是在企业内部组织交易,还是在企业外的市场中进行交易,如果在企业内组织交易的成本低于在企业外的市场上的交易费用,当然就将选择企业内组织的交易,于是就有企业存在的根据。而当企业内的交易的边际成本等于市场交易的边际成本,或等于其他企业内交易的边际成本(所有企业内交易的边际成本都相等),便决定了企业的规模。这种分析无疑是新颖的,使新古典经济学的企业理论发生了重大变化,也使新古典经济学的分析范式发生了变化。新制度经济学也就以此为起点发展起来了,虽然新制度经济学是在科斯《企业的性质》发表大约50年以后才真正兴起的,不过可以把科斯的《企业的性质》看作新制度经济学的发端。

(2)科斯的《企业的性质》一文从发表到最终"走红",和他后来发表的《社会成本问题》一起成为经济理论的经典论文,科斯也因此而获得诺贝尔经济学奖,中间经历了一个相当长的历史过程,这既反映了现实经济生活的要求,也反映了经济理论发展本身的要求。科斯的《企业的性质》在其发表之初,之所以受到西方经济学界主流经济学家的冷遇,甚至被看作"左道旁门之术"受到排斥,反映了当时人们对于从企业内部组织交易的意义认识不足,人们偏重于关注如何有效地配置或组合资源以实现最优化的资源配置和利润最大化的生产,因此传统新古典经济学关于生产函数的分析受到普遍的重视,成为市场分析的主流理论。而在《企业的性质》发表了大约50年以后,情况发生了很大的变化,现实的经济生活要求处理和协调企业内部的关系。于是科斯的《企业的性质》和1960年发表的《社会成本问题》得到了人们的认可,得到了充分发挥作用的机会,并在其影响下形成了具有特色的新制度经济学并迅速发展。这说明经济理论或经济思想的演变或发展既有其客观条件,也有其自身演变或发展的逻辑过程。

(3)科斯的《企业的性质》注重理论联系实际,从分析方法上说,把实际作为理论研究的基准,而把脱离现实经济生活而崇尚空谈理论的经济学称作"黑板经济学",这是使它具有旺盛生命力的根源。科斯的《企业的性质》强调理论的可操作性,例如,它研究了企业同各种要素所有者之间的契约关系,研究了企业内部通过契约关系所组织的交易的关系,这些都是现实经济生活本身所要求说明的关系。科斯的《企业的性质》正是通过研究这些现实的关系而确立了它同现实经济生活的紧密联系。在这一方面,它显示了一切科学理论发展的必由之路,因此,它是不朽的,有生命力的,有发展前途的。

(4) 科斯仍然是一个坚持经济自由主义的经济学家,表现在其《企业的性质》一文中,其理论是属于竞争体系的理论,并且强调经济活动者的自由选择的意义。正如科斯在另一篇文章(《商品市场与思想市场》)中所指出的:"在一切市场中生产者有守信用的自由,也有不守信用的自由;消费者掌握了一些信息,但并不充分,甚至还不能领会他们掌握的信息的含义;管理者一般都希望恪尽职守,虽然不称职、照顾特殊利益之事时有发生,但那是因为他们像我们所有人一样都是人,他们最强烈的动机不一定是最高目的。"① 这就是作为经济活动者的个人的素质或行为特征,应该从这些素质和行为特征出发,来认识和分析市场运作的结果。在这方面,科斯和其他坚持新古典经济自由主义传统的经济学家没有什么根本的不同。

(5) 应该指出,科斯的《企业的性质》虽然把分析的触角伸向企业内部组织的交易的关系上,但在解释企业作为生产的场所内部的不平等关系上却显得异常薄弱,这与马克思主义经济学所揭示的企业生产过程中赤裸裸的剥削关系相去甚远。在科斯那里由契约所确定的企业内部关系是一种平等的关系,谈不上存在剥削关系。而在马克思和马克思主义经济学家那里,以契约形式固定下来的资本和劳动的交换关系,是一种以表面的平等掩盖事实上的不平等的关系,而在企业中实际进行的生产过程,这种表面的平等关系的面纱也荡然无存,表现出实际剩余价值生产的剥削过程。相比之下,科斯的《企业的性质》又不够科学了。

## (二) 新制度经济学方法论的特点②

(1) 新制度经济学方法论既是证实的又是证伪的,在某种程度上还兼有历史主义方法论的特点。经济学方法论的实证主义倾向一直是主流经济学的特征。弗里德曼认为,经济学研究的目的在于分析一组或几组变量,建立起它们之间的因果关系或函数关系,或发展一门理论或给出一个假说,这个理论或假说能对尚未观察到的现实提出可以证实的、有意义的预测。不过力图向科学靠拢的经济学不能不受到科学哲学的影响,在波普尔对实证主义提出尖锐的批评,并指出知识是靠"证伪"而非"证实"以增长的命题后,新古典经济学家也在一定程度上套用了这种思维模式,即经济学的理论模型应当具有可证伪性。

制度经济学沿用了许多新古典的理论工具和思维模式,因而在实证主义方法论上很难超越后者。科斯指出,新制度经济学的最大特点在于讨论的是现实世界提出来的问题,在现实的制度制约中从实际出发来研究人的行动,这是一种实证主义的动机;科斯的思想也隐含地认为,他们从现实世界提炼出来的可以被现实所证实。他还指出:"标志当代制度经济学特征的,应该是,在相当大的程度上也确实是:它所探讨的问题是那些现实世界提出来的问题。"③ 诺斯利用产权理论和交易费用理论建立的新经济史论,是对新制度经济学基本理论的一次大检验,在某种程度上可以将诺斯的工作看作使用拉卡托斯的"科学研究纲领方法论"的一次成功的尝试。虽然我们到目前为止还没有发现诺斯受到过拉卡托斯影响的证据,但是他的新经济史观却与"科学研究纲领方法论"有异曲同工之妙,这是从其著作中反映出来的不可否认的事实。新制度经济学也大量使用了证伪主义方法,对新古典假设推导出的理论进行证伪,其

---

① 〔英〕罗纳德·科斯:《企业、市场与法律》,盛洪等译,上海,上海三联书店 1990 年版,第 247 页。
② 本节参见傅耀著:《西方经济学方法论的演变》,呼和浩特,内蒙古人民出版社 2003 年版,第 203—215 页。
③ 〔英〕罗纳德·科斯:《论生产的制度结构》,盛洪等译,上海,上海三联书店、上海人民出版社 1994 年版,第 348 页。

中最大的贡献莫过于交易费用为正的这一发现。只要理论没有被经验验证所否定,理论就算是一门科学,科学是不求对的,而是求不被推翻,这样理论就算是有用场。所以经济学家在创立理论后的主要任务就是想方设法推翻自己的理论。①

此外,新制度经济学的方法论有时又表现出某种历史主义的倾向。科斯指出:"世界上没有任何一样东西是十全十美的,所以我们不应该仅仅因为一种旧的理论有缺陷就抛弃它并另外采用一种新理论。我们抛弃一种旧理论而采用一种新理论是因为我们相信新的比旧的更好。"②这简直与库恩的范式更迭理论如出一辙。库恩认为,只要范式所提供的工具还能够解决它所规定的问题,这些工具就有其存在的合理性。更换工具是一种浪费,只能留到需要的时候进行。危机的意义在于它指出更换工具的时代已经来临。③而且我们还可以确切地找到科斯曾受过库恩启发的证据。他说:"将交易费用纳入假设它为零的标准经济理论中,将会非常困难;而且正像托马斯·库恩曾经告诉我们的那样,如同大多数科学家一样,对自己的方法极端因循守旧的经济学家不曾企图这样做。"④他在谈到透过复杂的经济现象发现其规律即他所谓的"基本的洞察"时指出:"一个有灵感的理论家可能在没有这样的实验工作的情况下也做得很好,但我的感觉是,灵感最有可能来自通过对数据的系统收集而揭示的模型、疑难问题和异常现象带来的刺激,尤其是当基本需要将突破我们现有的思维习惯时。"⑤这一思想与库恩的新范式的产生的观点十分相近。

(2)新制度经济学方法论既是个人主义方法论又是制度主义方法论。个人主义方法论,按照米塞斯的说法,其根本含义在于当个体成员的行为被排除在外后,就会有社会团体存在的现实性;个人主义方法论并不是否认社会实体对人类活动进程的决定性作用,其精髓在于强调人的个体意义的重要性。个人主义方法论具有如下一些特征:① 强调个体独立存在的意义和利益特征,承认利己主义价值观;② 相对于集体主义,主张通过个人之间的安排来解决问题,尤其是当集体利益与个人利益不一致时;③ 相对于制度主义,其思想方法是制度(外部影响)对个体影响的范围有限,个体面对外部约束条件作出反应,忽视人与制度之间的相互关联和影响机制。制度主义来源于制度经济学,但是并不等于制度经济学,后者是一个流派,前者是抽象出来的一种经济学方法论。制度经济学是其方法最接近于被称为制度主义的经济学方法论的一种理论。制度主义认为,经济学与自然科学有本质的区别,并且经常警告人们滥用经典科学方法论的危险。哈耶克曾指出:"当自然科学家急于尝试将其专业思维习惯应用于考虑社会问题时,却常常会不可避免地带来灾难性的后果。"⑥

新制度经济学的方法论既是个人主义又是制度主义的。产权经济学认为,产权的结构对人类行为具有重要影响。当交易费用为正时,不同的产权制度结构对应着不同的效率和产出水平。德姆塞茨认为,产权制度只是个人行为刺激和反刺激的集合,个人的效用和福利仍是分析的落脚点;团队生产理论有集体主义的某些特征,但这个理论要解决的问题恰恰是当个人主义不能得到良好的体现和自由运转时,如何通过机制设计来解决这个问题,让监督者这

---

① 张五常:《佃农理论》,易宪容译,北京,商务印书馆2000年版,第8—9页。
② 〔英〕罗纳德·科斯:《论生产的制度结构》,上海,上海三联书店、上海人民出版社1994年版,第345—346页。
③ 〔英〕托马斯·库恩:《科学革命的结构》,纪树立等译,北京,科学技术出版社1980年版,第63页。
④ 〔英〕罗纳德·科斯:《论生产的制度结构》,盛洪等译,上海,上海三联书店、上海人民出版社1994年版,第360页。
⑤ R. H. Coase (1988). *The Firm, the Market and the Law*. The University of Chicago Press, p.71.
⑥ 〔英〕F. A. 冯·哈耶克:《个人主义与经济秩序》,贾湛等译,北京,北京经济学院出版社1989年版,第55页。

个个体分离出来并拥有剩余索取权,从而维持最大化的边际产出,这一机制促成了集体主义向个人主义的回归,每个人在适当的激励或监督下,恪尽职守,并获得相应的报酬,个人的利益动机保障了集体的利益来源。可见新制度经济学的方法论仍然倾向于个人主义,同时新制度经济学又有制度主义的方法论特点。个人主义的方法论强调人与人之间的竞争关系,制度主义除了关注竞争关系外,还给予冲突和合作关系以一席之地,博弈论已经广泛地运用于新制度经济学的分析范式中。制度主义假定人的理性是有限的,不可能对客观事物的认识一览无余,对经济过程的各个细节的完全把握无能为力,因此其无法把握具体的经济变量,而只能了解经济制度的模式。这正是新制度经济学对待经济问题的基本态度。

(3)新制度经济学方法论既强调自然秩序观又强调演化的观念。自然秩序观念曾经是法国重农学派十分崇尚的观念体系,亚当·斯密的思想中也包含有这种思想。其基本观点认为人类社会和自然界一样,也存在着不依人的意志为转移的客观规律。在新制度经济学的制度变迁理论中,就包含着自然形成的制度是最好的制度这种思想。同时新制度经济学中又包含着演化的思想。诺斯在《制度、制度变迁与经济绩效》这本书中就认为,制度构造了人们在政治、社会或经济方面发生变换的激励结构,制度变迁决定了社会演进的方式,它是理解历史变迁的关键。制度变迁一般是对构成制度框架的规则、准则和实施的组合所作的边际调整。变迁的原因是相对价格和偏好的变化,制度变迁一般是渐进的。这种渐进的、演进的观点与生物界的渐进演化是一脉相承的。

(4)新制度经济学方法论推崇"案例"研究方法。这与拉卡托斯的"科学研究纲领方法论"和库恩的"范式理论"又有不谋而合之处,这构成了其方法论的又一个特点。新制度经济学的三大支柱理论"交易费用理论、产权经济学、制度变迁理论"中到处都充满着案例研究,从中引申出一些具有一般性意义的经济学原理。现代合约理论的创始人张五常,其开山之作《佃农理论》对台湾地区1949年土地改革的一个合约的案例进行研究,并且取得了非凡的学术成就。这样的研究方法正是当代西方科学哲学家波普尔、拉卡托斯、库恩等极力提倡的研究方法。为了证明其理论,他们研究了大量的科学史上发生的事实,阅读他们的著作,就像阅读科学史一样,从部分典型案例中引申出具有一般启发性意义的方法论原则。

(5)使用思想实验的方法也是新制度经济学方法的特色。思想实验是通过纯粹的抽象思想对不可控的世界中复杂事物的认识,从而形成关于事物之间关系的本质性认识的方法。最早可追溯到伽利略,他在研究运动的惯性时曾设想过一种无摩擦的思想实验。其后在自然科学中广为运用。在经济学中最早使用思想实验的是西尼尔以及其后的内维尔·凯恩斯。如果说在西尼尔那里,思想实验仅仅是作为一种偶尔使用的方法,那么新制度经济学已经将其视为一个重要的方法论原则。关于"二手车市场模型"、"公地悲剧"、"灯塔问题"、"狐兔博弈"等,特别是罗伯特·考特和托马斯·尤伦在考察财产制度的起源时,建立的一个至今为人们所津津乐道的思想实验,体现出这种方法的生命力。

由此看来,新制度经济学的方法论是一个十分复杂的混合体,它包含了以往经济学方法论发展史上自认为有用的多种成分,甚至一些相互矛盾的因素都被其所吸收,体现了有容乃大的气度,与库恩所说的思维中应保持"必要的张力"有异曲同工之处。新制度经济学最重要的一个基础就是方法论。①

---

① 汪丁丁著:《直面现象》,北京,北京三联书店2000年版,第288页。

### (三)新制度经济学的贡献

除去为传统的新古典经济学开辟了新的研究领域之外,新制度经济学对于西方经济学的贡献还包括以下几点:

(1)新制度经济学使得新古典经济学的理论框架有可能取得内在逻辑上的更加一致。新古典经济学的理论一方面隐含着交易费用为零的假定,另一方面又明确地使用着企业组织和货币这样的概念,并在其框架中讨论经济外部性效应问题、垄断条件下的"福利损失"问题等。从新制度经济学来看,企业组织和货币的出现及其作用都与交易费用密切相关。经济的外部效应与福利损失问题也与正数的交易费用相联系。如果没有交易费用的概念引入,上面的这些问题便统统谈不上。

(2)新制度经济学对新古典经济学某些基本结论的有效性提出了怀疑。尤其是福利经济学的第二定理,即公平和效率的可分性在交易费用为正数和信息不对称的情况下不再成立。在各式各样的交易中,产权结构和财产关系、契约条款及其设计直接影响到资源配置的效率。

(3)新制度经济学对于重新估计市场、组织及制度安排的资源配置作用,发挥了重要的作用。一般说来,价格失效和市场失灵通常是新古典经济学要求国家适度干预的依据。但是,新制度主义经济学派更进一步说明,正是与交易费用有关的价格失灵导致了各种旨在降低交易费用的组织和制度安排的出现;所以,价格或者简单的市场交易绝不是唯一的有效配置资源的手段;而国家干预也仅仅是各种可供选择的资源配置手段之一。传统的产业组织理论一直以垄断观点考察现代大型企业的反竞争和无效率的特性,而新制度经济学则从效率观点为研究产业组织的运行和重组提供了新的理论途径。

(4)新制度经济学的理论为重新解释经济史中的结构和变迁,为解释经济增长和发展开辟了一条前所未有的广阔道路。此外,新制度经济学理论也为经济学的基础理论与管理科学的基础理论更为紧密地结合提供了条件。

尽管新制度经济学在理论分析中做出了这样的贡献,但是也还存在着一些局限性,还没有对许多问题提出更有说服力的解释。例如,对于交易费用的概念,新制度经济学并没有解释清楚,还显得比较笼统与含糊。一些经济学家对此认为,把经济活动的总成本区分为生产费用和交易费用并不总是有效的。实际上,生产费用和交易费用都会受组织和技术因素的制约,二者是相互渗透的。[①]此外,许多新制度经济学家(大概诺斯除外)对于组织和制度分析的效率模型持有下面一种观点:一种有效率的或者交易费用最低的经济组织和制度安排必定会取代无效率的契约安排,就像生存竞争中的"物竞天择,适者生存"规律一样。但是,西方经济学家的最近一些研究表明,这种观点是不充分的,并不存在那种替代的必然性。再者,另外一些经济学家也认为,新制度主义经济学派对于制度因素的重要性的强调有些过分。实际上,权力结构的分析也许是解释制度及其变迁的关键性因素。这些经济学家认为,制度变迁中的权力和再分配因素也许是更为重要的因素。[②]但新制度经济学最重要的缺陷是不涉及资本主义的基本经济制度,也未能突破古典经济学和新古典经济学的局限,仅仅在具体的一些制度

---

① 参见〔美〕米尔格龙、罗伯茨:《经济学、组织和管理》,美国,新泽西,普林梯斯-霍尔出版社1992年英文版,第33—34页。
② 参见〔美〕巴德汉:《新制度经济学和发展理论》,载《世界发展》1989年第17卷第9期,第1389—1395页。

层面作文章。

不过,总的说来,新制度经济学的一些理论和具体分析还是有新意的,而且这些研究也远比新古典经济学体系更贴近现实。由新制度主义经济学派的理论所引发的经济研究已经扩展到了更广阔的范围。可以预期,在西方经济学未来的发展中,新制度经济学将是一个最重要的方面。当然,新制度经济学的经济理论对于我国建立和完善社会主义市场经济体系和作用机制,也是具有一定启发意义的。

## 思考题

1. 新制度主义学派的主要代表人物有哪些?
2. 新制度主义学派是在什么样的背景下产生的?
3. 新制度主义经济学派对新古典经济学的理论观点进行了哪些修正和扩展?
4. 科斯对新制度主义学派经济学的主要贡献是什么?
5. 产权学派的理论要点是什么?
6. 交易费用经济学的理论要点是什么?

## 参考文献

1. 〔美〕奥利弗·威廉姆森:《阿罗和新制度经济学》,载《阿罗与经济政策的理论基础》,英国,伦敦,麦克米伦出版社 1975 年英文版。
2. 〔冰岛〕思拉恩·埃格特森:《新制度经济学》,吴经邦译,北京,商务印书馆 1996 年版。
3. 〔美〕奥利弗·威廉姆森:《交易费用经济学讲座》,载《经济工作者学习资料》1987 年第 50 期。
4. 〔英〕罗纳德·科斯:《企业、市场与法律》,盛洪等译,上海,上海三联书店 1990 年版。
5. 〔美〕乔治·斯蒂格勒:《价格理论》,施任译,北京,北京经济学院出版社 1980 年版。
6. 〔美〕阿尔钦:《定价与社会》。转引自〔美〕E. G. 弗鲁博恩、S. 佩约维奇:《产权和经济理论:最近文献概览》,载美国《经济文献杂志》1972 年第 10 卷。
7. 〔美〕H. 德姆塞茨:《产权导论》,载《美国经济评论》总第 57 卷,1967 年。
8. 〔美〕阿尔钦:《产权:一个经典注释》,载《财产权利与制度变迁》,刘守英译,上海,上海三联书店 1991 年版。
9. 〔美〕简森:《组织理论和方法》,载美国《会计评论》1983 年第 2 期。

# 第十三章 制度变迁的新经济史学

20世纪60—70年代兴起的新经济史学派研究的是经济发展的历史,但它也是新制度经济学中的一个广义分支。新经济史学的制度变迁理论就是对新制度经济学理论与方法加以应用和扩展的一个重要方面。因而,强调制度变迁理论的新经济史学派在这个意义上被看作新制度经济学的另外一个分支。这方面,以诺贝尔经济学奖金获得者、美国经济学家道格拉斯·诺斯的贡献最为突出,此外,兰斯·戴维斯、罗伯特·托马斯也是该方面的重要代表人物。在诺斯和几位经济史学家的一致努力下,终于形成了新经济史学派的制度变迁理论体系。

## 一、新经济史学的概况

### (一) 新经济史学的两个研究方向

以往的经济史研究在传统上偏重于对经济发展历史的史实考证和描述,这类研究成果往往表现为按照时间进程安排的材料的堆砌和罗列。新经济史学的研究方法则与此不同。

新经济史学的研究方法的特点主要表现在两个研究方向:

(1) 运用计量经济学分析方法的"计量经济史学"和"新定量经济史学"方向。

这个研究方向是美国经济史学家罗伯特·福格尔(Robert Fogel,1926—2013)和道格拉斯·诺斯(Douglas C. North,1920—)共同开创的。福格尔的《铁路和美国经济增长:计量经济史学论文集》的出版是这一方向诞生的标志。在这部论文集中,福格尔把新古典经济学的原理同统计推断原理结合起来,形成了一门新学科,用以考察如果铁路从来就不存在,美国的经济增长率会是多少,这样的"反事实性问题"。福格尔的大部分工作是从历史档案中重新发掘各种有关资料。他把美国经济追溯到了18世纪,重新建立了诸如生育率与死亡率、劳动的女性参与率、移民率、人口流动率以及储蓄率等,这样一些变量的时间序列。诺斯的《1790—1860年的美国经济增长》(1961)、《美国过去的增长与福利:新经济史》(1966)也较早运用了计量经济学的分析方法研究美国的经济史。福格尔也因为这方面的贡献与诺斯一起获得了诺贝尔经济学奖。

(2) 运用新制度经济学方法的"制度变迁理论"方向。

这个研究方向是道格拉斯·诺斯开创的。诺斯不仅与福格尔同为"计量经济史学"和"新定量经济史学"的开创者,而且,更为特殊的是,他还开创了包括产权理论、国家理论和意识形态理论在内的"制度变迁理论"的方向。这也是他获得诺贝尔经济学奖的另一个重要理由。从更广泛的角度说,制度创新理论的提出者除诺斯以外,还包括兰斯·戴维斯(Lance E. Davis)、罗伯特·托马斯(Robert P. Thomas)。

新经济史学派的制度变迁理论主要包含三个思想要点或特点:第一,从经济学意义上说,它重视社会对新的、适当的制度需求因素所带来的制度创新。第二,它认为从历史上看,长期的经济增长过程中,制度是决定性因素。第三,它认为,只有当制度创新的预期收益大于创新的预期成本时,制度创新活动才能发生。

从新制度经济学的角度看,新经济史学的制度变迁理论是其合理延伸,因而,这是本章的内容重点。

### (二) 制度变迁理论的概况

#### 1. 制度变迁理论的主要代表人物

新经济史学中制度变迁理论的最主要奠基者是道格拉斯·诺斯。

诺斯1920年生于美国马萨诸塞州,1942年和1952年先后获得加州大学学士学位和哲学博士学位。他曾担任《经济史杂志》副主编、美国经济史学协会会长、国民经济研究局董事会董事、东方经济协会会长、西方经济协会会长等职务。历任华盛顿大学经济学教授、剑桥大学庇特美国机构教授、圣路易斯大学鲁斯法律与自由教授及经济与历史教授。在20世纪50—70年代,诺斯一直担任华盛顿大学经济系教授,后来担任该系的卢斯讲座教授。

诺斯的主要著作有:《1790—1860年的美国经济增长》(1961)、《美国过去的增长与福利:新经济史》(1966)、《制度变化与美国的经济增长》(1971)、《西方世界的兴起:新经济史》(1973)、《经济史中的结构与变迁》(1981)、《制度、制度变迁与经济绩效》(1990)等。

诺斯在1968年发表的《1600—1850年海洋运输生产率变化的原因》是这种努力的最早体现。在文中,诺斯分析了这一历史时期内世界海洋运输生产率的变化与制度变革之间的关系。该文被认为是制度变迁理论产生过程中最重要的开创性论著。

1970年和1971年,诺斯和托马斯(Robert P. Thomas)合作在《经济史评论》上发表了《西方世界成长的经济理论》和《庄园制度的兴衰:一个理论模式》两篇论文,他们提出了一个中心论点,即提供适当的个人刺激的有效制度是经济增长的关键,而这种制度的产生是有成本代价的,除非它所要带来的收益大于这种新制度产生所付出的成本,否则它就不会出现。诺斯和托马斯的论述引起了西方经济学界的注意和很大兴趣。

1971年,诺斯和戴维斯合著并由剑桥大学出版社出版了《制度变革与美国经济增长》一书。该书被认为是制度变迁理论的重要代表作,也是西方经济学界第一部比较系统地阐述制度变迁的著作。该书的出版引发在制度变迁理论的研究领域内不断出现了一些新的著作。制度变迁理论的分支流派也逐渐形成。在诺斯和其他经济史学家的一致努力下最终形成了新经济史学派的制度变迁理论体系。

#### 2. 制度变迁理论概况

以往的经济史研究在传统上偏重于对经济发展历史的史实考证和描述,这类研究成果往往表现为按照时间进程安排的材料的堆砌和罗列。以诺斯等人为代表的制度创新的新经济史学派,与上述传统的经济史研究不同,也与计量经济史学派不同。制度创新的新经济史学把现代西方主流经济学的理论和方法与经济史研究有机地结合在一起,一方面创立了一套涉及经济、政治、意识形态等多方面的、可以用来重新分析人类社会全部历史的理论和方法,另一方面又用这些理论和方法重新认识和解释历史,从而得出了一系列与传统观点完全不同的结论。

诺斯认为,科学技术的进步对经济的发展固然具有重要作用,但真正起关键作用的是制度,包括所有制、分配、机构、管理、法律政策等。所以,诺斯的许多著述都在寻求解释为什么有些国家穷、有些国家富？为什么一些经济是强盛的，而另一些经济则失败了？他认为，必须从制度上寻找原因。制度是促进经济发展和创造更多财富的根本保证，如果原有制度已经不能促进经济发展，那就应当建立新的具有适应经济发展需要的制度，否则，经济就会处于停滞状态。

制度变迁的概念及内容的完整表述是由诺斯和戴维斯给出的。他们认为，制度变迁是指能够使创新者获得更多额外利益的、对现存制度（指具有广泛含义的各种类、各层次的制度）的变革。

诺斯说："我研究的重点放在制度理论上，这一理论的基石是：(1) 描述一个体制中激励个人和集团的产权理论；(2) 界定实施产权的国家理论；(3) 影响人们对客观存在变化的不同反应的意识形态理论，这种理论解释为何人们对现实有不同的理解。"[①]制度变迁理论的出现在经济史研究领域掀起了一场革命。其主要成果之一就是制度变迁的新经济史理论。这一理论是以新制度主义经济学为核心，在对新古典假定进行修正的基础上，以经济史的经验材料为论据，完全区别于以往任何经济史理论的全新的经济史理论。

诺斯认为："制度提供了人类相互影响的框架，它们建立了构成一个社会，或更确切地说，一种经济秩序的合作与竞争关系。"[②]制度变迁是指"制度创立、变更及随着时间变化而被打破的方式"[③]。具体说来，制度又分为制度环境与制度安排。制度环境是指"一系列用来建立生产、交换与分配基础的基本的政治、社会和法律基础规则"，制度安排是指"支配经济单位之间可能合作与竞争的方式的一种安排"[④]。经济增长不能离开产权的明确界定。但是，在技术和现有组织形式的制约下，产权的界定、裁决和实施成本如果十分昂贵，国家作为一种低成本地提供产权保护与强制力的制度安排就会应运而生，来维护经济增长。在这一过程中，适当的意识形态将能够更好地和更加有效地克服机会主义行为，推动经济增长和发展。各国经济发展的历史就是这样进行的。

## 二、 制度变迁理论的思想基础

制度变迁理论通过对新古典经济学的假定进行修订，并围绕制度、制度结构和制度变迁的主轴，构造了一套以制度理论为核心、超越纯经济领域的经济史研究的独特框架。诺斯等人把产权、国家和意识形态作为影响历史进程的三个基本因素，引入历史研究中去，从而为经济史学构造了一套全新的研究思路。产权理论、国家理论和意识形态理论成为新经济史学派的三块基石。

诺斯的经济增长理论和模型在新古典增长模型的基础上，探讨了信息费用、不确定性和交易费用等制度因素，并且把制度因素看作经济增长的内生变量。这样一来，诺斯的制度变迁的新经济史理论既对新古典经济增长模型和理论进行了修正与补充，又以修正了的经济理论来重新解释经济史。

---

① 〔美〕道格拉斯·诺斯：《经济史中的结构与变迁》，陈郁、罗华平等译，上海，上海三联书店1994年版，第7页。
② 同上书，第225页。
③ 同上。
④ 〔英〕罗纳德·科斯、〔美〕道格拉斯·诺斯等：《财产权利与制度变迁》，上海，上海三联书店1994年版，第270—271页。

## (一) 产权和交易费用理论

### 1. 产权理论

新经济史学派认为,从历史上看,经济增长的主要原因不是产业革命以及相应的技术变革,而是制度的变化。诺斯认为,制度因素包含高效率的经济组织、民主自由和私有制社会中私人家庭财产的安全保障。他说:"制度是一系列被制定出来的规则、守法程序和行为的道德伦理规范,它旨在约束追求主体福利或效用最大化利益的个人行为。"①这些制度中,产权制度是最为重要的制度。诺斯把产权看作一种经济体制中激励个人或集体行为的最基本的制度安排。一种有效率的产权,不仅有助于发挥各经济主体的积极性,保证把资本和精力用于社会最有用的活动,从而使个人收益(成本)与社会收益(成本)趋向一致;而且还有助于减少未来的不确定因素,从而降低产生机会主义行为的可能性,节省交易成本。如果缺乏有效的、明确界定的产权制度,经济社会中"创新"的私人收益与社会收益就可能不相等。这时,既有可能出现"免费乘车"的无代价受益者,也可能因为私人成本超过私人收益,因而社会上没有人愿意从事那些对社会有利而对"创新"者个人不利的经济活动。社会的经济效率便会因此而处在较低的水平上。

不过,诺斯强调,要加以明确界定的产权,并不一定就是私有产权。他强调的是能够清晰界定的排他性产权。诺斯曾经在他获取诺贝尔经济学奖金时发表演说,特意表明了自己的观点。他说:"把成功的西方市场经济的正式的政治和经济规则转移到第三世界和东欧经济不是优良经济业绩的一个充分条件。私有化不是解决不良经济业绩的万应灵丹。"②

新经济史学派的制度变迁理论特别强调产权的功能及其变迁过程与经济增长历史之间的密切联系,注重用现代经济学的理论和方法来分析决定产权变迁的过程和政治行为。

新经济史学派的产权理论有两个特点:一是在对经济发展历史的实证分析基础上认识和解释产权的功能及其变迁过程;二是把产权理论与国家理论熔为一炉,分析国家作为一个界定和设置产权的单位,是怎样影响产权制度的选择及其运行效率的。

### 2. 交易费用理论

在对制度变迁形成过程的分析中,诺斯的新经济史理论仍然是从经济学基本的成本收益分析角度入手,分析新制度的引进和制度变迁的。而在具体分析过程中,诺斯直接使用了新制度经济学的交易费用概念。

关于制度变迁机会的出现,诺斯认为是由于现存制度下出现了制度创新的潜在的获利机会。由于市场规模的扩大,生产技术的发展,或人们对现存制度下的成本和收益之比的看法有了改变等情况的出现,可能就会产生一些潜在的获利机会。但是,由于对规模经济的要求、将经济活动的外部性加以内部化的困难、对风险的回避、市场失灵与政治压力等原因,这些潜在的获利机会无法在现有的制度安排内得到实现和利用。这样,原有制度下总会有人为了获取潜在的利益而首先来克服这些障碍。当潜在的利润大于克服这些障碍所带来的成本时,一项新的制度安排就会出现。

---

① 〔美〕道格拉斯·诺斯:《经济史中的结构与变迁》,陈郁、罗华平等译,上海,上海三联书店1994年版,第225—226页。
② 王宏昌主编:《诺贝尔经济学奖获得者演讲集》,北京,中国社会科学出版社1997年版,第276页。

## （二）国家理论

新经济史学派的制度变迁理论认为,国家对于产权制度的建立、产权制度的性质以及产权制度的结构,都具有重要的意义。为此,"要想了解一个社会产权结构的变化,就必须先了解国家的作用"①。新经济史学派的制度变迁理论把国家看作在暴力方面具有比较优势的一种组织。为了实现对资源的控制,国家会尽可能地利用暴力优势,使自己处于界定和行使产权的地位。

为了分析国家在一个社会经济兴衰中的作用,诺斯构造了一个简单的国家模型,赋予国家三个基本特征:第一,国家是靠提供"保护"和"公正"等一系列服务来换取社会税收收入的组织。第二,国家根据自身收入最大化原则来为每一个不同的集团设计不同的产权。第三,面临其他国家或潜在统治者的竞争,国家统治者选择显示和行使产权制度的目的是双重的,一方面要追求自身的租金收入最大化,另一方面又要通过降低交易成本以使全社会总产出最大化,从而增加国家税收。然而,这两个目的之间是相互矛盾的。从第二个目的考虑,统治者追求制定一套能使社会产出最大化的有效率的产权;而从第一个目的考虑,统治者又倾向于考虑选择能够保证自身收入最大化而效率相对较低的产权。如果这两者之间存在着持久的冲突,就会导致经济发展停滞或衰退。所以,在诺斯看来,国家是产生一个社会经济兴衰的根源。

诺斯认为:"国家提供的基本服务是博弈的基本规则。无论是无文字记载的习俗(在封建庄园中),还是用文字写成的宪法演变,都有两个目的:一是界定形成产权结构的竞争与合作的基本规则(即在要素和产品市场上界定所有权结构),这能使统治者的租金最大化;二是在第一个目的的框架中降低交易费用以使社会产出最大,从而使国家税收增加。"②但是,这里的两种目的具有互相冲突的含义。诺斯认为,正是这种冲突推动了国家的兴衰变动,也就是说,"国家的存在是经济增长的关键,然而国家又是人为经济衰退的根源"③。

## （三）意识形态理论

制度变迁理论还认为,由于人们在经济活动中的机会主义行为会妨碍"创新"和经济增长,因此,抑制人们的机会主义行为就是非常必要的。由于机会主义倾向属于一种人性和意识形态的内容,新经济史学派的制度变迁理论就主张,对制度变迁的研究必须辅以对社会意识形态的研究。意识形态是人们关于世界的一套信念,它提供给人们一种价值观念。当人们违反社会规则而获得的收益大于其成本时,有关社会也需要依靠伦理和道德的力量,使其行为与环境达到协调。对此,诺斯认为:"社会强有力的道德和伦理法则是使经济体制可行的社会稳定的要素。更一般地说,如果没有一种明确的意识形态或知识社会学理论,那么,我们在说明无论是资源的现代配置还是历史变迁的能力上就存在着无数的困境。"④

诺斯把意识形态看作一种用于克服搭便车、道德危机和偷懒行为的社会工具,是节约制

---

① 参见[美]道格拉斯·诺斯等:《美国以往的增长与福利:新经济史》,美国,新泽西,普林梯斯-霍尔图书公司1966年英文版,第16页。
② [美]道格拉斯·诺斯:《经济史中的结构与变迁》,陈郁、罗华平等译,上海,上海三联书店1994年版,第24页。
③ 同上书,第20页。
④ 同上书,第51页。

度运作成本的一种有效的机制。他认为,如果人们意识到经验与其现有的价值观念不符,就会努力改变其价值观念,发展出一套更适合其经验的新的意识形态。新经济史学派的制度变迁理论就是在这个方面运用意识形态的实证理论来解释长期的制度变迁和经济发展历史的。

## 三、 制度变迁(创新)理论

诺斯在提出经济史的制度变迁理论时,借鉴了熊彼特的创新理论和科斯的产权理论、交易费用概念,把经济理论和经济史二者统一起来了。

### (一)制度变迁(创新)的经济学分析

#### 1. 制度变迁(创新)的基本因素

在经济学界看来,各种活动都可以进行供求分析和成本—收益分析,制度变迁活动过程当然也不例外。

关于制度变迁的供给方面,制度变迁理论认为,由于不少制度具有公共产品性质,因而这类制度的供给主要取决于政治体系,具体而言,就是取决于政治体系提供新制度安排的能力和意愿。不过,政治体系的这种能力和意愿也会受制于很多因素,比如:制度设计的成本大小,现有的知识积累情况,实施新制度安排的预期成本大小,宪法秩序状况,现存制度安排的障碍,规范性行为准则的状况,公众的意识状态,居于支配地位的上层决策集团的预期净利益,等等。

关于制度变迁的需求,制度变迁理论的分析更为详细。按照后来的新制度经济学家D.菲尼的分析,影响对新制度需求的重要因素主要有:相对产品和要素价格、宪法秩序、技术和市场规模。

人口数量变化和技术变化常常被作为相对产品和要素价格变化的重要原因。人口数量的变化会影响劳动力与其他生产要素的相对价格变化,因此会形成生产要素替代方面对生产要素的制度变化需求。技术进步也常常会带来类似的需求,例如用机器设备操作来代替人的劳动,从而引发生产制度的变化。

宪法秩序的变化,即政权统治和管理的基本规则变化,能深刻地影响制度变迁的预期成本和收益,因而也就深刻地影响对制度变迁的需求。如果能够在宪法许可的范围内进行制度变革与创新,使得新制度的运行得到法律的认可和保障,那就完全避免了原有制度环境可能带来的风险。

对制度变迁需求的另一重要因素是市场规模。很明显,随着市场规模扩大,交易数量增多,交易的固定成本就会被摊薄,这样,制度变迁的成本就下降了。

关于制度变迁的趋势,诺斯和戴维斯认为,随着经济的发展,由政府机构进行的制度变迁变得越来越重要,从而整个经济就会越来越走向"混合经济"。

#### 2. 制度变迁(创新)的根本动力

制度变迁是由于现存制度下出现了制度变迁的潜在获利机会。制度变迁的这些潜在利益是由于市场规模的扩大,生产技术的发展或人们对现存制度下的成本和收益之比的看法有了改变等因素引起的。但是,由于对规模经济的要求,将外部性内部化的困难、厌恶风险、市场失败与政治压力等原因,使这些潜在的利润无法在原有的制度安排内实现。这样,原有制度下总会有人为了获取潜在的利益而首先来克服这些障碍。当潜在的利润大于各种制度变迁障碍所形成的成本时,一项新的制度安排就会出现。

概括地讲,由诺斯提出的制度变迁和创新理论反映出其思想上所包含的三个要点:第一,他重视制度需求所带来的制度变迁和创新,而基本上忽略了对制度供给方面的分析;第二,他认为经济增长过程中,制度是决定性的因素;第三,他认为只有当制度创新的预期收益大于预期成本时,制度创新活动才能发生。

### (二) 制度变迁(创新)的类型

新经济史学的制度变迁(创新)理论认为,制度变迁基本上可分为两种类型:一种是诱致性制度变迁,另一种是强制性制度变迁。

诱致性制度变迁是指,现行制度安排的变更或替代,或者是新制度安排的创造,它由个人或群体在寻求获利机会时自发倡导、组织和实行。发生诱致性制度变迁,必须要有某些来自制度结构不均衡所产生的获利机会。也就是说,由于某种原因,现行制度安排不再是最有经济效率的制度安排了。从某个时候开始,原有的经济制度变得不再具有效率的原因大概有四种:一是出现了多个可供选择的、具有不同经济效率的制度;二是出现了重要的技术变化;三是对原有制度提供服务的需求发生了改变;四是出现了其他制度安排的变化。这些原因引发的不同制度差别将产生潜在的获利机会,为了得到潜在获利机会带来的好处,新的制度安排将会被创造出来(当然,这种制度变迁是否会实际发生,首先取决于个别制度创新者的预期收益和制度创新成本)。

由于社会的制度结构并非由单一制度,而是由许多制度共同构成,因此,一个特定的制度结构内的某些制度效率低下并不意味着整个制度结构效率低下。由于许多制度相互之间紧密关联,因此,一个特定制度的变迁,也将引起其他相关制度与它不协调。当制度之间发生不协调时,制度变迁过程很可能就是从一个制度的变化开始,并渐渐地影响到其他制度的相应变化。实际上,在制度变迁过程中,一些制度安排也许是从以前的制度结构中继承下来的。虽然其基本特性在一些个别制度变迁累积到某个临界点时会发生变化,但制度变迁的过程仍然属于逐渐进化的过程。

强制性制度变迁一般由政府命令和法律引入与实行。国家是一种在某个给定范围内对合法使用强制性手段具有垄断权的制度安排。国家的基本功能是提供法律和秩序,并通过保护产权以换取税收。由于在使用强制力时有很大的规模经济效应,因此国家属于自然垄断的范畴。作为垄断者,国家可以在比竞争性经济组织低得多的费用上提供制度性服务。诱致性制度变迁必须由某种在原有制度安排下无法得到的获利机会引起。而强制性制度变迁可以纯粹由于在不同社会利益集团之间进行收入再分配而发生。而且国家有能力去设计和强制推行那些诱致性制度变迁过程所不能提供的、适当的制度安排。

### (三) 制度变迁(创新)的阶段

制度变迁理论创始人道格拉斯·诺斯将制度变迁过程(也是创新过程)分为五个阶段,即:第一步,形成制度创新"第一行动集团"的阶段;第二步,提出制度创新方案的阶段;第三步,"第一行动集团"对制度创新实现后预期纯收益为正数的几种制度创新方案按照最大利润原则进行选择的阶段;第四步,形成制度创新"第二行动集团"的阶段;第五步,"第一行动集团"和"第二行动集团"共同努力,实现和完成制度创新的阶段。

此外，现实世界中还存在着三种不同层次的制度变迁和创新，即分别由个人、团体或政府担任"第一行动集团"时所引起的制度变迁和创新活动。制度变迁和创新的动力是行动者为实现其追求的利益最大化而采取不间断行动。这也是新古典经济学始终坚持的市场经济活动最终推动力的观点。

诺斯和戴维斯认为，由政府机构担任"第一行动集团"所进行的制度变迁具有一系列优越性，特别是在以下四种情况下最为明显：第一种情况是，政府机构发展得比较完善，但私人市场未得到充分发展。第二种情况是，如果外界潜在利润的获得受到私人财产权的阻碍，那么就必须依靠政府的强制力量。第三种情况是，如果制度变迁完成之后所获得的利益归于全体成员，而不归于某个个别成员，那么任何个别成员都不会愿意由自己承担这笔制度变迁的费用，这样的制度变迁就只能由政府机构来进行。第四种情况是，在涉及居民收入再分配的情况下，需要伴有强制性措施的制度变迁，这时，以政府机构来进行制度变迁最为合适。

诺斯和戴维斯还指出，在经过上述这些阶段实现制度变迁后，就可能出现制度均衡的局面，也就是制度体系相对稳定的局面。制度均衡是指外界已不存在可以通过制度变迁而获得潜在利益的机会，也就没有再进行制度变迁的可能性。

不过，诺斯和戴维斯也并非认为制度均衡是永久不变的。他们指出，如果下述三种情况发生变动，制度均衡就会被打破。这三种情况是：第一，生产技术方面出现大的变化。第二，制度方面出现新的发明，或产生新的组织形式和经营管理方式等。第三，由于法律和政治情况的变化而使社会政治环境发生了变化，因此，制度发展变化的过程就是从制度稳定均衡到制度变迁，再到制度稳定均衡，又再到制度变迁的不断进行的过程。

关于制度创新的趋势，诺斯和戴维斯认为，由政府机构进行的制度创新变得越来越重要，从而整个经济越来越走向"混合经济"。

## 四、对西方社会兴起的重新解释

### （一）关于制度变迁过程的历史考察

新经济史学的制度变迁理论，一方面构造了一个从制度变迁（创新）角度研究历史的全新理论框架，另一方面也通过对历史的实证考察验证了其理论，并重新解释历史。

大多数学者都认为技术变革是西方国家兴起的最主要的原因。但是，诺斯和托马斯通过对公元900—1700年间西方经济史的考察，得出一个完全不同的结论：产业革命不是经济增长的原因，而只是经济增长现象的一种表现形式，甚至是经济增长的结果。经济增长的起源和动力可以追溯到前几个世纪产权结构的缓慢确立过程。这种产权结构为更好地分配社会财富的社会活动创造了条件。

诺斯和托马斯认为，早在产业革命之前的一个世纪，"经济增长"这一现象并不是在英国，而是在资源相当贫乏的小国荷兰出现。在16世纪，由于荷兰率先建立了资本的市场组织而降低了交易费用，从而大大地促进了贸易的发展，并成为最大的贸易中心。荷兰的农业发展也归因于土地私有制、劳动力自由流动和市场发育等制度"创新"。到18世纪，英国之所以能取代荷兰而成为欧洲经济中心，也是因为英国较早地仿效了荷兰的制度，并在此基础上进行了一系列的制度"创新"活动。17世纪中叶，英国产生了鼓励"创新"的第一专利法，土地使用法的通过又消除了许多封建残余的束缚，股份公司取代了古老的管制公司，保险公司、证券市场和中央银行等金融制度的"创新"大大降低了市场交易成本。这一系列的制度"创新"为经济增长设立了一个高效率的制度框架,从而为英国的兴起提供了制度条件。与此相反,在法国和西班牙,它们从一开始就没有为经济增长提供高效的产权制度和节省市场交易成本的制度安排,错过了经济增长的良机。所以,从根本上说,高效的产权制度和经济组织的出现,是西方世界里发达国家兴起的根源。

诺斯和戴维斯还通过19世纪美国州政府《公司一般法》创立的论述,为其理论的解释提供了一个很好的例子。他们指出,1811年,美国除纽约州和康涅狄格州外,各州政府都在南北战争前要求每个新公司都须有一份独立的特许状。随着美国全国交通网的发展和新技术的进步,全国市场逐步地统一起来并扩大了市场的总体规模,有限责任公司的优越性越来越突现出来,通过制定一套新制度规则从而大大降低组建公司成本和风险的需求就越来越迫切了。于是,1845年后,大多数州都陆续通过了《公司一般法》。

### (二)对西方社会兴起的重新解释

结合对西方社会兴起的历史考察,诺斯和戴维斯进行了进一步的原因探讨。他们还根据对美国分别由个人、团体或政府担任"第一行动集团"时所引起的制度变迁和创新活动的考察,对三个层次制度变迁的情况进行比较,最后得出结论。他们认为:在美国,各行各业都呈现出制度变迁这一趋势,即由政府机构进行的制度变迁变得越来越重要,从而使整个经济越来越走向"混合经济"。首先,像在运输业这样比较特殊的行业中,政府机构进行的制度变迁越来越重要。其次,从制造业来看,虽然不具备运输业那种比较特殊的情况,但随着制造业的发展,特别是当制造业的企业面临外国加剧竞争的时候,或者当制造业的企业自己没有力量来有效地进行制度变迁的时候,它们就必须由政府机构来进行制度变迁。

诺斯和戴维斯还认为,甚至服务业的情况也是如此,但随着服务技术的发展和市场的扩大,服务业也要求实行"规模节约"和加强市场信息的收集、分析。这些也有赖政府进行制度变迁。

最后,从政府部门的经济作用来看,诺斯和戴维斯认为,20世纪30年代的经济大萧条对美国经济留下的重要后果,就是通过制度变迁来摆脱困境。

总之,以诺斯为代表的制度创新的新经济史学派,以产权、交易成本、国家理论和意识形态理论为分析工具,另辟蹊径,对于各国经济增长着重从制度变迁角度加以解释。这既丰富了长期以来经济学界研究经济史的传统方法,同时也为新制度主义经济学分析方法的运用开辟了一个极富潜力的研究领域,而且这也为研究经济增长和经济发展问题开辟了重要的研究方向。

## 五、 制度变迁(创新)思想的理论和现实意义

新经济史学在研究经济史时引进制度分析和经济计量方法,是对传统经济史研究方法的一种突破和创新,在一定程度上体现了约瑟夫·熊彼特所主张的理论、历史和统计分析方法的统一。另外,他们的理论分析也是对新古典经济学的某些补充。这些都是他们的重要贡献。

诺斯继承和扩展了科斯对制度在经济活动中作用的观点。他从西方经济发展历史上对新制度产生所进行的供求分析,尤其是通过对美国经济增长的历史和西方世界兴起的历史考

察,为其新经济史理论提供了有力的实证资料。

当然,诺斯所发展出来的、强调制度分析的新经济史理论也在相当大的程度上得益于熊彼特、库兹涅茨和西奥多·舒尔茨(Theodore W. Schultz)的经济理论和研究方法。与诺斯同年获得诺贝尔经济学奖的福格尔认为:"像诺斯那样有效地利用历史的理论家寥若晨星。除了库兹涅茨外,我将拿来与诺斯加以比较的20世纪的先驱者,还包括熊彼特和西奥多·舒尔茨。"①

科斯的分析思路是:在原有的制度结构下,由于技术、经济的外部性、规模经济、风险和交易费用等因素所引起的收入的潜在增加机会不能实现时,一种新制度的出现或对旧制度的替代就可能解决这类问题。这就是说,如果预期的制度变迁的预期净收益超过其成本,一项新的制度安排就会被进行。当这一条件得到满足时,现有制度的变迁就会通过隐蔽的方式进行,像中国在20世纪70年代"联产承包责任制"的出现,就多少有点这个意思。"人民公社""吃大锅饭"的旧制度下的饥饿压力迫使少数农民形成制度创新的"第一行动集团",最终导致原有制度的废除和新土地耕作制度的出现。这一制度所包含的积极意义最终扩展到了更加广泛的范围,导致了更多类似的制度变化。不过,诺斯到后来也注意到,制度的重要性不仅在于其有效性,也在于其无效性,就是说,经济效率好与好的制度密切相关,而经济效率低下同样与不好的制度密不可分。

诺斯的制度变迁思想其实也并非完全植根于科斯所创立的新制度经济学理论。他在很大程度上,还受到了马克思主义思想的影响。他在对历史上制度变迁过程的分析中,特别强调的国家和意识形态的作用,就是很好的证明。诺斯自己就在其著作中明确提到:"马克思的分析框架是最有说服力的,这恰恰是因为它包括了新古典分析框架所遗漏的所有因素:制度、产权、国家和意识形态。马克思强调在有效率的经济组织中产权的主要作用,以及在现有的产权制度与新技术的生产潜力之间产生的不适应性。这是一个根本性的贡献。"②

尽管如此,马克思的制度分析在很多方面与诺斯的分析还是有很大不同的,也是诺斯的制度变迁理论所无法企及的。首先,马克思在对资本主义社会根本制度的分析方面,就是诺斯所不具备的。比如,马克思指出以古典政治经济学为代表的资产阶级经济学"把资本主义制度不是看作历史上过渡的发展阶段,而是看作社会生产的绝对的最后的形式"③,"把社会的一个特定历史阶段的物质规律看成同样支配着一切社会形式的抽象规律"④。而诺斯虽然与新古典主流经济学的观点有所不同,但他仍然未能越过资产阶级经济学家的上述局限性。其次,马克思对制度的分析既有宏观角度的,也有微观角度的,既体现了整体主义的视角,也兼顾个体主义视角,其区别于资产阶级经济学家的主要是宏观的整体视角。而诺斯的制度变迁理论则是个体主义视角的,因而缺乏从阶级利益和阶级斗争角度对整体社会制度的变迁进行的分析。诺斯缺乏对个人与阶级之间关系的认识,他的分析不仅未能完全脱离"经济人"、"个体利益最大化"这种角度,甚至还批评马克思忽视了"搭便车"行为。再次,诺斯与马克思对制度的看法也是不同的。诺斯从个人主义和个人行为、人性出发,认为"制度是一个社会的游戏规则,或更规范地说,它们是为决定人们的相互关系而人为设定的一些制约",包括"正规

---

① 〔美〕罗伯特·威廉·福格尔:《道格拉斯·诺斯和经济理论》,转引自〔美〕约翰·N. 德勒巴克、约翰·V. C. 奈:《新制度经济学前沿》,张宇燕等译,北京,经济科学出版社2003年版,第27页。
② 〔美〕道格拉斯·诺斯:《经济史中的结构与变迁》,陈郁等译,上海,上海三联书店1991年版,第68页。
③ 〔德〕马克思、恩格斯:《马克思恩格斯文集》(第五卷),北京,人民出版社2009年版,第16页。
④ 〔德〕马克思:《剩余价值理论》(第一册),北京,人民出版社1975年版,第15页。

约束"(例如规章和法律)和"非正规约束"(例如习惯、行为准则、伦理规范),以及这些约束的"实施特性"。①诺斯所研究和关注的制度变迁,将个别的和整体的制度混为一谈,因而对一些他自己研究范围的"制度"也无法从个体角度加以说明。经济史学家克拉夫茨(N. R. F. Crafts)就指出,诺斯和托马斯的制度变迁理论无法通过个人功利主义的盈亏计算来解释,作为"公共产品"的制度的供给不足为何不能导致制度变迁。②哈耶克也认为,社会群体中的整体行为秩序"大于个人行为中可以观察到的规律性的总和,前者不可能全部归结为后者","作为整体的秩序","不可能完全在部分的相互作用中得到说明"。③而马克思则明确否认了霍布斯和卢梭等人从个人契约角度对社会制度出现的解释,强调社会制度是首先植根于物质生产的,是从经济基础上升为法律和伦理等上层建筑,并紧密联系在一起的,经济基础和上层建筑之间的辩证关系决定了社会制度的产生和变化。

总之,诺斯创立的以制度变迁分析为主要内容的新经济史理论,在思想上部分改变了新古典经济学的所谓模式,给经济史以新的解释,并在广泛的领域产生了强烈影响和连锁反应,甚至对于中国的经济体制改革也产生了一定的积极作用。这正如福格尔在20世纪90年代中期所说:"诺斯的精神影响力在迅速扩张。目前他不仅是引用率最高的经济史学家,而且还是整个经济学领域内引用率最高的经济学家之一。"④"然而诺斯在其他社会科学领域内,特别是政治科学和社会学(两者共占所有引用的四分之一)领域内也被广泛引用。在法学、管理科学和公共管理等领域亦是如此。"⑤

## 思考题

1. 诺斯的制度变迁(创新)理论的要点是什么?
2. 制度变迁(创新)的新经济史学派对西方世界兴起是如何解释的?
3. 制度变迁(创新)理论对新制度经济学有哪些发展?

## 参考文献

1. 〔美〕道格拉斯·诺斯:《经济史中的结构与变迁》,陈郁、罗华平等译,上海,上海三联书店1994年版。
2. 〔美〕巴德汉:《新制度经济学和发展理论》,载《世界发展》1989年第17卷第9期。
3. 傅殷才著:《制度经济学派》,武汉,武汉出版社1996年版。

---

① 参见 D. C. North, "Economic Performance Through Time", *American Economic Review*, April 1994。
② 参见〔英〕约翰·伊特韦尔等:《新帕尔格雷夫经济学大辞典》(第2卷),北京,经济科学出版社1990年版,第43页。
③ 参见 F. A. Hayek, *Studies in Philosophy, Politics, and Economics*. Routledge & Kegan, 1976。
④ 〔美〕罗伯特·威廉·福格尔:《道格拉斯·诺斯和经济理论》。转引自〔美〕约翰·N. 德勒巴克、约翰·V. C. 奈:《新制度经济学前沿》,张宇燕等译,北京,经济科学出版社2003年版,第36页。
⑤ 同上。

# 第十四章 公共选择学派

20世纪70年代以来,由于凯恩斯主义经济理论在经济滞胀的形势下陷入了困境,西方经济学界便在对凯恩斯主义经济学进行批评的过程中,出现了一股强大的新自由主义复兴的思潮。公共选择学派便是这股思潮中别具一格的一派。

## 一、公共选择学派概况

### (一)公共选择理论的含义及特征

1. 公共选择理论的含义

"公共选择理论"(the public choice theory)也叫"公共选择"(the public choice),"集体选择"(the collective choice),"公共选择经济学"(the economics of public choice),"新政治经济学"(the new political economy),"政治的经济学"(the economics of politics),或"政治的经济理论"(the economic theory of politics)等。美国马里兰大学教授丹尼斯·缪勒(Dennis C. Mueller)给公共选择理论下了一个较为公认的定义:"公共选择理论可以定义为非市场决策的经济研究,或者简单地定义为把经济学应用于政治科学。公共选择的主题与政治科学的主题是一样的:国家理论,投票规则,投票者行为,政党政治学,官员政治等。公共选择的方法仍然是经济学的方法。像经济学一样,公共选择理论的基本行为假设是,人是一个自利的、理性的、追求效用最大化的人。"[①]

2. 公共选择理论的特征

公共选择学派的基本特征是:强调个人自由,鼓吹市场机制,推崇古典学派的经济思想,坚持自由放任,反对国家干预。公共选择学派把经济学的研究方法拓展到以往被经济学家视为外部因素而传统上由政治学研究的领域;把人类的经济行为和政治行为作为统一的研究对象,从实证经济分析的角度出发,以"经济人"为基本假定和前提,运用微观经济学的成本—收益分析方法,分析政府这架生产公共产品的"机器"是如何组织和构成的,并分析其行为动机和行为方式等;分析国防、法律、税制以及社会福利等公共产品是怎样生产和分配的。具体地讲,公共选择学派的理论所涉及的主要问题有国家理论、投票规则、投票人行为、政党的政治学、官僚主义等。简言之,公共选择学派试图回答现代西方民主政体实际上是如何运行(或不应当如何运行)以及与个人选择(通过货币在商品劳务市场上进行)不同的公共选择(通过政治选票在政治市场上进行)是怎样做出的,其后果又如何等问题。

### (二)公共选择学派产生的背景

自从英国剑桥学派经济学家阿瑟·庇古建立了福利经济学、凯恩斯建立了宏观经济学之

---

[①] Dennis C. Mueller, *Public Choice II*. Cambridge: Cambridge University Press, 1989, pp. 1—2.

后,市场完美无缺的信念在经济大萧条背景下开始动摇、崩溃。在经济学界出现了一场揭露市场自发力量局限性的运动,强调自发的市场调节机制必然会导致经济的外部性和较低的经济效果、收入分配不均等和社会就业不充分等问题。对此,人们要求政府干预经济,以弥补市场所造成的缺陷。对国家干预主义的强调,实际上蕴含了一个不真实的假定前提,即政府能够代表社会,并能够按照社会的利益去纠正市场所带来的问题,同时政府纠正市场的干预活动和措施却不会造成新的恶果。但是,政府是否真正能够代表社会的利益呢?为了说明这一假定前提的真实性与合理性,就必须具体地分析政府的行为,而这种努力的结果便导致了公共选择学派的产生。

从公共选择学派的思想本质上来说,古典经济学应该是其最根本的来源。但是,我们也应该意识到,如果没有 20 世纪 30 年代以后凯恩斯主义的出现和盛行,人们也许不会有足够的动力和新的视角去重新评价新古典经济学的理论体系,也不会重新估价市场的真正含义和作用,因而也不会出现公共选择学派。

具体说来,公共选择学派产生的历史背景和原因是:

第一,西方经济理论中缺乏和需要公共选择理论:凯恩斯主义只讲政府对经济进行调节和干预,但是没有对政府行为进行分析的理论。新古典经济学也仅仅把政府作为既定条件来对待。已有的公共财政理论缺乏一个坚实的理论基础,没有说明各种公共决策是如何最终决定的,有何利弊。传统经济学与政治学的分离,导致了一系列问题。但是,在现实中却没有人去研究它。

第二,新福利经济学启发和刺激了公共选择学派的产生。20 世纪 30 年代以后的新福利经济学从两个角度启发和刺激了公共选择理论的出现。一是社会福利函数理论涉及的社会偏好加总问题;二是 20 世纪 40—50 年代一些对公共物品和外部性情况下资源最优配置条件问题的探讨,以及其他资源非市场配置问题的讨论,刺激了公共选择理论对相关问题的关注。

第三,实践中,国家对经济生活干预的加强与失误,导致了公共选择学派对公共经济活动的理论分析。

在上述原因下,一些经济学家试图从经济决策的制定和政治决策的制定相联系的角度进行探讨,由此而推动了公共选择理论的形成与发展。

## (三) 公共选择学派的形成

公共选择学派发端于 20 世纪 50 年代。1958 年,英国经济学家邓肯·布莱克(Duncan Black)发表了一篇文章,题目是《委员会与选举理论》,开创了对政治问题的公共选择研究方法。不过,真正推动公共选择学派形成与发展的却是美国经济学家詹姆斯·布坎南(James M. Buchanan)与戈登·塔洛克(Gordon Tullock)。

20 世纪 60 年代是公共选择学派逐渐形成的时期。该时期内,布坎南与其他人一起在美国弗吉尼亚大学成立了托马斯·杰斐逊中心。布坎南等人主张恢复政治经济学的研究,主张回到古典经济学派的理论和方法,分析制度和规则对经济的影响,把政治因素作为对经济产生重要影响的条件和要素加以考虑,同时,又试图以经济学的分析方法来分析政治制度和规则问题。他们的研究实际上涉及广义的政治经济学(包括法律经济学、产权经济学)。他们取得了大量的成果,推动了新的政治经济学的形成。该中心招收研究生的计划也大获成功。公共选择理论也由此开始形成。1962 年,布坎南和塔洛克合作出版了《一致同意的计算:宪法民主的逻辑基础》一书,为现代公共选择学派奠定了理论基础。

由于遭到不同意见的批评和抵制,托马斯·杰斐逊中心的经济学家曾经一度被迫离开弗吉尼亚大学而分处各地。20世纪60年代末,他们又重返弗吉尼亚,于1969年在弗吉尼亚理工学院建立了公共选择研究中心,并出版《公共选择》杂志,促进了公共选择学派的迅速发展与传播。20世纪80年代,公共选择理论的影响日趋扩大和广泛,1982年,公共选择研究中心转移到了弗吉尼亚州的乔治·梅森大学(George Mason University),其追随者和研究者也越来越多。1986年,布坎南由于其在公共选择理论方面的贡献,获得了诺贝尔经济学奖。这极大地鼓舞了公共选择理论的进一步研究,也进一步推动了该理论的扩展和影响。许多经济学教科书在分析财政政策、市场失灵、政府失灵时,都应用了公共选择理论的观点和方法。在许多大学里,还出现了公共选择理论的专业及课程。

### (四)公共选择学派的主要代表人物

公共选择学派的最主要代表人物是英国北威尔士大学的经济学教授邓肯·布莱克(Duncan Black,1908—1991)、美国经济学家詹姆斯·麦吉尔·布坎南(James McGill Buchanan,1919—2013)和戈登·塔洛克(Gordon Tullock,1922—2014)。邓肯·布莱克是公共选择理论的首倡者,后两个人是公共选择学派的奠基人和主要理论创建者、领袖。20世纪50年代末,他们两人在美国弗吉尼亚大学任教时,就开始合作创建公共选择学派。其他公共选择学派的代表人物还有:安东尼·唐斯(Anthony Downs)、威廉·尼斯坎南(William A. Niskanan)、约翰·罗尔斯(John Rawls)、曼克·奥尔森(Mancur Olson)、查尔斯·蒂鲍特(Charles Tiebout)和丹尼斯·缪勒(Dennis C. Mueller)等人。这里,我们着重介绍一下布坎南的情况。

詹姆斯·麦吉尔·布坎南1919年生于美国田纳西州。其祖父约翰·F. 布坎南曾经担任田纳西州州长。1937年,布坎南进入田纳西州立学院主修数学、英语文学和社会科学,1940年毕业,获理学学士学位,次年于田纳西大学获硕士学位,后来参加海军,在太平洋战场度过四年。1946年,布坎南又进入芝加哥大学,受教于著名的自由主义经济学家F. H. 奈特、舒尔茨和西蒙·利兰(Simon Leland),思想上开始从社会主义转向自由市场原则。1948年布坎南获博士学位,次年开始在田纳西大学任教。这一时期,布坎南阅读了瑞典经济学家威克赛尔的著作,受到了很大启发。1955年,他作为访问学者赴意大利进修,由此也受到意大利财政学派的影响,并对政治决策问题产生了兴趣。1956—1968年,他在弗吉尼亚大学任经济学教授,同时领导研究政治经济学和社会哲学的托马斯·杰斐逊中心。1968年起他担任加州大学洛杉矶分校教授。1969年,布坎南与戈登·塔洛克在弗吉尼亚理工学院创建和领导了公共选择研究中心,并任该校教授。1982年,他又随该研究中心迁到弗吉尼亚州的乔治·梅森大学,并任该校经济学教授。布坎南还在1963年任美国南部经济学会主席,在1972年任美国经济学会副主席,在1982年任美国西部经济学会副主席。1977年,布坎南获迈阿密大学法学经济学中心颁发的法学经济学奖;1986年,布坎南获诺贝尔经济学奖。

瑞典皇家科学院对布坎南的评价是:"布坎南的贡献在于他将人们从互相交换中获益的观念运用于政治决策领域。"皇家科学院认为,布坎南填补了传统经济学的一个空白,建立了独立的政治决策理论。布坎南通过对公共选择问题的近40年研究,成为公共选择理论和非市场决策的经济研究方法的奠基人。

布坎南的主要著作有:《一致同意的计算:宪法民主的逻辑基础》(1962年,与戈登·塔洛克合著)、《成本和选择》(1969)、《自由的限度:在无政府主义状态和极权主义国家之间》(1975)、《民主政治的赤字财政:凯恩斯爵士的政治遗产》(1977年,与R. E. 瓦格纳合著)、

《政治活动的经济学》(1978)、《自由、市场与国家——20世纪80年代的政治经济学》(1986)。

由于布坎南是公共选择学派的奠基人和最主要的代表,因此,我们下面就以他的观点为主来介绍公共选择学派的理论和观点。

## 二、 公共选择学派的理论和思想渊源

公共选择学派的奠基者布坎南说,他早年曾经是一名"忠诚的社会主义者",后来通过对市场过程的重新理解和自我启蒙,才发生了转变。①

布坎南在芝加哥大学攻读博士学位时,曾经深受芝加哥学派的经济自由主义传统的影响。凯恩斯主义使国家对经济的干预程度加深,财政赤字持续增加,同时也造成了某种程度的经济秩序混乱。这些使布坎南开始怀疑国家干预主义基础的合理性,决定对抗当时占据主流和统治地位的凯恩斯主义经济学体系。为此,他一方面从以亚当·斯密为代表的古典经济学理论体系中寻找适当的武器,寻找支持经济自由主义的理论基础;另一方面,他也从阐明了公共财政与公共选择问题的理论方面寻求支持。公共选择学派直接的渊源可以追寻到19世纪末20世纪初的瑞典经济学家克努特·威克赛尔和埃里克·林达尔,以及在很长时间内没有引起人们注意的20世纪初以马左拉·庞塔雷奥尼、维蒂·德·马尔科和萨克斯为代表的意大利公共财政学派。

### (一) 威克赛尔的财政理论和林达尔的公共物品理论

布坎南认为,19世纪末的瑞典经济学家威克赛尔是现代公共选择理论的主要先驱,尤其是宪制经济学的唯一先驱。威克赛尔在其《财政理论研究》(1896)中在解释公共财政问题时提出的公共选择方法和立宪观点,奠定了现代公共选择理论方法论的三个要素:方法论上的个人主义,个人的理性行为,政治是一个复杂的交易过程。威克赛尔还提出,判断规则的功能的标准是全体一致同意的原则。这构成了宪制经济学的基础。此外,威克赛尔提出的政策的配置效率和公平分配问题,也贯穿于整个公共选择理论,并将其区分为实证理论和规范理论两类。布坎南认为,公共选择学派的每一次发展,都是在反思和推敲威克赛尔的理论观点基础上实现的。

瑞典经济学家林达尔(Erik Lindahl)在1919年发表的《公平的赋税》一文中对公共物品的交易和消费进行的分析,也为后来的公共选择理论提供了一定的研究基础。

### (二) 意大利公共财政学派的思想

意大利公共财政学派庞塔雷奥尼(Pantaleoni)、维蒂·德·马尔科(Viti De Marco)、萨克斯(Sax)等经济学家所提出的两种国家模型和边际价值分析的方法,为现代公共选择理论所接受。其一是垄断专制国家的模型,其前提是各个统治集团都是自私的,被统治集团只能被动接受或者抵制统治集团的决策。所以,统治集团会选择一种被统治集团抵制程度最小的财政结构。其二是民主的或者合作的国家模型。其公共决策的基本单位是个人,每个人既是决

---

① 参见〔美〕詹姆斯·布坎南:《自由、市场与国家》,平新乔、莫扶民译,上海,上海三联书店1989年版,中译本序言。

策参与者,又是决策后果的承受者。这后一种模型尤其为公共选择理论所接受。

### (三) 18—19世纪对投票问题的数学研究

18世纪法国数学家、哲学家和经济学家孔多塞(Marquis De Condorcet, 1743—1794)曾经研究过"投票悖论"或"投票循环"问题。后来也有人对此问题作了进一步的研究。这些研究都对于公共选择理论产生了重要的影响。

### (四) 古典政治经济学和政治学说

以亚当·斯密为代表的古典政治经济学具有真正的政治经济学研究的特征。古典政治经济学不仅强调个人利己主义、自由放任,也强调发挥市场机制的作用,注意分析政治对经济的影响,分析不同制度环境下的经济行为。特别是,斯密分析了制度和市场规则的重要性,说明了国家应有的作用。布坎南认为,斯密的古典学说是现代公共选择理论,尤其是宪制经济学的思想渊源。

19世纪欧洲流行的霍布斯(T. Hobbes)和洛克(J. Locke)等人的政治学说,尤其是社会契约论,也是公共选择学派的重要思想来源之一,构成了公共选择理论中国家学说的潜在基础。

### (五) 美国的联邦主义和宪法观点

美国开国元勋汉密尔顿和麦迪逊等人的联邦主义观点和宪法观点也影响到了公共选择学派的宪制经济理论。

政治过程中的联邦体制与经济中的市场体制非常类似,都是以分权为基础、以产权(宪法)的实施为条件、以自愿交换(或协议)为特征的个人或组织相互合作、相互竞争的体制。这被认为是最有效率的。

### (六) 弗兰克·奈特的思想

美国芝加哥学派的创始人之一弗兰克·奈特(Frank Knight)的经济自由主义学说也是公共选择学派的思想来源之一。奈特指出,经济学不是一门选择科学,而是一门研究经济制度、研究社会组织怎样为有关的集体、为社会而运行的学科。这对布坎南的公共选择理论产生了重要的影响。

由上可知,公共选择学派的理论和思想来源十分广泛,但其核心倾向是接受经济自由主义和立宪政治的主张。

## 三、公共选择学派的研究方法

公共选择学派的主要代表塔洛克认为:"公共选择学基本上是运用经济学工具来研究政治科学中的传统问题的一门科学。"① 从历史上看,经济学或者政治经济学在很大程度上是研究政府在经济事务方面的政策选择的科学。"公共选择学是研究政府的一门新的、重要的学科,其根植于经济学方法论的巩固基础使我们对于其准确性的信心,较之对于大多数观念翻

---

① 〔美〕戈登·塔洛克:《公共选择》。转引自〔英〕约翰·伊特韦尔等:《新帕尔格雷夫经济学大辞典》(第3卷),北京,经济科学出版社1992年版,第1112页。

新的信心要大。而且它已在实证研究中经受了极彻底的考验。政府是某些困难问题的解决者,同时其本身也造成了其他的一些困难问题。看来公共选择学在大大缓解我们现时的民主政体所面临的难题方面,是大可寄予期望的。"①

公共选择学的方法论,按照布坎南的解释,包含三个要素:个人主义、经济人理性和交易政治。

### (一) 方法论的个人主义

公共选择学派把个人当作评价、选择和行动的最基本的分析单位,也是公共选择理论分析的基本单位。它分析个人的偏好、决策、选择与行动在一个既定的组织结构或制度结构中,是如何影响集体决策和公共选择,以及特定的总体后果的。但是,方法论上的个人主义会随着制度环境的不同而不同,它可以是利己主义,也可以是利他主义;总体结果是个人选择的不经意结果。

公共选择理论认为,无论是在集体活动还是私人活动中、在市场过程还是政治过程中,不管产生总体结果的过程和结构多么复杂,个人都是最终的决策者、选择者和行动者。公共选择理论试图建立一个统一的有关经济和政治两个市场上的个人行为模式。"在其中,选民、搞政治的人和官员们被设想为主要是为一己私利而行事的。这样就可能运用来自经济学方法论的分析手段"②,于是就产生了一种新的政治学理论。

公共选择理论强调的个人主义不同于哲学上的个人主义。布坎南将公共选择理论的个人主义与主流经济学的个人主义相区别。他认为,第一,方法论的个人主义并不是说个人在选择与决策时不受环境和制度的影响;第二,个人选择所追求的目标可以是利己的,也可以是利他的;第三,个人选择的方案与结果是有区别的,总体结果是个人选择的不经意结果。

### (二) "经济人"理性原则

公共选择理论的基点是把"经济人"范式扩大到公共选择活动中,认为个人参与政治活动的目的也是追求个人利益的最大化,是以成本—收益分析为依据。公共选择理论将政治制度看成一个普通的市场——政治市场,参与决策的单个选民的投票动机与单个消费者在商品市场上的选择动机是一样的,希望自己选择投票的政治家能够给他带来最大的满足程度。政治家的基本行为动机是追求个人政治利益的最大化,因而他们追求的个人目标未必与公众利益或者社会目标相一致。但是,公共选择理论的"经济人"范式不同于在选择对象间配置稀缺资源以求效用最大化的主流经济学的行为范式。

公共选择学派假定公共选择中的个人行为就像他们在市场上一样,具有"经济人"的理性原则,即追求他自己的利益最大化,并且按照"经济人"的行为来分析政治家们的类似行为。不过,布坎南也指出了理性假设的两个局限性:一是由于政治活动具有更大的不确定性,人们往往难以做到行为的理性。二是由于政治活动中人们承担的责任要比经济活动中的责任轻一些,因此,不会进行理性的比较和计算。

---

① 〔美〕戈登·塔洛克:《公共选择》。转引自〔英〕约翰·伊特韦尔等:《新帕尔格雷夫经济学大辞典》(第3卷),北京,经济科学出版社1992年版,第1115页。
② 同上书,第1112页。

### （三）以经济学的交易视角看待政治决策

公共选择学派认为，政治活动中的个人行为也具有经济交换的性质，所以，可以按照经济活动的个人行为来分析政治活动和政治行为。

在公共选择学派看来，经济学不是一门选择和资源配置的理论，而是一门交易的科学，它研究个人的交易倾向、交易过程和个人在交易过程中自发产生的秩序。政治过程和经济过程一样，其基础是交易动机、交易行为，是利益的交换。集体行动是以个人行为为基础的，集体行动可以看作一个集团全体成员之间的复杂交易或契约。市场是交易过程的自动体现，个人是按照各自的交易能力自动进入交易过程的。公共选择学派认为，经济学的核心原理不是节约方法，不是一定约束条件下追求客观衡量的函数的最大值，而是自发秩序原理和市场自动协调原理。由于人们的相互作用过程是由参加活动者的行动所产生的结果来实现的，每一个体的行动又取决于其他个体的行动，因此公共选择理论倾向于采取博弈论的分析方法。

## 四、公共选择理论的基本观点

公共选择理论的一个重要方面是分析公共物品的选择机制，研究如何改进公共物品的生产过程，如何提高公共物品的生产效率。因此，要了解公共选择理论，就要首先了解什么是公共物品。

### （一）公共物品的含义

公共物品是指那种能够同时由许多人消费的服务和产品，其成本和效用通常不会因消费者人数的变化而变化。它包括国防、治安、气象预报、交通秩序、道路桥梁等。公共物品最显著的特征是其消费上的非排他性，即公共物品一旦生产出来，就不管某人是否为它的生产付出过费用，都无法排除他对该公共物品的消费，或者说要排除他对该公共物品消费的代价是过于高昂的。路灯便是一例，不论某个路人是否为路灯的照明付费，他都能得到路灯的照明服务。而与公共物品相对应的是私人物品，它的消费具有明显的排他性，如一个苹果被张三吃了就不能再给李四去吃。介于公共物品和私人物品之间的是俱乐部物品，它可以同时被一定数量以内的人共同消费而不降低其效用，也不提高其生产成本，但超过一定的人数，它的消费便会产生排他性，如面积固定的游泳池，超过一定的人数之后，为了保持其效用，就有必要排除其他人来享用。

公共物品的非排他性，使得它往往是私人所不愿意生产或提供的，往往需要由政府来供给，这就引起了公共选择问题。私人物品的选择通常是个人的私事（以不存在外部不经济为前提），而公共物品的选择则必须由集体做出，或由某些（个）人代表集体做出。现代西方的公共选择理论着重研究的是民主制度下的集体选择行为。

### （二）对公共选择问题的看法

公共选择学派认为，既然是选择公共物品，当然要由公众来集体选择。集体选择是指各有关者依据某种协商规则，通过相互协商而确定集体行动方案的过程。在民主制度下，协商规则便是通常所说的投票规则。集体选择与个人选择是不同的两种选择机制，个人选择适用于私人物品,表现了个人在商品市场中用货币"选票"进行的购买;集体选择适用于公共物品,表现为公众在政治活动中用选票进行的表决。

民主制度下的公共选择可以有多种方式。一种方式是一致同意。一致同意规则是指一项公共物品的生产方案,当所有当事人都同意,或者至少没有一个当事人表示反对(可以弃权)时,才能被批准进行,而只要有一个当事人反对,该方案就不能被通过。

一致同意规则的优点是不会导致对任何一个当事人的损害。在每个当事人都能正确地判定自己的利益的假定下,一致通过的方案必定是帕累托最优的。一致同意规则的另一优点是任何当事人不论其数目多少,比重有多大,都不能把自己的意愿强加给别人,因为每个人都拥有否决权。

一致同意规则的缺点是决策成本太大,决策时间太长,为了选择一个所有当事人都满意(起码是不反对)的方案,往往需要所有当事人一而再、再而三地进行协商与讨价还价。一致同意规则的另一个缺点是无法排除个别参与者利用其否决权进行敲诈活动,结果使得一致通过的方案虽然不会给任何当事人造成损害,但却给进行敲诈者带来格外多的收益。

公共选择的另一种方式是多数同意,也叫简单多数或多数票制。多数票制是指一项公共物品的生产方案,必须由所有当事人中的过半数或者超过半数之上某个比例(比如三分之二)的多数人同意,方可实施。这里所谓的同意,是指赞成或不反对。

多数票制的第一个特点是所通过的方案往往只能改善多数人的福利,可能会损害反对该方案的少数人的福利。因此,多数票制具有强制性,多数派成员会将自己的意愿强加给少数派成员,迫使他们接受对自己不利的方案。

多数票制的第二个特点是无形中助长了当事人忽视投票权的行为。由于单个当事人的选择不像在一致同意规则下那样具有举足轻重的作用,因此当事人可能不愿意去进行选择或不愿意去进行认真的选择。单个人进行投票往往需要一定的成本,而这有时会导致当事人对投票表决持冷漠态度。这种冷漠态度使得特殊利益集团往往会通过支付一定数量的较小代价,收买那些原先不重视投票权的选民,使他们选择对本集体有利的方案。因此,多数票制通过的方案,有可能并不是真正有利于多数的方案,而是有利于特殊利益集团的方案。而该特殊利益集团的人数可能低于全体当事人的半数。这就是说,多数票制有可能导致只反映少数人利益的方案被通过。

多数票制的第三个特点是有可能出现投票悖论,即在运用简单多数制进行集体选择时,可能出现下述现象:投票结果随投票次序的不同而变化,大多数甚至全部备选方案都有可能当选,或者说选择的结果不具有唯一性。

例如,甲、乙、丙三个人,面临 A、B、C 三种方案,三个人的偏好有如下顺序:

甲:A 优于 B,B 优于 C。

乙:B 优于 C,C 优于 A。

丙:C 优于 A,A 优于 B。

若从 A、B、C 三个方案中先任选两个,按照简单多数进行选择,中选方案再与余下的第三方案进行比较,同样按简单多数进行选择。最后的中选方案将取决于首先比较的方案是哪两个。如果先比较 A、B 方案,则最终的中选方案将是 C;如果先比较 A、C 方案,则最终的中选方案将是 B,如果先比较 B、C 方案,则最终的中选方案将是 A。这种现象就是投票悖论。

公共选择理论认为,出现投票悖论的原因在于,当事人的偏好出现了统计学中所说的多峰现象。如果每个当事人的偏好排列都呈现出单峰现象,就不会出现投票悖论。这时,如果当事人总人数为单数,则简单多数规则可以导致唯一的选择方案,且该方案正好与处于中间状态的选民的偏好相同。

在对多数票制进行分析的过程中,公共选择理论还提出了最优多数的概念。多数票制往往使少数人受到伤害。这种伤害可称为外在成本。它是一个方案获得批准所需要的最低多数的数值的递减函数。显然,三分之二多数的规则比简单多数规则具有较少的外在成本,而一致通过规则比三分之二多数规则具有更少的外在成本。但另一方面,为使一个方案获得批准所需的最低多数的数值越大,通过一个方案所需要的协商谈判就越复杂,所需的时间便越长。这可以称作集体选择的时间成本。

除了一致同意规则和多数票制之外,民主制度下公共选择还有其他一些方式。例如,加权投票规则:股份公司内部的众股东的选择规则便是加权投票规则;否决投票规则:即,在面临存在若干供选择的方案时,每个当事人都首先排除自己最不喜欢的方案,然后把有人否决的方案全部排除出可供选择的方案集合,若剩下的方案还不止一个,就再次重复上述程序,直至只剩下唯一的方案为止。

## 五、 公共选择学派的核心思想

### (一)"经济人"假设与公共选择

经济学中的"经济人"假设是指当一个人在经济活动中面临若干不同的选择机会时,总是倾向于选择能给自己带来更大经济利益的那种机会。公共选择学派认为,人们在需要作出经济决策和政治决策时的反应,在本质上是一致的,总是趋利避害的。人们在进行政治活动时,也是以个人的成本—收益计算为基础的。没有理由认为个别公民在选票箱前的行为与个别消费者在市场中的行为有本质区别。在其他条件相同时,他总是愿意投票赞成其行为预计将给他带来更大收益的政治家,而不愿投票赞成其行为有可能给他带来较小利益甚至带来损害的政治家。同时,人们也不会因为他占有一个总经理的位置或拥有一个部长头衔,就认为其人性会发生变化。不管人们是在私营企业工作,还是在政府机构服务,只要有可能,便会选择能为自己带来更大的满足(物质上的或纯粹心理上的,如权力、威望、职业成就等)的决策,而不管该决策是否符合公众利益。

公共选择学派认为,政府行政部门与私人企业的区别不在于个人在其中的行为动机有所不同,而在于实现个人目标时所受到的制度束缚在行政部门中要比私人企业中松弛得多。结果,在其他条件一定时,私人企业中的个人活动倒有可能符合公共利益,而行政部门中,人们却最有可能恣意追求最大的个人利益,而不管它是否符合公共利益。

公共选择学派认为,政府是由人组成的,政府的行为规则也是由人来制定的,政府的行为也需要人去决策,而这些人都不可避免地带有"经济人"的特征。因此,没有理由把政府看作超凡脱俗的超级机器,也没有理由认为政府总是集体利益的代表和反映。政府同样也会犯错误,也会不顾公共利益地追求由政府成员所组成的集团的自身利益。因此,那种一旦发现市场有缺陷就认为任何国家干预都是合理的观点,是片面的。应当把调查市场缺陷的方法同样应用于政府和公共经济的各个部门,只有当事实证明了市场解决办法确实要付出比政府干预更高的代价时,才应当考虑政府干预。

## (二) 政府干预的代价

公共选择学派把"经济人"假设引进对政府行为的分析中,揭示了官僚主义的根源。他们认为,政府部门出现官僚主义行为的原因,首先在于官僚主义行为通常是给政府官员带来个人利益的最佳方式,其次是因为政府的组织结构特征使政府各部门的工作性质大多具有一定的垄断性。

公共选择学派认为,在其他条件不变时,官僚主义的解决办法必然使社会资源的使用效率低于市场的解决办法。之所以会产生如此结果,他们认为有三个原因:一是政府部门的行为不可能以营利为目的,因而,失去了追逐利润动机的政府官员并不会把他们所提供的公共劳务的成本努力压缩到最低限度。这最终会使社会所支付的服务费用超出社会本来应当支付的限度。二是政府部门往往倾向于提供超额服务,超出公众所实际需要的程度来提供公共服务,导致公共服务的过剩生产。这是社会财富浪费的另一个重要根源。它使资源不能被使用到更需要它的社会私营部门中去。而这种过剩地生产公共服务的倾向,又是与政府官员追求个人威信、追求政绩的意愿相联系的。三是社会对政府官员行为的监督往往是无效的。政府官员和政府部门的工作确实也受到民选代表的监督和上一级行政首脑或行政部门的监督。但由于向这些监督者提供情况的恰恰是被监督者,因此,除了重大的流弊之外,监督者完全可以受到被监督者的操纵。并且,由于监督者往往不一定是被监督者所提供劳务的消费者,因而,对于鉴别被监督者劳务的质量既缺乏经验,又缺乏热情。因此,政府所作出的决定往往拐弯抹角地有利于官僚主义而不利于公众。

公共选择学派通过对官僚主义的分析,最后得出了两条重要结论:

(1) 社会中官吏越多,"官僚敛取物"也就可能增加得越多。因为官吏们有直接的理由和更便利的地位来进行比其他公民阶层更广泛、更有效的政治活动。结果,政府的开支、机构以及工作人员的人数,都会由于官吏的增加而更加可能增加;政府规模越膨胀,这些就会膨胀得越快、越大。

(2) 用政府干预来解决经济问题的设想,只有在其他一切手段都被证明无效之后,才是可以考虑的。只有事实已经证明市场运作比官僚主义解决方法所付出的代价更大时,才可以在不得已的情况下,采用官僚主义的解决办法。

## (三) 民主政府与赤字财政

公共选择学派认为,要研究政府的决策行为,就必须首先了解政府的行为动机,正像要研究消费者和企业在市场中的决策行为就首先要了解其动机一样。那么政府行为的动机是什么呢?要回答这个问题,就必须考察政府性质。为此,他们提出了三种不同性质的政府模式。

第一种模式,政府是一个慈善的专制者。它的慈善意味着,它完全以社会的利益为自己的行为目标,追求社会利益的最大化。它的专制意味着可以不受公民或其选举代表的制约。这种模式事实上是现代西方那些主张国家干预的经济理论的暗含前提。但这种政府模式与现代西方政府的实际情况相差太远,不可能用来分析现代西方政府的经济行为。

第二种模式,政府是一个拥有自己独立利益的"巨人"。巨人型政府追求的政策目标是自身利益的最大化,如最大的财政收入等。该模式承认政府官员们的"经济人"特征,政府的行为目标是政府官员们追求自身的满足最大化(如生活享受、权力、威望等)的逻辑结果。巨人型政府从自身的长期目标出发,不会对公众采取竭泽而渔的做法,即税收不一定很重,对经济的干预也不一定很粗暴,因为这些做法不利于长时期的财政收入最大化。他们认为,巨人型政府模式主要适合用来分析现代西方政府的短期行为,因为现代西方政府在长期中不会以巨人型模式运行。

第三种模式就是西方民主型的政府模式。该模式假定全体公民以投票的方式参与政府决策,政府的行为目标受到公民选票或民选代表的约束,而民选代表为了再次当选,其态度在很大程度上又会受到选民意愿的约束。因此,该模式强调公共选择对政府行为目标和行为方式的决定性影响。公共选择学派认为,现代西方国家的政府实际上处于民主模式与巨人模式之间,但更接近前者。

公共选择学派运用民主型和巨人型模式分析政府行为的结果表明,现代西方的税制和政府开支结构大多是公共选择的结果。因此对公共选择的具体机制——选举程序的研究,就成为公共选择理论的一个重要组成部分。

公共选择学派认为,选举程序的作用就在于或者通过直接方式(公民投票)或者通过间接方式(经过民选代表)来表明公民全体对于公共服务的数量和质量需求,以及所愿意承受的负担(税收)程度。他们认为,现代西方通行的多数选举制并不一定能真正提高全社会的福利。

公共选择学派认为,任何一种政策都具有明显或含蓄的福利再分配功能,总是会把钱从一些人的口袋里拿到另一些人的口袋里,完全中性的政策是罕见的。而通过多数选举制所选择的政策,并不一定是使某些人所增加的福利必定能够大于另一些人所减少的福利的"好政策",它很可能是部分人的福利增加额小于其他人福利减少额的"坏政策"。情况之所以如此,是因为三个方面:一是,在政治活动中(与私人市场一样),信息不是免费获得的,而是需要花费一定的代价才能获得的财富。因此,在政治活动中,大多数人往往不可能掌握足够多的信息来自主地作出理性选择,而只能是根据感情或者他们所受到的影响去投票,对于他所赞成或反对的政策究竟对他的福利有何影响并不清楚。这表明一人一票的投票制度并不一定比货币分配不平均的市场有更多的平衡。二是,政府政策的受益面往往小于受损面(纳税面),且较少的受益者每人所增加的福利将大大超过较多纳税者每人所受到的损害。例如,在由 A、B、C 三个人或三个集团组成的集体中,要通过投票来决定一项总费用为 100 的公共工程是否进行,假设费用由 A、B、C 三者均摊,即每位要纳税 33.3,而受益情况则为:A35,B35,C0。整个集体的总受益为 70,小于总的费用 100。根据多数法则,该项目将因三分之二多数票通过,其原因就在于 A、B 两个成员通过该项目所获得的收益 35,大于他们所遭受的损失 33.3。当一种政策的受益面小于纳税面的情况下,尤其是两者相差悬殊时,较少的受益者将通过各种手段,施加各种压力,组织各种压力集团,促使政府选择这一政策;而人数较多的纳税者则因为该政策的放弃不会给自己增加多少利益而不去积极抵制,结果该项政策便成为公共选择的结果。三是,较多的人组织起来捍卫自身利益所需要的费用,远远高于较少的人进行组织所需要的开支。因此,人数较少的受益者比人数较多的受损者更容易组织起来为自己的利益而进行政治活动。所以,在西方民主国家里,赞成增加政府开支的政治联盟历来都比企图制止增加开支的纳税人联盟要多得多,也有效得多。政治生活在这里也像竞争市场那样,选择有效率的政治联盟,淘汰无效率的联盟。在这种情况下,那些在某项政策中没有受益只有损失的公民,并不会积极反对该项政策,而是会积极鼓吹那些将会为自己带来利益的其他政策。

公共选择学派认为,公共服务费用的分散性及其利益分配的集中性,是造成政府作用不断增长、财政开支不断膨胀的主要因素。政治家们清楚,通过提出新的支出计划而不是主张削减公共开支,能够获得更多的选票。因为一般选民纳税人通过缩减政府开支所得的利益往往低于被缩减开支的受益人所感受到的损害,从而纳税人未必会投主张缩减开支的政治家的票,而因为缩减开支而受害的那些人肯定不会投他的票。

公共选择学派还认为,当前困扰西方经济的政府财政赤字和通货膨胀是凯恩斯主义经济政策的必然结果。凯恩斯经济学的暗含前提是慈善专制模式的政府,因而,政府干预可以根据经济的繁荣或萧条而灵活变换。但事实上,按照凯恩斯的主张,放弃平衡预算原则之后,西方的民主制度使凯恩斯的国家干预具有了单向刚性,即萧条时很容易增加政府开支,而繁荣过度时却很难紧缩政府开支。这就造成了日益增长的财政赤字和旷日持久的通货膨胀。

公共选择学派的结论是:现代西方经济社会所暴露出来的众多问题,与其说是反映了市场经济的破产,不如说是反映了政治结构的彻底失败。因此,正确的对策是进行政治制度和法规的改革,其目标是遏制不断膨胀的政府势力。布坎南在《自由的限度》一书中表达了这样的意见:我们时代面临的不是经济方面的挑战,而是制度和政治方面的挑战,我们应该表明一种新的政治技术和新的表现民主的方式,它们将能控制官僚主义特权阶层的蔓延滋长。

## 六、 公共选择学派与经济学思想和方法的泛化

公共选择学派于20世纪中后期蓬勃兴起。这一时期凯恩斯主义经济思想的大行其道导致了政府对市场调控的常态化、广泛化,甚至出现了计划化和行政化的倾向。政府失灵问题日益显著,官僚体系寻租逐渐出现,西方民主体制的某种弊端和集体非理性亦渐次显露。因此,政府失灵引起整个社会关注,对政府行为的研究自然越来越受到重视。公共选择学派就是在这种形势下逐渐产生和形成的。

公共选择学派的理论是西方经济学理论的一种新发展。一方面,公共选择学派继承了西方主流经济学(特别是新古典经济学)的基本分析工具和概念(如"经济人"假定、帕累托最优原则、经济外部性等),并加以适当的扩展;另一方面,公共选择学派也在批判主流经济学某些理论的基础上,提出了一些对主流经济学具有挑战性的理论观点,其中一些理论观点直接涉及西方经济学的一些重大理论问题(比如,国家与市场的边界问题、社会福利函数的存在性和效率的差别标准问题等)。

与其说公共选择学派是将经济学分析所采用的工具理性运用于政治领域,不如说是将经济学的价值观泛化到整个社会。因为在西方学者看来,无论一个人处于市场中还是政治领域中,其"人性"总归是"理性"和"自利"的,将"经济人"和"个人中心原则"引入政治领域,相当于打开了一个原本在经济学中被设为外生变量的"政府"的"黑箱"。政府决策中的投票问题、选票最大化问题、政党理论、官僚体系目标函数等一系列问题都被以经济学的语言呈现在世人面前,从而使得人们对于社会的了解越来越深入和广泛,原本纷纷扰扰的争论在公共选择理论面前愈发条理清晰。

在这一系列理论基础上,公共选择学派未来的研究逐渐扩展到各个方面:或者就"效率"问题进一步研究,如投票、选举、两党与多党等;或者就社会福利函数进行理论探讨;甚至将之运用于发展中国家的制度比较研究,成为发展经济学和新制度经济学的构成部分;更以至于针对某一项决策程序技术化到机制设计和效率评价的层面进行研究。进一步的多元化和泛

化可能是公共选择学派今后的发展趋势。

总的来看,公共选择学派对西方经济学的这些努力和贡献具体表现在以下方面:

第一,公共选择学派在经济学方法论基础方面的贡献主要表现在三个问题上:

一是关于行为一致性的假定。新古典经济学派假定人们在经济活动中是"经济人",而在政治决策领域,却是克己奉公的贤人或圣人。这样,新古典经济学派就在人们的行为方面存在着不一致的双重假定。在这方面,由于公共选择学派的代表人物布坎南将"经济人"的假定引入了政治决策领域,把市场和政治决策过程中的个体决策者都作为"经济人"来对待,从而以一致性假定代替了双重假定,结束了新古典经济学派关于人类行为的双重性假定。这种改进使得政治因素变成了经济体系的内在变量。

二是关于"经济人"假定的合理性问题。在这方面,布坎南提出"经济人"假定在制度比较分析中包含了博弈论的"极小和极大原则"。这种原则运用于最终为立宪设计提供知识参照的公共选择分析,具有较大的合理性。可以说,布坎南提出的"经济人"假定包含的博弈论含义,是他从古典经济学中重新发现的最重要的理论遗产之一。

三是关于新古典经济学的资源配置最优化范式的缺陷问题。在新古典经济学关于资源配置最优化(或者说资源配置效率最大化)的范式的导引下,经济学家越来越向社会工程学家和应用数学家看齐,越来越关心人们在既定体制约束中的选择,而忽略了人们对制度本身的选择——这个更为基本和更为关键性的问题。布坎南对规则和制度的强调,则是对上述传统新古典经济学理论范式缺陷的揭示和一种强有力的批评与挑战。

第二,公共选择学派在经济政策学方面的贡献有:

布坎南的国家理论提醒人们注意经济政策所必须依赖的政治条件。他认为,国家是由普通的凡人所组成的,而不是像凯恩斯那样一些经济学家所认为的,是由社会的"精英"所组成的。既然如此,国家干预主义政策犯错误,甚至是犯严重的错误,就是不足为奇的。这一点是公共选择学派与其他自由主义经济学派相区别的重要之处。

当然,布坎南的上述观点也表现出过于偏激的特点。他把在市场经济中片面的、简单化的"经济人"假定,引入政治决策领域,以一种偏激的、简单化的人性倾向来说明政治决策过程中错误产生的原因,虽然有其可取的合理因素,但从整体上来看,显然是不完全适当的。而且,从实际经验上看,布坎南的观点也是存在着局限性的。

## 思考题

1. 公共选择学派的特点是什么?
2. 公共选择学派是在什么条件下产生的?
3. 公共选择学派的主要代表人物有哪些?
4. 公共选择学派的思想渊源是什么?
5. 公共选择学派是如何说明政府对经济进行干预的代价的?
6. 公共选择学派对于政府财政赤字的原因是如何说明的?
7. 公共选择学派如何看待政府的行为?
8. 公共选择学派如何看待公共选择的方式?

 **参考文献**

1. 方福前著:《公共选择理论》,北京,中国人民大学出版社 2000 年版。
2. 〔美〕丹尼斯·C.缪勒:《公共选择理论》,韩旭、杨春学等译,北京,中国社会科学出版社 1999 年版。
3. 文建东著:《公共选择学派》,武汉,武汉出版社 1996 年版。
4. 〔美〕詹姆斯·布坎南:《自由、市场与国家》,平新乔、莫扶民译,上海,上海三联书店 1989 年版。

21世纪经济与管理规划教材
经济学系列

# 第三篇

# 其他重要的经济学流派和学说

第十五章　希克斯的经济学说
第十六章　新制度学派
第十七章　熊彼特的经济学说
第十八章　新熊彼特学派
第十九章　新奥地利学派

# 第十五章 希克斯的经济学说

## 一、希克斯的生平和著作

### (一) 希克斯的生平概况

约翰·理查德·希克斯(John Richard Hicks)是现代著名的英国经济学家,诺贝尔经济学奖金获得者。希克斯1904年出生于英国瓦尔维克郡,17岁时获得牛津大学巴里奥学院的奖学金,最初攻读数学,一年后转攻哲学、政治学和经济学,1925年大学毕业,翌年获硕士学位,1932年获博士学位。1926—1935年,他在伦敦经济学院任教,1935—1938年任剑桥大学研究员和经济学讲师,然后出任曼彻斯特大学教授,直到1946年。1946—1952年在牛津大学纳菲尔德学院任研究员,随后担任牛津大学德拉蒙德政治经济学讲座教授,1946年被晋封为爵士,后任牛津大学万灵学院研究员,直到1971年退休。在他从事经济学研究和教学的近60年学术生涯中,希克斯发表了十多部重要的经济理论著作和多篇论文,内容涉及价值、资本、货币、工资、一般均衡、福利经济学、商业循环、经济增长、国际贸易和国际金融等许多领域。1972年,瑞典皇家科学院因为他在"一般均衡理论和福利经济理论方面作出了首创性的贡献",授予他第四届诺贝尔经济学奖(与美国经济学家肯尼斯·阿罗(Kennith J. Arrow)分享)。

### (二) 希克斯的主要学术著作

希克斯的主要学术著作有:《工资理论》(1932)、《价值与资本》(1939)、《社会结构》(1942)、《对经济周期理论的贡献》(1950)、《对需求理论的修正》(1956)、《世界经济论文集》(1959)、《资本和增长》(1965)、《货币理论评论集》(1967)、《经济史理论》(1969)、《资本和时间》(1973)、《凯恩斯经济学的危机》(1974)、《经济学展望》(1977)、《经济学中的因果关系》(1979)、《财富和福利》(1981)、《货币、利息和工资》(1982)、《古典和现代》(1983)、《货币的市场理论》(1989);有重要影响的论文有:《凯恩斯先生的就业理论》(1936)、《凯恩斯先生和古典学派》(1937)、《宏观经济学的一致》(1989)。

瑞典经济学家莱荣霍夫德在《希克斯的经济观点评论》(载《经济学文献杂志》1979年6月号)一文中指出,希克斯一生的研究工作可分为两个时期:青年希克斯时期和老年希克斯时期。与这两个时期相对应,希克斯对经济学的主要贡献也可归结为两大方面,与青年希克斯阶段相联系的是在一般均衡与福利经济方面的贡献,它们反映在《工资理论》《价值与资本》《对经济周期理论的贡献》和《对需求理论的修正》等书中。与老年希克斯阶段相联系的是他在动态经济学方面的贡献,以及他对凯恩斯经济理论的独特的新见解,反映这些理论的著作有《资本和增长》《货币理论批评文集》《经济史理论》《凯恩斯经济学的危机》《经济学展望》和《经济学中的因果关系》等。

由于篇幅和本书内容的要求,本章并不准备一一介绍希克斯经济理论体系的各个方面,而只是重点介绍希克斯对凯恩斯经济理论体系的解释和评价。因为希克斯对凯恩斯经济理论的解释既不同于"新古典综合派",也不同于新剑桥学派。在这方面,他始终是一个独立的凯恩斯经济理论的解释者和评论者。他把剑桥学派、洛桑学派的传统微观经济理论与他所解释的凯恩斯经济理论相结合,形成了一套自成体系的经济学说。

## 二、对宏观经济的一般均衡分析

### （一）对凯恩斯思想的新古典解释

希克斯对宏观经济的一般均衡分析是作为对凯恩斯经济理论体系的一种新古典解释而提出来的,主要体现在他的"IS-LM 模型"当中。1937 年,希克斯发表了一篇题为《凯恩斯先生与古典学派》的论文,将凯恩斯经济理论体系与凯恩斯所说的"古典学派"理论体系作了比较研究。

按照凯恩斯的利率理论,利率并不像新古典学派所说的那样取决于资本的供求关系,而是取决于货币供应量（MS）和流动性偏好（$L$）,以及由此决定的货币需求量（MD）。影响流动性偏好的因素是货币的交易动机、预防动机和投机动机。前两个动机受到国民收入水平（$Y$）的影响。而国民收入水平又取决于投资（$I$）和储蓄（$S$）,投资与储蓄之间的关系又取决于利息（$r$）。由此可见,凯恩斯的利息理论如同他所批判的"古典学派"的利息理论一样,是不确定的。因为这一理论存在着循环论证的问题:要想知道利率,必须先知道灵活偏好,要知道灵活偏好又必须先知道收入,而要知道收入,又得先知道利率及与此相关的投资和储蓄。

希克斯认为,要解决凯恩斯理论体系中的这个难题,就必须运用一般均衡分析方法,考察相互依赖的每个经济原理在经济体系中同时达到均衡的条件。希克斯通过 IS-LM 分析,将凯恩斯经济理论体系的四个重要的基本概念——消费函数、资本边际效率、灵活偏好和货币数量——结合在一起,阐述了投资、货币供应量、货币需求量、利率和国民收入诸经济变量的相互依存和相互影响的关系,以及商品市场和货币市场在经济体系中同时达到均衡的条件。①

### （二）IS-LM 模型的错误及有关评价

IS-LM 分析是将凯恩斯经济理论与新古典均衡理论结合起来的标准产物。丹尼尔·贝尔在评论时指出:"瓦尔拉斯以后,一般均衡理论经过阿罗、德布鲁和哈恩等人运用完美的数学形式加以修饰,已经变得更加完善。当它同希克斯和萨缪尔森重新塑造的新古典模型结合为一体时,就得到一个对于商品和劳务以及生产要素的相对价格,这些要素在不同用途上的配置、就业水平以及物价水平等作出解释的一般均衡理论体系。更明确地说,经济学发展成两套一般均衡的理论水平,一套是相对价格和资源配置（微观经济学）,另一套是就业和物价水平（宏观经济学）。"②

希克斯的 IS-LM 分析受到了西方经济学界的很高评价,同时也受到了一些西方经济学家的严厉批评。1968 年,莱荣霍夫德在其《凯恩斯学派经济学和凯恩斯经济学》这部著作中,批评 IS-LM 曲线歪曲了凯恩斯学说的本来面貌,挑起了一场理论上的争论。希克斯面对批评意见多次申明,他对 IS-LM 曲线是负有责任的,但是他当时作出这一综合只不过是想对《通论》

---

① 由于 IS-LM 模型在宏观经济学中已有详细介绍,这里不再赘述。
② 〔美〕丹尼尔·贝尔:《经济论述中的模型与现实》。转引自〔美〕丹尼尔·贝尔、欧文·克里斯托尔:《经济理论的危机》,陈彪如等译,上海,上海译文出版社 1985 年版,第 77—78 页。

一书的基本思想作一种概述。虽然凯恩斯本人对此未置可否,仅仅表示"有趣",但希克斯对这一宏观经济模型却不甚满意,认为这并不代表他自己的思想,所以他很少利用这一分析工具。在他晚年所写的《凯恩斯经济学的危机》一书中,也并未用这一工具来批评凯恩斯。但长期以来,希克斯并未说明不满意 IS-LM 分析的理由。直到 1979 年,在他晚年发表的一本重要著作《经济学中的因果关系》和同年发表的一篇论文《货币、利息和工资》中,才阐明了自己的观点,从存量、流量分析角度批评了 IS-LM 分析。希克斯指出,IS 是流量均衡,它与一定的时期(如一年)相联系,而 LM 反映的是存量均衡,与某一时点相联系。若假定 IS 处于流量均衡中,那么必须合乎逻辑地假定 LM 始终维持着存量均衡。于是就出现一个难题,因为在希克斯的《资本和增长》一书中已表明:一个时期的存量均衡的维持,就暗含着那一时期的流量均衡也被维持,这是该时期内均衡被维持的充分条件。但是,存量均衡在一个时期内被维持,即意味着该时期的每一个时点上都被维持着均衡,这也蕴含着每一时点的预期都毫无修改地实现了。用这种存量均衡的概念来制定 LM 曲线,显然是不妥当的。既然预期都完全实现了,那么,还有什么灵活性可言呢?而 LM 曲线恰好是反映灵活性的,完全实现的预期排斥了不确定性,从而也排斥了灵活偏好,这是 IS-LM 曲线的致命弱点。

## 三、 论经济增长与技术进步

### (一) 经济增长与技术进步的关系

在经济增长过程中,技术进步起着十分重要的促进作用。希克斯的经济理论对技术进步问题也十分重视,在他获得诺贝尔经济学奖的授奖仪式上,他发表了题为"经济增长的源泉"的讲演,阐述了他对经济增长与技术进步问题的看法。

在经济增长理论中,西方经济学家通常把技术进步划分为两种,即"非依附性技术进步"和"依附性技术进步"。非依附性技术进步与生产要素本身的改进无关,它是指生产组织或生产技术的改进,以及新的企业管理方法的发展和应用,能以较少的投入制造出较多的产品。因此,这种技术进步的结果是使所有资本和劳动的生产效率普遍提高。另一方面,依附性技术进步则与生产要素本身的改进有关,例如采用新的机器设备,或以培训和教育的方式提高劳动力的素质,即这种技术进步必须体现在具体的生产要素之中,它也能以较少的投入制造较多的产品。

希克斯在其 1932 年出版的《工资理论》一书中,对非依附性技术进步的分析做出了开创性的成果。希克斯根据各种技术发明对资本边际生产力和劳动边际生产力的影响,把技术进步分为三种类型,即"资本节约型"(或称"劳动多用型")、"中性"和"劳动节约型"。他说:"倘若我们观察两组生产要素——劳动与资本,并且假定它们全部都被使用,然后,我们可以根据发明的初始效果是增加了资本边际产量对劳动边际产量的比率,还是使这一比率不变,或者是降低这一比率,对发明进行分类,分别把它们称为'劳动节约型'、'中性'和'资本节约型'。"[①]希克斯的叙述表明,提高资本边际生产力对劳动边际生产力的比率的技术进步是劳动节约型的技术进步,降低资本边际生产力对劳动边际生产力的比率的技术进步是资本节约型的技术进步,使资本边际生产力对劳动边际生产力的比率保持不变的技术进步是中性的。

---

① 〔英〕约翰·希克斯:《工资理论》,英国,伦敦,麦克米伦出版社 1963 年英文版,第 121 页。

### (二) 技术进步的类型

西方经济增长理论中的中性技术进步概念,可以分为希克斯中性技术进步、哈罗德中性技术进步和索洛中性技术进步。下面我们将集中分析希克斯中性技术进步。

图 15-1 的横坐标代表人均资本配备量(每个劳动力平均使用的资本量),纵坐标代表人均产量(每个劳动力平均的产出量),曲线 $OF$ 和 $OF'$ 表明人均产量随人均资本配备量的增加而增加,但是以递减的增长率增加,原因在于当劳动力保持不变时,随着资本数量的不断增加($K/L$ 也同时增长),资本的边际生产量递减。

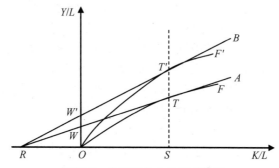

图 15-1 希克斯的中性技术进步

图中的曲线 $OF$ 代表技术进步出现前的人均产量与人均资本配备量的关系,当人均资本配备量为 $OS$ 时,人均产量为 $ST$,过 $T$ 点作一条切线与纵轴交于 $W$,与横轴延长线交于 $R$ 点。$OW$ 为工资率(平均每个劳动力的工资),$ST - OW$ = 利润量。这一切线的斜率等于 $(ST - OW)/OS$,由于 $(ST - OW)/OS = OW/OR$ = 利润率,故 $OR$ = 工资率/利润率。出现技术进步后,曲线从 $OF$ 移到 $OF'$,当人均资本配备量为 $OS$ 时,人均产量提高到 $ST'$,运用同样的方法,过 $T'$ 点作一条切线与纵轴交于 $W'$,与横轴交于 $R$ 点,其中 $OW'$ = 工资率,$ST' - OW'$ = 利润量。这一切线的斜率等于 $(ST' - OW')/OS = OW'/OR$ = 利润率,故 $OR$ = 工资率/利润率。这表明,技术进步既提高了劳动的边际产量,使工资率从 $OW$ 增至 $OW'$,同时也提高了资本的边际产量,使利润量从 $ST - OW$ 增至 $ST' - OW'$,由于技术进步是同等程度地提高了劳动和资本的边际产量,因此工资和利润都以相同比例增加,加上人均资本配备量并未改变,所以技术进步并不改变工资和利润在国民收入中的相对份额(即图形分析所表明的工资率和利润率在技术进步前后的比例都等于 $OR$)。

由此可见,希克斯给中性技术进步所下定义的主要特点是,具有这种性质的技术进步不会改变工资与利润在国民收入分配中的份额。此外,希克斯认为,在现实经济生活中,资本家为阻止工资的不断上涨,避免利润率的下降,一般偏向于发明和采用"劳动节约型"的技术进步。

## 四、经济周期理论

### (一) 乘数—加速数的经济周期理论

希克斯也是通过乘数—加速数原理的相互作用来解释经济周期问题的,直到现在为止,一些西方经济学家仍然认为:"在某种意义上说,希克斯的模型保留了经济周期理论的权威性的语言。"①

根据凯恩斯的经济理论,宏观经济均衡的条件是投资等于储蓄。希克斯将投资划分为自发投资和引致投资,虽然在资本主义经济现实生活中,这种区分并不显著,但是,对于希克斯的经济周期理论而言,这是一个十分关键的区分。希克斯认为,在只存在自发投资而没有引致投资的情形下,经济体系一般是按照一条均衡道路增长的。因为自发投资大部分是长期投资,投资者只期望它在长期内带来报酬,所以它是比较稳定的。而引致投资是由于前一时期的消费量或产量变化直接或间接地引起的投资,在一般情况下它构成净投资额的很大部分,并且极易受需求及产量变化的影响。引致投资是导致经济体系失衡的主要原因,根据加速数原理可知,加速系数越大,引致投资的变化幅度越大,经济体系失衡的可能性也就越大,如果考虑到乘数原理,那么在乘数—加速数的联合作用下,经济体系就必定会出现周期性的波动过程。

希克斯的经济周期理论,可以通过图15-2来加以说明:

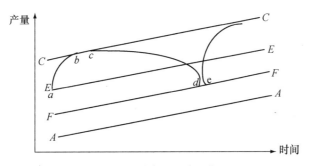

图15-2 希克斯经济周期

图15-2中,直线 AA 表示自发投资的增长道路,它处于一种稳定增长的状态。直线 EE 为自发投资所决定的产量的均衡增长道路,也处于稳定增长的状态。直线 FF 代表不存在任何引致投资时,由自发投资和乘数所决定的经济体系的产量增长的下限。直线 CC 代表整个经济体系的产量增长的上限("天花板"),或称为充分就业条件下所能产生的最高产量的增长道路。

假定分析的起点是经济开始处于由自发投资所决定的产量均衡增长道路 a 点。这时,由于出现了新的技术发明等因素,引起自发投资的增长,根据乘数—加速数相互作用原理的解释,经济体系开始一种累积的向上运动过程,产量从 a 点上升到 b 点,这时虽然最高产量也在随着时间不断地提高(CC 直线向右上方倾斜),但是由于实际产量的增长率超过了最高产量的增长率,因此实际产量的增长率会因为受到最高产量的限制而放慢。正如希克斯所指出的:"当这条增长路线碰到上限时,(一段时间后)它必定会离开上限,开始转向向下的方向运动。这种向下运动是不可避免的。"②这样,繁荣碰上了充分就业的"天花板"而被扼杀了。由于实际产量的增长受最高产量增长的限制,经济体系的增长率开始放慢,沿着最高产量增长道路缓慢地从 b 点上升到 c 点。乘数—加速数原理表明,只要产量的增长率放慢,就足以造成投资大幅度的减少和部分产量的降低。一旦下降开始,加速数就在相反方向上起作用,使得引致投资和产量更大幅度地减少,出现一种累积的向下运动过程,经济体系的产量从 c 点急

---

① 〔美〕夏皮罗:《宏观经济分析》,杨德明等译,北京,中国社会科学出版社1985年版,第543页。
② 〔英〕约翰·希克斯:《对经济周期理论的贡献》,英国,牛津,牛津大学出版社1950年英文版,第98页。

剧下降到 $d$ 点，使得经济体系经历一次从繁荣到萧条的周期。

当经济体系的产量降至 $d$ 点后，经济处于萧条时期的低谷，$FF$ 直线是经济体系的产量下限，这时不存在任何引致投资，加速数也就不再起作用。由于自发投资仍然存在，经济体系的产量沿着 $FF$ 增长道路缓慢地爬出低谷，从 $d$ 点增加到 $e$ 点，于是随着自发投资和产量的不断增加，又会引起引致投资的增加，在乘数和加速数的相互作用下，经济体系又可能经历一次从繁荣到萧条的周期性波动。

### （二）另一种解释

除此之外，希克斯还提出了另一种解释，认为引起经济周期的另一可能原因是，乘数和加速数的数值既不太大，也不很小，仅能勉强引起经济体系中产量的爆发波形的运动，但由于原始冲击因素太弱，还未等到乘数—加速数的相互作用将产量推到充分就业的最高产量，产量就开始呈下降趋势，紧接着出现向下方向运动的经济萧条。希克斯将这种周期经济情况称为"繁荣因其自我原因而自动死亡"[①]。

## 五、 关于投资、乘数与存货

### （一）对凯恩斯观点的看法

希克斯认为，根据凯恩斯《通论》中的论述，收入可以分解为消费与储蓄，又可以分解为消费与投资。由于收入与消费之间的关系在相当长的时期内是稳定的，从而收入与储蓄（即收入和消费之间的差额）之间的关系，在相当长的时期内也是稳定的。这样，在消费函数和储蓄函数为既定的条件下，一定的投资可以引起收入的某种程度的增加，即投资的乘数作用可以顺利地发挥出来。但是，投资乘数作用的发挥除了消费函数和储蓄函数既定外，还必须得有另外一个重要的前提，即有一定数量的存货可以被利用。如果没有可供利用的存货（包括投资品和消费品），那么当投资增加后，由于既缺乏可供利用的投资品，又缺乏为供给新增工人所需的消费品，投资的乘数作用就会受到影响，从而达不到通过投资来增加收入和就业的目的。

在希克斯看来，凯恩斯在论述储蓄、投资和乘数的关系时，并未把存货在这一过程中的作用阐释清楚。他说："在他的思想里，对另外一个事实却模糊不清，这就是：存货的状况要保持某种程度的'宽松'，乃是真正经济扩张的必要条件，甚至是扩大就业的必要条件。"[②]在凯恩斯的著作中，把投资引起再投资看作理所当然的事，因此仅限于对最初投资进行分析，而忽略了与存货有关的"引致投资"分析。希克斯指出，要说明投资的乘数作用，必须考虑到存货状况，甚至是最初的存货情况也必须加以考虑。

存货可以区分为实际存货数量和合意存货水平，后者是指厂商预期的存货数量。假定期初有一定数量的存货，增加投资后，乘数发生作用，实际存货数量就会不断减少，但只要实际存货数量仍然高于合意存货水平，那么乘数的作用仍会发挥出来，至此，凯恩斯的储蓄、投资与乘数的理论都是有效的。但是，一旦实际存货数量低于合意存货水平，厂商将会设法增加

---

[①] 参见宋承先著：《资产阶级经济危机理论批判》，上海，上海人民出版社 1962 年版，第 156 页。
[②] 〔英〕约翰·希克斯：《凯恩斯经济学的危机》，杨志信译，北京，商务印书馆 1979 年版，第 14 页脚注。

实际存货,这时就产生了为增加存货而进行的投资,即"引致投资"。这种"引致投资"的出现会使收入和就业的增加超过凯恩斯提出的正常乘数作用时的收入和就业水平,即出现一种由最初增加的投资和增加合意存货水平的引致投资共同作用的"超级乘数"。

### (二) 希克斯本人的观点

希克斯认为,忽视存货与超级乘数只说明了凯恩斯对乘数作用的估计不足,凯恩斯乘数理论的主要缺陷并不在于只是忽视存货,而是在于缺乏对存货结构的分析。存货结构的分析关系到凯恩斯乘数理论的有效性。

根据希克斯的看法,在封闭经济条件下,如果某些产品存货不足,只能依靠下述两种方式来弥补产品不足引起的生产过程中的困难:一是用劳动代替资本(即用人力代替物资),二是从其他部门抽调产品供给某一部门扩张的需要。第一种方式只适用于生产设备不足的情形,但这种替代的规模是有限的。在凯恩斯关于储蓄、投资和乘数的论述中,投资的乘数作用是在生产过程中一轮一轮扩张的,这一过程中的每一轮扩张,每一部门都需要材料,尽管在理论上可以假定有一个只需要直接劳动的"开端",实际上这种"开端"很难找到。"如果没有能够用到生产过程的材料(最重要的材料没有剩余存货),那就很难着手进行一项工业扩展。"[①]再看上述第二种方式,即从其他生产部门抽调产品来供给某一部门扩张的需要。假定只存在投资品和消费品两个生产部门。"如果材料是从前者所调用的话,那么某一种投资的扩大就是以牺牲另一种投资为代价而进行的;所以,总的说来,投资能否扩张是不能肯定的。如果材料是从后者调用的话——当乘数要求提高——消费势必要发生真正的缩减!……所以,就业是否有一个净扩大,也是难以确定的。这只是使工业活动从一个工业转移到另一工业而已,一个工业的增长可能大于也可能小于另一个工业的下降。"[②]因此,只要存货结构中存在着某种重要物资"瓶颈",乘数作用过程就会受到阻碍。希克斯的结论是:"凯恩斯的论点是否正确,取决于是否有材料存货可供使用而又不干扰其他经济部门的活动。"[③]

按照这一观点看待凯恩斯经济学,希克斯认为凯恩斯经济学是萧条经济学,在20世纪30年代大萧条的环境下,各生产部门都有大量剩余存货,乘数理论是适用的。然而在第二次世界大战后,经济环境不同了,并非各生产部门都有大量剩余存货,增加的投资常受到存货数量和存货结构的限制,不能发挥增加收入和就业的乘数作用。此外,也可以看出希克斯关于投资、乘数与存货的分析与瑞典学派经济学家林达尔的动态经济理论极有相似之处。

## 六、关于"两种价格体系"的分析

### (一) "两种价格体系"的提出

凯恩斯经济学是一种宏观经济理论,不涉及微观经济理论中的相对价格理论问题。凯恩斯在讨论收入、储蓄和投资等问题时,把价格作为已知的,这并非说价格是不变的,而是假定价格变化的原因是国民收入决定模型的外部变量。由于凯恩斯经济理论体系被认为缺少价格理论,因此是不完整的。如何沟通宏观经济学和微观经济学这两个领域,是第二次世界大

---

① 〔英〕约翰·希克斯:《凯恩斯经济学的危机》,杨志信译,北京,商务印书馆1979年版,第15页。
② 同上书,第15—16页。
③ 同上书,第16页。

战后资产阶级经济学界密切注意的课题,希克斯自写作《价值与资本》一书起,也一直致力于这一"沟通"工作,在《凯恩斯经济学的危机》一书中,他提出了"两个价格体系"的分析,以填补凯恩斯宏观经济理论的不足之处。

希克斯在书中写道:"在现代(资本主义的)经济中,至少存在两种市场。在一种市场里,价格由生产者来规定,对于这种市场(包括大部分工业品市场)来说,固定价格这一假定是具有很大意义的;但是还有另一种市场,即'弹性价格'市场或投机市场,在这种市场里,价格仍然决定于供给关系。"①所以在经济理论中必须同时考虑两种市场或两种价格体系。在希克斯看来,这两种市场或两种价格体系的作用是不同的。

在固定价格市场中,价格由生产者规定,存货归专门经营该种商品的厂商拥有,没有中间商存在(即使有,他们也是受买者或卖者的有效控制),实际存货数量和合意存货水平往往是不一致的。

在弹性价格市场中,价格取决于供求关系;存在着中间商,这些中间商的行动由他们对未来价格动向的预期所决定;实际存货数量总是与合意存货水平趋于一致。

### (二)"两种价格体系"的具体分析

如果经济中存在着剩余存货,弹性价格市场上的商品价格就会趋于下降。当投资的乘数发生作用时,存货逐渐减少,弹性价格就开始回升。但如果剩余存货减少到一定程度,价格又回升到某种程度,经济在渡过了严重的萧条阶段之后,这时若存货既不那么富裕,又不那么短缺,价格既不过高也不过低,在弹性价格市场上,扩大有效需求对于存货的变动和价格变动的影响就会减弱,扩大有效需求也不再可能像在严重萧条阶段那样有力地刺激价格上升。于是,弹性价格市场上的商品价格将保持在正常水平。希克斯断言:"至少在原则上,至少在弹性价格制度里,很清楚,对膨胀性工资上升和相应的价格上涨可能有一个全面的调整——一个'膨胀性均衡',在其中,各种实际价格比率和在没有通货膨胀时并无不同。"②这种膨胀性均衡,按照希克斯的解释,"就是一种在凯恩斯意义上的均衡,它不含有充分就业的意思"③。这就是说,在弹性价格市场上,通货膨胀可以同大量失业并存,而仍然保持均衡状态。但在这种均衡中,实际价格比率依然如故,因为所有价格均可自由变动。希克斯认为,弹性价格市场出现的这种通货膨胀,对社会经济不具有很大的危害。

可是,在固定价格市场里,生产者规定价格时是要考虑到生产成本的,固定价格市场上的商品价格并非固定不变,而是随生产成本的升降而升降。在存在两种价格体系的市场里,弹性价格市场的物价上涨并不会因为处于"膨胀性均衡"状态而无关大局,它易于甚至必然对固定价格市场产生影响,因为某种弹性价格市场中的升降幅度不可能与弹性价格一样,一般会小于弹性价格的波动。希克斯认为,劳工市场正是一种固定价格市场,那里的工资是由劳资双方直接来商定的。弹性价格市场的商品价格(如消费品)的上涨很容易加速工资的上升,而工资上升不可能引起各种价格同时有比例地上升,这样,弹性价格市场可能出现的膨胀性均衡不可能出现在固定价格市场中。由于固定价格市场的存在,虽然发生膨胀,但经济并不处于均衡状态。这样的通货膨胀甚至可以与大量的失业并存,不仅如此,这种通货膨胀还特别

---

① 〔英〕约翰·希克斯:《凯恩斯经济学的危机》,杨志信译,北京,商务印书馆1979年版,第19页。
② 同上。
③ 同上书,第62页。

具有破坏性,因为各种价格上涨的幅度不一样,对社会经济的各个方面都会产生不利影响;它损害劳资关系,影响社会福利(如养老金、社会救济等),影响财政收入。希克斯说:"在通货膨胀的情况下,凡此种种都需要不断加以重新规定,因而那些看来已经不成问题的问题,又重新成为问题了。在完全弹性价格的模型里,所有这些都不予考虑;但这些都是通货膨胀真正害人的方式。"①

总之,根据希克斯的分析,"两种价格体系"是现代资本主义经济的特征,经济学(包括凯恩斯宏观经济理论)如果不考虑到"两种价格体系",是不可能说明通货膨胀及其对经济生活的影响的。这一理论也反映了希克斯在西方经济学的发展过程中在宏观理论与微观理论结合方面所作出的贡献。

## 七、关于结构性通货膨胀的理论

### (一)通货膨胀的历史分期

希克斯认为凯恩斯本人在1936年出版的《通论》一书中并未给予通货膨胀以足够的重视,因为当时他关心的重点是萧条和失业问题。《通论》中的货币理论只适用于萧条年代,建立在这一理论上的货币政策也只适用于失业,而不适用于通货膨胀,为了解决当前的经济问题,对付新形势下的通货膨胀,必须建立新的通货膨胀理论。

希克斯把第二次世界大战后各主要资本主义国家的通货膨胀历史划分为两个阶段。

20世纪60年代后期以前是第一阶段,通货膨胀是需求拉动型的膨胀,基本上按照菲利普斯曲线行事。在这段时期里,凯恩斯学派财政金融政策"在提高一般经济活动水平方面,要比在抑制经济波动方面,更为成功。因而,在经济衰退时失业比旧时为少;但是在经济繁荣时通货膨胀比旧时为多"②。

20世纪60年代后期以后是第二阶段,这一阶段的特征是:"提高工资的'社会'压力已经居于统治地位。提高工资的主要力量不再是劳工缺乏。不管劳工缺乏不缺乏,工资总得提高。所以,衰退时期工资上升的程度将与繁荣时期工资上升的程度相等或接近相等。"③这就是与经济萧条并存的通货膨胀,即所谓"停滞膨胀"。

### (二)"结构性通货膨胀"理论

为了解释20世纪60年代后期的新的通货膨胀现象,希克斯提出了"结构性通货膨胀"。与"需求拉动"的通货膨胀不同,"结构性通货膨胀"与总需求变动没有直接联系,即并非由于需求总量的变动直接引起的膨胀和收缩。它与"工资推进"的通货膨胀也不完全相同,因为它并不像后者那样来自外界的、非经济的原因,从而也不能像后者那样可以依赖政治协商或法律冻结的手段来解决。希克斯认为,当前通货膨胀有其内在的、经济的根源,即劳工市场的就业结构和工资结构。赫尔姆特·弗里希在谈到"第二代的通货膨胀理论"时指出:"结构模型的核心是在两个部门之间生产率差距存在的既定条件下划一的货币工资增长。根据希克斯

---

① 〔英〕约翰·希克斯:《凯恩斯经济学的危机》,杨志信译,北京,商务印书馆1979年版,第65—66页。
② 同上书,第58页。
③ 同上书,第59页。

的观点,这可以用工资历史差异有关的'公平性'原则的概念来说明。"①弗里希的这段话点出了希克斯"结构性通货膨胀理论"的中心论点:各生产部门的生产率存在着差别,而货币工资的增长却没有差别。

希克斯将社会中的经济部门分为扩展部门和非扩展部门。在经济的扩展部门中,繁荣时期由于劳动力缺乏,工资是上升的,在衰退阶段工资并不下降。由于现代资本主义经济中工资已经失去粘性,每当扩展部门的工资水平上升时,非扩展部门的工人就会认为这种提高不是暂时的,而是永久性的,因而感到自己"被丢在后面了",为了公平,他们要求自己的工资水平向扩展部门工资水平看齐,"赶上去"。罢工是他们施加压力的一种形式,仲裁者都认为提高工资是公平的。雇主也知道,为了搞好劳资关系,必须同意工人提高工资。这样,扩展部门工资的提高很快就普遍化到非扩展部门,引起工资普遍膨胀。而在衰退阶段,部门之间工资水平的上升程度,由于"赶上去"现象的存在而相等或接近于繁荣阶段工资水平的上升程度,于是就发生了与生产停滞并存的通货膨胀。在1975年《货币主义的错误是什么?》这篇文章中讨论"工资上涨如何蔓延开"这一问题时,希克斯也用"公平原则"来说明了"结构性通货膨胀"的问题。②

针对新的通货膨胀,希克斯认为有必要进一步研究劳工市场的结构,采取比较平衡的经济增长,注意经济效率和"公平原则"的兼顾问题,而不能沿用凯恩斯及其追随者的处方,即用抑制需求的办法来控制通货膨胀,或用政治上的压力来防止"工资推进"。

希克斯的结构性通货膨胀理论受到资产阶级经济学界的重视,被认为是"第二代通货膨胀理论"中最重要的理论。希克斯的"公平原则"概念实际上成为北欧学派和其他结构性通货膨胀论者解释通货膨胀的基本原则。但是实际上希克斯的结构性通货膨胀理论只不过是工资推进和需求拉动通货膨胀理论的混合物,它把第二次世界大战后资本主义国家通货膨胀的责任归咎于供求失调或工人要求的工资过高,从而掩盖了20世纪60年代后期以来出现的"停滞膨胀"的实质和最终根源。

## 八、希克斯经济理论的地位和意义

希克斯是"新古典综合"的创始者、IS-LM模型的发明人、"乘数—加速数"类型的经济周期理论的完善者。他对凯恩斯经济理论的解释和推广作出了重要的贡献,但是,他并不属于凯恩斯主义经济学的任何流派。由于他对一般均衡理论的创造性发展,对工资理论、货币理论和经济增长理论的独特性的发展,从而也对新古典经济学理论体系作出了重要的贡献。不过,希克斯也不属于正式的新古典经济学的任何流派。从严格的意义上说,希克斯在西方经济学家当中是独树一帜、自成一家的。他的理论既是宏微观相结合的,也是新古典与凯恩斯理论相结合的。他的经济学理论在西方经济学中占有承前启后的重要地位。他代表了从剑桥学派、洛桑学派的传统经济学向宏观与微观相结合的经济理论的过渡。

希克斯是一位毕生不断进取的经济学家。年轻时,他曾经因为其《工资理论》一书而被看

---

① 〔奥〕赫尔姆特·弗里希:《通货膨胀理论(1963—1975):"第二代"概述》,载美国《经济学文献杂志》1977年12月号,第1304页。
② 参见〔英〕约翰·希克斯:《货币主义的错误是什么?》,载《现代国外经济学论文选》(第一辑),北京,商务印书馆1979年版,第144—148页。

作一位新古典的、强调微观分析的经济学家。当他写作并出版了《价值与资本》那本著作后，又被认为是"超出微观经济学，而提供了一种进入新宏观经济学的动态经济学和货币理论讨论"①。其后，希克斯在诸如凯恩斯经济学理论、需求理论、经济增长理论、货币理论、经济史理论等方面都有重要的贡献。英国经济学家布莱恩·摩根曾经说道："希克斯的早期著作没有引起争论，是因为他的开创性努力几乎立刻被同行们接受了；但他的后期著作也没有引起什么争论，则主要是因为这些著作被人们忽视了。"②

当然，希克斯的经济理论也有其不足与缺陷，这主要是他在综合与发展各种经济理论时，也受到了各种经济理论本来所固有的缺陷和不足的影响，从而表现出了某些相应的缺点。希克斯除去其有独创性的方面之外，凡是属于"综合性"的理论，大致上都不同程度地存在着这种缺陷和不足。在学习和借鉴希克斯的经济理论时，我们应该加以注意。

## 思考题

1. 希克斯是如何在宏观经济均衡分析方面对凯恩斯的经济理论体系进行修正的？
2. 经济增长理论中，希克斯对技术进步的分析有何特点？
3. 希克斯对经济周期理论的贡献主要表现在哪些方面？
4. 希克斯对投资、乘数与存货的关系的看法是怎样的？
5. 希克斯关于"两种价格体系"的分析有何重要意义？
6. 希克斯是如何解释西方国家20世纪60年代以后所出现的通货膨胀的？

## 参考文献

1. 〔英〕约翰·希克斯：《工资理论》，英国，伦敦，麦克米伦出版社1963年英文版。
2. 〔英〕约翰·希克斯：《凯恩斯经济学的危机》，杨志信译，北京，商务印书馆1979年版。
3. 〔英〕约翰·希克斯：《货币主义的错误是什么？》，载《现代国外经济学论文选》（第一辑），北京，商务印书馆1979年版。
4. 〔英〕约翰·希克斯：《价值与资本》，薛蕃康译，北京，商务印书馆1962年版。
5. 〔英〕约翰·希克斯：《资本和增长》，英国，牛津，牛津大学出版社1965年英文版。
6. 〔英〕约翰·希克斯：《资本和时间》，英国，牛津，牛津大学出版社1973年英文版。
7. 〔英〕约翰·希克斯：《经济学展望》，余皖奇译，北京，商务印书馆1986年版。
8. 〔英〕约翰·希克斯：《经济学的因果关系》，英国，牛津，牛津大学出版社1979年英文版。
9. 〔英〕约翰·希克斯：《财富和福利》，英国，牛津，牛津大学出版社1981年英文版。
10. 〔英〕约翰·希克斯：《货币、利息和工资》，英国，牛津，牛津大学出版社1982年英文版。
11. 〔英〕约翰·希克斯：《古典和现代》，英国，牛津，牛津大学出版社1983年英文版。

---

① 〔英〕约翰·伊特韦尔等：《新帕尔格雷夫经济学大辞典》（第2卷），北京，经济科学出版社1992年版，第691页。
② 转引自〔英〕J.R.沙克尔顿、G.洛克斯利：《当代十二位经济学家》，陶海粟、潘慕平译，北京，商务印书馆1992年版，第118页。

12.〔英〕约翰·希克斯:《动态经济学的方法》,英国,牛津,牛津大学出版社1985年英文版。

13.〔英〕约翰·希克斯:《经济史理论》,厉以平译,北京,商务印书馆1987年版。

14.〔英〕约翰·希克斯:《经济理论评论集》,英国,牛津,牛津大学出版社1967年英文版。

15.〔美〕杜森贝利:《希克斯论经济周期》,载《经济学季刊》1950年8月号。

16.〔英〕J. R.沙克尔顿、G.洛克斯利:《当代十二位经济学家》,陶海粟、潘慕平译,北京,商务印书馆1992年版。

17.王志伟著:《诺贝尔经济学奖获得者希克斯经济思想研究》,北京,北京大学出版社1996年版。

18.胡代光主编:《西方经济学说的演变及其影响》,北京,北京大学出版社1998年版。

19.胡代光、厉以宁、袁东明著:《凯恩斯主义的发展和演变》,北京,清华大学出版社2004年版。

20.罗志如、范家骧、厉以宁、胡代光著:《当代西方经济学说》(上、下册),北京,北京大学出版社1989年版。

# 第十六章　新制度学派

新制度学派在现代西方经济学各流派中是独树一帜的,它既反对凯恩斯主义各派,又反对现代货币主义和其他自由主义学派,并以现代资本主义"批判者"的面目出现。如果说,我们在前面所介绍过的新古典主义的新制度主义经济学派可以纳入新古典经济学主流的话,这里的新制度学派却是地地道道的"异端"理论。尽管它被正统经济学者看作离经叛道的"异端",但它在西方经济学中的地位和影响在相当长的时间里却在不断提高和扩大。这个被看作现代西方经济学"异端"的新制度学派,是历史上被作为"异端"的早期制度学派有关思想在第二次世界大战后新的历史条件下的继续和发展,而早期的制度学派又是从历史学派的一些观点演变而来的。

## 一、从老制度学派到新制度学派

### (一) 新制度学派的含义

自 1918 年沃顿·汉密尔顿(Walton H. Hamilton)在提交美国经济学会年会的论文中首次使用"制度经济学"①这个词以来,它就特指的是凡勃伦、康芒斯所开创的美国制度经济学这一经济学流派和分支。20 世纪 60 年代以后,凡勃伦的后继者们把自己的学说称为"新制度主义"(Neo-Institutionalism)。但在 20 世纪 70 年代,遵照新古典范式的新制度经济学(New Institutional Economics)兴起以后,"制度主义"、"制度经济学"这两个词的使用出现了混乱。新制度经济学的倡导者为了把自己的学说与凡勃伦、康芒斯等人的学说区分开来,将后者称为 OIE(Old Institutional Economics,老制度经济学),将自己的学说简称为 NIE。这样一来,新制度经济学的倡导者不仅暗示了美国制度主义已经过时,而且还无视新制度主义的存在,使得主流经济学界谈及制度经济学必然想到的是 NIE。②我们在本书中将以科斯为代表的制度经济学称作"新制度经济学",而将继承凡勃伦传统的制度经济学称作"新制度学派"。

事实上,在当代,制度经济学并非由新制度经济学一统天下。遵循凡勃伦传统的老制度经济学也并非如新制度经济学的倡导者所说的那样没有价值,而且在新制度经济学蓬勃发展的同时,新制度学派也逐渐成熟,成为西方经济学界一个重要的非正统学派。在经济学多元化发展趋势愈发明显的今天,新制度学派正与其他非正统学派相互融合、补充,成为多元化的一个重要组成部分。

凡勃伦开创的制度经济学在 1918 年到 20 世纪 30 年代美国的"制度主义运动"期间盛极一时,但自 20 世纪 30 年代末开始衰落。第二次世界大战后,在凯恩斯主义和经济学的"形式

---

① W. H. Hamilton, "The Institutional Approach to Economic Theory", *American Economic Review*, Vol. 9, No. 1, March 1919, pp. 309—318.

② 美国制度主义的后继者们也将凡勃伦时代的制度经济学为 OIE,但他们用的是"Original Institutional Economics"这个术语,意指美国制度主义是原生的制度经济学。

主义"双重冲击下,经济学界似乎也已经少有人关注制度经济学。不过这个经济思想流派并没有销声匿迹。20 世纪 60 年代以来,一种被称为"新制度学派"的学说开始兴起。新制度学派的主体是凡勃伦学说的倡导者们经过不懈努力所复兴的凡勃伦-艾尔斯传统(Veblen-Ayres Tradition)。同时,加尔布雷思(John K. Galbraith)、缪尔达尔(Gunnar Myrdal)、博尔丁(Kenneth E. Boulding)等制度学派经济学家各自遵循不同的学术传统,为新制度学派的发展作出了重要贡献。他们的学说也顺理成章地被归入新制度学派的理论范畴。① 本章以介绍凡勃伦传统的新制度主义学说为主,同时也将简要叙述其他新制度学派经济学家的思想。

### (二) 制度学派的发展进程

从凡勃伦时代的制度学派到 20 世纪中期以后的新制度学派,其发展进程大致上经历了四个阶段:

(1) 第一阶段在 19 世纪末 20 世纪初,以批判当时的资本主义制度和正统经济学为主要任务的早期制度学派(即老制度学派)应运而生。

早期制度学派的创始人和主要代表是美国经济学家索尔斯坦·凡勃伦(Thorstein Veblen,1857—1929)。在西方国家中他最先创立了一套从制度角度分析经济现象和问题的理论体系(如果不考虑马克思的经济思想和理论的话),为制度经济学的发展奠定了基础,形成了以后所有制度经济学家所遵循的"凡勃伦传统"。早期制度经济学派的主要代表人物还有约翰·康芒斯(John R. Commons,1862—1945)和韦斯利·米契尔(Wesley C. Mitchell,1874—1948)。

所谓"凡勃伦传统",主要表现在两个方面:

一是批判正统的资产阶级经济学,建立以研究制度演进过程为基本内容的经济理论。凡勃伦既反对像边际效用学派那样把个人从特定社会生产关系中抽象出来,分析个人的欲望及其满足的途径;也反对像马歇尔那样用均衡的原则来解释社会经济现象,认为各种矛盾着的力量最终将趋向调和。在凡勃伦看来,历史是进化的、演进的,而不是静止的;社会的发展就是制度的发展,经济制度只是它所存在的文化体系的一部分,它的变化受许多非经济文化因素所制约,不是独立发展的。他认为经济学应是一门进化的科学,应以研究制度的演变为目标。

二是批判资本主义社会的弊病,主张从制度或结构上来改革资本主义社会。凡勃伦运用制度分析的方法来寻找资本主义社会弊病的根源。他认为,在人类经济生活中有两种制度,即满足人的物质生活的生产技术制度和私有财产制度。在资本主义社会,这两种制度表现为"现代工业体系"和"企业经营"。资本主义社会的弊病正在于这两种制度之间的矛盾,解决的办法则是建立由工程师、科学家和技术人员组成的"技术人员委员会"来接替企业经营的统治。

凡勃伦提出的以上两点,为以后的制度经济学家所继承,他们都反对当时处于正统地位的资产阶级经济学,并在一定程度上揭露了资本主义社会的弊病,主张进行"制度"改革。这就使制度经济学从凡勃伦开始一直都处于"异端"的地位。

---

① 这些制度主义者对新制度主义的主体——凡勃伦-艾尔斯传统并未作出直接的贡献,因而他们也被称为"准制度主义者"(quasi-institutionalists)。参见 H. Landreth, D. C. Colander, *History of Economic Thought* (3rd ed.). Boston: Houghton Mifflin, 1994, p.388。

早期制度学派的代表人物,除了凡勃伦外,主要还有康蒙斯、米契尔等人。他们也都着重从社会制度发展的角度论述制度与经济发展的关系,并强调制度因素对经济生活的重要作用。但他们之间的观点却不尽相同。

(2) 第二阶段是在20世纪30—40年代。这一阶段可以被看作某种介于新老制度经济学派之间的过渡期。在凯恩斯的《通论》出版后,凯恩斯经济学在西方盛极一时,然而,早期制度学派并未就此销声匿迹。在20世纪30—50年代,仍有不少"凡勃伦传统"的继承者。

阿道夫·A.贝利(Adolf A. Berle)和加德纳·米恩斯(Gardiner C. Means)在1932年出版的《现代公司和私有财产》一书,从社会和企业结构的角度来分析资本主义社会的经济问题,着重分析了所有权和管理权的分离及其对资本主义权力结构的影响。伯恩汉(J. Burn-Han)在1941年出版的《经理革命》一书中指出,经理革命是一种由于权力转移而发生的社会变革,通过这场变革,社会的统治阶级已由过去的资本家变成了现代的企业管理者。克拉伦斯·艾尔斯(Clarence Ayres)在1944年出版了《经济进步理论》一书,在肯定制度经济学以分析公司和社会结构的变化的同时,论述了技术进步问题。他认为,制度经济学所强调的技术进步,其本质不在于个人技艺的提高或个人精神的某种表现,而在于工具的变革以及由此所引起的制度变化,在这种制度变化中,技术起着决定性的作用。他还主张把平等与收入分配作为经济研究的重要课题。这些制度经济研究者,进一步发展了凡勃伦的制度经济理论,他们被认为是从以凡勃伦为代表的早期制度学派到以加尔布雷思为代表的新制度学派过渡的桥梁。

(3) 第三阶段是在20世纪50—70年代,以美国的阿兰·格鲁奇(Alan Gruchy)、加尔布雷思、博尔丁、海尔布罗纳(R. L. Heilbruner),瑞典的冈纳·缪尔达尔(Gunnar Myrdal)为主要代表。

1958年,美国经济学会年会的分会场设在华盛顿的沃德曼公园酒店,制度经济学家也在这里出席年会。在格鲁奇和甘布斯(John S. Gambs)的主持下,制度学派经济学家组成了一个小组,被称为"沃德曼小组"(Wardman Group)。除了两位主持者外,小组成员中其他著名的制度经济学家还有多尔夫曼(Joseph Dorfman)、法格·福斯特(J. Fagg Foster)、路易斯·容克(Louis Junker)、大卫·汉密尔顿(David Hamilton)、本·塞利格曼(Ben Seligman)和哈里·特雷宾(Harry Trebing)等人。在小组形成之初,加尔布雷思、米恩斯、缪尔达尔、琼·罗宾逊等著名经济学家都曾与格鲁奇和甘布斯有过联系,表达了向小组的学术活动提交论文的意愿。

1958年以后,该小组成员每年都在美国经济学会年会期间举行分会。1964年11月,小组举行了自己的第一次正式组织会议。1965年,小组重新命名为"演化经济学学会"(Association for Evolutionary Economics, AFEE)。1965年,演化经济学学会举行了第一次会议,选举艾尔斯为第一任主席。1966年,新制度学派的学术团体正式宣告成立。学会每年举行年会,每年选举新的主席。艾尔斯之后,甘布斯和格鲁奇先后担任了学会的第二和第三任主席。从1969年开始,学会为对制度经济学和其他非正统经济学作出突出贡献的经济学家设立了最高成就奖——凡勃伦-康芒斯奖(Veblen-Commons Award),艾尔斯理所当然地成为首位获奖者(该奖项除1971年、1972年、1980年、1991年四年空缺之外,每年颁发一次)。1967年,演化经济学学会开始出版《经济问题杂志》(*Journal of Economic Issues*),这为新制度经济学文献开辟了一个新的阵地。1971年,有制度主义倾向的著名经济思想史学家塞缪尔斯(Warren J. Samuels)出任主编。在他的领导下,《经济问题杂志》的影响逐渐扩大。

为与凡勃伦、康芒斯等美国经济学家所代表的老制度学派相区别,20世纪60年代后,赞同新古典经济学的制度经济学家将自己所倡导的理论命名为"新制度主义"或"新制度经济学"(Neo-Institutional Economics)。"新制度主义"和"新制度经济学"这两个词首次出现在图尔(Marc R. Tool)1953 年完成的博士论文《自由抉择的经济：政治经济学的规范理论》(The Discretionary Economy: A Normative Theory of Political Economy)的第一章中。但他的这篇论文直到 1979 年才发表。① 这样，首次使用这两个词的公开发表的文献就是容克 1968 年发表于《美国经济学和社会学杂志》上的文章《新制度主义的理论基础》。② 但容克在这篇文章的注释中说明了是图尔首先使用了这两个词。

新制度学派有自己理论上的共同原则。菲利普·克莱因(Philip Klein)归纳了新制度学派的理论原则："[新]制度主义者广泛接受的范式的性质是：坚持技术—制度二分法，[新]制度主义者强调的是动态而不是静态的分析。……一个社会的明显的任务就是要经常回答我们应该沿什么样的方向进步？我们的资源将如何帮助我们向这个方向靠拢？……[新]制度主义者的一个核心主张是，经济绩效必须由社会价值来评价。……市场是一个工具，但它并不是给定了的方向。"③ 这些原则中包含了新制度主义者的理论共性：从凡勃伦和艾尔斯那里延续下来的技术—制度二分法；强调经济现象的过程特征；经济分析必须进行价值判断；价值判断的标准是社会价值；市场只是一种制度，经济问题的解决靠的是制度调整，而不是市场机制。

在第二次世界大战后，在"后凯恩斯主流经济学"失灵的情况下，形成了现代各个"反主流派"或"异端"经济学的流行。新制度学派就是在第二次世界大战后资本主义社会多种"病症"并发，而凯恩斯主义又无法解释和解决这些"病症"的条件下，作为一种"奇谈怪论"但又受到人们某种"偏爱"的经济学"异端"而出现的。

新制度学派在经济学界影响最大的是加尔布雷思、博尔丁、格鲁奇、海尔布罗纳等，以及瑞典经济学家缪尔达尔等人。他们从不同角度继承了凡勃伦的传统，注重从制度或结构方面来分析资本主义社会的变化及其存在的问题。他们几乎一致的看法是，资本主义弊病在于制度结构的不协调。他们还着重从结构变化方面推测资本主义发展的趋势，提出挽救资本主义的政策建议。其中最有代表性的著作是：加尔布雷思的《丰裕社会》(1958)、《新工业国》(1967)、《经济学和公共目标》(1973)；以及博尔丁的《组织革命》(1953)、《经济政策原理》(1958)，海尔布罗纳的《在资本主义和社会主义之间》(1970)，还有缪尔达尔的《美国的两难处境：黑人问题与现代民主》(1944)、《亚洲的戏剧：对一些国家贫困的研究》(1968)、《反潮流：经济学评论集》(1973)等。新制度学派的经济学家于 1958 年成立了自己的学术团体"演化经济学学会"，并创办了理论刊物《经济问题杂志》。20 世纪 70 年代以来，这一经济理论流派的影响又有所发展，萨缪尔森也把它称为"对主流经济学的第三种挑战"。

新制度学派和早期制度学派并无根本性区别，它与凡勃伦的传统却是一脉相承的。但由于新制度学派在第二次世界大战后凯恩斯主义失灵的情况下，发挥早期制度学派的基本观点，来同"正统派"以及其他流派相抗衡，这就必然使制度经济理论具有某些新的特点。所处的时代不同，所要解决的问题也就不同。因此，新制度学派比早期制度学派更加注重对资本主义现实问题的研究，对资本主义社会"病症"的"诊断"和揭露，以及价值判断的范围与"处

---

① 华夏出版社在 2012 年出版了中译本。
② Louis Junker, "Theoretical Foundations of Neo-Institutionalism", *American Journal of Economics and Sociology*, Vol. 27, No. 2, April 1968, pp. 197—213.
③ Philip A. Klein, "Institutionalism Confronts the 1990s", *Journal of Economic Issues*, Vol. 23, No. 2, June 1989, pp. 545—553.

方"等,也就更加具体和广泛,对其政策的批评也就更直截了当,而不再仅仅停留在理论的探讨。关于这种差别的性质,格鲁奇曾指出:"凡勃伦的旧制度学派和加尔布雷思、艾尔斯、科姆、洛以及别鲁的新制度学派之间的区别,大部分是20年代和60年代之间的区别。"①还指出,新制度学派"主要是根源于凡勃伦的著作和其他按凡勃伦的传统进行研究的美国知识界的产物。把制度一词运用于这种经济学是因为它把经济制度作为人类文化的一个部分来进行考察,而人类文化是许多制度的混合。只能在这样一种意义上极不确切地使用制度学派这个概念:即这个学派的成员有共同的哲学信仰,同样用广泛的文化的方法来研究经济,并且用同样的方法评论美国的经济制度"②。这就是说,新制度学派和早期制度学派相比,其特点就在于在新的历史条件下,继承和发展了凡勃伦的传统,用制度结构分析的方法,来揭露当今资本主义社会的"病症"和批判"正统派"的经济理论与政策主张。

(4) 第四阶段就是本书前面已经介绍过的以科斯、诺斯、威廉姆森、阿尔钦、德姆塞茨等人为代表的新制度经济学。新制度经济学的最大特点在于,他们基本不是"异端"而是"正统",他们不同于其他任何阶段的制度经济学派,而是与当前在西方国家占主流地位、主张经济自由主义的新古典学派基本相容。

### (三) 新制度学派的基本理论特征

新制度学派与早期制度学派一样,并不是一个严格的、具有统一理论观点和政策主张的理论流派。新制度学派的一些重要经济学家都是自成体系的,在许多问题上都存在着不同程度的分歧。但是,他们在经济的研究对象、研究方法和价值判断标准方面,有一些基本的共同特征。

#### 1. 研究对象

新老制度学派都研究经济制度的产生、发展及其作用,即从制度方面来分析资本主义社会的变化及其存在的问题。早期制度学派的奠基人凡勃伦认为,经济学研究的对象应该是人类经济生活借以实现的各种制度,而制度是由思想和习惯形成的,思想和习惯又是从人类本能产生的。他说:"制度实质上就是个人或社会对有关的某些关系或某些作用的一般思想习惯;而生活方式所构成的是,在某一时期或社会发展的某一阶段通行的制度的综合。因此从心理学方面来说,可以概括地把它说成是一种流行的精神态度或一种流行的生活理论。"③在凡勃伦看来,本能树立了人类行为的最终目的,个人和社会的行为都是受本能支配和指导的,这些行为逐渐形成思想和习惯,进而形成制度。制度产生之后,就对人类的活动产生约束力,本能所产生的目的就在已经形成的制度中得到实现。

新制度学派经济学家承袭了凡勃伦的基本观点,强调制度与结构因素在社会经济演进过程中的重要作用,更多地从制度和结构方面来分析资本主义社会。他们所说的制度即包括各类有形的机构或组织,以及无形的制度,如所有权、集团行为、社会习俗、生活方式、社会意识等。新制度学派经济学家指责传统经济学的研究范围过于狭窄,使得经济学成了关于稀缺资

---

① 〔美〕格鲁奇:《现代经济思潮——新制度学派经济学的贡献》,美国,新泽西,普林梯斯-霍尔出版公司1947年英文版,第18页。
② 〔美〕格鲁奇:《制度学派》,《国际社会科学百科全书》(第4卷),美国,印第安纳波利斯,自由出版社1968年英文版,第463页。
③ 〔美〕凡勃伦:《有闲阶级论》,北京,商务印书馆1981年版,第139页。

源如何配置的"抉择科学",并且将经济因素和非经济因素截然分开,从而成为一种"封闭式"的经济学。加尔布雷思公然宣称他的研究重点是"结构改革",而不是"量的增减"。他认为,经济学被划分为宏观经济学和微观经济学两个部分是一种不幸。他主张把经济学的研究重心转到"质"的方面来,进行制度和结构的分析。

新制度学派的研究扩大了经济学的研究范围①,囊括了政治学、社会学和心理学等学科的内容,但是也使新制度学派经济理论失去了明确的研究对象,客观上妨碍了新制度经济学形成一个统一的、系统的、逻辑十分清晰的经济理论。

### 2. 研究方法

制度学派经济理论的共同的研究方法就是演进的、社会整体性的和结构性的研究方法。新制度经济学家认为,传统经济学所使用的静止的和机械的均衡分析方法,实质上把经济现实看成是静止的和凝固不变的,它只是研究资本主义社会关系的表面现象,放弃了揭示资本主义社会中各个经济利益集团之间的矛盾和冲突,从而歪曲地反映了资本主义社会的现实,因此,新制度学派主张从根本上改变现代经济学理论的方法论。根据他们的观点,资本主义经济制度和社会结构并非静止不变的,而总是处在由于技术的不断变革所引起的持续的演变过程中,资本主义制度是一种"因果动态过程"。所以经济学要研究变化、研究过程,而不是研究静止的横断面。这就是经济研究中的演进的方法。这一方法的运用,就可以研究制度的变化以及制度演变过程中各种因素的摩擦和冲突。所以,新制度学派经济学者将他们自己的学术团体命名为"演化经济学学会"。

新制度学派也反对奥地利学派的抽象演绎法,而强调与演进方法相联系的整体的方法。他们认为,在经济学的研究中,应该把注意力的焦点从传统经济学中作为选择者的个人(家庭)和企业,转移到作为演进过程的整个社会总体。加尔布雷思指出:"把现代经济生活当作一个整体加以观察时,才能更加清楚地了解它。"②

但是,新制度学派所说的整体方法不同于凯恩斯主义的总量分析方法,如"大公司的权力"就是一个整体概念,它既包括政治权力,也包括经济权力,不能用数字计量。新制度学派重视社会的制度和结构的问题。其分析方法也被人们叫作制度结构分析方法。这种分析方法包括权力分析、利益集团分析、规范分析以及社会政治和经济制度分析。新制度经济学派主张使用"制度—结构分析"的方法代替数量分析,将其作为经济学的主要分析方法。他们从来不使用经济计量模型来描述自己的理论见解。

### 3. 价值判断标准

新制度学派特别注重研究与判断经济活动利弊得失有关的价值标准。博尔丁在《经济政策原理》中就说过:"如果一个社会用它的活动产生着一些与它的制度不相适应的理念和价值体系,那么它是不能生存下去的。"③在博尔丁看来,不探讨价值准则,便没有使经济学成为有益于社会的科学,而资本主义社会也就会陷入危机和困境。博尔丁的这种观点代表了所有新制度经济学家的看法。他们认为,经济学如果缺乏价值的伦理标准,便无从判别现实资本主义社会的利弊得失。

---

① 缪尔达尔曾明确谈到这一点,他说:"在这个意义上,经济学方向改变为制度方向,这显然包含着跨学科的研究。"见《现代国外经济学论文选》(第一辑),北京,商务印书馆1979年版,第491页。
② 〔美〕加尔布雷思:《新工业国》,美国,波士顿,时代出版社1971年英文版,第6页。
③ 〔美〕博尔丁:《经济政策原则》,美国,新泽西,普林梯斯-霍尔出版公司1958年英文版,第424页。

新制度经济学家主张把经济制度、经济行为看作整个社会文化系统的一个局部,采用整体性的分析方法,因而他们对正统经济学的价值标准深表怀疑。他们认为,从亚当·斯密到凯恩斯都只注意经济价值而忽略经济以外的其他价值。以经济增长为例,传统经济学无不以"产品越多越好"作为信条,以国民生产总值作为进步与落后、发达与不发达的标志。对此,新制度经济学家提出疑问:经济增长究竟是增进了人们的幸福,还是增进了人们的痛苦和烦恼?新制度经济学家认为,经济增长不仅不与生活质量的提高成比例,不仅不是解救资本主义的灵丹妙药,而且还给后工业化社会造成一系列社会经济问题,如环境污染严重、生态失衡、国内资源浪费、城市管理腐败、收入分配不均加剧、个人"独立性"丧失、社会危机严重,等等。因此,新制度学派要求重定经济政策目标,不再把国民生产总值和产品的增加作为判断社会进步与否、发达与否、人们幸福与否的标准,不再以经济增长本身作为经济政策的目标。新制度学派的这种观点被称为"增长价值怀疑论",它是现代西方的一种社会思潮或经济思潮,其含义和范围要比新制度学派经济理论学说本身广泛得多。这是现代西方意识形态领域存在深刻危机的一种表现。

## 二、 艾尔斯的经济思想

克莱伦斯·艾尔斯(Clarence E. Ayres,1891—1972)是老制度经济学向新制度经济学过渡过程中起到承上启下作用的重要经济学家,他的经济思想对于制度经济学从凡勃伦时代向第二次世界大战后时代的过渡产生了重要的作用。

1917年,艾尔斯在芝加哥大学获得博士学位,1930年进入得克萨斯大学经济系任教,直到1969年退休。由于艾尔斯长期执教于得克萨斯大学的缘故,他和他的追随者也被称为制度经济学中的"得克萨斯学派"。

艾尔斯著作颇丰,1944年出版了代表作《经济进步理论》[①],1961年出版了另一部重要著作《通向合理社会:工业文明的价值》[②]。在这两部著作中,艾尔斯完整地阐述了他的理论主体——工具价值理论。工具价值理论继承了凡勃伦理论体系的核心,吸收了哲学及其他相关学科的发展成果,包容了更为丰富的分析对象。同时,这一理论又在凡勃伦理论的基础上进一步明确了价值判断的标准,明确了工具价值的具体内容,并对凡勃伦理论中一些未解决的问题进行了解答。因此,艾尔斯的工具价值理论成为凡勃伦传统的最好延续,并奠定了此后制度分析的基础,制度主义中的凡勃伦-艾尔斯传统也因这一理论而得以形成。此外,艾尔斯还主张把平等与收入分配作为经济研究的重要课题。

### (一) 艾尔斯制度经济学的方法和范围

1. 工具价值理论的哲学基础

艾尔斯认为,制度经济学所强调的技术进步,其本质不在于个人技艺的提高或个人精神的某种表现,而在于工具的变革以及由此所引起的制度变化,在这种制度变化中,技术起着决

---

[①] Clarence Ayres, *The Theory of Economic Progress*. Chapel Hill: The University of North Carolina Press, 1944. 商务印书馆2011年出版了中译本。

[②] Clarence Ayres, *Toward a Reasonable Society, the Values of Industrial Civilization*. Austin: University of Texas Press, 1961.

定性的作用。

工具价值理论的哲学基础更多地是来自于实用主义哲学的重要代表杜威(John Dewey)而非凡勃伦。杜威的哲学将社会视为一个生命过程,这也是人类的生命过程。人类生命过程中有两个主要的特征——制度特征和技术特征。生命过程的制度方面与行为的习惯模式有关,它所关注的是植根于社会传统中的价值。它是静态的,所关心的是保留过去遗传下来的信仰、阶级差别以及身份特征。而生命过程的技术方面则与工具、科学知识和实验有关。科学和技术是世界发生改变的原因,并侵蚀着生命过程的制度方面。生命过程的这两个特征中,前者的视角是向后的,后者的视角则是向前的。"遗传"的制度与现实的科学和技术趋势之间存在着冲突,这种冲突导致了生命过程的制度结构的修正。杜威的这种哲学观点与凡勃伦的二分法非常接近,只不过杜威更明确地从哲学的角度提出了制度与技术之间的关系,并形成了实用主义哲学体系。

2. 工具主义二分法

从杜威的工具主义二分法出发,艾尔斯认为任何经济系统或经济秩序都是由两类行为构成,一方面是技术特征的行为,另一方面是仪式特征的行为。"仪式的"等同于"虚假的","工具的"等同于"真实的"。仪式行为模式会通过五种方式表现出来:(1)社会分层;(2)定义和维持社会分层的习俗体系,也就是道德观念;(3)维系身份和道德观的意识形态;(4)加强以上仪式表现形式的教化系统;(5)使仪式行为模式合法化的"神秘主义典礼"(mystic rites and ceremonies)。这几种表现形式被艾尔斯概括为身份(status)、神话(myth)、魔法(magic)和社会习俗(folkway)。仪式行为模式的这些表现形式都可以概括出两个特征:"虚假的"特征,即由等级和身份来决定能力;"遗传的"特征,所有仪式模式都是从过去继承下来的。

艾尔斯认为制度是"以仪式特征为主导的社会行为的一部分"①。从社会习俗与仪式行为模式的关系来看,所有的制度都具有仪式的特征,一个时期内仪式行为模式的状况就是这个时期社会的制度结构。艾尔斯是将仪式与制度这两个词等同使用的。从仪式行为模式的两个特征来看,由于它是虚假的,它对人类生存或生命过程的保证——物质产品的生产来说就是无用的;由于它是遗传的,因此它是过去经验的产物,是保守的。

与仪式行为相反,技术行为是所有使用工具的人类活动,技术过程是技能(skill)与工具不可分离地进行运用的过程。技术具有两个特征:(1)技能与工具间存在着一致的和不变的联系;(2)所有的技术都是进步的。在艾尔斯看来,"技术"与"工具"这两个词的差别只是在使用上的差别。"工具"这个词是作为一个抽象的哲学范畴来使用,而"技术"则带有更多的实践的意义。认为技术在经济生活中发挥决定性作用的思维方式被艾尔斯称为"工具主义"。在艾尔斯的著作中,他是把"工具"与"技术"作为同义词来使用的。

这样,在艾尔斯对经济行为模式的二分法中,哲学意义上的"工具"就与"仪式"相对立,描述现实的"技术"就与"制度"相对立。在经济的发展过程中,"仪式行为体系与技术活动是对立的,因为尽管技术的固有特征是发展的,而仪式功能却是静态的,是抵抗和抑制变革的"②。二者构成了一对相抗衡的力量。由于它们是社会过程的本质特征,因此社会和经济过程就始终处于冲突之中。

---

① Clarence Ayres, *Toward a Reasonable Society*. Austin: University of Texas Press, 1961, p.184.
② 〔美〕克莱伦斯·E. 艾尔斯:《经济进步理论》,徐颖莉等译,北京,商务印书馆2011年版,第177页。

3. 艾尔斯制度经济学的研究对象

艾尔斯认为正统经济学强调的个人最优选择并不是孤立的,而是在文化框架内进行的选择。对艾尔斯而言,经济学所研究的就是这个文化框架。从本质上说,研究文化过程的经济学就是关于经济秩序或经济系统的理论。所有的经济行为构成了经济"系统"或"经济秩序"。这些系统和秩序就是艾尔斯的经济学的研究对象。

艾尔斯并不怀疑价格在经济系统中发挥的普遍而重要的作用,但他反对将价格作为唯一的因素。艾尔斯指出,正统经济学认为"价格是唯一一种具有经济意义从而人人都关心的东西……价格是将社会所有成员的经济活动联系起来,并形成一种经济的唯一媒介。这种说法显然是错误的"①。艾尔斯的经济学强调的关键因素是技术而不是价格。艾尔斯把价格视为一种需要的产物、一种道德的产物。价格之所以在正统经济学中取得支配性的地位,是由它的历史决定的。说到底,价格是一个仪式符号。

## (二) 对资本主义的认识

从"技术—制度"二分法出发,艾尔斯对美国经济体系作出了解释。他认为美国经济是"价格经济"和"工业经济"的混合。价格经济关心的是货币、销售、契约等金融事务,它最终所关注的是"货币权力"。价格经济是一种以仪式行为为基础的制度混合体,它的行为准则是保护那些由习俗和道德观念所维系的权威和特权。这种制度混合体是一种以财产、身份和阶级差异为基础的权力体系。

与之相对,工业经济是技术的经济。它主要关注的是产品和服务的生产中所运用的科学知识、工具和技艺。工业经济是一个生产体系而不是权力体系,艾尔斯认为是它使技术成为美国经济体系中唯一真实的创造性力量。工业经济中的技术行为是发展的,价格经济中的仪式行为是保守的。工业经济反对传统的信仰和态度,反对阶级差异和身份差异。技术变革侵蚀着价格经济的制度基础,迫使价格经济向工业经济的方向进行调整。但是,现实却是价格经济支配着技术经济。艾尔斯认为,要改变这种现象,实现制度调整,关键的问题是要形成一种新的思维方式,这种思维方式就是将技术而不是价格视为经济体系的核心。

## (三) 工具价值论

1. 技术进步

艾尔斯的理论核心是工具价值理论,其内容之一是技术进步问题。在技术行为和仪式行为两股力量的冲突中,技术方面持续发展,而仪式方面的既得利益减退。在艾尔斯看来,这就是进步,也就是技术行为对仪式行为的克服和替代。在这个过程中,艾尔斯显然是相信技术发展能够克服制度的阻力,他对技术的坚定信念是基于他发展起来的一个技术进步理论。

艾尔斯认为,科学进步和技术变革取决于工具的使用。新技术是先前存在的物质设备和思想相结合的产物。新技术的产生和技术变革是由技术的内部动力所推动,但同时也有它的历史必然性。技术的内部动力也就是工具的自发进步特征。艾尔斯认为,结合使用是工具固有的特征。人类知识和技艺的积累最终要反映在工具这个符号上,但工具并不仅仅是人类知识和技艺的反映。因为新工具一旦诞生,它就会有结合的要求,这种结合的可能性要远远大

---

① 〔美〕克莱伦斯·E.艾尔斯:《经济进步理论》,徐颖莉等译,北京,商务印书馆2011年版,第41页。

于任何个人知识和技艺的结合的可能性。正是工具的结合要求才产生了更多的或者爆发式的发明。工具的结合就是进步,从而自发的工具结合导致了自发的技术进步。由于工具结合原理,技术发展的速度可以比现存物质设备和思想发展的速度更快,但技术的发展速度也取决于制度因素。

艾尔斯坚信技术行为或工具行为必将克服制度行为或仪式行为的阻力,最终实现制度调整。技术也就是实现制度调整最为关键的力量。技术行为对仪式行为的克服是一个持续不断的过程。这一方面是因为制度或仪式行为永远在不断地形成,而它又永远是过去经验的产物,永远滞后于技术进步,因此技术要持续地克服制度的阻力。另一方面,技术进步也具有持续性特征。艾尔斯所阐述的技术连续性是与生命连续性相联系的。生命过程就是一个实践与认知的过程,这是一个连续的、积累的和发展的过程,这一过程的基础是工具的使用。文明的连续性就是工具的连续性,而文明的连续性当然也就是生命的连续性。工具之所以具有连续性,是因为它客观存在,技艺和知识不会因为个人的死亡而消失,它们植根于文化中。知识和技艺又因为人类维持生命过程的需要而不断积累,因此技术必然具有连续性。这样,要保证和促进人类生命过程或文明的连续性,就必须保证与促进工具或技术的连续性。这就引出了艾尔斯的价值理论——价值的衡量标准就是看是否有助于技术过程的连续性。

2. 价值及其构成

在价值来源方面,艾尔斯认为,文化或经济系统由技术体系和仪式体系构成,前者促进生命过程的连续性,后者阻断这种连续性。技术体系可以创造价值。仪式体系也会产生价值,但所产生的是错误的价值。艾尔斯价值理论中的主要问题就是从错误的价值中将真实价值鉴别和区分出来,从而明确靠什么来维持和促进生命过程以及经济过程的连续性。价值就意味着连续性。

艾尔斯同时又将"真实"这个词与连续性等同起来,而连续性的基本条件是技术。这样,有价值的或者真实的东西就是能维持技术连续性从而维持生命连续性的东西,又由于仪式行为阻碍着技术行为,因此有价值的东西也就是能消除或减少仪式行为的东西。

根据艾尔斯所赋予的价值的含义,价值判断的标准也就产生了,这就是保持技术从而生命的连续性。通过这个判断标准,艾尔斯还将个人价值与社会价值统一在一起:"说到价值的时候,说的就是任何单个活动——选择、偏好、决策或者判断——与整个生命过程之间的关系。"①所有个体行为的好坏就由是否有利于生命过程的延续来判断。

艾尔斯进一步明确了技术过程所包含的所有真实价值的内容,那就是自由、平等、安全、丰裕、卓越和民主六个方面。自由是技术过程的结果,同时又是技术过程的一个方面和一个条件。平等就是没有人为的和独断的障碍,但并不意味着没有差异;不平等就意味着那些不考虑工具效率的歧视。安全来自于工具的使用及其有效的组织,对人类安全的最大威胁是疾病、饥馑和战争;技术进步是消除前两个威胁的最好方式,而战争是典型的仪式活动,工具活动将克服仪式活动。丰裕是工具使用的直接结果,丰裕取决于技术进步而不是取决于节约或者储蓄。并不是稀少就意味着卓越,真正的卓越是超越过去的观念,技术进步的成果就是卓越。民主并不是多数同意这种规则,而是一个过程,也就是摆脱偏见和无知的过程,在这个过程中形成了社会的"大多数"。价值的以上六个构成部分在技术过程中相互联系、互为条

---

① 〔美〕克莱伦斯·E. 艾尔斯:《经济进步理论》,徐颖莉等译,北京,商务印书馆2011年版,第223页。

件,同时也与技术过程的持续性互为条件。实现了这些价值,人们也就进入了工业的生活方式。这种生活方式也就是对真实价值的概括。

### (四)政策主张

在政策主张方面,艾尔斯将经济发展和技术进步几乎看作一回事。在他那里,推动技术进步的政策就是促进经济发展的政策。艾尔斯归纳了经济发展过程的四个原则:经济发展是不可抑制的;经济发展过程中技术变革与制度阻力成反比;经济发展就是人力资本的创造;在经济发展中,技术过程所形成的价值是普遍的价值。只要保证了技术过程的连续性,也就保证了经济发展的持续性。要实现经济发展,就要从政策上采取一些消除或减少仪式行为的措施。

艾尔斯并不认为价格是理性决策的唯一依据,现代经济体系的复杂性产生了对经济计划的要求。由于现代经济系统中仪式体系支配着技术体系,而计划又是技术进步的一种表现,因此经济计划既是经济系统的现实要求,又是克服仪式体系的阻力的要求。

艾尔斯认为大萧条期间美国经济衰退的原因主要在于消费不足,而消费不足的原因又是由于在繁荣阶段,人们的收入以不同的比例增长,高收入集团的收入增加要大于低收入集团;结果是高收入集团的储蓄大于与经济增长率相适应的投资需要,使得生产和消费不相适应,前者大于后者,萧条因此而发生。从根源上来说,消费不足从而萧条的原因在于资本主义社会收入分配的不合理,因此要解决消费不足问题就要从收入分配政策入手。

艾尔斯提出了两个解决收入分配问题的政策措施。第一个措施是1938年提出的社会保障计划,但他后来认识到这一计划并不令人满意,因为失业者不是一个稳定的群体,从而不会稳定地接受再分配的收入。1952年,艾尔斯提出了最低收入保障计划,即为所有人提供一个基本收入。他认为这是制度主义者在实践方面最重要的贡献。第二个措施是同样在1952年提出的负所得税计划。艾尔斯指出,传统的家庭福利保障措施是对低收入家庭采取税收削减,这种方式可以简化为向收入位于纳税水平之下的家庭成员直接发放补贴。这一负所得税计划不仅操作简单,而且可以兼顾单身的低收入者。艾尔斯的这个建议的提出比弗里德曼的相同建议要早。

由上可知,以艾尔斯为代表的这些凡勃伦之后的制度经济的研究者,进一步发展了凡勃伦的制度经济思想。他们被认为是从以凡勃伦为代表的早期制度学派到以约翰·加尔布雷思为代表的新制度学派过渡的桥梁。

## 三、加尔布雷思的制度理论

### (一)加尔布雷思的概况

约翰·肯尼斯·加尔布雷思(1908—2006)是美国著名的经济学家。加尔布雷思1908年出生于加拿大一个苏格兰移民后裔的农场主家庭,早年在加拿大就学,1931年毕业于加拿大安大略农学院,获学士学位。大学毕业后,他到美国加州大学伯克利分校继续研究农业经济,1933年获硕士学位,次年又获博士学位。在伯克利,加尔布雷思研读了马歇尔的《经济学原理》,学习了凡勃伦的著作。凯恩斯的思想曾对青年时的加尔布雷思有一定的影响。1934年,加尔布雷思到哈佛大学任讲师,讲授农业经济学,并任学监。在那里,他结识了约瑟夫·

肯尼迪及其弟弟约翰·肯尼迪（1961年当选为美国总统）。同肯尼迪兄弟的交往，对加尔布雷思在20世纪60年代的政治活动有一定的影响。他历任普林斯顿大学副教授、美国物价管理局副局长、《幸福》杂志编辑、美国战略轰炸调查团团长、美国国务院经济安全政策室室主任、美国驻印度大使。1972年，他被选为美国经济学会会长。同年，他与詹姆斯·托宾、瓦西里·里昂惕夫一起访问了中国，并在北京大学作了题为《不平衡发展问题》的报告。从1949年起，他就一直担任哈佛大学教授，直到2006年去世。

加尔布雷思是现代最著名的新制度学派经济学家。他的《丰裕社会》《新工业国》《经济学和公共目标》等著作在经济学界具有广泛的影响，从理论上探讨了前人未曾注意到或很少涉及的"工业化以后社会"的问题，创立了他的新制度经济学理论，并提出了对资本主义进行改革的建议。

### （二）加尔布雷思对企业权力结构的分析

加尔布雷思认为，现代资本主义已不同于100年前乃至50年前的资本主义，它已发生了巨大的变化。而这种变化，正是传统经济学所忽视的。

加尔布雷思认为，随着社会的进步、技术的发展，新的大公司（成熟的公司）不断出现，但在大公司存在的同时，还存在着大量的、分散的中小企业（原有的企业）。因此，美国的企业结构是"成熟的企业"和"原有的企业"并存。

在加尔布雷思看来，中小企业的存在有其必然性。第一，有些工作在地区上是分散的，组织方式无法运用，由此决定了这些经济单位规模小、资金少、技术力量薄弱，如农业、零售业。第二，存在着对个人的直接服务的需求，如律师。第三，有些工作涉及艺术，而艺术家需要借助于组织之处却很少，它适合个人经营。第四，商号有时会受到法律、同行间的风气、工会歧视技术或组织这方面的约束而不得不以小规模经营为限，如建筑业。总之，中小企业有着大公司所没有的优点，它在美国经济中的地位是不能忽视的。

虽然中小企业为数众多，但它们是分散的，听从于市场的供求，无法操纵价格和支配消费者。对经济起决定作用的是那些规模庞大、技术复杂、投资巨大的大公司。而大公司的雄厚实力又来源于公司权力的转移、公司新目标的形成。

加尔布雷思认为："各个公司规模的大小不同，其规模越大，个人在其中所起的作用就越小，组织权威就越大。就那些成立已久的极其巨大的公司来说——我把它们称为成熟的公司——组织的权力是绝对的。"① 以往，在那些规模较小的公司里，权力是掌握在股东手中的，而现在权力则从股东手中转移到了新的"技术结构阶层"即"专家组合"手中，因为权力属于最重要的生产要素占有者。随着经济的发展、技术的进步，专门知识已成为最重要的生产要素，所以，权力也就转移到了掌握专门知识的人手中，在当今资本主义社会里，经理、科学家、工程师、会计师、律师等是掌握专门知识的，故权力也就掌握到了"专家组合"手中。对于重要的行动来说，做出决定时需要若干人或许多人的知识、经验。"一般情况是，随着公司规模的扩大，需要做出的决定，数量既越来越多，性质也越来越复杂。结果是，专家组合对做出决定时所需要的知识越来越富于垄断性，其权力也越来越大。"② 将权力给予专家组合还有一个因素是随着公司的发展和存在期间的悠久而自然形成的。随着时间的推移，由于继承关系、遗

---

① 〔美〕加尔布雷思：《经济学和公共目标》，蔡受百译，北京，商务印书馆1980年版，第84页。
② 同上书，第85页。

产税、慈善行为等的发生,股份的持有者越来越分散,导致股权越来越小。

公司的权力转移到"专家组合"手中,"专家组合"的目标就成了公司的目标。这个目标有保护性目标和积极性目标,前者是指排除外来对"专家组合"做出决定的干扰,并不为追求最大利润而去冒风险,只求得适当的利润。这是因为从追求最大利润中能得到最大好处的是股东,并不是专家组合。追求适当的利润,既用不着去承担风险,又不致使股东们卖掉股票。积极性目标是指大公司的发展与稳定,从而保持公司较高的增长率,扩大公司规模,增加技术结构阶层的收入。

正由于以上的原因才会加强大公司的力量,使之取得中小企业所望尘莫及的权力。

### (三) 二元经济体系理论

加尔布雷思在分析了企业权力结构的变化以后,进一步分析了整个社会的经济结构。他指出,就整个资本主义社会经济来看,存在着二元体系即计划体系和市场体系。二元体系理论是加尔布雷思对现代资本主义进行分析的主要理论。他认为二元体系的存在,是现代资本主义的"丰裕社会"仍然存在贫穷、罪恶等各种矛盾和冲突的根源。

所谓计划体系,就是指有组织的、由若干家大公司组成的经济,这些大公司所实行的是计划经济。大公司有权控制价格,支配消费者,从而生产者主权代替了消费者主权,并且和政府密切相关。但资本主义经济并不是单一的模式,在大公司存在的同时,还存在着大量的、分散的小企业和个体生产者,即受市场力量支配的市场体系,它们无法操纵价格和支配消费者。

计划体系力量强,而市场体系力量弱小。因此,在整个社会经济中,前者处于有利地位,后者处于不利的地位。现代资本主义经济正是由计划体系和市场体系构成的。两者相互配合,产生了在经济发展上一种非偏颇的形态。一方面,市场体系所使用的动力、燃料、机器等是计划体系供给的。计划体系是市场体系产品的重要买主,所以两者是相互依赖的。另一方面,这两个体系存在着冲突和矛盾,它们的权力是不平等的。

(1) 这两个体系之间的交换是不平等的。"市场系统出售其产品和劳务时,其中的很大一部分价格不是由它自己控制的,实际上不得不屈服于计划系统的市场力量之下。在权力的这样分配下,显而易见的是,在一切方面,计划系统会比市场系统进行得更加顺利。"①这就是说,当计划系统向对于市场系统购买产品和劳务时,可以用压低的价格购买,相反,当计划系统出售自己的产品时,便以抬高的价格出售。"在多数情况下,计划系统向市场系统卖出时的价格和它向后者买进时的价格,它都有控制权,因此双方交易的条件总是倾向于对它有利的一面。"②而大企业对小企业通过不等价交换进行的剥削正如发达国家对发展中国家的剥削,甚至是一种更厉害的剥削。

(2) 这两个系统的得利是不均等的,大公司富裕,小公司贫困。而资本主义政治只关心大公司的利益,采取的一系列政策都有利于计划系统,这就给市场系统及资本主义经济带来了严重危害。

我们知道,市场系统受市场力量的支配,完全按供求状况变化,具有自我限制、自我纠正的能力。因为市场系统规模小、收入少、数额分布广泛,这种收入具有强烈的消费倾向,即使用于储蓄,也是为了出借,故不会发生有效需求不足的现象,所以它不会造成经济衰退。同样

---

① 〔美〕加尔布雷思:《经济学和公共目标》,蔡受百译,北京,商务印书馆1980年版,第56页。
② 同上书,第248页。

对于通货膨胀它也容易消除,前面也提到过它受市场力量的支配,不能控制价格,同时政府又有货币政策和财政政策,故它不可能哄抬价格。如果通货膨胀是由于工会的力量迫使增加工资而引起的,那么,市场系统的许多场合是不存在工会的,即使存在工会,生产者也不能控制价格。所以,市场大体上是稳定的。

而计划系统则不然,它没有上述能力。计划系统的储蓄由少数大公司决定,数额庞大,储蓄意向往往超过投资意向,这样就会产生需求不足,导致经济衰退。再者,计划系统由商号控制价格,价格不会下降,工资由工会主持,不会削减。有时为了实现稳定与增长,往往同意增加工人工资,以避免工人罢工,然后把工资的增加转嫁给市场系统与消费者,而那些稳定市场系统的方法在计划系统中起不了作用。所以计划系统生来不稳定,并且有累积性。如果它受到通货膨胀的影响,不但不会自然纠正,还会具有持久性。"计划系统中衰退和通货膨胀的后果,会带着破坏性作用,流向市场系统。"①虽然不稳定因素来源于前者,后者受到的损害却大于前者。

由于计划系统和市场系统两个系统之间是有联系的,计划系统是市场系统的重要买主,因此,"当计划系统中的需求下降,对市场系统的产品和劳务的需求也会减退。由于在那里不存在保护性控制,价格、企业主收入和某些部分的工资将下降。小工商业者或农场主的困难是严重的。市场系统对于从它自身产生的需求动向还能控制,却极容易受到发源于计划系统的风暴的打击"②。市场系统在受到计划系统打击的同时,还会受到政府的危害。国家会始终偏袒大企业,纵容或默许大企业把损失转嫁给小企业和小生产者。政府采取的一系列政策考虑到的都是大公司的利益,反映的是计划系统的需要。政府支出被长期定在高水平上,很大程度上集中于军事或工艺制品或工业发展,为计划系统提供了直接的支援,促进了它的产品行销。而政府为了防止通货膨胀实行紧缩的财政政策,减少的支出主要是福利事业、住房建筑、城市服务、教育等方面的经费,结果,当预算要加以节制时,首当其冲的不是计划系统,而是公有部门的民用事业,或者是属于市场系统的那类业务。③政府限制投资支出运用的是提高利率和出借资金的办法,计划系统为了保持自己的权力,会尽量减少对借入资金的依靠,如果它要借入,也能受到优待。而市场系统却大量依靠借入资金,又没有大公司那样的信誉,得不到什么优惠。所以,"反复地使用货币政策,就等于是一再限制与计划系统相对的市场的发展……这种政策使发展陷于不正常状态,只是有利于计划系统"④。由于计划系统有权控制价格,它就可以把政府增加的赋税转嫁到商品和劳务或公众身上去,市场系统则办不到。

总之,加尔布雷思认为,当今资本主义社会的经济畸形发展及比例失调都是由于经济中两大系统的权力不平衡所造成的,权力的不平衡导致了大企业对小企业的剥削。

此外,加尔布雷思还谈到了计划系统的发展及计划系统和市场系统不均等发展给整个资本主义社会环境及家庭所带来的严重影响。他指出:"计划系统的积极性目标是范围越大,对环境的影响就越大。很明显,发展的范围越大,投入空气或河流中的废气、废物的量也越大,就有越来越多的农村被纳入工业发展范围,由此而来的消费对社会的影响也就越大。"⑤另外,为了扩大产量,就要扩建公路,埋设管道,开辟露天矿,都市化等,而对此造成的环境影响

---

① 〔美〕加尔布雷思:《经济学和公共目标》,蔡受百译,北京,商务印书馆1980年版,第177页。
② 同上书,第181页。
③ 同上书,第190页。
④ 同上书,第191页。
⑤ 同上书,第205页。

人和人民生活的不适却没有相应措施。加尔布雷思能比较客观地承认并揭露这些问题,无疑比那些一味颂扬资本主义的经济学家要坦率一些。

政府对发展经济所重视的,仅仅是计划系统的产品,而对于民用事业则采取歧视的态度。"结果扩大了许多类型的带有外在不经济因素的私人消费——汽车使用的增加,使得被抛弃的车架遗骸或从车身上散落的碎件到处散布;经过包装的消费品使用的增加造成的现象是,一些瓶、罐、塑料袋、纸板箱被四下乱丢;由于私人财富增加,使盗窃之风更盛,生活越来越不安全,邻居关系也越来越不愉快。"①由于计划系统的高度技术性,往往还会产生更为严重的污染,如原子能电站的核辐射所造成的污染,这对居民的危害就更严重了。

加尔布雷思不仅阐述了"工业化以后"给社会带来的问题,还谈到了"工业化以后"其他资产阶级经济学家所未曾注意或很少涉及的妇女问题、家庭劳务问题等。他指出:"在工业发达以前的社会,妇女的美德在于——她们的生殖功能除外——在农业劳动或村舍构造上的效率,或者是,就上层社会说,在于智力、装饰或其他娱乐方面的价值。工业化以后……形成了关系家务管理的一种新的社会美德……"②所以家务管理(包括物品的采购、处理、使用及维修、住房和其他所有物的保养和维持)的好坏成了评判一个妇女是否贤淑的标准。"把妇女转变成一个隐蔽的仆役阶级,是具有头等重要意义的经济上的成就。"③正因为妇女承担了家庭管理,"消费就可以大体上无止境地增加"④。实际上,妇女的任务就是为计划系统的消费扩张目的作工具。她们一旦觉察到这一点,就会要求独立。如果妇女要独立,就必须有她自己的收入,也就是说要去获得工作。而政府也应对此作出改革,如建立照顾儿童的中心站;给妇女规定怀孕假期;提高妇女在专家组合中的地位;为妇女提供必要的教育等。

在谈到劳务时,加尔布雷思指出:"当机器迅速地代替个人劳务以及仆役所从事的个人劳务时,劳务事业却在离奇地、迅速地蔓延开来。"⑤而随着妇女参加家庭管理,原来由家庭来完成的许多劳务,转移到了小型商号和独立的经营者领域。

### (四)"信念的解放"

传统的经济学家总是信奉"'经济增长'就是'善',妨碍'经济增长'就是'恶'"这一信条。结果在这种判断标准下,人们往往只注重经济量的增长,把"经济增长"看成是"公共目标",而忽视了对人们生活的关心。加尔布雷思认为,以"经济增长"作为目标,必然导致为生产而生产,而不问产品的实际效用如何。于是他提出了"要最大限度地满足公众需要,考虑公众的利益"这样一个"公共目标",要实现这个目标就应把注意力集中到"质的分析"上去,把人们从正统经济学所造成的"错误"信念中解放出来。加尔布雷思对凯恩斯主义者所认为的商品生产得越多,就越能给人们带来幸福的经济增长论不以为然。在他看来,商品生产并非越多越好,香烟生产得越多,得癌症的人也越多;酒类生产得越多,动脉硬化的人也越多;汽车生产得越多,则交通事故越多,空气和环境污染也越厉害。"许多种商品生产的增长并不易于同社会的目标一致。"⑥加尔布雷思认为,当前资本主义社会所存在的这种问题和严重危机都

---

① 〔美〕加尔布雷思:《经济学和公共目标》,北京,商务印书馆1980年版,第205—206页。
② 同上书,第37页。
③ 同上书,第38—39页。
④ 同上书,第43页。
⑤ 同上书,第59页。
⑥ 〔美〕加尔布雷思:《新工业国》,英国,波士顿,时代出版社1971年英文版,第164页。

是由于长期推行凯恩斯主义的结果。在加尔布雷思看来,新古典经济学和凯恩斯主义等传统经济学都已失灵了。他指出:"新古典经济理论和经济政策,或者新凯恩斯主义经济理论和经济政策,虽然为改善开辟了无限的可能性,但存在着根本的缺陷,它们都不能为解决当前困扰现代社会的经济问题提供有益的指导。"①

加尔布雷思主张"信念的解放",就是摆脱当前西方经济学教科书上对政策目标的解释,以及公司高级经理部和政府官员们对"经济增长"的宣传的影响,使人们从一切错误的信念下"解放"出来,重新树立对"人生"的看法,选择"生活的道路",确定应当值得争取的"目标"。加尔布雷思把"信念的解放"看作他整个社会改革计划的最重要的起点。他说:"进行改革时首先要争取的是,从已有的信念中解放出来。不做到这一点,就不能动员公众,为了他们自己的目标而反对专家组合和计划系统的目标。"②"整个改革工作的一切其他方面都取决于这一点。"③

### (五) 改革二元体系的主张

加尔布雷思认为,大公司的发展虽然带来了生产增长和商品供给的充裕,但是,由此引起了二元体系的存在以及它所产生的一系列政治、经济和社会问题,这就有必要对现代资本主义社会的这种二元体系中的结构进行改革。

改革资本主义社会的二元体系主要有两个方面的内容。第一,加强市场体系的权力。其基本途径是运用政府的立法和经济措施,提高市场体系中企业的组织化程度,改善其保护能力。例如,应当使市场体系中的小企业主一般地不受反托拉斯法的限制,使他们联系起来,加强同计划体系的议价能力,稳定自己产品的价格。第二,减少计划体系的权力。如通过政治立法和经济措施,限制计划体系中的大公司的过度发展,管制计划体系的价格,防止计划体系的目标损害市场体系,通过提高市场系统的地位和增加它的权力,抑制计划体系的权力和消除它对市场系统的剥削,可以使两个系统的权力和收入均等化。

加尔布雷思认为,改革有两个关键问题:第一,就是上面所提到的"信念的解放";第二,就是谁来承担改革的重任。加尔布雷思认为,实行改革的责任落在科学教育界肩上。因为今天的科学教育界向企业界提供技术人员和科学研究成果,又在政策和立法等方面发挥着极其重要的作用。这样,科学教育界就成为一支"保持独立精神的"政治力量和社会革新力量。

从这些改革主张看来,加尔布雷思只是一个"改革者"而不是"革命者"。

## 四、缪尔达尔的制度经济学理论

### (一) 缪尔达尔的制度经济学理论

冈纳·缪尔达尔(1898—1987)是新制度学派的另一位重要代表人物。在 20 世纪 20—30 年代,缪尔达尔主要从事纯经济理论研究,属于新古典主义的传统。当时他作为瑞典学派的重要成员之一,继承了威克赛尔的传统,在发展一般动态均衡理论方面作出了重要贡献,这主要体现在他于 1931 年出版的《货币均衡论》这部名著中。瑞典皇家科学院授予缪尔达尔和哈

---

① 〔美〕加尔布雷思:《权力与实用经济学家》,载《美国经济评论》1973 年第 2 期。
② 〔美〕加尔布雷思:《经济学和公共目标》,蔡受百译,北京,商务印书馆 1980 年版,第 217 页。
③ 同上书,第 219 页。

耶克诺贝尔经济学奖的理由是:"由于他们在货币和经济波动理论上的开创性研究,同时由于他们对经济的、社会的和制度现象的内在依赖性的精辟分析。"①就缪尔达尔而言,他获得诺贝尔经济学奖的理由,主要被看作他对制度经济学的分析。

从20世纪30年代后期开始,缪尔达尔转向制度经济学的研究,其主要原因是他看到了当时社会的严重不平等状况。1929—1933年的世界经济危机也严重地影响了瑞典的经济,生产下降,物价下跌,失业增加,人民生活贫困,他们的居住条件很差,教育、卫生状况很糟。可是,社会上另一部分人的收入和财富却在不断增加。缪尔达尔看到了这种不平等的状况,促使他开始研究社会平等问题。1934年,缪尔达尔与妻子合作,出版了《人口问题的危机》一书,提出了实行均衡化社会改革的一些主张。1938年,缪尔达尔接受纽约卡内基公司的委托,指导一项关于美国黑人问题的研究。1944年,缪尔达尔出版了《美国的困境:黑人问题和现代民主》一书,这本书是从生活条件最差的角度着手,研究美国社会的平等问题。第二次世界大战以后,缪尔达尔开始研究世界范围内的平等问题,特别注重研究不发达国家的绝大多数陷于贫困的大众,并进而研究发达国家和不发达国家之间的平等问题。由于他着重研究社会平等问题,也就逐渐远离了传统经济学,并对其进行了批判。缪尔达尔说:"由于我们研究了这类问题,我就成了一个制度经济学家。"②研究社会平等问题涉及社会制度和社会结构,涉及对人的态度。也就是说,要进行"超越学科的研究",使经济学的研究方向改变为对制度的研究。缪尔达尔在制度经济学方面的主要著作,除了上述《美国的困境:黑人问题和现代民主》外,还有《国际经济学》(1956)、《富裕国家和贫困国家》(1957)、《超越福利国家》(1960)、《亚洲的戏剧:一些国家贫穷的研究》(1973)等。

由于缪尔达尔在研究中突出强调政治、制度、人口、历史、文化等非经济因素对社会经济发展的重大作用,并提出了社会经济动态运行序列中,诸多因素互相影响、互为因果的循环变动的著名论点,重视发展中国家贫困问题的研究,因此,他既被看作新制度学派的代表人物之一,又被视作当代发展经济学的先驱。

## (二)"循环累积因果联系"理论

缪尔达尔"对经济的、社会的和制度现象的内在依赖性的精辟分析",即所谓"循环累积因果联系"理论。这个理论,是缪尔达尔运用"整体性"方法,对经济、社会和制度现象进行综合分析及批判传统经济学的均衡论与和谐论时提出来的。缪尔达尔认为,传统经济学家因袭了约翰·穆勒以来的观点,把生产领域与分配领域截然分开,因此他们往往忽视社会平等问题,更不关心不发达国家的贫困问题,他们避开了价值判断问题,只重视静态均衡分析。缪尔达尔认为经济学应该是规范的,而不是实证的,价值判断的标准应该是社会的平等和经济的进步。而在一个动态的社会过程中,社会各种因素之间存在着因果关系,某一社会经济因素的变化,会引起另一种社会因素的变化,后者反过来又加强了第一个因素的变化,导致社会经济过程沿着最初的那个变化的方向发展,所以社会经济诸因素之间的关系不是守衡或趋于均衡,而是以循环的方式运动,但也不是简单的循环流转,而是具有积累效果的运动,是"循环累积因果联系"。缪尔达尔认为这是一条具有普遍意义的原理。

缪尔达尔的"循环累积因果联系"理论,最初是在《美国的困境:黑人问题和现代民主》一

---

① 瑞典皇家科学院:《1974年诺贝尔经济学奖文告》,载《斯堪的纳维亚经济学杂志》1975年第1期。
② 同上。

书中提出的。他指出,白人对黑人的歧视和黑人的物质文化水平低下,就是两个互为因果的因素。白人的偏见和歧视,使黑人的物质文化水平低下;而黑人的贫困和缺乏教育,又反过来增加了白人对他们的歧视。

在 20 世纪 50 年代以后的著作中,缪尔达尔对这个理论,在具体应用过程中,又作了进一步的发挥。他指出,事物之间的"循环累积因果联系",不仅存在着上升的循环累积运动,也存在着下降的循环累积运动。前者指"扩展效应",即某一地区兴办了若干工业以后,逐渐形成了一个经济中心,它的发展促进了周围地区的发展,使它附近地区的消费品生产不断发展。后者指"回荡效应",即某一地区的发展,由于种种原因会引起别的地区衰落。例如,低收入阶层的劳动者的健康状况恶化,会降低劳动生产率,减少工资收入,降低其生产水平,这种状况反过来又进一步使他们的健康状况恶化。

正由于存在着"扩展效应"和"回荡效应",国际贸易会加剧发达国家和不发达国家发展的不平衡,而并不像传统经济学家所认为的那样,国际贸易的扩大必然对贸易国双方带来的利益是和谐的。因为发达国家采用新技术,产品成本低,比较廉价,所以在自由贸易的情况下,廉价的外来商品充斥了发展中国家市场,从而导致该国的经济遭受严重的打击,使社会衰落。很明显,国际贸易对发展中国家产生的是"回荡效应",所以,国际贸易并不总是对贸易国双方都是有利的。在他看来,只有在贸易国双方工业化水平差不多的情况下,国际贸易才是互利的。

缪尔达尔的这个"循环累积因果联系"理论,是对制度经济学所作出的一项重大贡献。美国经济学家威廉·卡普指出:正由于缪尔达尔的这个理论,"我们终于到达了制度经济学的核心","它是新的社会经济分析方法的新规范"。①

缪尔达尔的这个理论对制度经济学发展的意义,主要有以下三个方面:第一,这个理论对制度经济关系的研究,在于考察社会经济演进过程中诸因素之间的相互依赖关系,从而有力地说明了为什么经济学的研究不能局限于纯粹的经济因素,而这个理论对制度学派的"整体性"方法论,是一个很好的运用和发挥。它强调要对社会经济过程的各种因素进行综合分析,探求其因果联系,因此在经济学的研究中,他反对把社会现象区分为"经济的"和"非经济的",而只能区分为同经济因素"有关的"和"无关的"。②第三,缪尔达尔的这个理论对于制度经济学的价值判断标准作了进一步的论证。它强调社会的平等、大众消费的增加、健康的增进、文化的提高等因素对于社会经济发展的意义。

### (三) 关于发展中国家社会改革的主张

根据"循环累积因果联系"理论,缪尔达尔认为影响发展中国家发展的因素是多方面的,主要有产量和收入、生产条件、生活水平以及对工作和生活的态度、制度、政策等。因此,为了求得一国的发展,就必须顾及影响发展的各种因素,而不能仅仅考虑经济因素。缪尔达尔关于发展中国家社会改革的基本主张是实现"社会平等",为了实行这一平等主义的改革,他提出了以下几个方面的改革主张。

(1) 权力关系的改革。缪尔达尔认为,在许多发展中国家,权力掌握在地主、实业家、银

---

① 〔美〕威廉·卡普:《制度经济学的性质与意义》,载《凯克洛斯》杂志 1976 年,第 217、231 页。
② 〔瑞典〕缪尔达尔:《富裕国家和贫穷国家》,美国,巴尔的摩,约翰·霍普金斯大学出版社 1957 年英文版,第 10 页。

行家、大商人和高级官员组成的特权集团手中,这些人大多只顾自己发财致富,不关心国家的发展。因此,为了使国家得到顺利发展,首先要改革各种权力关系,将权力从行权集团手中转移到下层大众手里。

(2) 土地改革。缪尔达尔认为,许多发展中国家现在的土地所有制关系,严重地妨碍了耕种者的积极性和生产效率,因此必须进行土地所有制关系的改革,如把土地平等地分配给耕种者,组织合作农场等。

(3) 教育的改革。在缪尔达尔看来,许多发展中国家的教育制度不但不能促进"发展",相反却是阻碍"发展"。他提出,要在发展中国家广泛开展成人教育,优先发展初等教育、技术教育和职业教育,采取措施鼓励高等学府的毕业生到贫困落后的地区去等。

(4) 制订国民经济计划。缪尔达尔认为,国家应该用计划来干预市场活动,用计划来促进社会过程的上升运动,但是,关于发展中国家应如何用计划来指导经济发展的问题,缪尔达尔反对传统经济学家把为发达国家制定的模式搬到发展中国家来;也反对在不平等的条件下,在国际贸易中实行自由贸易。他主张发展中国家的对外贸易要置于国家计划的管制下,实行贸易保护政策。

## 五、 格鲁奇的经济理论

### (一) 格鲁奇的概况

阿兰·格鲁奇(1906—1990)是美国马里兰大学的经济学教授,美国新制度经济学派的主要代表人物之一,著名的经济史学家。他努力和引导创办了美国演化经济学学会,并出任会长。

格鲁奇研究范围广泛,涉及经济思想、经济制度和国民经济计划等领域。他运用"机能整体的"方法来表现制度经济学方法论的特征。他一贯坚持国家干预经济的学说和技术决定论。他以技术方面的因素作为基本的和决定性的力量来说明制度的变化和经济的发展。格鲁奇将以凡勃伦为代表的老制度学派和以加尔布雷思为代表的新制度学派加以区分,并且评价了凯恩斯经济学派和新古典经济学派。他认为,制度经济学是对传统经济学的补充和发展,强调了传统经济学所忽略的方面。

格鲁奇的主要著作有:《现代经济思想——美国的贡献》(1947)、《比较经济制度》(1966)、《当代经济思想——新制度学派经济学的贡献》(1972)、《经济学的重构——制度经济学的分析基础》(1987)等。

### (二) 格鲁奇的经济思想

1. 格鲁奇的比较经济思想

格鲁奇在比较经济制度方面在西方经济学界很有名气。他曾经写过一本有名的著作《比较经济制度》,对于经济制度的本质及类型,世界上各种经济制度的结构、职能、成就、问题以及前景等作了比较全面、系统的介绍和分析。

格鲁奇认为:"在最一般的意义上,制度是构成统一整体的各个项目相互依存或相互影响的综合体或图式。"[①]制度是思维的产物,可以分为静态和动态两类制度。"制度的发展和演

---

[①] 〔美〕格鲁奇:《比较经济制度》,徐节文、王连生、刘泽曾译,北京,中国社会科学出版社1985年版,第5页。

变……要求人们注意根本改变这些制度的力量和这些变化中的制度的运动方向。"①格鲁奇认为,经济制度可以分为狭义和广义两种。狭义的经济制度的定义被限定在"选择科学"或"效率科学"的范围,有时可用经济组织代替经济制度。狭义的经济制度正是正统的或者传统的经济学家的主张。"这个定义没有新的内容……是建立在把经济制度当作静态平衡或均衡的基础上的","没有考虑导致经济制度发展或在它们的结构和职能方面发生根本变化的力量"。②广义的经济制度定义考虑到导致经济制度发生变动的动态力量,因而"经济制度是各个参加者的组织共同发展而成的复合体"。对广义的经济制度的研究应该同时从均衡的观点和过程的观点出发,也可以采取时点分析法和时期分析法。在既定的时点上分析经济制度,可以归结为均衡的方法。这种方法假定经济制度的技术结构和组织结构不变,主要考虑经济制度的现行结构和职能。时期分析法着重研究经济制度在整个时期内的发展和演变,如决定整个经济制度的因素、经济制度的发展阶段及发展方向等。时期分析法包含时点分析法在内。

对于比较经济制度的范围,格鲁奇认为,可以从四个方面加以考虑,即:(1)广泛影响经济制度的背景力量或因素,这又可以分为内部因素和外部因素两种;(2)经济制度的本质及职能;(3)各种经济制度的成就;(4)经济制度运行的方向及这些制度在其发展过程中出现的各个阶段的主要特点。在上述各方面进行比较研究时,既可以从时间上进行,也可以从空间上进行。

格鲁奇认为,经济制度的结构主要可以从公有和私有去看,而经济制度的职能则涉及经济制度如何运行、运行的方式和为谁服务的问题。至于经济制度的分类,他将当代的经济制度划分为四种类型:(1)成熟的资本主义经济模式,如美国、英国、德国、法国、日本等;(2)成熟的民主社会主义经济模式,如瑞典、挪威和工党执政时期的英国;(3)发达的独裁主义的社会主义或共产主义的经济模式,如苏联、东欧国家和南斯拉夫;(4)不发达经济,如中国、印度、非洲和拉丁美洲国家的经济。

在影响经济制度类型形成的因素方面,格鲁奇认为,首先,自然环境(如地理位置、面积、人口、资源和气候等)具有重要的作用;其次,历史和文化也非常重要;再次,思想体系(即观念、信仰和评价标准的复合体)、公共机构的组合也都发挥着重要作用。

格鲁奇在对当代各种类型的经济制度进行了比较研究之后,提出了一种经济制度趋同的观点。他认为,经济制度是一个不断发展的过程,每一种重要的经济制度在其发展过程中都经历了若干发展阶段或时期。在新的发展阶段上,东西方经济制度模式的经济结构和职能都在发生着显著的变化,产生了不少趋同的现象,即出现了具有共同特点的经济制度结构和职能。他指出:"(1)现实的经济制度可能趋向同一,成为某种中间的或统一的制度;(2)工业化的逻辑可能适用于所有沿着工业化道路、朝着成熟工业制度模式前进的、处在不同阶段上的现实的经济制度。"③不过,格鲁奇也注意到,经济制度的趋同现象会受到思想、政治和文化因素的影响,因而进展未必会很大,但世界各国联合一致行动,解决一些共同性的问题还是有可能的。

---

① 〔美〕格鲁奇:《比较经济制度》,徐节文、王连生、刘泽曾译,北京,中国社会科学出版社1985年版,第7页。
② 同上书,第12页。
③ 同上书,第863页。

2. 格鲁奇的制度经济思想

格鲁奇主要研究的是制度经济学,比较经济制度分析是他的新制度经济学的一部分。他在对传统经济学和老制度经济学与加尔布雷思的新制度经济学进行分析评论的基础上,提出了自己的新制度经济学理论和观点。

格鲁奇认为,制度经济学主要是研究经济制度的产生、发展及其作用的。制度主义者将经济制度看作社会—文化制度整体的一个分系统,是一个不断变化、演进的分系统。制度主义者采用了文化的分析方法,在分析制度变化的过程中,强调典型例证的转变(paradigmatic shift)。他们提出了传统经济学家所没有提出过的三个问题,即:经济体制的性质问题、经济制度发展演变的原因问题和经济生活中价值的作用问题。

格鲁奇对于制度经济学重新下了一个为当代制度主义者普遍接受的定义。他认为:"经济学是研究不断发展中的经济过程,这一过程提供社会所需要的商品和劳务以满足那些参与社会活动的人的需要。"[①]格鲁奇赞成以文化主义方法代替传统经济学的形式主义方法,也就是说,将经济制度看成历史—文化的产物,将经济现实置于历史—文化背景之下去理解和分析。他主张的是一种机能整体的方法论,将经济制度看作不断发展变化的过程,在把握现代经济生活整体的基础上,再研究其各个部分的情况。

对于价值问题,格鲁奇认为,制度经济学强调的是估价过程的不断发展的活动,而不是该估价过程的最终结果。他的价值理论包含几个关键性因素:

其一,估价过程是一个无止境的历史—文化过程;

其二,个人在决定一个项目什么时候被认为是有价值的过程中起着主要的作用;

其三,估价过程中,没有被发现的价值项目从来不具有静止的、最终的或绝对的性质,被认为是有价值的是那些能够使个人减少矛盾冲突或压力、使他更有效地认识到个人发展的全部潜力以增加社会福利的项目、产品或文化环境;

其四,估价标准是具有社会或工具性质的"最终使用或消费"的标准,它强调使用价值如何有助于提高个人和社会的福利。

格鲁奇的另一个重要贡献是,他提出了一个新的关于先进工业化国家中二元经济的理论。这个理论包含以下一些主要内容:

(1) 先进工业经济的职能:格鲁奇运用机能整体的方法提出,一些先进工业国家国民经济成就较差的主要原因是私人企业与有组织的劳动者之间的对立,同时政府又不能进行积极而必需的指导,这造成了大量的经济不稳定,严重的通货膨胀发展的压力以及在国际竞争中的损失。

(2) 从加尔布雷思阐述的旧的二元经济到新的二元经济:加尔布雷思阐述的关于先进工业化国家中旧的二元经济的理论认为,先进工业化国家中的现代混合经济是由"计划系统"和"市场系统"构成的,寡头垄断部门的大企业剥削了自由市场部门中的竞争性小企业。格鲁奇认为,20世纪70年代以后,在科技进步条件下,第三世界国家的工业化对先进的工业化国家的国际霸权形成了挑战,因此,旧的二元经济被新的二元经济所取代了。新的二元经济是指,一方面是传统的以自动生产线和大量蓝领工人为特征的工业;另一方面是以知识、信息等高技术产业为主、强调新技术和风险资本的使用及以大量白领工人为特征的新兴产业与服务

---

① 〔美〕格鲁奇:《经济学的重构——制度经济学的分析基础》。转引自傅殷才著:《制度经济学派》,武汉,武汉出版社1996年版,第119—120页。

业。格鲁奇从人口统计、地理、工业及社会几方面对这种新的二元经济展开了具体分析。

(3) 新二元体系中的平等和效率问题:格鲁奇认为,传统产业中的工人及消费者感到,相对于快速增长的产业中的工人和企业而言,他们受剥削了。因而,新的二元经济体系中的一个主要问题就是平等问题。格鲁奇认为,这可以从三个方面进行说明:第一,从微观经济的角度来看,平等问题与一系列事情如利润、工资、价格和工作条件有关。由于企业管理者、工人和消费者之间很难实行合作,因此,不平等问题比较难解决。第二,从宏观经济的角度来看,重要的问题是工资问题。这不仅是因为经济中的结构差别,而且涉及国家的税收制度。如果经济利益集团之间不能相互协调,税收制度不能适当调整到使各个利益集团都比较满意的程度,不平等问题也难以解决。第三,从国外经济的角度来看,公平问题包括生活质量、为所有阶层提供平等机会、保护自然和社会环境、保存非生产性自然资源、在私人和公共用途之间分配国民总产出、减少贫困和消除劳动市场上的歧视、对不发达国家提供经济和资金援助等,所有这些公平待遇问题是福利国家追求的目标,即在保存资本主义制度的条件下平等对待所有个人和阶级。要做到这些,政府就必须采取适当的措施,对国民经济进行指导。当政府不能很好地做到这些时,不平等问题也无法很好地解决。

(4) 格鲁奇的经济改革主张:他主张经济制度改革的理论由两个基本原则来指导。其一是不能依靠私人市场体制提供私人利润和社会需要,因为私人市场体制只关心高效率和高利润,而不会注意平等问题和社会优先权问题。其二是社会福利原则,也就是既兼顾社会公平,也注意经济效率。

关于经济改革的目标,格鲁奇认为是"缩小混合经济中传统的工业部门与新兴工业部门之间的差距"。而他的经济改革主张具体分为短期措施和长期措施。短期措施主要是对先进工业经济的结构和职能进行改革,包括降低通货膨胀率和失业率,消除经济波动的财政政策、货币政策和收入政策。而长期措施主要是对引起经济制度的结构和职能发生变化的改革。除了主张对造成企业权力地位不平等的经济制度结构进行改革之外,格鲁奇还主张由政府实行国民经济计划,并对国民经济进行指导。

格鲁奇认为,制度主义者对经济学的贡献主要是:第一,用演进的、动态的观点补充和发展了传统经济学的静态均衡观。第二,扩大了经济学研究的范围。第三,重视科学技术的作用。第四,强调国家干预经济,特别重视国民经济计划。

## 六、 新制度学派研究方法的意义

新制度学派对西方传统经济学研究方法的批评,有一定积极意义,但他们自己的研究方法也不是科学的。事实上,我们只有应用辩证唯物主义的方法,才能真正揭示各种错综复杂的经济现象的内在联系,阐明资本主义经济运动的规律。而新制度学派虽然重视质的分析,但却忽视甚至否定量的分析,同样把经济过程中质的方面与量的方面割裂开来;他们虽然反对"个人主义研究方法",但却立足于唯心主义;虽然描述了现实过程,但却只承认天性、习惯、风俗的演进以及由此引起的"制度"的演进,否认历史发展过程中的革命飞跃。因此,新制度学派经济理论与资产阶级传统经济学一样,掩盖了资本主义经济的本质,歪曲了它的发展规律。

新制度学派经济理论用风俗习惯、心理因素来解释社会经济制度的形成和发展,这不能真正科学地说明资本主义社会的发展规律。新制度学派的社会改革主张,根本不触及资本主义的私有制,这就无法改革资本主义的现实,其改革方案不过是一种不切实际的空想。

尽管新制度学派的理论没有触及资本主义的本质,没有揭示资本主义的基本矛盾和主要阶级对抗关系,但是,我们应看到新制度学派和其他一味颂扬资本主义制度的资产阶级经济学流派不同,它比较能正视现实,对"工业化以后社会"能作出比较符合实际的分析,暴露了垄断资本主义的某些内情。

新制度学派暴露了垄断组织(计划系统)与资产阶级国家机构相勾结的一些内幕,分析了这种勾结对社会经济发展的不利影响。加尔布雷思指出,计划系统(大公司)与政府存在着极其密切的协作关系,即政府为计划系统的产品要提供大量支出,而且主要是用来偿付大公司(特别是与军事有关的企业)的产品。这实际上暴露出,在现代资本主义条件下,国家是从属于垄断组织的,是垄断资产阶级的执行委员会。

加尔布雷思等人虽然没有揭示现代资本主义社会的基本矛盾,但他们对一些具体问题的论述,已觉察到少数垄断者与绝大多数居民的矛盾。他们指出,大公司不仅通过采用先进的科学技术,而且通过规定垄断价格,获取高额利润,而那些中小企业却蒙受损失。大公司不只剥削本国的中小企业和其他社会阶层,还通过资本输出和商品输出,从外国攫取高额利润,由此,跨国公司也得到了广泛的发展。

新制度学派是科学技术的拥护者,他们在维护资本主义制度时,从各方面论证了科学技术的重要性,提出了发展科学技术的具体建议,主张加强对人的投资,强调必须大力发展科学研究和教育事业,因为新技术的发明和采用需要有创造和驾驭它的专门人才。他们还指出,技术革命正在大大地改变现代工业经济的结构和运行,等等。如果我们剔除上述论断中为资本主义辩护的方面,可以看出现代大生产发展的某些一般趋势和要求。

加尔布雷思等新制度学派的经济学家,对中小企业在现代资本主义社会中的地位和作用,也作出了比较合乎实际的有价值的分析。加尔布雷思指出,在现代资本主义社会里,尽管垄断化过程造成了许多中小企业的破产,但没有使它们消失,中小企业表现出了新的生命力。许多发达国家经验证明,中小企业在科技进步方面的效益是很高的,这类企业已被确认为采取技术革新措施的重要中心。因为相对于大型企业来说,中小企业有以下优点:其一,发展新产品快。在技术革命时代,要想使资金少、技术力量薄弱的小企业能够较快地发展起来,就必须考虑应用新技术,开发新产品。而大型企业在进行技术革新时,从试制新产品到投产,不仅需要大量资金,而且要花费很长的时间。中小企业由于企业自身直接承担着全部财务责任,能对勤奋的职工进行奖励;企业主可以随时走进车间,直接询问职工的情况和征求意见,减少了层次。因此,中小企业具有充分的灵活性来适应市场需要。其二,中小企业往往能找到租金低廉的工作场所,因此,费用很小,万一失败,遭受损失也不大。其三,中小企业还可直接通过广大用户来测试新产品,不断进行改进。

新制度学派在现代西方经济学诸流派中是独树一帜的。它既反对凯恩斯主义各派,也反对"现代货币主义"和其他新自由主义学派。这集中表现在由加尔布雷思等人所提出的价值判断问题上。

新制度学派从制度和结构的角度进行分析,考察了权力和收入的均等问题。他们认为经济学的未来是属于新制度经济学家的。缪尔达尔指出:"我相信在今后十年或十五年将看到我们的研究朝着制度经济学而努力的激烈转变。一个根本原因是,如整个世界一样,在美国均等问题的政治重要性的增加。这个问题不能在狭义'经济'名词上来处理。"[1]他认为,未来的制度经济学有两个特点:第一,"新的方法将是制度的,它的中心仍是均等问题"[2];第二,"经济学方向改变为制度的方向,这显然包含着跨学科的研究"[3]。这里,缪尔达尔不仅预示了新制度学派经济理论发展的前途,而且指出了它的内容与方法。

不可否认,当前新制度学派经济理论的影响有了一定的扩大,特别在发展中国家得到了较多的支持,但它绝不像缪尔达尔所估计的那么大。其理由除了它在理论上的缺陷外,最主要的原因在于它那套改革方案是很难实现的。如果真的要按加尔布雷思等人的主张来实现两个"体系"的权力均等化,那实际上等于要取消垄断资本主义的政治与经济权益。这怎么可能呢?20世纪30年代的经济危机以后,资产阶级之所以选择凯恩斯主义而不是早期制度学派,部分原因也就在于此。因此,尽管新制度学派比其他流派较能正视资本主义的现实,揭示资本主义社会的一些矛盾,但它在资产阶级经济学中也只能是一种"异端"的命运。

综上所述,新制度学派基本上继承了早期制度学派的传统,以经济学"异端"的面貌出现,对资本主义市场经济及其相关的主流和正统经济学观点展开批评,并提出自己从经济制度方面进行分析的各种理论观点。应该说,新制度经济学派的分析还是有一定的理论深刻性的。他们的分析对于我们深入了解市场经济的问题具有启发意义。不过,新制度经济学派的理论毕竟不具有严密而完整的理论体系,它们更多地注重了对于资本主义市场经济运行中一些问题的揭露和批判,而不是全面说明和阐释资本主义市场经济活动中的所有问题(甚至是主要问题),因而它们还不能真正取正统经济学而代之。对此,我们应该有所鉴别。

## 思考题

1. 新制度学派的产生背景是怎样的?
2. 新制度学派的理论渊源是什么?
3. 新制度学派经济理论的基本特征是什么?
4. 加尔布雷思是怎样分析企业权力机构的?
5. 加尔布雷思的"二元体系"理论的要点是什么?
6. 缪尔达尔"循环累积因果联系"理论的要点是什么?
7. 缪尔达尔对发展中国家的社会改革提出了什么样的建议和主张?

## 参考文献

1. 〔美〕格鲁奇:《现代经济思潮——新制度学派经济学的贡献》,美国,新泽西,普林梯斯-霍尔出版公司1947年英文版。
2. 〔美〕格鲁奇:《制度学派》,《国际社会科学百科全书》(第4卷),美国,印第安纳波利斯,自由出版社1968年英文版。

---

[1] 〔瑞典〕缪尔达尔:《经济学发展中的危机和循环》,载《现代国外经济学论文选》(第一辑),北京,商务印书馆1979年版,第487页。
[2] 同上书,第488页。
[3] 同上书,第491页。

3. 〔美〕格鲁奇:《比较经济制度》,徐节文、王连生、刘泽曾译,北京,中国社会科学出版社 1985 年版。

4. 〔瑞典〕缪尔达尔:《经济学发展中的危机和循环》,载《现代国外经济学论文选》(第一辑),北京,商务印书馆 1979 年版。

5. 〔瑞典〕缪尔达尔:《富裕国家和贫穷国家》,美国,巴尔的摩,约翰·霍普金斯大学出版社 1957 年英文版。

6. 〔美〕加尔布雷思:《经济学和公共目标》,蔡受百译,北京,商务印书馆 1980 年版。

7. 〔美〕加尔布雷思:《新工业国》,英国,波士顿,时代出版社 1971 年英文版。

8. 〔美〕博尔丁:《经济政策原则》,美国,新泽西,普林梯斯-霍尔出版公司 1958 年版。

9. 〔美〕查尔斯·威尔伯:《制度经济学的方法论基础》,载《经济问题杂志》1978 年。

10. 傅殷才著:《制度经济学派》,武汉,武汉出版社 1996 年版。

11. 胡代光、厉以宁编著:《当代资产阶级经济学主要流派》,北京,商务印书馆 1982 年版。

# 第十七章 熊彼特的经济学说

美籍奥地利经济学家约瑟夫·阿洛伊斯·熊彼特的经济理论在当代西方经济学中，属于自成体系，别具一格的。熊彼特的经济理论所涉及的领域较广，研究方法独特，并且往往得出与同时代经济学家有所不同的观点和结论。熊彼特的经济理论和研究方法对于西方经济学的发展具有重要的影响，像后来的经济发展理论、经济周期理论、经济增长理论、制度分析、经济"创新"理论以及罗斯托的经济成长阶段论，都在不同程度上受到了熊彼特理论的影响。

## 一、熊彼特的生平与著作

### （一）熊彼特的生平

约瑟夫·阿洛伊斯·熊彼特（Joseph Alois Schumpeter，1883—1950）是美籍奥地利人，现代著名的经济学家，美国哈佛大学教授。1883年，熊彼特出生于奥匈帝国的摩拉维亚省（今捷克境内）特利希镇一个纺织厂主的家庭。熊彼特4岁时，父亲意外身故，他随全家迁往格拉茨镇。10岁时，熊彼特又因母亲改嫁而迁往维也纳，并且进入维也纳著名的特雷西亚文法中学学习。1901年，熊彼特进入维也纳大学法律系，学习法律和经济学（当时的法律系要求学生学习政治和经济），并于1906年获法学博士学位。

在学习经济学的时候，奥地利学派著名代表人物弗里德里希·冯·维塞尔（Friedrich von Wieser，1851—1926）和欧根·冯·庞巴维克（Eugen von Bohm-Bawerk，1851—1914）是熊彼特的老师，对熊彼特的经济思想产生了重要的影响。特别是庞巴维克更是他的恩师，不仅在学术上对他有极大的影响，而且在后来求职以及走上学术道路都给了他多方面帮助。在大学期间，熊彼特对马克思的经济理论十分推崇，后来又接受庞巴维克的理论。他参加过庞巴维克主持的关于马克思经济学的研讨班，在激烈的争论过程中，他一方面进一步了解了庞巴维克和路德维格·冯·米塞斯（Ludwig von Mises，1881—1973）的观点，同时也结识了德国马克思主义者埃米尔·莱德勒（Emil Lederer）、社会民主党人鲁道夫·希法亭（Rudolf Hilferding）和德国社会主义者奥托·鲍威尔（Otto Bauer）等人，并由此接触了马克思主义理论。奥地利学派和马克思的经济思想，对他以后经济思想的发展都具有深远影响。由于他通晓多国语言文字，熊彼特也研读了莱昂·瓦尔拉斯（Leon Walras，1834—1910）、维尔弗雷多·帕累托（Vilfredo Pareto，1848—1923）和埃奇沃思（F. Y. Edgeworth，1845—1926）的著作，心中十分向往。

1906年，熊彼特完成正规学业后，便到德、法、英等国游学。在英国留学和访问时，曾经求教于著名的经济学家阿尔弗雷德·马歇尔（Alfred Marshall，1842—1924）和埃奇沃思。1907—1908年，他在埃及开罗的国际混合法庭从事了短时期的法律工作。1909年回到维也纳，由庞巴维克推荐，任奥地利布科文纳省泽尔诺维茨大学副教授（当时奥匈帝国历史上最年轻的副教授）。1911年改任格拉兹大学教授（最年轻的正教授）。1913—1914年作为奥地利的交换学者和客座教授去纽约哥伦比亚大学访问，并被授予名誉文学博士学位。期间他结识了一些美国著名的经济学家,如弗兰克·威廉·陶西格(Frank William Taussig,1859—1940)、欧文·费雪(Irving Fisher,1867—1947)、韦斯利·米契尔(Wisley Mitchell,1874—1945)。第一次世界大战前夕,他回到了维也纳。

第一次世界大战结束以后,奥地利成立了由社会民主党和基督教社会党组成的联合内阁。经由当时政府的外交部部长鲍威尔的推荐,熊彼特以经济学家身份出任财政部部长。1920年,他由于反对与德国结盟和反对工业国有化政策而被迫去职。1921年担任维也纳彼得曼银行的总经理。1924年,该家银行破产。1925年,熊彼特受德国政府教育部的邀请,赴波恩大学任教。任教期间,他曾经两次到美国哈佛大学讲学。1932年他移居美国,任哈佛大学教授,直至1950年与世长辞。

### (二) 熊彼特的著作

熊彼特一生著有15本书和200多篇文章。其主要经济理论著作有:《理论经济学的本质与主要内容》(1908)、《经济发展理论》(1912年初版,1935年第四版)、《经济理论与方法史上的阶段》(1914年初版,1924年第二版)、《租税国家的危机》(1918)、《经济周期:资本主义过程之理论的、历史的和统计的分析》(1939)、《资本主义、社会主义和民主主义》(1942)。熊彼特去世以后,他所著的《从马克思到凯恩斯十大经济学家》和《经济分析史》,由他夫人、经济学家伊利莎白·布迪·熊彼特整理后,分别于1952年和1954年出版。

除了著书立说之外,熊彼特一生中还从事了大量的学术活动。1930年,他与世界上一些著名的经济学家共同倡导成立了计量经济学会,并于1937—1941年间担任该学会的主席。1948—1949年,他第一个以非美国人的身份被选为美国经济学会会长。1949年西方经济学界筹设国际经济学会,曾一致推举他为第一届会长。

## 二、 熊彼特经济理论体系的方法论特征

熊彼特的经济学说在当代西方经济学界是自成体系的。熊彼特在西方经济学界享有很高的声誉,其主要原因是,他在经济发展理论和经济周期理论方面开辟了一种新的研究途径,创立了将经济理论、经济统计和经济史结合在一起的独特的分析方法。后来,熊彼特又将制度分析[①]引入进来,与前述三种方法结合在一起,形成了一种包含经济理论、经济统计、经济史和经济制度的独特经济分析方法。

熊彼特理论体系的方法论特征,可以简洁地概括为:以一般均衡为出发点,将经济体系内在因素的发展作为推动体系本身发展变化的动力,以"创新"概念为中心,将历史的、统计的、理论的和制度的分析紧密结合在一起。

### (一) 推崇一般均衡理论和概念

熊彼特虽然直接师承奥地利学派的庞巴维克,但他最推崇的还是只见过一面的洛桑学派的创始人瓦尔拉斯。他认为瓦尔拉斯的经济均衡体系把革命的创造性的优点和古典学派的优点统一起来,这是唯一可与理论物理学成就相媲美的一个经济学家的作品。但是,熊彼特并不满足于静态均衡分析,他要探索动态的均衡理论。对此,熊彼特说:"当我着手研究瓦尔

---

① 这种分析方法在名称上被熊彼特称作"经济社会学"的方法。这在他最后的著作《经济分析史》中可以看到。

拉斯的概念以及瓦尔拉斯的分析技术时（我要强调指出，我作为一名经济学家，与其他任何影响相比，受惠最大的就是个概念和这个技术），我发现这个概念以及分析技术不仅在性质上纯系静态性质，而且只适用于一定不变过程……所谓静态理论，不外乎是阐明均衡的条件和均衡在受到任何微小的扰乱之后能再生出来的道理，别无其他……所谓一定不变过程，是指实际上不以它自己的起动力而变化的过程，毋宁说它是在与时间相伴随的循环流中再生产出实质收入的一定率的过程。纵使这个过程有变化，那也是在诸如自然灾害、战争等与过程本身无关的外在事物的现象的影响下发生变化的……我痛感这种看法是错误的，深信在经济体系内部存在一种能源，正是这个东西本身使得将要达到的均衡遭到破坏。假如事情果真如此，那么在这种情况下，就必须有一种理论，一种能阐明并非由于经济以外的因素而使经济体系发生从一个均衡推向另一个均衡的变化的纯经济理论。我打算创立的就是这样的理论。"①

　　熊彼特所要研究的动态均衡理论与当时瑞典学派的威克赛尔、卡塞尔、林达尔等人的理论不同。他不是仅从货币因素方面去探讨问题，而是试图从更广阔的范围去加以研究。在这方面，熊彼特也受到了德国新历史学派理论和经济史学的影响，还有美国制度主义经济学派理论和分析方法的影响。这方面的代表作就是他在1912年出版的《经济发展理论》一书。这本书明确地将"经济发展"作为动态经济学的研究对象。该书是熊彼特的成名之作，也是他理论体系的第一次重要表述。

## （二）强调内在因素的决定性影响，提出"创新"理论体系

　　由于熊彼特不满足于仅把一般均衡理论作为体系的起点，他决心跨越静态的一般均衡理论，建立一套从经济体系内部因素来说明经济动态现象的理论。他深信经济体系内部必定存在一种由它自己打乱均衡的动力来源。经过认真的研究之后，熊彼特在其第一部代表作中提出了一个长久流传于后世的核心概念，即"创新"的概念。这是熊彼特理论体系方法论中的一个十分重要的因素。"创新"的概念几乎贯穿在熊彼特一生的全部理论著作之中。在他最具影响力的著作《经济周期》(1939)、《资本主义、社会主义和民主主义》(1942)中，读者可以强烈地感受到这一点。

　　熊彼特重视"发展"和"内部因素"，这很可能与他在维也纳大学时曾接触过马克思主义有关。多年之后，熊彼特自己也谈到，在关于应当从经济体系内部寻找促进经济体系发展的动力来源的看法，他和马克思是完全相同的。熊彼特的"创新"理论，便是他从经济体系内部寻找发展动力源泉的结果。他认为经济体系从一种均衡走向另一种均衡的发展，其根源就在于企业家的"创新"活动。他不仅用"创新"活动来说明经济的周期波动和发展，还用"创新"活动来论证资本主义的最终崩溃和社会主义自动实现。

　　按照熊彼特的解释，"创新"并不是一个技术概念，也不是单纯的技术上的新发明。它是一个经济概念，是指经济生活中出现的新事物，它包括下述五种情况：(1) 引进新产品或提供某种产品的新质量；(2) 采用新的生产方法；(3) 开辟新的市场；(4) 发掘原料或半成品的新供给来源；(5) 建立新的企业组织形式，如建立垄断地位或打破垄断地位。概言之，就是指

---

① 引自熊彼特1937年为《经济发展的理论》日文版撰写的序言。转引自〔日〕伊达邦春：《瓦尔拉与熊彼特》，载《经济学译丛》1981年第9期。该段话中的"一定不变过程"可以理解为"一个既定不变的过程"，"一定率的过程"可以理解为"一个既定速率的过程"。这种理解上的困难完全出自翻译的原因。

"企业家实行对生产要素的新的结合"①。"对从事活动方法方面的这种历史的不可逆转的变化",就是"创新"。② 为使"创新"能够实现,一是要靠银行信贷的支持,二是要靠企业家的贯彻与实行。这二者都是十分重要与不可或缺的。

根据熊彼特的解释,进行"创新"活动的企业家不等同于一般的经理人或企业主,他必须具有"创新"思想、冒险精神,有先见之明。熊彼特认为,研究静态经济需要假设经济人作为经济主体,而研究动态经济则需要假设具有"创新"精神的企业家作为经济主体。

### (三) 主张历史分析、统计分析和理论分析的紧密结合

熊彼特的两大卷关于经济周期的巨幅著作的副标题,就是"资本主义过程的理论的、历史的和统计的分析"。这一副标题明白无误地显示出了熊彼特所一贯强调的经济研究方法的特征。熊彼特主张,在经济学研究和分析中,应该将经济理论的分析、历史的分析方法和统计分析方法与数学分析方法结合在一起。

熊彼特认为,经济理论分析大致包括两方面的含义。第一,是"指创造和使用概念与原理,并且用它们去理解事实的艺术"③。在这方面,他指出了"创新"概念的含义,并用以说明资本主义经济的动态现象,就是一个典型的例证。第二,他强调在经济研究中采用数学方法。当熊彼特还只有23岁时,就曾经写过文章呼吁在经济理论中使用数学方法,以后他也一贯提倡运用数学方法。1946年,他还与别人合作撰写了《经济学者和统计学者需用的数学初步》一书,以便在经济学界推广使用数学。熊彼特对数学方法的推崇,与他对经济科学以及一般科学的看法是密切相关的。他认为经济科学中之所以存在大量的分歧意见,就是因为它的精密程度还不够,而数学化是提高精密程度的可靠途径。同时,他还认为,经济科学采用数学方法,有助于提高经济科学的成熟程度。在积极倡导运用数学方法的同时,熊彼特也清醒地认识到,数学方法"仅仅是一种极其重要的辅导手段"④。为了更好地运用数学方法,熊彼特也非常重视统计分析的方法。这表现在他重视统计数学,注意用统计资料来印证或矫正理论分析的结果。他认为,在经济分析中,数学方法的运用有时需要以统计数据为基础和前提,而为了得到较准确的统计数据和数字,也必须有较好的统计分析技术。

在经济学中采用历史分析方法,是德国历史学派的一贯主张。熊彼特对于新历史学派的代表人物施穆勒"所采用的方法的程序及其成果却给予了极高的评价"⑤。熊彼特明白,单纯运用理论分析,必然要排除掉许多对经济现象起着重要作用的社会、制度和文化方面的因素,这就不免会使经济学在反映现实时受到损害。补救的方法就是引进历史学派所采用的历史分析方法,以便在分析经济现象时不致忽略社会的、制度的和文化的因素的影响。

还应该注意的是,熊彼特也十分注意将经济学的理论同其他社会科学的理论,特别是社会学的理论观点结合起来。这在他最后的著作《经济分析史》中表现得十分明显。他在分析每位经济学家时,都很注意其对于社会的看法和一般分析。在这个方面,他明显受到了德国

---

① 参见〔美〕熊彼特:《经济发展理论》,美国,波士顿,哈佛大学出版社1934年英文版,第66页。转引自胡代光、厉以宁编著:《当代资产阶级经济学主要流派》,北京,商务印书馆1982年版,第254页。
② 〔美〕熊彼特:《经济变化分析》,载《现代国外经济学论文选》(第十辑),北京,商务印书馆1986年版,第26页。
③ 〔美〕熊彼特:《现代经济学家的思想态度和科学装备》,载《现代外国哲学社会科学文摘》1984年第1期,第4页。
④ 同上。
⑤ 〔日〕大野忠男:《熊彼特的经济学体系与方法》,载《现代外国哲学社会科学文摘》1984年第1期。

社会学家马克斯·韦伯(Max Weber,1864—1920)的影响。① 后来,他也强调运用制度分析的方法。

总之,熊彼特认为,只有将理论分析方法、历史分析方法、统计的和数学的分析方法,以及制度分析结合在一起,才能较好地、较全面地分析社会的经济现象,研究经济动态的问题。熊彼特的经济理论和研究方法对于罗斯托的经济成长阶段论,加尔布雷思的"新工业国"的理论都产生了重要而直接的影响。20世纪70年代出现的现代技术"创新"的长波经济周期理论、制度"创新"经济学也都直接继承了熊彼特的某些理论传统和方法论特征。

## 三、 熊彼特的"创新"与经济发展理论

### (一) 熊彼特的动态理论

熊彼特的经济动态理论是以经济发展理论为对象的,而经济发展理论的核心概念就是"创新"。熊彼特认为,经济发展是经济本身发生的非连续性变化与移动,而经济的循环流转则是静态经济的过程。由于经济的循环流转过程不涉及时间序列分析,因而它仅是静态理论,只适用于某个特定的历史时间,而不适用于资本主义经济的变动和发展的过程。经济动态理论则研究经济在时间过程中,离开原来的均衡状态再回到原均衡位置或者达到新的均衡位置的过程与机制。

熊彼特强调资本主义是一个发展的变化过程,他写道:"资本主义,在本质上是经济变动的一种形式或方法,它不仅从来不是,而且也永远不可能是静止的……开动资本主义发动机并使它继续动作的基本推动力,来自新消费品、新的生产或运输方法、新市场、资本主义企业所创造的产业组织的新形式。"②也就是"创新"活动。他反对把技术发明看作独立于资本主义秩序以外的外生因素,而强调它是"资本主义过程的一种功能,而这种功能才是产生发明的精神习惯的原因"③。他强调"创新"活动所导致的"这种产业上的突变过程……它不断地从内部使这个经济结构革命化,不断毁灭老的,又不断创造新的结构。这个创造性的毁灭过程,就是关于资本主义的本质性的事实。"④由此可知,熊彼特把资本主义的经济发展⑤过程看作一个创造性的毁灭过程,而过程的基本动力来源便是"创新"活动。甚至可以说,在熊彼特看来,"资本主义"这一概念的内涵就包括经济发展。研究经济发展,就是研究资本主义。

### (二)"创新"的原因

为了充分论证"创新"活动在经济发展中的作用,熊彼特分析了"创新"活动发生的原因、"创新"活动促进经济发展的具体机制。为此,他首先假定在经济生活中存在一种所谓"循环流转"的"均衡"状态,其中不存在具有"创新"精神的企业家,从而也没有"创新"和发展,企业收支相抵,经理们只获得管理工资,没有利润也无利息,整个经济在同一产出水平上不断循

---

① 施建生著:《经济学家熊彼特》,长春,吉林出版集团2012年版,第25页。
② 〔美〕熊彼特:《资本主义、社会主义和民主主义》,吴良健译,北京,商务印书馆1979年版,第104页。
③ 同上书,第138页。
④ 同上书,第104页。
⑤ 熊彼特的"经济发展"概念,与现在通常说的"经济增长"概念相近,主要指发达资本主义国家的经济成长。它不同于第二次世界大战以后西方经济学中以研究发展中国家经济问题为主要内容的经济发展理论或发展经济学。

环。显然,在这样一种状态中是无发展可言的。

为了说明发展,熊彼特在市场机制的纯粹理论中增加了有关企业家的"创新"活动的假设。在他看来,"创新"活动之所以发生,是因为富有"创新"精神的企业家看到,通过"创新"活动打破循环流转的均衡状态,能够给他带来额外的盈利机会。在强调获取"创新"活动所带来的利润这一动机的同时,他也并不忽略其他文化、心理上的因素对"创新"活动的刺激作用。他认为追求事业成功,争取出类拔萃的那种非物质的精神力量在推动企业家的"创新"活动中的作用是不可忽视的。他把这种精神称为企业家精神。

"创新"活动引起经济增长的具体机制,可以用熊彼特的"创造性的毁灭过程"这一概念来概述。带来额外利润的"创新"活动,将导致为分享这种利润而开始的"模仿"浪潮,并进一步引起那些采用旧方式的企业为保卫自己的生存而进行的"适应"变动。这是一个激烈的竞争过程。这种因"创新"而引起的竞争,"所打击的不是现存企业的利润和产量,而是在打击这些企业基础,危及它们的生命。这种竞争和其他竞争在效率上的差别,犹如炮击和徒手进攻间的差别,因此按其通常意义来考虑竞争能否更敏捷地发挥作用,就变得比较不重要了;长时期内扩大产量降低价格的强有力的杠杆,无论如何总是用通常竞争以外的其他材料制成的"[①]。在这个竞争过程中,许多新资本投入了,同时那些"适应"能力太差的企业被淘汰了,毁灭了。"创新"所掀起的风暴,通过"创新"生产要素的新组合,推进了经济增长,同时也造成了对旧资本、守旧企业的毁坏。这就是创造性毁灭过程的含义。

熊彼特认为,经济的发展和经济的波动是密切相联系的,经济增长是通过经济周期来实现的,可以说经济的周期性波动正好体现了经济增长中那种创造性的毁灭过程。他提出,"创新"和"创新"成果的吸收就组成了商业周期。"创新"和模仿造成了经济的繁荣,但由于"创新"活动的不连续性,繁荣终将结束,随之而来的衰退和萧条将造成那些适应性差的企业的毁灭(伴随着旧资本的破坏),这样,一个周期就构成一次创造性的毁灭过程。

## (三) 以"创新"解释市场经济

熊彼特从资本主义是一个由"创新"活动引起的变化过程这一认识出发,对自由竞争状态和垄断状态作出了与前人迥然不同的评价。

首先,熊彼特指出完全竞争的假设是一个不现实的假设。随后,他进一步指出,只有在生产方法既定,产品既定,产业结构既定,除了将新增的人力与新增的储蓄联合起来,以便设立现存类型的新企业外,在什么也不发生变化的条件下,也就是在静态条件下,完全竞争才作为一种最有效配置资源的机制,有其理论上和实践上的合理性。但资本主义在本质上是一个创造性的毁灭过程,在这种变化的过程中,完全竞争不利于刺激"创新"活动,因为任何由"创新"所引起的新事业立即被过多的企业所模仿,新行业立即被过多的企业所涌入,以致"创新"者得不到应有的利益,挫伤"创新"的动力。同时,在完全竞争时,各企业的内部效益要小于垄断企业。第三,完全竞争的行业比垄断行业更易受到萧条的打击。因此完全竞争状态并不是创造性毁灭过程所依存的理想环境。熊彼特承认,从某个时期看,完全竞争可能比其他市场组织更有效率,但从一个长时期看,它在效率上不如垄断,因为它不利于"创新"活动的开展。

熊彼特指出,以往的经济理论断言垄断不如竞争有效率,是以"既定的需求状态和成本状

---

[①] 〔美〕熊彼特:《资本主义、社会主义和民主主义》,顾准译,北京,商务印书馆1979年版,第107页。

态在竞争情况下和在垄断状况下是一样的"这一不现实的假设为前提的,"可是现代大实业极为重要的一点是,由于它产出数量的巨大,它的需求状态和成本状态比完全竞争制度下同一产业部门的需求状态和成本状态远为有利,并且这是不可避免的"①。他指出,人们之所以对垄断如此深恶痛绝,是因为由历史所形成的一种习惯,"即他们实际上把自己不喜欢的商业上的任何东西都归于垄断这种恶势力"②。为了澄清概念,他定义垄断者"只是面对着一定的需求表的独家卖主,而需求高低既绝对不受垄断者们自己行动的影响,也不受其他企业对垄断者们的行动的反行动的影响"③。而按此定义,纯粹的长期垄断的事例比完全竞争的事例还要少见,除非是受到政府保护。

熊彼特一方面否认个别企业可以不依靠政府而长期保持垄断地位以致影响社会的总产量,另一方面也承认个别企业会在短期内处于垄断地位。而这种短期的垄断地位,在他看来,不仅不是社会的祸害,相反,是"创新"活动和经济发展的必不可少的前提条件。他指出,统计资料表明,现代生产的发展、群众性消费的出现,是与人们通常所说的垄断即大规模生产和大企业的出现并行的,因此,断言垄断不利于生产发展和社会进步是没有根据的。他认为,各种垄断行为,诸如专利权、长期合同、限制产量、刚性价格等,在静态经济条件下,确实造成完全竞争时不会出现的对消费者利益的损害,但在创造性毁灭的过程中,它们都是经济进步的推进剂。这些行为,实际上都是针对不确定的未来而设立的一种保险机制,没有这种保险机制,"创新"活动是大受阻碍的。他特别分析了人们经常所指责的刚性价格和技术垄断,指出,从创造性毁灭的过程看,刚性价格并不像人们通常想象的那么坏,因为:(1)新产品的出现、质量的提高,是无法从衡量价格刚性的指标上反映出来的;(2)刚性价格通常是短期的,因为旧产品终究要为新产品所代替;(3)刚性价格措施,是大企业为了避免季节性、不规则、周期性的价格波动给自己造成伤害而采用的保护性措施。人们之所以痛恨刚性价格是因为以为它在萧条时期加剧了萧条,但这种指责要以萧条时期需求的价格弹性大于1为前提,因为只有这一前提成立,萧条时的刚性价格才会压抑总产量,但这一前提是不存在的。存在的是相反的情况——需求的价格弹性小于1,因此刚性价格可能比非刚性的价格更有益于扩张总产量。因此一概反对刚性价格是不行的。

至于技术垄断,他认为,人们对大企业的阻碍技术进步的指责忽略了一个事实,这就是大企业有能力、通常也极愿意建立研究机构,研究新技术、开发新产品。大企业暂时不用新技术的现象是存在的,但这是出于其他方面的合理考虑,主要是对成本、对保持旧有资产价值的考虑,而只有新技术导致的全部未来成本低于原有技术的相应成本的话,大企业是不会拒绝新技术的。另一方面的考虑是,如果某一方面的技术进步不是一次性的,在可以预见的未来,是接连发生的,那么大企业就没有理由不顾原有资本的相继损失,在技术进步的每一个环节上都采用很快又会变旧的新技术。大企业的做法通常是暂时不采用尚在发展完善过程中的新技术,而是采用最后相对定型的新技术。所以,人们对大企业垄断专利、阻碍技术进步的指责也是站不住脚的。

熊彼特还进一步指出,新产品的独家生产者是不能称作垄断者的,因为他面临着旧产品生产者的竞争,没有自己既定的需求表,需要创立自己的需求表。他们的垄断性质,是"创新"

---

① 〔美〕熊彼特:《资本主义、社会主义和民主主义》,顾准译,北京,商务印书馆1987年版,第3页。
② 同上书,第125页。
③ 同上书,第124页。

行为的成功所必不可少的,为"创新"者争取到了发展所需的时间和市场空间。这些人所获得的超额利润,实际上是资本主义颁给革新者的奖金。他进一步肯定说,如果没有各种垄断行为给大企业带来的垄断利润,"创新"行为将不会出现,大规模生产也无法形成。这也就是说,垄断利润不是以往人们所说的那样一种剩余性质的报酬,而是一种刺激"创新"的功能性报酬。

熊彼特对垄断行为的肯定,并不是毫无区别的。实际上,他所赞成的主要是那些与大规模生产同时出现的垄断,对于缩小规模的垄断,例如不完全竞争条件下的垄断现象,他是持否定态度的。但他认为,不完全竞争只是一种短期现象,不是资本主义的本质的稳定现象,创造性的毁灭过程会通过"创新"活动来扫除这种现象。而对于寡头,他却认为,虽然从短期来看,寡头的限产和维持刚性价格等做法是损害消费者利益的,但以创造性的毁灭过程为背景来看,却可以得出相反的结论。他以第一次世界大战之后美国汽车工业和人造丝工业中的寡头现象来证明这一点,指出两个行业如果不是出现寡头,而是存在完全竞争的话,就不会给消费者带来由于出现寡头而带来的那么多利益。

在熊彼特那里,垄断与"创新"的关系实际上是双重的。一方面,创造性的毁灭过程将使任何厂商都无法保持垄断地位,除非借助政府帮助;相反,它使厂商之间的竞争突破传统教科书所说的价格竞争的范围,出现质量竞争和销售竞争,企业面临的是"创新"造成的更高层次的竞争,"也就是占有成本上或质量上的决定性有利地位的竞争"①。这些非价格竞争比价格竞争更有力地推动了经济发展。也就是说,创造性毁灭过程在长期中是深化竞争,排除垄断。另一方面,短期的垄断地位、垄断行为虽然从短期来看不利于生产发展,但却是"创新"活动从而是经济长期发展的必要条件。没有这种短期的垄断地位和垄断行为,"创新"活动是难以出现的。也就是说,创造性的毁灭过程是以"创新"者的短期垄断地位为基础的,而这个过程又使任何人无法使自己的垄断地位长期保持下去。

如果把熊彼特的经济发展理论与亚当·斯密的经济发展理论作一番比较,就更容易看出其特征。在斯密那里,生产性劳动人口和资本的增加,是经济发展的基本要素;资源的有效配置,是经济发展的主要方式;因此,促进资源有效配置的自由竞争和反对垄断,是亚当·斯密所力主实行的经济政策。而在熊彼特这里,单纯的人口和资本的增加,并不能打破循环流转的静止停滞状态,不造成发展。只有"创新"活动才是经济发展的基本要素。而资源的重新组合,则是经济发展的主要方式。因此,有助于"创新"活动的短期垄断,而不是自由竞争,才是能最有效促进经济发展的理想状态。

强调"创新"活动,强调经济发展与经济波动之间的密切关系,强调经济发展与垄断之间的密切关系,这三个方面基本上构成了熊彼特经济发展理论的主要特征。

## 四、熊彼特的经济周期理论

经济周期理论是熊彼特对西方经济学理论的重要贡献之一。熊彼特的经济周期理论,主要反映在他1939年出版的两卷本巨著《经济周期:资本主义过程之理论的、历史的和统计的分析》中。他在该书序言中强调,这本书有三个特点:第一,是从理论分析、历史过程和统计资料三个方面对资本主义的经济周期进行分析;第二,以"创新"活动为中心,对经济周期的起因

---

① 〔美〕熊彼特:《资本主义、社会主义和民主主义》,顾准译,北京,商务印书馆1979年版,第106—107页。

和过程进行实证分析;第三,不给出任何有关对策的建议。除了这部巨著之外,熊彼特的经济周期理论在1935年发表的一篇论文《经济变化分析》中,也得到了简略的叙述。具体说来,熊彼特的经济周期理论包含以下一些主要内容和要点:

## (一) 经济周期的含义及影响因素

经济周期通常是指在资本主义市场经济制度条件下,经济现象(表现为一些经济数据)依时间的变化而发生波动性变化。熊彼特对此下定义说:"从统计上来说,'周期'这个术语含有两个意思:第一,历史时间上的(与理论时间相区别)经济数量价值的连续并不表现为单调的增或减,而是表现为这些价值本身或者其一阶或二阶导数重复出现(不规则)。第二,在每一个这种时间系列中,这些'波动'都不是独立地发生的,而相互间总是表现出有着短暂的或较长的联系。"①这个定义强调了经济数据的波动性,以及各个"波"之间的联系性。

现实世界中,引起经济数据变化的因素是众多的,有的引起波动,有的则单纯地引起单调的变化。熊彼特把引起经济数据变动的因素分为三类:外部因素、增长因素和"创新"。其中增长因素是指人口的增加这类变化,其特点是不会引起经济生活的波动或周期。因此,熊彼特强调在分析周期问题时,应当把这类周期中的增长因素排除掉。

外部因素是指战争、革命、自然灾害、制度变化、经济政策变化、银行和货币管理、支付习惯乃至黄金生产变化等。熊彼特认为,这些外部因素是导致经济波动的一个明显的重要根源。但他强调指出,仅仅从外部因素去探索经济周期的原因是远远不够的,问题在于"是否从根本上存在着任何产生商业社会行为本身、并在制度的和自然的社会结构保持绝对不变的情况下也能观察得到的波动"②。熊彼特认为,即使把外部因素造成的波动排除掉了,资本主义经济仍将呈现出周期现象。之所以如此,是因为经济生活中存在着"创新"活动。

## (二) "两阶段"单纯模型

熊彼特在应用"创新"概念来说明商业社会内生的周期现象时,首先提出了一个只包括上升期和下降期两阶段的"单纯模型"。他首先假定一个一般均衡的经济体系,在该体系中,每个家庭都处于长期均衡状态,即收支相抵,且支出的格局长期不变;每个企业也都处于长期均衡状态,即收入与成本正好相等,利润和利息皆为零,且不存在任何获取利润的机会;整个经济不存在非自愿的闲置资源。而一个企业家成功的"创新"活动所造成的盈利机会,会促使其他企业纷纷起来模仿他,结果就形成了由"创新"所掀起的风暴,这个风暴扩大了对生产资料的需求。而由于在初始的均衡状态中,是不存在非自愿闲置的资源的,因此,企业家只有支付更高的价格,才能获取生产资料。于是,生产资料的价格便呈现了上涨趋势。而为了进行支付,企业家便扩大了对银行信贷的需求,引起信贷的扩张。物价上涨和信贷扩张,便造成了经济的上升阶段。

但是,这种由"创新"所掀起的风暴,无疑是对初始均衡状态的一次大的扰乱。因此,经济必然向着新的均衡发展,结果就导致了经济的下降阶段。熊彼特认为,下降阶段之所以出现,是因为"创新"掀起的风暴使企业家们为获得"创新"或模仿所需的生产资料而展开竞争,使

---

① 〔美〕熊彼特:《经济变化分析》,载《现代国外经济学论文选》(第十辑),北京,商务印书馆1986年版,第24页。

② 同上书,第22页。

生产资料的价格上升,成本提高;同时"创新"和模仿造成产品的大量增加,以致价格下降;与此相伴随,对银行信用的需求也开始紧缩。于是"创新"企业的利润趋向于零,守旧的企业则趋向消失。经济出现下降阶段,直至达到新的均衡状态。

熊彼特认为,"创新"活动之所以只能造成经济周期波动而不是经济的持续繁荣,是因为"创新"活动的特征之一就是它的不连续性。它是集中在一个时期,时断时续地出现的。因此,一次"创新"造成的下降就不能被下一次"创新"造成的上升所抵消。于是,经济生活就呈现出周期波动。

### (三)"两阶段"到"四阶段"周期模型

上述经济周期的"单纯模式"只包括上升和下降两个阶段。在这个"单纯模式"中,抽象掉了"创新"所诱发的各种从属现象,如"创新"者的投资活动所引起的各种连锁反应,以及随着繁荣的逐渐到来而造成的投机心理和投机活动。熊彼特认为,种种从属现象将大大加强周期的振幅,并把这种诱发出来的各种从属现象的总和称为"从属波"。① 如果把与"创新"直接相关的经济上升叫作"第一次浪潮"的话,随之而来的投机活动对经济上升的推动则是"第二次浪潮"。

为了把"第二次浪潮"("从属波")引起的后果考虑到经济周期理论中,熊彼特建立了关于经济周期的四阶段模式。该模式把经济周期分为繁荣、衰退、萧条和复苏四个阶段。熊彼特认为,由于"第二次浪潮"("从属波")的作用,即由于"创新"所引起的信贷扩张和对生产资料需求的扩张,促成了新工厂的建立、新设备的增多,也增加了社会对消费品的需求;整个社会出现大量投资机会,出现过度投资,出现大量的投机活动;因此,"创新"活动所引起的上升将越过新均衡,以致形成经济的过热膨胀或过度繁荣。

熊彼特认为,"第二次浪潮"("从属波")造成的许多投资机会发生在与"创新"活动无关的部门中。这时的信贷扩张也与"创新"无关,仅仅是为一般企业和投机活动提供资金。这意味着"第二次浪潮"("从属波")看来声势颇大,但并无推动力,或很少有自身的推动力。它的动力源于"创新"活动,而一旦"创新"活动促使高涨的推动力消逝,"第二次浪潮"("从属波")便往往戛然而止。这就使经济的下降过程越过单纯因"创新"停止而造成的衰退阶段,进入萧条。在萧条阶段,不仅投机活动消失,许多正常的活动也受破坏。在萧条阶段,从属波的影响逐渐消失,于是便进入复苏阶段。复苏阶段将使经济由低于均衡的水平趋向均衡。如果要使经济由"复苏"走向"繁荣",那就需要新的"创新"活动,以便使经济越过复苏阶段所达到或将要达到的均衡水平,趋向新的高涨。熊彼特强调指出,虽然复苏和繁荣两个阶段,经济都趋于上升,但造成上升的动力在两个阶段是不同的。正是这种不同使上升运动有可能构成两个性质不同的阶段。

以上便是熊彼特对资本主义经济周期的四阶段的解释。从中可以看出,主要是由于"第二次浪潮"("从属波")的存在,才使周期从单纯由"创新"造成的两阶段变为四阶段。为了直观地把握两阶段模式与四阶段模式的区别,我们绘制了图17-1和图17-2,两图的横轴都表示时间,纵轴都表示总产量水平,具有正斜率的直线都代表均衡水平随时间推移的轨迹。图17-1中的波形线表示了两阶段周期,其特点是完全居于直线之上,表明繁荣是因"创新"活动

---

① 〔美〕熊彼特:《经济变化分析》,载《现代国外经济学论文选》(第十辑),北京,商务印书馆1986年版,第28页。

使经济越过原有的均衡,而衰退则意味着回到新的均衡位置。图 17-2 中的波形线表明了四阶段周期。其特点是繁荣和衰退两阶段位于直线之上,而萧条和复苏两阶段则位于直线以下,表明从属波的作用使经济在下降阶段出现过度行为,以致越过新的均衡位置,从而,需要一个复苏阶段来恢复均衡。

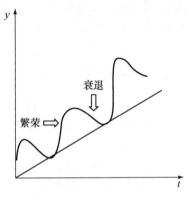

图 17-1　两阶段周期

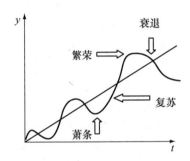

图 17-2　四阶段周期

西方经济学家斯托尔波(Stolper)对于熊彼特的四阶段周期模式有一个相当精炼的评价:"熊彼特相信每一个周期包括四个阶段。他把复苏阶段和衰退阶段看成是适应的过程,而繁荣阶段和萧条阶段则表现为离开均衡位置的一种运动。繁荣阶段和萧条阶段分别由'创新'和诸如投机、恐慌、经济政策不当之类的外生的、非实质性的现象所引起。繁荣阶段和衰退阶段对于资本主义过程来说是本质的,而萧条阶段和复苏阶段则不是本质的。由于尖锐的社会和个人障碍发生于非本质阶段内,所以政策能够消除它们。"[①]

### (四) 周期的类型划分

熊彼特指出,不同的"创新"活动,所需要的时间可能是不同的,对经济的影响范围和程度也不同。它们有的"带来较短的波动",有的则"导致较长的潜在高涨"。[②] 因此,如果认为只存在一种周期,并以为它会以非常显著的规则表现出来,那是不现实的。同时,"创新"的进行

---

① 〔美〕斯托尔波:《熊彼特》,载《国际社会科学百科全书》(第 14 卷),美国,印第安纳波利斯,自由出版社 1968 年英文版,第 69 页。

② 〔美〕熊彼特:《经济变化分析》,载《现代国外经济学论文选》(第十辑),北京,商务印书馆 1986 年版,第 31 页。

也不是连续平稳的,而是有时密集,有时稀疏,一次成功的"创新"活动会在一定时间里引起一个"创新"的"群集",即引起一连串的"创新"活动,如汽车工业的出现。而由于"创新"群集的大小不同,所引起的周期也有所不同。因此,资本主义经济所实际表现出来的周期运动,实际是若干个时间跨度各不相同的周期相互叠加的结果。

为了有效地说明现实的周期运动,熊彼特指出:"把三个周期图式提出来作为一个很有用的解决问题的假设。"①这句话表明,并不能肯定就只有三种周期,也没有排除存在其他周期的可能性。事实上,熊彼特也提到了其他经济周期。三个周期的图式,实际上只是熊彼特为了分析现实的经济周期现象而选择的一种理论假设。他认为,这种假设有助于人们分析复杂的周期现象。作为一种假设,三周期图式比四阶段模式更接近现实。因为四阶段模式虽然刻画了每个现实周期所经历的路程,但并不能说明现实生活中各个周期何以在时间跨度、波动幅度等方面会有千差万别。而三种周期的图式则能够较好地回答这一问题,起码是朝着回答这一问题的方向迈出了有意义的一步。

在熊彼特所提到的三种周期中,第一种是长达50多年的经济长周期,或称长波。因为它由俄罗斯经济学家尼古拉·康德拉季耶夫于1926年首先提出,所以,又称为"康德拉季耶夫周期"。熊彼特沿袭康德拉季耶夫的观点,认为资本主义的第一个长波大约是从1783年持续到1842年,即第一次产业革命。第二个长波大约从1842年持续到1897年,即蒸汽机和钢铁时代,或者可称之为世界铁路化时代。第三个长波大约从1897年持续到20世纪20年代末,被称作电气、化学和汽车的时代。

第二种周期是平均9—10年的中周期,又称为中波。因为它由法国经济学家克莱门·朱拉尔于1860年首先提出,故又被称为"朱拉尔周期"。

第三种周期是平均40个月(3—4年)的短周期(短波)。因为它由美国经济学家约瑟夫·基钦于1932年首次提出,又名为"基钦周期"。

除了上述三种周期之外,熊彼特还提到"其他形式的周期波"②,如库兹涅茨周期、存货周期等。

熊彼特认为,一个康德拉季耶夫周期大约包括6个朱拉尔中周期和18个基钦短周期;一个中周期中包含约3个短周期。长周期是对中周期起制约作用的因素,并影响着中周期借以发生的背景。中周期的繁荣和萧条的程度,受到长周期的特定阶段的影响。中周期与短周期之间也有类似的关系。上述三种周期并存且相互交织的情况,在熊彼特看来,正好证明了他的"创新"的正确性。三种周期中的任何一种都与一定的"创新"活动相联系。尤其是长周期,与重大"创新"群集有相当密切的关系。至于中周期,他根据另一位经济学家罗伯逊的研究成果,认为把它们与一些特殊工业和特殊"创新"相联系也是可能的。③ 只是对于短周期,虽然从理论上讲也是"创新"活动的结果,但要把某个特定的短周期与某项特定的"创新"活动联系起来,似乎是不太容易的。

### (五)对不同周期观点的看法

在用"创新"活动说明资本主义经济周期的同时,熊彼特对于各种倾向于用货币因素,用

---

① 〔美〕熊彼特:《经济变化分析》,载《现代国外经济学论文选》(第十辑),北京,商务印书馆1986年版,第31页。
② 同上书,第34页。
③ 同上书,第33页。

信贷的扩张收缩来说明周期的理论,表示了不同的意思。第一,他把银行和货币管理看成是导致经济变化的外部因素,并认为单纯用外部因素来解释周期是不够的。第二,他认为单纯用投资和信贷的变动来解释周期,将导致错误的政策主张。"如果我们停在对投资过程的分析,并假设投资本身有自己的机制之上,我们不仅不能抓住事情的本质,而且还会发现在做结论上难于避免做出如下极端的推理,即由于投资的增长和信贷扩张与繁荣阶段相联系,因此我们可以通过扩大信贷来造成繁荣。"①第三,他并不否认投资和信贷这些与货币密切相关的因素在周期中起着一定的作用,但倾向于把它们和他所谓的"从属波"("第二次浪潮")联系在一起。他希望最终能够建立一种以"创新"活动为中心,兼顾货币因素影响的说明资本主义周期的理论模式。他认为经济周期理论的目标是"确立创新图式的有效性和说明'创新'是如何与货币的补充作用一起导致在资本主义社会经济生活内部产生一种特殊形式的波,而且这种波是与人类活动其他领域的类似现象并行发生的"②。

综上所述,熊彼特的经济周期理论的最大特色是强调"创新"活动所起的作用。这样,经济周期就不像他以前以及他同时代的另外一些经济学家所认为的那样,是资本主义罪恶的表现,或自发势力造成的不必要的痉挛;而是经济进步在资本主义条件下的必然表现形式。同时,值得提出的是,熊彼特并没有否认其他所谓的外部因素,包括货币政策等人为因素对周期的影响作用(虽然他对"创新"活动的大肆渲染往往给人以这种印象)。实际上他指出了造成资本主义经济周期振动的两个来源:内生来源是经济活动中的"创新"活动,外生来源是经济活动之外的各种外部因素。其中一部分外部因素,主要是与信贷、投机等相联系的投资活动,以"从属波"("第二次浪潮")的形式影响着经济周期。熊彼特详细描述了内生来源的作用机制,同时对外生来源的作用机制也进行了大致的说明。他并没有对经济周期现象提出什么政策建议,但从他的分析中,我们也许可以推断出,他可能承认人为的政策干预会有助于缓解或消除来自外生来源的影响,但除非禁止"创新"活动,来自内生来源的振动将不能被任何人为政策加以消除。第二次世界大战以来的宏观经济政策熨平而非消除西方国家经济波动的一些事实,是否能成为上述推论的论证,还有待于进一步分析和观察。

## 五、 熊彼特的资本主义崩溃论

熊彼特虽然赞美资本主义,反对社会主义,但仍然以一种超出个人情感的客观的角度,从经济、政治、文化、心理诸方面来论证资本主义的必然崩溃,强调资本主义会由于其成就而走向崩溃。

熊彼特认为,资本主义的成功在于它导致了国民总产值在收入分配比例基本稳定前提下的长期增长,结果是极大地提高了群众的消费水平,"现代工人可以得到的某些东西,正是路易十四本人极喜欢得到而无法得到的东西"③。而造成这种成功的因素之一是资本主义在创造性毁灭过程中形成的大公司和大企业这种进行大规模生产的组织形式。而资本主义的成功却导致了另外一种后果,就是:"通过减少企业家和资本家职能的重要性,通过破坏保护阶

---

① 〔美〕熊彼特:《经济变化分析》,载《现代国外经济学论文选》(第十辑),北京,商务印书馆1986年版,第33页。
② 同上书,第37页。
③ 〔美〕熊彼特:《资本主义、社会主义和民主主义》,顾准译,北京,商务印书馆1979年版,第85—86页。

层和保护制度,通过创造一种敌对的气氛,破坏了资产阶级地位的同一经济过程,也从内部瓦解了资本主义的原动力。"①

### (一) 资本主义崩溃的首要因素

熊彼特认为,导致资本主义崩溃的首要因素是企业家"创新"职能的丧失。随着资本主义的成功,"创新"活动越来越成为技术专家们的例行公事,而且所遭受的抵抗也越来越少。在这种环境中,企业家个人人格和意志力量越来越不重要,"经济进步日趋于非人身化和自动化。机关和委员会的工作日渐代替个人的活动"②。企业家的"创新"职能由于资本主义的成功而丧失了,而随着"创新"职能的丧失,资本主义企业家的社会地位和历史性的存在价值正如中世纪的领主最终在新战争方式中丧失其社会地位和存在价值一样,也会丧失掉,而由有知识的专家队伍来代替。熊彼特得出结论说:"既然资本主义企业由于它自身的成就趋于使进步自动化,我们可以由此作出结论:它趋向于使自己成为多余的东西——它会被自己的成就压得粉碎。完全官僚机关化了的巨型产业单位,不仅会赶走小型中型的厂家,'剥夺'它的所有权,而且最后也会撵走企业家,并剥夺整个资产阶级,这个阶级在过程中不仅会坐视它的收入的丧失,并且更重要的是会坐视它的职能的丧失。"③

### (二) 资本主义崩溃的第二个因素

导致资本主义崩溃的第二个因素,是资产者职能的消失。资产者的职能就是积累资产。熊彼特认为,这一职能消失的原因有两个。一是资产者家庭的解体。当体现着资产者精神特征的成本—收益分析进入家庭生活之后,资产阶级中的大多数人将发现生儿育女的成本太高了。于是,家庭便出现了解体的征候,而这又使资产者失去了积累资产的动力,出现各种反储蓄的行为。导致资产者职能消失的第二方面原因是,资产者对其资产的物质形式的外在地主式的态度。熊彼特认为,大公司的经理对公司将采取雇用态度,而大小股东们对公司财产的物质实体将采取外在地主式的态度,这意味着:"所有权的保有者丧失了他在经济上、物质上、政治上为'他'的厂,和他对他的厂的控制权而战斗的意志,如果必要,为它战斗到死的意志。"④同时,大公司的发展消灭了一大批中小业主,结果无论大公司以内还是以外,都将剩不下一个真心愿意为私有财产的物质实体而挺身奋斗的人。资产者丧失了积累的动力,丧失了对物质资产的责任感,从而也就丧失了自己的职能。熊彼特的这种看法,表明了他与西方制度主义经济学的思想联系。

### (三) 资本主义崩溃的第三个因素

导致资本主义崩溃的第三个因素,是资本主义保护阶层的毁灭。熊彼特认为,资产阶级实际上没有能力单凭自己的力量生存下去,它更习惯于营业活动,而不习惯于处理政治事务,更缺少封建贵族那种作为统治者的神秘魅力。因此,资产阶级与封建的上层阶级有着一种共生关系,依靠国王、贵族为自己提供一个保护层。但资本主义的发展却将破坏这个保护层。

---

① 〔美〕熊彼特:《资本主义、社会主义和民主主义》,顾准译,北京,商务印书馆1979年版,第204页。
② 同上书,第166页。
③ 同上书,第168页。
④ 同上书,第178页。

"在破坏前资本主义的社会制度时,资本主义就这样不仅破坏了妨碍它前进的障碍,也拆掉了阻止它崩溃的临时支架。这个以其残酷无情的必然性而予人以深刻印象的过程,不仅仅是一个消除制度上的枯枝败叶的过程,而且也是一个赶走和资本主义阶层共生的老伙伴们的过程,和他们共生在一起,原是资本主义图式的本质要素。"①熊彼特的这一看法,与他身上自小养成的贵族气息是不无联系的。

### (四) 资本主义崩溃的主观因素

熊彼特认为,除了上述客观因素外,引起崩溃的主观因素是资本主义的成功所导致的充满敌意的社会气氛。他认为,只有从长期观点出发,才能看到资本主义的成就;但从短期看,它尽是缺点,尽是对利润的追求和经济的无效率。他指出,资本主义无法使人们对它产生一种依恋感情,它使工人们的生活水平大大提高,被工人当作是理所应当的,而它所造成的失业威胁却使工人随时怨恨资本主义。他进一步指出,单凭工人群众对资本主义的敌意,并不足以形成对资本主义的有效威胁,但资本主义却不可避免地会孕育出一个助长这种敌意甚至威胁资本主义生存的社会集团——知识分子。资本主义使高等教育普及化,结果使知识分子供大于求而造成失业,从而导致知识分子的不满。而由于知识分子是政府公务人员的来源之一,因此,知识分子的这种不满态度将不仅影响到立法,也将影响到很多行政措施。在资本主义初期,统治阶级既不愿也没有能力控制知识分子,因为控制知识分子就意味着要限制个人自由,而限制个人自由是与资本主义秩序、私人企业生存的基础不相容的。

熊彼特强调,上述因素的作用是逐步发生的,所以,资本主义不会在短时期内崩溃,它的崩溃和社会主义的出现将是一个长期的渐进过程。对于这个过程来说,一个世纪也只能算是短时期。

虽然熊彼特的资本主义崩溃论与马克思的理论相比有根本的区别,但也可以使我们开拓思路,有助于我们根据今天的现实,对资本主义的制度趋势作出判断。

## 六、 熊彼特的社会主义理论

### (一) 社会主义的定义

熊彼特认为,资本主义发展的前景是"社会主义"。资本主义向"社会主义"过渡是由于资本主义的经济发展和技术进步造成的。不过,他的"社会主义"有着与马克思主义的社会主义不同的含义。

熊彼特为他的社会主义给出了如下定义:"社会主义社会,我们用来专指这样一种制度模式,即对生产手段和生产本身的控制权是授予一个中央当局的——或者我们也可以说,在这个社会中,经济事务原则上属于公众而不属于私人方面。"②他把这种社会主义称作中央集权的社会主义,以区别于基尔特社会主义、工团社会主义及其他类型的社会主义。为了避免误解,他对中央集权的含义作了一点补充说明,即在他的模式中,中央集权既没有排除行业或企业经理们的某些行动自由(这是保证工作效率所必要的,其范围大小将由经验决定),也没有

---

① 〔美〕熊彼特:《资本主义、社会主义和民主主义》,顾准译,北京,商务印书馆1979年版,第178页。
② 同上书,第208页。

赋予中央计划部门以绝对的权力。中央集权的计划要提交议会或国会审议，或要接受审计局一类的监察机关的监督、审查以决定取舍。

在上述定义中，熊彼特避免了自然资源、工厂和设备的国家所有权或财产权这类名词，但这并不意味着他回避了所有制问题。从他的全部论述来看，他所说的社会主义无疑具有公有制的性质。他之所以回避这类名词，是因为，在他看来，社会科学中的某些概念，具有太强的制度气息，不能随便把它们从一种制度移植到另一种制度中而避免误解。所有权、财产权这类概念便是一例。它们仅仅是商业社会的名词，正如骑士、采邑是封建社会的名词一样。

### （二）社会主义的特征

熊彼特认为中央集权的社会主义能够很好地作出关于生产什么和怎么生产的决策。社会主义和以资本为典型的商业社会之间的最主要区别是生产和分配。在后者看来，生产和分配是同一过程的两个方面。而在前者看来，生产和分配则是在逻辑上分离的过程，分配的原则将取决于人们的偏好。

熊彼特假定，在他的社会主义模式中，只有商品生产，没有货币，但允许人们有消费选择自由。个人消费品分配按照平均分配原则，发给每个成人一定数量过期作废的"分配券"，它代表对一定量消费品的要求权。而各种消费品都有一定的"价格"，这些消费品的"价格"同数量乘积的总和等于所有"分配券"持有者对各种消费品要求权的总和。这些消费品的价格首先由"生产部"暂时规定，然后按"分配券"持有者对暂定价格的反应加以调整，以使现存消费品全部出清。

为了说明生产是怎样进行的，即按照什么方法才能在可用资源、技术可能性以及其余各种环境条件所规定的范围内最大限度地满足消费者，熊彼特先假定全部生产资源都由中央当局控制，且数量是固定不变的。这样，中央当局的任务便只是按某些规则来进行生产资源的配置。他假定中央当局将按照下述两项原则来决定生产要素的"价格"：一是对品种相同、质量相同的生产要素规定单一价格，而不是实行差别价格；二是价格要能够使全部生产要素正好出清，既无剩余亦无短缺。中央当局还将规定各产业部门经理获取任何数量的生产要素所必须遵守的三个条件：一是生产必须尽可能地经济；二是在获取生产要素时，他必须按所获取的生产要素的价格和数量，将他们在让渡消费品时从消费者手中所获得的"货币"交给中央当局；三是各部门都应该做到使价格等于边际成本。

只要中央当局根据既定个人收入分配方式下形成的消费者需求，确定各种消费品和生产要素的供求均衡价格，并为各产业部门的行为规定相应的规则，则"每一个产业经理局的任务，就这样出色地被决定了……我们的社会主义共同体的产业经理们，只要生产局公布了生产手段的'价格'，只要消费者已经透露了他们的'需求'，就会懂得生产什么，怎样生产，向中央局'购买'多大数量的各种生产要素"①。

熊彼特指出，以上涉及的只是不存在技术进步的静止状态下经济的运行机制。如果考虑到技术进步，则情况会有所变化。假定某一产业部门采用了新技术，能以低于现行标准的生产资料消耗量生产出同样数量的产品。于是在产量和价格不变时，这个产业部门付给中央局的"货币"量会低于从消费者那里取得的"货币"量，其间的差额就是该行业的"利润"。"利润"的出现引起了资源重新配置的问题，但这个问题在前面讲过的模式中是不难解决的，即通

---

① 〔美〕熊彼特：《资本主义、社会主义和民主主义》，顾准译，北京，商务印书馆1979年版，第220页。

过消费品或(和)生产要素的价格的调整,可以完成这一重新配置资源的任务。

技术进步所引起的问题不仅仅是资源的重新配置,还有"创新"者的动力问题和如何在技术进步中保存旧资本价值的问题。熊彼特认定社会主义中"创新"者的动力是不成问题的,同时政府也将像资本主义社会那样给"创新"一定的时间和空间上的保护。他也认为,社会主义的经理们在决定是否采用某种新技术时,不会单纯从技术方面考虑问题,也会像他们的资本主义同行一样,考虑到旧资本价值的保存,考虑新技术对资本现值的全部影响。

熊彼特除了考虑技术进步以外,还对社会主义在动态条件下的投资问题作出了分析。他认为,一个问题是追加的生产要素如何生产出来,另一个问题是投资所需资金如何筹集。他认为,如果社会可用资源已全部用于供给一定消费水平,追加的生产要素只能靠超时工作和限制消费(储蓄)来生产出来。这样,就要改变最初的两个假定,即不再实行平均分配和"分配券"过时作废的制度,以便用奖金来鼓励超时工作和储蓄行为。并且中央局将做到使追加生产要素所带来的"利润"能够与鼓励超时工作和储蓄所必要的奖金相等。

对于资金的筹集,熊彼特认为社会主义可以采用多种办法,如从现实的"利润"中提取积累,或采取类似信用创设的办法等。但更为自然的是由中央当局或国会(议会)把投资率作为社会预算的一部分来加以决定。于是,资本主义社会中由资本家阶级所承担的储蓄职能,在社会主义中将被国家的积累职能所代替。

以上就是熊彼特的社会主义模式的基本蓝图。

## (三) 对社会主义的分析

熊彼特认为,他所设想的社会主义模式中的个别部件可以更改。例如,模式中劳动者择业自由的受限制,如果改变为劳动者有择业自由,那就需要对分配制度进行相应变更,就要通过对全部工作实行奖金制才能实现劳动力的合理配置,才能使各种类型、各种等级的劳动力供给,在任何地方都能适合消费者的需求结构和投资计划。同时,这种奖金制度必须和每种工作的引人入胜或令人厌烦的性质明显联系起来,也和担任这种工作所必须学习的技术的熟练程度明显联系起来。这样,社会主义的报酬制度就和资本主义社会的工资等级制发生了联系,就意味着出现了一个"劳动力市场"。但这不会影响决定社会主义制度的根本之点,而只会表现得更加合理。

熊彼特相信,在他的社会主义模式中,借助于上述奖金制度,以及非经济手段(如给予威望或荣誉等),就能保证普通劳动者和管理人员的工作动力,而不需要对人的灵魂进行根本改造。

熊彼特相信,工作纪律在社会主义社会中将会更好地为工人们所遵守。这不仅是由于工人赞成社会主义而遵守生产秩序,而且他们知道不遵守秩序对本人和社会是不利的。因为在社会主义条件下,不再有从秩序混乱中得到好处的社会既得利益集团,从而也就不会有鼓吹秩序混乱,破坏纪律的现象存在了。

熊彼特提到,社会主义将仍然保留地租,以便使土地资源得到合理使用。但地租范畴中任何资本主义性质的内容将不再存在。

熊彼特还谈到,社会主义农业可以无限期地保留农场主制度,中央当局所做的只是按一定的价格向农场主收购农产品及出售农用生产资料,以及制定区域(土地使用)规划。这样做,并不会改变社会主义的性质。

在介绍完他的社会主义模式之后,熊彼特也谈到了社会主义经济与资本主义商业经济之间的"同族相似性",因为两者都具有价格、成本、工资、利润这样一些范畴。但他强调,这种"同族相似性"并不意味着社会主义从资本主义借用了什么东西,"而是资本主义向完全的一般的选择的逻辑借用了很多东西"①。在他看来,上述这些范畴并非只能为资本主义所具有,而是任何合理地组织起来的经济,在面临稀缺问题从而需要作出合理选择时,都需要有的一些范畴。它们是从经济行为的一般逻辑中推演出来的,并不是由某种历史上特定的经济制度中推演出来的。

熊彼特认为,社会主义不仅在理论上和在逻辑上行得通,而且在实践上也是可行的。这是因为在正常情况下,中央当局会得到足够的信息,使它能一下子就十分准确地确定各重要生产部门的正确产量,然后可以通过边试边改作一些局部调整。社会主义的经理们将比他们在资本主义中的同行更轻松,因为社会主义消除了竞争所造成的经济形势的不确定性,这会使社会主义的经理更可能按确定的信息作出决策。中央计划当局在某个范围中会像一个情报交换所和决议协调机构那样工作,这将会大大减少企业经理们的工作量。概括地说,由于中央当局所获信息充分,经理面临的不确定性大大减少,因此社会主义在实践上也是可行的。

熊彼特认为,如果社会主义和资本主义两种制度在同一时点上具有相同的人口数量和质量、相同的年龄构成和偏好,那么"在长时期中以每一个相同的时间单位生产出更多的消费者货物的那个体系称作较有效率的体系"②。从客观可能性上讲,比较的结果将有利于社会主义,因为社会主义将消灭经济波动,而资本主义最好也只能是缓和波动;社会主义将大大减少失业,而资本主义则不然;社会主义可迅速推广新技术、新工艺,而资本主义则需要较长的时间来完成推广过程;社会主义将合理地任用人才,做到人尽其才,而资本主义则不然;社会主义消除了经济中公私领域之间的差别,从而也就消除了由于这种差别所造成的社会摩擦,消除了人力、财力、物力的浪费;最后,由于社会主义实行大规模生产,将比完全竞争的资本主义更有效率。

综上所述,可以看出,熊彼特的社会主义是一种中央集权并依靠决定价格、工资等参数而非直接命令(只有一个例外,即投资率由中央当局或国会直接决定)而运行的社会主义。他认为,这种社会主义将比主要依靠投票表决来作出生产计划的社会主义更能够在各种约束条件下最大化地实现消费者的满足。这种模式与斯大林模式是不同的,虽然两者都是中央集权,但控制方式迥然不同。这种模式基本上可以说是兰格模式的深化,因为它涉及了兰格模式所未予充分讨论的技术进步和投资等问题。应当说,熊彼特的这个社会主义模式对于我们今天的改革是有启示的。但这个模式的基本问题是要求由中央当局决定所有的参数,从今天的现实看,这是做不到的,因为中央当局在事实上得不到熊彼特所假定的那么充分的信息。熊彼特对这个模式在实践中的可行性显然是过于乐观的。

## 七、简 要 评 论

熊彼特经济理论体系的核心主要是经济学研究的方法论和他的"创新"概念的运用。

熊彼特的经济学研究方法比起其他西方经济学家的研究方法具有更多的合理性。他认为,经济活动是受到社会上各种因素作用和影响的,不能仅仅从经济内部的因素来说明问题,

---

① 〔美〕熊彼特:《资本主义、社会主义和民主主义》,顾准译,北京,商务印书馆1979年版,第227页。
② 同上书,第237页。

也不能仅仅从经济外部的因素来说明问题,而应该将经济内部和外部因素全部加以考察。但是,他又强调主要应该从经济内部的原因来寻找推动经济发展和变动的动力。这样的看法,是比较符合客观实际情况的,也是具有辩证法优点的。在这方面,马克思主义方法论对熊彼特的影响是可以感觉到的。

熊彼特强调重点应该研究经济的动态问题,而不应该满足于新古典经济学家们所热衷的静态一般均衡问题。因此,他把自己的很大力量都放在对经济发展和经济周期问题的研究上。这反映出熊彼特的经济学研究更注重现实的特点。这也是应该加以肯定的。

熊彼特提出的经济学研究应该将经济理论的、历史的和统计(数学)的,以及制度的分析方法结合起来的观点,为经济学研究指明了正确的方向。熊彼特的这种方法论见解是西方经济学家当中,迄今为止,对经济学研究方法论原则最为正确、最为全面的概括和总结。至今似乎还没有谁超乎其上。

熊彼特较为优越的经济学研究方法是借助于"创新"概念的具体运用而得到贯彻的。熊彼特将"创新"概念贯穿于他经济理论的几乎全部内容之中。借助于这个概念,他较好地说明了资本主义经济发展过程的一个侧面,描述了资本主义市场经济中常见的一种现象,并且由此推演出一整套关于资本主义市场经济发展变动的理论模型,为后来的西方经济学家进一步研究经济发展理论和经济周期理论奠定了一定的基础。

熊彼特的经济学理论和研究方法至今仍然在西方经济学家当中受到重视并得到运用。也许这就是西方经济学界如此推崇熊彼特的部分原因。当然,熊彼特的经济思想和研究方法对于我们进行经济学问题研究也具有相当有益的启发。

不过,在学习和借鉴熊彼特的经济思想和研究方法时,我们也应该采取客观的实事求是的科学态度,在看到其合理性和富有启发意义的同时,也应该注意到其局限性和不当之处。比如,他以"创新"为核心的经济理论只是资本主义市场经济中的一个侧面,并不是全部,因此,不能以此来概括资本主义经济发展过程的全部内容。另外,熊彼特对于资本主义前途的分析和对于社会主义的分析,尽管颇具远见,而且具有相当发人深省之处,比如,将资本主义发展过程看作一种"创造性的"走向毁灭的过程,认为资本主义自身创造了它的反对力量和因素的观点,以及对社会主义模式的探讨。但是,他的论述也不完全合理,一些内容实际上属于主观推测性质,而且也表现出一些片面性。从本质上看,正像熊彼特的夫人所说的那样,熊彼特和马克思都研究了经济发展理论,都认为经济发展过程本身的内在逻辑将会导致社会体制的变革,"这种看法是他们共有的,但却引向极不相同的结果:它使马克思谴责资本主义,而使熊彼特成为资本主义的热心辩护人"①。

## 思考题

1. 熊彼特经济理论体系的方法论特征是什么?
2. 熊彼特的"创新"理论在他全部理论体系中的地位如何?
3. 熊彼特的"创新"理论对其经济周期理论的意义怎样?

---

① 〔美〕伊丽莎白·熊彼特:《〈从马克思到凯恩斯十大经济学家〉前言》,载《从马克思到凯恩斯十大经济学家》,英国,伦敦,1952年英文版。转引自胡代光、厉以宁编著:《当代资产阶级经济学主要流派》,北京,商务印书馆1982年版,第266—267页。

4. 熊彼特是如何看待经济发展的动力的?
5. 熊彼特怎样看待社会主义和资本主义的崩溃?

 参考文献

1.〔美〕熊彼特:《经济发展理论》,美国,波士顿,哈佛大学出版社1934年英文版(或者何畏等译,商务印书馆1991年版)。
2.〔美〕熊彼特:《经济变化分析》,载《现代国外经济学论文选》(第十辑),北京,商务印书馆1986年版。
3.〔美〕熊彼特:《现代经济学家的思想态度和科学装备》,载《现代外国哲学社会科学文摘》1984年第1期。
4.〔美〕熊彼特:《从马克思到凯恩斯十大经济学家》,宁嘉风译,商务印书馆2013年版。
5.〔美〕熊彼特:《经济分析史》,张培刚译,北京,商务印书馆1994年版。
6.〔美〕熊彼特:《资本主义、社会主义和民主主义》,顾准译,北京,商务印书馆1979年版。
7.〔美〕熊彼特:《经济周期:资本主义过程之理论的、历史的和统计的分析》(两卷本),美国,纽约,麦格劳-希尔出版社1939年英文版。
8. 胡代光、厉以宁编著:《当代资产阶级经济学主要流派》,北京,商务印书馆1982年版。
9. 施建生著:《经济学家熊彼特》,长春,吉林出版集团2012年版。

# 第十八章　新熊彼特学派

20世纪70年代中期以后,美国和欧洲一些经济发达国家陷入经济滞胀,经济理论界开始反思和质疑凯恩斯主义的经济思想和政策。一些经济学家则开始重新关注熊彼特关于经济周期和创新活动的思想,特别是关于经济演化和经济长波(长周期)的思想,并对之展开深入的研究。随着时间的推移,赞同并扩展熊彼特经济思想的经济学家们也逐渐形成了一个所谓的"新熊彼特学派"。

"新熊彼特学派"继承了熊彼特关于经济演化和创新的思想,并把这些思想同制度经济学、达尔文生物进化论等结合起来,形成了独特的经济理论,以说明经济发展问题。由于"新熊彼特学派"的经济理论具有演化经济学的特色,因此,在西方经济学界也有人把它看作演化经济学的一个分支。但演化经济学的发展尚未成熟,在理论上也没有完全统一。本章并不打算阐述演化经济学,而仅仅从对熊彼特经济思想的引申和新发展角度,对"新熊彼特学派"经济思想作必要的介绍和简要评述。

## 一、新熊彼特学派经济思想概述

从经济演化角度对新熊彼特学派的形成作出重要贡献的经济学家是理查德·尼尔森(Richard Nelson)和西德尼·温特(Sidney Winter)。他们于1982年出版的《经济变化的演化理论》,被看作该学派在这方面的奠基之作。

### (一) 新熊彼特学派的形成

新熊彼特学派的形成,在很大程度上得力于理查德·尼尔森(Richard Nelson)和西德尼·温特(Sidney Winter)所著的《经济变化的演化理论》(1982)一书的出版。虽然,在该书出版以前,作为这方面理论先驱者的约瑟夫·多夫曼(Joseph Dorfman),早在其于1958年出版的《竞争的过程》一书中,就已经阐发了与尼尔森和温特大体相似的理论,但是,多夫曼的著作并没有引起经济学界的足够重视,其影响远不如后来的尼尔森和温特的著作那么大。20世纪末和21世纪初的西方经济学家认为,尼尔森和温特的理论使得演化的经济学思想在近一个世纪的销声匿迹之后,达到了一个转折点。

理查德·尼尔森和西德尼·温特在其著作《经济变化的演化理论》中详细说明了作为其理论基础的约瑟夫·熊彼特的经济思想。尼尔森和温特的著作,在其出版以后的10—15年中,发挥了巨大的影响。有的西方经济学家评论说,没有他们著作的激励,1986年国际熊彼特学会的形成以及该学会会刊——《演化经济学杂志》的创立,就不能成为现实,也许将被大大推迟。另外,尼尔森和温特的其他著作对于新熊彼特学派的形成,也发挥了重要作用。尼尔森从1961年起,温特从1964年起,所发表的一系列论文已经广泛地传播了他们的思想。一个众多学者联合的国际熊彼特学会,在很大程度上得力于尼尔森和温特的推动工作。

## （二）尼尔森和温特的基本观点

尼尔森和温特的基本思想可以用三个行为原理给以简单表述：

第一，关于变异的原理。尼尔森和温特认为，企业是以一种足以影响其效率的特征去适应市场变化的。企业适应市场变化的特征是一种适应机制：企业改变其行为，主要是它要对瞬息万变的市场行情作出反应，以实现其预定的目标。而企业的目标，从根本上说是保证满足其各种利益团体（如股东、主管、经理和雇员等）的利益。而企业目标又与满足那些团体利益需要所付出的机会成本相关。因此，对于企业来说，重要的是，在形成经济体系动态发展的观念下进行的目的论设计，研究达到理想的绩效水平的方式。所以，企业管理者应该着眼于变化，而不是以保守的态度管理和经营企业。

第二，异质性原理。也就是说，企业（以及他们的后继者或模仿者）会随着时间的推移而保持其特殊的和独一无二的特征。

第三，经济选择原理。也就是说，经济选择是在市场上通过竞争过程而发生的。这种竞争的表现是，企业会对其可盈利的机会作出反应，并不失时机地为增进生产能力而增加投资。

按照尼尔森和温特的分析，企业在其利润高于平均利润的时候，将增加其产出的市场份额；而当其利润低于平均利润的时候，将缩减其产出的市场份额。对于没有达到既定目标的企业，其所作出的反应是奋起直追，其行为包含模仿和创新，以使之恢复到满意的目标（其盈利水平达到平均盈利以上）。企业的这种演变没有终点，会处于一个持续波动的历史过程中。它们会努力降低企业的平均成本，并且使企业能够最好地花费成本。尼尔森和温特在其书中大量使用从技术上模拟为雇员模型的特殊的演化程序。这个程序是改进效率的技术过程，或者在发生创新时，以一种不同的主导技术，减少成本。而这又随着时间的推移而改变价格、产出和平均盈利水平。

在解释经济变化的时候，尼尔森和温特坚持理论的严格和正规性（不亚于正统理论的严格和正规性）。他们反对最大化原则，而主张以常规的，即有规律性的、可预见的决策规则，取代最大化。这些便构成了通常所谓的生产技术。他们所观察到的、随着时间推移而演变的雇员是具有一定技能的雇员。

尼尔森和温特理论的基本框架建立在企业互不相同的基础上。这与正统理论是不同的。正统理论反对马歇尔对企业的"松散"的分析，而代之以严格市场约束下的最大化逻辑：只有成本最小化的理想企业才能存在。

尼尔森和温特很注意有效的理论化的形式，认为只有这种理论化的形式才能处理正统经济学家所提出的简单的机制问题。他们以其标示为"有价值的"理论处理竞争企业间的差别。他们按照常规来说明每个企业独特性的基础。在被罗宾斯、庇古和罗宾逊等新古典理论家阐发的普遍的和统一的最优化思想的地方，他们阐发了企业能力和决策理论。他们把常规定义为企业对其能力（以技能构成的范畴）的存储，并表明技能和常规如何在生产结果中结合起来，而这些结果习惯上依赖于一定环境下随着时间推移而演变的特殊结合。

在其著作中，尼尔森和温特划定了一个经济学和企业战略文献中不用公式表述的思想范围，他们对组织化行为的文献不感兴趣，而关注为经济绩效所需要的能力或技能。尼尔森和温特理论的特殊贡献，是对那些可能进入企业和市场结构以及行为模型概念中的思想加以公式化。

对于尼尔森和温特来说，企业行为的方式是在其常规之下决定其市场独特绩效的基础。

或者说,习惯是企业独特的绩效的基础,也是后来其增长或衰落的基础。因此,企业绩效之间的差别是他们关注的中心。在尼尔森和温特的模型中,企业的投资常规依赖于其利润。这意味着企业是以牺牲较少的盈利为代价而获得较多的盈利。这样,企业的常规便是一个选择系列,类似一个遗传型系列。随着这个选择系列的推移,企业雇员也在演变。那些获得高利润的常规支配着选择的均衡。那些以常规而获得少于满意利润的企业,以及那些以常规行事将导致最终湮灭的企业,将寻求更为满意的技术或常规。按照这种方式,持续地产生变异。

他们表述的基本原理的含义是历史时间和变化不可逆的极端重要性。企业所有的常规都是通过时间,并按照借以发现常规的顺序,而运作的。以其特征运营的企业,像探讨常规那样学习改进技术。它不能退回到先前的知识状态,每当环境出现变化的时候,便须探讨应对的措施。例如,最初税收的改变将引起某些企业寻求应对这种变化的手段。当税收的变化发生倒转的时候,在寻求中所获得的知识将继续引导企业的行为,某些企业将进一步寻求处理的手段。尼尔森和温特指出,马歇尔使用过的"递增收益"术语显然是说改善经济绩效的知识的变化是不可逆的。

尼尔森和温特详细批评了正统经济学,揭露了正统理论关于知识和信息假设的狭窄性质,指出对诸如企业间的效率扩散、技术和产品传播的速度等一些现象的解释软弱无力。

关于生产力增长问题,尼尔森和温特强调,不能以静态理论来考察。在正统经济学中,增长理论远离企业理论,而且这两种理论从来没有相遇过。真正的均衡概念在原理上防止它们相遇。正统经济学从来没有注意到这种实际。任何进步都要求有对体系内的变化的需要,这是由企业理论所决定的。这样,正统理论便否认了资本主义经济最明显的性质,即增长和变化。

尼尔森和温特还试图以他们自己的观点来解释正统理论所没能解决的问题。按他们的分析逻辑,选择过程,在一个静态环境中,在生产技术新知识可能耗尽的假定下,将导致一种均衡。这种自然选择表明,人口将逐渐地达到最大化,适合在静态环境中时间流逝的情况。尼尔森和温特所分析的经济选择均衡,是人口按照最好的实际技术收敛。选择的均衡有一个企业系列,这些企业已经发现了那种技术,并通过一种能力的投资,随着时间的推移,把其生产能力转给企业。但是,他们指出,简单化的和严格的假定要求这样一种静态的环境,它不能在我们生活的世界中见到。①特别而言,一种满足正统均衡条件的均衡是特别不可能的。但选择是演化变化基本机制之一。

另一种机制则是"代的变异"。尼尔森和温特用包含"代的变异"的模型来表述比较静态的结果。他们指出,必须把"代的变异"看作生态学意义上的变异,正如适合社会系统那样。他们把"搜寻"一词分解为传达"代的变异"的三个方面:不可逆性、不确定性和收敛性。对问题答案的探讨创造难以忘怀的知识;结果永远是不确定的,超越一种概率分布,至少达到某种程度;发现什么依赖于从前去过哪里。搜寻是对问题的搜寻、地方的搜寻,结果是暂时的,每一个答案都播下了下一个问题的种子。它是一个历史过程,是一个随时间推移延伸的路径,并不是走在这条路上的每一步都是不相关的:一个时点上所采取的特殊答案是所寻求的下一个答案的基础。下一个问题以后的问题的答案,直到下一个问题有答案之前,是没有意义的。搜寻的结果是实体选择效率的变化。这是选择和(新的)适应之间的区别,后者改变选择的效率。

---

① Nelson, R. R., Winter, S. (1982). *An Evolutionary Theory of Economic Change*. Belknap Press of the Harvard University Press, Cambridge, MA, pp. 155—162.

尼尔森和温特在其著作中试图表明演化观点相对于新古典观点的特殊贡献,为此他们阐述了一种对于新古典是中心的分析,即比较静态分析。他们仔细分析了产业结构的组成部分。一是一个时点上的初始状态,在该时点上,观察者注意到了这个初始状态;二是在所论及的时期,个人对环境的适应;三是在个人中间按其对该时期适合情况而进行选择。这样,初始条件、搜寻和选择便解释了最终价值,而最终价值则描述了价格结构、投入、产出以及产出在人口中的分配。搜寻,这个术语是个一般构想。这是一个像在新古典理论中的"最优化"术语一样的专用术语。

选择单位是企业,而不是技术。在这个环境变化的模型中,尼尔森和温特看到下面样式的三个组成部分:初始条件是现在的行为规则,随着时间推移由于应用那些规则而发生的变化,他们称之为"遵循规则效应"(along rule effects)。[①] 他们说明,在对环境变化反应时这些效应将迅速发生。当经济运行的特征体现于第一个条件的时候,搜寻是第二个发生变化的成分,组织化的和其他创新形式也安排到位。他们设想选择效应将缓慢发生。在短期,对现存规则的运行特征进行调整,然后,改变那些规则。按照这种方式,搜寻所产生的变化按照企业随时间进程而继承的能力进行检验。

这个演化过程的分析,以选择构成了一个不完全适应的结果,修改了传统的达尔文生物进化的图示。在达尔文那里,对于固定的适合向量的选择要比发生新的适应快得多。尼尔森和温特把这种情况限制在他们的短期条件"遵循规则效应"上。占生物学很大部分的人口生态学,为了分析例如人对植物界的影响,可以忽略新的适应。社会体系受意识的驱动将有适应优势,其适应性的学习过程是强有力的。它几乎是一个毫无疑问地被适应性学习理论所接受的论点,而这个适应性学习理论已在经济学内部被提出来,以宏观经济学的适应性反应模型最为著名。

尼尔森和温特阐述了一个熊彼特竞争模型,在那里,企业的创新和模仿经由总量生产力的提高而降低生产成本。在这个模型中,因按其利润从而按其投资水平来衡量的增长或下降来选择企业。在模仿操作中,为了创新和模仿而发生的研究和开发支出同资本成比例,这个比例是模型的外生参数。模仿的过程是对更有效率企业的选择过程。这种选择会按照获取利润的市场力量进行,对企业选择的结果就是那些在竞争中完成成功的模仿和创新的企业。

尼尔森和温特还在其著作中,尝试证明演化福利和公共政策经济学。按照他们的观点,需要考察产业研究和开发政策的含义。他们提出了这样的问题:在研究和开发是私人事情的地方,公共政策还有作用吗?由于不确定性、外溢、履行财产权的困难而造成的一般市场失灵,指明了任何形式的政策干预吗?这些在经济变化的演化理论中提出的论点的性质基本上不同于正统理论那些论点的性质。来自多重竞争结构之下的研究和开发的收获是来自于企业内的决策者作出的多样性的选择。对环境的不同看法和关于未来的预期造成了不同的结果。寡头的利益像熊彼特所看到的,必然是由于期望那些企业之一是如此成功以致最后形成垄断而调和的。他们的结论是:除了基础科学,也许在例如农业的某些无竞争力的研究领域,他们没有看到政策导向的企业基础。信息问题,所有者的竞争,不同的目标,以及引导那些使用工业研究和开发成果达到目标的途径,限制了农业的扩展和实现自动化的有效活动。他们认为:"最优化的尝试和有秩序地控制技术进步,按照我们所信奉的演化理论,并不导致效率,

---

[①] Nelson, R. R., Winter, S. (1982). *An Evolutionary Theory of Economic Change*. Belknap Press of the Harvard University Press, Cambridge, MA, p. 168.

而是导致无效率。"①

### (三) 多夫曼眼里的竞争过程

多夫曼的理论观点是尼尔森和温特思想的前驱。多夫曼的《竞争的过程》一书的任务是,考察反托拉斯政策对竞争过程的影响。具体而言,他关注不同的政策是否导致或多或少的生产力的迅速提高从而使人均收入增加。一个经济体系按照保证生产力较为迅速增加的路径组织起来,将比其他方式能够更迅速地为人口提供较为改善的生活水准。多夫曼把效率水平在同一市场竞争的企业间扩散,看作一种重要的观察对象。如果市场份额转向最有效率的企业,那么,平均生产力就将提高。如果那些有效率的企业还在从事创新活动,最好的实际效率水平也将提高。多夫曼为完成他的任务,便需要一个竞争行为模型,因为正统的模型没有给出这些问题的指南。

多夫曼看到,在产业中具有竞争力的企业,能够接管另一个企业的业务,并合理而有效地引导它。他把他的注意力限定在一个生产同质产品的产业。在他的模型中,由于他认识到每个企业都有一个独一无二的成本水平,并以其选择的生产技术,表述了变异原理。由于过去在生产力上的投资而引起的技术间的差异,在过去不同的时间造成了企业的特殊特征,包括过去的错误和随机影响,而最重要的是,在企业内积累起来的知识财产成分赋予其独有的特征。因而变异原理是按照每个企业的独特性质表述的,同时遗传性原理则是以创造这种独特性的固定的特征表述的。他看到每个企业都在提高其目标,从而,把利润再投资于生产力。这样,他所确定的生产能力便等于销售,他借助于价格调整把销售保持在随时间推移的水平上。但是,当每个企业的利润水平脱离按照其生产的平均成本而确定的平均利润的时候,在销售增长的时候每个企业所享有的利润份额将发生变化:平均企业有平均利润增长率,高于/低于平均利润增长率的企业享有高于/低于平均利润增长率。随着时间的推移,产业的平均效率提高,因为销售集中于更有效率的企业。这被称作转变机制(TM)。它体现了经济选择原理。而选择的最后结果将是最有效率企业的垄断。这将否定变化的生成。在他的理论中,变化来自于对丧失市场份额的刺激。一些企业仍然是能够盈利的,但是,那些其利润增长率低于最有效率企业利润增长率的企业将受到激励,通过注意以某种形式的创新改进其生产技术而恢复其效率。这被称作创新机制(IM)。创新,包含多夫曼所说的模仿,是迫使企业对竞争压力作出的一个反应。并非所有的尝试都会成功,但至少某种尝试将成功,创造新的最好的实际效率水平。按照效率方式重新调动企业,把利润在企业人口中分配,便是这种成功的尝试。这样,演化理论的这三个原理便以多夫曼的两个机制和其坚持成本变化的理论得到了表述。他的这两个机制(创新机制(IM)和转变机制(TM))分析,给出了关于变化的认识,构成了一个清晰的、对包含一种神秘性的市场过程的演化理论的表述。

## 二、 创新利润和资本主义现实

新熊彼特学派经济学家特别重视熊彼特的创新利润思想,并结合当今技术发展的现实情况,探讨创新在创造利润中的作用。约翰·坎特维尔(John Cantewell)和格拉基亚·桑坦格罗

---

① Nelson, R. R., Winter, S. (1982), *An Evolutionary Theory of Economic Change*. Belknap Press of the Harvard University Press, Cambridge, MA, p.395.

(Grazia D. Santangelo)在1998年国际约瑟夫·熊彼特学会的世界会议上提交的论文《资本主义、利润和创新》，表达了这种探讨的一般思想。该文结合现实的经济情况，重新审视了熊彼特创新利润理论，批评了正统经济学利润来源的理论观点，指出依靠创新提供利润的方式体现了当今世界企业制度创新和技术创新的发展潮流。他们以事实证明，大企业间的多样化技术在合作中汇集，并由于普遍应用信息和通信技术（ICT）而便利，这些技术已经成了把从前分割的技术体系加以整合的整合者。大企业在围绕那些最有利的技术联合行动。

### （一）对熊彼特理论的重新审视

坎特维尔和桑坦格罗重新审视了熊彼特的理论，指出熊彼特所关心的三种情形，即：(1) 收入循环流量的静态均衡分析与企业利润动态学之间的关系；(2) 理解经济发展的长波，现代熊彼特主义者已经用技术范式对这种长波加以概念化；(3) 经济组织形式与民主政府及政策之间的关系。

坎特维尔和桑坦格罗区分了两种利润：一种是可归因于市场力量（竞争或垄断程度）的利润；另一种是可归因于增加新价值和扩展循环流量的创新利润。前一种利润在20世纪的大多数经济分析中都强调，不论是新古典分析、马克思主义分析，还是新李嘉图主义分析都是如此，既包含提高市场价格的垄断力量，又包含降低合同成本的垄断力量（在劳动市场的特别情况下的成本，承担着从工资向利润转移的收入再分配）。后一种创新利润通过内生变化（而不是外生扰动）把新价值加之于循环链，这种内生变化主要包括新生产技术的开发，按照广义定义的新产品和新的生产过程。这些也依赖于社会组织的适应。通过"搜寻提高利润"的演化方法，坎特维尔和桑坦格罗对它们做了最好的分析（尼尔森和温特，1982）。

坎特维尔和桑坦格罗认为，第二种利润的重要性在提高，并将持续提高其在总利润中的份额，因为第二种利润在国际化中增长了（国际化在削弱传统市场力量的地位），并形成了新的立足于作为差异性整合者的信息和通信技术的"技术—社会—经济"范式，导致伸缩性的生产体系依赖于更为集体类型的组织形式。按照这种新的范式，科学、教育和技术之间的联系进一步增强了，而以前不相关的技术之间的潜在融合，通过信息和通信技术（TCT），为基于多样化技术合作的创新创造了新的机会。他们还认为，在长期这将同更民主的组织形式结合起来，因为获取创新利润在本质上是一个增加总量的正和博弈，而不是零和博弈。虽然创新趋向于提高生产力，并使利润先于工资提高，但它不是剥削，在创新的情况下（平均计算）工资仍然比没有创新更快地提高。政府也必然更加注意教育和培训，以支持一个更为完全的科学学科范围，并激励知识的国际流转。

对于这两个方面的论点，他们还从经验上作了进一步的探讨。首先，他们依据基于信息和通信技术的新范式考察了科学和技术之间更紧密联系在地理学上的意义。当某种技术知识变得更加可信的时候，国际知识流动便高涨，研究团体便跨越国界。但这可能伴随着大量的至少是某些中心技术的发展。他们探询何种类型的技术成为地方上的中心技术，最依赖同本地知识基础的联系。其他领域的知识、人员和设计的跨边界流动，使得创新更容易地同分散的地区相协调。其次，他们考察信息和通信技术在最近的技术相互关系中的作用，以及合作技术的多样化。可以把信息和通信技术看作现在范式的一个载体，或者是便利企业内部或企业之间从前分割的经济活动的新的结合的工具。他们考察合作技术的多样化如何适应不同的企业，而企业又如何在近年里通过提高的技术联系对为创新开辟的机会作出反应。

## （二）关于利润来源的不同观点

按照第一种观点，利润来自于对较低工资成本的搜寻（通过降低工资，或者通过提高劳动强度），以及市场力量的地位（在最终产品市场便利提高价格，和降低作为投入品使用的中间产品的市场价格）。这两个方面常常是相互联系的。

按照这种观点，跨国公司和国家在全球竞争中遭受了损失。它们所保护的市场因国际竞争而受到侵蚀，所以利润到处减少。而所采取的应对措施不过是走出利润减少的地方而到其他地方寻求利润——对于工人和签约者来说，契约的安全被削弱了。总之，这是一个零和博弈，在这个博弈中，收益受到限制，是一次性收益，从国家的角度上看，类似于从私有化中获得的收益。按照古典经济学的概念，利润基本上是在交换和分配领域中产生的，因为生产是按照这种方式组织的。

按照第二种观点，利润仅仅得自于创新。这是熊彼特和现代演化经济学家的观点，但也有其强有力的古典先驱，特别是在斯密和马克思的著作中。在这种情形中，创新的跨国公司和国家在大多数动态中心获得收益，而且不必以牺牲他人的利益为代价。创新是正数值总和博弈，在这个博弈中获益不受限制，或者不是一次性的。按照古典的概念，利润是在生产中创造的，并在生产中持续增长，而不是在交换或分配领域中产生的。

一般地说，熊彼特关于利润创造的观点，在以动态创新中心为基地的创新公司那里都会得到赞同，而且也会得到较多的国际跨国公司的赞同，特别是为处在创新边缘部门的公司所赞同。还要指出，创新推动力的范围并不是现存生产力水平的函数，或技术能力的函数。出于这些目的，他把创新定义为新产品和新工艺的创造，甚至在新产品和新工艺并不处于某个"国家技术边缘"的情况下也是如此。创新基本上是由默认能力的积累构成的。这种默认能力体现于社会组织（主要体现于企业）中。

所以，按照第二种观点，重要的是，创新通过导致较高的利润份额而导致较大竞争力和经济增长的机制。在新熊彼特学派经济学家中，有人以模型将这种机制表示为工资随着生产力提高（包括产量的增加和提高每个工人产品价值的工艺的改进）而增加的机制，但工资的增加滞后于生产力的提高。这个滞后会提高利润占收入的份额。但是，如果工资追踪生产力，它们仍然会由于创新而较快地增加。正如斯密和李嘉图的古典传统那样，较快的经济增长率会推动工资上升。由于创新，生活标准可以提高，尽管在收入中工资份额低——像前面指出的，通过创新的利润创造是一个正和博弈。

但是，坚持第一种观点的人，在以他们那种方式使利润减少或不利的情况下，却总是通过融资调整、附加合同协议、重新协商契约等各种手段，以求增加利润或改变其不利状况。这些一次性获益的手段最终依然收效甚微。较之创新，这些手段无疑作用较小。以改变劳动市场的伸缩性而言，如果这意味着把契约弹性用作相对于在时间和工作强度上降低工资的手段，那么，相反的则是，通过增加使工人适应新任务而再培训的便利条件，来创造较大的生产函数弹性。较长期的反应当然主要是引向增加创新的努力。由于把关注点从第一种利润转向了第二种利润，因此，有时候在不加管制的情况下，短缺对增大再培训强度就有较为直接的影响。

因此，在跨国公司之间建立战略依赖的新浪潮，就会更加导向联合技术发展和企业间的学习合作，并相对较少地受到市场力量联合操作的驱动。日益增加的国际竞争压力意味着，在一个动态的背景下，公司必须日益依赖于其能力基础的持续升级，从而寄希望于技术改进。

正统类型的利润和熊彼特类型的利润之间的区别,类似于静态利润最大化和对较高利润的演化搜寻之间的区别。

就原理而言,创新本身可能是在静态利润最大化和市场力量的框架中加以分析的,而且,这是按照最标准的处理方式完成的。从概念上说,技术是一种暂时性垄断优势的形式。这种优势在一个确定的市场上获得力量,从而获得利润。从这个观点上看,需要极为关注创新技术(工艺)泄露问题。如果创新工艺被免费泄漏,以及它本身可能发生的局部交易,那么,整个市场对技术的管制便失败了,因为它减少了对私人在新技术上投资的激励。按照熊彼特的观点,在这种情况下,对高利润的持续搜求和已遭破坏的市场的发展,必须依赖创新。企业间的伴随合作技术变化轨道的知识流动,可能刺激进一步的创新,而不是限制创新。

### (三) 长期发展和管理形式

坎特维尔和桑坦格罗指出,熊彼特创新利润相对重要性的增长,不仅仅是因为国际竞争的加剧减少了市场力量起作用的范围,而且还因为它改变了技术变化的特征。增大的新技术组合范围和国际知识交换意味着,通过合作学习过程的国际化,建立国际合作网络,以及更有刺激的跨界技术相互作用,为产生创新利润创造了新的机会。另外,科学和技术间的联系更为紧密,部分地由于大多数产业在新的科学基础上增加了新技术应用(ICT,新材料和生物技术),以及新技术同较多的传统技术的整合。这意味着,现在企业可以通过员工充分的技能学习,提高受教育的水平、适应新技术工作的能力或者同潜在知识投入相关的理解能力,而获得较高的收益。

按照这个观点,政府的作用已经开始变化。通过支持教育和培训系统,政府能够帮助企业降低成本,为创造企业默认的能力提供便利。而企业的这种能力则依赖于技术改进,从而成为创新利润和长期增长的根源。也就是说,政府可以帮助企业探讨更复杂的生产体系的发展问题。从根本上说,这是一个制度问题,而基本上不是市场失灵问题。同样,由于支持公共研究、大学和科学机构,政府会间接地激励企业投资于它们拥有的、能够进入更宽广的外部研究网络的研究和开发项目,从而通过适应其潜在默认能力而增加它们拥有的研发收益。在这里,公共研究并没有取代某种"缺失的"私人研究,相反,公共研究作为一种拓宽私人研究的催化剂而起作用,私人研究又支持保存生产中较为复杂的默认能力。这样,创新公司期望来自大学的最多的,与其说是在其部门直接应用的商业研究,而毋宁说是拓宽知识创造基础的研究和它们拥有的设施能够借以相互作用的技能研究。

这个论点有两个含义:第一,是企业而不是政府,将趋于引导创新过程和创新能力的形成。人们不应当把企业看作对知识和技能的外部供给的被动接受者。当然,政府要帮助企业进入激励创新和知识扩散的互补制度系列,特别是通过它们对教育、培训以及科学和研究技术设施进行支持。第二,即使某些基础研究设施可能产生知识向海外溢出利益,政府还是应该支持地方建立基础研究设施。因为其最大的和最直接的影响将在当地被集中,连接科学和技术的趋向是在当地被实现的。

同制造创新利润相联系的制度创新问题,应该在国家创新体系中进行更好的探讨。在国家创新体系中,政府支持科学和技术。在按现代技术范式培训信息和通信技术,电脑化和伸缩性的(较为复杂的)生产系统方面,尤其如此。在这些系统中,科学和技术的地方联系已经比它们在过去更紧密了,而且囊括了范围宽广的以前分离的学科。举例说,一家主流化学公司越来越需要抽取许多不同领域的知识和技能,例如,电子学和生物技术,以进一步发展其拥有的生产系统,即使它不打算进入最直接同这些领域的主要产品相联系的市场。

国家创新体系是每个国家公有和私有部门制度的网络,它支持新技术的启动、修改和扩散。国家创新体系是以私人企业中发展起来的、强有力的或默认能力的部门类型为特征的。跨国公司的技术创新全球化,就使在地理上分散的和地方上专业化的技术趋向于强化,这并不是取消发展的或国家创新体系的独特类型。全球化和国家专业化是共同过程的互补部分,不是矛盾的趋势。对组织联系专业化的刺激,是进入地方的每个中心的特殊的和多样化的创新流。但是,由于专业化同这些地方力量相适应,使组织联系专业化得到了强化。正如有的学者指出的,默认能力的创造已经地方化了,且体现于社会组织中,而且,这个组织化的特色具有地方的特征和企业层面的特征。每个国家创新所遵循的特殊路径有历史的根源。在自20世纪60年代以来的全球化时期,一般趋势是向跨国公司发展,这已经在技术上更加多样化,在它们新建立的时候便一体化为技术体系,同时,国家和地区在其技术活动上变得更加专业化了。

此后,新熊彼特学派经济学家考察了世界上一些最大的企业(主要是跨国公司)的国际化和合作技术的多样化形成。技术发展国际合作网络的建立意味着,某种技术的创造现在可以在地方上扩散,并同较大的地理距离相协调,通过知识和人员的流动来连接。已有经济学家证明,由于合作的信息和通信技术专业化的增长,日益增长的企业内部网络的地理分布已被连接成跨地区甚至跨国界的网络。仍然可能有更为复杂的技术创新,其余的技术基本上集中在少数优良的中心,并高度依赖由这些中心所提供的地方化的格调。同时,给定启动新技术结合的机会后,由于增加的技术相互联系和潜在扩散,在信息和通信技术可行时,主要公司必须适应其内部技术多样化的一般状况。在某些情况下,这简单地意味着把它们的多样化扩展成为新的领域;同时,在其他情况下,这意味着在某些刚刚开始相互联系的技术部门更为紧张的努力。这样一些研究领域可能还在坚持从前分开的习惯,现在可能把它们有力地结合在一起,开发新的经济范围了。

## 三、从管理经济到企业经济

新熊彼特学派经济学家大卫·B.奥德莱斯奇和A.罗伊·瑟里克在提交给1998年国际约瑟夫·熊彼特学会世界会议的论文《21世纪的资本主义和民主》中,基于熊彼特的创新思想,解释了发达国家如何以及为什么经历从管理经济向企业经济的变动。他们指出,这种变动是西方资本主义的急剧发展,并启动了政府政策从限制企业自由向新的政策系列,即培育创造新知识和使之商业化的转变。欧洲和北美各国的经验事实表明,那些经历从管理经济向企业经济巨大转变的国家,已经降低了失业率。

### (一)对熊彼特经济发展观点的看法

奥德莱斯奇和瑟里克认为,熊彼特关于经济发展有两种不同的观点:一种是他在其1911年的一篇论文[①]中提出的观点,认为非集中化的混乱打破了原有的产业结构,而其中的企业活动是经济增长的引擎;另一种观点是他在1942年出版的《资本主义、社会主义和民主主义》一

---

① Schumpeter, J. A. (1911). Theorie der Wirtschaftlichen Entwicklung. Eine Untersuchnug über Unternehmergwinn, Kapital, Kredit, Zins und den Konjunkturzyklus. Duncker und Hunblot, Berlin.

书中提出的观点,认为一个更集中化的和稳定的产业结构会导向经济增长。按照熊彼特的第一种观点,"创新本身被归结到常规"。技术进步成为训练有素的专业人员队伍的事业,他们以可预见的方式证明什么是社会所需要的工作。按照熊彼特的第二种观点,知识创造和拨款的一体化凭借了大公司的一种固有的创新优势,因为资本主义企业,按其成就来说,会趋向于自动进步。其结论是,资本主义企业趋向于使自身成为不必要的(因为它会在其自己成功的压力下裂成碎片)。完全官僚化的大工业单位不仅始于吞并小的或中等规模的企业,剥夺其业主,而且,最后也会侵占大企业,剥夺作为一个阶级的资产阶级。在这个过程中,资产阶级不仅失去其收入,而且,更重要的是会失去其功能。奥德莱斯奇和瑟里克认为,熊彼特的这种解释预见了第二次世界大战后管理经济的形成。而现在,经济是按熊彼特的第一种观点所阐发的逻辑发展了。

奥德莱斯奇和瑟里克的论文解释了发达国家如何以及为什么经历了一个从管理经济向企业经济的基本的移动。战后时期的管理经济不寻常地有效运营了三十余年,提供了就业、增长稳定和安全的动力。然而,并非巧合的是,冷战的结束引导了一个新的经济时代,即企业经济时代。

### (二) 20世纪90年代的经济挑战

奥德莱斯奇和瑟里克指出,当柏林墙在1989年被推倒的时候,许多人预期东、西方被40年冷战所强加的经济负担将显著减少。然而,大量失业和一般经济停滞在随后的8年中却并没有消失。失业和经济停滞是欧洲所面临的孪生经济问题。欧共体失业的数量高达日本和美国总和的两倍,在1996年欧洲工人失业超过11%,范围从卢森堡的大约3%和奥地利的大约4%到芬兰的15%和西班牙的20%以上,而德国则经历了自第二次世界大战以来的最高失业率。

面对严重的失业问题,奥德莱斯奇和瑟里克指出,整个欧洲和其他经合组织国家展开了关于如何解决长期失业问题的政策争论。争论围绕着经济学家们所设想的,一方面,提高工资水平但提高失业率,或者,另一方面,减少失业率但降低工资水平之间的替换问题而展开。这个争论形成了两个解决失业问题的方案,一个是通过降低工资以增加就业的"英美方案",另一个则是通过提高工资但减少就业成本的"欧洲传统方案"。美国和英国经济确实都产生了数百万新的就业职位,因而,减少了失业,但与此同时,这意味着实际工资水平极少提高。同时政府提供的社会服务显著减少。这留给政策制定者一个不协调的选择:或者减少工资而产生拥有更多就业的社会安全网络,或者接受一个螺旋上升的失业,以维持欧洲的工资标准和社会安全网络。

奥德莱斯奇和瑟里克认为,这个设想的工资和失业替换的政策是一个幻觉。荷兰的例子表明,可以同时实现就业增加和维持充足的社会安全网络。破除设想的工资和职位间的替换,关键是理解全球化和通信革命如何改变了主要欧洲经济体的比较优势。

### (三) 基于知识的经济的形成

奥德莱斯奇和瑟里克指出,同内部政治不稳定性相结合的冷战致使东欧和许多发展中国家进行了大量有潜在风险和不切实际的投资。战后大多数贸易和经济投资一般限于欧洲和北美,后来又限于亚洲少数国家,主要是日本和亚洲"四小龙"。一般是通过大规模生产获得比较优势,这种大规模生产,由于利用了规模经济而便利了低成本生产。大规模生产的本质是获得比较优势。欧洲大多数国家相对小的国内市场似乎造成了对欧洲第二次世界大战后竞争的严重威胁。但是,它们很快制定并实行了补偿其狭小的国内市场的两大战略:第一个战略是通过发展境外市场而国际化,第二个战略是依赖有技能的劳动和高水平的人力资本,生产高质量的产品。大的跨国公司凭借这两个战略基于比较优势而兴旺起来,而这种比较优势则是由于卓越的管理和同高技能的劳动相结合的组织化而形成的。一般地说,欧洲的比较优势存在于传统产业的中等技术产品的规模生产,例如,机械工具、汽车部件、材料加工、化学和食品产业。

奥德莱斯奇和瑟里克指出,这种比较优势在过去10年由于两个原因已经在欧洲和北美丧失了。第一个原因是,由于全球化,或者来自于刚刚崛起的东南亚经济,以及中东欧的转轨经济的竞争,生产成本特别是劳动成本在这些国家显著较低。同时,中国大约有5亿、印度大约有3.5亿潜在劳动力,将对向上变动的工资率施加压力。加之冷战的不确定性和内部政治的不稳定性所引致的第二次世界大战后第一个40年间风险过多的跨国活动,也构成了其比较优势丧失的重要因素。

第二个引发欧洲比较优势丧失的原因是通信革命。新的通信技术引发了生产的地理概念上的一个实质上特殊的革命。跨地理空间传播信息的(边际)成本被实际确定为零。由于面临外地的较低成本的竞争,高成本国家的生产者,除非什么都不做并丧失全球市场份额,有三种选择:(1)充分降低工资和其他生产成本,以便同低成本的外国生产者竞争;(2)以设备和技术代替劳动,来提高生产力;(3)把高成本地区的生产转移到低成本地区。

奥德莱斯奇和瑟里克指出,欧洲和美国许多成功重组的企业基本诉诸最后两个选择。以资本替代劳动的技术,连同生产向较低成本地区的移动,造成了整个欧洲和北美公司裁减人数的浪潮。与此同时,一般地说,许多大公司都储存了生存能力。欧洲和北美的股票指数记录指明,这些大公司一般没有遭到损失。

为了以资本代替劳动,获得比较优势,奥德莱斯奇和瑟里克指出,许多大公司实行减员的政策。对全球化的反应导致整个经合组织国家大公司裁减人员。例如,1979—1995年,作为公司裁减人员的结果,美国失去了4 300万以上的职位。这包括约2 480万蓝领职位和1 870万白领职位。美国最大的制造公司在1980—1993年间削减470万职位,即它们所使用劳动力的四分之一。也许,最让人感到惊慌的公司裁减率发生在美国20世纪80年代。在20世纪80年代的大部分年份,大约25个工人有一个工人失去职位,到90年代增长到每20个工人有一个工人失去职位。

但是,奥德莱斯奇和瑟里克强调,也有另一种选择,不需要牺牲工资来创造新的就业职位,也不需要减少职位来维持工资水平和社会安全网络。这种选择包含改变传统产业的经济活动。在欧洲和北美,高成本国家的传统产业已经失去了比较优势,并逐步进入那些比较优势同高工资和高就业水平(基于知识的经济活动)相协调的产业。

奥德莱斯奇和瑟里克指出,高技术区域的形成,例如,加利福尼亚的硅谷、北卡罗莱纳的三角园区、英国的剑桥,似乎令人惊异,甚至更加违背传统观念的是,经济日益被电子邮件(e-mail)、传真机和网络空间所支配,这些都将使地理上近邻的重要性变得无关紧要。信息由这样的事实构成,例如,东京的黄金价格或者纽约的天气,以及可以免费绕地球的传输。相反,知识则由思想构成,而思想是主观的、不确定的、难以写下的。在这些思想中,许多思想是作为面对面接触和交流的结果而出现的。许多具有创造性的思想则是符合社会事件或一种产业功能的机会的结果。

基于思想或知识的经济活动,不能或不容易为外部竞争者所模仿,也不能被跨国公司转移到低成本国家。虽然为生产汽车所需要的过程和组织化方法,可以从斯图加特转移到匈牙利,但基于新思想的经济活动,例如米兰的时尚、巴黎的烹调艺术以及好莱坞电影,都包含着地理上集中的活动。对于基于新思想的经济活动,可以维持较高的工资。形成欧洲比较优势的来源是创造性和新思想的经济活动。

奥德莱斯奇和瑟里克指出,有许多指标反映了高工资国家的比较优势向重要性增加的基于知识的经济活动的移动。例如,科图姆(Kortum)和勒纳(Lerner)指出,"美国专利最近史无前例地猛增"。正如1985年以来美国的发明者专利应用所证明的:其专利应用的增长在80年代超过了20世纪任何其他十年。整个20世纪专利的应用每年在40 000—80 000件的范围内波动;相反,在1995年专利的应用超过了120 000件。[1]类似地,伯曼、邦德和马奇恩表明,对较少技能工人的需求在整个经合组织国家中急剧下降,同时,对有技能工人的需求则猛增。[2]

奥德莱斯奇和瑟里克强调,知识在生产过程中是一种在质量上不同于机器或工人(在装配线上作为齿轮发挥作用)的投入品,结果可能提高工人在装配线过程中的贡献。他们又谈到了新思想在经济发展中的作用,指出:新思想本身是不确定的。一个工人想出一个好主意,可能被同事或工头驳回。因此,把具有创新思维的能力的人安排到适当的位置以创造和产生反对旧思想的新思想,是基于知识的经济的基本措施。有时,可能在现存的企业内发现产生新思想的机会。但是,具有新思想的人常常发现,由于基本的不确定性,开办一个新企业是借以追求新思想并使之商业化的唯一途径。

## (四) 企业社会

奥德莱斯奇和瑟里克指出,一个比较优势是新知识经济需要非常不同的产业结构和经济价值。一个能够创造新思想并实践新思想的人是有极高价值的人。在实际具备总体需求但能够生产创新产品的工人的供给有限的情况下,新产品和新企业将使就业大大增加。当然,新知识中所固有的不确定性的程度表明,许多新思想,因而新企业,事实上并不是可行的和成功的。那些企业和工人必将放弃这种尝试并改变其活动方向。这样,基于知识的经济便处于运动中,并以人们大量创办新企业以追求、探讨或履行新思想为特征。那些基于不可行的思想的企业必然会停滞并可能最终被淘汰出局。出现混乱和浪费的情形实际上是一个过程,通过这个过程而产生新思想并加以探讨,最终创造出高报酬的职位,代替由于裁减人员而造成的损失。

奥德莱斯奇和瑟里克指出,美国产业在相对短期内从公司巨无霸,例如国际商业机器公司(IBM)、美国钢铁公司(U.S. Steel)和美国广播公司(RCA)所支配的静态的和刚性经济,转变成为一个完全运动的经济。在这种运动经济中,新的企业不仅产生了大量新的就业职位,而且还产生了新的产业。在20世纪90年代,美国每年新开办的公司为130万个左右。知识经济是以高度混乱为特征的。它是一种处于运动中的经济,具有数量众多的每年进入的新企业,但是,只有一小部分,甚至更小的部分会存活,例如,微软最终成为新的大公司。

---

[1] Kortum, S., Lerner, J. (1997). Stronger Protection or Technological Revolution: What is behind the Recent Surge in Patenting? Working paper 6204, National Bureau of Economic Research(NBER), p.1.

[2] Berman, E., Bound, J., Machin, S. (1997). Implication of Skill-biased Technological Change: International Evidence. Working paper 6166, National Bureau of Economic Research (NBER).

奥德莱斯奇和瑟里克指出,在这些混乱中,有的可归因于避免因公司减员而造成失业所开办的新企业。这种变成自我雇佣的决策常常是对即将发生的失业所作的反应,并没有多大成功的把握。但是归根结底,这种运动改变了旧的传统部门的经济(在那里既不能维持就业,也不能维持同比较优势相协调的高工资),使之成为基于新知识的新产业。在20世纪50—60年代,美国最重要的产业是钢铁和汽车,以及其他制造业产业。在80年代的十年,信息技术作为美国最大的产业形成了。信息技术,包括电脑和通信,在90年代增长了57%,达到8 660亿美元。1996年,有430万名工人在信息技术产业就业。这一产业的平均工资水平高于其他部门73%。

新企业和小企业创造大量就业的趋势并不仅限于美国。康宁思(Konings, J.)发现,在英国,在职位创造和工厂规模之间存在负向关系,而在总量就业职位和工厂规模之间存在正向关系。这意味着,在英国小企业创造大量新职位。① 罗伯森和加莱尔表明,在英国,1971—1981年间,大约全部新就业的三分之一是在少于20名雇员的企业。在80年代,全部就业的近二分之一是在这种小企业和新企业创造的。在1987—1991年间,英国大企业净职位为负数。小企业贡献了大多数新就业。哈耶斯提供事实表明,这部分地是由于经济中的大公司裁减雇员,部分地是由于小企业所贡献的经济活动的实际扩展。巴尔德文和皮考特在加拿大发现了相同的结果。

由英国信息管理学会的一项研究发现,在1990—1994年间,荷兰失去768 000个职位。而这些职位的丧失却被创造973 000个新职位抵消而有余,其中44%来自于现存的企业,56%来自于新建立的企业。与此同时,新企业只对15%的职位丧失负有责任。这样,荷兰的新企业基本上提供了205 000个新职位的净增长。

瓦格纳的一项研究表明,在德国净职位创造并非系统地和逆向地同企业规模相关。瓦格纳发现,虽然总职位创造和破坏的比率与企业规模并不系统相关,但是,除了德国,这两个类型化的因素表现得很有说服力——小企业创造了欧洲和北美的大多数新职位。

人们关心小企业和新企业对职位创造的贡献是因为它们是同较低的工资相联系的。一些批评者认为,向增加的企业移动,是对增大的收入差距所作的反应。企业关系可以是一个对迫切的失业的反应,也可以是对追求创新思想的机会的反应。第一类企业关系趋向于产生具有低生存前景和较低工资的企业,而第二种类型的企业关系则创造新的机会和较高的工资。由企业活动所产生的生活标准,一般将反映所包含的个人的教育和培训情况。具有低技能的没参加培训和教育的工人可能开办新的企业,但极少是那种产生稳定职位和较高工资的企业。实际上,每一个西方国家在过去十年中都经历了不断拉大的收入分配差距。但重要的是要记住,企业关系并不是使分配差距拉大的原因,应该说,它反映个人对暗含于高工资国家的变动比较优势中的孪生力量——全球化和技术——的反应。因此,实际政策问题不在于社会是否会变为企业社会的问题,而应该说是,在这两类企业关系中何者将盛行的问题。政策的变化将是如何向所有工人提供成功的知识和技能,以及能够使他们充分运用那些技能的环境。

这两类企业关系的例子,甚至在同一个国家也是大量的。例如,通过将经济活动移向新的产业,在主要因企业活动而产生的加利福尼亚的硅谷,就破除了工资和职业明显替代的观

---

① Konings, J. (1995). Gross Job Flows and the Evolution of Size in U. K. Establishment. *Small Business Economics* 7(3), pp. 213—220.

点。硅谷意味着收入比其余产业高50%。较高的生活标准并不是在减少就业的价格上出现的。1992年和1996年,硅谷以15 000个职位增加了就业。在企业经济中,不存在高工资和就业增长之间的替代,可能两种情形并存,至少在那些经济活动基于新技术的部门是如此。相反,在新英格兰地区和阿巴拉契亚乡村地区基于手工劳动和手艺的自我雇佣,南方农村的纺织技术成熟的小企业,只能以降低工资为代价维持就业。

有一个大的团体,以有力的经验证明了企业规模同工资的联系。这很重要,因为企业关系的主要轮子是新企业和小企业。实际上,每一项研究都在转换一种范围,而且,经合组织国家发现了一种企业规模和工资的正相关关系。但是,明显的工资和企业规模之间的替代是在单一时点上进行静态的、跨部门研究的结果。当引进一种动态分析的时候,便形成了一种不同的情景。这种动态分析提出,人们开办企业是为了追求新的但不确定的思想。如果这些新思想是可行的,他们能够发现的唯一途径是通过由市场提供的实验经验。他们通过经验来发现这种思想是否可行。如果新思想是可行的,企业就会生存下来并得以增长;如果它不可行,企业将停滞,并最终退出市场。研究的一个重要线索,是跨越一个广泛的时期和国家范围,支持产业这种动态的观点。另外,存在一个系统的证明,在企业年龄和增长之间、企业规模和增长之间存在负相关关系,在企业规模和生存状况之间、企业年龄和生存环境之间存在正相关关系。这个证明支持了人们开办企业以试验新思想的产业的动态观点。在这些新的试验中许多试验失败了,但某些试验却是成功的。虽然有些企业没有成功,但开办成功的新企业却创造了高增长率。

奥德莱斯奇和瑟里克指出,一个基于纵向数据系列的研究思路表明,新企业的工资和生产力随企业年龄而增长。总的来说,这两种研究思路意味着,随着新企业成熟,今天某些小的低工资企业,明天便可变成高工资企业;同样,今天某些小的低生产力企业,明天便可变成高生产力企业。通过增长,新企业不仅仅产生较大的就业,而且产生较高的工资。新企业的增长证明,较大的就业并非是以降低工资为代价而出现的,而是相反,提高了工资。

奥德莱斯奇和瑟里克总结性地指出,跨部门的企业规模和工资替换由于两个原因而出现。第一,没有增长前景的、停滞的小企业典型地提供低工资。它们所包含的下滑意味着小企业工资下降。第二,小企业高增长率造成较高的生产率和工资。

## 四、资本主义社会民主存在的条件与作用

新熊彼特学派经济学家也很关注民主和资本主义的关系。在这方面,他们继承了熊彼特的传统,从现实的经济实际出发探讨资本主义社会民主存在的条件及其发展趋势。彼得·波恩霍尔兹(Peter Bernholz)1998年提交给国际约瑟夫·熊彼特学会世界会议的论文《民主和资本主义:在长期它们能协调吗?》集中阐发了这种理论观点。

### (一) 对熊彼特观点的看法

波恩霍尔兹认为,约瑟夫·熊彼特的毕生事业因两个主要的成就而著名:他的经济发展理论和他的民主理论。后者也许不太著名。但是,其对作为竞争过程的民主的分析,通过假定政治家和政党和平地争夺政府权力和机关,影响了这个领域的公共选择理论的发展,特别是安东尼·多恩斯(Anthony Downs)的《民主的经济理论》(1957)。有了这两个成就,熊彼特就把他的注意力转向经济发展过程和政治制度之间的关系,特别是同民主的关系。结果,他

把政治—经济制度的变化置于他的《资本主义、社会主义和民主主义》(1943/1966)兴趣的中心。熊彼特在这里早已经对政治经济学家、政治学家、社会学家关心的许多问题进行了讨论。

熊彼特否认资本主义可以长期活下来。但和马克思不同,熊彼特认为,资本主义的崩溃不是因为资本主义的失败,而是因为其成功。正因如此,资本主义将必然让位于社会主义,也许以其中央计划的经济形式。这完全不同于哈耶克在《通向奴役的道路》(该书写于大约同一时间并观察同一经验事实)中提出的警告性的预见。哈耶克、米塞斯、罗普克、欧肯、奈特、弗里德曼和其他人发起了朝圣山学社(Mont Pelerian Society),显然是希望在反对社会主义思想的战斗中能够取胜。熊彼特在1949年12月30日写给美国经济学会的《进入社会主义的征途》的信函中,提请注意朝圣山学社最后的讨论。熊彼特嘲笑了那些人的努力,他说:"我相信在瑞士有一座山,在山上正在召开经济学家会议,会议发表了对这些事情完全或基本不赞成的看法。但是这些令人诅咒的事情甚至没有煽动起攻击。"①

对于民主同社会主义,甚至同计划经济的变种之间的协调问题,熊彼特的回答是:"在我们定义的社会主义和民主之间没有必然的联系:一个可以没有另一个而存在。同时也没有不协调性:在适当的社会环境状态下,社会主义的发动机可以按照民主的原则开动。"②对于给出的这个答案,重要的是要了解什么是适当的社会环境。熊彼特认为,在一个具有计划经济的社会主义制度中,一个"运作的社会主义民主……将是一个毫无希望的任务,除非在履行第Ⅲ部分列举的全部成熟的要求的社会情形中"③。

这些要求(对于功能的民主而言)是:

第一,……被派到党的机构工作、被选拔到议会工作、进入内阁的人应该具有极高的政治素质。④

第二,……政治决策的有效范围不应当被扩展得太远。⑤

第三,……现代工业社会的民主政府必须能够控制……那些有良好身份和传统的、具有强烈责任心而不谋求私利的训练有素的官员的服务。⑥

第四,……民主的自我管理……一切属于国家的团体都愿意接受任何法律措施,只要它是列在法令书籍中和由合法的机构发布的一切行政命令中。但民主的自我管理尚不止于此。⑦

第五,对于领导权的有效竞争需要有一个广纳不同意见的基本尺度。⑧

熊彼特认识到,也许应把这些条件的最大问题归于第二点。在一个计划经济中,包含政治决策范围是可能的吗?他认为,借助于良好发挥作用的官僚机构,应当是可能的。但他承认:"……在社会主义社会,这些限制将产生许多(比资本主义社会)更严重的问题。在社会主义社会,资产阶级的行事方式把缺乏足够的自律加之于政治领域。另外,在社会主义社会,不再可能找到思想安慰,无效的政治程序是完全依照一种自由保证的。有效管理的缺乏将招

---

① Schumpeter, J. A. (1966). *Capitalism, Socialism and Democracy*. Unwin University Books, 5th ed., 11th impression. London, George Allen & Unwin(1st edn 1943), p.418.
② Ibid., p.284.
③ Ibid., p.301.
④ Ibid., p.290.
⑤ Ibid., p.291.
⑥ Ibid., p.293.
⑦ Ibid., p.294.
⑧ Ibid., p.295.

致面包的缺乏。"①

最后,熊彼特指出:"……作为一个实践必然性的问题,实际产生的社会主义民主比一直以来的资本主义民主更虚假。无论如何,民主不意味着增加人的自由。"②

根据熊彼特的看法,波恩霍尔兹指出,对于我们适当的主题有利的是:"……现代民主是资本主义过程的产物。不论民主是否是资本主义产物之一,资本主义都必然死亡,当然,那是另一个问题。资本主义社会证明,一直以来实行民主方法的任务是好是坏也是另一个问题。"③

波恩霍尔兹认为,他已经知道熊彼特以否定的态度回答了第一个问题。但第二个问题则直接导致了《民主和资本主义:在长期它们能协调吗?》那篇文章的主题。

### (二) 功能民主制度的条件

波恩霍尔兹对功能民主制度的条件进行了分析。他认为,熊彼特给出的关于功能民主制度的上述五个条件是不充分的。他引证了社会学家斯坦尼斯拉夫·安德烈斯基(Stanislav Andreski)的话:"迄今为止,代议制国家只是在存在经济上独立的人的大阶级的地方繁盛起来,不一定是赚取收入意义上的独立,而是就不发号施令意义上的独立。无论如何,民主制度是在财富集中于少数人手里的国家传播的,它们只存在于纸上。在被一个大财团严格支配下,其所有者甚至可能剥夺未受其雇用的人的生活资料。在那里没有自由的选择。一个生产资料被垄断的工业化国家,将提供更复杂和更精致的对于大财产团体的平等。"④

在一个全部财富由国家拥有并受政府导向和控制的国家,每个人都得依赖控制其就业和生活资料的精英。只能这样来进行活动,甚至选择反对政府的思想。他们只能忍受这些精英和官僚机构的控制。但是,为什么居支配地位的精英应该同意对其权力,或者对其作为政府职能的限制呢?另外,一个独立出版社、电台和电视台很少可能由于同样的理由,即使是生产资料,例如印刷机、纸张,被国家拥有。在政府内部发生不同集团权力平衡的被动时期,将有可能有一种例外。对于一个由大企业控制劳动市场,并能影响政府决策的市场经济中,这种情况也可能发生。

相反,考察一个具有安全的财产权、充分的竞争和法律规则的市场经济体系,在这样的体系中,人们即使是雇员,也有几种可能性去寻求就业和获取他们的生活资料。另外,有相当数量的农民、企业家、专业人员和富人,所有这些人都可能从事政治活动,不管这些政治活动是不是政府政治家同意的。另外,每个个人或团体在同其他方面的竞争中都能够支付为建立报社、电台和电视台(但是直到最近,后者在某些国家,例如德国、奥地利和瑞士,都被禁止,因为这是一种国家指令的公共垄断)所必需的资金。这样,不同的意见和思想便同执掌政治权力的那些人的意见和思想相左。

另一方面,如果财产权不安全,法律规则不保护个人或契约,政府或其他团体可能惩罚采取那些不能为促进他们自己目标而活动的人。财产可能被没收,随意加重税收,合同被撕毁

---

① Schumpeter, J. A. (1966). *Capitalism, Socialism and Democracy*. Unwin University Books, 5th ed., 11th impression. London, George Allen & Unwin(1st edn 1943), p.299.
② Ibid., p.302.
③ Ibid., p.297.
④ Andreski, S. (1965). *The Uses of Comparative Sociology*. University of California Press, Berkley Los Angeles, p.375.

或者不予履行。

这样,波恩霍尔兹就得到了一个不同于熊彼特的结论,即在一个现代复杂社会中,只有具有安全财产权和竞争的市场经济,才能维持自由和大多数人为维持民主所必需的独立。

### (三)无限制民主的结果

波恩霍尔兹指出,民主不是资本主义市场经济的前提,正如从智利、韩国的例子所能看到的。另外,民主可能在长期中危及市场经济,甚至威胁它自身的存在。这通常发生在无限制或极少限制的极端民主中。

熊彼特在一定程度上认识到了这种危险。在这方面,他成了公共选择理论的奠基者之一。上面提到的在其1949年的信函中,熊彼特就在怀疑资本主义的引擎能否继续运转:"我们无需接受停滞的论点……为了按照这个论点是正确的可能性(资本主义的引擎将不继续运转)加以区分,如果业余时间的私人企业制度永久地加重负担和管制,乃至超越其忍耐力,在这种情况下,一种十足的社会主义解决方案,甚至可能因为较少不幸,而被加之于社会主义敌人身上。"①

所以,波恩霍尔兹问道:什么是完全民主?他认为,现在流行的民主制度,按照宪法和其他安全保证法的法律制度,是不严格的。他认为完全的民主应该是严格体现宪法和其他安全保证法所规定的民主范围,或是具有无限潜在的领域的民主。在实现完全民主的情况下,各种利益团体将自由地进行活动,从而实现各种利益团体的利益均衡,或称为利益的"纳什均衡"。

波恩霍尔兹认为,在无限制的民主中,政府活动会反而发生扩展。其原因首先是:按照这种具有无限潜在领域的民主,来更换国会成员,可以履行其关于大多数人口的目标。但由于几个党派为争夺选票而竞争,并需要资金支持来支付其组织和选举运动的花费,人们必定预期届时政府活动领域不断扩展。于是,公共支出增长,政府管制越来越多,税收存在漏洞,以及对少数人的特殊利益和困难团体进行补助,法律部门也不停歇地活动。在这些问题上,决策仅仅在微不足道地打击消费者和纳税人。

人们也可以看到一些现象,如针对外国竞争而保护某些产业,确定高于市场出清水平的农产品价格,补贴煤和钢铁产业,默认甚至促进卡特尔。虽然大多数选民由于提高税收和价格而受到伤害,但也泰然处之。由于政府采用化整为零、分散处理的措施,这些对选民的伤害尚不易察觉,没有感到切肤之痛。另一方面,无论如何,像房租提高这样的变化,大多数选民都能看到。因为对房租的支出是其家庭预算支出的基本部分,对此,政府便可采取有利于大多数选民的行动,以安抚选民的不满,例如,引进租金控制措施。

波恩霍尔兹指出,政府活动逐渐扩展的第二点原因,是经济发展一再引起产业结构的变化。这些变化威胁了旧的产业、它们的资本所有者和经理,也威胁了其雇员的职位和工资水平。这导致选民失望,从而,在政治竞争的压力下,导致政府干预,以维持或赢得那些遭受工业结构变化危害的选民的支持。

波恩霍尔兹指出,政府扩展的第三个原因,或多或少和第二个原因有关,即需要制止可能产生失业的力量。失业的产生,除了受经济形势变化(如供求关系的变动,以及是否有有利的

---

① Schumpeter, J. A. (1966). *Capitalism, Socialism and Democracy*. Unwin University Books, 5th ed., 11th impression. London, George Allen & Unwin(1st edn 1943), p.418.

投资机会等)的影响之外,也和经济结构变动有关。经济结构变动使其复杂性陡然增长,需要更多的协调,协调不力或者协调不当时,便将引起失业。在经济中,许多活动涉及私人的创造性活动,例如,防止土壤腐蚀、管理交通、减少烟尘等任务日益增加,这也需要政府出面予以协调。

最后,需要时间来制定政府的新措施,引进和通过法律、税收和补贴政策。所有这一切,必然导致政府活动范围的扩大。

波恩霍尔兹判断,国家的活动将适时以民主的方式增长。民主制度和竞争的党派相互作用,以适应少数和多数选民的不同需要,适应随着时间推移而出现的特殊利益团体的需要。结果,正常的民主制度,将履行一种重建政治经济体系、提高管制水平、提高补贴水平,并把转移支付和税收确定在人们期望的可比较的人均收入水平上的任务。但是,过多的政府活动也将造成较低的经济效率,影响储蓄和创新,以致造成经济负增长。

### (四)资本主义与维持民主的力量

波恩霍尔兹指出,他的分析表明,熊彼特关于民主存在的第二个条件,即严格的政府领域,在长期越来越被以政府这种形式的固有趋势腐蚀。人们也可能怀疑,是否由这种发展所隐含的官僚机构的增长也将不妨碍熊彼特的第三个和第四个条件,即效率和忠诚的官员的存在呢?

这样,便可以提出如下问题:给定这些趋势,是否存在起相反作用的足够强大的力量,以致阻碍甚至倒转这些趋势?受意识形态影响而强化的政府活动趋势将努力发展到极致,而政府活动的这种发展趋势则必定缩小民主,并损害自由市场原理。

波恩霍尔兹指出,在资本主义发展的早期,法国孟德斯鸠提出建议将立法、行政和执法的权力分开。同时,另有人提出联邦制,建议将其作为一种限制中央政府活动领域的设计,或类似没有付出补偿政府不得占有私人财产这样的规则。宪法中的人权、言论自由等,也是限制政府范围的设计。但是,这些安全保证只能在短时期内推迟政府活动范围的扩展,而不能永久延迟。

波恩霍尔兹认为,宪法法院必须存在,以保证国会和行政(政府)不会超越宪法赋予它们的权力界限。但是法院自身如何防止重新解释从而缓慢地腐蚀宪法的最初内容呢?美国最高法院,在扩展联邦政府领域上,常常起到一种决定性作用,特别是在"新政"期间。美国最高法院和德国联邦法院都不能或不愿意维持政府领域,从而防止对联邦制的侵蚀。另一方面,瑞士在1848年决定不设立宪法法院,否则当时便要把美国人的许多思想纳入它们自己的宪法,但是,结果,宪法对中央政府的限制很快被改变和扩展宪法的政治决策以选民或州的简单多数而被腐蚀了。甚至更糟糕的是,政府有时破坏宪法规则,而且议会并不阻挠这样做。

于是,波恩霍尔兹得出结论说,即便按照民主,政府和议会在宪法上会受到严格的限制,一种民主也将很快地越来越多地改变这种限制,并允许政府范围增长和集中化。宪法和制度的安全保障可能阻碍这种发展几十年。但是,所有这一切终将受到腐蚀。这样便给我们提出了问题,即,是否存在其他力量在发挥作用,可以阻碍上面描述的趋势,或者说,如何才能够出现具有法律规则和完全民主的自由社会?

波恩霍尔兹的进一步问题是:为什么掌管独裁政府的精英们同意强化和保证财产权,维持国家干预,强化由英国撒切尔夫人发起和推动的有限的改革?他认为,就英国的改革而言,它是在经济上同其他欧洲国家相比越来越落后,甚至被意大利超越的情况下进行的。与此相联系,由于相对较差的经济绩效所引起的对外政策和大国军事地位(潜在)的下降,政府就越发在国内生产总值中增加份额和实施过多的管制。而这可以被看作一种危机,并且会导致重建有限制政府取向的改革。

波恩霍尔兹关注的问题是:我们能否借助公共选择理论来解释这种政治转折?他认为,驱使政府扩展的强大力量之一,是特殊的利益集团。借助于选民的支持,这些利益集团可能取得成功。而选民则可能没有看到他们必须承担的负担,因为这些负担是分散地落在他们身上的,并打了折扣,而且可能把这些负担主要转到了未来,例如降低经济增长率或产生生态问题。特殊利益集团也充分认识到,许多利益已经集中到他们手中。但是现在,如果发生越来越多的有利于利益集团的政府干预,便会加重普通选民的负担,使选民最终认识到这些严重后果。在这种情况下,每个选民可能从一次或多次政府干预中获利,但全部负担却落在他们身上,因为所有的政府干预加在一起便超过了这种利益。所以,可以把这种情况看作一种危机。

但是,这种情形却有利于政治家提出竞选纲领(特别是反对派),而这种竞选纲领则包含一种心照不宣的互投赞成票的协议:即每个参与选举的团体都准备放弃其特殊利益,如果其他许多这样的团体都这样做,它们一起便形成一个选民的多数。因此,它们也就成了干扰民主的力量。

## 五、 新熊彼特学派经济思想的理论及现实意义

新熊彼特学派在20世纪70年代后对于西方经济思想的丰富和创新的发展都起到了积极作用。

(1)新熊彼特学派继承和发展了熊彼特的创新思想,把技术创新作为经济发展的动力和基本原因。新熊彼特学派经济学家都以熊彼特的创新思想来分析当代经济发展。但和熊彼特强调大公司创新作用的思想不同,新熊彼特学派经济学家认为,新的、小型企业在当代经济发展中更具有创新作用。正是它们在发展新思想、采用新技术、生产新产品的过程中提高了生产力,提高了工资水平,并增加了就业。而许多大公司,由于和传统产业相联系,技术相对落后,为了维持其比较优势,常常通过大量裁减员工或减少工资,以降低生产成本。这和新的、小型企业的创新型经济活动的绩效形成了鲜明对照。

(2)新熊彼特学派具有多学科或多重理论相融合的特征,其中,既有新古典经济学的均衡分析,又有新制度经济学的制度演变的分析,也有达尔文进化论的应用,因而构成了一个关于经济演化和发展的、开放的经济学体系。新熊彼特学派和熊彼特关于达尔文进化论的应用持有完全不同的态度。在熊彼特的经济理论中,新奇是重要的本体论预设。他把创新看作变化过程的实质,强调了非均衡和质变在经济体系中的作用,突出了企业家和技术创新在"创造性毁灭"过程中的核心作用。所以,熊彼特是不使用生物学类比的经济学家。而新熊彼特学派则主张借用达尔文的进化论。正如尼尔森和温特指出的:"'新熊彼特的'这一名词是我们整个分析方法的适当名称,正像'演化的'一词一样适当。为了成为'新熊彼特'学派,我们才成为演化的理论家,因为演化的思想为我们详细说明和正规表述熊彼特看法提供了可以工作的分析方法。"[①] 运用达尔文进化论的有关理论和方法可以被看作新熊彼特学派经济思想

---

① 转引自贾根良著:《演化经济学的综合:第三种经济学理论体系的发展》,北京,科学出版社2012年版,第19页。

的特色。

（3）新熊彼特学派全面而系统地阐述了熊彼特的经济思想，除了创新思想，也关注熊彼特关于资本主义和民主的思想在当代经济社会中的应用。新熊彼特学派经济学家根据对现实资本主义经济情况的分析，按照现在的经济条件，分析民主在现代资本主义社会中为什么和如何发挥作用，强调资产阶级国家将借助于民主制度实现其扩大干预范围的目标。这一切都表明，新熊彼特学派关于民主的思想是对熊彼特在《资本主义、社会主义和民主主义》一书中阐述的民主思想的继承和发展。

（4）新熊彼特学派所阐述的企业创新的路径选择，在一定程度上体现了当代经济发展的客观规律。新熊彼特学派把现代经济称为"运动经济"，认为动态发展是现代经济的根本特征，第二次世界大战后的经济发展经历了从管理经济向企业经济的发展。在论及企业的发展时，他们强调首先是提出新思想，然后是开办新企业以试验或履行新思想。新开办的企业虽然有不少在竞争中被淘汰，但其中成功的新的小型企业却实现了提高生产力、提高工资水平、增加就业，从而促进了经济增长的业绩。新熊彼特学派认为，从混乱走向经济繁荣，是当今经济发展的突出特征。应该说，这种关于经济发展路径选择的分析，在一定程度上体现了当代经济发展的客观规律。

（5）新熊彼特学派的经济思想存在其固有的缺陷或局限性。他们不能从生产力和生产关系的矛盾上去把握经济发展问题。大公司为什么不如小企业更能发挥创新的作用？小的、新型企业为什么能够把握创新的时机而取得提高生产力的不菲业绩？从马克思主义的观点上看，是生产力和生产关系的矛盾使然。大公司或小企业都是一种生产关系的表现形式，而新知识或新技术则代表了新的生产力的特征。小的、新型企业适应了体现新的生产力的新技术的要求，故能得到发展。马克思和恩格斯在《共产党宣言》中写道："资产阶级除非对生产工具，从而对生产关系，从而对全部社会关系不断进行革命，否则就不能生存下去。反之，原封不动地保持旧的生产方式，却是过去的一切工业阶级生存的首要条件。生产不断变革，一切社会状况不停地动荡，永远的不安定和变动，这就是资产阶级时代不同于过去一切时代的地方。"①

当然，按照马克思和恩格斯的分析，资本主义生产方式下的社会生产总会碰到难以克服的矛盾，新熊彼特学派所津津乐道的小企业的创新作用在2008年美国"次贷危机"及其引发的经济危机之后也没有什么突出的作为。否则，为什么时至今日西方国家的经济仍然没有彻底走出低谷呢？

## 思考题

1. 新熊彼特学派的思想特点是什么？这和熊彼特本人的理论有何异同？
2. 新熊彼特学派关于资本主义经济发展方式变化观点的合理性如何？
3. 新熊彼特学派关于民主的分析有何特点？
4. 新熊彼特学派经济思想的局限性是什么？

---

① 〔德〕马克思、恩格斯：《马克思恩格斯选集》（第1卷），北京，人民出版社1995年版，第275页。

## 参考文献

1. Andreski, S. (1965). *The Uses of Comparative Sociology*. University of California Press, Berkley Los Angeles.

2. Berman, E., Bound, J., Machin, S. (1997). Implication of Skill-biased Technological Change: International Evidence. Working paper 6166, National Bureau of Economic Research (NBER).

3. Konings, J. (1995). Gross Job Flows and the Evolution of Size in U. K. Establishment. *Small Business Economics* 7(3), pp. 213—220.

4. Kortum, S., Lerner, J. (1997). Stronger Protection or Technological Revolution: What is behind the Recent Surge in Patenting? Working paper 6204, National Bureau of Economic Research (NBER).

5. Nelson, R. R., Winter, S. (1982). *An Evolutionary Theory of Economic Change*. Belknap Press of the Harvard University Press, Cambridge, MA.

6. Schumpeter, J. A. (1911). Theorie der Wirtschaftlichen Entwicklung. Eine Untersuchnug über Unternehmergwinn, Kapital, Kredit, Zins und den Konjunkturzyklus. Duncker und Hunblot, Berlin.

7. Schumpeter, J. A. (1966). *Capitalism, Socialism and Democracy*. Unwin University Books, 5th ed., 11th impression. London, George Allen & Unwin(1st edn 1943).

8. [德]马克思、恩格斯:《马克思恩格斯选集》(第1卷),北京,人民出版社1995年版。

9. 贾根良著:《演化经济学的综合:第三种经济学理论体系的发展》,北京,科学出版社2012年版。

# 第十九章 新奥地利学派

到19世纪末20世纪初,奥地利学派的影响范围仍然有限。到20世纪30年代后,该学派的影响才在路德维希·冯·米塞斯(Ludwig von Mises,1881—1973)、弗里德里希·哈耶克(Friedrich August Hayek,1899—1992)、约瑟夫·熊彼特(Joseph Alois Schumpeter,1883—1950)、戈特弗里德·冯·哈伯勒(Gottfried Von Haberler,1900—1995)、弗里茨·马克卢普(Fritz Machlup,1902—1983)和奥斯卡·摩根斯坦(Oskar Morgenstern,1902—1977)等人的影响下,逐渐传播到英国和美国。

新奥地利学派的主要代表人物和活动范围并不在奥地利,而是在美国。美国新奥地利学派经济学家卡伦·沃恩(Karen I. Vaughn)说:"至于'新奥地利学派',我指的是这样一批人:他们大部分居住在美国,从20世纪60年代的某个时期开始,他们自认为加入到了由门格尔首开先河、由米塞斯传承并修订的经济学传统。因此,新奥地利学派经济学家①并不是根据其出身而是根据他们所接受的信仰来确定的,而且他们开始主要推崇的是米塞斯,其次才是老一辈奥地利学派经济学的其他人。对于这些新奥地利学派学者来说,是米塞斯确定了讨论的规则和争论的主题。"②

我们在本章所要介绍的正是这种意义上的"新奥地利学派",即从米塞斯、哈耶克开始往后的、以在美国活动为主的奥地利学派。③ 新奥地利学派赞成市场自动调节机制比国家干预机制优越,但是,它研究的内容却与奥地利学派有明显区别。

## 一、新奥地利学派的概况

从最初的奥地利学派到新奥地利学派,大致上经历了三个阶段。④

### (一) 早期奥地利学派阶段

这是指从19世纪70年代起直到20世纪20年代,经门格尔奠基,由维塞尔和庞巴维克补充和完善理论体系的阶段。早期奥地利学派的主要贡献是:一是提出了主观边际效用价值论来取代客观的劳动价值论和其他价值论观点。二是提出了原子论的个人主义分析方法和抽象演绎的分析方法,并将其运用到经济理论分析中。三是提出了资本理论和"时间差利息"的概念。四是提出了"迂回生产"的概念和思想,并提出以"归算论"的方法计算生产要素的价

---

① 书中此处原文是"新奥地利学派经济学派",疑印刷有误。
② 〔美〕卡伦·沃恩:《奥地利学派经济学在美国——一个传统的迁入》,朱全红译,杭州,浙江大学出版社2008年版,第12页。
③ 我们在本书第十章曾经重点介绍了哈耶克在第二次世界大战前的经济思想,本章不再重复。
④ 也有人将门格尔作为奥地利学派发展的第一阶段(或者叫作第一代),而将维塞尔和庞巴维克作为第二阶段(或者叫作第二代)。按照这样的观点,奥地利学派的发展就应该分为四个阶段(或者叫作四代经济学家)。笔者认为,从整体看,将门格尔与维塞尔、庞巴维克两人放在一起作为第一阶段,似乎更为合适。

值。五是提出了"机会成本"概念。

这一阶段,门格尔提出的主观效用价值论和抽象演绎的分析方法,被认为是对经济学理论作出的最重要贡献。这也是后来被纳入新古典主流经济学内容的部分。但是门格尔的其他思想则被经济学界忽略了。当然,维塞尔被主流经济理论所吸收和接纳的是其机会成本理论和要素定价理论。庞巴维克的思想,则以其资本和利息理论、迂回生产理论及对马克思《资本论》的批评而著称。

总之,在这一阶段,奥地利学派的经济思想完全是从新古典经济学方面被理解和接受的,其表述形式完全是语言文字的。因此,第一阶段的奥地利学派是以新古典经济学一个支派的形式被纳入其阵营的。到20世纪20年代,奥地利学派已经完全被淹没在新古典经济学的声浪之中。哈耶克后来谈到:"一个学派,当其消失而不再单独存在时,就取得了最大的成功。因为它的主要观念已经成为主流一般学说的组成部分了。维也纳学派在很大程度上就取得了这样的成功。"①

### (二)奥地利学派经济思想的延伸阶段

第二次世界大战前后的一段时间,是奥地利学派经济思想零散向外界延伸和扩散的阶段。该阶段也是奥地利学派的影响相对沉寂的时期。这一时期,奥地利学派经济思想是随着哈耶克、米塞斯、熊彼特、哈伯勒、马克卢普、摩根斯坦这些经济学家逐渐移入英国和美国而扩散的。

米塞斯是维塞尔和庞巴维克的学生。他由于发表了《货币和信用理论》(1912)一书而初露锋芒。在书中,米塞斯继承和发扬并深化了门格尔的价值理论,并且显示出重视连续制度演化的历史过程和关于时间的门格尔的思想。米塞斯还发表了坚决反对马克思经济思想和社会主义制度的一些著作,如《社会主义国家的经济计算》(1920)、《社会主义》(1922)、《自由与繁荣的国度》(1927)。这些著作既是20世纪30年代米塞斯与奥斯卡·兰格(Oskar Lange,1904—1965)进行关于社会主义计算问题大论战的导火索,也是米塞斯扩大个人影响的部分原因。1940年米塞斯移居美国,他在美国出版的著作《人类行为》(1949),最终成为美国新奥地利学派成长的重要思想源泉。

哈耶克是米塞斯的非正式弟子,对米塞斯的思想情有独钟。第二次世界大战前,哈耶克在奥地利与米塞斯学习和共事的时间并不长。20世纪30年代,哈耶克进入英国伦敦经济学院,使奥地利学派的一些观点通过其货币经济周期理论和生产过程理论,得以向英国经济学界进行传播。哈耶克声名鹊起的原因,除去其《物价与生产》(1931)之外,就是他对凯恩斯经济思想的不同意见,以及积极参与同兰格的论战。而他的《通向奴役的道路》(1944)则是其声望的最高峰。此书一出,哈耶克立即成为经济学世界最引人瞩目的人物。

这一时期,熊彼特具有奥地利学派思想传统的著作在美国也取得了不小的影响。他所主张的理论、历史、统计相结合的思想和研究方法,创新理论,社会制度变化思想都在很大程度上得到了经济学界的认可。而哈伯勒、马克卢普、摩根斯坦这些经济学家也都纷纷从不同的角度传播和深化了奥地利学派的经济思想。

---

① Hayek, F. A. (1968). "Economic Thought VI: The Austrian School of Economics", *International Encyclopedia of the Social Sciences*. New York: Macmillan, p.52. 中文转引自〔美〕卡伦·沃恩:《奥地利学派经济学在美国——一个传统的迁入》,朱全红译,杭州,浙江大学出版社2008年版,第223页。

总之,在这个阶段,奥地利学派的经济思想以不同的形式得到了一定的延伸和发展,显示出该学派的理论魅力,同时,也以某种角度实现了与主流经济学的进一步融合。

### (三) 新奥地利学派的酝酿和形成阶段

20世纪50—60年代,米塞斯在其《人类行为》一书中重新界定了奥地利学派经济学,该书也成为一部全面反映奥地利学派思想的权威性论著。不过,其影响仅限于经济学主流之外,只是后来在米塞斯的学生穆雷·罗斯巴德和伊斯雷尔·科兹纳的努力之下,奥地利学派的经济思想才得到复兴的机会,新奥地利学派也由此开始酝酿、形成。

新奥地利学派的主要代表人物是穆雷·罗斯巴德(Murray N. Rothbard,1926—1995)、伊斯雷尔·科兹纳(Isreal M. Kirzner)、路德维希·拉赫曼(Ludwig Lachmann)。"在1974—1986年这段时间里,伊斯雷尔·科兹纳和路德维希·拉赫曼是公认的新奥地利学派经济学在美国的领袖。他们推动了奥地利学派的复兴,激励了那个年代完成的多数学术研究。"[1]

罗斯巴德和科兹纳是20世纪40年代末米塞斯在美国纽约大学举办研讨班时的学生。罗斯巴德曾经担任内华达大学的教授,其主要著作有:《美国大萧条》(1963)、《人、经济与国家》(1962)。科兹纳后来担任了纽约大学的教授,出版过《方法、过程与奥地利经济学》(1982)、《发现与资本主义过程》(1985)、《竞争与企业家》(1973)等著作。拉赫曼是哈耶克的学生,出版过《资本及其结构》(1977)、《资本、预期与市场过程》(1977)等著作。更年轻的经济学家还有奥本大学的罗格·加里森(Roger W. Garrison)、奥德里斯科(G. P. O'Driscoll)、里佐(M. J. Rizzo)。

这一阶段的新奥地利学派在大学里开设了奥地利经济学的研究课程,并且出版了自己的理论杂志《奥地利经济学评论》《市场过程》《奥地利经济学通讯》等。

归结起来,新奥地利学派的主要工作和贡献是:第一,肯定了米塞斯在《人类行为》中对奥地利经济学所下的定义,并接受了米塞斯的分析工具去分析经济理论。第二,将竞争思想与关于企业家的思想结合起来,解释市场协调机制。第三,对哈耶克的经济周期理论进行了更深入的挖掘。

## 二、新奥地利学派的方法论

新奥地利学派较为重视经济学方法论。他们认为,自己与传统经济学的很大区别就在于方法论以及由此产生的观点的不同。新奥地利学派方法论的直接来源是米塞斯和哈耶克的思想,而其最初来源则是门格尔的思想。

### (一) 门格尔的方法论

门格尔在其理论中确立了主观主义的方法论基础。他强调经济学对人的行为的研究,主张采取与自然科学完全不同的立场和研究方法,不仅要研究人们经济行为的后果,也要研究人们行为的心理动机。所以,门格尔认为,研究经济学最合适的方法就是主观主义和个人主义的方法。

---

[1] 〔美〕卡伦·沃恩:《奥地利学派经济学在美国——一个传统的迁入》,朱全红译,杭州,浙江大学出版社2008年版,第155页。

门格尔的研究方法被米塞斯概括为几个重要的命题:(1)采取某种特定行为的决策,实际上就是计划与权衡各种行为后果的一种过程;(2)实现这种计划是以某一个时点的知识存量为基础的,而这些知识存量的一部分是个人所拥有的,另外的部分则是通过社会制度传递的;(3)特定个人对行为方式的选择是适合全部计划的;(4)社会是由许多进行各种行为的人所组成的;(5)经济体系内的知识分布是不均匀的,因而各个经济主体所选择的行为必然是不一致的。①

门格尔的主观主义以个人主义为出发点,也强调个人的心理作用,其分析是原子式的。这种个人主义的主观主义的研究方法暗含着知识的分散性和局限性,暗含着社会行为结果的不确定性。哈耶克明确地说:"真正个人主义的本质是什么呢?首先,它主要是一种旨在理解那些决定人类社会生活的力量的社会理论;其次,它是一套源于这种社会观的政治新闻规范。"②

门格尔的方法论为以后奥地利学派的所有经济学家奠定了方法论基础和基调。

## (二)米塞斯对方法论的发展

米塞斯遵循门格尔的个人主义和主观主义的研究方法论,认为一切社会现象都是行动中的人的主观世界。他将门格尔《经济学原理》中的所有动态的因素,如不完备的知识、时间与变化、预期和预见等,都加以继承,并给以引申与深化,并且认为这些都是互相联系、不可分割的。

米塞斯强调社会生活的复杂性和不确定性。他说:"社会科学研究的经验总是复杂现象的经验。复杂现象没有固定的解释。自然科学利用实验的结果来预测未来的事件,而复杂现象却不能为我们提供可同样使用的事实。复杂现象不能用作构建理论的材料。"③所以,在米塞斯看来,在社会领域中既无法则也无永恒的规律性。社会现象的法则最终是派生于行动的逻辑,也就是思想的逻辑和理性的逻辑。

米塞斯在分析时间和行动之间的关系,或者"可能达到的目的"与"可以使用的手段"的意义,或者成本(作为放弃的机会)与收益(指心理状况改善的潜在收获)时,采用的都是主观主义的方法。这导致他拒绝将他心目中的实证主义的帝国主义做法,即将自然科学中的方法,应用于社会科学领域,因而,拒绝以量度和量化作为社会科学的标准。

米塞斯严格区分了经济理论和历史。他说:"历史经验——经济经验都是历史的,因为它是已经过去事物的经验——与经济理论的关系,并不如一般所想象的那样。经济学理论不是起源于经验。相反,经济学理论是掌握经济史不可或缺的工具。经济史既不能证实、也不能推翻经济学理论的学说。恰恰相反,经济学理论使得我们可以构想过去的经济事实。"④在米塞斯看来,一切数据都是属于历史的,也就是过去的、过时的数据。他列举了第一次世界大战期间德国物价上涨的例子,说明其原因是复杂的和多方面的,不能用所谓准确的数字片面地加以说明,而只能以数量上不确定的理论知识加以综合的理解。在研究社会经济现象时,"经济学是……定性而非定量的……在人类行动的范畴内,数量之间没有恒定的关系"⑤。理论

---

① 参见 Ludwig von Mises (1963). *Human Action*, Yale University Press, p.22.
② 〔英〕哈耶克:《个人主义与经济秩序》,北京,北京经济学院出版社1991年版,第6页。
③ 〔奥〕米塞斯:《货币、方法与市场过程》,戴忠玉、刘亚平译,北京,新星出版社2007年版,第19页。
④ 同上书,第12页。
⑤ 同上书,第31页。

是为数据确定范围的。如果没有理论结构将相关的和不相关的数据区分开,就无法定义数据。而且,再好的数据也需要根据理论结构对它们加以说明。从理论上说,米塞斯认为,他所说的经济学方法,即人类行为学,是最重要的,可以提供正确的理论结构来正确地解释历史数据。这就是所谓"理解"。"定量分析与量度不适用于技术领域之外的人的行动,而在历史领域中,替代这种方法的就是理解。"①

米塞斯认为,经济理论是先验的,在经验上也是真实的,因为人进行有目的的行动时,其头脑中必定先有了行动的目的和行动的计划,所以,由此引起的一切都是真实的。

米塞斯最推崇的是他自己独创的人类行为学的方法论。这是所有经济学理论中最独特的方法论。这种方法在经济学和社会科学中并不流行,甚至在科学哲学领域也不多见。不过,在早期奥地利学派和古典经济学中也有其先导性的萌芽。米塞斯认为:"至关重要的是要认识到,这一程序和方法不仅仅是科学研究所独有的,而且是理解社会事实的日常方式。"②

人类行为学方法的基础在于一套基本公理,即认为从个人角度来看的人的行为总是有其特定目的的;并且相信一个逻辑公理,即在相信一个正确的公理 A 的前提下,相信由此演绎出的命题 B 也必定正确。由于关注人的行为,因而人类行为学方法也关注发生行为所必需的时间,关注行为表现出的过程和状态。由于是人的行为,而人并非先知,因此,人的知识和理性就是有限的、不完全的,作为其行为环境的未来世界也是不确定的。人类行为的目的也是不确定的,只是他(她)期望达到的。

米塞斯认为:"使自然科学成为可能的是进行实验的能力,使社会科学成为可能的是掌握或理解人的行动的能力。"③他主张,在研究社会科学的时候,必须区分开"两种十分不同的对于行动的意义的理解:我们构想,我们理解"④。"我们构想行动的意义"是指,我们将行动仅仅作为行动本身看待,行动只是为达到一定的目标而采取的有意识的行为,并不考虑其目的或者所运用的手段的性质。"在这种构想活动中我们所做的一切,就是通过演绎的分析来发现在行动的首要原则中所蕴含的一切,并将它用于可以设想到的不同类型的情形中。这一研究就是其逻辑的(人的行为)的研究对象,特别是人类行为学最发达的分支——经济学(经济理论)的研究对象。"⑤

由此出发,米塞斯认为:"经济学并非基于或源于(抽象于)经验。它是一个演绎的体系,始于对人的理性与行为的原则的洞见。……没有这一先验的知识与源于这一先验知识的法则,我们根本不能认识人的活动。我们关于人的行动和社会生活的经验,取决于人类行为学和经济理论。"⑥他还进一步认为:"不仅经济学不是源于经验,甚至借助于经验来验证经济学的定理也是不可能存在的。我们必须重复一遍:任何复杂现象的经验,可以而且的确有不同的解释方式。同样的事实,同样的统计数字,可以被用来证实相互矛盾的理论。"⑦

米塞斯甚至更为明确而坚决地说:"有人提出在社会科学中运用数学,并且相信这样将使社会科学更为'精确',这是一种谬论。数学在物理学中的应用,并不使物理学更'精确'或更

---

① 〔奥〕米塞斯:《货币、方法与市场过程》,戴忠玉、刘亚平译,北京,新星出版社 2007 年版,第 32 页。
② 同上书,第 10 页。
③ 同上书,第 9 页。
④ 同上。
⑤ 同上。
⑥ 同上书,第 9—10 页。
⑦ 同上书,第 10 页。

具确定性。不妨引用爱因斯坦的名言:'一旦数学命题涉及现实,那么,命题就是不确定性的;只要它们是确定性的,那么它们便与现实无关。'"①

对于主观抽象方法与其他经济学研究方法的区别,米塞斯认为:"为将经济理论与现实对照,我们并不需要刻意解释已由他人作出不同解释的事实,以此来表明这些事实似乎证实了我们的理论。这种可疑的程序不是理性的讨论所应采取的方式。我们需要做的是:我们必须细究在我们的推理中所隐含的行动之特殊情形,是否与我们在所考察的现实中发现的情形相对应。一种货币理论(或者不如说是间接交换理论)是正确的还是不正确的,并不取决于我们所研究的现实的经济体制是实行间接交换还是仅有实物交换。"②

在米塞斯看来:"应用于这些理论性的先验考察中的方法,就是思辨性构建的方法。经济学家——进行经济学推理的外行与其相似——在并不存在的事物之上构建出一幅图景。构建所用的材料来源于对人的行动之情形的洞见。思辨性的构建所描述的事物的状态是否对应于现实,或者是否能够与现实相对应,并不影响该构建的工具性效用。即使是不可实现的构建,也为我们提供了有价值的作用,即让我们有机会来设想,是什么使得构建不能实现,在哪些方面这些构建与现实有别。有关社会主义社会的思辨性构建,对于经济推理来说是必不可少的。"③"现代经济学家中没有人会否认这一思辨性构建的应用,对于阐释企业家利润与损失的性质以及成本与价格间的关系,是极为有价值的。"④

人要达到目的,就需要有手段。人类行为学方法认为,达到目的的手段和时间都是稀缺的。

至于经济学的利益倾向,米塞斯认为:"经济学并不研究如根深蒂固的寓言中所指责的虚构的'经济人',而是研究作为主体的人,通常是软弱的、愚蠢的、轻率的、受过拙劣教育的人。他的动机是高尚的还是卑微的,是无关紧要的。经济学也不主张人努力的唯一目标是为自己和家人追求更多的物质财富。经济学的法则就价值的终极判断而言是中立的,并且对于所有的行动都是成立的,而不论这些行动是否利己。"⑤对于经济学的道德立场,米塞斯则说:"人类行为学及其最发达的分支即经济学,对于道德规则而言是中立的。它们研究行动者追求目标的努力,而不考虑从何种观点来看这些目标是否可以接受。绝大多数人偏好更多的有形财富而不是更少的有形财富,这是历史得出的结论;这一事实在经济学理论中并无一席之地。"⑥

在政治倾向上,米塞斯主张:"经济学既不提倡资本主义,也不反对社会主义。它仅仅试图证明这两种体制的必然结果是什么样的。不同意经济学说的人应该驳斥其中的不严谨论证,而不应使用辱骂、暗讽或诉诸于武断的也就是所谓伦理的标准。"⑦

### (三) 哈耶克在方法论方面的发展

哈耶克也是从个人主义立场出发赞同使用人类社会学的。他继承了米塞斯的方法论,并

---

① 〔奥〕米塞斯:《货币、方法与市场过程》,戴忠玉、刘亚平译,北京,新星出版社 2007 年版,第 15 页。
② 同上书,第 10—11 页。
③ 同上书,第 11 页。
④ 同上。
⑤ 同上书,第 26—27 页。
⑥ 同上书,第 56 页。
⑦ 同上。

将人类行为学方法和自然科学方法论进行了对比,并且强调了人类社会学公理的显著经验本质。

哈耶克指出:"人的地位……使解释社会现象所需要的对基本事实的认识成了普通经验的一部分、我们的思维能力的一部分。在社会科学中,它是组成复杂现象的不容争论的已知要素。在自然科学中,它们至多是猜测。这些要素的存在远比它们所产生的复杂现象中的规律性更为确定,以至于正是它们组成了社会科学中真正的经验要素。毫无疑问,关于两个学科的逻辑特征的很多混淆,恰恰源于经验要素在两个学科的演绎过程中的不同地位。本质的不同是,在自然科学中,演绎过程必须从某些假设出发,而这些假设来自归纳;然而,在社会科学中,演绎过程直接从已知经验要素出发,并利用它们去发现复杂现象中的规律性,这些规律性是直接观察所不能确定的。可以说,它们是以经验为依据的演绎科学,是从已知要素达到复杂现象中不能直接确定的规律性。"①

哈耶克方法论的重点是个人主义。他认为,经济学家应该根据个人的行动去解释经济过程的结果。他既反对方法论的"整体主义",也反对极端的个人主义——"唯个人主义"或"伪个人主义"。哈耶克所主张的个人主义在含义上与流行的观点有所不同,一方面,它涉及哈耶克所推崇的自由主义理想,另一方面,它是反对"集体主义"或"社会主义"的。这种个人主义是力图阐明自生和自发的社会现象并能够使人们得到理解的理论。哈耶克主张的也是理性有限的个人主义。在他看来:"我们唯有通过理解那些指向其他人并受其预期行为所指导的个人行动,方能达致对社会现象的理解。"②

哈耶克所理解的个人,是某个具体历史环境和文化环境中的行动者。他眼里的个人主义涉及的"个人行动"及其"客体对象",是各种不确定的主观因素导致的结果。他说:"真个人主义的基本主张认为,通过对个人行动之综合影响的探究,我们发现:第一,人类赖以取得成就的许多制度乃是在心智未加设计和指导的情况下逐渐形成并正在发挥作用的;第二,套用亚当·弗格森的话来说,'民族或国家乃是因偶然缘故而形成的,但是它们的制度则实实在在是人之行动的结果,而非人之设计的结果';第三,自由人经由自生自发的合作而创造的成就,往往要比他们个人的心智所能充分理解的东西更伟大。这就是乔希亚·塔克、亚当·斯密、亚当·弗格森和埃德蒙·伯克所阐发的伟大论题,亦即古典政治经济学做出的一项伟大发现:它不仅构成了我们理解经济生活的基础,而且也为我们理解大多数真正的社会现象奠定了一个基础。"③

对于哈耶克的个人主义方法论,G. B.麦迪逊(G. B. Madsion)认为:"它彻底否弃了任何形式的原子论个人主义,而且也否定了所有下述形式的方法论个人主义,亦即霍布斯传统中的那样的主张:只要对社会现象的说明不是完全根据有关个人的事实加以表述的话,那么它们就是无法接受的。"④

---

① Hayek, F. A. (1935). "The Nature and History of the Problem", in *Collectivist Economic Planning*. London: George Routledge & Sons, p. 11.
② 〔英〕哈耶克:《个人主义与经济秩序》,邓正来译,北京,北京三联书店2003年版,第12页。
③ 同上。
④ Madsion, G. B. (1999). "How Individualistic is Methodological Individualism?", in Peter J. Boettke (ed.), *The Legacy of Friedrich von Hayek* (II, Philosophy), Edward Elgar Publishing Limited, p. 134.

## (四) 新奥地利学派的经济学方法论①

第二次世界大战后,奥地利经济学派的一些理论观点逐渐被新古典主流经济学所吸纳,使得奥地利学派的理论主张逐渐模糊起来,于是就有了哈耶克的"自立门户的奥地利学派虽已不存在"之说。尽管如此,在20世纪60—70年代,仍有伊斯雷尔·科兹纳、路德维希·拉赫曼、穆雷·罗斯巴德、罗格·加里森等一批当代学者在坚持弘扬并重新解释奥地利学派的传统思想和理论主张,重点是解释米塞斯和哈耶克的理论观点和研究方法,最终形成了新奥地利学派的经济学。

按照科兹纳和马克卢普的总结和归纳,新奥地利学派的理论观点和经济主张大致有以下几点②:(1)方法论上的个人主义,主张对经济现象的解释应该回溯到对个人的行为中去解释;(2)认识上的主观主义,承认只有通过有关个人的知识、信息、感觉和期望,才能理解和解释人们的行为;(3)经济分析中的边际主义,强调决策者所面临的数量预期变化的重要性;(4)在市场运行上,坚持认为效用尤其是边际效用递减对需求进而对市场价格有着决定性的影响;(5)机会成本理论,承认影响决策的成本是指为某一目的而使用生产要素所放弃的最为重要的选择机会,而不是指已被放弃去选择其他目的的机会;(6)强调消费和生产的时间结构,坚持认为人们有时间偏好,并注意生产的"迂回性";(7)相信市场和竞争是一个学习和发现的过程;(8)坚持认为个人决策是在不确定环境中的一种选择行为,并认定有关选择的机会也是决策的一部分。下面,我们就来具体了解一下这些新奥地利学派方法论的内容。

### 1. 方法论的个人主义

新、老奥地利学派的方法论原则都是个人主义。这一核心原则曾经引发了老奥地利学派与德国新历史学派之间的旷日持久的争论③,同时也促使后来的哈耶克对凯恩斯主义研究方法的知识基础产生怀疑。

个人主义原则包含三项基本命题:第一,个体的人是社会、政治和经济生活中唯一积极主动的参与者;第二,个人进行决策时将为自己的利益行事,除非受到强制;第三,没有人能够像行动者个人那样了解他自身的利益。④ 新、老奥地利学派的经济学家们一直坚持这一传统,来揭示经济社会中发生的现象。

米塞斯在《货币与信用理论》中提出一种商业周期理论,其基础就是建立在个人决策者面临的激励之上。哈耶克的《价格与生产》致力于通过方法论个人主义,将货币理论与微观经济学整合为一体。他认为方法论的个人主义,将使我们在接受经济学模型的推测之前,停下来思考一下。哈耶克对于凯恩斯的《通论》最不满意的地方就是其方法论。在诺贝尔经济学奖的颁奖典礼演讲⑤中,哈耶克指出,在社会科学的大多数研究对象与自然科学的研究对象之间,存在着某种根本的差别。这种区别排除了利用自然科学的研究方法去研究社会科学的大

---

① 傅耀:《奥地利学派的经济学方法论论旨》,载《贵州社会科学》2008年第8期。
② 转引自韦森:《奥地利学派的方法论及其在当代经济科学中的意义及问题》,载《云南大学学报》2005年第6期。
③ 傅耀著:《西方经济学方法论的演变》,呼和浩特,内蒙古人民出版社2003年版,第181—193页。
④ Hamlin, A. P. (1991). "Procedural Individualism and Outcome Liberalism", in Hayek, F. A. (ed.), *Critical Assessments*, Vol. IV. London: Routledge, p.19.
⑤ Hayek, F. A. (1978). "The Pretence of Knowledge", in *New Studies in Philosophy, Politics, Economics and the History of Ideas*. Chicago: University of Chicago Press.

多数企图。社会科学的研究现象由其性质所决定,对其进行经验验证简直是不可能的。新奥地利学派认为,只有在个人考虑的事不重要的场合,总体才是重要的。而对于新、老奥地利经济学家来说,个人决策总是最重要的。

总之,个人或总体间的选择至少在部分意义上是一个规范命题,新奥地利学派经济学家毫不隐瞒他们在这一问题上的方法论偏好。

2. 激进的主观主义

奥地利经济学方法论强调知识和错误在个人决策中发挥的作用。由于人们在知识、解释、预期和机敏等方面互不相同,因此,所有的决策在本质上都是主观的。

门格尔将经济学分为三个相关的领域:历史的统计部分、理论部分、国家经济的实践部分。历史的统计部分研究经济现象中个别的和独特的方面;理论部分则探讨经济现象的一般本质;国家经济的实践部分则大体上等于经济政策。"经济理论则是由一般类型和典型关系的精确法则构成的。"[①]经济规律显然不像物理学规律那样严格。经济规律之所以异于物理学规律,乃是因为这些规律是在一个非常复杂的现实体中体现的。在经济学中应用精确的研究方法,事实上意味着,我们必须把人类现象化约为最简单的原始构成要素。对于门格尔来说,经济理论中最简单的要素就是人类的价值理论,从中可以推导出许多更复杂的经济关系。

主观主义不仅仅是奥地利学派的经济学方法论,它也是他们研究人的行为的一种完整的方法。这种方法很自然地促使新奥地利学派的经济学家强调自发秩序、制度及其他井然有序之行为模式的形成,被解释为由个体的主观认知所驱动行为的非意图的社会产物。[②]哈耶克指出:"人的行为所涉及之物,乃是行动着的人所认为的样子……除非我们能够理解行动着的人自认为自己所采取之行动是何意义,否则任何试图解释这些行为之努力……都将归于失败。"[③]所以,主观主义尤其是知识问题,乃是经济学理论和政治学理论中很多重大问题的根本所在。在哈耶克看来,古典经济学的假设就是知识的"被给定性",这完全是对于主观主义的一种否定。

新奥地利学派认为,要解释经济过程,首先要解释市场主体的认知。这方面首先是路德维希·拉赫曼对于预期和均衡关系的研究,使得新奥地利学派的经济学家更加注意到主观的预期在经济研究中的重要性。新奥地利学派认为,经济学所要揭示的主要事实在于,具有不同预期和知识的主体,如何才能协调他们的行为。如果运用理性预期模型,在前提中就排除了人是从主体所掌握的个人化的知识到市场的协调这样的过程。

新奥地利学派认为,主观主义实际上规定了它看待经济学的立场,由此将它与其他经济学流派区分开来。新奥地利学派对于经济现象及其发展路径的很多独特看法,都是运用主观主义的结果,也是强调个人积极进行感知、解释的心智乃是经济理解的起点而非终点的原则之产物。

3. 解释学取向

新奥地利学派经济学与现象学的哲学运动之间的关系,近年来受到学术界越来越多的关注。哈耶克在《科学的反革命》中,对于他所说的"物理主义"或者"唯科学主义"发起了全面

---

[①] Karen I. Vaughn,《卡尔·门格尔及奥地利经济学之基础》。转引自〔奥〕卡尔·门格尔:《国民经济学原理》,刘絜敖译本,上海,上海人民出版社2001年版,第278页。

[②] Hayek, F. A. (1973). *Law, Legislation and Liberty*, Vol. 1. Chicago: University of Chicago Press, p. 7.

[③] Hayek, F. A. (1952). *The Counter-Revolution of Science*. Indianapolis: Liberty Press, pp. 44, 53.

的批评,认为经济学不应当"卑躬屈膝地模仿"物理科学的方法和语言。哈耶克认为,经济学实际上应当实现"诠释学"或"解释学"的转向。遵循这一思路,新奥地利学派经济学家越来越多地将解释学视为适合其所研究学科的科学哲学。胡塞尔的现象学从一开始就坚持,自然科学的"客观的"的方法不适合人文科学研究。像逻辑实证主义那样试图仿照自然科学来研究精神科学,必然会陷入"客观主义"或"自然主义"的谬误中。

哈耶克认为:"当下发生的许多关于经济理论和经济政策的争论,实际上都源于人们对社会经济问题之性质的误解;而这种误解的产生,则是因为人们把自己在处理自然现象时养成的思维习惯误置于社会现象的做法所致。"① 正如拉赫曼所言:"需要一种受到解释学风格启发的方法,一种能够推翻正统形式主义精神的方法。"② 老奥地利学派经济学家一直以来,都在反对新古典主义经济学家将经济学化约为牛顿力学的努力,认为经济学的正确研究对象应该是人的行动。作为一门诠释性学科的经济学的正当任务乃是阐明经济行为的意义模式。新奥地利学派的经济学家没有将精力花费在"理性预期"或"均衡"上,而是集中研究不确定性、交换秩序这类现实世界的现象。拉赫曼已经注意到,门格尔对于"边际主义革命"的阐述已经体现了基本经济学理论发展中的"解释学的转向"。米塞斯在通过主观价值理论研究利率的时候,更进一步地发展了这些现象学的主旨。

新一代奥地利学派经济学家,以汉斯-格奥格·伽达默尔(Hans-Georg Gadamer)的"对话"概念作为论述市场过程的模型,认为市场是一种依靠价格语言进行的对话。新奥地利学派的经济学家充分意识到拉赫曼所说的"一般性观念",即哲学之极端重要性。米塞斯曾经说,人类的历史其实是观念的历史。③ 解释学理论尤其如此,因为它完全是指向实践的。奥地利学派研究现象学,绝不是在"哲学的思辨"上浪费时间。解释学的宗旨,正是为从事实际研究的经济学家致力于以真正恰当的方式,对现实生活中的人所构成的经济生活予以理论阐释提供大量有用的分析工具。④

新奥地利学派的解释学转向,不仅对新奥地利学派自身的发展具有重要意义,而且它也使新奥地利学派的主观主义转变成了演化经济学创造性综合的基石之一。我们可以观察到新奥地利经济学在当前发展的两个重要趋势:一个是近年来新奥地利学派发展的重点转向了具体经济理论命题的形成和完善,如企业理论的发展;另一个则是新奥地利学派越来越发现他们与异端经济学其他流派之间存在着许多共同之处,这就为演化经济学各流派之间的综合提供了基础。如果只是放弃米塞斯的先验论,而没有新奥地利学派的解释学转向,这两个重要趋势就很难出现。

**4. 因果发生的本质主义**

门格尔一直关注经济现象的本质或特性,他追求起源——因果解释方法。在探索经济现象的基本起源的过程中,门格尔与后来的奥地利学派经济学家都发现,恰当的办法是从生成该现象最简单的背景中开始进行阐释。他认为,数学方法没有什么价值,因为它不可能有助于理解经济过程中最重大的问题。这一观点是新奥地利学派一直秉承的一个主题。

---

① 〔英〕哈耶克:《个人主义与经济秩序》,邓正来译,北京,北京三联书店2003年版,第118页。
② Lachmann, Ludwig M. (1991). "Austrian Economics: A Hermeneutic Approach", in Don Lavoie (ed.), *Ecomonics and Hermeneutics*. London: Rothledge, p. 145.
③ Mises, Ludwig von. (1981). *Socialism*. Indianapolis: Liberty Glassics, p. 518.
④ 参见〔美〕G. B. 麦迪逊,《现象学与经济学》。转引自〔奥〕卡尔·门格尔:《经济学方法论探究》,姚中秋译,北京,新星出版社2007年版,第295页。

米塞斯不承认通过归纳发现规律的可能性,他主张的是某种纯粹先验的经济学理论体系——人类行为学(praxeology)。他认为经济学则是一门演绎科学,一种先验的、非假设性的真实陈述,"赋予经济学在纯知识界特殊和独立地位的是它的特殊定理不受任何以经验为基础的证实与证伪的检验……经济定理的正确与否的最终尺度,完全在于不借助经验的推理"①。经济学是"人类行为学"的一个分支。

米塞斯认为,经济学的性质决定了实证主义方法对于经济学是不适应的。米塞斯坚持老奥地利学派的本体论性质,但代之以新的认识论基础,形成了一个"形式主义"分支。他认为,人类行为学和历史学构成了研究人的行为科学的两大分支。"历史学并不是一门无用的消遣,而是一种具有极端现实之重要性的学问。"②历史学的范围是研究与人的行为有关的一切经验数据。经济学中的经验研究,并不由于经济学的任务不可能像实验室中的实验验证自然科学的理论那样,"验证"或"证伪"经济理论而丧失其重要性。社会科学家必须通过理论构建出一个有关这些结构的模型,而该结构是不可能作为一个整体被直接观察到的。米塞斯反对经济计量学和数学在经济学中的运用,他甚至反对把图表用到经济学中。从哲学根源上看,新奥地利学派的传统是反对微积分、拓扑学和其他数学方法的,因为他们认为经济学的重要任务是探讨时间过程中的不确定性等主观条件下的个人行为。③

庞巴维克遵循着门格尔的"精确"方法的认识论,而维塞尔则选择了以自己的方式证明理论知识的正确性。在《自然价值》一书中,维塞尔广泛地使用理想化假设的方法,通过对主观价值这一事实进行演绎,研究了生产与分配活动,提出了机会成本和归因法的概念。庞巴维克虽然捍卫理论的可能性和价值,但也承认理论必须坚实地建立在经验观察的基础上。他声称奥地利学派的方法,本质上是一种真正经验的方法,追溯从普遍到特殊的因果联系是有用的,可以发现一直被某种纯粹的归纳方法掩盖起来的事件的因果链条中的各个环节。在奥地利学派的经济学家看来,至少有一些经济学命题是先验的,其相应的结构具有某种内在的简单性和可认知性,这使它们哪怕仅表现在一个例证中也能够被经济学家所把握。经济现实世界从来不是谁创造的或强加的,而只能通过我们的理论工作予以发现。

5. 演化观点

演化经济学思想来源于老奥地利学派和老制度学派这两个最古老的经济学流派。老奥地利学派和老制度学派都强调了人类行为的目的性。但是,这两个学派在长期的发展中都忽视了对方所强调的方面,老奥地利学派片面地用个人主义和主观主义解释自发秩序的演进,而老制度学派则看低了个人想象力和创造力在制度演化中所起的重大作用,两者都未能处理好制度(结构)与个人(能动作用)的辩证关系问题。而新古典主义的错误是,不仅排除了个人的想象力和创造力,而且也排除了制度对个人行为的塑造作用。

奥地利学派在研究传统的演化时,提出了发展制度理论的要求。他们笔下的经济人是知识不完全又可能会犯错的人。在市场机制中,人们不仅会在下一次行动中修正错误,其犯错的信息亦会传播出去让市场的其他参与者共享。在市场规模小时,交易方式较为简单;市场

---

① Mises, Ludwig von (1949). *Human Action: A Treatise on Economics*. London: William Hodge. 转引自〔英〕约翰·伊特韦尔等:《新帕尔格雷夫经济学大辞典》(第2卷),北京,经济科学出版社1992年版,第55页。

② Mises, Ludwig von (1985). *Theory and History: An Interpretation of Social and Economic Evolution* (2nd ed.). Auburn, Alabama: Ludwig von Mises Institute, p.291.

③ 〔美〕马克·史库森:《朋友还是对手——奥地利学派与芝加哥学派之争》,杨培雷译,上海,世纪出版集团、上海人民出版社2006年版,第89页。

扩大后,由于分工导致的不同需要,交易方式就会变得复杂。门格尔最早讨论了货币的演化。他认为,货币的演化就和商品的演化一样,只能在自由市场下进行,因为只有在自由市场中才会出现创新的承载体,也才会出现竞争和淘汰。制度若作为一种承载体,它的演化也只能在自由市场下进行,因为只有在自由市场中才会出现创新的制度。制度不只是指承载体,也可以指平台。制度若作为一种平台,它的演化也仍然只能在自由的市场制度下进行。新奥地利学派经济学家完全接受了来自老奥地利学派的这种演化经济学的观点。

6. 方法论的实在论

实在论经济学家认为,经济是独立于经济学而存在的。在新奥地利经济学派中,哈耶克对于社会科学应当采用物理学的方法——它称之为"唯科学主义",给予了详尽的批评,并且发展为对于客观主义、集体主义和历史决定论的系统的批判。哈耶克认为,客观主义、集体主义和历史决定论的这些错误都源于研究社会现象的唯科学主义思路。哈耶克沿着门格尔的思路,集中研究信息和知识在市场决策过程中的作用问题。他严厉地批评了完备信息的假设。在哈耶克看来,市场经济乃是一个收集信息的过程,这一概念直接源于他的主观主义的视角。每个人的知识都是有限度的、专业化的,这一事实意味着:"一个成功的解决办法⋯⋯必须以利用分散在社会全体成员中的知识之方法为基础⋯⋯这恰恰是各种各样的'市场'所承担的功能。"①假设信息完备,就是取消了我们要研究的那种现象本身,即市场过程。因为,哈耶克指出,市场过程就是一个在时间过程中展开的发现过程。将时间视为一个重要的要素,是奥地利学派理论家对于经济学理论的一个创举。

门格尔将经济活动视作对未来进行筹划;在庞巴维克的理论中,时间具有核心的意义。哈耶克发现,时间过程不能被排除在严肃的均衡理论外,因为均衡就是行动间的关系,一个人的行动必然是在前后相继的事件中发生的。② 在解释社会制度是人的行动之结果而非人设计的产物时,哈耶克采用的是个人主义的合成的方法,"在社会科学中,个人的态度是我们需要掌握的要素,我们努力地通过将它们组合起来,来重现复杂现象,即我们所知甚少的个人行动的结果⋯⋯社会科学的方法被称为合成的或综合的更为恰当"③。哈耶克强调,除非我们采取一种纯粹行为主义的立场,否则就不可避免地要使用这样的程序。社会现象的本质就在于它们是只有我们才了解的,因为我们能够理解其他人告诉我们的东西,而只有通过解释他人的意图和计划,我们才能够理解他人。社会现象不是物理事实,相反,我们所说明的它们的各组成部分,从来都是我们的头脑中所熟悉的那些范畴。④

哈耶克对米塞斯的先验主义敬而远之,而接受波普尔的证伪主义原则。哈耶克认为,推动社会科学对于自然科学的方法和语言的拙劣模仿的始作俑者是圣西门和孔德。他对此深恶痛绝。

新奥地利学派经济学家试图理解人类社会,但没有考虑预测。他们的首要目的在于描述,但不像现代马歇尔主义者那样描述和预测。过去的事件和反映其消逝的数据,不能在新奥地利学派经济学家可接受的概率范围内用来对未来事件进行精确的预测。在考虑人类行为所推动的未来事件的发展时,由于存在过多的不确定性,以至于不能够把经济学现象归结

---

① Hayek, F. A. (1952). *The Counter-Revolution of Science*. Indianapolis: Liberty Press, p.99.
② 〔英〕哈耶克:《个人主义与经济秩序》,邓正来译,北京,北京三联书店2003年版,第52—86页。
③ Hayek, F. A. (1952). *The Counter-Revolution of Science*. Indianapolis: Liberty Press, pp.38—39.
④ 〔英〕哈耶克:《个人主义与经济秩序》,邓正来译,北京,北京三联书店2003年版,第86—116页。

为机械过程。

## 三、新奥地利学派的基本概念

新奥地利学派继承了老奥地利学派的一些基本概念和思想,特别是知识、时间、竞争和自发秩序这些基本概念和思想。

### (一)知识

奥地利学派强调的人类行为学方法和他们的主观个人主义分析,已经包含了对分散个人与分散知识的看法。从性质上讲,他们认为个人的知识永远是不完全的,因而其分析的理性也同样是不完全的。

哈耶克对知识问题进行了最早和最充分的分析。新奥地利学派的奥德里斯科(Gerald P. O'driscoll Jr.)和里佐(Mario J. Rizzo)在他们的著作《时间与无知的经济学》(1985)中做了进一步的详尽分析。奥德里斯科和里佐认为,知识总是具体的、对某个问题的精确表述;也涉及对问题的背景和解决办法的说明。这些知识在性质上就是人类行为学所涉及的目的与手段之间的关系。经济主体要获得这些知识,就需要学习,而学习则是随情形变化而进行的过程。

哈耶克强调了社会科学领域里知识的一些十分重要的特点,如私人性、经验性、默会性、主观性等。

(1)知识的私人性产生于行动的个人的主观认识和感知。它与经济现象的复杂性和个人认知能力的差别有关。所以,知识在市场经济运行中是不均匀地分散在不同的个人之间,而且互相之间存在着差异。

(2)知识的经验性是知识的分散性和私人性的题中应有之义。由于每个个人在市场经济中所处的具体境况不同,他们的具体经验必定存在差异。而建立在这种经验基础上的知识也就具有了特定的私人经验性特点。知识的私人性恰恰就是个人在市场经济中获利所必不可少的。

(3)知识的默会性是指,人们在采取各种行动时使用的他们自己并不完全明白其含义,或者不能精确概括其性质的知识,即知其然不知其所以然的知识。在许多情况下,默会知识是以一种技能、风俗或行为规则的形式出现的。默会知识的发现过程是一种时间消费的过程,经济主体对于这种知识的认识,在很多情况下是无法通过一般的学习过程来实现的。它需要长时间的感知与领悟。默会知识的这种特点决定了许多信息也同样具有默会性质和特点,无法进行相互交流,即便在均衡状态下,也不会是每个人都清楚任何一件事情。所以,知识的私人性会体现在默会性上,而知识的默会性又维持了知识的私人性。

(4)知识的主观性主要涉及默会知识。即便同样场合下同样的行动,每个人对它们的理解和感受也不同。默会知识本来难以表达,也不可能有意识地传递。所以,默会知识就是最具主观性的知识。

当然,奥地利学派并不否认客观的科学知识存在,比如自然科学知识。但他们重点强调社会科学的知识,尤其是经济学的知识与自然科学知识的不同。

哈耶克认为,市场价格就是经济学知识和信息的传播机制。他认为:"价格是一种交流信息的机制。"①哈耶克认为,价格体系作为信息交流和知识传播体系,有两个基本的特点:其一是,价格体系传递的信息可以被所有的市场参与者自由利用;其二是,价格体系可以传递个人市场活动所需的全部知识。通过价格的上升或下降,市场参与者就可以知道他有利可图的机会在哪里,可以利用这些信息来为自己谋利或者回避和减少损失。

此外,哈耶克认为,价格体系在传播知识方面的另一个优点是,其运转所需要的知识相当简单,人们只要掌握很少的信息就可以采取正确的行动。他甚至还把价格体系看作一种通信系统。他说:"把价格体系描绘成一种记录变化的工具或一种通信系统不仅仅是一种隐喻,这种通信系统能使单个的生产者像工程师观察一些仪表的指针那样,仅观察一些指标的运动便可以调整其活动,从而适应变化。"②

哈耶克还强调,作为知识传播体系的组成部分,管理规则和制度的重要性就在于它们可以为个人行为提供稳定的社会框架。他认为:"当我们言及知识传承与知识传播时,我们乃意指文明的两个进程:一是文明累积的知识在时间上的传承,二是同代人之间就其行动所赖以为基础的信息所进行的传播。但是这二者不能截然两分,因为同时代人之间用以传播知识的工具,乃是人们在追求其目的时常常使用的文化遗产的一部分。"③由于规则和制度所传播的知识只是默会的知识,因此,经济学家们就不能对新旧制度的效率加以比较。但新制度对于旧制度的稳定框架是一种干预和破坏,它破坏了人们的行为方式和市场经济中的自发秩序的力量。

在论述知识的经济学性质方面,哈耶克是开拓者。他的贡献主要体现在 20 世纪 30 年代所写的《知识与经济》中。他认为,市场经济中的各种知识是分散的、不完整的,并且分别处于不同的、分散的市场参与者那里。所以,很难将市场中有关知识的数据归为一种单一的形式。④ 所以,新古典经济学的分析方法是不可能的。新古典经济学要解决稀缺资源如何得到最优配置和利用的问题,但哈耶克却关注稀缺的知识的最优使用问题。哈耶克认为,让那些拥有知识的人去以他们自己认为适当的方式利用那些知识,是最好的方法。这种方法就是自由竞争市场经济中分散决策的方法。而且,市场的自由竞争过程也是知识的创造、发现和传播过程。

## (二) 时间

奥地利学派始终把时间作为经济分析中的重要因素。从门格尔、庞巴维克到米塞斯和哈耶克,再到新奥地利学派经济学家,都是如此。

门格尔认为:"因果观念离不开时间概念,因为变革过程包含着发生和变化,而这些只能借助时间才可能。"⑤庞巴维克则对于资本生产过程与时间、利息与时间的关系进行了研究,提出了迂回生产过程的理论和时差利息论。约翰·希克斯也受奥地利学派影响写了《资本与时间》的专著。

米塞斯强调时间是人类行为过程中必不可少的内容。他认为:"行为总是指向未来;为一

---

① 〔英〕哈耶克:《个人主义与经济秩序》,北京,北京经济学院出版社 1991 年版,第 81 页。
② 同上书,第 82 页。
③ 〔英〕哈耶克:《自由秩序原理》(上),北京,北京三联书店 1997 年版,第 25 页。
④ 参见〔英〕哈耶克:《个人主义与经济秩序》,北京,北京经济学院出版社 1991 年版,第 54 页。
⑤ 转引自〔美〕卡伦·沃恩:《奥地利学派经济学在美国——一个传统的迁入》,朱全红译,杭州,浙江大学出版社 2008 年版,第 27 页。

个更好的未来筹划和行动是基本的,也是必然的……当人们筹划着把目前不太满意的现状转化为未来比较满意的状态时,人们才意识到时间。"①

新奥地利学派的卡伦·沃恩也说:"当人类意识到自身的无知并尝试克服时,必定有某种学习过程,采取一些行动,结果是未来与过去不同。人类在时间里有目的地行动,来满足自己的需要。"②

### (三)竞争

新、老奥地利学派并不像古典和新古典经济学那样将竞争看作一种状态,或与人联系不多的一种客观结果,而是看作人类活动的过程。

在这方面,哈耶克的观点最具特点和代表性。他说:"在高度发达的经济系统中,作为一种发展手段的竞争是重要的,它可以使投资于未来的人找出那些尚未得到利用的机会,并且一旦发现了这种机会,别人也可以利用,那么对于低度开发的社会来说就更是如此。"③

哈耶克完全不赞成新古典经济学所津津乐道的"完全竞争"。在他看来:"首先,这种完全竞争理论所讨论的东西,根本就没有理由被称为'竞争';其次,这种完全竞争理论所得出的结论在指导政策制定的方面也无甚作为。"④因为这种理论实际上已经事先假定了竞争的均衡结果,这样就会完全丢掉竞争过程所包含的一切活动。而竞争的真正意义就在于其过程中所包含的活动。所以,哈耶克认为:"竞争,从本质上讲,乃是一种动态的过程,但是构成静态分析之基础的那些假设却把这种作为动态过程的竞争所具有的基本特征给切割掉了。"⑤

哈耶克认为:"从本质上讲,竞争乃是一种形成意见的过程:通过传播信息,竞争使经济体系达致了统一性和一贯性,而这正是我们在把它视作一个市场的时候所预设的前提条件。竞争使人们对什么是最好的和什么是最便宜的这两个问题形成了自己的看法,而且也正是因为竞争,人们有可能知道的各种可能性和机会才至少会与他们事实上所知道的一样多。据此我们可以说,竞争乃是一种关涉到基据不断发生变化的过程,因此任何视这些基据为恒定不变之事实的理论都肯定无法洞见到这种过程所具有的任何重要意义。"⑥

哈耶克还把竞争看作一种知识和信息的发现过程。他专门发表了一篇题为"作为发现过程的竞争"的演说。他指出:"正如这篇演说的题目所示,我建议把竞争作为一个发现某些事实的方法,不利用竞争,这些事实将不为任何人所知,或至少是不能得到利用。"⑦不过,他认为:"通过竞争在市场中发现的具体事实的好处,在很大程度上是暂时的。"⑧

哈耶克认为:"首先,竞争之所以有价值,完全是因为它的结果不可预测,并且就全部结果而言,它不同于任何人有意想要达到或能够达到的目标。进一步说,竞争之一般而言有益的

---

① Mises, Ludwig von (1963). *Human Action.* Yale University Press, p. 100.
② 〔美〕卡伦·沃恩:《奥地利学派经济学在美国———一个传统的迁入》,朱全红译,杭州,浙江大学出版社 2008 年版,第 27 页。
③ 〔英〕哈耶克:《作为一个发现过程的竞争》。转引自〔英〕哈耶克:《经济、科学与政治———哈耶克论文演讲集》,冯克利译,南京,江苏人民出版社 2003 年版,第 120—121 页。
④ 〔英〕哈耶克:《个人主义与经济秩序》,邓正来译,北京,北京三联书店 2003 年版,第 138 页。
⑤ 同上书,第 140 页。
⑥ 同上书,第 155—156 页。
⑦ 〔英〕哈耶克:《作为一个发现过程的竞争》。转引自〔英〕哈耶克:《经济、科学与政治———哈耶克论文演讲集》,冯克利译,南京,江苏人民出版社 2003 年版,第 120—121 页。
⑧ 同上书,第 122 页。

作用,必然也伴随着一些期待或意图的失败或落空。"①其次,哈耶克认为,竞争可以得出一个很有意义的方法论的结论,那就是在为达到社会目标而能够采取的方法的有效性和可靠性方面。他说:"我们为何利用竞争,其理由的必然结论就是,在人们所感兴趣的事情中,这种理论的有效性绝对不可能从经验上得到验证。"②但是,"我们有望发现的仅仅是,从整体上说,为此目的而依靠竞争的社会,比其他社会更成功地达到了自己的目标。这似乎是被文明史一再明确证实了的结论"③。由此,哈耶克认为:"竞争的特点——它与科学方法共有的特点——是,对于它的表现,无法根据它发挥作用的具体事例加以检验,它只能反映在这样的事实中,即同任何其他安排相比,市场都会占有优势。"④

哈耶克关于竞争的观点不仅影响了新奥地利学派的经济学家,也影响了20世纪80年代以后西方国家自由放任主义思潮的回归。

### (四) 自发秩序

这也是新奥地利学派的核心概念之一。自发秩序的思想最早可以溯源到自然秩序的思想。法国重农学派和英国早期古典经济学家,以及亚当·斯密都具有自然秩序的思想。这种思想甚至影响到瑞典学派思想的奠基者威克赛尔提出的"自然利率"和米尔顿·弗里德曼提出的"自然失业率"的概念。

门格尔认为,社会制度本身就是一种自然过程的产物,是一种"表现为历史发展的无意识的产物"。"法律、语言、国家、货币、市场,所有这些社会结构,在各种不同的经验形式和不断的变化中,在不小的程度上都是社会发展的无意识的产物。物品的价格、利率、地租、工资以及一般社会生活,特别是经济组织的许多其他现象,也呈现出同一特质。"⑤

哈耶克对自发秩序进行了最充分的阐述。他将自发秩序看作自由主义社会理论中的核心概念,同时,也将自由主义看作发现自发秩序的条件。他说:"自由主义是一种在社会事务中自动或自发形成的秩序的发现(这一发现也导致人们认识到存在着一个理论社会科学的对象),这一秩序较之任何集中命令所建立的任何秩序,使社会一切成员的知识和技能能够得到更大程度的利用,因此人们希望尽可能利用这种强大的、自发形成的秩序。"⑥

"自发秩序的第一个特点是,通过利用形成秩序的力量(协调其成员行为的常规),我们可以达到一种秩序,其中所包含的事实要比我们刻意安排所能取得的情况不知复杂几何,但是如果我们想对这种诱发秩序的可能性善加利用,使其达到换了别的方式便无法达到的程度,我们就要限制自己对该秩序的细节施加力量。"⑦

哈耶克强调:"同样重要的事实是,和一个组织相比,自发秩序既无一定目的,也不需要为了在这种秩序之可取性上达成一致,而对其导致的具体后果也达成一致,因为它独立于任何特定目的,可以用于和帮助人们追求形形色色不同甚至相互冲突的个人目标。具体而言,市

---

① 〔英〕哈耶克:《作为一个发现过程的竞争》。转引自〔英〕哈耶克:《经济、科学与政治——哈耶克论文演讲集》,冯克利译,南京,江苏人民出版社2003年版,第121页。
② 同上。
③ 同上书,第122页。
④ 同上。
⑤ 转引自杨春学著:《经济人与社会秩序分析》,上海,上海三联书店、上海人民出版社1998年版,第277页。
⑥ 〔英〕哈耶克:《自由社会的秩序原理》。转引自〔英〕哈耶克:《经济、科学与政治——哈耶克论文演讲集》,冯克利译,南京,江苏人民出版社2003年版,第391页。
⑦ 同上书,第392页。

场秩序并不取决于相同的目标,而是取决于相互性,取决于为了参与者的相互利益而使不同的目标之间做到相互协调。"①

从经济秩序角度看,哈耶克认为自发秩序具体体现为市场秩序。他说:"市场自发的秩序,是以相互性或相互收益为基础的,它一般被称为经济秩序……"②市场秩序"这种'交换制度'的关键在于,作为一种自发的秩序,它的有序性并不取决于它有单一的目标序列取向。因此它并不保证对于作为一个整体的它来说,凡是它认为重要的,就会优于次要者,这也是它的反对者对它发出指责的主要原因"③。而"自发的市场秩序,即交换系统,相应地也有两个优点:在这个系统中得到利用的知识是全体成员的知识;它所服务的目标是个人的分散的目标,五花八门而又相互对立"④。

哈耶克认为,自发秩序的存在虽然不意味着有什么特定的目的或目标,但是,它对于许多不同个人目标的实现具有极大的作用。市场经济这种自发秩序好比是"一场既包含着技巧也包含着运气的游戏。这种竞争游戏,以每个人所得的份额在一定程度上由偶然因素来决定为代价,保证了他无论得到多大份额,其真实价值会同我们用已知的方式取得的结果一样大"⑤。

总之,哈耶克关于知识、时间、竞争和自然秩序的思想,一方面来自于门格尔、米塞斯的传统思想,另一方面,这些思想也在哈耶克那里得到了最充分的发展和深化。而知识、时间、竞争和自发秩序这几个核心概念也为新奥地利学派经济学家所接受,构成了他们理论和思想的基础。

## 四、 新奥地利学派的主要理论和思想

### (一) 市场过程理论

**1. 与新古典市场理论的区别**

20世纪70—80年代,以伊斯雷尔·科兹纳为代表的新奥地利学派经济学家将资本、时间、过程和市场等核心概念综合在一起,发展出一套完全不同于主流的新古典经济学的理论——将市场看作竞争性企业家的发现过程的理论。这个理论是新奥地利学派的核心理论。

新奥地利学派提出市场过程理论的目的,是解释市场上分散的知识是如何被协调和利用的,并且在此基础上解释市场如何使个人的目的得到实现,价格如何被决定,资源如何被配置,以及"市场中的个体参与者怎样通过相互作用产生了改变价格、产出、生产方式和资源配置的市场力量"⑥。

新奥地利学派经济学家不赞成新古典经济学关于市场参与者完全理性的假定。他们认为,人们不具有完全的理性是因为他们不具有完全的知识,甚至是无知的。罗格·加里森说:

---

① 〔英〕哈耶克:《自由社会的秩序原理》。转引自〔英〕哈耶克:《经济、科学与政治——哈耶克论文演讲集》,冯克利译,南京,江苏人民出版社2003年版,第393页。
② 同上书,第394页。
③ 同上书,第394—395页。
④ 同上书,第125页。
⑤ 〔英〕哈耶克:《作为一个发现过程的竞争》。转引自〔英〕哈耶克:《经济、科学与政治——哈耶克论文演讲集》,冯克利译,南京,江苏人民出版社2003年版,第128页。
⑥ Kirzner, Israle M., *Competition and Enterpreneurship*, p.6.

"完全知识——或对各种频繁的改变所掩饰的完全知识——已经成为几十年来标准经济理论的基本领域。"①如果人们具有完全的知识,就会有最优行为和结果的选择,竞争就没有存在的必要。但竞争恰恰使人们能够通过学习,发现各种可能存在的利润机会。所以,要从市场上存在无知的状态出发来探讨市场过程的理论意义。

科兹纳认为,企业家在市场过程中具有重要作用,他们会发现市场中可以利用的利润机会,推动市场趋向均衡。无知就要学习,就需要发现。获取利润机会的发现及获取利润的过程就是非均衡的状态。这种过程与均衡状态相矛盾,但是在本质上又和均衡过程相一致。在科兹纳看来,市场过程理论的核心问题就是对于无知与发现在市场中所发挥的重要作用的关注。

新奥地利学派的假定是:人类的有目的的选择行为;市场上不存在强制和欺诈(包括各种形式的税收、管制和人们之间的相互欺骗行为)。他们的市场经济理论区别于新古典经济学的特点在于:第一,市场上某些行为者的计划之间是相互冲突的,与市场中产生的各种信号是不一致的;第二,行为者对其行动的各种手段不一定完全了解,但其行动的各种努力却都是有目的的;第三,行为者的知识是不完全的,其行为会发生错误,市场过程中也会出现无法预期的变化;第四,市场的本质特征之一就是,市场上永远会不断产生经济利润或损失;第五,市场存在的非均衡价格反映了市场的非协调性;第六,错误的存在会引起资源的无效配置,但是,市场过程会逐步进行调整。

在内容上,新奥地利学派的市场过程理论主要分析了经济中的两类变量:一类是相当于外生变量的本质变量(如偏好、可使用的资源、技术等);另一类是相当于内生变量的引致变量(如价格、生产方式、产品的数量和质量等)。后者由前者决定,但又不是完全决定,它有自己变化的独立性。

科兹纳认为,市场过程就是"相互联系的市场决策网络中的一系列系统的变化"。从新奥地利学派市场过程理论本身的特点来看,主要表现在以下一些观点上:第一,市场过程存在着可能的均衡性,但是这并不意味着一定就会达到均衡,因为本质变量和引致变量都会不断地发生变化,即发现的增加和无知的减少都会产生作用。第二,由于每一种发现不一定都是正确的,因此,市场过程的许多方面都是非均衡的。第三,在本质变量持续发生变化的条件下,错误增加的可能性会大于获得正确发现的可能性。②

路德维希·拉赫曼则认为,市场过程是引致变量跨时期变化的实际结果,反映了引起市场变化的各种因素共同的影响。

2. 企业家的地位和作用

新奥地利学派经济学家认为,在市场趋向均衡的过程和趋势中,企业家具有至关重要的作用。科兹纳在其著作《竞争与企业家精神》(1973)中认为,奥地利学派经济学的核心创见就是处于市场过程中的企业家精神理论。

熊彼特将竞争过程看作包含企业家的动态创新过程。创新活动带来的利润会驱使企业家竞相不断地进行创新活动。而这种竞争性创新活动就推动资本主义经济不断向前发展。

---

① Garrison, Roger W. (1982). "Austrian Economics as the Middle Ground: Comment on Loasby", in Kirzner, Israle M. (ed.), *Method, Process and Austrian Economics*. Lexington Books, p.32.

② Kirzner, Israle M. (1992). *The Meaning of Market Process: Essays in the Development of Modern Austrian Economics*. London: Routledge, p.41.

所以,熊彼特认为,资本主义经济发展的本质就是由企业家的创新活动这种"创造性的毁灭"来完成的。

米塞斯在《人类行为》中也论述了对于企业家作用的看法。他认为,企业家是按照市场情况变化来行动的人。他们的活动就是对人类行为中时间问题的一种说明。随着时间的流逝,人类行为的过程及结果都会产生不确定性,这就会产生企业家精神。所以,在米塞斯看来,人类行为在本质上都具有企业家行为的性质,而特定的企业家功能就存在于生产要素的使用过程中。①企业家在市场过程中的竞争是一种"互惠的竞争",它会促进社会的协调与和谐。

穆雷·罗斯巴德赞同米塞斯所强调的企业家的性质,认为企业家的关键特点是能够承担风险,可以通过用资源冒险和对未来的超常的预测来获取利润,同时也承担因预测失误所带来的损失。

科兹纳认为,企业家行为是一种不同于利益最大化行为的特殊行为。而企业家精神则是一种个人品质,即"机敏"的体现,因为企业家会发现别人没有发现的利润机会,并且在此基础上重新界定整个经济中的手段与目的的框架。企业家的这种创造性的人类行为就是企业家精神,"它在本质上是发现新的而且是人们希望得到的需要,以及满足这些需要的新资源、新技术或其他手段的能力"②。

科兹纳认为,企业家精神具有三个特点:第一,它是人们为获得和他们的设想更为一致的未来状况而进行的努力。这主要是"机敏"——它具有想象力和创造力的各种特征,人们通过它来保证其设想在未来的实现。第二,企业家精神的范围由未来所具有的不确定性决定。第三,企业家利用这种"机敏"品质的动机,就在于以那些对未来比较符合实际的预期所引发的行为,来替代由不太精确的预期所引发的行为,从而产生一定的纯收益,避免企业家追求利润动机所经常导致的错误行为。③

科兹纳所描述的企业家精神与熊彼特所说的企业家精神有很大差别。他所说的企业家精神只是某种要素在经济理论中的功能,这与主流经济学家对企业家的看法也有很大不同。科兹纳所说的企业家只是市场上获利机会的发现者,而不是兼具破坏者和创新者双重作用的人,他们进行的只是获利行动,而并不破坏旧的经济运行模式,也不会创造盈利机会。

所以,科兹纳的企业家理论具有他自己的独有特征:第一,纯粹的企业家利润归功于企业家的"机敏"。第二,投机套利的可能性显示出从商业中获取利润的可能性。第三,对获利机会的逐渐发现和认识,使经济从非均衡和不协调逐步走向均衡与协调。第四,纯粹的企业家所获得的收入是其发现的收入,是认识到新盈利机会所产生的结果。

在价格体系与企业家的关系方面,科兹纳要解决的问题,就是以企业家行为理论为基础,分析价格的确定过程。他认为,在外生条件确定的资源、偏好、技术条件下,企业家的有关知识体系是各自不同的,每个知识体系的有限性和主观性导致了知识垄断,在自利动机激励之下,最终就由企业家来决定价格。知识的传播则会降低知识的垄断性,使垄断利润趋于下降,不同的价格也会趋于缩小差距,资源的配置也就逐步趋于均衡。

在企业家与时间的关系方面,科兹纳认为,时间因素的引入增加了市场参与者的无知,使

---

① Mises, Ludwig von (1963). *Human Action*. Yale University Press, p.291.
② 〔英〕约翰·伊特韦尔等:《新帕尔格雷夫经济学大词典》(第1卷),北京,经济科学出版社1992年版,第582页。
③ Kirzner, Israle M. (1985). *Discovery and the Capitalist Process*. Chicago: University of Chicago Press, pp.58—59.

得企业家精神的范围从某一时点上协调市场关系,延伸到跨时期协调,而对企业家活动的激励就是由市场的时际不协调所产生的套利机会提供的。

3. 作为发现过程的市场

作为新奥地利学派核心理论的市场过程理论,着重解决的问题是知识发现问题。

科兹纳认为,作为发现过程的市场中,企业家的活动代表了一种自发地通过对未经预先设计的发现,来降低不确定性的行为。但是,企业家不能自动地发现所有的可利用机会,因而,其行为不能总是与其本来目的相一致。

科兹纳强调,发现机会与学习之间存在着差别,了解这一点有助于理解企业家的市场过程如何系统性地发现和消除错误。企业家的行为就是在非均衡的环境中发现盈利机会,并在不确定性条件下不断发现知识、修正错误,降低不确定性,使经济趋向均衡。

## (二) 资本理论

在资本理论方面,新奥地利学派主要继承了门格尔、维塞尔、庞巴维克以来的传统观点,并在米塞斯相关理论基础上提出了自己的看法。

首先,新奥地利学派强调了资本的主观性,从个人行为的手段角度说明,资本是对个人消费品功能选择发生改变的产物,因而是主观的。消费品和资本品之间的区别,完全是由于个人的时间偏好所决定的,是不具备客观属性的。米塞斯曾经把个人的时间偏好看成资本范畴的唯一决定因素。在这种观念的基础上,新奥地利学派否定了新古典经济学的资本生产力理论。

其次,新奥地利学派完全接受了米塞斯将资本理论和市场过程理论相联系的观点。米塞斯认为,生产是一种竞争过程,它最终实现了对消费者需要的满足,也导致了资本品这种高级财货的生产,而其形成条件的特殊性则产生了企业家行为。

新奥地利学派坚持资本的异质性,认为各种不同的商品之所以能够成为资本,并不在于其物理特性,而是因其所有者对其用途的不同计划造成的。资本是在企业家为了承担未来潜在的风险而作的当前计划中产生的,是为了实现某个明确的目标而采取的中间步骤。尽管目标未必一定能达到,而且企业家也常常会犯错误,但在运行顺畅的市场中,为某种目的而生产的资本也有可能转而为其他目的服务。不管资本可以怎样转换用途,未来的生产路径由现存的资本品的结构所决定,这一逻辑是明确的。由于目的和手段的选择会受到人们过去行为的影响,因此,资本就成为一种相对稳定的因素,限制了人们对未来行为的可选择的范围,并且成为经济环境不断趋于稳定的因素。

根据米塞斯的观点,个人利用某种手段去实现对未来某种特殊需要的满足,是因为他们相信在耗费一定的时间后得到的未来物品的数量会大于当前直接得到的物品的数量,而他们当前所利用的手段就是资本品。新奥地利学派据此认为,资本理论必须建立在资本品的概念之上,而不是建立在资本的概念上。所以,资本理论分析的起始点就是资本品的差异性。罗格·加里森明确指出:"资本品的交换与生产过程的重建不能以所有资本的相似性来解释,满意的解释是按照资本品之间的差异作出的。"[①]当然,差异也是资本品存在的一个必要条件。而异质性的存在归根结底产生于人们需要的差别,而非资本品的物理属性的差别。

---

① Garrison, Roger W. (1985). "A Subjectivist Theory of a Capital-using Economy", in O'Driscoll, Gerald, P. Jr. and Rizzo, Mario J. (ed.), *The Economics of Time and Ignorance*. Basil Blackwell, p.162.

路德维希·拉赫曼认为,资本品的性质表现在其多种特殊性或者以资本品的各种组合实现相同结果的可能性上。所以,生产手段的未来属性不会自动决定某种特定的生产过程,也不决定某种特定产品。资本品具有的另外两个特性是其互补性和替代性。这就是说,个人为完成其计划所选择的资本品组合中的各个资本品相互之间的作用是互补的,会共同实现其特殊的同一生产过程,生产出特定的共同产品,或达到特定的目的。另外,具有"物理上的同质性"的资本品,同时也可能具有"功能上的异质性",因为物理上相同的资本品很可能在个人的不同计划中具有不同的作用和功能。可见,资本品的结构和特定功能完全从属于个人的计划。

新奥地利学派认为,时间因素会造成生产的不确定性和市场过程的不确定性。生产阶段离最终产品的时间距离越远,影响最初计划实现的不确定性就越大,个人就得不断地调整其计划,因而,资本结构也就随之不断地被调整。这样,不同的生产手段组合(资本品组合)就可能生产出相同的产品,也就是说,资本品还具有替代性的特征。拉赫曼认为,资本品的替代性就是计划在不断变动的环境中进行调整的主要条件。

新奥地利学派认为,资本品的互补性导致资本结构的形成,而资本品的替代性又使资本结构可以实现调整。资本品的这两种性质构成了经济动态运行的基础。而这又是个人主观意愿和计划的结果。每个人的计划和调整形成与改变其特定的资本结构,而这又成为市场上其他人作出或调整其计划的信息依据,最终市场上的整体社会资本结构就在这些人的计划的相互影响和调整中形成和调整着。社会资本结构内部的个别资本结构相互联系和依赖,决定了它们的一致性和连续性。这最终具有趋于均衡的倾向,但也是不断调整、永不完结的动态过程。

## (三) 货币观点

### 1. 概况

奥地利学派的货币理论是其整个理论体系的重要组成部分,是连接生产理论和经济周期理论的中间环节,具有至关重要的作用。他们最有特点的思想,是与新古典经济学截然不同,与瓦尔拉斯一般均衡体系中将货币仅仅当作计价单位也完全不同的货币非中性思想。在经济自由主义阵营中,奥地利学派是唯一否认货币中性观点的学派。由于强调了货币非中性,奥地利学派就能够说明货币对于生产结构发生变化的作用,就能够说明生产过程中的不确定性,进而说明整个市场经济过程不确定性和经济周期波动。

门格尔认为,社会制度是长期发展和进化的产物,货币作为一种社会制度当然也是人类社会活动中长期自发形成的,而且是人类行为无意识造成的结果。所以,门格尔认为,货币制度也需要以人类行为加以解释。

新奥地利学派接受了门格尔的这种观点,认为要补充货币对现代市场经济过程作用的分析,其分析起点仍然是人类行为。他们认为,货币的一个重要特点是具有时际的交换能力,也就是说,货币可以使交换不在同一时间点上发生。另外一个特点是货币供给不仅对一般物价水平有影响,而且对相对价格水平产生影响。

新奥地利学派的货币理论就从货币演化理论开始,以货币对个人决策发生的作用展开。

### 2. 关于货币价值的观点

关于货币演化问题与货币价值决定问题,在米塞斯那里,将二者统一在了主观个人欲望的边际效用上。米塞斯认为,在给定的某一时点上,商品的总存量就是市场的总供给,要增加的和保持的现金数量就是市场的总需求。罗斯巴德接受了这一观点,并认为对货币的需求和持有是分析货币功能的一个适当的概念。①

米塞斯认为,货币的价值源于两个方面:其一是货币可以购买到的商品的价值,即货币的购买力。它被称作货币客观的交换价值。其二是货币的主观价值,即对其效用的评价。而货币的效用就是它可以在未来进行交换的能力。米塞斯反对货币数量论观点,他认为:"数量论不能带给我们任何东西。毕竟,它不能解释货币价值的变化机制。"②

但是,米塞斯的货币理论遇到了循环论证的难题:一方面,交换中商品的价值要由消费它所产生的效用来衡量,并以货币来表现;另一方面,货币本身(除金属货币本身具有直接消费效用外)无法取得直接的消费效用,它的价值只能取决于它的交换能力,即由它未来需要交换的商品的价值来确定。这就产生了循环论证。不过,米塞斯通过将货币价值问题归结到金属货币本身的价值决定,最终解决了循环论证难题。米塞斯的解决办法实际上就是奥地利学派的回归原理(有的著作将其称为"归算论")的运用。虽然他的办法解决了逻辑上的循环论证问题,但是他却回避了信用货币(纸币)下的货币价值决定问题,因而无法解释现实问题。

罗斯巴德说:"米塞斯的回归定理不仅充分解释了对货币的当期需求,把货币理论和边际效用理论结合在了一起,还证明了货币必定以这种方式起源于市场……这样,米塞斯证明了,门格尔关于货币如何在市场上产生的历史见解不是一个简单的历史概括,而有理论的必然性。"③"另一方面,由于货币必须产生于直接可用的商品如黄金,按照米塞斯的回归原理,在这些商品成为货币之后,没有理由再继续保持其作为商品的直接用途,因为当前的货币购买力已经确定了。"④

3. 货币对经济的影响

新奥地利学派认为,将货币引入经济,一方面造成了经济中不确定性的增加,另一方面会通过价格变动影响人们的收入分配,还会导致经济的周期波动。

早期的经济学家理查德·坎梯隆(Richard Cantillon)认为,货币供应量的增加对经济中各部分产生的影响是不系统的,各部门的价格上涨速度不同会改变它们的相对价格。米塞斯将这种情况称作"坎梯隆效应",并且与边际效用理论结合起来,说明货币供给的变化所带来的冲击。

米塞斯认为,货币供给的增加会按照货币进入经济的先后传递次序产生相对价格上涨的效应。先得到货币增加的部门会增加对某种商品或服务的需求,从而导致这些商品和服务价格的上涨,而产品价格上涨的部门又会率先相对增加收入。借助于产业链和供应链之间的联系,这种价格上涨和收入相对增加就会逐步在经济中传递,最终导致社会物价水平的整体上涨,形成通货膨胀。在这一过程中,那些较晚得到货币的人以及那些依靠固定收入生活而无法得到新货币的人,其利益就会受损,收入和财富就会更多地再分配给较早获得新货币的人。

---

① 〔美〕穆雷·罗斯巴德:《奥地利学派的货币理论》。转引自〔美〕伊斯雷尔·科兹纳、穆雷·罗斯巴德:《现代奥地利学派经济学的基础》,王文玉译,杭州,浙江大学出版社2008年版,第142—143页。

② Ekelund, Robert B. Jr. and Hebert, Robert F. (1997). *A History of Economic Theory and Method*. The McGrow-Hill Company, Inc., p.524.

③ 〔美〕穆雷·罗斯巴德:《奥地利学派的货币理论》。转引自〔美〕伊斯雷尔·科兹纳、穆雷·罗斯巴德:《现代奥地利学派经济学的基础》,王文玉译,杭州,浙江大学出版社2008年版,第150页。

④ 王军著:《现代奥地利经济学派研究》,北京,中国经济出版社2004年版,第128页。

米塞斯认为,货币扩张只有政府和政府控制的银行才能做到,而这也正是政府、银行和强势政治集团可以部分剥夺社会中其他人财富的一种手段。通货膨胀在本质上就是货币的购买力下降。"货币购买力的变动导致了社会各成员间财富水平的变化。从那些渴望通过这种变化来使自己富裕的人的观点来看,货币供给可能会被认为不足或是过度的,而且对这种收益的欲望可能导致意在产生现金引致的购买力变化的政策。然而,货币供给的变化既没有改进也没用削弱货币提供的服务……对每一个人来说,整个经济中的可用货币数量总是足以保证货币所做的以及所能做的全部事情。"① 有鉴于此,米塞斯坚决地反对货币供给的通货膨胀性扩张,反对长期控制货币。由此,他甚至认为金本位是最好的货币形式。

接受米塞斯上述观点的新奥地利学派由此便承认了货币对经济生活的实际影响,并为其否定了从古典经济学之后一以贯之的货币数量论。哈耶克则提出了货币的非国家化观点,认为最好由货币市场上不同货币形式的自由竞争来进行"自由选择",以确定最好的货币形式。②

## (四)经济周期理论

"基于门格尔、庞巴维克、威克赛尔和米塞斯的理论,哈耶克发展了奥地利学派的货币传统,尤其是资本和商业周期理论。"③ 新奥地利学派基本上承继了米塞斯和哈耶克奠基的经济周期理论。

米塞斯最先在其《货币与信用》中提出了关于经济周期波动的初步观点,哈耶克则在此基础上进一步阐发,在其《物价与生产》中进行了系统的论述。哈耶克以充分就业的经济均衡状态作为研究起点,货币市场的利率和价格以及它与经济部门之间的结构和联系,是他分析的主要因素。

1. 关于生产的结构

哈耶克的经济周期分析是以生产结构和生产过程为主要对象的。在他看来,经济的均衡状态,意味着消费与生产的结构是恰好对应相等的,或者说,资本的结构可以使商品的供求结构相等。如果资本结构不变,相应的生产手段也不会改变,否则,就会出现对不均衡状况的调整。

在生产结构方面,哈耶克完全继承了门格尔和庞巴维克所提出的"迂回生产"与财货级别划分的思想,把离消费品在时间和生产过程上的距离越远的物品和生产,作为级别和层次越高的"高级财货"(即资本)。他认为,正是这种迂回生产的方式所包含的迂回程度的变化和结构的调整,导致了经济的增长、波动和衰退的周期性变化。

2. 对储蓄的鉴别

哈耶克在分析引起市场过程和经济结构发生变化的原因时,对储蓄进行了鉴别,区分了自愿储蓄和强迫储蓄两种情况。

自愿储蓄和强迫储蓄的变化是对均衡经济的最初扰动。由于消费者的偏好和储蓄习惯的改变,原先均衡的经济中,最终消费品就会出现滞销、价格下降和生产手段的闲置。消费的

---

① Mises, Ludwig von (1963). *Human Action*. Yale University Press, p.418.
② 参见〔英〕哈耶克:《货币的非国家化》,姚中秋译,北京,新星出版社2007年版。
③ 〔美〕小杰拉德·奥德利斯库、苏达·舍诺伊:《通货膨胀、衰退和滞涨》。转引自〔美〕伊斯雷尔·科兹纳、穆雷·罗斯巴德:《现代奥地利学派经济学的基础》,王文玉译,杭州,浙江大学出版社2008年版,第172页。

减少会导致自愿储蓄的增加,进而引起利率下降。利率下降又会影响投资者的成本和收益,导致一些投资增加。但是,投资的增加在消费需求下降的情况下,并不会立即导致最终消费品的生产投资增加,而是导致离最终消费品较远的生产投资增加,甚至导致新投资被投放到原本并不存在的离最终消费品生产距离更远的生产阶段中。这就产生了生产结构的"深化"。生产结构的"深化"就是对原有均衡状态的偏离。

如果消费者的消费和储蓄行为没有变化,银行体系增加货币供应量,就会直接导致利率的下降。当银行只对生产者发放信贷时,也会导致一些原先无利可图的投资项目因为可以得到贷款而被实施。社会上投资的增加导致原先均衡的经济中资本品价格上升,投资品生产部门的利润增加。这又会进一步加剧新投资流向距离消费品较远的资本品生产过程。当然,在资金容易获得的情况下,距离消费品近些的资本品生产也会得到更多投资。不过,那些既是消费品也是中间产品的生产者,在新增投资的竞争下,争夺生产要素会导致成本上升,在一定程度上就要被迫压缩生产。消费者由于消费品数量的减少而被迫增加的储蓄,就是强迫储蓄。所以,在货币扩张情况下,不仅同样会出现生产结构的"深化",而且会出现强迫储蓄。

3. 经济周期理论

在哈耶克的经济周期理论基础上,新奥地利学派的经济学家进一步采用了主流经济学的表述方法来说明自己学派的经济周期理论。在这方面,罗格·加里森概括了一个简化的模型,如图 19-1 所示。

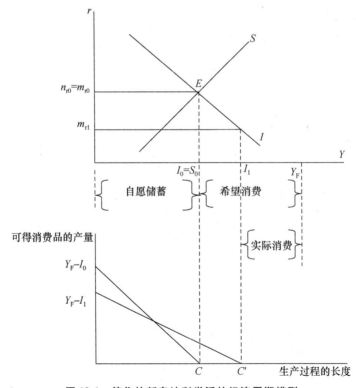

图 19-1 简化的新奥地利学派的经济周期模型

我们首先来看加里森所给出的几何图形及其说明。①

在图 19-1 中，$S$ 曲线是储蓄曲线，$I$ 曲线是投资曲线。经济处于均衡状态时，可贷资金市场上的储蓄等于投资，即 $S_0 = I_0$，资本品和消费品的生产也处于均衡状态，就是图中的 $E$ 点。此时，市场利率(即 $m_r$，也是资本的收益率)等于自然利率($n_r$)，产出为 $Y_F$，消费者的消费数量为 $Y_F - I_0$。

银行系统扩张货币时，货币供给的增加使自然利率高于市场利率，总的投资水平 $I_1$ 会大于自愿储蓄的水平。这时，社会上会出现强迫储蓄，形成超过自愿储蓄的投资。于是，消费就会被迫减少，由 $Y_F - I_0$ 降低到 $Y_F - I_1$。于是，生产的时间结构就从 $C$ 延长到 $C'$。

如果储蓄是自愿储蓄，储蓄曲线就会向右移动，所产生的生产时间的延长就是持久的，投资的增加就可以得到自愿储蓄的支持。但在银行扩张货币的情况下，尽管消费者也要被迫减少消费，进行强迫储蓄，但经济主体会努力恢复其原来的消费水平。这样一来，生产结构就会在这一过程中发生收缩，经济也就会产生紧缩，出现衰退或危机。

图 19-1 表明了奥地利学派经济周期理论的一贯核心观点，即人为制造的经济繁荣必将导致萧条和大的波动。人为繁荣持续时间越长，它导致的萧条时间也越长。所以，最好让市场经济自己运转，不要人为干预，也就是说，政府最好实行自由放任的态度和政策。

对于货币扰动经济的机制，新奥地利学派的图示如图 19-2 所示。

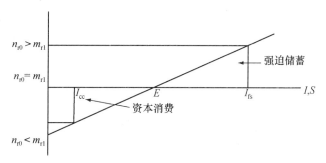

**图 19-2　货币扰动曲线**

货币扰动曲线的图形显示：自然利率大于市场利率时，会出现强迫储蓄 $I_{fs}$。这种差别越大，强迫储蓄也就越多；当自然利率小于市场利率时，就会出现资本消费 $I_{cc}$，这个差距越大，资本消费(就是指资本向生产时期较短的阶段转移)也就越大。货币的扰动使企业家群体出现了预期的方向性错误，使迂回生产的结构出现了变化。在人们要求恢复以前真实消费水平的压力下，要维持经济繁荣，就必须向生产者投放更多的信用货币，其结果不是重新出现恶性通货膨胀，就是出现经济衰退。由于银行要考虑偿债能力，生产者的资金需求在长期内也会因盈利下降而减少，而且，增发信贷导致的通货膨胀也无法永远持续，因此，信用扩张不可能无限进行。于是，每次货币扩张所导致的人为繁荣之后，必然会出现经济衰退。

这种繁荣和衰退会因为迂回生产的结构而在程度上愈演愈烈。但是，当市场上对资金的需求因衰退而降到很低的时候，利率也会逐步回到自然利率的市场均衡水平，于是，经济活动又会开始逐步活跃起来，经济衰退就发生逆转，重新转向繁荣的进程。总之，只要银行不能保持货币供给的稳定性，这种经济波动的反复变化就会继续下去。

---

① 参见〔英〕布赖恩·斯诺登等：《现代宏观经济学指南》，苏剑译，北京，商务印书馆 1998 年版，第 430—433 页；王军著：《现代奥地利经济学派研究》，北京，中国经济出版社 2004 年版，第 140—142 页。

## 五、 对新古典经济学的批判

新奥地利学派站在非主流的地位上对当代新古典经济学的理论进行了批判。其核心观点是,认为新古典经济学过分强调相信人的理性,批判其对经济活动复杂性和不确定性的忽略与无视。

### (一) 对"经济人"理性的批判

新奥地利学派不赞成在经济学中以所谓理性的"经济人"作为标准行为主体。

米塞斯认为:"经济学并不研究如根深蒂固的寓言中所指责的虚构的'经济人',而是研究作为主体的人,通常是软弱的、愚蠢的、轻率的、受过拙劣教育的人。他的动机是高尚的还是卑微的,是无关紧要的。经济学也不主张人努力的唯一目标是为自己和家人追求更多的物质财富。经济学的法则就价值的终极判断而言是中立的,并且对于所有的行动都是成立的,而不论这些行动是否利己。"①

哈耶克继承了米塞斯建立的关于人类行为的思想,从辨析个人主义出发,区分了18世纪以来的苏格兰传统的"真个人主义"和欧洲大陆传统(主要是以法国为代表)的"伪个人主义"。这两种传统导致了对自由主义和理性含义的不同理解。他说:"在我看来,存在着这样一种理性主义,由于它不承认个人理性的能力有限,反而使人类理性没有发挥应有的作用。"②这种理性主义就是他所说的以笛卡尔为代表的欧洲大陆的传统,被他称为"理性建构主义"。这种思想的最主要特点是认为,一切有用的人类制度都是,而且应当是自觉地理性特意设计的产物。哈耶克坚决反对这种理性建构主义,认为"在欧洲传统中,它是一个特性因素的不合理的、错误的夸张表现"③,它过高估计了人类的理性,而忽略了人类无意识形成的、自然发展的社会结果。

在哈耶克看来:"理性恰如危险的炸药,使用得当可使人获益甚大,若是粗心大意,它也足以毁掉一个文明。"④他推崇社会的自发秩序,认为在自发秩序下,会产生许多人们无意追求的结果。人类历史的很多成就都不是人们在理性支配下刻意设计的结果。"经济学理论的伟大成就是,它先于控制论200年便认识到了这种自我调节系统的本质……我们的祖先谁也不可能知道保护财产和契约会导致广泛的劳动分工、专业化和市场的建立,或最初只适用于部落成员的规则在扩展到外人时,会导致一种世界经济的形成。"⑤

哈耶克认为,世界是复杂的,市场也是复杂的,人们谁也无法全面了解和掌握市场的所有信息和知识。这就是说,建立在知识和信息基础上的人的理性是不完全的。"在我们前进的过程中,我们会越来越多地发现,我们所能确定的,仅仅是决定着某个过程结果的一部分而不是全部具体情况,因此对于我们所期待的结果,我们只能预测它的某些限制,而不是它的全部

---

① 〔奥〕米塞斯:《货币、方法与市场过程》,戴忠玉、刘亚平译,北京,新星出版社2007年版,第27页。
② 〔英〕哈耶克:《理性主义的类型》。转引自〔英〕哈耶克:《经济、科学与政治——哈耶克论文演讲集》,冯克利译,南京,江苏人民出版社2003年版,第593页。
③ 同上书,第604页。
④ 同上书,第606页。
⑤ 同上书,第616页。

性质。"①

在哈耶克看来,如果承认理性的作用,那么,充其量也"就是认清理性控制的适当程度"②。"承认理性力量有限的人,希望在复杂的人类事务中至少建立起一定程度的秩序,以此来发挥理性的作用,因为他们知道,要想掌握这些事物的全部细节是不可能的;而建构论理性主义者看重抽象能力,仅仅是因为可以把它当作决定细节的工具。"③事实上,"我们并非全知全能,我们每时每刻都要根据自己过去不了解的新事实来调整自己。因此,预先就作出周密的计划,使其中的每一个行动都配合得当,如此来安排我们的生活,乃是不可能的"④。

哈耶克的这些观点与新古典经济学关于"经济人"具有完全理性的观点是格格不入的。新奥地利学派完全赞同哈耶克的观点。

### (二) 对确定性思维的批判

在否认人的完全理性基础上,奥地利学派反对经济学研究中的确定性思维。他们认为:"人事无常,前途难测,这是我们生活中恒常的事实。因此我们对于自己的事情,不可能全都做到未雨绸缪。"⑤具体而言,他们认为:"经济生活中没有常量,这使确定此类常量的任何努力都是徒劳的。"⑥

米塞斯直截了当地说:"在经济学中,不存在不变关系。从而测量是不可能的。""无法测量,不是因为没有测量的技术方法,而是因为没有不变关系……经济学……它不是定量科学,也不去测量,原因是不存在常量。统计数字是论及经济事件的历史资料。它们告诉我们在某个不可重复的历史情况中发生了什么。""在经济学中,不存在不同数量之间的不变关系。所以,所有可探知的数据都是变量或历史事实之类的事情。数理经济学家反复说,数理经济学的困境在于变量太多。真实情况是,只有变量,没有常量。在没有常量的情况下谈论变量是没有意义的。"⑦

米塞斯认为,企业家的功能就是处理经济活动中的不确定性,并从中受益,"他的成功或失败取决于他对不确定性事件预期的正确性"⑧。

沙克尔(G. L. S. Shackle)和拉赫曼强调人的知识的不可预测性,并从这一角度去说明经济活动中的不确定性问题。拉赫曼认为,不确定性是生活中的事实,而所有的预期都是对可能的未来所作的主观估计。人们的行为之所以是不确定的或不可预测的,是因为人们的"想象"在选择中的重要作用。在他看来,选择就是过去和未来之间的一个不确定的切点。

---

① 〔英〕哈耶克:《知识的僭妄》。转引自〔英〕哈耶克:《经济、科学与政治——哈耶克论文演讲集》,冯克利译,南京,江苏人民出版社2003年版,第470页。
② 〔英〕哈耶克:《理性主义的类型》。转引自〔英〕哈耶克:《经济、科学与政治——哈耶克论文演讲集》,冯克利译,南京,江苏人民出版社2003年版,第604页。
③ 同上书,第599页。
④ 同上书,第600—601页。
⑤ 同上书,第601页。
⑥ 〔美〕伊斯雷尔·科兹纳、穆雷·罗斯巴德:《现代奥地利学派经济学的基础》,王文玉译,杭州,浙江大学出版社2008年版,第7页。
⑦ 转引自〔美〕穆雷·罗斯巴德:《人类行为学:奥地利学派经济学的方法论》。转引自〔美〕伊斯雷尔·科兹纳、穆雷·罗斯巴德:《现代奥地利学派经济学的基础》,王文玉译,杭州,浙江大学出版社2008年版,第33、34、35—36页。
⑧ 〔美〕卡伦·沃恩:《奥地利学派经济学在美国——一个传统的迁入》,朱全红译,杭州,浙江大学出版社2008年版,第162页。

伊斯雷尔·科兹纳在谈到奥地利学派的基本原则时说:"我要区分关于经济世界的两个截然不同的见解。这两个见解受到的重视不同,且常常没有被充分地加以区别。第一个见解是,人的行动有目的;第二个见解是,人的偏好、预期和知识是固有地不确定和不可预测的。"①对于第二个基本原则,他认为,在市场上,各种情况和人们的决策都是变化的,所以,"我们能够断言,他们的决策相互影响,导致知识的特定变化,但我们将不能说出知识变化的具体方向,也不能假定一个确定的向均衡状态调整的过程"②。

卡伦·沃恩也认为:"经济生活的特点就是变化不定,而变化就意味着一个不确定的、难以预料的未来,因而也就意味着人们不可避免地要通过改变社会体制来进行投机。"③

综上所述,新奥地利学派反对将经济现象看作确定性的问题,从而否认人们对未来经济问题进行预测的准确性。他们强调经济生活中的不确定性,并且从不同的角度论证了不确定性对于人类行为和经济行为的影响。强调经济社会的复杂性和在时间过程中的不确定性,是他们理论思想的一大特点,这也是与他们的市场过程理论相辅相成的。

### (三)对经济数学模型和计量经济学的批判

由于新奥地利学派所持有的对于经济社会复杂性、不确定性、理性和知识的有限性的基本认识,以及对时间过程和市场过程的强调,他们与主流经济学在许多方面具有明显的差别,并且特别反对主流经济学使用的经济数学模型方法和计量经济学的方法。

新奥地利学派认为,每一个历史事件都是极容易变化的众多原因共同造成的、一个合成的结果,这些原因中的每一个与其他原因之间都不存在确定不变的关系。所以,每个历史事件都是不同质的,因而历史事件就不能被用于检验或者建立历史规律、数量规律或者其他形式的规律。

门格尔认为,用数学方程式表达的经济规律仅仅是武断的陈述,而经济规律是关于起源和原因的,起因于消费者的效用和行动,止于市场结果。

米塞斯认为:"有人提出在社会科学中运用数学,并且相信这样将使社会科学更为'精确',这是一种谬论。"他还指出,甚至数学在物理学中的应用都不能使物理学更"精确"或者更具有确定性。他甚至还引用了爱因斯坦的名言:"一旦数学命题涉及现实,那么,命题就不是确定性的;只要它们是确定性的,那么它们便与现实无关。"④

在米塞斯看来,以数学方法处理经济学问题,只是一些经济学家为了方便而臆想出来的一个表示静态均衡的概念。所以,他明确表示:"数学在经济研究中所能发挥的作用,仅仅就是描述静态均衡。方程式和无差异曲线所处理的是一个假想的从不存在的状态。它们所能提供的就是对于静态均衡的定义的一个数学表达。因为数理经济学家从经济学必须用数学术语来处理的成见出发,它们就将静态均衡当作经济学的全部。这一概念本来纯粹只是一种手段,但这一性质却被对它的过分倾心而淹没了。"⑤

---

① 〔美〕伊斯雷尔·科兹纳:《论奥地利学派经济学的方法》。转引自〔美〕伊斯雷尔·科兹纳、穆雷·罗斯巴德:《现代奥地利学派经济学的基础》,王文玉译,杭州,浙江大学出版社2008年版,第33页。
② 同上书,第47页。
③ 〔美〕卡伦·沃恩:《奥地利学派经济学在美国——一个传统的迁入》,朱全红译,杭州,浙江大学出版社2008年版,第49页。
④ 〔奥〕米塞斯:《货币、方法与市场过程》,戴忠玉、刘亚平译,北京,新星出版社2007年版,第15页。
⑤ 同上书,第7页。

米塞斯还指出:"在经济学中,数值之间并无确定的关系,方程也就没有实用之效。"①因为,"在经济学中,不存在不同数量之间的不变关系。所以,所有可探知的数据都是变量或历史事实之类的事情。数理经济学家反复说,数理经济学的困境在于变量太多。真实情况是,只有变量,没有常量。在没有常量的情况下谈论变量是没有意义的"②。"我们在人的行动领域中观察到的数量……是明显地可变的。他们的变化直接影响我们的行动结果。我们能够观察的每个数量都是一个历史事件,是不指明事件和地点就无法充分描述的事实。"③"统计学所提供的材料是历史的,这意味着是各种力量复杂作用的结果。社会科学从来不能享有只让一个变量变化而控制其他变量不变以观察变化之结果的便利。"④"计量经济学家无法反驳这个事实,其推理失去了基础……当被应用于未来时,受到高度赞扬的方程式只不过是其中所有数量都是未知数的等式。"⑤

对于米塞斯在这方面的观点,埃德温·多兰指出:"显然,米塞斯从根本上反对计量经济学。计量经济学试图盲目模仿自然科学,把复杂的和不同质的历史事实当作可重复的、同质的实验室资料。它还把每个事件的质的复杂性压缩成一个数字,然后错上加错,把这些数量关系看作人类历史中的不变关系。米塞斯一再强调,自然科学的基础是不变的数量关系的经验发现。与自然科学明显不同,计量经济学无法在人类历史中找出一个不变关系。人的意志、知识和价值观总是在变化,且人与人不同。很难想象计量经济学能够在某一天找到一个不变的关系。"⑥

在这方面,哈耶克继承了米塞斯的基本思想,但是也有一定的发展。他说:"数学的巨大力量在于,它使我们能够描述出我们无法用感官认知的模式,并且能够说出具有高度抽象性的模式的等级或类别的共同属性。从这个意义上说,每一个代数方程或一组这样的方程都规定了一类模式,当我们用明确的数值代替其中的变量时,这些模式便具体化为个别的具体表现。"⑦不过,他也十分强调对自然科学方法,特别是对数学方法抱有迷信态度的危险。他说:"在我看来,经济学家在指导政策方面没有做得更为成功,同他们总想尽可能严格地效仿成就辉煌的物理学这种嗜好大有关系——在我们这个领域,这样的企图有可能导致全盘失误。"⑧哈耶克把这种嗜好下的经济学,特别是数理经济学和计量经济学的做法称作"唯科学主义的谬误"。

哈耶克认为:"在经济学中,以及在研究的现象十分复杂的其他学科中,我们能够取得数据进行研究的方面必定是十分有限的,更何况那未必是一些重要的方面……市场是一种十分复杂的现象,它取决于众多个人的行为,对决定着一个过程之结果的所有情况,几乎永远不可能进行充分的了解或计算。"⑨在他看来,正是对于数字和数学方法"精确性"的迷信,"它所造成的后果是,经济学家中有着唯科学主义头脑的大多数人,对很可能是造成广泛失业的真正

---

① 〔奥〕米塞斯:《货币、方法与市场过程》,戴忠玉、刘亚平译,北京,新星出版社2007年版,第6页。
② 转引自〔美〕伊斯雷尔·科兹纳、穆雷·罗斯巴德:《现代奥地利派经济学的基础》,王文玉译,杭州,浙江大学出版社2008年版,第35—36页。
③ 同上书,第33页。
④ 〔奥〕米塞斯:《货币、方法与市场过程》,戴忠玉、刘亚平译,北京,新星出版社2007年版,第5页。
⑤ 转引自〔美〕伊斯雷尔·科兹纳、穆雷·罗斯巴德:《现代奥地利派经济学的基础》,王文玉译,杭州,浙江大学出版社2008年版,第35页。
⑥ 同上书,第33页。
⑦ 〔英〕哈耶克:《复杂现象论》。转引自〔英〕哈耶克:《经济、科学与政治——哈耶克论文演讲集》,冯克利译,南京,江苏人民出版社2003年版,第496页。
⑧ 同上书,第459页。
⑨ 同上书,第460页。

原因漠不关心，因为它的作用无法用可以直接观察到的可计量数据之间的关系加以证实，他们几乎把全副注意力都用在可以计算的表面现象上，由此产生的政策使事情变得更糟"①。另外，对于主流的宏观经济学仅仅注重总量分析的做法，哈耶克也表示了异议。他认为，主流的宏观经济学完全忽略了经济中的结构问题，而结构分析恰恰是最值得注意的问题。所以，哈耶克主张以微观上部分变化向其他部分传递，最终导致整体经济变化的结构分析，来代替总量分析。哈耶克对经济周期和物价变动过程的分析，就正是他主张分析方法的具体体现。

## 六、新奥地利学派对经济思想的贡献和不足

### （一）新奥地利学派方法论的特点与缺陷

奥地利学派的经济学方法论长期以来在经济学领域独树一帜，对于经济学的性质，持有与一般主流经济学家所不同的意见。到目前为止，他们仍然属于经济学领域中的少数派。但是，少数派不一定就是错误的。在笔者看来，新奥地利学派的经济学方法论在当代的全球化浪潮下，有着更为独特的历史意蕴。

新奥地利学派强烈的主观主义和极端的个人主义观点，常常招致歧异性的误解。在新奥地利学派看来，个人主义的观点并不是将整体简化为部分的总和，而是告诉我们诸如"社会集合体"并不是那种能够从自然科学的意义上解释个人行动的本体论实体，而是一些意义客体。这就意味着如果没有个人理解和能动作用的这类范畴的支持，即离开个人，那么这些意义的客体便是无法得到人们的理解的。② 主观主义为理解制度演进提供了独特的视角，为通向新奥地利学派的市场过程提供了逻辑通道。解释学的观点为新奥地利经济学和当代制度经济学架设起一座桥梁，从而也对于长期统治西方主流经济学领域的理性中心主义给予致命的打击。关于市场经济中的复杂性和未来不确定性的观点，新奥地利学派表明了摆脱新古典经济学的形式主义和静态观点束缚的态度。他们的演化主义的观点，对于推动当代资本主义增长奇迹的企业家创新精神也提供了一个较为深刻的解释。

方法论的实在论使得新奥地利学派经济学家坚持经济学的首要目的在于描述，而不在于像马歇尔主义者那样的描述和预测。当市场被看作一种开放的过程、是人类行为而不是人类设计的结果时，就几乎没有可预测性的存在空间。尽管在与芝加哥学派的明争暗斗中，新奥地利学派似乎落入下风，而且后来的新奥地利学派的部分成员在学术观点上有明显的向芝加哥学派靠拢的趋势，有越来越多的学者走向经验研究，但是新奥地利学派强调时间、生产结构和储蓄的重要性，这恰恰是主流经济学所忽视的内容，具有重要的学术意义。

与西方经济学的主流学派相比，新奥地利学派方法论的一个明显缺陷，也许就是没有将他们的经济学理论以当前经济学界广为流行的建立数理模型的方式表述出来，更没有在具体解决问题进行研究时采用数量分析。正因如此，便阻碍了他们的经济学观点随时代潮流前进的步伐，最终丧失了融入主流经济学的机会。不过，当2008年全球金融海啸发生以后，新奥地利学派的经济学观点及其方法论取向，对于解释这场突如其来的危机，闪现出了智慧火花，

---

① 〔英〕哈耶克：《复杂现象论》。转引自〔英〕哈耶克：《经济、科学与政治——哈耶克论文演讲集》，冯克利译，南京，江苏人民出版社2003年版，第465页。

② Madsion, G. B. (1999). "How Individualistic is Methodological Individualism?", in Peter J. Boettke (ed.), *The Legacy of Friedrich von Hayek* (II, Philosophy), Edward Elgar Publishing Limited, pp.138—139.

令主流经济学不得不对其重新进行检视。

## （二）对新奥地利学派经济思想的评论

这里以米塞斯和哈耶克的经济思想为代表，对新奥地利经济学思想的基础和主体作点简要评论。

（1）新奥地利经济学，从其基本主张上看，属于自由主义经济思想。它崇尚经济自由，强调市场调节，反对国家干预，特别是反对社会主义经济制度，在西方经济学发展史上占有重要的一页。例如，米塞斯的《人类行为的经济学分析》，试图从人类行为出发构建起整个经济理论体系。这是一部综合性的经济学著作，并没有做宏观和微观的划分。这部著作从方法论到市场、价格与货币，再到社会主义与资本主义，囊括了太多的一般经济学家所熟悉的资料，但又采用人们不熟悉的表述方式，是米塞斯的自成体系之作。而哈耶克的著作《通向奴役的道路》，则通篇赞颂自由主义，批判社会主义集中管理的经济制度，也在西方经济学界留下了深刻的印象，例如，该书评论者德特马·多林将该书称为哈耶克的"划时代作品"，称该书"唤醒了所有不同流派的知识分子"。当然，哈耶克的一些反社会主义思想是值得批判的。

（2）米塞斯和哈耶克把经济自由主义看作处理经济问题的唯一正确的方式，这是对经济自由主义作用的绝对化。事实上，完全实行经济自由主义，势必造成马克思所说的生产无政府状态和生产过剩的经济危机。凯恩斯也指出，自由放任是经济大萧条的重要原因。所以，市场经济活动还离不开国家的适当干预和调控来保证经济的正常运行。事实上，经济自由主义给经济造成生产过剩的经济萧条或危机的例子绝不罕见。例如，20世纪30年代世界性经济大萧条的出现，没有政府从宏观上进行适当的调节，经济就难以恢复正常。注重实际的、有远见的经济学家，如凯恩斯，已经系统分析了国家干预的必要性。而处于同一时代的米塞斯和哈耶克却对这一事实视而不见，一味宣扬经济自由主义，从经济发展的大趋势上说，其理论观点已显得落后于时代的要求。

（3）米塞斯和哈耶克都表现出一种强烈的否定马克思主义经济学的倾向。他们否定社会主义集中管理的经济制度，从根本上说，也是在否定马克思主义经济学。例如，哈耶克在批判社会主义学者时，就否定马克思关于社会主义的来临是"从必然王国向自由王国的飞跃"的论断，并引证别人的话证明，社会主义不可能同自由相容。

（4）哈耶克不但反对社会主义的经济计划，而且也反对凯恩斯主义的国家干预，认为凯恩斯主义的国家干预很可能给经济基础造成巨大的危害。在哈耶克看来，任何同经济自由相悖的主张都是于经济活动不利的。在他看来，设定"充分就业"目标，并且把实现这一目标作为国家（政府）的根本职责，必然会妨碍或危害经济自由。这是他作为坚持经济自由主义的经济学家必然得出的结论。

（5）关于社会主义计算问题，米塞斯和哈耶克都持一种否定的态度，并把"计划经济"等同于社会主义。但他们的有些分析却未必没有借鉴意义。例如，哈耶克在同兰格争论时说，不是某一特殊的方法是否能导致假想的均衡问题，而是什么方法能保证更为迅速而完整的调整。他认为，靠计划机关规定价格不能起到市场机制调节经济运行的作用，计划机关所规定的价格常常是僵化的或一成不变的，不能反映供求关系的变化，不能反映商品价值。计划机关规定的价格不能刺激生产者进行生产什么和生产多少的选择，也不能调节消费者需求的选择。这是计划经济体制的根本弊端。哈耶克强调，中央计划当局不能做本应由企业做的事情，中央计划当局代替企业去做规定价格一类的事情，不仅做不好，反而还会造成经济的无效率。这种分析,对于认识计划经济体制的弊端,应该说,是具有借鉴意义的。

此外,新奥地利学派的演化观点,以社会历史观看待经济学,将具有社会特征的经济学与自然科学进行明显的区分的观点,反对先验地构建理论,主张尊重社会自然发展规律的观点,作为竞争的和发现的途径的市场过程的观点,对新古典经济学的批评的观点,都具有一定的积极意义,值得重视。

## 思考题

1. 新奥地利学派主要的思想渊源有哪些?
2. 新奥地利学派的方法论包含哪些内容?
3. 新奥地利学派的基本概念有哪些?
4. 新奥地利学派的主要经济理论观点是什么?
5. 新奥地利学派的市场过程理论的特点是什么?
6. 新奥地利学派的资本观点是什么?
7. 新奥地利学派的货币观点是什么?
8. 新奥地利学派的经济周期理论观点是什么?
9. 新奥地利学派对经济理论的贡献和不足有哪些?

## 参考文献

1. 〔奥〕卡尔·门格尔:《国民经济学原理》,刘絜敖译,上海,上海人民出版社2001年版。
2. 〔奥〕卡尔·门格尔:《经济学方法论探究》,姚中秋译,北京,新星出版社2007年版。
3. 〔奥〕米塞斯:《货币、方法与市场过程》,戴忠玉、刘亚平译,北京,新星出版社2007年版。
4. 〔英〕哈耶克:《个人主义与经济秩序》,邓正来译,北京,北京三联书店2003年版。
5. 〔英〕哈耶克:《自由秩序原理》,邓正来译,北京,北京三联书店1997年版。
6. 〔英〕哈耶克:《经济、科学与政治——哈耶克论文演讲集》,冯克利译,南京,江苏人民出版社2003年版。
7. 〔英〕哈耶克:《货币的非国家化》,姚中秋译,北京,新星出版社2007年版。
8. 〔美〕伊斯雷尔·科兹纳、穆雷·罗斯巴德:《现代奥地利学派经济学的基础》,王文玉译,杭州,浙江大学出版社2008年版。
9. 〔美〕卡伦·沃恩:《奥地利学派经济学在美国——一个传统的迁入》,朱全红译,杭州,浙江大学出版社2008年版。
10. 〔美〕埃克伦德、赫伯特:《经济理论和方法史》(第四版),杨玉生、张凤林译,北京,中国人民大学出版社2001年版。
11. 〔美〕马克·史库森:《朋友还是对手——奥地利学派与芝加哥学派之争》,杨培雷译,上海,世纪出版集团、上海人民出版社2006年版。
12. 〔英〕约翰·伊特韦尔等:《新帕尔格雷夫经济学大辞典》(第2卷),北京,经济科学出版社1992年版。

13. 〔英〕布赖恩·斯诺登等:《现代宏观经济学指南》,苏剑译,北京,商务印书馆 1998 年版。
14. 王军著:《现代奥地利经济学派研究》,北京,中国经济出版社 2004 年版。
15. 傅耀著:《西方经济学方法论的演变》,呼和浩特,内蒙古人民出版社 2003 年版。
16. 傅耀:《奥地利学派的经济学方法论论旨》,载《贵州社会科学》2008 年第 8 期。
17. 韦森:《奥地利学派的方法论及其在当代经济科学中的意义及问题》,载《云南大学学报》2005 年第 6 期。
18. 杨春学著:《经济人与社会秩序分析》,上海,上海三联书店、上海人民出版社 1998 年版。
19. Mises, Ludwig von (1963). *Human Action*. Yale University Press.
20. Mises, Ludwig von (1981). *Socialism*. Indianapolis: Liberty Classics.
21. Mises, Ludwig von (1949). *Human Action: A Treatise on Economics*. London: William Hodge.
22. Mises, Ludwig von (1985). *Theory and History: An Interpretation of Social and Economic Evolution* (2nd ed.). Auburn, Alabama: Ludwig von Mises Institute.
23. Hayek, F. A. (1935). "The Nature and History of the Problem", in *Collectivist Economic Planning*. London: George Routledge & Sons.
24. Hayek, F. A. (1952). *The Counter-Revolution of Science*. Indianapolis: Liberty Press.
25. Hayek, F. A. (1973). *Law, Legislation and Liberty*, Vol. 1. Chicago: University of Chicago Press.
26. Hayek, F. A. (1978). "The Pretence of Knowledge", in *New Studies in Philosophy, Politics, Economics and the History of Ideas*. Chicago: University of Chicago Press.
27. Lachmann, Ludwig M. (1991). "Austrian Economics: A Hermeneutic Approach", in Don Lavoie (ed.), *Ecomonics and Hermeneutics*. London: Rothledge.
28. Kirzner, Israle M. (1992). *The Meaning of Market Process: Essays in the Development of Modern Austrian Economics*. London: Routledge.
29. Kirzner, Israle M. (1985). *Discovery and the Capitalist Process*. Chicago: University of Chicago Press.
30. Madsion, G. B. (1999). "How Individualistic is Methodological Individualism?", in Peter J. Boettke (ed.), *The Legacy of Friedrich von Hayek* (II, Philosophy), Edward Elgar Publishing Limited.
31. Hamlin, A. P. (1991). "Procedural Individualism and Outcome Liberalism", in Hayek, F. A. (ed.), *Critical Assessments*, Vol. IV. London: Routledge.
32. Garrison, Roger W. (1982). "Austrian Economics as the Middle Ground: Comment on Loasby", in Kirzner, Israle M. (ed.), *Method, Process and Austrian Economics*. Lexington Books.
33. Garrison, Roger W. (1985). "A Subjectivist Theory of a Capital-using Economy", in O'Driscoll, Gerald, P. Jr. and Rizzo, Mario J. (ed.), *The Economics of Time and Ignorance*. Basil Blackwell.
34. Veblen, T. (1998). Why Economics is not an Evolutionary Science?. *Cambridge Journal of Economics*, p. 411.

# 各章之外的部分参考书目

1. Mark Blaug(1996). *Economic Theory in Respect* (5th ed.). Cambridge: Cambridge University Press.

2. Robert B. Ekelund, Jr., Robert F. Hebert(1997). *A History of Economic Theory and Method*(4th ed.)(International Editions). New York: McGraw-Hill.

3. Douglas Mair, Anne G. Miller (eds.)(1991). *A Modern Guide to Economic Thought: A Introduction to Comparitive Schools of Thought in Economics*. England: Edward Elgar Publishing Limited.

4. Charles E. Staley(1989). *A History of Economic Thought: From Aristotle to Arrow*. London: Basil Blackwell.

5. Ernesto Screpanti, Stefano Zamagni(1993). *An Outline of the History of Economic Thought*. Oxford: Clarendon Press.

6. Shaun P. Hargreaves Heap(1992). *The New Keynesian Macroeconomics*. England. Aldershot: Edward Elgar.

7. 〔美〕亨利·威廉·斯皮格尔：《经济思想的成长》(上、下)，晏智杰等译，北京，中国社会科学出版社1999年版。

8. 〔美〕丹尼斯·C.缪勒：《公共选择理论》，韩旭、杨春学译，北京，中国社会科学出版社1999年版。

9. 胡代光主编：《西方经济学说的演变及其影响》，北京，北京大学出版社1998年版。

10. 胡代光、厉以宁、袁东明著：《凯恩斯主义的发展和演变》，北京，清华大学出版社2004年版。

11. 晏智杰主编，王志伟、杜丽群副主编：《西方市场经济理论史》，北京，商务印书馆1999年版。

12. 胡代光、厉以宁编著：《当代资产阶级经济学主要流派》，北京，商务印书馆1982年版。

13. 蒋自强、史晋川等著：《当代西方经济学流派》(第2版)，上海，复旦大学出版社2001年版。

14. 罗志如、范家骧、厉以宁、胡代光著：《当代西方经济学说》(上、下册)，北京，北京大学出版社1989年版。

15. 方福前著：《公共选择理论》，北京，中国人民大学出版社2000年版。

16. 沈越著：《德国社会市场经济评析》，北京，中国劳动社会保障出版社2002年版。

17. 吴易风、王健著：《凯恩斯学派》，武汉，武汉出版社1996年版。

18. 傅殷才著：《制度经济学派》，武汉，武汉出版社1996年版。

19. 丁冰著：《瑞典学派》，武汉，武汉出版社1996年版。

20. 方兴起著：《货币学派》，武汉，武汉出版社1996年版。

21. 杨玉生著:《理性预期学派》,武汉,武汉出版社1996年版。
22. 尹伯成著:《供给学派》,武汉,武汉出版社1996年版。
23. 谭力文著:《伦敦学派》,武汉,武汉出版社1996年版。
24. 梁小民著:《弗莱堡学派》,武汉,武汉出版社1996年版。
25. 文建东著:《公共选择学派》,武汉,武汉出版社1996年版。
26. 颜鹏飞著:《激进政治经济学派》,武汉,武汉出版社1996年版。

# 教师反馈及教辅申请表

北京大学出版社本着"教材优先、学术为本"的出版宗旨,竭诚为广大高等院校师生服务。为更有针对性地提供服务,请您认真填写以下表格并经系主任签字盖章后寄回,我们将按照您填写的联系方式免费向您提供相应教辅资料,以及在本书内容更新后及时与您联系邮寄样书等事宜。

| 书名 | | 书号 | 978-7-301- | 作者 | |
|---|---|---|---|---|---|
| 您的姓名 | | | | 职称职务 | |
| 校/院/系 | | | | | |
| 您所讲授的课程名称 | | | | | |
| 每学期学生人数 | | ____人____年级 | | 学时 | |
| 您准备何时用此书授课 | | | | | |
| 您的联系地址 | | | | | |
| 邮政编码 | | | 联系电话（必填） | | |
| E-mail（必填） | | | QQ | | |
| 您对本书的建议： | | | 系主任签字<br><br>盖章 | | |

## 我们的联系方式：

北京大学出版社经济与管理图书事业部
北京市海淀区成府路 205 号，100871
**联系人：徐冰**
电话： 010-62767312 / 62757146
传真： 010-62556201
电子邮件： em_pup@126.com    em@pup.cn
Q Q： 5520 63295
新浪微博：@北京大学出版社经管图书
网址： http://www.pup.cn